東三河の経済と社会
第 8 輯

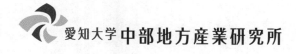
愛知大学中部地方産業研究所

『東三河の経済と社会』第8輯の刊行によせて

　『東三河の経済と社会』第8輯をお届けする。本書は，2012年から2016年に至る5年間の東三河地域の行政，経済，産業，社会・文化の動向についてまとめたものである。

　第8輯の準備は，2012年度から始まった。まず，本書の執筆者や執筆予定者を対象に東三河地域の現状把握を目的として「エクスカーション」を再開した。2014年度からは運営委員を中核とする『東三河の経済と社会』第8輯編集委員会を立ち上げ，前所長の樋口義治氏に編集委員長をお願いした。執筆依頼者は学内外にわたり40名におよんだが，本書刊行の意義を理解してくださり，快く執筆に応じてくださった。心より感謝申し上げる次第である。

　ふり返れば，第7輯刊行後の5年間にも，地方や地域を取り巻く環境はさらに大きく変化した。2012年には，第2次安倍内閣が異次元の金融緩和を軸とする新たな経済政策，いわゆるアベノミクスを発表した。また，地球温暖化への対応や福島の原発事故を教訓として太陽光発電をはじめとする再生可能エネルギーの固定価格買取制度がスタートした。翌2013年7月には，日本が多国間の貿易自由化をめざすTPPに参加することになり，2015年10月までに日本をふくめた12カ国が大筋で合意に達した。TPP問題は，とりわけ農業の衰退や地域の破壊を招くのではないかという危惧を高めた。さらにこの間，企業の雇用する従業員の非正規化はその割合を高め，中小企業の経営環境は厳しさを増していった。こうしたなか，消費税の8％への引き上げも重なって，国民の消費支出は低迷を続けている。この他にも「格差社会」，「ワーキングプア」，「子どもの貧困」などが問題となった。

　一方，少子高齢化と人口減少を背景として2014年には日本創成会議が「ストップ少子化・地方元気戦略」（通称「増田レポート」）を発表した。これは2040年までに全国の市町村1,800のうち約半数におよぶ896市町村を消滅可

能性都市とするものであった。増田レポートを受けて，政府は「まち・ひと・しごと創生本部」を設置し予算措置を講じた。しかし，こうした上からの「地方創生」の限界は明らかで，各自治体は自主的・自律的な地域政策・地域活性化策を模索しつつある。

　また，この5年間にわたり東日本大震災からの復興が目指されてきた。しかし避難者数は，いまだ12万7,000人に上っており，避難先は47都道府県，1,099の市町村におよんでいる（復興庁 2017年1月末現在）。震災の影響はなお深刻であるとともに，その復興も後手に回っている感が否めない。2016年4月には熊本大地震が発生し，死者50人，災害関連死102人におよんだ。こうした教訓をもとに，東三河の地域や自治体も東南海地震に向けた防災対策が急務となっている。

　以上のように，現代社会，そして地域社会をめぐる環境はきびしさを増しているといってよい。こうした諸問題について，中部地方産業研究所でもプロジェクト研究や個人研究，講演会・シンポジウム等を重ねてきた。十分とはいえないまでも，本書はそうした研究活動の5年間の集大成という見方もできると思う。東三河地域の現状や諸課題を知る手がかりとして本書を利用していただければ幸いである。

　本書の刊行にあたっては，その準備段階から執筆・校正にいたる過程で事務局には大変お世話になった。本書は彼らの尽力のたまものである。記して謝意を表したい。

2017（平成29）年3月

愛知大学中部地方産業研究所所長

阿　部　　聖

目　次

『東三河の経済と社会』第8輯の刊行によせて ……… （阿 部　聖）… ⅰ

Ⅰ　地域行政

第1章　東三河地域の広域連携 ………………………… （戸田敏行）…　3
　　① 東三河地域広域連携の構図 ………………………………………　3
　　② 広域連携への期待 …………………………………………………　4
　　③ 東三河県庁 …………………………………………………………　7
　　④ 東三河広域連合 ……………………………………………………　12
　　⑤ 東三河広域経済連合会 ……………………………………………　17
　　⑥ まとめ ………………………………………………………………　20

第2章　平成合併による東三河の行政・地域の変化 …（宮入興一）…　25
　　① 平成合併の推進と行政・地域の変化 ……………………………　25
　　② 平成合併の歴史的位置付けと合併に対する「評価」 …………　26
　　③ 愛知県および東三河地域における市町村合併の動向 …………　28
　　④ 豊川市の合併の経緯と課題 ………………………………………　30
　　⑤ 田原市の合併の経緯と課題 ………………………………………　35
　　⑥ 新城市の合併の経緯と課題 ………………………………………　39

第3章　産業政策 ………………………………………… （鈴木　誠）…　47
　　① 自治体の産業振興 …………………………………………………　47
　　② 自治体独自の産業振興策 …………………………………………　51
　　③ 産業自治に基づく地域産業政策の時代 …………………………　62

Ⅱ　地域経済

第1章　東三河の経済および社会構造 …………………………………… 67
　1．愛知県および東三河地域の全要素生産性（TFP）の計測
　　　　　－生産関数アプローチ－ ……（打田委千弘・渋澤博幸）… 67
　　1　はじめに …………………………………………………………… 67
　　2　デ　ー　タ ………………………………………………………… 69
　　3　推定モデルおよび推定結果 ……………………………………… 73
　　4　結　　論 ………………………………………………………… 79
　2．人口の動きと将来予測 …………………………（髙橋大輔）… 83
　　1　東三河地域の人口の動き ………………………………………… 83
　　2　東三河地域の人口減少対策 ……………………………………… 87

第2章　東三河の土地利用とその変化 ……………（藤田佳久）… 99
　　1　はじめに …………………………………………………………… 99
　　2　愛知県の土地利用変化とその中での東三河 …………………… 101
　　3　東三河の都市における農地転用の動向 ………………………… 106

第3章　東三河の交通 …………………………………（森田優己）… 115
　　はじめに ……………………………………………………………… 115
　　1　「稼げる国土」・「住み続けられる国土」を支える
　　　　幹線道路整備 …………………………………………………… 115
　　2　新東名高速道路・三遠南信自動車道の役割とストック効果 … 119
　　3　おわりにかえて－「道の駅」の役割変化と「良い」道路 …… 123

第4章　東三河の労働市場 ……………………………（森川竜哉）… 127
　　はじめに ……………………………………………………………… 127
　　1　東三河地域の労働市場規模 ……………………………………… 128
　　2　通勤流出入と労働移動 …………………………………………… 133
　　3　所得の流出入と労働移動 ………………………………………… 136
　　4　まとめ ……………………………………………………………… 140

第5章　東三河の財政 …………………………………（西堀喜久夫）… 143
　　はじめに ……………………………………………………………… 143
　　1　国の政策による地方財政への影響 ……………………………… 143
　　2　東三河地域の市町村行財政全体の特徴 ………………………… 148
　　3　各自治体の財政状況 ……………………………………………… 155
　　4　おわりに …………………………………………………………… 183

第6章　東三河の伝統的地場産業－「三河木綿・織物」－
　　　　………………………………………………（辻　　隆司）… 185
　　1　はじめに …………………………………………………………… 185
　　2　愛知県下の織物産地とその特徴 ………………………………… 185
　　3　三河木綿・織物の歴史 …………………………………………… 187
　　4　三河産地の近年の動向 …………………………………………… 191
　　5　おわりに …………………………………………………………… 193

第7章　データからみる東三河－隣接4地域との2011～2015年の相対比較－
　　　　……………………………………（樋口義治・佐藤正之）… 197
　　1　はじめに …………………………………………………………… 197
　　2　データからみる東三河の概要 …………………………………… 198
　　3　おわりに …………………………………………………………… 218

III　地域産業

第1章　東三河の農林漁業の動き ……………………………………… 223
 1．農業・林業……………………………………（藤田佳久）… 223
　 ① 農業の動き ………………………………………………… 223
　 ② 林業の動き ………………………………………………… 233
 2．農産地における農業体験をめぐって ………（片倉和人）… 243
　　はじめに ……………………………………………………… 243
　 ① 農産地としての東三河の新たな模索 …………………… 243
　 ② 農業の担い手の確保 ……………………………………… 246
　 ③ 風土に根ざす農業の多様性 ……………………………… 250
　 ④ 子どもたちにとっての農業体験 ………………………… 252
 3．水　産　業……………………………………（高木秀和）… 259
　 ① はじめに …………………………………………………… 259
　 ② 海面漁業経営体数の推移と経営状況 …………………… 260
　 ③ 内水面養殖業経営体数の推移と経営状況 ……………… 264
　 ④ 新たな動き：
　　　蒲郡における水産業活性化の取り組みを事例に ……… 267

第2章　東三河の工業動向 ……………………………………………… 271
 1．工業概況………………………………………（渋澤博幸）… 271
　　はじめに ……………………………………………………… 271
　 ① 東三河の愛知県に占める経済的地位と産業構造 ……… 271
　 ② 東三河地域の工業の現状 ………………………………… 274
 2．東三河の自動車産業…………………………（髙橋大輔）… 281
　 ① 世界と日本の自動車産業動向 …………………………… 281

② 東三河地域の自動車産業動向 ………………………………… 283
　　　③ 次世代自動車の普及による地域産業への期待 ………………… 287

　第3章　東三河の商業 ……………………（駒木伸比古・近藤暁夫）… 291
　　　① はじめに …………………………………………………………… 291
　　　② 商　　業 …………………………………………………………… 291
　　　③ 消費者行動 ………………………………………………………… 305
　　　④ 東三河の商業に対する若干の展望 ……………………………… 315

　第4章　東三河の観光 ………………………………………………… 319
　　1. 観光の概観 ……………………………………（安福恵美子）… 319
　　　① はじめに …………………………………………………………… 319
　　　② 観光統計からみる愛知県・東三河地域の観光動向 …………… 319
　　　③ 東三河観光における新たな動き（2012年～） ………………… 321
　　　④ 東三河における広域観光の取り組み …………………………… 326
　　2. ご当地グルメ …………………………………（鈴木伴季）… 331
　　　① はじめに …………………………………………………………… 331
　　　② 三遠南信地域連携ビジョン推進会議（SENA）・
　　　　 資源データベースにみる東三河のご当地グルメ ……………… 332
　　　③ 「愛知のうまいもん150『愛知グルメ図鑑』」にみる
　　　　 東三河のご当地グルメ …………………………………………… 334
　　　④ 観光情報誌にみる東三河のご当地グルメ ……………………… 337
　　　⑤ 各自治体の「観光ガイドマップ」にみるご当地グルメ ……… 339
　　　⑥ おわりに …………………………………………………………… 341

　第5章　東三河の金融 ……………………………（竹田　聡）… 343
　　　① 近年の地域金融－全国的傾向と愛知県および東三河の動向 … 343

② 近年の東三河における信用保証付き貸出の動向 351
　　　③ むすびに代えて－東三河およびその周辺の地域密着型金融 ... 354

第6章　東三河の貿易と海外進出 361
　1．企業の海外進出 .... （阿部　聖）... 361
　　　① はじめに 361
　　　② 東三河企業の海外進出概況 362
　　　③ 主要企業の海外進出状況 368
　　　④ まとめ 373
　2．貿易・三河港・輸出入 .... （髙橋大輔）... 377
　　　① はじめに 377
　　　② 海上出入貨物の状況 378
　　　③ 三河港における完成車貿易 385
　　　④ 三河港の新しい価値創造の取り組み 387

Ⅳ　地域社会・文化

第1章　東三河の地域社会 393
　1．都市社会の構造変化 .... （植田剛史）... 393
　　　① はじめに 393
　　　② 東三河における都市地域 393
　　　③ 1990年代後半以降の日本における都市社会の構造変化 394
　　　④ 豊橋市における都市地域の人口推移 396
　　　⑤ 豊橋市における都市地域の産業別就業人口 397
　　　⑥ 豊橋市における都市地域の職業別就業人口 399
　　　⑦ おわりに 401

2．地域コミュニティ……………………………（交野正芳）… 403
　　　　① はじめに …………………………………………………… 403
　　　　② 「協働」による事業体制 ………………………………… 403
　　　　③ 協働事業と4自治体の特性 ……………………………… 404
　　　　④ むすびにかえて …………………………………………… 411
　　3．奥三河山間部の地域づくり…………………（黍嶋久好）… 415
　　　　① まち・ひと・しごと創生総合戦略
　　　　　 －新たな地域づくりの指針 …………………………… 415
　　　　② 外部人材の移入施策（共住施策） …………………… 422
　　　　③ 奥三河地域のツーリズム（観光）創生 ……………… 426

第2章　東三河の医療・福祉
　　1．医　　　療……………………………………（西村正広）… 435
　　　　① はじめに …………………………………………………… 435
　　　　② 医療施設 …………………………………………………… 435
　　　　③ 医　　師 …………………………………………………… 440
　　　　④ 課　　題 …………………………………………………… 443
　　2．福　　　祉……………………………………（田中昌美）… 445
　　　　① はじめに …………………………………………………… 445
　　　　② 東三河地域の高齢化の姿 ………………………………… 445
　　　　③ 高齢者の世帯 ……………………………………………… 447
　　　　④ 介護保険サービスの状況 ………………………………… 448
　　　　⑤ 地域包括ケアシステム構築における課題 …………… 451
　　　　⑥ おわりに …………………………………………………… 453
　　3．障害者福祉（政策）…………………………（土屋　葉）… 455
　　　　① 障害のある人の動向 ……………………………………… 455
　　　　② 政策をめぐる動向 ………………………………………… 456

③　東三河地域における障害福祉サービスをめぐる状況 ………… 457
　　　④　教　　　育 ………………………………………………………… 460
　　　⑤　重症心身障害児者に対する支援体制 ………………………… 462

第3章　東三河の教育・文化
　1．教育の動向 ……………………………（鈴木伴季・樋口義治）… 465
　　　①　はじめに …………………………………………………………… 465
　　　②　東三河の教育機関 ………………………………………………… 465
　2．学童保育・特別支援教育 ……………………………………………… 477
　　　①　学童保育 …………………………………………（樫村愛子）… 477
　　　②　特別支援教育 ……………………………………（吉岡昌子）… 481
　3．生涯学習（公民館活動）・市民活動 ………………（岩崎正弥）… 491
　　　①　生涯学習（公民館活動） ………………………………………… 491
　　　②　市民活動 …………………………………………………………… 494
　　　③　おわりに－生涯学習と市民活動の連携に向けて ……………… 498
　4．教員養成の新しい潮流－学校インターンシップ導入による
　　　　大学・学校の新たな関係の可能性－ ……（加島大輔）… 501
　　　①　教員養成と「学校インターンシップ」 ………………………… 501
　　　②　本学の学校インターンシップの具体的内容 …………………… 502
　　　③　本学の学校インターンシップの特徴と今後の展開の可能性 … 506
　5．愛知を中心とした郷土食調査 ……………………（印南敏秀）… 509
　　　①　郷土食と郷土料理 ………………………………………………… 509
　　　②　愛知の郷土食の基本図書 ………………………………………… 510

第4章　東三河の産業遺産 ………………………………（天野武弘）… 525
　　　①　産業遺産をめぐる最近の動向 …………………………………… 525
　　　②　産業遺産と文化財 ………………………………………………… 527

③　産業遺産は身近にある……………………………………… 529
　　　④　産業遺産の課題 ……………………………………………… 534
　　　⑤　産業遺産の活用と発見 ……………………………………… 535

第5章　東三河の環境 ……………………………………………………… 537
　1．東三河におけるバイオマス利活用状況 ………… （功刀由紀子）… 537
　　　①　バイオマスタウン構想 ……………………………………… 537
　　　②　バイオマス活用推進計画 …………………………………… 539
　　　③　東三河におけるバイオマス利活用の広域化に向けて ………… 540
　　　④　東三河振興ビジョンにおけるバイオマス利活用の方向性 …… 544
　　　⑤　バイオマス産業都市構想とのかかわり ……………………… 548
　2．豊川水系の開発と環境影響および環境保全・修復
　　　 ……………………………………………… （市野和夫）… 551
　　　①　三　河　湾 …………………………………………………… 551
　　　②　豊川水系（一部天竜川の支流を含む）……………………… 552
　　　③　設楽ダム ……………………………………………………… 557
　　　④　自然環境・生物多様性の保全・保護の施策 ………………… 559
　　　⑤　公害問題 ……………………………………………………… 560
　3．地質・災害 ……………………………………… （沓掛俊夫）… 563
　　　①　地　　質 ……………………………………………………… 563
　　　②　新生代層 ……………………………………………………… 566
　　　③　災　　害 ……………………………………………………… 569

第6章　東三河の災害・防災 ……………………………………………… 573
　1．東日本大震災後の防災対策等 ………………………………………… 573
　　　①　豊橋市の被害想定と災害対策の現状および課題
　　　 ……………………………………………… （宮入興一）… 573

② 豊川市の被害想定と災害対策の現状および課題
　　　　　　　……………………………………………（西堀喜久夫）… 577
　　　③ 蒲郡市の地域防災計画の被害想定と対策の現状・課題
　　　　　　　……………………………………………（佐藤正之）… 580
　　　④ 新城市の防災計画 ………………………（鈴木　誠）… 584
　　　⑤ 田原市の被害想定と災害対策の現状および課題
　　　　　　　……………………………………………（樋口義治）… 586
　　　⑥ 北設地域の防災計画 …………………（駒木伸比古）… 591
　２．地域の社会・文化としての産業防災 …………（金子鴻一）… 595
　　　① 明海地区事業継続計画（BCP）としての産業防災 ……… 595
　　　② 地域特性の共有から協働行動へ …………………………… 596
　　　③ 協働を促す"体制" …………………………………………… 600
　　　④ 地域に軸足をおく産業防災とは …………………………… 602

第7章　東三河の健康・スポーツ ……………………………… 607
　１．東三河の健康問題 ………………………（尼崎光洋）… 607
　　　① はじめに ……………………………………………………… 607
　　　② 方　　法 ……………………………………………………… 608
　　　③ 結　　果 ……………………………………………………… 610
　　　④ 考　　察 ……………………………………………………… 614
　２．超高齢社会における健康づくり ……………（新井野洋一）… 619
　　　① 人口高齢化の新たな段階 …………………………………… 619
　　　② 健康をめぐる今日的話題 …………………………………… 621
　　　③ 健康づくり理念の変化 ……………………………………… 623
　　　④ 東三河における健康づくり ………………………………… 625
　　　⑤ 健康づくりの今後の課題 …………………………………… 629

第8章　東三河の女性問題・マイノリティ ……………………………… 633
　1．新卒女性の採用と育成をめぐる現状と課題……（武田圭太）… 633
　　　① 女性が働く環境の整備 ……………………………………… 633
　　　② 人的資源調達の企業規模格差 ……………………………… 636
　　　③ 新卒女性の採用選考 ………………………………………… 637
　　　④ 女性の育成 …………………………………………………… 640
　　　⑤ キャリア開発の課題 ………………………………………… 643
　2．多文化共生 ……………………………………（植田剛史）… 645
　　　① はじめに ……………………………………………………… 645
　　　② 東三河における外国人人口の現況 ………………………… 645
　　　③ 豊橋市における外国籍住民人口の推移と空間分布 ……… 647
　　　④ 豊橋市における多文化共生政策 …………………………… 652
　　　⑤ おわりに ……………………………………………………… 655

あとがき ……………………………………………（樋口義治）… 657

I

地域行政

第1章　東三河地域の広域連携

1　東三河地域広域連携の構図

　豊川の流域圏である東三河地域では，地域を一体的に捉えた広域連携を図ろうとする活動が続いてきた。戦後からの広域連携や市町村合併の概略については，『東三河の経済と社会』第7輯に述べた。本稿では，2012（平成24）年4月から現在までの主たる変化を述べ，今後の展開について考察を加える。

　東三河地域の広域連携を考える前提として，東三河地域を空間的に取り囲む三遠南信地域の状況をみておきたい。図Ⅰ-1-1に示すように，三遠南信地域は，愛知県東三河地域，静岡県遠州地域，長野県南信州地域が1つの県境地域を構成しているが，平成の市町村合併を経て各県ごとに広域連携の特

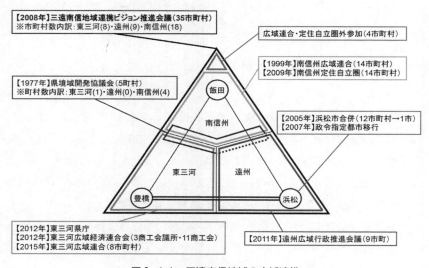

図Ⅰ-1-1　三遠南信地域の広域連携

徴を持っている。静岡県遠州地域は浜松市を中心とする政令市型（現在は特別自治市を指向している），長野県南信州地域は飯田市を中心とする広域連合型であり，いずれも市町村を主体とした広域連携が形成された。これら2地域とは異なって東三河地域は県，市町村，経済団体が複合した広域連携の動きをみせている。具体的には，愛知県が東三河総局を中核に出先機関をネットワークする東三河県庁の設立（2012年4月1日），経済団体による東三河広域経済連合会の設立（2012年4月25日），市町村による東三河広域連合の設立（2015年1月30日）である。2012年4月から2015年1月の間に，相次いでこれらの組織が設置され，東三河地域の広域連携は大きく変化したと言える。組織設立から期間が短く，まだ初動時期にあるが，以下に設立経緯，組織内容，事業などについて述べる。

② 広域連携への期待

　まず，市町村管理職職員（以下，職員），市町村議会議員（以下，議員），自治会長等役員（以下，自治会長）に対して筆者らが2012（平成24）年に行った調査[1]から，東三河県庁，東三河広域連合についての期待等をまとめておきたい。

1）期待する効果

　東三河県庁に期待する効果では「東三河地域での独自の県財源が確保され東三河での決裁権限が高まる（職員50.8％，議員46.7％）」が最も多く県機能分権への期待がある。次いで「県の各部門に分かれている施策が東三河地域で総合化される（職員47.8％，議員44.0％）」と県行政の地域総合化に対する期待である。第三には「県との調整が東三河地域で行われ名古屋に行く必要が減る（職員43.0％，議員41.3％）」であり，分権に伴う具体的行動への効果と言えよう。

　次に，東三河広域連合の効果では，「広域行政による市町村経費の削減（職

員55.8％，議員60.7％）」が最も多く，財務合理化への期待である。第二は「東三河自治体間の合意形成の場となる（職員43.9％，議員47.6％）」であり，市町村間連携の場づくりと捉えられている。第三は「新たな広域連携事業を実施できる（職員40.9％，議員42.9％）」と広域連携の拡大を指向している。職員の比率は低いが議員に高い項目としては「県からの権限移譲による地方分権の促進（職員26.6％，議員47.6％）」があり，権限委譲が実施できる広域連合制度への期待である。

2）期待する分野

図Ⅰ-1-2に示すように，東三河県庁では「幹線道路（職員62.9％，議員61.5％）」が飛びぬけて高く，次いで「港湾（職員38.0％，議員35.9％）」といずれも県事業促進への期待である。この他では「環境・エネルギー（職員28.9％，議員30.8％）」，「農林水産（職員27.3％，議員35.9％）」，「観光（職

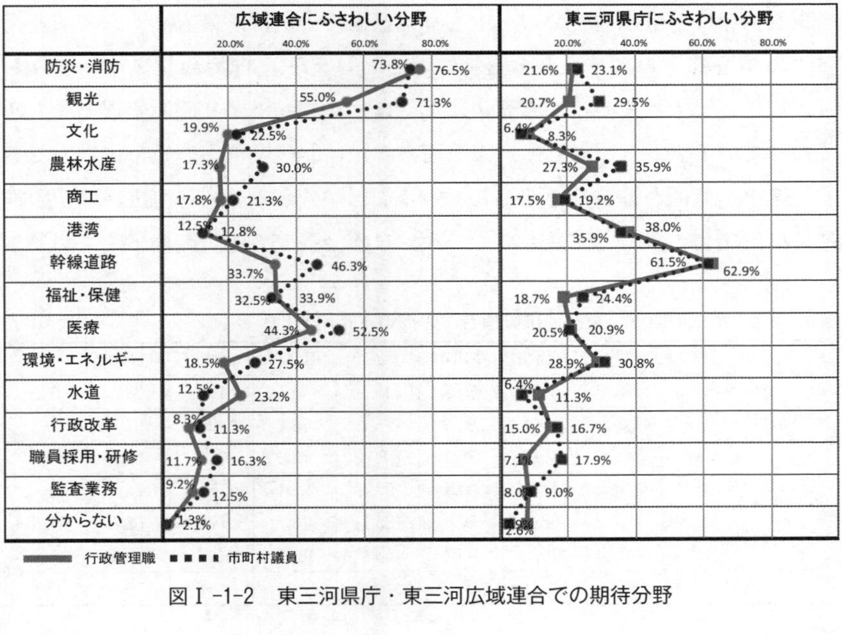

	広域連合にふさわしい分野	東三河県庁にふさわしい分野
防災・消防	73.8％ / 76.5％	21.6％ / 23.1％
観光	55.0％ / 71.3％	20.7％ / 29.5％
文化	19.9％ / 22.5％	6.4％ / 8.3％
農林水産	17.3％ / 30.0％	27.3％ / 35.9％
商工	17.8％ / 21.3％	17.5％ / 19.2％
港湾	12.5％ / 12.8％	35.9％ / 38.0％
幹線道路	33.7％ / 46.3％	61.5％ / 62.9％
福祉・保健	32.5％ / 33.9％	18.7％ / 24.4％
医療	44.3％ / 52.5％	20.5％ / 20.9％
環境・エネルギー	18.5％ / 27.5％	28.9％ / 30.8％
水道	12.5％ / 23.2％	6.4％ / 11.3％
行政改革	8.3％ / 11.3％	15.0％ / 16.7％
職員採用・研修	11.7％ / 16.3％	7.1％ / 17.9％
監査業務	9.2％ / 12.5％	8.0％ / 9.0％
分からない	1.3％ / 2.1％	2.6％

　　　行政管理職　　　市町村議員

図Ⅰ-1-2　東三河県庁・東三河広域連合での期待分野

員20.7％，議員29.5％）」があり，市町村と県の共同化が可能な広域課題が選択されている。

東三河広域連合では「防災，消防（職員76.5％，議員73.8％）」が非常に高く，広域での危機対応が求められている。次に「観光（職員55.0％，議員71.3％）」であり，広域化が必然的な分野と言える。第三には「医療（職員44.3％，議員52.5％）」であり，医療機関の不足が感じられる。その他では「幹線道路（職員33.7％，議員46.3％）」，「福祉・保健（職員33.9％，議員32.5％）」があげられる。

3）市町村別の特性

東三河県庁については自治会長，東三河広域連合については自治会長，職員，議員の期待を調査項目として設けており，市町村別の特徴を表Ⅰ-1-1に示しておく。なお「東三河県庁に対する期待」，「広域連合設置を積極的に進めることが良いか」と設問が異なるため，傾向を述べるに止める。

東三河県庁，広域連合共に，中心都市豊橋市の期待が最も高く，広域連携による中心都市のメリットを感じていると言える。自治会長についてみると，広域連合では中心市から周辺に行くほど比率が下がり北設楽郡で最も低くなっている。これに対して，東三河県庁では北設楽郡が豊橋市に次いで高く，県の垂直的な補完性を期待していることが分かる。東三河広域連合の推進では，議員の80.0％が最も高く，次に自治会長75.6％，直接事業に関連す

表Ⅰ-1-1 東三河県庁・東三河広域連合への期待（市町村別）

		豊橋市	豊川市	蒲郡市	田原市	新城市	北設楽郡	全体
東三河県庁への期待自治会長等	％	58.3	51.6	45.7	45.7	49.6	53.7	53.2
	豊橋比	100	88.5	78.4	78.4	85.1	92.1	－
東三河広域連合推進自治会長等	％	81.9	78.9	80	73.2	61.9	61.1	75.6
	豊橋比	100	96.3	97.7	89.4	75.6	74.6	－
行政職員	％	62.6	59.6	35.1	73.2	77.1	61.7	61.7
	豊橋比	100	95.2	56.1	116.9	123.2	98.6	－
議会議員		－	－	－	－	－	－	80

る職員は61.7％となっている。市町村別では，西三河地域との接点でもあり多様な広域連携が可能な蒲郡市の職員比率が低く自治会長との乖離がみられる。また中山間の拠点である新城市，半島部である田原市の職員は豊橋市を上まわる結果となっており，両市から広域連合への期待が示されている。

③ 東三河県庁

1) 東三河県庁設立の経緯

　東三河県庁案は，2011（平成23）年2月の愛知県知事選挙における大村秀章候補のマニフェストに最初に公表されている。このマニフェストは2010年12月の「『日本一愛知の会』マニフェスト」としてまとめられており，愛知県全体に関するものと分野別マニフェストから構成されている。分野別マニフェストは「東三河マニフェスト」，「環境マニフェスト」，「あいち活力マニフェスト」の3種類である。地域別では東三河地域のみが取り上げており，東三河地域が重点的に取り上げられている。

　「東三河マニフェスト」の第一項目としてあげられるのが「東三河県庁（仮称）の設置」である。その他は掲載順に，「日本のモデルとなる農業イノベーション拠点を創造」，「林業の再生」，「水産業の再生」，「三河港の機能強化」，「交通インフラの整備・強化」，「医療と福祉の充実」，「教育環境の拡充」となっている。まず豊川流域圏の地域特性を活かした産業課題をあげ，次に県内では比較的弱い医療・福祉，教育を重点的に取り上げている。

　東三河県庁に関する具体的な記述としては，主テーマを「東三河のことは東三河で判断できるネットワーク型県庁をめざします」としており，県庁機能の分権を強調している。内容としては，第一に「副知事級を配置し，市町村と一体となって東三河振興を推進します」としており，これまでの出先機関長が部長級であったことに対して副知事級が駐在すること，また市町村との一体化を図ることで県内の分権構造を形成することが意図されている。第二に「東三河県庁へ森林や港湾，水産に関する機能を配置します」としており，

「東三河マニフェスト」に記載された東三河地域の特性ある政策を現地で推進することとしている。第三は「東三河を核に，三遠南信地域連携ビジョンを推進します」があげられており，東三河県庁設置の狙いが県境を越えた三遠南信地域に向かっていることを示している。

　2011年の愛知県知事選挙には5人の候補者があったが，いずれも道州制など広域行政に関する政策を主張している。2010年の「大阪都構想」もあって，「『日本一愛知の会』マニフェスト」では，愛知県と名古屋市を一体化する「中京都構想」が提言されている。東三河県庁も県庁機能の分権化や県境を越えた地域連携を狙いとしており，「中京都構想」と同様に県庁機能の変革とみることができよう[2]。

　大村候補が2011年2月の知事選挙に当選することによって，東三河県庁は具体的な動きが始まり，約1年間の準備期間を経て2012年4月に設置された。

2）東三河県庁の組織

　東三河県庁の組織的特徴として，①担当副知事の設置，②東三河総局を中核とする出先機関のネットワーク化，③市町村等との協議の場の設置をあげることができる。まずは，全国初となる担当副知事の常駐である[3]。愛知県の副知事は4名であるが内部職員からの登用は2名であり（2016年現在），その内1名が東三河地域に常駐することとなっている。東三河担当副知事の事務分担は，「東三河地域に関すること」と「東三河県庁に関すること」が分けて記載され，東三河地域に関する県機能を統括している。その他の分担事務としては「地方創生関連」があげられ，全県的な役割を有している。現時点までに3名の副知事が東三河県庁に赴任したが，いずれも東三河県庁在席の前後で本庁での副知事となっており，本庁各部局への調整力を有する。
　また，全庁的な推進体制としては，知事を本部長とする東三河総合戦略本部を設けており，各部に分かれがちな本庁の横断化が意図されている（図Ⅰ-1-3）。東三河地域の視点から本庁機能を調整しようとした，これらの調整機能が東三河県庁最大の特徴と言えよう。意向調査に示されたように幹線道

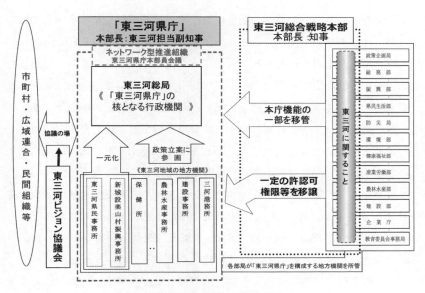

図Ⅰ-1-3　東三河県庁の組織
出典：愛知県資料を加工。

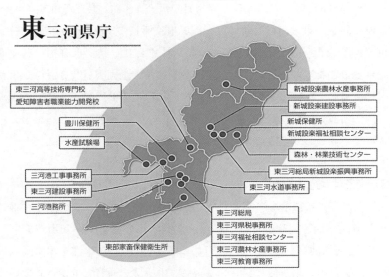

図Ⅰ-1-4　東三河県庁のネットワーク機関
出典：東三河県庁ホームページ。

路や港湾などの県事業促進への期待に対して効果的な組織デザインとなっているが，仕組みであるだけにその運用が重要である。

次に，東三河総局を核とするネットワーク型県庁の設置である。これまで愛知県の総合的な出先機関は尾張県民事務所，西三河県民事務所，東三河県民事務所，そして中山間の振興を目指した新城設楽山村振興事務所であったが，東三河県民事務所と新城設楽山村振興事務所を一元化して東三河総局とした。地方自治法上も，これまでの県民事務所は第156条の個別出先機関であるが，東三河総局は第155条の総合出先機関としており地方自治法の位置づけも異なっている[4]。この東三河総局を核として，東三河地域の個別出先機関19が連携する（図Ⅰ-1-4）。担当副知事が本部長，各機関長が本部員となる東三河県庁本部員会議が設けられ，「東三河振興ビジョン」への対応，各機関の情報交換，各組織の予算化に向けた連携等を取っている。

第三に市町村との協議の場である。市町村と県が協働する「東三河ビジョン」を策定するために，協議の場として「東三河ビジョン協議会」を設けており，東三河8市町村長，大学，経済界の代表等8名，担当副知事（座長），東三河総局長，東三河総局新城設楽振興事務所長の3名，オブザーバーとして東三河地域の県議会議員11名で構成されており，県・市町村・関連機関の総合会議となっている。また，実務者レベルの企画委員会を設け，事務的な調整に当たっている。特に，東三河総局には他の県民事務所に無い企画調整部門が新設され，「東三河振興ビジョン」の策定・推進，部局を超えた総合調整を行うとしている。

3）東三河県庁の事業

東三河県庁の特徴的な事業として，①東三河振興ビジョンの策定・推進，②本庁機能の移管・許認可権限移譲，③県と市の庁舎共同利用があげられる。「東三河振興ビジョン」の策定は，東三河県庁の自律性を示す基本事業であり，上記の「東三河ビジョン協議会」の協議を通して策定されている。ビジョンの内容は，10年目標の将来ビジョン（2013年3月策定）と3年間

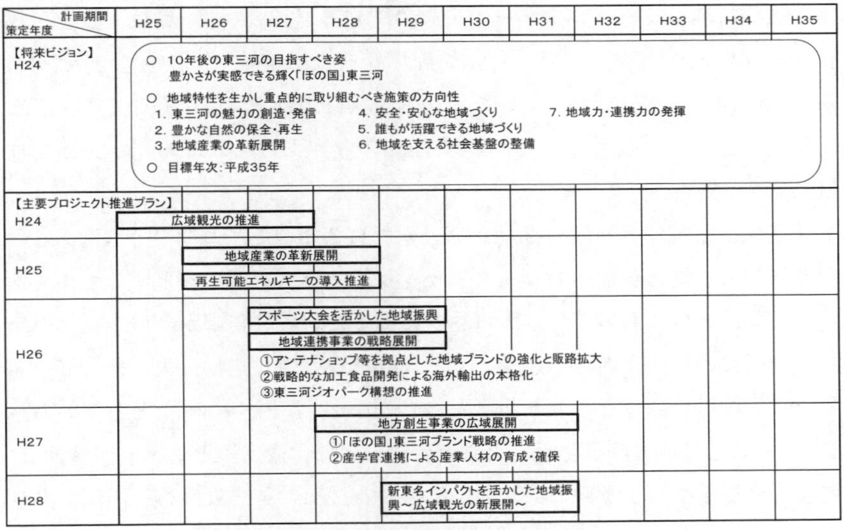

策定年度\計画期間	H25	H26	H27	H28	H29	H30	H31	H32	H33	H34	H35
【将来ビジョン】H24	○ 10年後の東三河の目指すべき姿　豊かさが実感できる輝く「ほの国」東三河　○ 地域特性を生かし重点的に取り組むべき施策の方向性　1．東三河の魅力の創造・発信　4．安全・安心な地域づくり　7．地域力・連携力の発揮　2．豊かな自然の保全・再生　5．誰もが活躍できる地域づくり　3．地産産業の革新展開　6．地域を支える社会基盤の整備　○ 目標年次：平成35年										
【主要プロジェクト推進プラン】H24	広域観光の推進										
H25		地域産業の革新展開　再生可能エネルギーの導入推進									
H26			スポーツ大会を活かした地域振興　地域連携事業の戦略展開　①アンテナショップ等を拠点とした地域ブランドの強化と販路拡大　②戦略的な加工食品開発による海外輸出の本格化　③東三河ジオパーク構想の推進									
H27				地方創生事業の広域展開　①「ほの国」東三河ブランド戦略の推進　②産学官連携による産業人材の育成・確保							
H28					新東名インパクトを活かした地域振興～広域観光の新展開～						

図Ⅰ-1-5　東三河振興ビジョンの構成
出典：東三河ビジョン協議会資料。

の主要プロジェクト推進プランで構成されている（図Ⅰ-1-5）。2015（平成27）年の地方創生事業の広域展開では，愛知県事業の地方創生のうち高い比率[5]が振り向けられており，東三河地域への重点化が図られている。

次に本庁機能の移管では，マニフェストにも示された林業については「東三河地域の森林計画の策定・変更（農林水産部林務課→新城設楽農林水産事務所）」，港湾では「三河港の利用促進のためのポートセールス（建設部港湾課→東三河総局）」，中山間を有することから「山間地域の集落の機能維持・再生に向けた取り組みの推進（地域振興部山村振興室→東三河総局新城設楽振興事務所）」，市町村行財政支援として「市町村相談の総合窓口機能（総務部市町村課→東三河総局）」があげられる。

また許認可権限の移譲では，2012年度に20項目108事務が移譲された。2015年度の主な活用実績をみると，まちづくりに関する6項目16事務の中で「建設業許可事務等における大臣許可案件の申請受付（137件）」，産業・観光に関する6項目20事務で「持続性の高い農業生産方式の導入の促進に関

する法律に基づく『エコファーマー』の認定等（134件）」，環境・教育・福祉に関する8項目72事務で「狩猟免許更新検査の実施（632件）」などがある。その他，移譲は行われていないが本庁職員が東三河に出向いて申請者と相談協議を行う出張窓口として15項目38事務があげられており，2015年度は177件が実施されている。

第三に，県部局と市町村部局が同一建物に入るワンフロア化が3例ある。相互機関の連携と住民へのワンストップサービスを図ろうとするものである。具体的には，新城農林水産事務所にあった新城林務課が新城市役所鳳来総合支所に移転し，新城市産業・立地部森林課と同じ建物に入ることで，名称を「新城森林総合センター（愛称：新城フォレストベース）」としている。また，東三河農林水産事務所に田原市産業振興部営農支援センターが移転し，県の田原農業改良普及課と共に「田原営農支援センター（愛称：田原アグリベース）」となっている。その他には，豊川保健所田原保健分室が田原市田原福祉センター内に移転している。県機関と市町村機関の組織合体ではなく，施設を一体化することでの相互連携を指向したユニークな手法である[6]。

その他，県境を越えた試験研究連携があり，林業分野での試験研究連携協定（愛知県森林・林業技術センターと静岡県農林技術研究所森林・林業センター）は，全国初のケースである。鳥獣害が増大する中，県境を越えた「シカ生態調査」を実施している。

4 東三河広域連合

1）東三河広域連合の設立経緯

東三河地域に広域連合が提言されたのは，1993（平成5）年の豊橋商工会議所100周年記念事業「21世紀地域ビジョン『界を越えて』」が最初である。奥三河市町村による「奥三河広域連合」，下流都市部の「三河港管理広域連合」を個別に設立し，これらにその他の一部事務組合を加えた「穂の国連合」を形成するとしている。同年に第23次地方制度調査会から「広域連合および

中核市に関する答申」が出された時期であり，広域連合制度創設を見込んだものである。しかし同時に答申された中核市制度（「中核市制度および広域連合制度の創設」の地方自治法改正は1994年）に中心都市豊橋市が動きをとることで，広域連合設置に向けた具体的な動きはみられなかった。一方，東三河地域の広域連携は，地方自治法ではなく地方拠点法に基づく東三河地方拠点都市地域（1993年）に継続されることとなる。

その後，東三河地域の広域連携の動きは，市町村合併に収斂される。2001年10月の「渥美郡3町合併協議会」設置を皮切りに，2010年2月の豊川市と小坂井町の合併まで市町村合併の動きが続く。この間，豊橋市長選挙に関連して2000年・2004年に早川勝氏が「三河市」，2008年に佐原光一氏が「東三河政令市」と提言，経済団体からは2002年に「東三河流域政令市構想（東三河懇話会）」が提言されるが，広域合併への展開はみられなかった。

2）広域連携手法の選択

東三河地域の各市町村合併が概ね終了に向かった2006年1月，5市2郡の首長がパネラーとなる東三河懇話会の新春懇談会において，東三河地域全体を対象とした政令市合併が議論となる。道州制の議論が活発化した時期でもあったことからも直ちに政令市合併には進まず2段階合併論（豊橋市長）の方向性が確認されている。そこで翌2007年5月には，「東三河地方拠点都市地域整備推進協議会」が「東三河広域協議会」に名称を変更し，「広域連携の検討」に入ることとなる。2007・2008年には「広域合併・道州制研究会」が設置され，この段階では広域合併シミュレーションなど市町村合併を基本とした検討がなされる。次いで，2009・2010年には「東三河の将来像研究会」が設置される。同研究会の報告書では定住自立圏構想や広域連合の推進が示され，市町村合併から方向性が変更されてくる。

3）広域連合の設置へ

2011年2月の大村知事当選による東三河県庁の具体化も契機となって，同

年7月から「東三河広域体制・連携事業検討会」が発足する。この間,同年2月の奥三河ビジョンフォーラムの4首長新春懇談会などで,新城市長から広域連合設置への意見が公表されている。

東三河広域協議会役員会(8市町村長で構成)では,2011年8月に「新たな広域連携体制として『広域連合』を軸に検討を進める」としており,2012年11月には同役員会で広域連合の設置について合意を得ている。2013年4月には広域連合設立準備室(5市より専任職員派遣)が広域協議会内に設置(広域協議会は2015年6月30日に解散)され,2014年12月に8市町村議会で広域連合規約を議決,翌2015年1月13日設置許可申請を経て,1月30日の設立に至っている。

4) 広域連合の組織

広域連合は全国に116設置(2016年4月現在)されている。県や市町村が普通地方公共団体であるのに対して,その組織・権能・事務などに特別の性格を持つ特別地方公共団体である。組織は執行機関と広域連合議会からなる

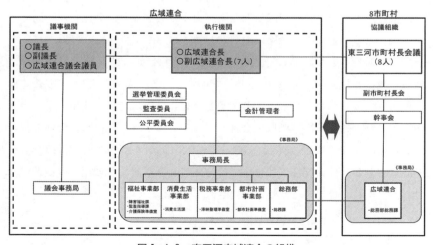

図Ⅰ-1-6　東三河広域連合の組織
出典:東三河広域連合資料を加工。

が，東三河広域連合は図Ⅰ-1-6に示すような組織となっている。執行機関の長が広域連合長であり豊橋市長が就任している。また，副連合長には他の7首長が当たっている。事務局は広域連合に専従する派遣職員と併任職員に分かれている。一般職員124名のうち，派遣職員は24名（豊橋市：10名，他4市：14名）であり，再任用3名もある。併任職員は，併任職員97名（豊橋市：65名，他7市町村：32名）である。全体124名中豊橋市が75名と約6割，併任職員では約7割と豊橋市の比率が高い。

広域連合議会の議員定数は26名としており，豊橋市7名，豊川市4名，蒲郡市・新城市・田原市各3名，設楽町・東栄町・豊根村各2名である。連合長，事務局は豊橋市中心で形成されており，連合議会議員は人口比率よりも周辺市町村に分散されている。

なお，広域連合長は構成市町村長による選挙，連合議会議員は構成市町村の各議会からの選挙という間接選挙の形式が取られている。広域連合の連合長および連合議会議員は，住民の直接選挙によること（地方自治法第291条の5）が認められているが，新城市長より直接選挙の主張がなされており，将来的な検討事項となっている。また，東三河8首長による「東三河市町村長会議」が広域連合とは別に持たれており，首長相互の意見を広域連合に反映することとされている。

5）広域連合の事業

広域連合は経緯にみたように，総合的な地域連携を目指しており「東三河はひとつ」を方向性としている。地域一体化を実現のため「成長する広域連合」[7]を標榜しており広域連合事業は拡大してゆくとしている。現時点での事業は，①共同処理事務，②広域連携事業，③権限移譲事務，④その他から成っている。

①共同処理事務には，「介護保険事業」，「滞納整理事務」，「社会福祉法人の認可等に関する事務」，「障害支援区分認定審査会の設置および運営に関する事務」，「消費生活相談等に関する事務」，「航空写真撮影用に関する事務」

がある。各々共同化による経費減少が試算されており，共同処理事務による10年間の減少を約40億円としており，最大は「介護保険事業」の約33億円である（豊橋市行財政改革プラン公開プレゼンテーション資料「東三河広域連合の活用」より）。介護保険料は介護保険制度が開始された第1期（2000～2002年）では田原市2,361円から豊橋市2,757円と300円程度の開きであったが，第6期（2015～2017年）では，豊橋市4,800円から東栄町5,900円まで1,100円の差となっている。また，高齢者1人あたりの介護保険給付費は豊橋市15,875円から豊根村28,764円と地域条件によって倍近い開きとなっている（広域連合資料「介護保険事業の現状等について」より）。計画では2018年の第7期介護保険事業から広域連合による介護保険事業実施を見込んでいる。

　次に②広域連携事業では，単独の市町村では実施が困難である新たな連携事業に取り組むとしており，「東三河アンテナショップ構想（2015年実現可能性調査，2016年実証実験）」，「魅力の発信・ブランド力向上に向けた取り組み」，「東三河地域の交流人口や移住人口を増やす取り組み」などを例示している。③権限移譲事務は，広域連合制度の特徴であり，「児童相談所運営（2015年から調査研究）」，「保健所運営（2015年から調査研究）」があげられている。また，④その他では，「公共施設の相互利用」，「広域行政に関する職員研修」などによる連携事業を実施している。

　広域連合は広域計画を持つことが定められており，上記の事業は2015年度～2019年度の広域計画に決められている。また，広域計画の推進方針として，東三河県庁や東三河経済連合会との連携が明記されている。特に，東三河県庁が実施する東三河ビジョン協議会には8首長が加わると共に広域連合発足時から豊橋市長は広域連合長としても構成員となっている。こうした背景から広域連合の計画や活動と「東三河振興ビジョン」とは密接な関係を持つものとされている[8]。

6）地方創生と広域連合

2014年11月に「まち・ひと・しごと創生法」が制定され、「地方人口ビジョン」ならびに「地方版総合戦略」の策定が努力義務とされた。策定主体は普通地方公共団体に限られていたが、2015年12月に広域連合も人口ビジョン、総合戦略の策定が可能となっている。東三河広域連合は2016年度内の策定を予定しているが、広域連合としての特徴ある事業が期待される。

⑤　東三河広域経済連合会

1）東三河広域経済連合会の背景

東三河地域には、豊橋商工会議所、豊川商工会議所、蒲郡商工会議所の3商工会議所と、音羽商工会、一宮商工会、小坂井商工会、御津町商工会、田原市商工会、渥美商工会、新城市商工会、設楽町商工会、東栄町商工会、津具商工会、豊根村商工会の11商工会がある。市町村合併に関連して田原市合併（2003（平成15）年）によって田原市商工会と旧赤羽根町商工会が合併（2005年）。新城市合併（2005年）で新城市商工会と旧鳳来商工会と旧作手商工会が合併（2013年）している。一方、豊川市では同一市内となった豊川商工会議所と音羽商工会、一宮商工会、小坂井商工会、御津町商工会、新田原市合併（2005年）で同一市となった田原市商工会と渥美商工会、設楽町合併（2005年）で同一町となった設楽商工会、津具商工会は各々個別の経済団体として存続している。

東三河地域の広域経済団体としては、東三河全域を対象地域とする東三河懇話会（1968（昭和43）年設立、2001年に東三河開発懇話会から改名）、新城以北を対象地域とする奥三河ビジョンフォーラム（1985年設立）があり、市町村の範囲を超えた経済団体活動を行っている。商工会議所相互が連携を取るのは、これらよりも古く1958年に3商工会議所による東三河商工会議所正副会頭会議が始まっており、後に3市長が参加するようになる（『豊橋商工会議所百年史』）。東三河地域の懸案事項や課題の協議と合意形成、産業界

と市町村との情報交換・交流の場を目的として開催されている。その後，商工会から愛知県商工会連合会支部長や自治体としては5市長と町村会長が参加するようになる。

　こうした背景から，2008年には「東三河商工会議所商工会正副会頭会長会議」に移行しており，商工会と自治体からは5市長と町村会長が参加している。目的としても，交流や情報共有から協議の場へと移行することとしており，協議事項の事前調整を行う機関として3商工会議所の広域担当副会頭と専務理事，2市および2支部の商工会の広域担当副会長と事務局長による「東三河産業政策調整会議」を設置している。

2）東三河広域経済連合会の設立

　2011年に東三河県庁設置が確定し，市町村の広域連合設立への動きも進展をみせてきたことから，全商工会議所，商工会からなる東三河広域経済連合会を2012年4月25日に設立している。設立趣意書には，「愛知県では，東三河地域の振興を県全体の飛躍の柱と位置づけ，東三河担当副知事の就任に始まり，先ごろの「東三河県庁」発足と，一体的な発展に向けた歩みを進めてきています。また，東三河の8市町村におきましても，広域連合の設置に向けた検討を重ねており（略）東三河県庁や東三河8市町村とスクラムを組み，官民連携による地域づくりを進めるため，ここに東三河商工会議所商工会正副会頭会長会議を発展させた広域連携組織として『東三河広域経済連合会』を設立いたします。」と記している。

　組織としては，会長に豊橋商工会議所会頭，副会長が豊川商工会議所会頭，新城商工会長，監事が蒲郡商工会議所会頭，田原商工会長となっている。行政からは東三河担当副知事，東三河8市町村長がオブザーバーとして毎回参加している。また，商工会議所の副会頭および専務理事，商工会の副会長および事務局長からなる「東三河産業政策企画会議」を設けて，具体的事業の検討や企画調整を行っており，海外事例から官民共同事業形態なども検討している[9]。

3）東三河広域経済連合会の事業

　規約では、「1)東三河地域全体の産業振興に係る事業、2)東三河地域全体で展開するイベント事業、3)愛知県および東三河の市町村との連携事業、4)広域経済圏の振興等に関する調査研究事業、5)行政機関への要望提案活動」をあげている。

　2016年の全体会議資料では、東三河広域経済連合会の役割として、次の3点をあげている。①トライアルモデル事業の実践・展開（先行的なトライアルモデル事業を主要プロジェクトとして展開し、広域的な視点でプロジェクトを実践展開できる人材育成や人的ネットワークを構築）、②東三河地域全体の産業政策にかかる提言・研究活動（愛知県の産業政策立案への積極的参画・提言、東三河広域連合が展開する広域産業政策事業への提案、東三河広域経済連合会が実施する諸事業のブラッシュアップ）、③商工会議所・商工会の事業活動の広域対応（地域商工業者（会員）の経営力向上を実現として、広域的な中小企業経営支援プラットフォームの創設14組織・約14,000会員のスケールメリットを生かした事業創造）。

　次に、主要事業としては以下の4点をあげている。①自動車産業観光の推進（三河港の自動車産業の集積に着目した自動車産業観光）、②広域的な人材育成体制の構築（商工会議所、商工会の枠組みを越えた地域産業の担い手となる人材の育成）、③健康な地域社会の創造（高齢化が進展していく中で、ヘルスケア産業の成長と雇用の創出）、④飯田線を軸とした観光振興プロジェクト（「飯田線」を観光誘客に活用し、山間地振興にも結び付けた沿線の魅力創造）、その他「『奥三河プロジェクト』『渥美半島プロジェクト』の立ち上げ」、「広域的な中小企業経営支援プラットフォームの形成」である。

4）東三河県庁、東三河広域連合との連携

　東三河県庁については、「東三河振興ビジョン」の推進、各種「主要プロジェクト推進プラン」の展開について積極的な連携を果たすとしており、三河港や幹線道路の整備など県事業の推進に向けて、関係自治体や各種団体と

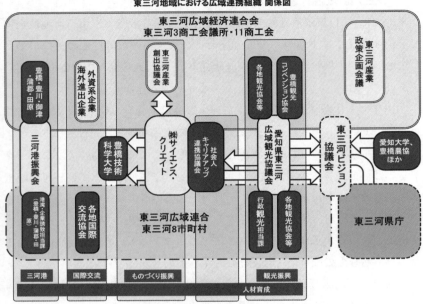

図Ⅰ-1-7　東三河広域経済連合会の活動と他組織の関連
出典：東三河広域経済連合会資料。

連携して積極的な要望・提言活動を実施する，としている。

また，東三河広域連合については，東三河広域連合が策定する「人口ビジョン」および「総合戦略」に深く関与し，図Ⅰ-1-7に示すようにさらに計画実現に連携を深めるとしている。

6　まとめ

ここまで2012年以降顕在化した，東三河地域広域連携を振り返った。東三河地域広域連携の構図をどうみるのかは，長らくの課題であった。結論から言えば，東三河県庁，東三河広域連合，東三河広域経済連合会という3組織によって，県，市町村，産業界の形態が定まったと言えよう。いずれもが

東三河地域の一体性を念頭に置きながら到達した結果である。三遠南信地域の中では，遠州地域や南信地域と異なって，三者が東三河地域全体を覆う複合形態であり，全国的にもあまりみることのできないものであろう。この複合性をどの様に活かしていくのかが，今後の東三河地域の広域連携にとって重要な課題と言えよう。

　ところで，東三河地域の将来像を人口からみてみよう。2015年時点の76万人を100とすると，社会保障人口問題研究所の予測では2030年93.0，2040年86.3，2060年70.5であり，新城以北の中山間部では2030年81.4，2040年69.4，2060年47.6とされる。計画的な人口増加を見込む地方創生の人口ビジョンでも2030年95.4，2040年91.8，2060年83.9であり，中山間部では2030年85.2，2040年76.8，2060年63.2となる。つまり，予測としても計画として，人口減少社会に転じたわけである。こうした未来像の元では，限られた資源を有効活用する広域連携が不可欠である。

　広域連携において異なった組織が連動するには，少なくとも計画面，事業面，将来認識の3点を留意しておくことが必要であろう。第一に計画面の連動である。3組織が共通の計画として認識しているものが東三河県庁の「東三河振興ビジョン」である。ビジョン策定組織に各組織の責任者が含まれることからも妥当な流れであり，広域連合や広域経済連合会からも，同ビジョンに協調する方向性が示されている。一方，現ビジョンのスタート時点には，広域連合が設立されていないなど現状とは異なった条件にもあった。現ビジョンは2023年目標となっているが，住民参加などによる合意性と各組織事業を活かし得る総合ビジョンに適時発展させることが重要であろう。

　第二に事業面の連動である。個別の組織は県，市町村，民間の特性を持っており，事業分担も明確である。この特性を活かして事業を連動することであろう。手法的には，振興ビジョンを詳細化した分野別計画の立案，広域経済連合会が検討するように官民からなるタスクフォースなどが有益である。これら事業連動の要は，事業関係者の親和性にあり，一層の意思疎通が不可欠なものと思える。

第三に将来認識の連動である。人口変化や団塊の世代が後期高齢者となる2025年以降の財政問題などを勘案すると，長期的には更なる組織再編成も考えられよう。広域連合における公選制の検討も残された課題となっているが，県，市町村の組織統合や再度の自治体再編も検討対象となろう。東三河地域が複合型の広域連携を持つことは，こうした将来的な変化に対して複数の選択肢を持ち得る強みでもある。

　結びに若干の感想を述べたが，①将来計画に基づく組織間連携，②事業に基づく組織間連携，③将来認識の共有を通して，東三河地域広域連携の充実を期待したい。なお，県境を越えた地域連携である三遠南信地域については冒頭に現状を述べたのみであるが，本年から次期三遠南信地域連携ビジョンの改定に入るために，次の機会にその展開について報告したい。

　本稿に関する資料の多くは，愛知県東三河総局関係部局，東三河広域連合関係部局，東三河広域経済連合会事務局から提供いただいた。また資料収集には，愛知大学三遠南信地域連携研究センター小澤高義研究員の助力を得た。記してお礼を申し上げる。

注

(1) 2012年11月実施。対象は，東三河各自治体の自治会等役員（配布1,031名，回収809名，回収率78.5％），市町村議会議員（配布151名，回収85名，回収率56.3％），行政管理職職員（配布1,021名，回収956名，回収率93.6％）である。
(2) 東三河県庁の準備として東三河県庁（仮称）に向けてアドバイザリーボードが設置されるが，第1回会議において大村知事から「東三河県庁が中京都構想の中で重要な柱」，と発言されている（東愛知新聞2011年6月18日）。
(3) 静岡県は2015年4月に「賀茂地域政策局」と「賀茂危機管理局」を統合して「賀茂振興局」を設置，東三河県庁の方式を採用して8月から伊豆半島担当副知事を設けている。ただし，東三河県庁の様に伊豆半島全体を総合事務所化しているわけではない。
(4) 2014年4月1日現在で地方自治法第155条の規定に基づく総合出先機関を設置している都道府県が29道府県（総務省地方自治月報第57号4.執行機関関係）。
(5) 愛知県の地方創生交付金に占める東三河地域の比率は，地方創生先行型交付金24％，地方創生加速化交付金13.5％，地方創生推進交付金（申請時）30％強と，人口比1割に比して高いものとなっている。

(6) 新城フォレストベースの場合，市機関と県機関の関連性が高まり，例えば市からの保安林照会件数は2011年35件から2012年以降は年間200件程度と急増している。
(7) 設置準備段階の豊橋市事務局資料では，消防防災ヘリ，農地転用許認可権限移譲，水道業務の共同化，小中学校教職員対象研修等への展開も記載されている。
(8) 広域連合議会の議事録によれば，総合的なグランドデザインのあり方や事業方針に「東三河振興ビジョン」との関係が議論されている（例えば，2015年8月10日議事録39頁）。
(9) 例えば，ドイツのウォルフスブルク市では，市とフォルクスワーゲン社が出資した事業会社を立ち上げ，観光事業等の多様な事業を運営しており，これらの現地視察や官民連携方式導入の提言を行っている。

文献

戸田敏行 2012「経済社会的一体性」『東三河の経済と社会』（愛知大学中部地方産業研究所）第7輯
豊橋商工会議所 1993『豊橋商工会議所百年史』

（戸 田 敏 行）

第2章　平成合併による東三河の行政・地域の変化

①　平成合併の推進と行政・地域の変化

　1999（平成11）年の改正合併特例法以来，全国を席巻した平成合併の結果，全国の市町村数は，1999年3月末～2010年3月末までの11年間で，3,232から1,727へ約半減した。人口1万人未満の町村数は1,537から457へ，特に村数は568から88へ8割以上も激減した。他方，市は670から786へ漸増した。平成合併は，主に小規模町村の合併を最大の標的としていたのである。

　市町村合併が雪崩現象を起こしたのは，2004～05年度の僅か2年余りである。この間，市町村数は，3,132から1,821へ4割超の急減となった。この急激な大合併は，合併特例債や地方交付税合併算定替のような合併促進策によってではなく，逆に，2004年度からの国庫補助金・税源移譲・地方交付税の「三位一体改革」を謳うムチ対策によって強行された。特に，地方交付税は，2004～06年の3年間に，約5兆円もの財源が地方から国に吸い上げられ，財政力の弱体な地方の小市町村を一挙に財政危機に陥れ，合併への動きを加速させた。合併に走った市町村は全国の約2/3に達し，市町村あたりの平均人口は3.6万人から6.9万人になり，平均面積は115km²から215km²へとほぼ倍増した。平成合併は，明治，昭和につづく第3の大合併となった。

　市町村の減少率は，長崎県，広島県，新潟県，大分県が70％前後でトップ集団を形成し，「西高東低」といわれるように九州・中国・四国などの西日本や北陸で概して高い。他方，大都市圏や関東，東北，北海道などは一般的に低い。愛知県は，減少率31.8％と全国で38位であるが，大都市圏の中では一番高い。合併の地域格差は，昭和の合併が「東高西低」であった他に，主要には，財政力の強弱と地理的条件が大きく影響している。他方，この間，非合併の市町村も1,175残り，合併後全国の約67％に達している。ただし，

非合併市町村は都市部に多く，財政力が相対的に強いことが合併を消極的にさせた。逆に農村部では，財政力の脆弱なことが合併を促進させる一方，合併を望んでも相手側に拒否され，合併できないケースさえ多発した。

②　平成合併の歴史的位置付けと合併に対する「評価」

「平成の合併」とは，何だったのか。近代以来，大規模な市町村合併は，明治・昭和・平成の特定の時期に集中している。このことは，大合併を歴史的に捉える重要性を示唆している。近代以来の日本の特徴は，資本主義が大きな曲がり角を迎え，政治と経済の矛盾が噴出する歴史の節目では，必ず地方制度の改革が課題となり，その基軸に，市町村合併が置かれてきたことである。

「明治の合併」は，明治憲法の制定前夜において，国策である富国強兵・殖産興業を目指す天皇制官僚国家の土台の形成に主眼が置かれた。すなわち，江戸期からの村落共同体である「自然村」を，天皇制官僚国家の最底辺を構成する「行政村」に改造し，市制町村制を施行した。その基礎固めのため，1888（明治21）年から2年間で，7.1万余の町村を1.6万へ強制的に合併させたのである。それはまた，徴税，徴兵，戸籍，小学校教育など増加する国政委任事務を，市町村の負担で実施させる財源捻出の手段でもあった。

「昭和の合併」は，戦後の地方自治制度の進展を前提としながらも，公共事業にリードされる経済成長型国家の土台づくりを目指していた。すなわち，新制中学校や社会福祉などの生活基盤とともに，成長を支える産業基盤を効率的に運営していくために，合併によって規模の利益を追求しようとしたのである。その結果，市町村数は，1953（昭和28）年からの8年間で，約9.9万から3.5万弱へ，約1/3へと急減した。

これに対して，「平成の合併」は，1980年代以降，大企業の多国籍企業化とグローバル経済化が格段に進展する中で，グローバル企業国家の土台づくりを志向していた。すなわち，新自由主義的な構造改革の地方における突破

口として，将来的な道州制の導入をも視野に入れて市町村合併が位置づけられ，国から地方への財政支出の削減と市場化による財政効率を狙いとして，国をリード役に，市町村合併が半強制的に推進されてきたのである。

　このようにして，強行に推進された市町村合併によって，住民の暮らしと地域社会はどのような影響を受け，また，それはどのように「評価」されているだろうか。市町村合併を主導してきた総務省は，「合併の効果」として，次の4点を強調してきた。①住民の利便性の向上，②広域的なまちづくり，③サービスの高度化・多様化，④行財政の効率化，がそれである。

　しかし，その総務省でさえ，最近の合併に対する「総括」では，「多くの合併市町村において，合併の評価は大きく分かれている」ことを認めている（総務省 2010）。特に注目すべきは，「行政側の評価と住民側の評価が必ずしも同じものとはならず，各種アンケート等によれば，住民の反応としては，『合併して悪くなった』，『合併しても住民サービスが良くなったとは思わない』，『よいとも悪いともいえない』といった声が多く，『合併して良かった』という評価もあるが，相対的には合併に否定的評価がなされている」ことを，率直に認めていることである。しかも，全国町村会が，平成の合併について評価した『平成の合併をめぐる実態と評価』（2008）の内容を引用しながら，「財政支出の削減」，「職員の能力向上」をプラス効果として評価する一方，マイナス効果として，「住民への細かな行政対応力の低下」，「迅速な判断と機動性の低下」，「自治体独自の施策の廃止・縮小やサービスの画一化」，「行政と住民相互の連帯の弱まり」，「財政計画との乖離」，「住民自治活動の衰微」，「周辺部の衰退」等をあげ，「市町村を合併に向わせたのは，財政問題，国・府県の強力な指導」であるとした全国町村会の評価を紹介している。

　ちなみに，全国町村会の合併アンケートは，非合併町村にも，その理由を尋ねている。これによれば，「合併のメリットが見いだせない」，「地理的制約がある」，「周辺部の衰退への懸念」等のために住民の支持が得られなかったことを，非合併の理由にあげている。むしろ，非合併でいてこそ，「地域に対する愛着と責任を行政・住民が共有」し，「地域の目標・ニーズを明

確にして身の丈に合った地域経営が可能」となる，また「行政と住民，住民同士の顔のみえる地域単位でこそ住民自治は開花できる」として，非合併でいることに対して積極的な評価さえ行われている。これらの結果は，全国1,750市町村への合併アンケートを実施したわれわれの2009年調査の結果ともほぼ一致している（宮入・佐藤　2011）。

③　愛知県および東三河地域における市町村合併の動向

　1999（平成11）年の改正合併特例法による合併促進策を契機に，全国的に市町村合併の動きが活発化した。一方，2001年に発足した小泉内閣は，市町村合併を「骨太の方針」に明示し，これを受けて総務省は，「市町村合併支援プラン」とともに地方財政構造改革を打ち出した。地方財政構造改革の最大の目玉は地方交付税の改革にあり，過疎地の小規模町村ほど手厚くしていた段階補正の削減，事業費補正の縮小，留保財源比率の見直しを打ち出

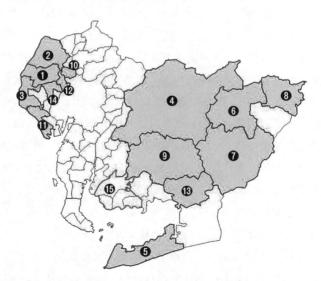

図Ⅰ-2-1　平成合併下での愛知県の市町村合併図
出典：愛知県総務部市町村課（2015）「愛知県の市町村合併」。

した。こうして，地方の小規模町村を合併へ追い込んでいく財政的な「ムチ」の装置が出来上がった。2002年の「西尾私案」がこれに追打ちをかけ，最後の仕上げが2003の「三位一体改革」による地方交付税5兆円の大幅削減だったのである。

　国のこの動きを受けて，愛知県においても，2000年12月，愛知県市町村合併推進要綱が作成された。県の誘導の下に，全県的に市町村合併に関する検討が進みだし，合併への気運が盛り上がった。愛知県は，合併への啓発や広報，調査活動，補助金交付，人材派遣，情報提供等を積極的に展開した。こうした国の意向を受けて愛知県により推進された平成合併の先陣を切った

表Ⅰ-2-1　平成合併下での愛知県の市町村合併一覧

	市町村の名称	合併期日	合併関係市町村
1	稲沢市	2005年4月1日	稲沢市・祖父江町・平和町
2	一宮市	2005年4月1日	一宮市・尾西市・木曽川町
3	愛西市	2005年4月1日	佐屋町・立田村・八開村・佐織町
4	豊田市	2005年4月1日	豊田市・藤岡町・小原村・足助町・下山村・旭町・稲武町
5	田原市	2003年8月20日	田原市・赤羽根町
		2005年10月1日	田原町・渥美町
6	設楽町	2005年10月1日	設楽町・津具村
7	新城市	2005年10月1日	新城市・鳳来町・作手村
8	豊根村	2005年11月27日	豊根村・富山村
9	岡崎市	2006年1月1日	岡崎市・額田町
10	北名古屋市	2006年3月20日	師勝町・西春町
11	弥富市	2006年4月1日	弥富町・十四山村
12	清須市	2005年7月7日	西枇杷島町・清洲町・新川町
		2009年10月1日	清須市・春日町
13	豊川市	2006年2月1日	豊川市・一宮町
		2008年1月15日	豊川市・音羽町・御津町
		2010年2月1日	豊川市・小坂井町
14	あま市	2010年3月22日	七宝町・美和町・甚目寺町
15	西尾市	2011年4月1日	西尾市・一色町・吉良町・幡豆町

出典：愛知県総務部市町村課（2015）「愛知県の市町村合併」。

のが，2003年8月の田原町の赤羽根町編入合併による田原市の誕生であった。

　これを皮切りに，図Ⅰ-2-1，表Ⅰ-2-1で示したように，2006年3月末の旧合併特例法の期限までに，県内36の市町村が合併して12の新市町村が誕生した。市町村数は88から64に減少したが，市が31から34に微増する一方，町は47から27へ，村は10から3へと激減した。特に，人口1万人未満の小規模町村は19から7へ約1/3となり，その大多数は財政力指数0.5以下の財政力の弱体な町村であった。総務省の基本指針では，1万人未満の小規模町村の合併が推奨された。愛知県は，国の基本方針を受けて，小規模町村の合併を積極的に推進した。その後の新合併特例法下の「愛知県市町村合併推進構想」（2006年12月）においても，「1万人未満の市町村について，重点的に合併の推進に取組んでいく」，としている。

　東三河では，2005年10月の渥美町の田原市への編入合併，設楽町と津具村の新設合併，新城市・鳳来町・作手村の新設合併，2005年11月の富山村の豊根村への編入合併など，小規模自治体を対象とする市町村合併が，愛知県の施策にもリードされて，2006年3月末の旧合併特例法の期限切れ直前に集中的に実施された。一方，2006年2月に一宮町を編入合併した豊川市について，愛知県は，その後も周辺3町，音羽町（0.86万人）・御津町（1.35万人）・小坂井町（2.18万人）との合併を，宝飯郡内の一体の町村として全部まとめて豊川市に合併させる方針を打ち出した。音羽町以外は人口が1万人を超えていたにもかかわらず，である。

　以下，東三河の合併の動向について，さらに考察を深めていこう。

④　豊川市の合併の経緯と課題

　「愛知県市町村合併推進要綱」（2000年12月）では，県内市町村の合併パターンが提起され，豊川市と宝飯郡4町との合併枠組みも示された。豊川市の合併は基本的にはこの構想に沿って展開される。2001（平成13）年11月，住民発議を受けて，豊川市・音羽町・一宮町・小坂井町・御津町の法定合併

協議会が設立された。住民発議による法定協議会設立は県内では初めてであり，その背景には，愛知県の強い後押しとともに，青年会議所等の地域の既存組織の積極的な働きかけがあった。しかし，住民発議で始まった合併協議も，合併に関する住民の主体的な議論や合議には至らなかった。そのため，合併協議の最終局面である2004年2月に実施された住民意識調査では，合併への賛成・反対は拮抗し，むしろ反対票が御津町で69.4％，一宮町で55.1％と過半数を占め，合併反対の気運さえ高まり，合併協議会は一旦は解散に追い込まれた。

1）豊川市と一宮町との合併

しかし，1市4町合併協議会が解散した5カ月後，2004年8月に，一宮町で豊川市との合併を推進する住民請願書が町議会に出され，採択された。これを受けて，一宮町は豊川市に法定合併協議会の設置を申し入れ，04年11月には両市町に法定合併協議会が設置された。合併協議会設置前に，両市町間で事前協議事項確認書が締結され，その後，2005年3月末の合併特例法の期限切れを控え，合併協議が慌ただしく集中的に進められた。そこでは，合併方式は編入合併とし，行政運営は豊川市に合わせるものの合併後3年間は緩和措置をとること，町役場を総合支所として存続すること，地域審議会の設置を検討すること，合併特例に基づく増員選挙（4名）を実施することなど，合併時の被合併自治体に対する一定の配慮がなされていた。

2005年2月末，一宮町で，豊川市への編入合併の是非に関する住民投票が実施された。結果は，賛成4,353に対し反対4,333，僅か20票差の賛成多数という大接戦であった。しかし，これを根拠に，3月12日に合併協定調印式が行われ，翌2006年2月1日，一宮町は豊川市に正式に編入合併された。

こうして一宮町の豊川市への編入合併は，2006年3月末の合併特例法の期限切れ直前に極めて慌ただしく実施された。そのため，両市町の事務事業調整は不十分なまま，多くの事務事業が豊川市本庁に集中された。旧一宮町の地域の伝統や自治はそれだけ軽視され，合併後の地域自治にも問題を残した。

2）豊川市と音羽町との合併

　豊川市と一宮町の合併の決定を契機に，周辺3町でも合併への動きが再燃した。合併新法のもとで，2005年8月からは県の合併支援室が，音羽町・小坂井町・御津町の住民を対象に地域実態調査を実施し，合併の方向への働きかけを開始した。音羽町では，すでに05年5月，合併を積極的に推進する立場から「音羽町住民懇話会」が発足した。豊川市議会も，05年9月に「合併問題調査特別委員会」を設置し，住民の意見を聞く特別委員会協議会を併設して議論を重ね，同年12月には市議会定例会に，豊川市への編入合併を目指すとの調査結果を報告した。音羽町議会でも，豊川市との合併協議を求める決議を可決，音羽町町長も豊川市との合併を正式に表明した。

　一方，愛知県は，国の基本指針である人口1万人未満町村が，音羽町を含めて県内になお存在すること，それら町村を合併の重点対象とした実態調査結果について，町長，議会のほか住民懇談会においても説明した。その上で，合併反対の意見はなかったとして，県は両市町に対して合併が適切であるとの判断を示した。こうした経緯を経て，2006年3月，音羽町から豊川市に正式に合併協議の申し入れがなされた。同年6月，豊川市はこの申し入れを受け，両市町の担当部課長で構成する「豊川市・音羽町合併研究会」を設置，2007年1月に報告書が公表された。07年6月には御津町も含めて1市2町で合併協議会が設置され，翌2008年1月15日に2町は豊川市に編入合併された。

　以上の経緯からも明らかなように，音羽町の豊川市への編入合併は，愛知県による合併推進策と合併スケジュールに強くリードされながら，町内の合併推進派住民と議員らとの連携によって実現したということができよう。

3）豊川市と御津町との合併

　御津町は，2004年2月の合併の是非に関する住民意識調査で，反対の割合が7割近くもあり，反対が一番多かった。しかし，その後町議会において，合併の是非をめぐって「御津町の将来を考える会」が発足し，郡内議員研修会，情報交換会等が活発化した。2006年7月の町長選挙で，合併推進を掲げる現

職町長が当選すると，流れは一気に合併に傾いた。同年8月には県による地域実態調査説明会が，また9月には，音羽町と符節を合わせて「合併に関する住民説明会」が開かれた。御津町議会臨時会では，豊川市との合併を求める決議が可決され，10月末には，御津町から豊川市に対して，正式に合併協議の申し入れがなされた。これを受けて，愛知県は2006年11月，「御津町は音羽町と共に豊川市と合併することが適切である」，との判断を示した。2007年2月には，音羽町と同様，「豊川市・御津町合併研究会」が設置され，両市町の行財政の現状や合併に関する課題等について事務レベルの検討が行われ，同年5月に報告書が公表された。6月には，豊川市・音羽町・御津町合併協議会が設置され，8月までの間に合併協議，住民説明会が実施された。

　合併協議では，①合併方式は「編入合併」とし，行政運営は原則として豊川市に合わせること，②町役場を当面の間「支所」とすること（一宮町は「総合支所」であった），③住民の意見を集約する組織として合併特例法で規定された「地域審議会」ではなく，それにかわり「地域振興協議会」（地域自治という点ではより権能が弱い組織）を設置すること，④市議会の議員定数は，合併特例法に基づき，豊川市議会議員の残任期間に限り，音羽町区域から2人，御津町区域から3人を増員すること等が決められ，8月16日，1市2町の議会で合併関連議案が可決され，2008年1月15日に新・豊川市が誕生した。なお，①行政運営において，原則として豊川市に統一する点については，合計1,040の事務事業のうち862件（82.9％）が豊川市に統一され，音羽町への統一はゼロ，御津町への統一は6件に過ぎなかった。

　以上からも明らかなようにも，豊川市への音羽町・御津町の合併は，愛知県に先導されながら，一宮町の豊川市への編入合併を先行事例として実施された。しかし，一宮町では容認された「総合支所」や「地域審議会」が否定されたように，豊川市が両町の合併を一層積極的にリードした側面が強い。編入された音羽町，御津町に対して，地域の実情や伝統，慣例等を重視した地域自治に関する同市の配慮は，一宮町と比べ一層希薄であったといえよう。

4）豊川市と小坂井町との合併

　豊川市と宝飯郡4町との合併動向の中で，最も出遅れたのが小坂井町である。小坂井町は，4町の中でも人口が漸増して約2.2万人と最も多く，豊橋市と境界を接し，国道1号線沿いに2次・3次産業を中心に産業や雇用が確保され，町の財政力指数も0.85～0.90（2006～08年度）と高く，合併に活路を見いださないと地域経営が成り立たないような状況にはなかった。

　しかし，小坂井町では，2006年5月に町議会選挙が終わり，住民から「豊川市との合併をもとめる請願」が出されると，同年6月，同町議会はこの請願を検討する特別委員会を設置し，10月には，①音羽町・御津町の動きへの配慮，②編入合併による影響等の住民への説明，③住民投票等による住民意思の確認を付帯条件として，この請願書を採択した。この請願書採択を受け，小坂井町では2006年11月から編入合併を前提とする住民説明会が開かれ，翌2007年2月には，豊川市への合併協議の申し入れに対する賛否の住民意識調査が実施された。その結果，賛成が7,230（71.8％）と多数であったため，町議会は，同年3月の定例会で「豊川市への合併協議を求める決議」を全会一致で可決し，4月には合併推進室を設置するなど，合併に向けた体制を整えた。

　しかし，その後は，豊川市と音羽町・御津町の合併が先行し，小坂井町との合併協議はなかなか進まなかった。ようやく翌2008年7月，小坂井町から豊川市への正式な合併協議の申し入れが行われ，「豊川市・小坂井町合併研究会」が設置された。ところが，2009年1月の小坂井町長選挙を控えて，研究会は事実上中断してしまい，報告書の公表は同年4月までずれ込んだ。

　なお，この間，愛知県の小坂井町合併に対する対応は，これまでの一宮町・音羽町・御津町の豊川市との合併に対する積極的姿勢とは打って変わって消極的となり，豊川市もそれに追随した。その理由は正確には不明であるが，小坂井町の合併手続きはすでに最終局面に達しており，愛知県だけでなく豊川市にとっても，もはや焦る必要はないと判断したのであろう。2009年5月には両市町で合併事前協議確認書が締結され，6月に合併協議会を設置，8

月には合併協定調印式が開かれ，翌2010年2月1日に編入合併された。

　しかし，被合併4町の中で最も出遅れた小坂井町の合併は，他の3町と比べても一層不利な条件を余儀なくされた。例えば，合併方式は編入合併と同一であったが，行政運営はすべて豊川市に統一され，小坂井町への統一はゼロであった。また，合併緩和措置は検討しないこと，当面の間「支所」をおくが窓口業務に限定すること，住民意見の集約は「地域審議会」や「地域振興協議会」のような代替組織も設置せず既存の区長会を利用すること，合併後への申し送り検討事項は設けないこと，等が決められた。こうした合併経緯をみると，小坂井町の住民自治が今後十分に育まれていくかは保障の限りではない。むしろ，豊川市が，2万人を超す旧小坂井町住民の生の声や要求を吸上げ，それを市の行政運営に活かしていく「地域自治組織」の新たな仕組みを創り出していかない限り，住民主権，住民参加，住民福祉を保障する真の地域づくりは，まだまだ先の課題であるといえよう。

5　田原市の合併の経緯と課題

　愛知県は，自主的な合併を推進するという建前から，固定的な合併パターンは示さずに合併議論の素材を提供するにとどまるとした。しかし，実際の県の「市町村合併推進要綱」（2000年12月）は，市町村長・議員の意向調査や，客観的指標でみた日常生活圏と市町村相互の結びつきを考慮した複数の合併パターンを類型別に示している。そこでは，人口規模別に，①中核市・特例市型，②都市機能充実型，③生活機能充実型に3類型し，他方，関係市町村の人口規模の格差別に，Aタイプ（規模類似），Bタイプ（規模多様）に区分して，広域行政圏ごとにそれらをクロスさせた複数の合併パターンを示した。「豊橋渥美広域市町村圏」では，豊橋市が非合併となったので，田原町・赤羽根町の2町（人口合計約4.2万人）合併と，2町に渥美町を加えて3町（同約6.5万人）の合併が，共に「都市機能充実型のBタイプ」として示された。

　これ以前，すでに渥美郡3町では合併に向けた研究会が設置され，合併に

向けた協議が事実上始められていた。2000(平成12)年10月2日には法定の「渥美郡3町合併協議会」が設置され，対等合併を目指して合併協議が本格的に開始された。しかし，渥美町側が新市名に郡や半島の名前でもある「渥美市」を主張したのに対して，経済力にめぐまれる田原町側は「田原市」を主張した。最終的には新市の名称や議員の在任特例等について協議が難航し，02年10月31日，合併協議会は一旦解散となった。以後は，個別の合併交渉に移行した。

1）田原町と赤羽根町の合併と「田原市」の誕生

　法定合併協議会の解散を受けて最初に動いたのは，赤羽根町であった。同町では2002年11月11日，有権者の61%（3,013人）の署名をもって，田原町との2町合併を目指す合併協議会設置請求の住民発議がなされた。これに続いて渥美町でも，有権者の約27%（4,887人）の署名を集め，渥美郡3町合併協議会設置の住民発議が出された。

　赤羽根町の住民発議の有権者比率61%は，渥美町の27%と比べると2倍以上も高い。これにはいくつかの理由が考えられる。第1は，両町の人口差が相当大きく，それが署名数に反映したことである。2000年の国勢調査人口では，赤羽根町6,151人に対して渥美町は22,402人，人口差は約3.6倍あった。人口が多いほど，この種の署名は集めにくくなる。第2は，赤羽根町が抱えていた地域問題，とりわけ主力産業の農業における人口の急減と人口流出にともなう高齢化の進行への危機意識である。特に，1979年にトヨタ自動車田原工場が立地して工業化した田原町（人口43,132人）と比べると，赤羽根町は農業や漁業等の第1次産業が中心であり，渥美3町の中では経済的に最も弱体であった。第3に，経済力の弱さを反映して，赤羽根町の財政力指数は，田原町1.59，渥美町0.62に対し，0.35と格段に脆弱であった。いうまでもなく田原町は普通交付税の不交付団体であり，トヨタ田原工場の操業以来，全国でも有数の富裕団体となった。一方，赤羽根町は，歳入総額28億円のうち12億円，4割超を普通交付税に依存していた。しかも，第4に，当時国は小泉内閣の「骨太の方針」の下に，市町村合併を強力に推進する方針を打ち

出した。その主要な標的は「人口1万人未満の町村」であり、従来小規模町村ほど手厚く配分してきた地方交付税の段階補正等を縮減し、合併へと追い込むムチ政策に転じた。こうした内外の圧力が、赤羽根町民の危機感を醸成し、合併へと追い立てていったといえよう。

一方、渥美町でも、合併後の市の名称は協議によって解決すべきであり、生活圏が一体となっている3町合併こそが相応しく、赤羽根町が提起している2町合併は拙速であるとして、3町合併協議会の設置を田原町に対して求める住民発議がなされた。かくして、赤羽根町長と渥美町長から田原町長に対して、別個に2つの合併協議会設置議案を田原町議会に提案するか否かについて、意見照会がなされたのである。

これを受けて、田原町は、住民意見の集約のために、行政懇談会や団体懇談会を実施すると共に、住民アンケート調査を実施した。住民アンケート調査（住民6,000人対象）の結果、「赤羽根町との編入合併」50.4％、「赤羽根町、渥美町との新設合併」16.1％、「どちらも検討する必要はない」28.2％の回答が得られた。田原町長は、このアンケート調査の結果等を踏まえて、赤羽根町長から出された2町合併協議会設置議案のみを田原町議会に付議することとし、その旨を赤羽根町長および渥美町長に回答した。田原町は、これまでの合併協議の経緯を踏まえて、「田原」という名称を残しながら、しかも、トヨタ田原工場が立地する企業都市として「市」へ移行するためには、赤羽根町との2町合併を先行させる方が得策であると考えたと推察される。かくして、2003年2月5日、田原町と赤羽根町の2町により法定協議会・「田原町、赤羽根町合併協議会」が設置された。同年8月20日には、赤羽根町を廃してその区域を田原町に編入合併し、同時に新たに「田原市」として市制が施行された。この田原町による赤羽根町の編入合併は、愛知県における「平成合併」の先駆けとなったのである。

2) 渥美町の田原市への編入合併

その後、渥美町では、2003年7月に前町長辞任にともない町長選挙が実施

され，早期合併推進を掲げる新町長が当選した。2004年5月23日には，渥美町で，田原市への編入合併の是非を問う住民投票が行われた。その結果，投票率75％，賛成85.1％，反対14.9％と町民の圧倒的多数により田原市への編入合併が支持された。この結果を受け，渥美町は早速翌5月24日，田原市に合併協議を申し入れた。また，6月1日には，渥美町議会も「田原市への編入合併を推進する決議案」を可決した。この一連の過程をみると，合併に取り残された渥美町民と町行政・議会の焦りにも似た切迫状況が窺われる。

他方，田原市では，渥美町からの合併協議の申し入れを受け，その対応を検討するために住民説明会を行い，2004年7月には住民アンケート調査を実施した。住民アンケート（住民6,700人対象）の結果，「合併を進める」15.4％,「渥美半島の将来を考えれば合併はやむを得ない」44.1％と，「合併賛成」が約60％を占めた。その一方，「渥美半島の将来を考えても合併は進めるべきではない」11.4％,「いずれにせよ合併を進める必要はない」22.8％と，「合併反対」も約1/3に達している。しかし，両市町は2004年8月16日，法定協議会「田原市・渥美町合併協議会」を設置し，編入合併協議に入った。同年12月27日，両市町で合併関連議案が可決された。翌2005年3月，愛知県議会で合併関連議案が可決され，同年10月1日に現行の田原市が誕生した。

3）合併による広域化と地域住民自治組織の導入と課題

2005年10月の渥美旧3町合併によって，人口（2000年国調）65,534人，面積188.6km²の新・田原市が発足し，ここに渥美郡は消滅した。しかし，新・田原市は，渥美半島全域をカバーする相当広域な合併であり，一方，従来，それぞれの旧町内や地域コミュニティにおいて大切にされてきた自然や歴史，文化，コミュニティの慣行，祭事などには独自の特色がある。したがって，編入合併とはいえ，一挙に旧田原町のまち運営のやり方に旧2町を合わせることには障害があった。また，新市が広域化したことにより，従来のようにきめ細かい行政の目配りが届かない問題も解決されなければならない。特に広域合併により市域の周辺部となる地域住民からは，中心部との行政サ

ービスの格差が拡大する不安や，学校区再編の懸念，地域住民の声が行政や議会に届きにくくなる不満，経済や産業の地域的な格差拡大などの懸念が，広域合併にともなって解決すべき課題として浮上してきた。そこで，田原市は，新市発足を契機に，全市域を細分化した「地域自治組織」をつくり，それを管理運営する「住民自治組織」を編成することにしたのである。

田原市は，合併直後の2007年3月，「第1次田原市総合計画2007-2030」を策定した。この計画で強調されたのが，「参加と協働」の観点から地域コミュニティを重視する施策である。田原市の発足とともに，旧赤羽根町と旧渥美町にも，小学校区ごとに，コミュニティ，自治会から構成される「校区」と，この「校区」ごとに各種団体や個人が加わった「校区コミュニティ協議会」が設立された。こうした地域自治組織と住民自治組織を制度的に保障するために，2008年4月には「田原市市民協働のまちづくり条例」が施行された。

現在市内には，旧田原町に9地区，旧赤羽根町に3地区，旧渥美町に8地区，合計20地区の「校区コミュニティ協議会」がつくられている。同協議会の具体的な活動としては，「校区まちづくり推進計画」の策定・運営，各自治会・団体等を超えた課題対応や協議調整，校区全体の防犯・交通安全・環境保全・青少年育成，市民館を拠点とする生涯学習，行政との連絡調整・助成金受入れ等である。2011年には，各校区コミュニティ協議会の意見集約，調査活動，交流の場として，「田原市地域コミュニティ連合会」が結成され組織が整えられた。

こうした合併前からの成果を引継ぎつつ，合併後の地域自治組織，住民自治組織の体制整備と実践活動の検証を通じた教訓をどのように活かしていけるかが，合併後の田原市における今後の重要な課題であろう。

⑥ 新城市の合併の経緯と課題

1）新城市・鳳来町・作手村の合併と新「新城市」誕生の経緯

愛知県は2000（平成12）年の「市町村合併要綱」で，具体的な複数の合

併類型を示した。そこでは広域行政圏ごと，人口規模別に中核市・特例市型，都市機能充実型，生活機能充実型に3類型し，他方，人口格差別に，Aタイプ（規模類似），Bタイプ（規模多様）に2類型し，双方をクロスさせた合併類型が示された。新城市を中心とする奥三河の圏域である「新城南北設楽広域市町村圏」については，①新城市・設楽町・東栄町・豊根村・富山村・津具村・鳳来町・作手村の奥三河8市町村（都市機能充実型-Bタイプ，面積1,052㎢，人口約6.9万人），②新城市・鳳来町・作手村の3市町村（都市機能充実型-Bタイプ，面積499㎢，人口約5.5万人），③設楽町・東栄町・豊根村・富山村・津具村の2町3村（生活機能充実型，面積553㎢，人口約1.4万人）の合併3類型が示された。

　2002年11月，①の奥三河全8市町村により，「新城南北設楽任意合併協議会」が設立された。しかし，大阪府面積の半分にも匹敵する広大な奥三河の過疎地を擁する市町村の合併は容易ではない。森林・原野面積は約80～90％に達し，高齢化率も40％前後と高く，県内随一の典型的な過疎地域である。とりわけ，圏域最南端に位置する中心都市の新城市から遠く，合併後取り残されるリスクが高い中山間地の不安は大きかった。また，唯一の市である新城市の財政力指数でさえ0.63（2002年度），他の町村の指数は軒並み0.1～0.3程度であって，新城市だけで他の財政力が弱体な町村を支える余力はなかった。協議の結果，2003年6月に任意合併協議会は解散し，新城市・鳳来町・作手村と北設楽郡5町村とに分かれて合併の検討を進めることで合意した。その結果，後に設楽町と津具村の合併（2005年10月），豊根村と富山村の合

表Ⅰ-2-2　新城市合併関係市町村の現勢

関係市町村	人口[1]	高齢化率[2]	面積[3]	議員数[4]	一般職員数[5]	財政力指数[6]
旧新城市	36,022人	20.1％	117.94㎢	20人	445人	0.67
旧鳳来町	14,355人	28.3％	263.66㎢	16人	155人	0.39
旧作手村	3,226人	32.3％	117.40㎢	10人	73人	0.27

出典：日本都市センター「合併市一覧」。http://www.toshi.or.jp/app-def/wp/?p=3679
注(1)(2)：2000年「国勢調査」。(3)：2004年10月「全国都道府県市区町村別面積調」。
　(4)：合併直前の定数。(5)(6)：2003年度「市町村別決算状況調」。

併（2005年11月）が成立した。しかし，東栄町は単独で存続する途を選んだ。

一方，新城市・鳳来町・作手村の3市町村は2003年7月，法定の「新城市・鳳来町・作手村合併協議会」を設立した。合併前の3市町村の状況は表Ⅰ-2-2の如くであるが，合併協議に入って，協議会ではいくつかの争点が浮上した。

第1は，合併方式について，「編入合併」か「新設合併」かという点である。新城市選出の行政・議会委員からは，編入合併が提案された。その理由は，市と2町との財政力格差，行政力の格差，合併による経費や時間の効率性などであった。しかし，新城市選出委員を含む他の大多数の委員からは新設合併が主張され，平行線を辿ったものの，最終的に「新設合併」に落ち着いた。

第2は，新市の名称についてである。当初，合併が住民や経済活動に及ぼす影響が少ないとの理由から「新城市」が提案された。しかし，鳳来町や作手村の委員を中心に「公募」にすべきとの意見が出され，後日，住民意見交換会におけるアンケート調査等を参考に再度議論されたものの容易に決着がつかなかった。結局，合併協議会での採決の結果，「新城市」に決定した。

第3は，議員定数と任期の扱いについてである。議員定数については，合併特例は使わず，合併と同時に旧市町村を単位として選挙区を設け，定数30（法定上限），うち新城20，鳳来8，作手2とする提案がなされた。定数配分は人口比例であったが，少数意見の反映の点から作手村の定数増が議論された。しかし，新城市，鳳来町は自らの定数削減には反対したため，結局は当初の提案で決着し，議員選挙は市長選挙と同時に，2005年11月13日に実施された。なお，将来の定数・選挙区設置については合併後の協議に持ち越されることになった。

さらに，新たな市役所の位置については，本庁舎は新城市役所とするが，鳳来町・作手村の庁舎は，当分の間「総合支所」とすること，また旧市町村には，合併特例法に基づく「地域審議会」を置くこととされた。ここには，旧市町村間の融和と調整を図りながら新市の運営に乗り出そうとしている状況がみてとれる。2004年8月には「新市まちづくり計画（新市建設計画）」

が策定された。翌2005年1月合併協定に調印，2月9日各議会で合併関連法案が議決され，所定の手続きを経て同年10月1日に新・新城市が発足した。

　以上のように，新城市の3市町村合併の過程を概観するだけでも，市町村合併は，各自治体と地域社会，地域住民の主張や利害関係を強く反映した調整と合意の過程とならざるを得ないことが示されている。しかし，それは，市町合併が，現代の世代だけではなく，過去の世代から地域の自然，歴史，文化，伝統などの遺産を引継ぎ，将来の世代へそれらを手渡していく上で決定的な地域的枠組みの転換である以上，むしろ当然のことであるといえよう。

2）合併にともなう地域の広域化と地域自治，住民自治の制度的展開

　新城市は，合併後の面積が約500㎢となり，7市町村が大合併した豊田市（約950㎢）に次ぐ愛知県内第2位の広域自治体となった。しかも，山間地から中山間地，都市部までを含む，多様な環境とニーズ，地域課題をもつ自治体となった。上述の合併協議における様々な主張の違いや意見の衝突，調整の困難は，そうした自治体間の住民ニーズや地域課題の複雑さを反映したものであった。他方，合併協議会でも，広域化による地域の多様性を考慮した地域自治組織のあり方について論議がなされた。当時はあたかも，2003年11月に第27次地方制度調査会が「地域自治組織」に関する答申を行い，2004年11月には，それを受けて改正地方自治法で一般制度としての「地域自治区制度」が創設された時期であった。しかし，新城市では，「地域自治区」制度の導入については，合併を急ぐ制約もあって今後の検討課題とし，当面は特例法による「地域審議会」を各市町村に設置することとした。「地域審議会」の設置期間は，協議の結果，2011年9月30日までの6年間と定められた。

　2005年10月の合併後，市域内での地域自治組織をめぐる議論は一時沈静化した。しかし，2008年4月には，合併後初の総合計画として「第1次新城市総合計画」が策定され，合併協議会の「新市まちづくり計画（新市建設計画）」をも内包した総合計画として，新市の理念，将来像，計画のプロセス・手段などが提示された。市総合計画では，「協働」のまちづくりによる「市

民自治社会の実現」が基本理念とされた。2009年11月，市長選挙で穂積市長が再選されると，市長指示により基本理念の具体化として地方自治法による一般制度としての「地域自治区」制度の導入が本格的に検討され始めた。2010年9月にはその当初案が完成し，住民説明会が始まった。しかし，当初案は，地域の実情に合致していない部分があり，住民から反発を招いたため，修正を余儀なくされた。

　地方自治法による一般制度としての「地域自治区」は，合併によって広域化した市域内を複数の「地域自治区」に分け，その地区の地域内分権と住民自治とを一定保障しようとする制度である。「地域自治区」は，議会の条例によって設置され，市の全域に設置する必要がある。自治区の所管事務は，市長の権限に属する事務を分掌し，地域住民の意見を反映するものでなければならない。新城市では，所管事務は地域自治区の「自治振興事務所」に置かれ，事務所の職員は一般職の行政職員があてられた。これに対して，条例で定める区域に係る重要事項について市長からの諮問に答申したり，市長に意見具申したりする役割をもち，区域内に居住する者の内から市長が選任する委員から構成される「地域協議会」が存在する。「自治振興事務所」の職員は市長の指揮権限下にある一般職の行政職員であるが，同時に，地域の多様な意見の反映と調整などを行う「地域協議会」の事務をも兼務している。このように，「地域自治区」は，地方自治法によって「上」から法的制度として裏付けられた「地域自治組織」に関する制度である。

　問題は，この「地域自治区」と，従来から存在していた町内会などの地縁的住民自治組織，また各種NPOなどの非地縁的な住民自治組織との関係をどう捉えるかという点である。新城市の合併前の3市町村には，長期の歴史的経緯と実績を持つ地縁組織として「行政区」が存在していた。「行政区」はその名の示すとおり，行政と住民とをつなぐ役割を果たしてきたが，同時に，自主的な住民自治組織としてその組織・運営は地域のコミュニティに任せられていた。市の当初案は，この「行政区」を廃止し，「自治会」に移すとしたが，それは住民の反発を招いた。また，これと関連して各種NPOな

どの機能型組織を「地域づくり住民会議」として地域自治区内の実働部隊として再編する案にも住民は否定的であった。特に，「地域協議会」の委員を「行政区」からではなく，「地域づくり住民会議」や公募住民から選出する案は住民の強い反発を呼んだ。結果として，「行政区」は残され，「まちづくり住民会議」は事実上設置されないままであった。なお，「地域自治区」の区割りも，当初案の8地区から10地区（旧新城市5自治区，旧鳳来町4自治区，旧作手村1自治区）に増やされ，旧市町村の域内住民自治の地域的実情が反映された。

　以上，新城市の「地域自治区」制度は，当初の理念案からは一見乖離したようにみえる。しかし，地域の実情や住民意思を反映した住民自治組織，すなわち地域コミュニティである「行政区」を根底に置きながら，合併後の広域化による弊害を，市域内分権化と住民自治の新しいシステムである独自の「地域自治区」に結晶させて緩和しようとする1つの社会的実験として，その意義は評価することができよう。

　しかも，新城市の地域自治区制度は，行政面だけでなく，財政面でも，地域住民自治を支える仕組みを備えていることに注意が向けられるべきであろう。地方自治法は，法制上は「地域自治区」に独自の予算編成権を保障していない。しかし，それでは折角の地域自治や住民自治も画に描いた餅となってしまう。新城市では，その欠陥を埋めるために，①「地域自治区予算」，②「地域活動交付金」の2つの仕組みを設けた。①は，「使い道は市民が考える」との方針で，地域協議会が事業計画と予算案を作成し，市の行政当局に政策提起していく制度である。予算総額は7,000万円，これを人口と面積に応じて各地域自治区に配分する。②は，「市民の地域活動を支援する」方針で，地域内の様々な課題解決のために活動を行っている市民団体に対して支援金を交付する制度で，予算総額3,000万円を一定の配分式で各地域自治区に配分する。①，②はともに，予算額としては決して大きくはない。しかし，将来の地域自治，住民自治を育てる孵卵器への初期投資としての意味は小さくはないであろう。

上述のような紆余曲折を経て，「新城市地域自治区条例」は2012年12月に全会一致で可決された。同時に，「地域自治区」を含む新城市のまちづくりの基本理念とその主体や仕組みを定めた「新城市自治基本条例」も可決され，共に2013年4月から施行された。こうして，新城市の市町村合併後の広域化にともなう市域内分権と住民自治の制度的なフレームワークは，合併後7〜8年の体験と教訓を経てようやく整えられてきた。しかし，その成果と問題点を検証し，地域自治を深化させていく課題は，今後になお残された重大な問題であるといえよう。

文献

愛知県 2000「愛知県市町村合併推進要綱」
愛知県 2006「愛知県市町村合併推進構想」
愛知県総務部市町村課 2011「愛知県における平成の合併の効果と課題」
新城市 2008「第1次新城市総合計画－山の湊しんしろ経営戦略プラン」
新城市 2013「新城市自治基本条例」
新城市 2013「新城市地域自治区条例」
新城市・鳳来町・作手村合併協議会 2004「新市まちづくり計画（新市建画）」，新城市 2013「同変更計画」
全国町村会・道州制と町村に関する研究会 2008「平成の合併をめぐる実態と評価」
総務省 2010「『平成の合併』について」
総務省市町村体制整備課 2009「市町村合併資料集」（合併デジタルアーカイブ）
田原市 2004「「田原市」合併の軌跡－田原町・赤羽根町・渥美町の合併記録」
田原市 2007「第1次田原市総合計画（2007-2030）」，同 2013「改訂版第1次田原市総合計画（2013-2022）」
田原町・赤羽根町合併協議会 2003「田原町・赤羽根町まちづくり推進計画（新市建設計画）」
田原市・渥美町合併協議会 2004「田原町・渥美町まちづくり推進計画（新市建設計画）」
豊川市・音羽町合併研究会 2007「豊川市・音羽町合併研究会報告書」
豊川市・小坂井町合併研究会 2009「豊川市・小坂井町合併研究会報告書」
豊川市・御津町合併研究会 2007「豊川市・御津町合併研究会報告書」
宮入興一編著 2008『市町村合併と広域行政化に関する時間的・空間的視点からの比較研究』（科学研究費補助金研究成果報告書（2005-2007））
宮入興一・佐藤正之 2011「『平成の大合併』における合併・非合併自治体の対応の実態と比較分析」『年報・中部の経済と社会』（愛知大学中部地方産業研究所）2010年版

（宮　入　興　一）

第3章　産業政策

① 自治体の産業振興

　本稿では，東三河地域の自治体の産業振興策を考察する。地方分権改革に基づく産業振興関連諸法の改正を背景に，地方自治体が新たに産業振興関連条例を制定し，国の補助金の範囲に留まらない産業振興策を策定し取り組む事例が増えている。

　特に，愛知県内における中小企業振興をめぐる自治体独自の産業政策は，2012（平成24）年に愛知県が中小企業振興基本条例を制定して以降，後述するとおり市町村において増加傾向にある。

　そこで，本稿では，はじめに東三河地域の自治体が取り組む産業振興策の動向を概観する。次に，東三河地域の市町村で唯一，小規模事業所をはじめ市内中小企業を中心に産業振興に向け条例を制定した新城市を取り上げ，同市の産業振興策の策定過程にみる今後の自治体産業振興策の論点を考察する。

1）東三河の自治体の産業振興

　東三河地域の自治体が取り組む産業振興策は，各自治体が策定した総合計画に詳しく紹介されている。それを一覧にまとめたものが表Ⅰ-3-1である。その中で，東三河県庁の東三河振興ビジョンは，各市町村の産業振興策との接続・補完を意識しながらも，広域行政として取り組むべき振興課題を掲げている。

　東三河振興ビジョンでは，地域産業の振興に向け，まずは各自治体が直面する諸課題をヒントに地域産業振興に取り組むよう求めている。そして，各自治体の地域産業振興策を補う立場から東三河県庁としての産業振興策を掲げ，諸事業に取り組んでいる。

表Ⅰ-3-1　東三河地域の自治体の総合計画と産業振興策

自治体名	総合計画	主な産業振興策（各自治体にとって主となると思われる振興策を抽出）
東三河県庁	東三河振興ビジョン	【地域産業の革新展開（4つの方針と9つの主な取り組み）】 1　次世代産業の育成・振興 　(1)次世代自動車産業の育成・振興 　(2)健康長寿産業の育成・振興 　(3)新エネルギー産業の育成・振興 2　地域の特色を活かした産業集積の促進 　(1)産業用地開発等の促進 　(2)地域が一体となった誘致の取組強化 3　農林水産業の高付加価値化・市場の拡大 　(1)産業間連携の推進等による農林水産業の高付加価値化 　(2)国内や海外マーケットへの販路開拓支援 4　産業人材の育成・確保 　(1)イノベーションを促進する人材の育成・確保 　(2)若者の力を伸ばす地域連携の強化 ・推進体制 　市町村等の各主体が各々取組を推進すると共に，市町村と東三河地域産業連携推進会議が連携
豊橋市	第5次豊橋市総合計画	【活力みなぎる産業創出プロジェクト】 1　「メイカーズ・ラボとよはし」での人材交流，次世代ものづくり研究開発の促進 2　イノベーション創出等の支援　①産官学共同で人材育成，②オープンデータを活用したビジネス創出 3　社会人のキャリアアップ支援 4　起業・創業支援の充実（とよはし創業プラットホームで創業前・創業後の全面サポート） 5　農産物等の海外販路開拓（アジア各国への農産物試験販売の促進） 6　農産物ブランド化の推進（首都圏での農産物プロモーション，新ブランド創出支援） 7　次世代施設園芸の導入促進（高品質・高収量栽培の支援で，大規模温室農家の支援） 8　先端農業を担う人材の育成(植物工場の管理運営等を担う人材の育成) 9　田原市と連携した広域農業の推進(若者人材の育成に向けた調査研究) 10企業誘致の促進（東三河5市が連携し，東京大阪から企業誘致活動） 11新たな工業団地の整備
	豊橋市産業戦略プラン	【産業戦略の基本方向-5つの戦略】 1　農商工連携戦略 2　プロモーション戦略 3　産業集積戦略 4　産業サポート戦略 5　雇用・人材育成戦略
豊川市	第6次豊川市総合計画	【産業・雇用-魅力と活力があふれているまち】 1　農業の振興　①農業担い手の育成，②安定的な農業経営の支援，③農業生産性の向上，④安全・安心な農産物の消費拡大 2　工業の振興　①工業用地の確保，②企業誘致の推進，③中小企業の支援 3　商業の振興　①中小企業の支援，②商業団体の育成支援 4　中心市街地の活性化　①景観整備支援，②空き店舗活用，創業・業種転換支援，③イベント支援，アンテナショップ設置運営 5　観光の振興　①豊川ブランド創出，首都圏プロモーション，②観光おもてなし人材の育成

第3章　産業政策

自治体名	総合計画	主な産業振興策（各自治体にとって主となると思われる振興策を抽出）
蒲郡市	第四次蒲郡市総合計画	【賑わいと元気あふれるまちづくり】　＊商業・サービス業，競艇等は割愛 1　農林業　①6次産業化等，②農地利用集積円滑化等，③ハウス栽培のLED化，④有害鳥獣駆除等 2　水産業　①6次産業化等，②環境生態系保全活動支援，③「潮干狩りの蒲郡」化，④後継者育成 3　工業　①環境保全と工業用地造成，②産官学ネットワーク推進等，③ミカワテキスタイルネットワーク事業推進等，④企業誘致 4　新産業　①観光健康サービス産業育成等，②創造的事業活動支援，③農商工連携強化等，④最先端企業集積促進 5　観光　①ニューツーリズム推進等，②観光人材育成，③MICE（マイス）事業推進等，④新情報発信
新城市	第1次新城市総合計画	【自立創造-活気や賑わいを生み出す「山の湊」を創る】 1　森林管理と林業振興　①市民参加の森づくり，②森林の保全整備，③林業生産支援，等 2　地産地消，消費者交流の農業　①農業生産支援，②地産地消・食育，③担い手育成総合支援，等 3　働く機会創造　①企業誘致，②中小起業支援，③地域産業総合振興政策の推進
田原市	改訂版 第1次田原市総合計画	産業経済分野の「主要プラン」 1　農業漁業の担い手育成　①結婚支援，②共同経営化，③新規就業支援，④女性参画支援，等 2　地域ブランドの推進　①農商工連携によるブランド化，②6次産業化，③シティセールス，等 3　賑わいのあるまちなか創出　①商業団体支援による賑わい創出，②市街地整備，等 4　観光プロモーション充実　①観光資源の発掘と磨き上げ，観光宣伝活動推進，等
設楽町	設楽町総合計画	【後期基本計画-活力あふれる産業振興のまちづくり】 1　農業振興　①農地集積化など有効活用，②都市農村交流と安全な農産物生産拡大，等 2　林業振興　①優良材生産と銘柄化，②間伐材利用促進，③人材育成，等 3　水産業振興　①漁場環境整備と入漁者増大，②農林業振興による保水力向上，等
東栄町	第6次東栄町総合計画	【活力のあるまちづくり】 1　企業誘致　①三遠南信自動車道東栄インター開通を活かしたシティセールス，②工業用地拡張，等 2　企業流出防止，東栄町内での事業継続支援 3　地域資源活用活用型産業の創出　①農・食のブランド化，②地域スモールビジネス起業化，等
豊根村	第5次豊根村総合計画 （後期）	【時代にマッチした「観光交流立村へ」】 1　滞在型観光地づくり　①茶臼山高原芝桜の充実，②道の駅再整備，③着地型観光協力農林家育成 2　第1次産業強化　①高付加価値農産物生産奨励，②ニンニク等新規作物推進，③木質バイオ促進 3　新たな産業化　①観光経営安定化，②農業生産法人立ち上げ，③6次産業化

（資料）各自治体のホームページ，総合計画等を活用し作成。

広域行政ならではのスケールメリットを活かした東三河振興ビジョンの中の産業振興策は，各自治体の産業施策を補完するだけでなく，各自治体の枠を超えた大規模な人材交流や予算規模の産業振興策を掲げている。

他方，東三河地域における各市町村の産業振興策は，その主な振興策が総合計画期間に重点的に取り組むべき当面の地域産業振興事業に絞り込まれる傾向が強い。また，第二東名の開通やインターチェンジの開設など高速交通インフラの完成の有無が，各自治体の産業振興策の内容に与える影響も大きい。

第二東名のインターチェンジ開設は，東三河地域の自治体にとって名古屋都市圏をはじめ，浜松市や東京大都市圏など大消費地へのアクセスを格段に良くすることに繋がる。そのため農産物の生産拡大や高付加価値化，新規就農人材の誘致，インバウンドなど観光交流人口の増大，工業団地の拡張や新規工業団地への域外企業の誘致活動が，国等の各種補助金，地方創生総合戦略に基づく新型交付金などを財源の一部にして展開されつつある。

他方，インターチェンジの開設がない場合でも，ICTを活用した都市農村交流事業など大消費地や海外市場を視野に置いた6次産業化施策，先端技術活用型の農業振興・人材育成などが描かれている。

2) 背景には人口減少への危機感

各自治体の産業振興策は実に多様であるが，共通点の1つが労働生産性の向上，農地集約化による農地面積の大規模化・機械化，施設園芸のオートメーション化，地域内の農業・工業・サービス業を一体化した6次産業化等の推進である。これらの背景にあるのが人口減少による労働力の減少問題である。この問題に対し，大企業は安価で大量の労働力が調達可能な海外への進出を拡張し，海外直接投資を加速して対処する。一部の製造業中小企業でも同様の傾向が強まっている。

しかし，海外進出が難しい中小企業や，地域の自然に依拠した農林漁業・加工業，観光業が多く立地する東三河地域では，海外進出ではなく東三河地

域に立地しながら限られた人材をこれまで蓄積してきた技術力とともに活用し，生産活動を維持・高度化して行かなくてはならない。また，自治体では地域内に立地する既存企業の流出や事業規模縮小に端を発する雇用の喪失は，人口の社会減少を加速させる重大な課題にもなることから，是が非でも回避しなくてはならない行政課題と位置づけている。

　東三河地域では，人口問題や労働力問題が深刻の度を深めるが故に，愛知県内の尾張地域や西三河地域以上に，人材育成，オートメーション化，大都市圏や海外（特に経済成長が著しい中国や東南アジア諸国）等の消費市場開拓を視野に置いた国際的な産業振興策が，各自治体に共通して掲げられている。

　他方で，自治体が独自の産業振興策を構想し，地域内の産業界，労働団体，地域コミュニティ団体，非営利団体，地域外の大学等専門機関との協働を通じて取り組む傾向も強まっている。

　そこで，2では次に既存施策を包含した形で産業振興策のビジョン化・計画化を進め，第三者により推進体制を確立し，自治体独自の産業振興政策に着手する事例として，新城市の産業振興策を取り上げ考察する。

2　自治体独自の産業振興策

1) 高まる地域自治力と協働した産業振興策

　今，自治体の産業振興策が大きく変わりつつある。行政区域内に企業団地や工業用地を整備し企業誘致を図り，雇用の形成や所得の向上など経済効果をめざす施策から，地域の歴史文化の継承，里山保全，地域コミュニティの再生，自然環境の保全など社会効果も視野に置き，市町村が主導する総合的な地域づくりの一環として産業振興に取り組む方向へと舵がきられつつある。

　自治体の産業振興策が変化を遂げる背景には，産業振興を狭義の企業支援に留めるのではなく，地方分権や都市内分権を通じ地域福祉，防災・防犯，社会教育等の領域で住民の自治力が高まる現実を踏まえ，市民団体・NPO

や行政とも連携した広義の産業振興による自治体ビジョンの達成を目標に据えることが必要となってきたこともある。

　それとともに，地域社会と密接な関係をもつ中小企業の振興をめぐる政府の姿勢の変化を挙げることもできる。1999（平成11）年，中小企業基本法が改正され，自治体の産業施策は国内の企業再配置と地域格差の是正に重きを置く政府の産業施策へ従属するのではなく，必要な場合は自治体独自の産業政策を策定し，展開をすべきことを謳っている。

　政府の姿勢の変化として，もう1つ挙げるべき点は2010年6月の『中小企業憲章』の閣議決定である。この憲章には国の具体的な取り組みとして「行動指針」が示され，中小企業が果敢に新市場の開拓に挑戦できる経済社会の実現に向けた政府の決意も宣言されている。こうした動きに呼応し，愛知県では2012年10月「中小企業振興基本条例」を制定し，自治体の地域産業施策の一環として愛知県内の中小企業の起業・創業や成長を積極的に支援する方針が示された。表Ⅰ-3-2は，その条例の一覧であり，産業振興策の理念

表Ⅰ-3-2　愛知県内の中小企業振興基本条例一覧　　　　　　　　　2016年9月現在

① 安城市　＊18万4,900人	2012年7月1日	安城市中小企業振興基本条例
② 愛知県　＊750万1,909人	2012年10月16日	愛知県中小企業振興基本条例
③ 高浜市　＊4万6,660人	2013年1月1日	高浜市産業振興条例
④ 名古屋市　＊230万2,696人	2013年4月1日	名古屋市中小企業振興基本条例
④ 知立市　＊7万672人	2013年4月1日	知立市中小企業振興基本条例
⑥ 大府市　＊8万9,895人	2015年4月1日	大府市中小企業の振興でまちを元気にする条例
⑦ 常滑市　＊5万6,962人	2015年7月1日	常滑市中小企業振興基本条例
⑧ 新城市　＊4万6,751人	2015年12月25日	新城市地域産業総合振興条例
⑨ 小牧市　＊14万9,366人	2016年7月1日	小牧市中小企業振興基本条例

（資料）＊は人口。人口および条例名称は各自治体のホームページによる。

を謳う条例として，自治体のあらゆる産業振興策の法的根拠と位置づけられている。

2）新城市の地域産業総合振興条例案の答申に至る過程

新城市では，愛知県や県内外の他市が制定した中小企業振興基本条例の目標や特徴などを分析しながら，独自の視点にたった産業振興体制の構築に取り組んできた。その検討は，穂積市長がマニフェストで条例制定の意義を表明し，その制定を約束したことで大きく前進することになる。

新城市の産業振興策の特徴は，行政主導による狭義の産業振興策ではなく，市民自治社会の実現に向け市民・事業者・行政等との幅広い主体の協働に基づく条例制定，産業振興計画の策定，産業振興体制の設立という点にある。

同市が目指す社会目標とは，市民自治社会の実現である。それを産業面から推し進めるために，新たに「産業自治政策」という政策概念を掲げ，独自の産業振興策の策定に着手した。

2014年7月，新城市地域産業総合振興条例審議委員会が設立され，新城市固有の産業政策を策定するための審議委員会が始動した。

① 委員相互の情報共有

2014年7月の第1回審議委員会では16名の委員が辞令を受け，市民自治社会の実現に向け地域産業面から取り組むべき条例のあり方等について検討が始まった。

各委員からは，条例の検討に際して，新城市の地域経済の実態を調査研究しながら新城市にふさわしい条文を備えた条例を策定すべきとの意見が多く示された。例えば，「市内の小規模事業者は経営に際してどのような課題に直面しているのか」，「後継者問題や事業承継問題は存在するのか」，「市内従業者は生活環境にどのような課題を感じているのか」，「若者は市内事業所への就業をどう考えているのか」，「市内の生産農家は食の安全安心にどう取り組んでいるのか」，「人口減少は市内事業所の経営にどのような影響を及ぼしているのか」，「若者や女性の起業・創業を支援するには何が必要か」，「地域

の産業振興と自然環境の保全や防災対策をどう両立させるべきか」等が，委員から指摘された諸点である。

② 実態調査による率直な声の聴取とその反響

審議委員会では，条例制定のための地域産業調査を進めるために専門のワーキンググループを立上げ，市内の個人事業所から中小企業，さらに大企業の従業者からも意見を聴取し検討していく方針を確定した。

さらに，審議委員会では，条例制定のための調査事業としてヒアリング調査とアンケート調査を実施することを確認した。市内民間事業所を訪問しての調査は，審議委員会の委員，愛知大学地域政策学部学生，市職員が混成で調査グループを複数組織し着手された。

実際に取り組むと調査対象事業所や個人事業主からは評価の声が寄せられ，例えば，「学生や若手職員が直接事業所に訪問し，意見を聞いてくれたことは，大変ありがたい」，「こうした調査は，過去行われた記憶がない。それだけに地域の実態を踏まえた産業振興策が始まることに期待したい」，「市内の各事業者が直面する，あるいは考えている地域課題・ビジネス課題を共有し，今後の新城市のまちづくりに活かしてほしい」等の声が寄せられた。

③ 実態調査などをもとにした委員会審議

新城市の審議委員会の特徴の1つは，実態調査に基づき委員同士が徹底して協議を重ねたことである。9回の審議委員会のうち5回を，条例に盛り込むべき条文内容に関する討議に費やし，各委員が意見表明できる機会を多数保障した。その結果，新城市の産業や経済が直面する厳しい現状が委員相互で正確に把握されるようになり，他方これまでの新城市の産業振興施策の不十分な点についても検証が行われた。

調査とは別に，審議委員会では，「東京都墨田区の中小製造業実態調査の方法と意義」，「北海道帯広市の条例にもとづく振興計画の推進体制の役割と意義」，「岐阜県恵那市中野方地域自治区」や「静岡県浜松市天竜区熊地区」のコミュニティビジネス支援の成果と課題など，独自に研究会も重ね，新城市の地域産業総合振興条例の制定を通じ取り組むべき産業政策に関しても，

検討を続けていった。

　以上，審議委員会が最も重要視してきたことは，政府の地方創生における地域産業振興の方向性を踏襲するなど政府方針に従属するのではなく，新城市内の産業課題等を市民の生活目線でとらえるとともに，独自の調査研究を通して，正確な地域課題の把握に努め，新たな地域産業政策の意義，責務や役割，方向性，政策の推進体制などを組み立てるという点を重視したことである。

　その結果，審議委員会では，自治体の産業振興策を，国の補助金等に依存して取り組む行政施策を言うのではなく，市民が働きがいを得られる職場をつくること，すべての市民が潜在能力を発揮できる条件を制度として整備することを目標の1つに描くことを目指すようになる。しかも，自治体の産業振興策は，行政のみで作るのではなく，市民，事業者，地域コミュニティ組織（行政区），地域自治区などの協力と連携を得て策定し，地域課題を互いが共有しながらその課題解決を目標に置いた政策を策定し実施することが重要であるとしている。

　また，自治体の産業振興策は，産業活動を導くためだけに終わるのではなく，多様な産業の起業・創業，商品やサービスの高付加価値化，都市全体のまちづくりへと連続させられるように，産業活動を取り巻く地域の自然環境保全，歴史文化の継承，市内10地区の地域自治区のまちづくり活動との連続性を重視すべきことも指摘する。つまり，新城市の産業政策は，「産業自治」を目指すと共に「市民自治」，「地域自治」との連携を図り，独自の政策体系を確立しながら新城固有の地方自治の深化を図ることを目指してきたと言えよう。

3) 女性の起業・創業および事業経営を支援するための振興ポイント

　新城市の条例策定に向けた調査活動で注目すべき点の1つが，市内で事業を営む女性経営者・起業家へのヒアリング調査である。女性就労への期待が高まる今日，女性が起業し，また事業を引き継ぎ経営者として事業経営に当

たる上で，どのような課題に向き合ってきたかを把握することは他自治体にも共通する関心事である。以下では，女性起業者・事業者に対する6つの質問事項とその回答を紹介し，女性の起業・創業や経営を支援するためのポイントの所在を考える（以下の資料は，新城市地域産業総合振興条例審議会資料より一部抜粋，下線は筆者の注目箇所である）。

資料1　女性経営者・起業家へのヒアリング結果および振興ポイント

問1．起業・創業への不安・悩みとどう向き合ってきたか

① 事業は自分の判断で始めた。女性が1人で仕事を始めることは本当に難しい。<u>信用が無い</u>ため。創業資金や運転資金は手元資金で賄った。
② 私は他人に相談を持ちかけるタイプではない。しかし，起業に際しては既に事業を立ち上げている人や，その人を通じて同様の仕事をしてこられた方を紹介してもらった。今は<u>女性経営者のサークルに入り毎月1回食事会にも参加しながら悩みや直近の出来事を話し合っている</u>。
③ <u>同じ市内の人間関係は狭く</u>，事業の内情を語り合うのは難しい。市外で気楽に語り合いたい。
④ <u>勉強会があれば参加したい</u>。経営課題を追求したい。
⑤ <u>事業承継の方法や経験を学びたい</u>。また，そのための支援制度の充実に期待する。

振興ポイント1

女性は起業・創業の不安を抱えながらも相談する機会がないまま起業・創業に挑戦している。起業後は，同性の勉強会やサークルの必要性を強く感じ求めている。

問2．商工会（商工会議所）をどう活用すべきか

① 地元の<u>商工会女性部に入会</u>している。同性の事業者から「人と人とのつながりはすごく大きい」，「人がつながるということはすごく大きいから絶対いいよ」と助言を受け入会した。入会後は会議等に出席し，知識の広がりを実感できるようになった。
② 商工会の女性部に加入している。自分の仕事を休む必要もあるが，楽しいことや<u>人の輪の広がり</u>を感じる。商工会の活動はプラスだと思う。
③ 商工会は加入していない。周囲に起業家や友人がいるので相談している。学びたいことは男性にも聞く。商工会の交流はメリットがない。

第3章　産業政策　　　　　　　　　　57

振興ポイント2

　商工会（商工会議所，それらの女性部）の支援は，身近に相談者がいない女性経営者には経験交流や気付きを与え，有意義な機会となる。

問3．女性の経営者や従業員は家族の協力をどのように得ているか

① 　大部分の従業員が家庭をもち，夫の協力を必要としている。夫の理解と協力がなければ長時間勤務や急な出勤に，臨機応変に対応できない。
② 　仕事は土日や深夜に及ぶ。両親や夫の協力があり助かっている。特に子どもの世話は，家族皆で行っている。
③ 　夫の両親と同居している。仕事で夕方家を空けるため3人の子どもの習い事の送迎や夕飯の支度は夫の両親に頼っている。

振興ポイント3

　　家族を持ちながら事業を営むには夫，自分の親，夫の親等の協力が必要不可欠である。

問4．従業員の育児や子育てを如何に支援すべきか

① 　大部分の従業員が子どもを保育園に預けており，その世話は祖父母の協力を得ている。
② 　市外の保育園では子どものお迎え時に職場まで送迎する「子ども送迎サービス」がある。有償であっても同様なサービスが是非欲しい。現状では祖父母の協力がなければ，仕事の継続は不可能である。
③ 　「子どもが熱を出したときにだれも面倒をみてくれないので仕事を休ませてください」という人は当初から雇わない。結果として，親が育児・子育てに協力してもらえない女性は採用できない。

振興ポイント4

　女性経営者は，女性従業員の採用時，育児・子育て環境には非常に注意を払っている。子どもの有償送迎サービスなど支援を求めている。

問5．事業経営上，必要な必要とは何か

① 自分の利益のみでなく顧客の利益を考えた商品やサービスは不可欠である。そうした気付きを得られるマッチング事業を求める。
② 異業種交流など普段の仕事では関われない事業者同士の経験交流が，新しい商品やサービス開発のヒントにつながるため是非欲しい。特に商工会や自治体には直接利益に結びつかなくても刺激を与え合える環境整備を強く求めたい。

振興ポイント5

女性経営者同士，またはそうでない場合でも，同業種や異業種間の交流は，経営上の悩みを解消し，事業を拡大するネットワーク形成にも繋がる。また，自己啓発や能力開発などの機会にもなり，特に異業種交流やマッチング支援を自治体には強く求めたい。

問6．女性経営者の立場から見て情報技術の意義はどこにあるか

① 親は仕事をしたくても子どもの送り迎えの時間を考えると長い時間働けない。情報技術を活用し，女性従業員が仕事を自宅で行えることは良いことである。そのためのインフラや労務管理に関する研修の機会などがほしい。
② 現在はフェイスブック，ホームページ，ブログで情報発信している。情報技術に強いことが顧客を増やせた要因である。

振興ポイント6

多様化する働き方へのニーズは，男性よりも女性の方が強い。徹底した情報技術の活用を促すことで，在宅勤務を可能にし，顧客を増やすことができる。そうした可能性を女性経営者や女性従業員が研修し活用できるように支援することが急がれる。

　以上の振興ポイントは，自治体が産業振興策を通じ女性の起業・創業を促進し，また女性の就業を促し世帯収入の向上と消費の拡大による資金循環，ならびに経済の安定を実現する上で，重要なポイントと言い換えることができる。今後の東三河の自治体の産業振興策を推進する上で，注目すべき点とも言えよう。

4) 地域産業総合振興条例の条文から学ぶべき3つの論点

　審議委員会ではヒアリング調査，アンケート調査および委員会での審議を重ね，条例案として市長へ答申した。その後，市議会での審議を経て2015年4月1日「新城市地域産業総合振興条例」として施行された。その条文の中で，他の自治体の産業振興策にも有用と考えられる論点を指摘し考察を終えることとする。

　第1は，産業振興策における同条例の位置づけである。従来の産業振興策では，産業を構成する小規模事業所をはじめ中小企業や大企業の事業拡大，雇用拡大，新規企業誘致など産業に特化した行政の責任論が多い。しかし，重要なことは，産業振興を通じて実現すべき社会像を目標に掲げることであろう。狭義の産業論を終えて広義の産業論，つまり地域経済や地域社会のあるべき姿を描くことが，地方分権改革を通じ国から地方自治体へと産業振興策の責務が移行する今日，必要な観点と言える。

　新城市の同条例「前文」の文末に「本市では，市民，事業者および市が一体となって地域産業の創造と発展に向けて総合的に取り組み，持続可能な地域経済やにぎわいと活力に満ちた魅力ある都市の実現を通じて，健康で文化的な幸せあふれる生活を次の世代へと手渡していくことを目指し」とあるのは，産業振興策の目標を狭義の産業振興策から広義の地域経済・地域社会の実現へと転換させていることの証左と言える。

　第2は，事業者のみでなく市民の役割を求めている点である。上記で述べたとおり，狭義の産業振興策に留まるのであれば，条文で市民の役割を描く必要はない。しかし，本条例の社会目標は上記のとおりの社会や経済である。そのため，基本理念では「地域産業の創造および発展は，・・・市民，事業者および市の密接な連携の下に行われなければならない」と自治体のステイクホルダー全ての参加と協力を強く求めている。

　表Ⅰ-3-2で紹介した愛知県内の中小企業振興基本条例でも，同様の指摘が綴られている。東三河の産業振興策に関わる市民，事業者，行政職員など全ての関係者にも同様の理解が強く求められるであろう。

第 I 部　地域行政

　第3は，地域のまちづくりなど他の政策の成果と連動させた地域固有の産業振興策を追求している点である。条例を如何なる基本方針に即して活かすべきか。これを条文上に明示することが大切である。

　本条例では産業振興策の基本的方向として，「(1)事業者の自主的な努力を総合的に支援すること，(2)若者および女性をはじめ，起業および創業をする市民を支援すること，(3)地域の資源，技術，人材等を活用した新たな産業を創出すること，(4)地域自治区等において市民および事業者が連携して産業活動を行う仕組みを創出すること，(5)市内での消費，投資，取引等を通じて資本が循環する仕組みを強化すること，(6)大学，金融機関，労働団体，経済団体，国，県，他の市町村，海外の都市等との連携を促進すること」を描いている。

　従来は自治体内の他部課の成果(例えば自治基本条例や環境基本条例など)が，産業振興策と繋げられ具体化されることはなかったと言える。それこそ，行政のタテ割りが地域団体の地域づくりをタテ割りにしているようなものである。その反省に立ち，今後は市民活動，地域福祉，防犯・防災，環境保全，キャリア教育などの成果と連動させ，産業振興策を策定すべきである。

資料2　新城市地域産業総合振興条例

新城市地域産業総合振興条例

　新城市は，豊かな自然と歴史に恵まれ，東三河，遠州および南信州からなる三遠南信地域の交通と交流の要所として発展し，そうした特性を活かした様々な産業は，地域固有の産業として発展するとともに，市場の信頼を得て，市民に就業の場と所得をもたらし，地域経済の発展と市民生活の向上に寄与してきた。

　しかしながら，急速に少子高齢化する今日，本市が魅力と可能性にあふれる都市として存在感を高め，自立した都市であり続けるためには，交通網，情報通信等の社会生活基盤の整備充実をはじめ，地域産業を取り巻く経済社会環境の著しい変化に迅速に対応することが必要である。

　すなわち，地域のあらゆる産業活動へのきめ細やかな支援，新しい分野での産業の創出，大学や金融機関との連携等のように，今までの枠組みにとらわれない新たな取組を推進することが重要となる。

　そして，この取組を真に実りあるものにするためには，地域経済を支える事業者が創意あふ

れる産業活動を積極的に展開するとともに，市民，事業者および市がその産業活動にさらに理解を深め，豊かな地域経済の実現に向けて主体的に協力連携することが必要である。

そこで，本市では，市民，事業者および市が一体となって地域産業の創造と発展に向けて総合的に取り組み，持続可能な地域経済やにぎわいと活力に満ちた魅力ある都市の実現を通じて，健康で文化的な幸せあふれる生活を次の世代へと手渡していくことを目指し，ここにこの条例を制定する。

（目的）

第1条 この条例は，地域産業の創造及び発展について，基本理念を明らかにし，市民，事業者及び市の役割並びに政策に関する基本的な事項を定めることにより，地域経済の持続的な発展を図り，もってにぎわいと活力に満ちた魅力ある都市の実現に寄与することを目的とする。

（定義）

第2条 この条例において，次の各号に掲げる用語の意義は，当該各号に定めるところによる。
(1) 市民 新城市自治基本条例（平成24年新城市条例第31号）第2条第2号に規定する市民をいう。
(2) 事業者 市内において産業活動を営む個人又は団体をいう。

（基本理念）

第3条 地域産業の創造及び発展は，事業者の自主的な努力を助長し，及び創意工夫を活かしていくことを基本として，市民，事業者及び市の密接な連携の下に行われなければならない。

（市民の役割）

第4条 市民は，前条の基本理念にのっとり，地域産業の創造及び発展に対する関心及び理解を深め，地域経済の持続的な発展を担う主体としての役割を果たすよう努めるものとする。

2 市民は，地域の雇用拡大，社会貢献等に努める事業者の活動並びに市が行う地域産業の創造及び発展に関する施策に協力するよう努めるものとする。

（事業者の役割）

第5条 事業者は，第3条の基本理念にのっとり，その技術及び技能の向上及び継承，経営基盤の改善及び強化並びに従業員の労働環境を整備するように努めるものとする。

2 事業者は，市民が行う地域活動及び市の施策に協力し，並びに地域の雇用拡大，社会貢献等に努め，地域経済の持続的な発展を担う主体としての役割を果たすよう努めるものとする。

（市の役割）

第6条 市は，第3条の基本理念にのっとり，地域産業の創造及び発展に関する総合的な政策を主体的に展開するものとする。

（政策の基本的方向）

第7条 地域産業の創造及び発展に関する政策は，次に掲げる事項を基本として行うものとする。
(1) 事業者の自主的な努力を総合的に支援すること。
(2) 若者及び女性をはじめ，起業及び創業をする市民を支援すること。
(3) 地域の資源，技術，人材等を活用した新たな産業を創出すること。
(4) 地域自治区等において，市民及び事業者が連携して産業活動を行う仕組みを創出すること。

(5) 市内での消費，投資，取引等を通じて資本が循環する仕組みを強化すること。
(6) 大学，金融機関，労働団体，経済団体，国，県，他の市町村，海外の都市等との連携を促進すること。

（基本計画の策定）

第8条　市長は，地域産業の創造及び発展に関する政策の総合的かつ計画的な推進を図るため，地域産業に関する基本的な計画（以下「基本計画」という。）を定めなければならない。

2　基本計画には，次に掲げる事項を定めるものとする。
(1) 地域産業の創造及び発展に関する目標及び政策に関する事項
(2) 前号に掲げるもののほか，地域産業に関する政策を総合的かつ計画的に推進するために必要な事項

3　市長は，基本計画を定めるに当たっては，あらかじめ，市民，事業者及び議会の意見を反映することができるよう必要な措置を講ずるものとする。

4　市長は，基本計画を定めたときは，遅滞なく，これを公表しなければならない。

5　前2項の規定は，基本計画の変更について準用する。

（産業自治振興協議会）

第9条　基本計画の策定及び変更その他地域産業に関する重要事項について協議するため，新城市産業自治振興協議会（以下「協議会」という。）を置く。

2　協議会は，委員15人以内で組織する。

3　委員は，学識経験を有する者，市民を代表する者，事業者を代表する者その他市長が必要と認める者のうちから，市長が委嘱する。

4　委員の任期は，3年とする。ただし，補欠の委員の任期は，前任者の残任期間とする。

5　協議会の組織及び運営に関し必要な事項は，別に定める。

（条例の見直し）

第10条　市長は，3年を超えない期間ごとにこの条例を見直し，必要な場合は改正を行うものとする。

③　産業自治に基づく地域産業政策の時代

　新城市では，以上で詳述したように地域産業総合振興条例審議委員会の委員16名が，9回に及ぶ審議委員会を開催し，条例の考え方や条文の検討を行ない，そのための準備として，①条例策定の先例地を訪問しての状況調査，②市内79事業所へのヒアリング調査，③865人の立地企業従業者等へのアンケート調査，④市内の女性起業家へのヒアリング調査，などを実施した。その上で，市内の産業課題の把握を進め，その産業課題を解決していくための

産業政策として，東三河地域では唯一となる産業振興条例を制定した。

その後は，条例に謳う産業自治振興協議会を立ち上げ，市長の諮問事項となった産業自治振興ビジョンおよび産業自治振興計画の策定作業に取り組んでいる（2016年度末までに答申予定）。

政府が定めた産業施策に左右されることなく，自治体自らが産業に関わる条例や振興計画を策定し，計画推進のための独自の推進体制を構築し，地域産業政策に取り組む姿は，1999（平成11）年制定の改正中小企業基本法や，2000年制定の食料・農業・農村基本法で掲げられた自治体の産業政策の目標像に重なってくる。

人口減少社会とグローバル化社会が加速する今日，自治体の産業政策の根幹をなす産業自治の制度設計として，中小企業振興基本条例，地域経済振興条例，さらに新城市のような地域産業総合振興条例が，地域社会の多様な経済主体の協働によって策定されることは，極めて意義のあることといえる。

人口減少による労働力人口の減少や高齢化，消費人口の減少による消費市場の縮小化は，東三河地域の自治体にほぼ共通した地域問題である。この地域問題が今後災害やグローバル化の影響を受け深刻化する未来を見据えたならば，自治体の産業政策は，政策の対象，政策形成の主体や政策方法の多様化などの分野で一層の深化が必要となろう。例えば，従来直接の課題ではなかった災害対策，環境対策，福祉対策，女性政策，若者政策，年金や貯蓄を活かした地域投資政策なども地域産業政策として総合化するなど，自治体独自の産業自治政策を推進していくことが必要となろう。

文献

蒲郡市　2011「第四次蒲郡市総合計画」
設楽町　2007「設楽町総合計画」
新城市　2008「第1次新城市総合計画」
田原市　2012「改訂版第1次田原市総合計画」
東栄町　2016「第6次東栄町総合計画」
豊川市　2016「第6次豊川市総合計画」

豊根村 2008「第5次豊根村総合計画」
豊橋市 2011「第5次豊橋市総合計画」
豊橋市 2016「第2次豊橋市産業戦略プラン」
東三河県庁 2013「東三河振興ビジョン」の「将来ビジョン」,「地域産業の革新展開」

(鈴木　誠)

II

地域経済

第1章　東三河の経済および社会構造

1．愛知県および東三河地域の全要素生産性(TFP)の計測
──生産関数アプローチ──

1　はじめに

　本稿では，東三河地域の経済成長の要因を考察するため，産業別の全要素生産性（TFP）を推定することで，今後の東三河地域の発展の方向性を示すことを目的とする。

　1980年代以降のマクロ経済学では，経済成長論（Economic Growth）の分野が劇的に進歩した[1]。マクロ経済学の標準的な教科書では，中長期的な経済成長の源泉は，供給側の要因によって決まると考えており，マクロの生産関数を念頭に置くことが一般的である。生産関数の従属変数は，産出量（アウトプット）であり，生産要素（インプット）は，資本ストック，労働投入量（労働力人口など），技術水準の3つである。従って，当該地域や企業の産出量が増加（減少）するためには，資本ストックの増加（減少），労働投入量の増加（減少），技術水準の上昇（低下）のいずれかが必要である。現代の日本では，少子高齢化の進展によって，労働投入量（労働力人口）の増加を目指すことは容易でない。また，資本ストックに関しては，新古典派経済学において，資本の限界生産性は逓減すると仮定していることが多く，ある一定の資本ストック量に達すると資本を増加させることが難しくなると考えられてきた。

　その中で，日本全体や地域の経済成長に最も重要な要因の1つが，技術水準である。生産関数において技術水準全般のことを，全要素生産性（以下，TFP）と呼ぶ。TFPとは，資本や労働以外の生産の効率性や生産性，技術

レベルを示したものであり,企業の研究開発投資(R&D)などで上昇すると考えられている。1980年代以降に急速に発展した内生的経済成長理論では,経済成長の源泉が,TFPの上昇であることを明らかにし,その後のマクロ経済学や開発経済学,企業経済学の分野で,理論的・実証的な研究の蓄積が進んでいる[2]。特に,Romer(1990)は,マクロ経済全体の知識や技術水準には外部性が存在し,資本の限界生産性は逓減しないことを示した。

近年実証分析の分野では,公的な個票データベースの構築が進んでおり,企業・事業所レベルなどのデータを用いた応用ミクロ計量経済学を主とした実証が主流の1つとなりつつある。また,企業経済学では,企業・事業所レベルのTFP計測が重要な研究領域の1つともなっている。

今回,我々の研究において関連する業績は,まず,地域のTFP(都道府県ベース)と立地環境を分析した,辻(2005)がある。辻(2005)は,1960(昭和35)年から1996(平成8)年までの都道府県単位の製造業のTFPを推定し,三大都市圏に比べて地方圏のTFPの伸びが低迷していることを実証的に示した。また,さまざまな立地環境とTFPとの関係を推定し,人口集積,企業集積,都市化度などの指標がTFP上昇に対して有意に影響を与えていることを示した。これらの結果は,東三河地域の経済政策を考える上で,有益な情報を含んでいると考えられる。

徳井・牧野・深尾・宮川・荒井・新井・乾・川崎・児玉・野口(2013)は,都道府県別産業別生産性指標(R-JIP)を作成し,地域間の生産性格差の要因について実証分析を行っている。その中では,TFPの水準が地域間格差の拡大に影響を与えているとの結果を示している。池内・深尾・Belderbos・権・金(2013),深尾・池内・米谷・権・金(2014)では,民間・公的機関の研究開発投資が事業所レベルの生産性に与える影響を計測し,データベースとして公開している(RDIP)。彼らの研究では,事業所の生産性に対して,研究開発ストック以外に,地理的近接性や技術の類似性,取引・資本関係の程度が重要な要素であることを示している。

本稿は,上記のようなマクロ経済学,開発経済学,企業経済学,ミクロ計

量経済学の知見を地域経済分析に適用した研究となる。具体的には，経済産業省「工業統計調査」を基にした「工業統計メッシュデータ」を用いて，愛知県全体および東三河地域の産業別生産関数を推定し，TFPを計測する。地域別産業別のTFPを比較検討することで，愛知県全体における東三河地域の特徴ならびに今後の地域経済成長の方向性を議論したいと考えている。

本稿の構成は，まず，2で今回利用したデータを概観する。3で生産関数を推定するための推定モデルおよび推定結果を示し，地域別・産業別のTFPの推移を検討する。4は結論である。

2 データ

本稿で利用するデータは，経済産業省「工業統計調査」から抽出された工業統計メッシュデータである。「工業統計調査」とは，我が国の工業の実態を明らかにし，産業政策，中小企業政策など，国や都道府県などの地方公共団体の行政施策のため，毎年，大規模に調査を行っている統計である。上記のデータについて，空間的な広がりである1km²あたりの範囲内の事業所について集計・加工したデータを工業統計メッシュデータという。工業統計調査は，基本的に，従業者4人以上の事業所を対象にしているが，利用できるデータが限定されている（乙票統計表）。また，申告者の秘密を保持するため，単一の事業所と推測できるデータは秘匿されていることには注意する必要がある。

今回，推定に利用する値は，従業者30人以上の事業所(甲票集計表)である。なぜなら，工業統計メッシュデータでは，甲票集計表データから生産関数推定に必要となる，有形固定資産残高や中間財（原材料使用額，燃料使用額，電力使用額）の値が入手可能となっているからである。

デフレーターの整備状況などから，今回は，1995（平成7）年，1998年，2000年，2003年，2005年，2008年，2010年のデータを利用する（現在，利用可能な最新版）[3][4]。工業統計メッシュデータでは，全産業のデータ以外に，

表Ⅱ-1-1-1　工業統計メッシュデータ産業区分（日本標準産業分類との対応）

基礎素材型産業	加工組立型産業	生活関連型産業
木材・木製品製造業	はん用機械器具製造業	食料品製造業
パルプ・紙・紙加工品製造業	生産用機械器具製造業	飲料・たばこ・飼料製造業
化学工業	業務用機械器具製造業	繊維工業
石油製品・石炭製品製造業	電子部品・デバイス・電子回路製造業	家具・装備品製造業
プラスチック製品製造業	電気機械器具製造業	印刷・同関連業
ゴム製製造業	情報通信機械器具製造業	なめし革・同製品・毛皮製造業
窯業・土石製品製造業	輸送用機械器具製造業	その他の製造業
鉄鋼業		
非鉄金属製造業		

工業統計メッシュデータ添付資料より最新版（2010年版）。

基礎素材型産業，加工組立型産業，生活関連型産業の3つの区分を行い，産業ごとに主要変数のデータを公表している。

表Ⅱ-1-1-1は，日本標準産業分類中分類に基づく各産業分類（基礎素材型産業，加工組立型産業，生活関連型産業）との対応関係を示している。産業分類中分類は，2003年から変更されているのでデータ作成上，注意を要する。

次に，地域別・産業別生産関数の推定に用いる各変数のデータ加工方法について示す。生産関数とは，上述したように産出量（アウトプット）と資本ストック，労働投入量，中間投入量との関数関係を示したものであり，以下のように示すことができる。

$$Y = f(K, L, M, A) \tag{1}$$

Y：産出量，K：資本ストック，L：労働投入量，M：中間投入量，A：TFP

インプット（資本ストック，労働投入量，中間投入量）をコントロールすることでその地域・産業の技術レベルAを推定することが可能となる。

生産関数を推定するためのアウトプット（産出量）であるが，今回は，地域別・産業別の製造品出荷額等を用いる。製造品出荷額等とは，1年間（1～12月）の製造品出荷額，加工賃収入額，その他収入額および製造工程からでた屑および廃物の出荷額の合計であり，消費税等内国消費税額を含んだ

額である。

　打田・渋澤（2012）では，従属変数として，「生産額」を用いているが，工業統計メッシュデータでは，定義の変更があったため，今回の推定では，定義が推定期間を通じて統一している製造品出荷額等を用いる[5]。被説明変数を製造品出荷額等としているため，生産関数の推定については，Gross Revenue型の推定となる[6]。

　産出量を実質化する場合に，どのようなデフレーターを利用するか重要となるが，今回は，表Ⅱ-1-1-1で示された日本標準産業分類中分類の各産業分類を用いて，独立行政法人経済産業研究所で作成しているJIP2015（Japan Industrial Productivity Database）データベースに対応させ独自にデフレーターを作成している。産業別産出デフレーターについては，部門別産出額・中間投入額（名目，実質）から算出している。

　実質資本ストックの作成は，Hosono and Takizawa（2012）の方法である名目有形固定資産年末残高に産業別時価簿価比率を掛け合わせて作成する。

$$K_{it} = NTA_{it} \times JB_t \tag{2}$$

　K_{it}：t期の名目資本ストック，NTA_{it}：名目有形固定資産年末残高

　JB_t：JIPに対応した産業別時価簿価比率，i：各メッシュ単位，t：時間

　工業統計調査で提示されている有形固定資産は，基本的に簿価表示となっているため過去の数値ほど相対的に低い評価額となっている可能性が高い。そこで，名目有形固定資産年末残高に産業別時価簿価比率を掛け合わせて修正を加え，資本ストックを計算する。産業別時価簿価比率は，Hosono and Takizawa（2012）で用いている産業別年別の実質資本ストックと実質付加価値の比率を利用して，以下の計算式から導出している。

$$\frac{Y_{st}}{K_{st}} = \frac{\sum_{i \in s} Y_{sit}}{\sum_{i \in s} NTA_{sit} \times JB_{st}} \tag{3}$$

　Y_{st}：JIPデータベースで計算された実質付加価値額

　K_{st}：JIPデータベースで計算された産業別年別の実質資本ストック

$\sum_{i \in S} Y_{sit}$:「工業統計調査」個票の産業Sに属する事業所の付加価値の合計

$\sum_{i \in S} NTA_{sit}$:産業Sに属する事業所の名目有形固定資産額の合計

事業所別付加価値の合計,名目有形固定資産の合計は,工業統計メッシュデータに記入のある事業所をベースに計算を行っている。

労働投入量については,JIP2015で計算された産業別年別の従業者数,マンアワー(従業者数×従業者1人あたり年間総実労働時間÷1000)を用いる。一般的に,生産関数を推定する場合の労働投入量は,マン・アワー(労働者数×労働時間)を用いることが多い。本稿では,産業別年別の労働時間のデータがないため,上記のデータから従業者1人あたりの年間総実労働時間を計算し,工業統計メッシュデータの従業者数に掛け合わせることで労働投入量(マンアワー)を導出している。

表Ⅱ-1-1-2 記述統計量

	サンプル数	平均値	標準偏差	最小値	最大値
製造品出荷額等(実質,対数値,全産業)	3,386	14.211	1.203	10.974	18.616
製造品出荷額等(実質,対数値,基礎素材型産業)	474	13.853	1.093	11.662	16.738
製造品出荷額等(実質,対数値,加工組立型産業)	542	14.378	1.228	11.416	18.323
製造品出荷額等(実質,対数値,生活関連型産業)	277	13.441	1.123	10.995	16.695
資本ストック(実質,対数値,全産業)	3,386	12.627	1.212	8.082	16.881
資本ストック(実質,対数値,基礎素材型産業)	474	12.561	1.178	9.863	15.554
資本ストック(実質,対数値,加工組立型産業)	542	12.820	1.114	9.566	16.065
資本ストック(実質,対数値,生活関連型産業)	277	11.675	1.120	8.758	14.888
マンアワー(従業者数×従業者1人あたり年間総実労働時間,対数値,全産業)	7,128	12.999	1.200	10.955	17.568
マンアワー(従業者数×従業者1人あたり年間総実労働時間,対数値,基礎素材型産業)	3,213	12.383	0.994	10.958	15.984
マンアワー(従業者数×従業者1人あたり年間総実労働時間,対数値,加工組立型産業)	3,607	12.751	1.260	10.971	17.584
マンアワー(従業者数×従業者1人あたり年間総実労働時間,対数値,生活関連型産業)	2,411	12.258	0.881	10.923	15.181
中間投入M(実質,対数値,全産業)	3,386	13.615	1.277	9.786	18.349
中間投入M(実質,対数値,基礎素材型産業)	474	13.286	1.145	10.556	16.474
中間投入M(実質,対数値,加工組立型産業)	542	13.821	1.303	10.682	17.943
中間投入M(実質,対数値,生活関連型産業)	277	12.888	1.101	9.770	16.182
中間投入z(実質,対数値,全産業)	3,386	13.575	1.287	9.381	18.339
中間投入z(実質,対数値,基礎素材型産業)	474	13.226	1.150	10.427	16.380
中間投入z(実質,対数値,加工組立型産業)	542	13.796	1.311	10.640	17.934
中間投入z(実質,対数値,生活関連型産業)	277	12.843	1.116	9.365	16.148
時価簿価比率(全産業)		0.758	0.051	0.677	0.826
時価簿価比率(基礎素材型産業)		0.757	0.086	0.631	0.851
時価簿価比率(加工組立型産業)		0.886	0.121	0.746	1.064
時価簿価比率(生活関連型産業)		0.648	0.162	0.466	0.848

注)中間投入M:中間投入として原材料使用額,燃料使用額,電力使用額を用いた変数。
中間投入Z:中間投入として原材料使用額のみを用いた変数。

中間投入量は，原材料使用額等，燃料使用額，電力使用額のトータルを中間財合計とし，原材料使用額等のみを用いたものも推定結果の頑健性チェックのため利用する。各変数については，JIP2015部門別中間投入デフレーターを用いて実質化を行っている。生産関数の推定に関する記述統計量は，表Ⅱ-1-1-2を参照されたい。

③ 推定モデルおよび推定結果

推定モデルは，Cobb-Douglas型の生産関数を仮定し，以下のような定式化とする（Gross Revenue型生産関数）。

$$\ln y_{it} = \beta_0 + \beta_1 \cdot \ln k_{it} + \beta_2 \cdot \ln l_{it} + \beta_3 \cdot \ln m_{it} + \eta_{it} \qquad (4)$$

　　$\ln y_{it}$:t期の産出量（対数値）

　　$\ln k_{it}$:t期の実質資本ストック（対数値）

　　$\ln l_{it}$:t期の労働投入量（対数値）

　　$\ln m_{it}$:t期の中間投入量（中間投入合計，原材料使用額：対数値）

　　η_{it} :攪乱項　　i :各メッシュ単位

ミクロデータを用いた生産関数の推定には，内生性の問題（資本ストック，労働投入量などの説明変数と観察できない個別の生産性ショックとの間に識別問題があり推定量にバイアスをもつ）をクリアする必要がある。一般的に，Olley and Pakes（1996）やLevinsohn and Petrin（2003）の手法で推定することが必要となる[7]。打田・渋澤（2012）では，利用できるサンプル数の問題で，上記の方法を利用出来なかったが，今回は，Levinsohn and Petrin（2003）の推定法を用いた推定結果を提示する。

推定結果は，表Ⅱ-1-1-3の上段と下段に示している。表Ⅱ-1-1-3の上段は，愛知県全体の産業別生産関数の推定結果であり，表Ⅱ-1-1-3の下段は，東三河地域の産業別生産関数の推定結果である。地域別の生産関数を推定する場合，この間，行われた市町村合併による市町村コード変更を確認する必要がある。

表Ⅱ-1-1-3　生産関数の推定結果（愛知県全体および東三河地域）
愛知県全体，従属変数：生産額の対数値

	全産業		基礎素材型産業		加工組立型産業		生活関連型産業	
労働投入量(対数値)	0.175	0.180	0.224	0.227	0.131	0.139	0.070	0.077
	[9.12]***	[9.26]***	[7.74]***	[7.77]***	[4.17]***	[4.38]***	[1.16]	[1.29]
資本ストック(対数値)	0.128	0.145	0.077	0.103	0.034	0.041	0.358	0.371
	[36962.06]***	[41886.65]***	[22639.94]***	[29493.38]***	[9574.58]***	[11585.69]***	[101832.13]***	[107541.36]***
中間財合計(対数値)	0.733		0.759		0.849		0.677	
	[218398.87]***		[226784.05]***		[251367.41]***		[206824.85]***	
原材料投入(対数値)		0.710		0.731		0.834		0.655
		[210002.87]***		[223820.82]***		[251380.91]***		[198568.82]***
CRS検定(下段はP値)	3.490	3.130	4.360	4.350	0.190	0.200	3.000	2.980
	0.062	0.077	0.037	0.037	0.660	0.656	0.083	0.085
サンプル数	3386	3386	474	474	542	542	277	277

東三河地域，従属変数：生産額の対数値

	全産業		基礎素材型産業		加工組立型産業		生活関連型産業	
労働投入量(対数値)	0.250	0.258	0.075	0.068	0.125	0.137	0.146	0.124
	[6.69]***	[6.84]***	[0.33]	[0.27]	[1.13]	[1.22]	[0.57]	[0.49]
資本ストック(対数値)	0.091	0.103	0.138	0.163	-0.0027161	0.002	0.251	0.272
	[26349.11]***	[30097.91]***	[38646.55]***	[46978.40]***	[-800.44]***	[515.79]***	[72719.65]***	[78367.36]***
中間財合計(対数値)	0.749		0.740		0.875		0.672	
	[226136.56]***		[224949.16]***		[257378.51]***		[200401.31]***	
原材料投入(対数値)		0.730		0.678		0.856		0.654
		[222780.11]***		[203581.49]***		[261560.24]***		[196894.51]***
CRS検定(下段はP値)	5.850	5.850	0.040	0.140	0.000	0.000	0.070	0.040
	0.016	0.016	0.836	0.713	0.984	0.965	0.787	0.845
サンプル数	390	390	36	36	65	65	44	44

注）推定法は，Levinshon and Petrin（2003）である。
　　欄の上段は係数推定値，下段 [ ] 内はZ値である。
　　***，**，*はそれぞれ統計的に1％，5％，10％で有意となっていることを表す。
　　CRS検定は，労働投入量，資本ストック，中間投入の係数がトータルで1かどうかを検定した結果である（収穫一定かどうかの検定）。

表Ⅱ-1-1-4　東三河地域の市町村合併について（市町村コード対応）

市町村名	1995～2010.2月の市町村合併	1995	1998	2000	2003	2005	2008	2010
豊橋市		201	201	201	201	201	201	201
豊川市		207	207	207	207	207	207	207
一宮町	2006.2月,豊川市と一宮町が合併し,新豊川市となる	602	602	602	602	602		
音羽町	2008.1月,豊川市と音羽町,御津町が合併し,新豊川市となる	601	601	601	601	601		
御津町		604	604	604	604	604		
小坂井町	2010.2月,豊川市と小坂井町が合併し,新豊川市となる	603	603	603	603	603	603	
蒲郡市		214	214	214	214	214	214	214
田原市					231	231	231	231
田原町	2003.8月田原町と赤羽根町が合併し,田原市となる	621	621	621				
赤羽根町		622	622	622				
渥美町	2005.10月旧田原市と渥美町が合併し,田原市となる	623	623	623	623			
新城市		221	221	221	221	221	221	221
鳳来町	2005.10月旧新城市と鳳来町・作手村が合併し,新城市となる	581	581	581	581			
作手村		582	582	582	582			
設楽町	2005.10月旧設楽町と津具村が合併し,設楽町となる	561	561	561	561	561	561	561
津具村		565	565	565	565			
東栄町		562	562	562	562	562	562	562
豊根村	2005.11月旧豊根村と富山村が合併し,豊根村となる	563	563	563	563	563	563	563
富山村		564	564	564	564			

朝日新聞社『民力』データベースをもとに作成。

今回の推定に際し，東三河地域の市町村合併を考慮した市町村コード表を作成したので，表Ⅱ-1-1-4を参照されたい。

愛知県全体の全産業について，全ての説明変数が有意水準1％で有意となっており良好な結果となっている。規模に関して収穫一定かどうかの検定については，有意水準10％で帰無仮説を棄却するという結果であり，規模に関して収穫逓増の生産関数となっている。東三河地域の全産業の生産関数の係数については，労働投入量の係数が大きくなり，資本ストックの係数が小さくなる傾向にある。また，規模に関して収穫一定かどうかの検定については，有意水準5％で帰無仮説を棄却するという結果であり，規模に関して収穫逓増の生産関数となっている。これらの結果は，愛知県東三河地域における製造業全体は，規模に関して収穫逓増の生産関数を持っており，TFPに産業集積の効果が表れていることが予想される。

基礎素材型産業については，愛知県全体の推定結果と同様に，労働投入量，資本ストック，2種類の中間投入財の係数が有意となっている。規模に関して収穫一定かどうかの検定については，有意水準5％で帰無仮説を棄却するという結果であり，規模に関して収穫逓増の生産関数となっている。また，労働投入量の係数が，全体の推定結果と比べて大きくなっているのが特徴的である。東三河地域の推定結果は，労働投入量の係数が有意でなく，資本ストックの係数が大きくなっている。また，規模に関して収穫一定かどうかの検定については，帰無仮説を棄却出来ず，規模に関して収穫一定の生産関数となっている。

加工組立型産業の推定結果は，基礎素材型産業と同様に，労働投入量，資本ストック，2種類の中間投入財の係数が有意となっている。規模に関して収穫一定かどうかの検定については，帰無仮説を棄却出来ないという結果であり，規模に関して収穫一定の生産関数となっている。東三河地域の推定結果は，労働投入量の係数が有意でない。また，規模に関して収穫一定かどうかの検定については，帰無仮説を棄却出来ず，規模に関して収穫一定の生産関数となっている。特に，愛知県全体，東三河地域の両方の推定で，資本ス

トックの係数が極端に小さい(マイナスのケースもある)ことは,今後,データや推定方法の改善の必要性があると思われる点である。

生活関連型産業の推定結果は,愛知県全体と東三河地域ともに,労働投入量の係数が有意でない。また,愛知県全体では,規模に関して収穫一定かどうかの検定について,有意水準10%で帰無仮説を棄却するという結果であり,規模に関して収穫逓増の生産関数となっているが,東三河地域では,規模に関して収穫一定の生産構造を持っていることが示唆される。

これらの推定結果は,打田・渋澤(2012)の推定結果に比べて安定的な結果となっていると言えるだろう。ただ,産業ごとの生産関数の形状から加工組立型産業の資本ストックの係数が小さいことが,今回の推定結果の問題点としてあげられる。これらの結果は,メッシュ内で企業が特定されないようにデータが削除されているなど,工業統計メッシュデータ特有の問題であるとも考えられる。

愛知県全体と東三河地域の推定結果を比較した場合,基礎素材型産業の推定結果において資本ストックの係数が高く,特徴的であることが分かる。これは,三河湾を中心とした東三河地域の産業構造が,愛知県全体と比較しても優良であることを示している可能性がある。

上記の推定結果を用いて,TFPの計測を行う。計測方法は,以下の計算式に従う。

$$TFP_{it} = \exp(\ln y_{it} - \ln \hat{k}_{it} - \ln \hat{l}_{it} - \ln \hat{m}_{it}) \tag{5}$$

$\hat{k}, \hat{l}, \hat{m}$:推定された係数を用いた理論値

図Ⅱ-1-1-1は,愛知県全体と東三河地域の全産業のTFPの推移を示したグラフである。これをみると愛知県全体に比べて,東三河地域のTFPは相対的に低い数値を示しており,潜在的な経済成長に対しては厳しい状況にあることが分かる。これらの結果は,打田・渋澤(2012)とは,逆の結果となっており,生産関数の推定方法の改善が寄与したと考えられる。「ただ,全体として,TFPの推移は上昇傾向を持つと考えられる。」となります。

図Ⅱ-1-1-2は,基礎素材型産業について愛知県全体と東三河地域を比べた

ものである。愛知県全体のTFP値と東三河地域のTFP値が大きく異なるため，左軸を愛知県全体，右軸を東三河地域としている。愛知県全体では，TFPの推移が0.8～0.9であるのに比べて，東三河地域は，3～4（中間投入量として，中間財合計を用いたケース），6～9（中間投入量として，原材料使用額を用いたケース）となっている。これは，東三河地域が愛知県全体と比

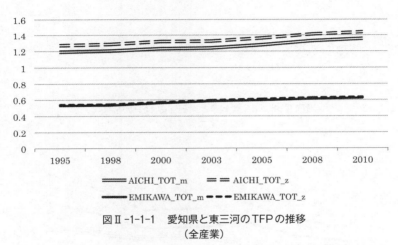

図Ⅱ-1-1-1　愛知県と東三河のTFPの推移
（全産業）

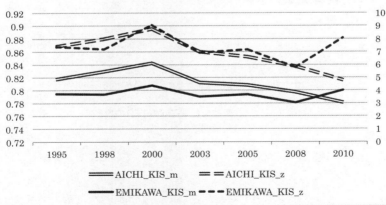

図Ⅱ-1-1-2　愛知県と東三河のTFPの推移
（基礎素材型産業）
（左軸：愛知県，右軸：東三河）

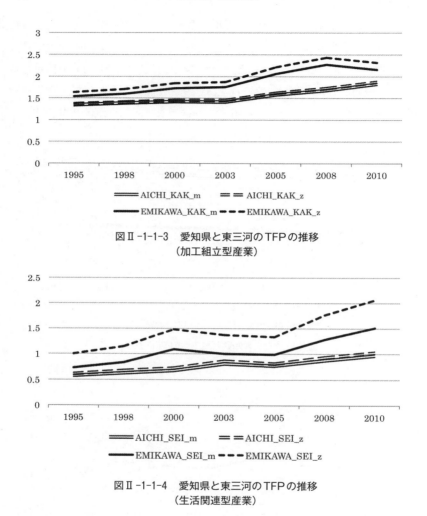

図Ⅱ-1-1-3　愛知県と東三河のTFPの推移
（加工組立型産業）

図Ⅱ-1-1-4　愛知県と東三河のTFPの推移
（生活関連型産業）

べて，基礎素材型産業で高いポテンシャルを持っていることを示唆するものである。

図Ⅱ-1-1-3は，加工組立型産業について，愛知県全体と東三河地域を比較したケースである。TFPの推移は，愛知県全体が，1〜2の間を推移しているのに対して，東三河地域は，2005（平成17）年以降，2を超えた数値と

なっている。東三河地域が，愛知県全体と比べて，加工組立型産業でも優位性を持っていることを示している。

　図Ⅱ-1-1-4は，生活関連型産業について，愛知県全体と東三河地域を比べたものである。他の産業同様，TFPの推移は，愛知県全体と比べて高い数値となっている。特に，2005年以降，東三河地域においてTFPの上昇傾向が強くなっている。

　これまでの結果は，工業統計メッシュデータ特有の問題があるため，条件付きではあるが，東三河地域の各産業，特に，基礎素材型産業[8]および加工組立型産業について更なる産業集積を誘導するような施策を行うことが，今後の東三河地域の経済成長を飛躍的に高めることに繋がることを示唆している。

4 結論

　本稿では，近年のマクロ経済学の主要な潮流の1つとなっている経済成長論を地域経済分析に応用することで，東三河地域の潜在的な経済成長の可能性を考察している。地域の経済成長を考慮する場合に，最も重要となるのが，その地域の産業別TFPを計測することである。これは，地域の知識・技術レベルや生産性を示していることになるため，TFPの相対的なレベルが自立的な経済成長の重要なファクターとなるためである。

　本稿では，工業統計メッシュデータを用いて，愛知県全体と東三河地域の産業別生産関数について，Levinsohn and Petrin（2003）の推定法を用いて推定し，産業別TFPを計測している。

　生産関数の推定から，愛知県全体と比べて東三河地域の産業構造が特徴的であることが示された。また，各産業において，生産構造に大きな差があることが指摘できる。

　産業別TFPの計測結果から，東三河地域が，基礎素材型産業，加工組立型産業，生活関連型産業において相対的に高いTFPレベルを持っており，

豊田市・岡崎市等を中心とする西三河地域と同様，産業集積を推進することで，高い経済成長を可能にすることが示唆された。特に，三河湾を中心とする基礎素材型産業への誘導が重要であることが示された。

今後の課題であるが，今回，利用した工業統計メッシュデータでは，地域別産業別の推定を行う場合，サンプルの削除などで特定のバイアスを持つ可能性が高い。今後，最新のデータや過去のデータを取得することで，データ自身の持つ性質を分析する必要があるだろう。また，別の個票データを利用することで，これらの結果の再解釈をすることも可能となるだろう。TFPと産業集積，社会的資本の関係についても，更に研究を進めたいと考えている。

推定上の問題については，空間計量経済学の手法を用いて，地理的な集積効果を示したいと考えている。

注

(1) 経済成長論の代表的な文献は，Barro and Sala-i-Martin（2004）を参照のこと。また，開発経済学の立場から経済成長を考慮したものとして戸堂（2008），企業の生産性と日本の経済成長について分析した代表的な文献は，深尾・宮川（2008），深尾（2012），森川（2014）がある。
(2) 標準的な内生的経済成長理論では，労働者の持つ知識，技術等を人的資本と呼んでおり，人的資本が上昇することで労働投入量の質が高度化し，経済成長が促されると考えている。詳細は，福田・照山（2011）を参照のこと。
(3) 工業統計メッシュデータについては，我々の利用したデータ以外に，昭和52（1977）年版，昭和55（1980）年版，昭和57（1982）年版，平成2（1990）年版がある。
(4) 打田・渋澤（2012）は，平成7（1995）年，平成10（1998）年，平成12（2000）年，平成15（2003）年，平成17（2005）年のデータを利用し，別の分析方法（生産関数の推定方法など）を用いた研究である。
(5) 工業統計メッシュデータは，「生産額」，「付加価値額」について，平成17年版以前とその後（平成20年版と平成22年版）で定義の修正が行われている。生産額は，平成17年以前において加工賃収入を加えていない。また，付加価値額は，消費税の扱いが若干異なる。
(6) 生産関数については，Gross Revenue型生産関数以外にValue-Added型生産関数（付加価値に対応）がある。Value-added型生産関数の場合は，産出量から中間投入額を差し引くため，生産関数の推定に際し中間投入額が説明変数に入らないことになる。
(7) 生産関数の推定方法については，Takeda and Uchida（2009），Ackerberg, Caves

and Frazer (2015) 等を参照のこと。
(8) 三河港域西側にある蒲郡地区は，輸出入における木材取扱高が全国有数であり，同種の産業を集中的に誘致することが重要である。以下のHPアドレスを参照のこと。
http://www.port-mikawa.jp/area/gamagori.php

補論

［データの出所］
生産関数の推定に関するデータ：『工業統計メッシュデータ』，財団法人経済産業調査会
デフレーターに関するデータ：JIP2015データベース
　　http://www.rieti.go.jp/jp/database/JIP2015/index.html
市町村合併に関するデータ：朝日新聞社『民力』（2015年版）データベース

文献

池内健太・深尾京司・R. Belderbos・権赫旭・金榮愨　2013「工場立地と民間・公的R＆Dスピルオーバー効果：技術的・地理的・関係的近接性を通じたスピルオーバーの生産性効果の分析」『NISTEP Discussion Paper』No.93

打田委千弘　2014「地域金融機関に関する経済の外部性効果の計測－愛知県の工業統計メッシュデータを用いた例－」（家森信善編『地域連携と中小企業の競争力－地域金融機関と自治体の役割を探る－』第13章　中央経済社）

打田委千弘・渋澤博幸　2012「経済成長と全要素生産性」『東三河の経済と社会』（愛知大学中部地方産業研究所）第7輯

辻隆司　2005「立地環境と技術進歩－都道府県別製造業のTFPの計測－その要因分析」『国民経済雑誌』（神戸大学）第191巻6号

徳井丞次・牧野達治・深尾京司・宮川努・荒井信幸・新井園枝・乾友彦・川崎一泰・児玉直美・野口尚洋　2013「都道府県別産業生産性（R-JIP）データベースの構築と地域間生産性格差の分析」『RIETI Discussion Paper Series』13-J-037

戸堂康之　2008『技術伝播と経済成長－グローバル化時代の途上国経済分析－』勁草書房

深尾京司　2012『「失われた20年」と日本経済－構造的原因と再生への原動力の解明－』日本経済新聞社

深尾京司・池内健太・米谷悠・権赫旭・金榮愨　2014「研究開発・イノベーション・生産性（RDIP）データベース」（解説）
　　(http://www.nistep.go.jp/research/scisip/data-and-information-infrastructure/rdip-database)

深尾京司・宮川努　2008『生産性と日本の経済成長－JIPデータベースによる産業・企業レベルの実証分析－』東京大学出版会

福田慎一・照山博司　2011『マクロ経済学・入門』有斐閣アルマ

森川正之 2014『サービス産業の生産性分析－ミクロデータによる実証－』日本評論社
Ackerberg, A., Kevin, C. and Frazer, G. 2015 "Identification Properties of Recent Production Function Estimators," *Econometrica,* Vol.83, No.6, pp.2411-2451.
Barro, R. and X. Sala-i-Martin. 2004 *Economic Growth, Cambrige*: The MIT Press, Second Edition
Hosono, K. and M. Takizawa. 2012 "Financial Frictions, Misallocation and Plant-Size Distribution," *mimeographed*
Levinsohn, J. and A. Petrin. 2003 "Estimating Production Functions Using Inputs to Control for Unobservables," *Review of Economic Studies,* Vol.70, No.2, pp.317-342.
Olley, S. and A. Pakes. 1996 "The Dynamics of Productivity in the Telecommunication Equipment Industry," *Econometrica,* Vol.64,Vol.6,pp.1263-1295.
Romer, P. 1990 "Endogenous Technological Change," *Journal of Political Economy,* Vol.98, No.5,pp.S71-S101.
Takeda, Y. and I. Uchida. 2009 "Technological Externalities and Economic Distance: A Case of the Japanese Automobile Suppliers," *RIETI Discussion Paper Series* 09-E-051.

（打田委千弘・渋澤博幸）

2．人口の動きと将来予測

1 東三河地域の人口の動き

ここでは，東三河の各市町村の人口について，1990（平成2）年から2015年の変化を国勢調査の結果より把握し，その特徴を捉える。また，将来人口は，2014年に制定された「まち・ひと・しごと創生法」に基づいて市町村が策定した「地方人口ビジョン」による将来人口推計の結果を用いて東三河地域の人口の将来展望について検討する。

1）総人口の動き

図Ⅱ-1-2-1から東三河地域の人口を愛知県全体と比較しながら確認する。2015年の国勢調査「人口等基本集計結果」結果によると，東三河地域の人口は757,453人で，愛知県の人口7,483,128人に対して10.1％のシェアとなった。

東三河地域の人口は，1990年から2005年までは，5年ごとに概ね1万人

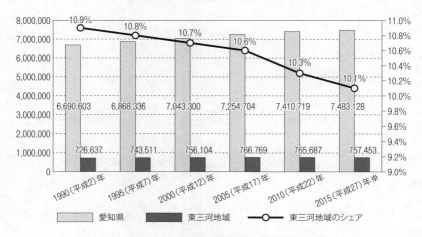

図Ⅱ-1-2-1　東三河地域の人口推移
※2015年は国勢調査人口等基本集計より。　資料：各年の国勢調査より筆者作成。

程度の増加がみられたが，2005年から2010年に初めて減少となって以降，2015年は前回の国勢調査人口765,687人より8,234人減少した。

1990年から2015年の間の人口増加率をみると，愛知県の人口はこの間に約11％増加しているが，東三河地域は約4％にとどまっており，愛知県の増加率よりも大きく下回っている。また，愛知県に占める人口シェアは，1990年時点では10.9％であったが，2015年には10.1％とシェアを下げながら推移している。

2）東三河8市町村の人口の動き

次に，2010年から2015年の各市町村の人口の動きを確認する（表Ⅱ-1-2-1，豊川市，新城市，田原市，設楽町，豊根村は市町村合併によって人口が増加している。この点を考慮して1990年から2010年までの各市町村の人口動向は『東三河の経済と社会』第7輯で考察しているので参照されたい）。

豊橋市は，2010年は376,665人であったが，2015年は374,765人となり，この間に0.5％減少した。

豊川市は，2010年は181,928人であったが，2015年は182,436人となり，この間に0.2％増加した。

蒲郡市は，2010年は82,249人であったが，2015年は81,100人となり，この間に1.4％減少した。

新城市は，2010年は49,864人であったが，2015年は47,133人となり，この間に5.4％減少した。

田原市は，2010年は64,119人であったが，2015年は62,364人となり，この間に2.7％減少した。

設楽町は，2010年は5,769人であったが，2015年は5,074人となり，この間に12.0％減少した。

東栄町は，2010年は3,757人であったが，2015年は3,446人となり，この間に8.2％減少した。

豊根村は，2010年は1,336人であったが，2015年は1,135人となり，この

表Ⅱ-1-2-1　東三河地域の各市町村の人口推移と人口増加率

		1990（平成2）年	1995（平成7）年	2000（平成12）年	2005（平成17）年	2010（平成22）年	2015（平成27）年	2010（平成22）年～2015（平成27）年	
								増減数	増減率
豊橋市		337,982	352,982	364,856	372,479	376,665	374,765	-1,900	-0.50%
豊川市		111,730	114,380	117,327	120,967	181,928	182,436	508	0.28%
	音羽町	8,019	7,797	7,922	8,690				
	一宮町	14,872	15,528	16,255	16,450				
	小坂井町	20,878	21,352	21,664	21,881				
	御津町	13,297	13,452	13,530	13,456				
蒲郡市		84,819	83,730	82,108	82,108	82,249	81,100	-1,149	-1.40%
新城市		35,633	36,147	36,022	52,178	49,864	47,133	-2,731	-5.48%
	鳳来町	15,498	15,142	14,355					
	作手村	3,452	3,313	3,226					
田原市		34,450	35,754	36,981	66,390	64,119	62,364	-1,755	-2.74%
	赤羽根町	6,466	6,330	6,151					
	渥美町	24,062	23,159	22,402					
設楽町		6,339	5,823	5,305	6,306	5,769	5,074	-695	-12.05%
	津具村	1,886	1,776	1,654					
東栄町		5,441	5,124	4,717	4,347	3,757	3,446	-311	-8.28%
豊根村		1,620	1,524	1,420	1,309	1,336	1,135	-201	-15.04%
	富山村	193	198	209	208				
東三河地域		726,637	743,511	756,104	766,769	765,687	757,453	-8,234	-1.08%
	下流地域	656,575	674,464	689,196	702,421	704,961	700,665	-4,296	-0.61%
	山間地域	70,062	69,047	66,908	64,348	60,726	56,788	-3,938	-6.48%
愛知県		6,690,603	6,868,336	7,043,300	7,254,704	7,410,719	7,483,128	72,409	0.98%

資料：各年の国勢調査より筆者作成。

間に15.0％減少した。

　各市町村の人口の動きをこの2カ年でみると，人口が増加したのは豊川市のみで，それ以外7市町村の人口はすべて減少している。豊橋市，豊川市，蒲郡市，田原市の下流地域4市と，新城市以北の山間地域4市町村に分類すると，下流地域は，2010年時点で704,961人であったものが2015年には0.6％減少し754,453人となっている。山間地域は同じく60,726人であったものが6.4％減少し，56,788人となっている。このことから，東三河地域の人口減少はより進行していると言える。

3）高齢者の増加と若年者の減少

　次に，年齢構成別の人口について，1990年と2015年の2時点で，年少人口（15歳未満），生産年齢人口（15歳〜64歳），高齢人口（65歳以上および75歳以上）

表Ⅱ-1-2-2 東三河地域の各市町村の年齢構成の変化（上：実数，下：割合）

| | | 年少人口
(15歳未満) | | 生産年齢人口
(15～64歳) | | 高齢人口 | | | | 合　計
(不詳含む) | |
| | | | | | | (65歳以上) | | (75歳以上) | | | |
		1990 (平成2) 年	2015 (平成27) 年	1990 (平成2) 年	2015 (平成27) 年	1990 (平成2) 年	2015 (平成27) 年	1990 (平成2) 年	2015 (平成27) 年	1990 (平成2) 年	2015 (平成27) 年
豊橋市		65,613	52,524	234,962	230,340	37,130	89,758	15,448	40,894	337,982	374,765
豊川市		21,640	26,153	78,303	110,203	11,762	45,256	4,749	20,490	111,730	182,436
	音羽町	1,494		5,581		944		386		8,019	
	一宮町	3,057		10,046		1,714		669		14,872	
	小坂井町	3,898		14,786		2,186		906		20,878	
	御津町	2,450		9,079		1,763		739		13,297	
蒲郡市		15,050	10,397	59,409	47,709	10,307	22,677	4,208	11,016	84,819	81,100
新城市		7,067	5,536	23,233	26,055	5,328	15,371	2,136	8,056	35,633	47,133
	鳳来町	2,765		9,478		3,255		1,398		15,498	
	作手村	583		2,124		745		348		3,452	
田原市		7,118	8,164	22,901	37,946	4,413	15,960	1,959	7,988	34,450	62,364
	赤羽根町	1,395		4,072		999		436		6,466	
	渥美町	4,751		15,326		3,985		1,752		24,062	
設楽町		969	398	3,746	2,270	1,624	2,401	711	1,488	6,339	5,074
	津具村	274		1,097		515		238		1,886	
東栄町		745	279	3,273	1,487	1,423	1,680	557	1,063	5,441	3,446
豊根村		245	109	972	476	403	550	144	356	1,620	1,135
	富山村	21		114		58		26		193	
東三河地域		139,135	103,560	498,502	456,486	88,554	193,653	36,810	91,351	726,637	757,453
	下流地域	126,466	97,238	454,465	426,198	75,203	173,651	31,252	80,388	656,575	700,665
	山間地域	12,669	6,322	44,037	30,288	13,351	20,002	5,558	10,963	70,062	56,788
愛知県		1,236,783	1,022,532	4,784,821	4,618,657	656,283	1,760,763	259,372	797,920	6,690,603	7,463,887

| | | 年少人口
(15歳未満) | | 生産年齢人口
(15～64歳) | | 高齢人口 | | | | 合　計
(不詳含む) | |
| | | | | | | (65歳以上) | | (75歳以上) | | | |
		1990 (平成2) 年	2015 (平成27) 年	1990 (平成2) 年	2015 (平成27) 年	1990 (平成2) 年	2015 (平成27) 年	1990 (平成2) 年	2015 (平成27) 年	1990 (平成2) 年	2015 (平成27) 年
豊橋市		19.4%	14.0%	69.5%	61.5%	11.0%	24.0%	4.6%	10.9%	337,982	374,765
豊川市		19.4%	14.3%	70.1%	60.4%	10.5%	24.8%	4.3%	11.2%	111,730	182,436
	音羽町	18.6%		69.6%		11.8%		4.8%		8,019	
	一宮町	20.6%		67.5%		11.5%		4.5%		14,872	
	小坂井町	18.7%		70.8%		10.5%		4.3%		20,878	
	御津町	18.4%		68.3%		13.3%		5.6%		13,297	
蒲郡市		17.7%	12.8%	70.0%	58.8%	12.2%	28.0%	5.0%	13.6%	84,819	81,100
新城市		19.8%	11.7%	65.2%	55.3%	15.0%	32.6%	6.0%	17.1%	35,633	47,133
	鳳来町	17.8%		61.2%		21.0%		9.0%		15,498	
	作手村	16.9%		61.5%		21.6%		10.1%		3,452	
田原市		20.7%	13.1%	66.5%	60.8%	12.8%	25.6%	5.7%	12.8%	34,450	62,364
	赤羽根町	21.6%		63.0%		15.5%		6.7%		6,466	
	渥美町	19.7%		63.7%		16.6%		7.3%		24,062	
設楽町		15.3%	7.8%	59.1%	44.7%	25.6%	47.3%	11.2%	29.3%	6,339	5,074
	津具村	14.5%		58.2%		27.3%		12.6%		1,886	
東栄町		13.7%	8.1%	60.2%	43.2%	26.2%	48.8%	10.2%	30.8%	5,441	3,446
豊根村		15.1%	9.6%	60.0%	41.9%	24.9%	48.5%	8.9%	31.4%	1,620	1,135
	富山村	10.9%		59.1%		30.1%		13.5%		193	
東三河地域		19.1%	13.7%	68.6%	60.3%	12.2%	25.6%	5.1%	12.1%	726,637	757,453
	下流地域	19.3%	13.9%	69.2%	60.8%	11.5%	24.8%	4.8%	11.5%	656,575	700,665
	山間地域	18.1%	11.1%	62.9%	53.3%	19.1%	35.2%	7.9%	19.3%	70,062	56,788
愛知県		18.5%	13.7%	71.5%	61.9%	9.8%	23.6%	3.9%	10.7%	6,690,603	7,463,887

資料：各年の国勢調査より筆者作成。

の実数と構成比の変化を整理した（表Ⅱ-1-2-2）。

まず言えることは，すべての市町村で年少人口と生産年齢人口の割合がそれぞれ減少し，高齢人口の割合が増加していることである。特に，山間地域での65歳以上の高齢人口割合の変化は大きい。設楽町は25.6％から47.3％，東栄町は26.2％から48.8％，豊根村は24.9％から48.5％となり，5年前の2010年時点よりさらに高齢化が進んでいる。

年少人口と生産年齢人口の割合は，それぞれ19.1％から13.7％，68.6％から60.3％へと減少し，65歳以上の高齢人口の割合は12.2％から25.6％，75歳以上の後期高齢人口の割合は5.1％から12.1％へ増加している。

以上から，年少人口比率，生産年齢人口比率の減少と高齢人口比率の増加の傾向は，全ての市町村にみられる現象となり，その傾向は5年前よりもさらに進んでいる。特に山間地域の市町村は人口減少と高齢化がより顕著に進行している。

② 東三河地域の人口減少対策

1）地方創生の推進

国は，少子高齢化に歯止めをかけて地域の人口減少と経済の縮小を克服し，将来にわたって地域の成長を確保することを目的に「地方創生」を推進している。そのため国は，2014（平成26）年12月に「まち・ひと・しごと創生長期ビジョン」および「まち・ひと・しごと創生総合戦略」を策定し，また，日本の人口の中長期的展望として「2060年に1億人程度の人口の確保」と「国民希望出生率1.8」を目指すことを掲げた。

これにあわせて地方においても，2016年3月末までに47都道府県，1,737市区町村で「地方版まち・ひと・しごと創生総合戦略」が策定された。この戦略の基本方針である「地方における安定した雇用を創出する」，「地方への新しいひとの流れをつくる」，「若い世代の結婚・出産・子育ての希望をかなえる」，「時代に合った地域をつくり，安心なくらしを守るとともに，地域と

地域を連携する」の4つの視点を原則として各地域の実情に即した具体的な取組みが始まっている。

この中で、地方公共団体は、自らのまちの人口の現状分析を行い、人口推計を行うなどで、将来（概ね2040年または2060年）の目指すべき目標人口や人口の将来展望を示す「地方人口ビジョン」を策定している。これは、人口減少や少子高齢化などの人口問題に関する認識の共有と今後の目指すべき将来の姿を提示したものである。よってここでは、東三河8市町村が策定した「地方人口ビジョン」を整理し、東三河の人口の将来展望について検討する。

2）8市町村の人口ビジョン
① 豊橋市

2060年時点の将来人口を推計している（図Ⅱ-1-2-2）。2010年の国勢調査を基準に、①低位推移、②中位推移、③高位推移の3パターンで推計してい

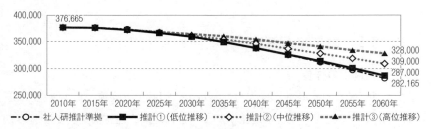

ケース	豊橋推計条件設定
社人研推計 準拠	・国立社会保障・人口問題研究所（以下、社人研）による推計結果。
推計①： 低位推移	・合計特殊出生率：2035年までは、本市の合計特殊出生率の実績を基に、国立社会保障・人口問題研究所「都道府県の将来推計人口（平成19年）」における愛知県の合計特殊出生率の推移に比例させ、以降は2025年～2030年、2030年～2035年における合計特殊出生率の推移に比例。 ※参考：合計特殊出生率…2030年では1.62、2040年では1.64、2060年では1.68。 ・純移動率：好況基調により流入傾向が強かった2000年～2005年の純移動率と、景気後退により流出傾向が強かった2005年～2010年の純移動率の平均値を年齢5歳階級別に算出し、流入傾向を維持することとして固定（仮に純移動率を合計すると0.095になる）。
推計②： 中位推移	・合計特殊出生率：2030年に1.67、2040年をピークに1.8となるように上昇させ、以降は1.8を維持。 ・純移動率：推計①と同じ。
推計③： 高位推移	・合計特殊出生率：2030年に1.8、2040年をピークに2.07となるように上昇させ、以降は2.07を維持。 ・純移動率：推計①と同じ。

図Ⅱ-1-2-2　豊橋市の人口ビジョンに示された将来人口推計
資料：豊橋市人口ビジョンより筆者作成。

る。この3パターンはそれぞれ合計特殊出生率（以下，出生率）と人口の純移動率の条件設定が異なっている。2060年時点の人口推計結果は，①低位推移は287,000人，②中位推移は309,000人，③高位推移は328,000人である。この推計から，低位推移では2060年において人口は30万人を割り込むが，中位推移，高位推移では30万人以上が維持される。

以上から豊橋市は，現在の都市機能や質の高い住民サービスを維持し，自主的で自立した行政運営を確保するには，少なくとも30万人規模の人口が必要とされるとの考えに立ち，人口の将来展望として2060年に人口30万人を維持することを目指すべき将来の方向として示しつつ，人口の流入や出生率の上昇を想定して，2060年の人口ビジョンは33万人を展望している。

② 豊川市

2060年時点の将来人口を3パターンで推計している（図Ⅱ-1-2-3）。それぞれ出生率と人口の純移動率の条件設定が異なっている。2060年時点の人口推計結果は，パターン1は132,271人，パターン2は150,717人，パターン3は156,347人である。この推計から，パターン1に対して出生率が上昇するパターン2では2060年の人口は約18,000人増加し，純移動率（社会動態）が

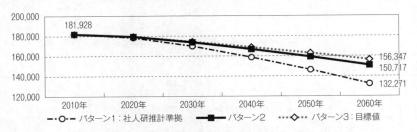

ケース	豊川市推計条件設定
パターン1：社人研推計準拠	・社人研の推計（出生中位，死亡中位）に準拠。
パターン2	・パターン1において合計特殊出生率が平成52（2040）年までに人口置換水準の2.07まで上昇すると仮定。
パターン3：目標値	・社人研推計準拠において，合計特殊出生率が2040年までに人口置換水準の2.07まで上昇し，かつ純移動率（社会動態）が2040年までに改善（0から44歳の純移動率のうち，マイナスとなっているものをゼロに）すると仮定。

図Ⅱ-1-2-3　豊川市の人口ビジョンに示された将来人口推計
資料：豊川市人口ビジョンより筆者作成。

改善するパターン3ではさらに約6,000人増加することで，2060年の人口は15万人以上が維持される。

以上から豊川市は，パターン3を人口維持の目安として，出生率を2040年に2.07に達成する目標や人口の社会動態の安定化を仮定して目指すべき将来の方向に基づく取組みを推進することで，2060年の人口ビジョンは16万人程度を展望している。

③ 蒲郡市

2060年時点の将来人口を4パターンで推計している（図Ⅱ-1-2-4）。それぞれ出生率と人口移動の条件設定が異なっている。2060年時点の人口推計結果は，パターン1は53,293人，シミュレーション1は62,897人，シミュレーション2は62,194人，シミュレーション3（目標値）は60,961人である。この推計から，パターン1に対して，出生率が上昇するシミュレーション1では2060年の人口は約4,000人増加し，人口移動が均衡するシミュレーショ

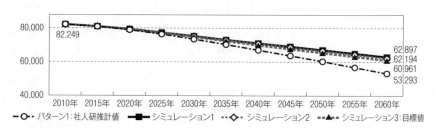

ケース	蒲郡市推計条件設定
パターン1：社人研推計値	・2005年から2010年の人口の動向を勘案し将来の人口を推計。合計特殊出生率は2015年1.39，2020年1.36，2025年1.34，2030年1.34，2035年1.34，2040年〜2060年1.34。移動率は，2005〜2010年の国勢調査に基づいて算出された純移動率が，2015〜2020年までに定率で0.5倍に縮小し，その後はその値を2035〜2040年まで一定と仮定。
シミュレーション1	・パターン1をベースに合計特殊出生率が上昇した場合の推計。合計特殊出生率は国の長期ビジョンの仮定（2015年1.43，2020〜2025年1.60，2030〜2035年1.8，2040〜2060年2.07）。
シミュレーション2	・パターン1をベースに合計特殊出生率はシミュレーション1と同じ場合の推計。かつ人口移動が均衡したとした場合。
シミュレーション3：目標値	・社人研推計をベースに，合計特殊出生率を市独自に設定した場合のシミュレーション。合計特殊出生率は，2015年1.42，2020年1.50，2025年1.58，2030年1.66，2035年1.75，2040年1.83，2045年1.91，2050年1.99，2055〜2060年2.07。

図Ⅱ-1-2-4　蒲郡市の人口ビジョンに示された将来人口推計
資料：蒲郡市まち・ひと・しごと創生人口ビジョンより筆者作成。

ン2では約3,700人増加する．市独自の出生率が設定されているシミュレーション3はパターン1よりも約3,000人増加し，2060年の人口は6万人以上が維持される．

以上から蒲郡市は，シミュレーション3の人口推計結果を目安として，出生率を2055年には2.07まで上昇させることを目指し，2060年の人口ビジョンは61,000人を展望している．

④ 新城市

2060年時点の将来人口を3パターンで推計しているが（図Ⅱ-1-2-5），このうち，社人研が推計したパターン1（自然体推計）と新城市が推計したパターンの2とおりの推計を示している．2060年時点の人口推計結果は，自然体推計は24,195人，新城市推計は30,489人である．パターン1の推計に対して，出生率の向上と44歳以下の人口の転出入を均衡させる新城市推計では2060年時点の人口は約6,000人増加し3万人以上が維持される．

以上から新城市は，出生率を2040年に2.07に達成する目標の設定や，2030年までに0～44歳の合計移動率を均衡させて，それ以後の移動率をゼロに維持する目標を設定することで，2060年の人口ビジョンは31,000人程度を展望している．

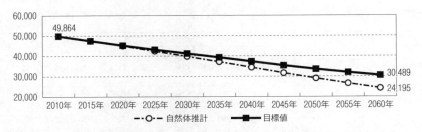

図Ⅱ-1-2-5　新城市の人口ビジョンに示された将来人口推計
資料：新城市人口ビジョンより筆者作成．

⑤ 田原市

2040年時点の将来人口を4パターンで推計している（図Ⅱ-1-2-6）。人口推計結果は，社人研推計準拠が50,885人，出生率が2030年までに人口置換水準まで上昇すると仮定したシミュレーション1は54,954人，出生率が上昇しかつ人口移動率がゼロ均衡すると仮定したシミュレーション2は58,883人，社人研推計準拠をベースに出生率が上昇しかつ人口移動数を独自に設定した田原市独自推計は60,157人となり，2040年時点の人口は6万人以上が維持される。

以上から田原市は，2040年には出生率を人口置換水準の2.07まで上昇させ，人口移動は転入促進と転出抑制の施策展開による社会増減の均衡を目指して，市総合計画の目標年次である2022年時点で64,000人を維持させるとともに，2040年の人口ビジョンは6万人以上を展望している。

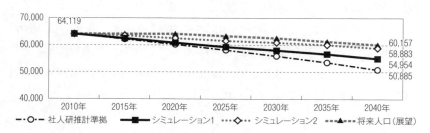

ケース	新城市推計条件設定
社人研推計準拠	・2005年から2010年の人口の動向を勘案し将来の人口を推計。
シミュレーション1	・社人研推計準拠において合計特殊出生率が2030年までに人口置換水準（2.1）まで上昇すると仮定。
シミュレーション2	・シミュレーション1かつ移動（純移動率）がゼロ（均衡）で推移すると仮定。
将来人口(展望)	・出生率は，社人研推計準拠をベースに，合計特殊出生率が上昇した場合のシミュレーション。合計特殊出生率は，2015～2024年1.66，2025～2039年1.8，2040年2.07。人口移動は，2022年時点で64,000人程度，かつ，2040年時点で60,000人程度の維持に必要な移動数を独自に設定。

図Ⅱ-1-2-6　田原市の人口ビジョンに示された将来人口推計
資料：田原市人口ビジョンより筆者作成。

⑥ 設楽町

2060年時点の将来人口を3パターンで推計している（図Ⅱ-1-2-7）。2060

年時点の人口推計結果は，シナリオ1は社人研推計に準拠し1,662人，シナリオ2とシナリオ3は出生率を国の目標値である出生率1.8を採用しつつ，移住者受入れシナリオを導入している。移住者受入れについては，シナリオ2は30代の移住者が毎年5世帯（夫婦＋子供1人）とする仮定で2,242人，シナリオ3は30代の移住者が毎年10世帯（夫婦＋子供1人）とする仮定で2,975人である。

以上から設楽町は，自然動態と社会動態を加味した上で，毎年10世帯（夫婦＋子供1名）の移住者を受け入れていくことを目指し，2060年の人口ビジョンは3,000人の確保を展望している。

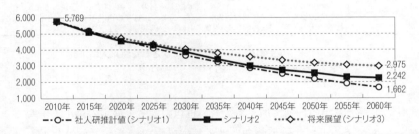

図Ⅱ-1-2-7　設楽町の人口ビジョンに示された将来人口推計
資料：設楽町人口ビジョンより筆者作成。

⑦　東栄町

2040年時点の将来人口を3パターンで推計している（図Ⅱ-1-2-8）。2040年時点の人口推計結果は，パターン1は社人研推計に準拠し1,666人，パターン2は出生率が2040年までに2.07に上昇する仮定で1,693人，パターン3の将来展望人口は，出生率の上昇に加えて転出人口の抑制と転入人口の促進により2,165人である。

以上から東栄町は，子育て世代，若者を中心とした生産年齢人口の流入と

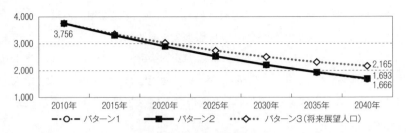

ケース	東栄町推計条件設定
パターン1	・社人研による推計結果。
パターン2	・2030年以降の合計特殊出生率を国の目標と整合させ，2030年に1.8，2040年に2.07まで上昇すると仮定。
パターン3 (将来展望人口)	・若い世代の結婚・出産の希望をかなえる施策の展開を図ることを前提に，国の合計特殊出生率の目標水準(2030年1.8)に準拠して推計。空き家の活用等による住環境の整備や若者・子育て世帯を支援する施策を展開し，毎年2世帯 (大人：男女各2名，子供：男女各1名)の転入，2世帯 (大人：男女各2名，子供：男女各1名)の転出抑制を図るとともに，若者2名 (大人：男女各1名)の転入を図るものとして移動数を補正し，推計。

図Ⅱ-1-2-8　東栄町の人口ビジョンに示された将来人口推計
資料：東栄町人口ビジョンより筆者作成。

定住の促進と転出の抑制に加えて，若い世代の就労・雇用の創出，子育て，教育を支援する生活基盤の整備を進める等の実現により，2040年の人口ビジョンは2,000人を超える確保を展望している。

⑧ 豊根村

2060年時点の将来人口を3パターンで推計している（図Ⅱ-1-2-9）。2060年時点の人口推計結果は，ケース1は社人研推計に準拠し438人，ケース2は出生率を国の目標値と同じ2040年に2.07にした推計で559人，ケース3はケース2に加えて転出抑制と転入促進対策を実施した推計で892人である。

以上から豊根村は，ケース2の出生率向上対策に加えて，村の雇用・仕事の確保，道路整備や住環境整備等の定住生活基盤，子供の教育環境の確保などの対策を進めることで，毎年3家族（計9人）を新たに確保していくことを目標と掲げている。そして，人口減少数は現在の数値（年平均15人）の半減を目指して，2060年の人口ビジョンは900人程度の確保を展望している。

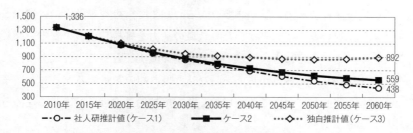

ケース	豊根村推計条件設定
社人研推計値 （ケース1）	・社人研による推計結果。
ケース2	・出生率向上対策実施（出生率を国目標値2040年2.07にした場合の豊根村推計値）。
独自推計値 （ケース3）	・出生率向上対策実施（出生率を国目標値2040年2.07）に加え，転出抑制および転入促進対策を実施【毎年3家族（30代大人2人・小学生子供1人）程度の定住促進が実現】した場合の独自推計値。

図Ⅱ-1-2-9　豊根村の人口ビジョンに示された将来人口推計
資料：豊根村人口ビジョンより筆者作成。

3）東三河の人口の将来展望

　表Ⅱ-1-2-3より，東三河8市町村の2010年国勢調査を基にした2040年の将来人口をみると，社人研推計値では，設楽町，東栄町，豊根村といった奥三河では減少率が4割から5割に達するところがあり，新城市や田原市は2割から3割の減少，豊橋市，豊川市，蒲郡市では1割以上の減少となる。8市町村をあわせると2010年から2040年の30年間で約11.1万人の人口が減少する。

　この推計に対して，出生率の上昇や人口流出抑制・転入促進の施策を講じることを前提とした2040年目標の人口ビジョンと比較すると，奥三河町村の人口減少率は3割から4割にとどまり，都市部の豊橋市，豊川市，田原市の減少率は1割を下回り，蒲郡市も1割程度にとどまる。8市町村をあわせると30年間で約6.8万人の減少にとどまる。よって，東三河8市町村が人口ビジョンで掲げた2040年時点の目標人口を達成すると，2040年の東三河地域の人口の減少度合いは2010年国勢調査対比で-14.6％から-9.0％へと緩和される。

　人口減少の局面にある8市町村が上記の人口ビジョンを達成するためには，

出生率の向上，社会減の抑制が必要となる。加えて，生産年齢人口の減少と少子高齢化が進むなかで将来にわたり地域の活力を維持し生活の安定を図る必要がある。そのためにも，地域の雇用環境の充実などで若い世代を中心に人口流出を抑制し，地域外から人を呼び込む取り組みを進めるとともに，子供や高齢者が安心して暮らせる地域づくりを広域的な視点を踏まえて進めることが必要である。

加えて，2015年1月に設立された東三河広域連合は，2016年度中に東三河全域を対象とした東三河人口ビジョンと東三河まち・ひと・しごと創生総合戦略を策定する予定である。人口減少，少子高齢化という我が国の構造変化に対して，8市町村の取り組みに加えてより広域的な視点からの人口ビジョンの実現と総合戦略の実行が期待される。

表Ⅱ-1-2-3　東三河地域の将来人口推計の比較

	2010年国勢調査	2040年社人研推計値		2040年目標人口ビジョン		人口ビジョン増加期待数
豊橋市	376,665	337,645	-10.4%	354,000	-6.0%	16,355
豊川市	181,928	158,772	-12.7%	168,770	-7.2%	9,998
蒲郡市	82,249	66,959	-18.6%	69,865	-15.1%	2,906
新城市	49,854	34,415	-31.0%	37,325	-25.1%	2,910
田原市	64,119	50,885	-20.6%	60,157	-6.2%	9,272
設楽町	5,769	2,865	-50.3%	3,559	-38.3%	694
東栄町	3,756	1,666	-55.6%	2,165	-42.4%	499
豊根村	1,336	689	-48.4%	893	-33.2%	204
東三河合計	765,676	653,896	-14.6%	696,734	-9.0%	42,838

資料：東三河8市町村の人口ビジョンより筆者作成。

文献

愛知大学中部地方産業研究所　2012『東三河の経済と社会』第7輯
蒲郡市　2016「蒲郡市まち・ひと・しごと創生人口ビジョン」
設楽町　2016「設楽町人口ビジョン」
新城市　2016「新城市人口ビジョン」
総務省統計局　1990, 1995, 2000, 2005, 2010「国勢調査報告」
田原市　2016「田原市人口ビジョン2015→2040」
東栄町　2016「東栄町人口ビジョン」
豊川市　2016「豊川市人口ビジョン」
豊根村　2015「豊根村人口ビジョン」
豊橋市　2015「豊橋市人口ビジョン」

（髙　橋　大　輔）

第2章　東三河の土地利用とその変化

1　はじめに

　ここではほぼ2010（平成22）年以降の東三河の土地利用変化をみる前に，愛知県全体の土地利用変化を外観し，その中での東三河の土地利用とその変化についてみていく。

　土地利用は，それぞれの時期の経済活動の変化とそれに伴う社会的な変化や人々の価値観の変化によって変わっていく。愛知県の2010年代における特徴は，日本全国，さらには世界中に強烈な影響を与えたアメリカで2008年に発生したリーマンショックによる金融の大不況から始まった。この世界連動型の不況は，企業や資金の流れが，企業や金融資本活動の国際化を背景に，世界経済がこの時期すでにグローバル化していたことを証明することになった。

　愛知県の場合，県内のリーディング産業で，しかもアメリカを中心に世界市場へ本格的に乗り出していたトヨタ自動車ももろにその波をかぶった。生産規模の縮小は，本工場からそれを支える三河を中心とした下請け関連企業へと連動し，とくに，折から急増しつつあった外国人労働力も人員の削減が断行された。西三河のトヨタ系企業のみならず，東三河ではトヨタ自動車田原工場もいくつかのベルトコンベアが止まり，幾棟もある従業員宿舎が空っぽになった。従業員の減少は地域の消費活動の低下にもつながり，企業の倒産など各地域の経済に深刻な打撃を与え，それまで増大してきた地方自治体の財政基盤も脅かした。それは当然愛知県のそれまで豊かであった財政収入の悪化をもたらし，名古屋市もその影響を受け，消費活動が縮小する中，華やかになっていた錦通りの灯もきえ，財政難のもとでの苦しい県政の運営に直面した。

第Ⅱ部　地域経済

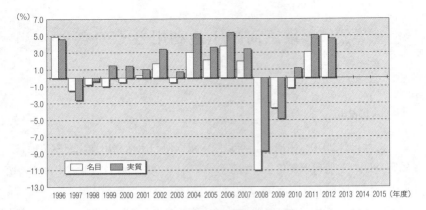

図Ⅱ-2-1　愛知県の年次別経済成長
資料：愛知県統計課HP「20年あいちの動き」（「あいちの県民経済計算」）。

　その結果，それまでほぼ2～3%の経済成長率を示していた愛知県は，リーマンショックをもろに受けた2008年には，なんと一気に縮小し，ほぼマイナス10%にまで落ち込んだ。それがプラスマイナスゼロ水準へ戻るだけでも約3年を要した（図Ⅱ-2-1）。以降，回復したとはいえ，デフレ脱却を目指して低金利政策を求めた日銀の金融政策，小泉内閣によりもたらされた非正規雇用の著しい拡大，企業のグローバル化，それらがもたらした所得格差の拡大が愛知県の経済へも影響し，その成長率は1～2%の低い水準で推移し，折から民主党より政権交代して誕生した安部内閣の金融および所得政策も実体を反映しない金融変化，さらに所得格差をもたらすなど，全体への波及効果は少なく，今日に至っている。また，ほかの道府県で進行し始めた人口減少は，愛知県全体では少し余裕があるとはいえ，人口構成にみられる高齢者比率の高まりとそれに伴う社会福祉のウェイト増大，社会や市場の変化，企業合併や企業の多角化を含む企業間の再編成が進み，愛知県もそのような国や世界の動きに対応し，リーマンショック後の経済構造は変わりつつあり，着地点はまだみえない。
　土地利用はこのような経済やそれがもたらす社会変化の地表への投影であるが，リーマンショックをなんとか抜け出したとはいえ，より変動的な要素

を内包した低成長下での推移が特徴である。そのような中で，筆者としては，担当した東三河を中心にした土地利用，および農林業（後掲，第Ⅲ部第1章1.）においてその継続性と変化および新たな芽生えなどを抽出し，記述してみたい。

② 愛知県の土地利用変化とその中での東三河

　土地利用には大きく分けて，都市的土地利用と農山村的土地利用がある。前者には商業や工場，住宅，行政，公務，都市の公共用などの施設が含まれ，後者には農林畜産用や自然的資源を活用した施設や場などが含まれる。
　かつて高度経済成長期に著しい人口の都市への集中が進行する中，日本地理学会での「都市化」の概念に，都市がより高度化する現象を都市化だとする新しい議論があった。その一方，農村が都市化するのが都市化だとする従来からの議論があり，両方理解できるがためにどう展開するのか，用語の整理がいるのではないかと思っている内に，中心地論の登場で霧散してしまい，新しい議論の発展に未練を残したことがあった。
　ここではその議論はしないが，土地利用の変化をみる上で，この都市的土地利用と農山村的土地利用の区分は，人口が都市へ集中してきたこれまでの経過から経験的に理解しやすい。しかし，後述するように，農山村のジェントリフィケーションやゴルフ場，観光施設とか，今後の人口減少の進展の中で都市の中でも急増が予想される空き家や空地の拡大などをどうみていくかという新たな問題は，従来型の思考を再考することになり，次期の課題になるだろう。
　いずれにせよ，これまでの土地利用変化は，これまで主導権を持ってきた農山村の土地利用がいかに都市的土地利用を中心に転換していくかという点にあり，ここでもそれを踏襲する。
　図Ⅱ-2-2は2011（平成23）年から2014年にかけての，まさにリーマンショック後において愛知県を7地区に分けたときの農地から都市的土地利用な

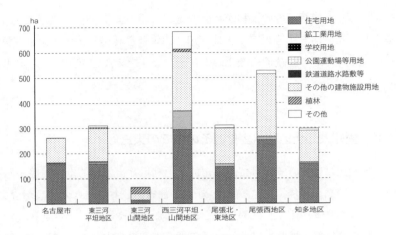

図Ⅱ-2-2　農地法に基づく愛知県農林地の都市的土地利用への転用面積(2011～2014年)
資料:「土地に関する統計年報」より作成。

ど農地以外への転換面積を,転換目的の地目別に示したものである。本来なら各地区の面積を考慮すべきところもあるが,ここでは絶対面積で示し,それぞれの地区の変化についてみていく。

それによると,西三河地区がダントツに大きな変化を示し,全体の3割近くを占め,次いで尾張西部が続いていて,この2地区で愛知県の半分を占める。第3位以下は尾張北・東地区,東三河平野部,知多地区がほとんど差もなく続き,第6位に名古屋市,最後が東三河山間部となっている。

ダントツの西三河は,今日の愛知県の活力エネルギーの中核的センターであり,県勢の核であることを示している。その牽引役は言うまでもなくトヨタ自動車を中心とした輸送機械およびその関連企業群で,トヨタ本社工場を中心に,豊田市内,三好,刈谷,安城,西尾,幸田などに配置された大手の系列・下請け工場群が,さらに再下請け,再々下請け工場群が西三河山間地域にまで広がり,巨大なトヨタ集団が形成されてきた。また岡崎には三菱自動車工場があり,その自動車工業の厚い基盤が複合的に形成されてきた。

同図はリーマンショックの不況を耐えたのちの復活してきた状況を示している。雇用が復活し,住宅需要も増大して,住宅用地が農地転用中では最大

の地目になっているのがそれを示しているし，工場用地への転用が目立つこともこのような自動車産業の復活が西三河の各都市を再び活性化させ，人口も増え，住宅産業も活性化したことを示している。ただその際，道路網の整備がさらに進み，自動車時代がより広がった結果，住宅建設地は既存の都市の町なかに限定せず，郊外の地価も安く，自然環境のよい農村地帯の農業調整区域や都市計画外の農地に求められた。こうして住宅地は不規則的様相を内包しつつ，一気に広がり，台地はもちろん，山間地域の中にまでかつての都市郊外へのスプロールと同様な拡大をもたらしている。

この西三河地区では，ほかの地区でも同様だが，「そのほかの建物や施設」への用地の転用も多く，東三河山間部を除くとどの地区も住宅用地に次いで第2位を占める。都市的土地利用といえるさまざまな地目で，都市発展さらには農村部の公的施設への転用である公園，スポーツ施設，大型商業施設や道路沿いの商業施設，観光施設，道路，倉庫などで，都市空間の拡大に伴うものが多く，工業用地への転用を大きく上回る。各都市とも工場誘致を目指してはいるが，国外への工場移転を目指す流れの中で，この西三河でもトヨタの世界戦略が平行してすすめられており，県内では工場転用面積はトップであるが，地域内工場の新規立地にかつてほどの勢いはない。

しかし，いずれにしても，工業地域というときには，もはや従来の「名古屋工業地域」ではなく，「西三河工業地域」というのが当を得ている。名古屋市の工業出荷額はすでに豊田市だけのそれの3分の1に過ぎず，豊田市を中心にした「西三河工業地域」だけの工業出荷額は全日本のそれの過半を占めていることからもわかる。

なお，名古屋市の農地転用面積は第6位と振るわないが，既存の農地がそれほど多くないことにもよる。その分，尾張西部や周辺にあふれ出ているといえる。とくに尾張西部は従来土地条件が湿地性で地盤も悪く，住宅地には不適であり，従って人口もあまり増えなかったが，近年，住宅建設技術の改良や地価の安さ，道路の整備などから住宅地化が進み，西三河に次いでいる。しかし，南部の弥富や蟹江地区には戦後の地盤沈下によるゼロメートル以下

の土地が広がり，津島市の南まで台風や地震の災害を直接受けやすい低湿地の土地であることには変わりがない。注意すべき土地であることは広く知られるべきである。

　このような中で，東三河の平野部をみると，その転用面積の合計は尾張北・東地区や知多地区，名古屋市とほぼ同程度である。転用目的の構成もお互いによく似ている。もっとも多いのは住宅用地で，豊川市一帯，豊橋市の市街地の郊外での住宅地化が中心である。豊川市は合併により市域が一気に拡大し，住宅用地もそれに伴って増大した。台地の上はかねてより農地の区画整理事業が進んでおり，それを埋める形で住宅地化が進んだし，広い平坦な台地が住宅需要を喚起した面もある。一方，台地の下で台地の縁を併走する国道151号線沿いのうち，水はけのよい低位段丘面に当たる馬場町交差点付近から豊川インターにかけては，道路沿いに飲食店を中心に運送や大型小売店舗の集積により，農地転用をすすめたし，牛久保の台地崖下から豊橋方面へ向かう道路沿いも大型小売店舗を中心に集積が進み，豊橋市街地とつながってしまった。この一帯は沖積低地内の微高地にあるとはいえ，沖積低地のど真ん中にあり，地盤がよいわけではない。農地転用は道路沿いに進行している（図Ⅱ-2-3）。また旧小坂井町は，道路と鉄道網に恵まれ，畑地の住宅地への転用が目立つ。ここでも自動車の普及がさらに進み，市街地から郊外への住宅地の拡大がみられる。旧一宮町や新城市の台地の奥，豊橋市の飯村地域，三河港へ続く牟呂地域，二川方面，渥美線沿線などで散在的に拡大した。

　「そのほかの用地」への転用も目立つが，新東名高速道路の建設と新城インターチェンジ開設，および関連道路の開設に伴う道の駅などの諸施設用地に関わる用地需要，また新城から旧一宮町へのバイパス道路，23号バイパスの開通に関わる付随施設などのほか，市場や商業施設などへの転用である。

　工場への転用はきわめて少なく，各都市の誘致もなかなか実らず，東三河は西三河の10分の1の規模である。本来なら，東三河は臨海部も含め日本の中央に位置し，交通条件も悪いわけではない。既存のすでに形成された多様な工業の業種がこの地域の特色であり，それらとつなげる業種には可能性も

第 2 章　東三河の土地利用とその変化

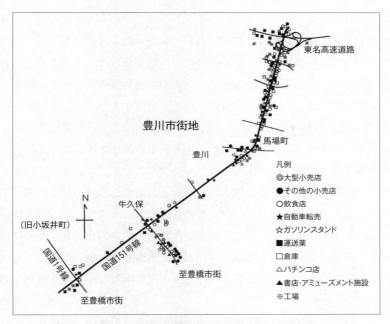

図Ⅱ-2-3　国道151号線沿いの大型小売店の分布
資料:『ゼンリン住宅地図2015 愛知県豊川市①』より作成。

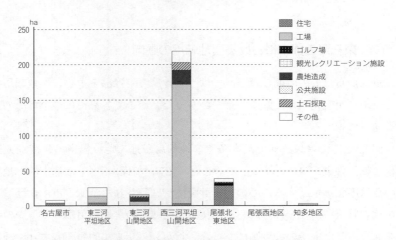

図Ⅱ-2-4　森林法に基づく愛知県農林地の都市的土地利用への転用面積(2011〜2014年)
資料:「土地に関する統計年報」より作成。

あるようにみえる。業種が多様であるが故にリーマンショックの影響も豊田市などトヨタにみられたように際立っていなかったことが新規誘致への熱意を欠いているかもしれない。その結果，三河港が依然としてほとんど自動車の輸出入だけにとどまっているのは，企業の新規誘致の不熱心さと関連しているように思われる。誘致条件も思い切って見直すチャンスともいえる。

　図Ⅱ-2-4は森林地からの転用のケースである。ここでも愛知県内では西三河がぶち抜きのダントツである。しかも転用目的は工場用地である。西三河の山地は花崗岩の丘陵的山地であり，かつてはゴルフ場に転用されることが多かった。しかし，ゴルフ場の芝管理の薬品流出と土壌の流失は矢作川水系を汚濁し，中下流域の農民，漁民の生活を脅かし，矢作川沿岸水質保全対策協議会の組織を生んだ。それによりゴルフ場建設は禁止され，土砂の採取も制限されている。そのような矢作川水系の土地利用規制の中で，工場立地は環境保全型であれば可能であった。トヨタ系の回復の中で丘陵地利用の工場進出が進んだのである。

　一方，東三河地域では，平野部と山間部で若干住宅地化と工場化がみられた程度であった。

③　東三河の都市における農地転用の動向

　以上から，この時期の東三河では，もっぱら平野部を中心に農地転用による土地利用変化のみられることがわかった。そこで各都市についてその動きを簡単にみてみる。

　図Ⅱ-2-5では東三河で最も多く農地転用が進んだ豊橋市の年度別転用面積と転用件数をほぼ5年ごとに示した。1970（昭和45）年は都市的土地利用の無秩序化を是正するために都市計画法が施行された年で，市街化区域と市街化調整区域が仕分けされ，市街化調整区域での農地転用はいくつかの条件をクリアした上での許可制になった。しかし，ザル法的側面もあり，図にも示されるように市街化調整区域における住宅地化は続き，市街化区域での住

第2章　東三河の土地利用とその変化

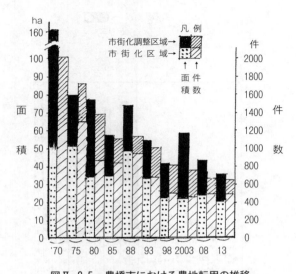

図Ⅱ-2-5　豊橋市における農地転用の推移
注）'70については内訳不明。　　資料：豊橋市農業委員会資料より作成。

宅地化を上回ることもあった。

　同図はそのような都市計画法後の動きを示したものである。全体としては，右下がりの減少傾向がはっきりする。80年代のバブル経済期に一旦回復を示すが，大きな流れを止めてはいない。2013（平成25）年はその前までのリーマンショックを抜け出した直後で縮小傾向を受ける形になっているが，この後は経済の回復傾向がみられ，増加傾向に転じることになる。ただし，その中で市街化区域と市街化調整区域とを比較すると，後者での転用面積と件数が減少し，市街化区域の面積と件数は1998年からあまり変化がなく，一定規模を確保している。デフレ経済が続いた中，市街化区域の地価も低下し，高齢化の進む中，便利な市街化区域が選択された一方，市街化調整区域での許可が厳しくなって，面積はともかく許可件数が減少してきたこともある。

　問題は今回の対象期間内の動きである。それを示したのが図Ⅱ-2-6である。これは2008年のリーマンショック以降の動きで，各年の転用面積と件

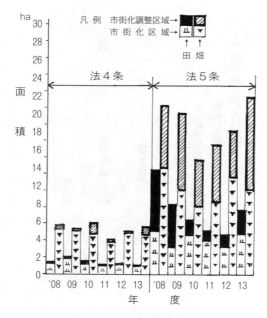

図Ⅱ-2-6　豊橋市における農地転用の法4条, 法5条別推移
資料：豊橋市農業委員会資料より作成。

数は2010年から2011年を底として推移しており，業種が多様で抵抗力のあった豊橋におけるリーマンショックの影響はこの時期にやや遅れて現れたといえそうである。この図では農地の所有権を移転しない農地以外への転用（法第4条）と，農地の所有権をもたらす農地以外への転用（法第5条）を示したもので，しかも，市街化区域と市街化調整区域別にその転用用地が水

表Ⅱ-2-1　農地転用状況（豊橋）

年次	総数				住宅用地			
	件数	計	田	畑	件数	計	田	畑
2011	574	267,431	66,836	200,595	398	143,465	35,820	107,645
2012	597	287,923	62,754	225,169	377	127,659	23,199	104,460
2013	645	360,824	87,246	273,578	408	147,691	32,775	114,916
2014	722	478,576	141,767	336,809	404	157,734	36,589	121,145
2015	675	425,684	114,251	311,433	361	118,724	27,990	90,734

資料：豊橋市『豊橋市統計書』（平成28年度版）。

田であったか畑であったかで区分して示した。それによると，全体としては法第5条が法第4条を大きく上回り，法第5条が農地転用の主流になっていること，畑地からの転用が水田からの転用を大きく上回っていること，その際，法第5条に関していえば主に転用対象になった畑は，市街化区域が多いものの市街化調整区域も目立つこと，水田では市街化区域内の水田が多く転用対象になっていることなどがわかる。

一方，法第4条では各年とも法第5条の4分の1から5分の1ほどの規模であるが，その多くは市街化区域内の畑地の転用であり，アパートや駐車場などへの都市的土地利用への転用だと思われる。

これらのことから，農地転用の需要の変化の中で，農家が市街地の畑を自己資本で農地外へ投資して農外収入を確保し，さらにはより多くの土地利用が可能な畑地を売却して収入をえたことがわかる。兼業農家の一層の深化を示すものであり，脱農化につながるといえる。

転用目的別に農地転用面積の推移を2011年から2015年についてみてみると（表Ⅱ-2-1），全体では畑地を中心に転用面積は増加傾向にあり，リーマンショックは完全に脱したといえる。しかも従来転用の中心であった住宅用地は伸び悩み，それに変わって，住宅，工場以外の「そのほか」の用地への転用が着実に増加し，住宅用地を大きく上回っている。この「そのほか」の用地は多様であり，道路，商業施設や商店，遊技場，駐車場，公園，公共施設，スポーツ施設，倉庫，その他などであり，豊橋の都市的機能の拡大を示すともいえる。その一方，住宅地への転用の伸びなやみは，人口減少の始まりへ

（単位：㎡）

	工　場　用　地				その他の用地		
件数	計	田	畑	件数	計	田	畑
5	3,179	-	3,179	171	120,787	31,016	89,771
9	10,088	3,875	6,213	211	150,176	35,680	114,496
2	6,954	497	6,457	235	206,179	53,974	152,205
2	1,643	-	1,643	316	319,199	105,178	214,021
3	4,555	4,555	-	311	302,405	81,706	220,699

の予兆ともとれる。また，工場もこの期間わずか21工場でそれも合計2.5haにすぎず，小規模工場にとどまっていて，新規雇用効果を生むには難しそうである。

このように農地転用を通して豊橋の土地利用の最前線の動きをみると，豊橋が持つ特性と課題が浮かび上がって来る。

次に，蒲郡市の場合をみてみる。蒲郡市は周りを山地に囲まれていて，周囲の丘陵部の農地はミカン栽培が広がり，新規に土地利用を確保するのは以前から難しかった。そこで北接する幸田町へのあふれ出しもみられた。

図Ⅱ-2-7は2006年から2015年の農地転用を，大きくは法第4条と法第5条に分け，その中を市街化区域と市街化調整区域に分けて示した。それによると全体ではやはり法第5条が多く，それも市街化区域内の農地が転用されている。全体としては2009年に底がはっきりと示され，リーマンショックの直接的な影響を受けている。それぞれ市街化区域の農地について，法第4条では農家が土地経営のための小規模な農地転用をはかり，さらに法第5条で法第4条の農地の3〜5倍の農地を売却する動きがみえ，小規模ではあれ，

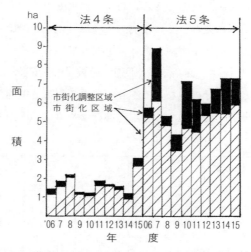

図Ⅱ-2-7　蒲郡市における法4条，法5条別農地転用推移
資料：蒲郡市農業委員会資料より作成。

農家の縮小傾向が現れている。

　田原市の場合は，リーマンショックでトヨタ田原工場の生産規模の縮小を受け，それまで毎年10ha（2010年には16ha以上に達した）以上あった第5条の転用面積が，2012年からはほぼ半減し，一方，第4条分の農地転用がそれの反動を示すかのように少しずつ増え，2015年には第5条の3.5haに対して1.1haに増えている。しかし，農業の収益性が高い田原市では，いずれも農地転用の規模は小さいところに特性がみられる。

　次に東三河第2位の人口を持つ豊川市の農地転用を図Ⅱ-2-8によってみてみる。この図も法第4条と法第5条別にその動きをみた。豊橋市の農地転用

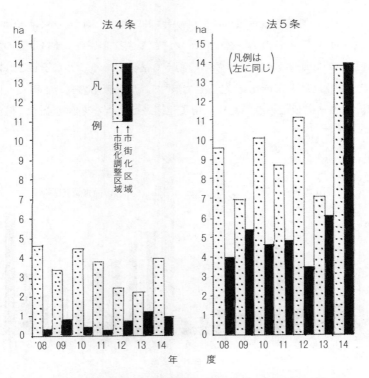

図Ⅱ-2-8　豊川市における農地転用の法4条，法5条別年次変化
資料：豊川市農業委員会資料より作成。

の主力を示す法第5条と同様に，豊川市も法第5条が農地転用の主力になっているが，農地転用の面積規模は豊橋市のほぼ半分ほどで，人口規模に対応している。しかし，豊橋市の法第5条がリーマンショックの影響をかなりみせているのに対して，豊川市の場合はそれがみられない。豊川市はこの期間の直前に1市4町が合併し，かなり広域化し，人口も1.5倍に増加した。そのため各旧町に中心性があり，それらの町の特性がリーマンショックの影響を示す波を乱したと同時に，新しい人口18万人の中規模都市の誕生で，都市機能が高まり，それへの期待感が住宅や事務所への需要を増加させた面もあったように思われる。それらがリーマンショックの影響を弱めたものといえる。

この豊川市の奥にある新城市はやはり合併により，人口6万人ほどの山間都市となった。新東名のインターチェンジもできることで，連絡道路の新設や関連施設の立地もあり，農地転用の動きも活発であることが予想された。そこで市街化区域と市街化調整区域に分けて，農地転用の動きをみた（図Ⅱ-2-9）。新城市街地は小さいため，市街化区域は大きな変動もなく，低位な

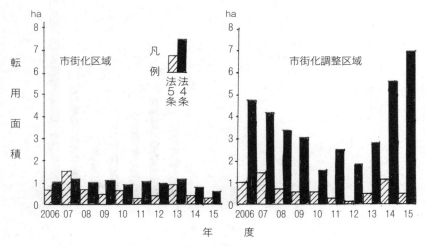

図Ⅱ-2-9　新城市における市街化区域と市街化調整区域における法4条,法5条別農地転用面積の推移
資料：新城市農業課資料より作成。

レベルで推移しているのに対し，市街化調整区域を中心に動きが現れている。しかし，この市街化調整区域ではまさにリーマンショックの波がもろに影響し，2010年から2012年には深い谷を作り，地方の山間小都市の影響を受けやすい特性がはっきりとうかがわれた。それが後半反転して急上昇をみせるのは，前述した新東名のインターチェンジ建設による農地転用の急増として現れたといえる。

付記

　使用した資料は，各図表の最下欄に示したほか，各市の農地転用などにかかわる農業関係のご担当者にご教示をいただいた。心よりお礼申し上げる。

（藤　田　佳　久）

第3章　東三河の交通

はじめに

　本稿では，新東名高速道路と三遠南信自動車道の東三河地域の経済発展における位置と役割を明らかにする。まず，これら高規格道路が国土計画や地方計画において，どのように位置づけられているかを確認しておく。次に，両道路の整備効果をストック効果という視点から整理し，現在収集可能なデータを用いて検証を試みる。最後に，「道の駅」の役割についても，「結節点」の役割変化という視点から整理しておく。

　ただし，本稿執筆時点において，荷主調査である『全国貨物純流動調査』（物流センサス）は最新データの集計中であり，『貨物地域間流動調査』も新東名高速道路の愛知県区間開通後のものは公表されていない。また，東三河に範囲を限定した交通統計の入手も困難であるなど，データ的に不十分である。この点ご容赦いただきたい。

1　「稼げる国土」・「住み続けられる国土」を支える幹線道路整備

　2016（平成28）年3月29日，全国8ブロックの広域地方計画が大臣（国土交通大臣）決定され，同時に，地方ブロックごとの社会資本整備重点計画が策定された。これら計画の基礎には，2015年に策定された『新国土形成計画』（全国計画）における人口減少を前提とした「対流促進」，「コンパクト＋ネットワーク」の考え方があることは言うまでもない。

　今般の広域地方計画策定を告知した国土交通省報道発表資料には，地方版成長戦略目標とも言うべき「稼げる国土」，「住み続けられる国土」という言葉が登場する。そして，この目標実現のための各ブロック共通の取り組みと

して，①生産性向上・産業の国際競争力強化，②魅力的な観光地づくり，インバウンドの拡大，③防災・減災，老朽化対策，国土の強靱化，④担い手の育成・確保，持続可能な地域の形成という4つの施策が掲げられている。

谷（2016 34頁）は，今回の広域地方計画策定の背景として，「高速交通網の建設が進み，県境を越えた連携に取り組む素地が整った」ことをあげている。ちなみに，三遠南信地域連携は，『中部圏広域地方計画』（対象地域は，愛知県，長野県，静岡県，岐阜県，三重県）において，広域連携の先進例として一項目設けて取り上げられている。それはともかくとして，以下，『中部ブロックにおける社会資本整備重点計画』における新東名高速道路，三遠南信自動車道の整備の現状と課題，主要取り組みについて確認しておく。

まず，中部ブロック版の「稼げる国土」，「住み続けられる国土」の将来像を支える基幹インフラ体系は図Ⅱ-3-1のように示されている。この構想の

図Ⅱ-3-1　中部ブロックの社会資本整備の将来像
（出所）国土交通省 2016『中部ブロックにおける社会資本整備重点計画』6頁。

第3章　東三河の交通

核をなすのはリニア中央新幹線であり，リニア効果を最大化するのが東西軸，南北軸，環状軸等の高速道路ネットワークの整備である。

　高速道路をはじめ各種道路は地域内外を結ぶネットワークの一翼を担って初めて，期待される役割を果たすことができる。それゆえ，未開通区間の整備が急がれるのは当然である。新東名高速道路に関しては，2012年4月に御殿場JCT～浜松いなさJCT間（静岡県区間）約145kmがすでに開通済みであり，2016年2月には豊田東JCT～浜松いなさJCT間の約55kmが開通した。これによって，豊田東JCT～御殿場JCT間（愛知県・静岡県区間）の約200kmが繋がり，東名高速道路との連絡道路も完成しており，東西の大動脈のダブルルートの整備は大きく前進した。したがって，『中部ブロックにおける社会資本整備重点計画』においては，「重点目標1 ものづくりなどの産業立地環境の改善とリニア効果の最大化　プロジェクト1-1：ものづくり中枢圏・中部強化プロジェクト」〈平成32年度までに事業が完成予定〉（国土交通省 2016 11頁）という項目の中に，海老名南～御殿場（静岡県・神奈川県）の記載があるのみである[1]。

　他方，三遠南信自動車道の整備済区間は，約100kmの予定路線のうち，飯田山本IC～天竜峡IC（7.2km，2008年4月開通），浜松いなさ北IC～鳳来峡IC（13.4km，2012年3月開通），および，浜松いなさJCT～浜松いなさ北IC（0.5km，2012年4月開通）を合わせた21.1kmに過ぎない。

　三遠南信道路建設促進期成同盟会は，全線開通およびこれと一体的に整備する一般国道の建設促進を要望し続けている（図Ⅱ-3-2）。

　国土交通省（2016 7頁）では，2027年リニア中央新幹線の開業時に「リニア効果を一気かつ広域に波及させるためにリニアを活かす『陸・海・空』高速交通ネットワークの整備を推進する」ことをその基本戦略として位置付けている。その結果，三遠南信自動車道の瀧江IC～飯田東IC間の一部完成が2017年度に，佐久間IC～東栄IC間の一部の2018年度までの完成が重点計画に位置づけられ，表Ⅱ-3-1で掲げたような役割が明確化された。

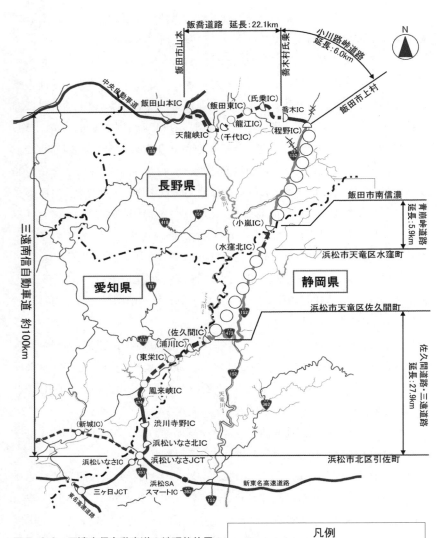

図Ⅱ-3-2　三遠南信自動車道の地理的位置
（出所）中部地方整備局HP,
2015年9月25日, 1頁より。

第3章　東三河の交通

表Ⅱ-3-1　三遠南信自動車道に期待される役割

重点目標	1 ものづくりなどの産業立地環境の改善とリニア効果の最大化			3 災害特性と地域の脆弱性に応じた災害リスクの低減
プロジェクト	1-1 ものづくり中枢圏・中部強化プロジェクト	1-2 リニア効果最大化プロジェクト	1-3 新たな中部観光交流圏形成プロジェクト	3-1 南海トラフ地震に備えた国土強靭化プロジェクト
完成予定	2018(平成30)年度	2018(平成30)年度	2018(平成30)年度	2018(平成30)年度
主要取組	ものづくり産業を支える道路ネットワークの強化	リニア駅と周辺都市・拠点を結ぶ道路ネットワークの強化	周遊観光を支える道路ネットワークの強化	道路の多重性・代替性の確保

(出所)『中部ブロックにおける社会資本整備重点計画』2016.3.29 に基づき筆者作成。
(注)　重点目標2は、「社会資本の戦略的な維持管理・更新」であり、新東名高速道路、三遠南信自動車道には該当しない。また、4つめの重点目標である「地域の個性をいかし対流を促進する持続可能な社会の形成」の項目には、両道路そのものへの言及はない。

2　新東名高速道路・三遠南信自動車道の役割とストック効果

　新東名高速道路と三遠南信自動車道はともに、「多極分散型国土」の形成をめざし「交流ネットワーク構想」をその基本戦略とした『第四次全国総合開発計画』(1988)において、「高規格幹線道路構想一覧」に位置づけられた。当時、国土の主軸を形成する幹線道路網は概ね完成しており、高速道路ICへの1時間カバー圏域は居住人口でみれば全人口の約8割を占めるに至っていたが、面積的には国土の約5割に過ぎなかった。残り5割の国土上にも高規格道路を張りめぐらせ、国土のほとんどの地域から1時間以内で高規格道路にアクセスできるようにしようというのがこの構想である。

　その路線構成の観点は、①地方都市相互間の連絡強化、②高速交通機関の空白地域の解消、③交通網の安定性の向上、④三大都市圏の環状軸、⑤交通網の有機的な連携である。新東名高速道路は上記③に該当し、東名高速道路の代替ルートの確保、容量不足の解消をめざす役割が明記されている。一般国道474号の自動車専用道路である三遠南信自動車道は、⑤に該当し、中央

自動車道と新東名高速道路を結び，幹線交通ネットワークの有機的連携を図るため，また，東海北陸自動車道の代替路線として位置づけられたと思われる[2]。高規格道路整備構想全体としては，地方からの激しい陳情合戦を想起させる，いかにも「ばら撒き」色の濃い路線選定であったと言えよう。

国土庁計画・調整局（1990 41頁）によれば，三全総から構想されてきた「地域主導の地域づくりとは，地域づくりにおける地域間の競争という側面を強く持つものであるため，国においては，極力この競争条件を均等化することが求められる」と認識していたという。国土の「均衡的発展」と「地域主体」とのジレンマを感じさせる文章である。いずれにしても，競争条件という名目で公共投資による景気浮揚を狙ったものが多く，交通システムを構成する道路それ自体としての社会全体への効果や当該地域にもたらす効果について勘案されることは少なかったように思われる。

ところで，社会資本整備が社会経済に及ぼす影響には，従来のフロー効果（公共投資等による景気対策効果）とストック効果（安全・安心効果，生活の質の向上効果，生産拡大効果）があると言われている。近年は，人口減少や公共事業に対する厳しい批判を受けて，社会資本整備は「建設」よりも「効率的な利用」へと転換してきており，事業評価指標としてストック効果という考え方が重視されるようになってきた。インフラ政策研究会（2015 80頁）によれば，ストック効果とは，「社会資本がストックとして使用されることによりもたらされる効果」のことであり，特定地域の開発効果もそれに含まれることになる[3]。また，現実には，上記の3つの効果は，単独に作用するものではなく，相互作用を及ぼしあいながら社会経済に影響を及ぼす。ちなみに，海沿いを走る東名高速道路よりも内陸部に位置し，曲線部の少ない道路構造をもつ新東名高速道路は，安全・安心効果が高いと言える。

それでは，新東名高速道路と三遠南信自動車道はどのようなストック効果をもたらすと期待され，また，実際どれほどのストック効果がもたらされているのだろうか。まず，新東名高速道路であるが，構想時に求められた役割は東名高速道路の代替ルートの確保，容量不足の解消であった。2015（平

成27) 年の渋滞損失時間ワーストランキング（IC区間別年間合計）には，東名高速道路の豊川IC～音羽蒲郡ICの下り方向が第9位，上り方向が第22位，三ケ日JCT～豊川IC下り方向が30位にランクインしていた（国土交通省HP「高速道路の交通状況ランキング」）。しかし，新東名高速道路の豊田東JCT～浜松いなさJCT間開通後3カ月間（2月14日～5月14日）において，並行する東名高速道路豊田JCT～三ケ日JCT間での渋滞は，前年同期間に比べ渋滞回数が約9割減少したという（新東名（愛知県）開通効果検討会議HP 2016.8.5）。また，中日本高速道路の試算によれば，新東名の同区間の開通は，東名高速道路の並行区間の渋滞による年間10億5千万円の経済損失を解消することになるという（中日新聞 2016.2.14）。

　表Ⅱ-3-2は，新東名高速道路開通以後の交通量の分散効果についての統計である。確かに，両道路の並行区間全体で交通量の分散が認められる。また，両道路（開通区間全体）における通行台数の変化をみたのが表Ⅱ-3-3である。

　新東名高速道路の愛知県区間が開通して以来，東名高速道路から新東名高速道路への交通量の移行がおきていることは確かである。しかし，4カ月間の数字とはいえ，両道路合計の日平均通行台数の減少にも注意しておく必要がある。それは，道路の生産拡大効果を示す指標の1つである自動車による貨物輸送量の減少を反映したものと考えられるからである。『自動車輸送統計年報』によれば，自動車輸送量は，トン数ベースでは1990年度の5,984,786千トン，トンキロベースでは2007年度の353,320百万トンキロをピークに減少を続けている[(4)]。ただし，表Ⅱ-3-4からもわかるように，新東名高速道路は物流の主流を担う大型者混入率が全国一位であり，日本の大動脈としての役割を果たしていることは疑いようがない。

　水谷・右近（2015）によると，東名高速道路の渋滞解消や大型車の減少は，一般のクルマ利用者にとっての道路利用の快適さをもたらし，沿線の観光需要を創出するかもしれないという。両氏の試算によれば，愛知県と静岡県合計で，観光客数が年に約1,100万人，観光消費が年に約1,000億円増加すると

表Ⅱ-3-2　新東名高速道路（浜松いなさJCT～豊田東JCT）開通後の交通量分散効果

道路名	インターチェンジ名	日平均区間交通量（台）				前年同月比（％）				
		2月	3月	4月	5月	6月	2月	3月	4月	5月	6月
東名高速道路	三ケ日(J)～豊川	48,036	35,788	33,485	34,024	39,600	68.5	44.9	45.9	44.1	―
	豊川～音羽蒲郡	57,888	45,762	42,765	42,765	49,500	72.0	50.9	51.5	49.6	―
	音羽蒲郡～岡崎	71,641	60,490	56,116	56,782	64,000	75.7	57.8	58.1	56.6	―
	岡崎～豊田(J)	83,640	72,925	68,055	67,999	74,000	78.6	62.0	62.4	60.5	―
新東名高速道路	浜松いなさ北～新城	45,613	51,311	48,115	49,093	＊34,600	―	―	―	―	―
	新城～岡崎東	47,941	52,994	49,486	50,559	35,700	―	―	―	―	―
	岡崎東～豊田東(J)	50,774	55,363	51,612	52,579	37,400	―	―	―	―	―

(注1)　資料とした『高速道路と自動車』では、浜松いなさJCTではなく、浜松北ICからのデータが用いられている。浜松いなさ北ICは、三遠自動車道のインターチェンジであり、鳳来峡、飯田方面出入り口のみのハーフインターチェンジである。
(注2)　＊6月の速報値を作成した中日本高速道路株式会社 2016「新東名・東名高速道路の開通後の交通状況」では、日平均区間交通量を浜松いなさJCT～新城ICで測定している。
(出所)　公益財団法人 高速道路調査会「高速道路統計月報」『高速道路と自動車』第59巻第5号2016年5月から第59巻第8号2016年8月までの各号、中日本高速道路株式会社 2016「新東名・東名高速道路の開通後の交通状況」（http://www.c-nexco.co.jp/corporate/pressroom/news_release/3900.html）より作成した。

表Ⅱ-3-3　東名高速道路と新東名高速道路の通行台数（2016年2月～2016年5月）

	東名高速道路		新東名高速道路		合計
	日平均（台）	前年同月比(％)	日平均（台）	前年同月比(％)	合計日平均（台）
2月	409,395	105.8	40,760	134.4	450,155
3月	420,958	99.1	44,844	131.2	465,802
4月	399,702	100.2	42,178	131.7	441,880
5月	397,173	98.8	45,214	125.1	442,387

(出所)　公益財団法人 高速道路調査会「高速道路統計月報」『高速道路と自動車』第59巻第5号2016年5月から第59巻第8号2016年8月までの各号より作成した。

表Ⅱ-3-4　大型車構成比20％以上の高速道路一覧

道路名		日平均（台）に占める割合（％）
新東名高速道路	御殿場(J)～三ケ日(J)	30.2
新名神高速道路	亀山(J)～草津(J)	28.0
伊勢湾岸自動車道	飛島第二～四日市(J)	27.3
山陽自動車道	大竹(J)～山口(J)	24.7
関門橋	下関～門司	23.5
山陽自動車道	神戸(J)～廿日市(J)	22.6
伊勢湾岸自動車道	豊田東(J)～東海合併	22.4
中国自動車道	吹田(J)～下関	20.1

(出所)　公益財団法人 高速道路調査会「高速道路車種別全線平均交通量」『高速道路と自動車』第59巻第8号2016年8月より作成した。

されている。

　また，その他のストック効果として，地域の伝統文化や自然資源などの遊休資源が掘り起こされ観光地化が進むことや，局地的に販売されていた地元食材の市場が広域化し拡大することなどがあげられる。まさに，道路整備のもたらす地域開発効果である。中日本高速道路株式会社HPでは新東名高速道路と接続することによって，三遠南信自動車道の交通量が増えたこと[5]が報じられており，また，新東名（愛知県）開通効果検討会HPでも奥三河地域周辺の観光施設やイベントにおける来訪者数の増加が報じられている[6]。三遠南信自動車道のストック効果に関してはまだ明確にはならないが，今のところ三遠南信圏域内での効果というよりも，新東名高速道路とつながったことによるネットワークによる効果が出始めているものと思われる。

③　おわりにかえて──「道の駅」の役割変化と「良い」道路

　道路を建設しただけで地域の経済活動が活発化することはない。しかしまた，経済活動の諸単位間，地域内外を「結ぶ」ための基盤整備としての道路建設なくしては経済活動が活発化しないことも事実である。

　そもそも，道路とは，車両等運搬具を用いた（人の歩行も含めて）出発地から目的地までの人やモノの移動を可能にする通路の一部である。通路は，走行路である道路とSA・PAまたは「道の駅」から構成される。

　鉄道の場合は，線路と駅が通路を構成する。量や移動方向がバラバラな人やモノを集め，行き先ごと（路線別）に効率よく分散させ移動を円滑にするための「結節点」が駅である。駅はまたターミナルとも言われる。ちなみに，物流ターミナルは，多方面発の物資を集約・保管・方面別に仕分・配送するという機能を円滑に行うための施設であり，その意味での「結節点」である。貨物輸送の自動車化にともない，鉄道の駅は物流ターミナルとしての役割を失った。しかし，1987（昭和62）年のJR東海の有名なCMがイメージ化したように，駅は旅客をためず早く流すという流動円滑化のための施設

から，人と人が出会い滞留して楽しむ空間を提供する施設へと転換した。その結果，新たに様々な付加価値が生み出されるようになった。

他方，物流ターミナルは高速道路IC付近や空港に立地するようになった。道路の場合は，ICやJCTが狭義の意味での「結節点」を形成する。よって，近年では，海外で製造された部品と国内で製造された部品をICやJCT近くに立地する物流ターミナルに集約し最終組み立てを行うなど，物流自体が付加価値を生み出す仕組みが構築されている。ターミナル機能の高度化が交通システムを高度化し，「稼げる道路」をつくりだすのである。

高速道路のSA・PAにおいても，鉄道の駅のような滞留型・付加価値追求型が増加する傾向にある。近隣では，新東名高速道路の岡崎SAがNEOPASA岡崎，伊勢湾岸道の刈谷PAが刈谷ハイウェイオアシスといった大規模集客施設を連結し，観光地化している。東愛知新聞（2016.2.16）は，新東名高速道路の開通によって，新城IC出入り口に立地する「もっくる新城」（「道の駅」）も，フードコートなど集客施設として，また，奥三河への観光情報拠点としての賑わいを見せたと報じている。

国土交通省HPによれば，「道の駅」は2016（平成28）年5月10日現在で全国に1,093駅存在する。その機能は，駐車場やトイレなどの「休憩機能」，道路情報や地域情報を提供するための「情報発信機能」，地域との交流によりその地域が持つ魅力を知ってもらう「地域連携機能」の3つである。近年，「道の駅」には，「対流促進」，「コンパクト＋ネットワーク」という考えに基づき地方創生を具体化するための「小さな拠点」としてのさらなる役割が期待されている。

それはさておき，「道の駅」の集客施設化や観光地化等によって交通量が多くなればなるほど，当該道路は地域経済の発展にとって「良い」道路だと言われるようになるだろう。他方，交通量の少ない道路は「無駄な公共事業」批判にさらされることとなる。

しかし，「道の駅」が本来的には，交通システムを構成する通路であるということに視点を転ずるならば，人口減少・高齢社会におけるクルマの私的

利用のもつ限界性によって，交通システム自体が機能不全を起こすという問題点が見えてくるはずである。つまり，人の移動に関してもモノの輸送に関しても，「小さな拠点」を核として，地域内外を結ぶための運搬具を社会的にどのようにどれだけ提供するのかということが今後の課題となることは間違いなかろう。とりわけ，三遠南信自動車道が交通システムとして機能するためには，「道の駅」を含めた通路整備とあわせて，地域が上記の課題に取り組むことが必要となる。

注

(1) 中日本高速道路株式会社HPによれば，海老名JCT以東は2017年度以降順次開通予定となっている。「高速道路開通情報」参照のこと。
http://www.c-nexco.co.jp/corporate/operation/construction/open/
(2) 三遠南信自動車道については，『第四次全国総合開発計画』(国土庁 1988 110頁)「中部地方整備の概況と開発・整備の基本的方向」の項において，「南北の連携を強めるため，東海北陸自動車道の整備を進めるとともに三遠南信自動車道等の構想の具体化をはかる」と記述されているのみである。また，『第四次全国総合開発計画 第1部解説編』(国土庁計画・調整局 1990 582頁)によれば，「長野，静岡は，東京圏の生産機能の外延的拡大，物流の広域化等に伴い，生産拠点としての整備が期待されている」と述べられており，この時点では広域連携としての三遠南信は国の計画の中で強く意識されていなかったように思われる。
(3) ある地域において社会資本整備が進んだ結果，企業が他地域における工場を移転してくるような場合は，当該地域にはストック効果が及ぼされると考えられるが，社会全体としての効果に変化はない。
(4) 2010年10月から，調査方法および集計方法が変更されているため，時系列上の連続性が保たれないなどの問題はあるが，傾向を知る上では参考になる統計である。
(5) ここで報告されているのは，新東名高速道路の御殿場JCT〜三ケ日JCT開通後1年間における三遠南信自動車道の平均交通量の変化のことである。ちなみに，全日31％増と報告されている。
(6) 例えば，長篠合戦のぼりまつりの来訪者の車籍地調査では，県外からの来訪が2015年に比べて1.8倍になったという。

文献

インフラ政策研究会 2015『インフラ・ストック効果』中央公論新社
国土交通省 2015「総括表」『自動車輸送統計年報』
　　(http://www.mlit.go.jp/k-toukei/06/annual/06a0excel.html)

国土交通省　2016『中部ブロックにおける社会資本整備重点計画』
国土交通省HP「高速道路の交通状況ランキング」各年度
　　（http://www.mlit.go.jp/road/ir/ir-data/ir-data.html）
国土交通省HP「道の駅案内」
　　（http://www.mlit.go.jp/road/Michi-no-Eki/outline.html）
国土交通省HP「『道の駅』の第45回登録について」
　　（http://www.mlit.go.jp/common/001130757.pdf）
国土庁計画・調整局監修　1990『第四次全国総合開発計画　第1部解説編』
国土庁編　1988『第四次全国総合開発計画』
新東名（愛知県）開通効果検討会議HP，2016年8月5日，記者発表資料
　　（http://www.cbr.mlit.go.jp/road/shintomei/images/top/20160805_press_shintomei.pdf）
谷隆徳　2016「Focus 広域地方計画が示す方向性」『日経グローカル』（日本経済新聞社）No.292
『中日新聞』2016年2月14日「新東名期待のせて」
中日本高速道路株式会社HP，記者発表資料「新東名に接続する三遠南信自動車道の変化」
　　（http://www.c-nexco.co.jp/images/news_old/3163/e6749c0f2f5bb870c04f4f37f655898.pdf）
『東愛知新聞』2016年2月16日「奥三河観光の"玄関口"に」
水谷洋輔・右近崇　2015「新東名高速道路（愛知県区間）の開通による経済効果〜交通混雑により抑制された『お出かけ』行動の活性化〜」『政策研究レポート』（三菱リサーチ＆コンサルティング）（http://www.murc.jp）

　　　　　　　　　　　　　　　　　　　　　　　　　（森　田　優　己）

第4章　東三河の労働市場

はじめに

　本稿では，東三河地域の労働市場に関する分析を行う。労働市場は労働力を需要する企業等（労働需要側）と労働力を供給する個人（労働供給側）により成立する。雇用や労働に関する主要統計は様々あるが，ここでは総務省統計局の「国勢調査」と愛知県県民生活部統計課の「あいちの市町村民所得」を用いて，主として労働供給側の視点から東三河地域の労働市場を考察する。

　総務省統計局の「国勢調査」を用いた分析では，東三河地域の就業者，とりわけ雇用者の実態を把握するため，日本標準産業分類を基準とした産業部門別および日本標準職業分類を基準とした職業大分類別の雇用者動向について検討を行う。また，常住地・従業地に関する集計結果から，東三河地域における就業者の通勤流出入による労働移動とその連関について確認する。

　愛知県県民生活部統計課の「あいちの市町村民所得」を用いた分析では，市町村民所得の移転という視点から，東三河地域の労働移動を捉えることとする。どのような地域で所得が創出され，どのような地域に流出入しているのかを把握することは，地域の労働市場や経済構造を理解する上で，有益であると考えられる。同時に，「国勢調査」の常住地・従業地に関する集計結果を補完する目的もある。

　なお，今回の研究において，総務省統計局の「国勢調査」と愛知県県民生活部統計課の「あいちの市町村民所得」を用いた分析では，研究の継続性を確保するため，杉浦（2012 175～201頁）による前回の研究結果と分析手法を部分的ではあるが踏襲することとし，先行研究結果と比較分析することができるように配慮している。

1 東三河地域の労働市場規模

　総務省統計局「平成22年国勢調査結果」の労働人口から，東三河地域の労働市場規模は415,444人であり（表Ⅱ-4-1），愛知県全体の労働力人口の10.7％を占めている。労働力率では，労働者の減少と高齢化が推測される中山間地域では低い数値になっているが，東三河地域全体では愛知県平均よりも高い数値となっている。完全失業率では，市町村単位で豊川市のみが愛知県平均値と同値であり，その他の市町村は愛知県平均値より低い数値となっている。東三河地域全体では，愛知県平均値を下回る結果となっている。

表Ⅱ-4-1　東三河地域の労働市場（2010(平成22)年）

	15歳以上人口 ①	労働力人口 ②=③+④	就業者 ③	完全失業者 ④	非労働力人口 ⑤	労働力率 ⑥	完全失業率 ⑦=④÷②×100
豊橋市	317,523	200,757	191,015	9,742	100,971	66.5	4.9
豊川市	153,758	98,600	93,543	5,057	52,333	65.3	5.1
蒲郡市	70,916	44,171	41,958	2,213	25,352	63.5	5.0
新城市	43,564	27,034	25,816	1,218	16,350	62.3	4.5
田原市	55,229	39,785	38,739	1,046	13,721	74.4	2.6
設楽町	5,256	2,827	2,764	63	2,423	53.8	2.2
東栄町	3,455	1,640	1,568	72	1,808	47.6	4.4
豊根村	1,206	630	623	7	540	53.8	1.1
東三河地域	650,907	415,444	396,026	19,418	213,498	66.1	4.7
愛知県	6,283,530	3,873,429	3,676,174	197,255	2,114,261	64.7	5.1

資料：総務省統計局「平成22年国勢調査結果」より作成。
注）労働力率は，15歳以上人口（労働力状態「不詳」を除く）に占める労働力人口の割合のこと。

　東三河地域の就業者を産業部門別に示したのが表Ⅱ-4-2である。その特徴として，第1次産業での仕事に従事している就業者の割合が高く，愛知県全体では2.3％であるのに対して，東三河地域では8.5％である。特に，田原市（30.5％）や設楽町（21.6％），豊根村（18.4％）の就業者割合は高い。このことは，福井（1988 400頁）においても，総務庁による1975（昭和50）年，1985年の「国勢調査」の時系列的な分析結果からも同様の指摘がなされている。経済成長による地域産業構造の変化などもあり，第1次産業に従事する就業者の占める割合は減少傾向にはあるが，地域社会に対して雇用機

会を提供していることが理解できる。また，表Ⅱ-4-3の東三河地域の産業大分類による就業者数では，第2次産業である製造業に従事する就業者数が106,227人となり，15歳以上就業者数の26.8％を占めており，地域に雇用機会を創出する主要産業であると思われる。豊橋市における就業者数は47,956

表Ⅱ-4-2 東三河地域の産業部門別就業者数と就業者割合（2010（平成22）年）

	15歳以上就業者数	産業3部門					
		第1次産業就業者数	第2次産業就業者数	第3次産業就業者数	第1次産業就業者割合	第2次産業就業者割合	第3次産業就業者割合
豊 橋 市	176,692	10,278	62,282	104,132	5.8	35.2	58.9
豊 川 市	90,386	5,531	34,593	50,262	6.1	38.3	55.6
蒲 郡 市	40,869	1,961	16,196	22,712	4.8	39.6	55.6
新 城 市	25,480	2,217	10,196	13,067	8.7	40.0	51.3
田 原 市	35,823	10,935	10,058	14,830	30.5	28.1	41.4
設 楽 町	2,748	593	666	1,489	21.6	24.2	54.2
東 栄 町	1,560	139	441	980	8.9	28.3	62.8
豊 根 村	593	109	146	338	18.4	24.6	57.0
東三河地域	374,151	31,763	134,578	207,810	8.5	36.0	55.5
愛 知 県	3,440,461	80,540	1,155,162	2,204,759	2.3	33.6	64.1

資料：総務省統計局「平成22年国勢調査結果」より作成。
注）産業大分類による「T分類不能な産業」の就業者数は除外している。

表Ⅱ-4-3 東三河地域の産業大分類による就業者数（2010（平成22）年）

	15歳以上就業者数	第1次産業		第2次産業			第3次産業												分類不能の産業
		農業,林業	漁業	鉱業,採石業,砂利採取業	建設業	製造業	電気・ガス・水道業	情報通信業	運輸業,郵便業	卸売業,小売業	金融業,保険業	不動産業,物品賃貸業	学術研究,専門・技術サービス業	宿泊業,飲食サービス業	生活関連サービス業,娯楽業	教育,学習支援業	医療,福祉	複合サービス事業	サービス業（他に分類されないもの）	公務（他に分類されるものを除く）	
豊橋市	191,015	10,212	66	41	14,285	47,956	893	1,706	8,984	29,450	3,740	2,314	4,457	10,223	6,643	7,207	15,792	979	8,267	3,467	14,323
豊川市	93,543	5,493	38	36	6,466	28,091	314	757	4,295	13,010	1,684	865	1,854	4,481	3,392	3,330	8,065	581	4,066	3,568	3,157
蒲郡市	41,958	1,814	147	5	2,879	13,312	123	349	1,734	6,368	866	418	813	2,882	1,663	1,329	3,212	416	1,704	835	1,089
新城市	25,816	2,205	12	42	2,094	8,060	91	125	939	3,090	358	181	522	1,072	960	1,086	2,308	319	1,148	868	336
田原市	38,739	10,424	511	8	1,890	8,160	86	85	1,379	3,952	381	187	396	1,751	952	1,017	2,166	495	1,281	702	2,916
設楽町	2,764	580	13	20	266	380	8	5	90	274	6	4	53	142	104	134	302	57	132	178	16
東栄町	1,568	136	3	-	40	206	13	-	95	198	13	4	12	68	97	77	237	29	82	82	8
豊根村	623	105	4	-	93	53	-	-	23	44	7	-	6	50	26	29	61	15	28	52	30
東三河地域	396,026	30,969	794	172	28,179	106,227	1,518	3,029	17,499	56,386	7,049	3,976	8,124	20,679	13,837	14,209	32,143	2,901	16,708	9,752	21,875
愛知県	3,676,174	76,115	4,425	642	253,651	900,869	17,554	70,089	202,102	595,270	77,721	59,957	108,984	205,785	123,825	144,815	304,000	15,896	191,728	87,033	235,713

資料：総務省統計局「平成22年国勢調査結果」より作成。
注）「－」は該当数値がないものを示す。

人となり，市内や周辺市町村などの製造業への労働力供給の中心的役割を果たしていると考えられる。

15歳以上就業者の従業上の地位については，いくつかの区分に分類することができる[1]。ここでは，区分の中でも最も大きな割合を占める「雇用者」について詳細な検討を行う。雇用者は正規の職員・従業員，労働者派遣事業所の派遣社員，パート・アルバイト・その他から構成されている。つまり，正規の職員・従業員の「正規雇用」と労働者派遣事業所の派遣社員，パート・アルバイト・その他の「非正規雇用」に分けられる。各市町村の雇用者内訳および東三河地域の雇用者内訳を示したのが表Ⅱ-4-4である。東三河地域の雇用者（男女総数）は296,184人（100%）であり，正規雇用者数が195,377人（66.0%），非正規雇用者数は100,807人（34.0%）である。しかし，男性雇用者（男性総数）と女性雇用者（女性総数）を比較すると大きな相違がある。男性雇用者数は168,343人（100%），正規雇用者数は140,799人（83.6%）

表Ⅱ-4-4　各市町村の雇用者内訳および東三河地域の雇用者内訳（2010(平成22)年）

	雇用者								
	男女雇用者			男性雇用者			女性雇用者		
	男女総数	正規雇用	非正規雇用	男性総数	正規雇用	非正規雇用	女性総数	正規雇用	非正規雇用
豊橋市	143,968 (100%)	94,537 (65.7%)	49,431 (34.3%)	82,031 (100%)	68,280 (83.2%)	13,751 (16.8%)	61,937 (100%)	26,257 (42.4%)	35,680 (57.6%)
豊川市	73,720 (100%)	48,937 (66.4%)	24,783 (33.6%)	42,076 (100%)	35,480 (84.3%)	6,596 (15.7%)	31,644 (100%)	13,457 (42.5%)	18,187 (57.5%)
蒲郡市	31,996 (100%)	20,734 (64.8%)	11,262 (35.2%)	17,572 (100%)	14,584 (83.0%)	2,988 (17.0%)	14,424 (100%)	6,150 (42.6%)	8,274 (57.4%)
新城市	19,809 (100%)	13,127 (66.3%)	6,682 (33.7%)	11,265 (100%)	9,342 (82.9%)	1,923 (17.1%)	8,544 (100%)	3,785 (44.3%)	4,759 (55.7%)
田原市	23,346 (100%)	15,819 (67.8%)	7,527 (32.2%)	13,597 (100%)	11,645 (85.6%)	1,952 (14.4%)	9,749 (100%)	4,174 (42.8%)	5,575 (57.2%)
設楽町	1,844 (100%)	1,194 (64.8%)	650 (35.2%)	995 (100%)	811 (81.5%)	184 (18.5%)	849 (100%)	383 (45.1%)	466 (54.9%)
東栄町	1,081 (100%)	721 (66.7%)	360 (33.3%)	560 (100%)	446 (79.6%)	114 (20.4%)	521 (100%)	275 (52.8%)	246 (47.2%)
豊根村	420 (100%)	308 (73.3%)	112 (26.7%)	247 (100%)	211 (85.4%)	36 (14.6%)	173 (100%)	97 (56.1%)	76 (43.9%)
東三河地域	296,184 (100%)	195,377 (66.0%)	100,807 (34.0%)	168,343 (100%)	140,799 (83.6%)	27,544 (16.4%)	127,841 (100%)	54,578 (42.7%)	73,263 (57.3%)
愛知県	2,903,619 (100%)	1,906,443 (65.7%)	997,176 (34.3%)	1,670,101 (100%)	1,394,041 (83.5%)	276,060 (16.5%)	1,233,518 (100%)	512,402 (41.5%)	721,116 (58.5%)

資料：総務省統計局「平成22年国勢調査結果」より作成。

であり，非正規雇用者数は27,544人（16.4%）であるのに対して，女性雇用者数は127,841人（100%），正規雇用者数は54,578人（42.7%），非正規雇用者数は73,263人（57.3%）である。女性雇用者の非正規雇用に占める割合は男性雇用者より高くなっている。この傾向は，総務省統計局「労働力調査結果」とも整合性があり，東三河地域の労働市場でも女性雇用者の非正規雇用化が顕著であることが確認できる。

雇用者がどのような職業に従事しているのかを示したのが表Ⅱ-4-5であり，その内訳と割合を示したのが表Ⅱ-4-6である。職業大分類別による雇用者の動向から，東三河地域では生産工程従事者が79,231人となり，他の従事者数を大きく上回る結果となっている。これは，この地域の産業構造に依拠しているものであると考えられる。東三河地域の産業構造の特徴として，第2次産業である自動車や電機関連部品等の製造業の生産拠点が点在しており，その生産工程等に携わる雇用機会が創出されているのではないだろ

表Ⅱ-4-5　東三河地域の職業大分類による雇用者（2010(平成22)年）

	雇用者											
	男女雇用者				男性雇用者				女性雇用者			
	男女総数	正規職員・従業員	労働者派遣事業所の派遣社員	パート・アルバイト・その他	男性総数	正規職員・従業員	労働者派遣事業所の派遣社員	パート・アルバイト・その他	女性総数	正規職員・従業員	労働者派遣事業所の派遣社員	パート・アルバイト・その他
A 管理的職業従事者	1,299	1,251	0	48	1,217	1,179	0	38	82	72	0	10
B 専門的・技術的職業従事者	37,145	29,163	490	7,492	17,156	15,686	256	1,214	19,989	13,477	234	6,278
C 事務従事者	51,452	37,195	1,583	12,674	21,706	19,744	212	1,750	29,746	17,451	1,371	10,924
D 販売従事者	33,329	19,579	352	13,398	16,942	14,448	116	2,378	16,387	5,131	236	11,020
E サービス職業従事者	31,258	12,374	435	18,449	8,252	5,112	138	3,002	23,006	7,262	297	15,447
F 保安職業従事者	5,888	4,859	0	1,029	5,561	4,669	0	892	327	190	0	137
G 農林漁業従事者	5,158	1,621	68	3,469	1,740	1,110	24	606	3,418	511	44	2,863
H 生産工程従事者	79,231	58,548	5,001	15,682	59,112	51,002	3,212	4,898	20,119	7,546	1,789	10,784
I 輸送・機械運転従事者	11,601	9,422	371	1,808	11,126	9,102	360	1,664	475	320	11	144
J 建設・採掘従事者	10,988	9,830	8	1,150	10,744	9,658	8	1,078	244	172	0	72
K 運搬・清掃・包装等従事者	23,481	9,165	1,070	13,246	11,972	7,414	662	3,896	11,509	1,751	408	9,350
L 分類不能の職業	5,354	2,370	580	2,404	2,815	1,675	360	780	2,539	695	220	1,624
東三河地域総数	296,184	195,377	9,958	90,849	168,343	140,799	5,348	22,196	127,841	54,578	4,610	68,653
愛知県総数	2,903,619	1,906,443	104,863	892,313	1,670,101	1,394,041	46,174	229,886	1,233,518	512,402	58,689	662,427

資料：総務省統計局「平成22年国勢調査結果」より作成。

表Ⅱ-4-6　東三河地域の職業大分類による雇用者内訳と割合（2010（平成22）年）

	雇用者								
	男女雇用者			男性雇用者			女性雇用者		
	男女総数	正規雇用	非正規雇用	男性総数	正規雇用	非正規雇用	女性総数	正規雇用	非正規雇用
A 管理的職業従事者	1,299 (100%)	1,251 (96.3%)	48 (3.7%)	1,217 (100%)	1,179 (96.9%)	38 (3.1%)	82 (100%)	72 (87.8%)	10 (12.2%)
B 専門的・技術的職業従事者	37,145 (100%)	29,163 (78.5%)	7,982 (21.5%)	17,156 (100%)	15,686 (91.4%)	1,470 (8.6%)	19,989 (100%)	13,477 (67.4%)	6,512 (32.6%)
C 事務従事者	51,452 (100%)	37,195 (72.3%)	14,257 (27.7%)	21,706 (100%)	19,744 (91.0%)	1,962 (9.0%)	29,746 (100%)	17,451 (58.7%)	12,295 (41.3%)
D 販売従事者	33,329 (100%)	19,579 (58.7%)	13,750 (41.3%)	16,942 (100%)	14,448 (85.3%)	2,494 (14.7%)	16,387 (100%)	5,131 (31.3%)	11,256 (68.7%)
E サービス職業従事者	31,258 (100%)	12,374 (39.6%)	18,884 (60.4%)	8,252 (100%)	5,112 (61.9%)	3,140 (38.1%)	23,006 (100%)	7,262 (31.6%)	15,744 (68.4%)
F 保安職業従事者	5,888 (100%)	4,859 (82.5%)	1,029 (17.5%)	5,561 (100%)	4,669 (84.0%)	892 (16.0%)	327 (100%)	190 (58.1%)	137 (41.9%)
G 農林漁業従事者	5,158 (100%)	1,621 (31.4%)	3,537 (68.6%)	1,740 (100%)	1,110 (63.8%)	630 (36.2%)	3,418 (100%)	511 (15.0%)	2,907 (85.0%)
H 生産工程従事者	79,231 (100%)	58,548 (73.9%)	20,683 (26.1%)	59,112 (100%)	51,002 (86.3%)	8,110 (13.7%)	20,119 (100%)	7,546 (37.5%)	12,573 (62.5%)
I 輸送・機械運転従事者	11,601 (100%)	9,422 (81.2%)	2,179 (18.8%)	11,126 (100%)	9,102 (81.8%)	2,024 (18.2%)	475 (100%)	320 (67.4%)	155 (32.6%)
J 建設・採掘従事者	10,988 (100%)	9,830 (89.5%)	1,158 (10.5%)	10,744 (100%)	9,658 (89.9%)	1,086 (10.1%)	244 (100%)	172 (70.5%)	72 (29.5%)
K 運搬・清掃・包装等従事者	23,481 (100%)	9,165 (39.0%)	14,316 (61.0%)	11,972 (100%)	7,414 (61.9%)	4,558 (38.1%)	11,509 (100%)	1,751 (15.2%)	9,758 (84.8%)
L 分類不能の職業	5,354 (100%)	2,370 (44.3%)	2,984 (55.7%)	2,815 (100%)	1,675 (59.5%)	1,140 (40.5%)	2,539 (100%)	695 (27.4%)	1,844 (72.6%)
東三河地域総数	296,184 (100%)	195,384 (66.0%)	100,807 (34.0%)	168,343 (100%)	140,799 (83.6%)	27,544 (16.4%)	127,841 (100%)	54,578 (42.7%)	73,263 (57.3%)
愛知県総数	2,903,619 (100%)	1,906,443 (65.7%)	997,176 (34.3%)	1,670,101 (100%)	1,394,041 (83.5%)	276,060 (16.5%)	1,233,518 (100%)	512,402 (41.5%)	719,116 (58.3%)

資料：総務省統計局「平成22年国勢調査結果」より作成。

うか。また，労働者派遣事業所の派遣社員は合計で9,958人であるが，その50.2%にあたる5,001人が生産工程従事者であることからも，そのような労働需要があると推測される。一方，販売従事者は全体で33,329人，サービス職業従事者は31,258人となっているが，非正規雇用者の占める割合がそれぞれ41.3%，60.4%と高くなっている。特に，女性雇用者だけでみてみると，それぞれの割合が68.7%，68.4%となり，労働集約型の職種を中心として，非正規雇用化の傾向がみてとれる。他の従業者においても，その割合は一様ではないが同様の傾向がみられ，非正規雇用の女性雇用者の存在が不可欠になっているが，それは社会保障や税制改革，女性活躍社会における政策的課題でもある。

2 通勤流出入と労働移動

　東三河地域の労働市場における労働移動について，労働者の通勤流出入の視点から就業者の動向を考える。

　杉浦（2012 183〜191頁）では，総務省統計局の2000（平成12）年および2005年の「国勢調査」従業地・通学地集計結果から，市町村レベルでの労働供給の規模や労働移動について分析を行っている。豊橋市は豊川市，蒲郡市，新城市，田原市など周辺市町村から多くの従業者を集めており，また豊川市，田原市へ通勤する者も多い。公共交通網の発達から県外への通勤流出者も多くみられる。田原市は雇用機会が豊富であり，通勤流入人口が多く，流入の大半は豊橋市からである。豊橋市と田原市の間において，自己完結型の構造がみられる。豊川市も雇用機会が豊富であり，通勤流入人口が多く，豊橋市，新城市など周辺市町村から多数の従業者を集めているが，その一方で地元就業割合が低く，豊橋市への通勤する者の割合が高い。蒲郡市は地元就業割合が高く，通勤流入はあまりみられないとしている。東三河地域全体においては，中心市町村と衛星市町村という関係がいくつかの地域で確認され，中心市町村は周辺の衛星市町村から広く従業者を集めている。そして，その構造が「入れ子型」になっていることなどを指摘している。

　総務省統計局「平成22年国勢調査結果」の従業地・通学地集計結果から，東三河地域市町村の労働力の流出入（通勤流出入）を示したのが表Ⅱ-4-7である。豊橋市，豊川市，蒲郡市，新城市，東栄町は労働力の流出（通勤流出）であり，田原市，設楽町，豊根村は労働力の流入（通勤流入）であると確認された。また，同調査結果の昼間人口比率でも豊橋市（97.9%），豊川市（95.2%），蒲郡市（93.4%），新城市（95.5%），東栄町（95.9%）であり，田原市（106.6%），設楽町（103.5%），豊根村（106.4%）となり，通勤流出市町村の比率が100%を下回り，通勤流入市町村は超過している。通勤流出が確認された市町村における従業者の愛知県内への流出先としては，東三河地域の他の市町村が中心である。自動車関連製造業の拠点がある西三河地域の岡

表Ⅱ-4-7　東三河地域市町村の労働力の流出入（2010(平成22)年）

	当地で従業する就業者	自市町村で従業	他市町村で従業	(通勤流出) 県内	県外	当地で従業する就業者	自市町村に常駐	他市町村に常住	(通勤流入) 県内	県外	通勤(流出入)
豊橋市	191,015	141,369 (74.0%)	43,294 (22.7%)	30,311 (77.4%)	8,860 (22.6%)	182,907	141,369 (77.3%)	31,063 (17.0%)	25,651 (82.6%)	5,412 (17.4%)	-8,108
豊川市	93,543	63,129 (67.5%)	28,917 (30.9%)	26,294 (95.3%)	1,293 (4.7%)	86,934	63,129 (72.6%)	20,978 (24.1%)	20,190 (96.2%)	788 (3.8%)	-6,609
蒲郡市	41,958	27,207 (64.8%)	14,318 (34.1%)	13,418 (98.0%)	276 (2.0%)	37,665	27,207 (72.2%)	9,401 (25.0%)	9,112 (96.9%)	289 (3.1%)	-4,293
新城市	25,816	17,985 (69.7%)	7,755 (30.0%)	6,985 (93.9%)	453 (6.1%)	24,061	17,985 (74.7%)	5,683 (23.6%)	5,222 (91.9%)	461 (8.1%)	-1,755
田原市	38,739	32,137 (83.0%)	6,271 (16.2%)	5,309 (96.0%)	224 (4.0%)	43,525	32,137 (73.8%)	10,319 (23.7%)	10,059 (97.5%)	260 (2.5%)	4,786
設楽町	2,764	2,200 (79.6%)	563 (20.4%)	538 (97.1%)	16 (2.9%)	2,951	2,200 (74.6%)	741 (25.1%)	675 (91.1%)	66 (8.9%)	187
東栄町	1,568	1,141 (72.8%)	424 (27.0%)	380 (92.9%)	29 (7.1%)	1,480	1,141 (77.1%)	321 (21.7%)	265 (82.6%)	56 (17.4%)	-88
豊根村	623	514 (82.5%)	108 (17.3%)	79 (84.9%)	14 (15.1%)	721	514 (71.3%)	191 (26.5%)	132 (69.1%)	59 (30.9%)	98

資料：総務省統計局「平成22年国勢調査結果」より作成。
注）従業地「不詳」を含む。
注）他市区町村に従業で，従業地「不詳」を含む。
注）従業地「不詳」で，同県内に常住している者を含む。
注）通勤（流出入）＝（当地に従業する就業者）－（当地に常住する就業者），マイナス（－）は流出を示す。
注）総数には不詳の数を含むため，総数と内訳の合計とは必ずしも一致しない。

崎市，刈谷市，安城市，豊田市などや都市部である名古屋市への通勤流出もみられ，これらは公共交通機関の利便性との関連が考えられる。また，豊橋市においては，他市町村での従業（通勤流出）で県外へ従業する者の割合が22.6%と高い数値となっている。これは隣県である静岡県西部地域にある浜松市に1,978人，湖西市に6,110人，合計8,088人が通勤流出していることが主要因である。これだけの通勤流出は，愛知県内の西三河地域に4,518人と名古屋市内に3,386人の合計7,904人を上回る規模である。反対に，他市町村に常住（通勤流入）で県外から豊橋市で従業する者の中で，静岡県浜松市からは1,813人，同県湖西市からは2,709人，合計4,522人の従業者が通勤流入している。このように従業者の通勤流出入における「越境」からも，両地域は経済的な相互補完関係を有していることが想像できる。

第4章 東三河の労働市場

表Ⅱ-4-8 東三河地域の労働移動と連関（2010（平成22）年）

		常住地								東三河内常住	自市町村内常住	自市町村外常住
		豊橋市	豊川市	蒲郡市	新城市	田原市	設楽町	東栄町	豊根村			
従業地	豊橋市	141,369 (86.7%)	12,006 (14.8%)	1,921 (6.1%)	1,884 (7.8%)	4,608 (12.4%)	23 (0.9%)	12 (0.8%)	2 (0.3%)	161,825	141,369	20,456
	豊川市	10,331 (6.3%)	63,129 (77.8%)	2,085 (6.6%)	3,735 (15.4%)	265 (0.7%)	44 (1.7%)	27 (1.8%)	0 (0.0%)	79,616	63,129	16,487
	蒲郡市	1,567 (1.0%)	2,252 (2.8%)	27,207 (86.5%)	83 (0.3%)	68 (0.2%)	3 (0.1%)	3 (0.2%)	0 (0.0%)	31,183	27,207	3,976
	新城市	1,434 (0.9%)	2,875 (3.5%)	53 (0.2%)	17,985 (74.3%)	25 (0.1%)	235 (9.0%)	174 (11.5%)	13 (2.2%)	22,794	17,985	4,809
	田原市	8,357 (5.1%)	737 (0.9%)	187 (0.6%)	58 (0.2%)	32,137 (86.6%)	0 (0.0%)	0 (0.0%)	0 (0.0%)	41,476	32,137	9,339
	設楽町	45 (0.0%)	66 (0.1%)	2 (0.0%)	291 (1.2%)	2 (0.0%)	2,200 (84.6%)	110 (7.3%)	39 (6.6%)	2,755	2,200	555
	東栄町	3 (0.0%)	26 (0.0%)	0 (0.0%)	150 (0.6%)	0 (0.0%)	58 (2.2%)	1,141 (75.4%)	21 (3.6%)	1,399	1,141	258
	豊根村	8 (0.0%)	4 (0.0%)	0 (0.0%)	30 (0.1%)	1 (0.0%)	38 (1.5%)	47 (3.1%)	514 (87.3%)	642	514	128
	東三河内常住	163,114 (100.0%)	81,095 (100.0%)	31,455 (100.0%)	24,216 (100.0%)	37,106 (100.0%)	2,601 (100.0%)	1,514 (100.0%)	589 (100.0%)			
	自市町村内従業	141,369 (86.7%)	63,129 (77.8%)	27,207 (86.5%)	17,985 (74.3%)	32,137 (86.6%)	2,200 (84.6%)	1,141 (75.4%)	514 (87.3%)			
（通勤流出）	自市町村外従業	21,745 (13.3%)	17,966 (22.2%)	4,248 (13.5%)	6,231 (25.7%)	4,969 (13.4%)	401 (15.4%)	373 (24.6%)	75 (12.7%)			
（通勤流入）	自市町村外常住	20,456	16,487	3,976	4,809	9,339	555	258	128			
（通勤流出入）		-1,289	-1,479	-272	-1,422	4,370	154	-115	53			

資料：総務省統計局「平成22年国勢調査結果」より作成。
注）従業地「不詳」を含む。
注）他市区町村に従業で，従業地「不詳」を含む。
注）従業地「不詳」で，当地に常住している者を含む。
注）（通勤流出入）＝（通勤流入）－（通勤流出），マイナス（-）は流出を示す。
注）総数には不詳の数を含むため，総数と内訳の合計とは必ずしも一致しない。

　東三河地域内の労働移動と連関を示したのが，表Ⅱ-4-8である。これは東三河地域の市町村で従業地（横軸）および常住地（縦軸）としている者の規模と割合である。対角線上の数値（太字）は同じ市町村内で従業する者の規模と割合，対角線以外の数値は，自市町村以外の市町村で従業する者の規模と割合である。例えば，豊橋市内において常住している者で，豊橋市内で従業しているのは，141,369人（86.7％）であり，豊川市で従業しているのは，10,331人（6.3％）である。同様に蒲郡市は1,567人（1.0％），新城市は1,434人（0.9％），田原市は8,357人（5.1％）などとなる。そして，東三河地域内で

従業しているのは，163,114人（100%）であり，自市町村外従業（通勤流出）しているのは，21,745人（13.3%），自市町村外常住（通勤流入）は，20,456人である。よって，通勤流出入は1,289人の流出となる。各市町村の東三河地域内での労働移動と連関については，いくつかの特徴がみられる。豊橋市は東三河地域の労働市場の中核都市として，周辺市町村への労働力の提供や雇用機会の創出など，その役割を果たしている。豊川市は豊橋市への通勤流出がみられるが，新城市からの通勤流入もあり，製造業の集積による雇用機会があると思われる。蒲郡市は通勤流入が少なく，地元就業割合が高い。田原市は大幅な通勤流入があり，雇用機会を提供している自治体であることが理解できる。しかし，通勤流出入のほとんどが豊橋市であり，両市間の労働移動で完結している。そして，それぞれの市町村は中心市町村と衛星市町村という関係が成立しており，いくつかの地域で「入れ子型」構造であると思われる。これらのことから，数値や割合等には多少の変動はみられるが，東三河地域の労働市場としては，杉浦（2012 183～191頁）の先行研究結果の指摘と基本的構造に大きな変化はないと考えられる。

③ 所得の流出入と労働移動

ここからは東三河地域の労働市場における労働移動について，所得の流出入視点から動向を考える。

愛知県県民生活部統計課「平成25年度あいちの市町村民所得」[2]によると，市町村間の所得の流出入について，市町村内純生産と市町村民所得（分配）との差額は，当該市町村における所得の流出または流入の状況を表しているとしている。すなわち，所得の流出型市町村は市町村内で創出される所得（市町村内純生産）が居住する市町村民の受け取る市町村民所得（分配）より大きく，他地域の居住地に所得が流出している。これは主に産業の集積が高く，雇用機会が多い市町村である。反対に，流入型市町村は市町村内で創出される所得（市町村内純生産）が居住する市町村民の受け取る市町村民所得（分配）

よりも小さく,他地域から所得を居住地に流入させている。これは名古屋市近郊のベッドタウン的な性格を持つ市町村や産業の集積している市町村の周辺などでみられるとしている。図Ⅱ-4-1は愛知県の流出型・流入型市町村の分布を示したものである。東三河地域においては新城市,田原市,設楽町,豊根村が流出型市町村であり,豊橋市,豊川市,蒲郡市,東栄町は流入型市町村となっている。また,これらの結果は,総務省統計局「平成22年国勢調査結果」の従業地・通学地集計結果を用いた分析と類似点がみられる。

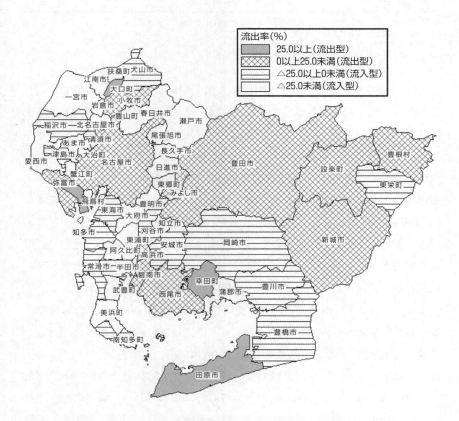

図Ⅱ-4-1　愛知県の流出型・流入型市町村の分布
資料：愛知県県民生活部統計課2016「平成25年度　あいちの市町村民所得」2016年2月,10頁。

表Ⅱ-4-9　東三河地域市町村の流出入額・流出入率（2013(平成25)年）　　（単位：百万円）

	市町村内純生産 (要素費用表示)	市町村民所得	所得の流出入 (流出入額)	流出入率
豊 橋 市	1,019,878	1,176,432	156,554	15.4%
豊 川 市	488,322	563,378	75,056	15.4%
蒲 郡 市	195,439	282,464	87,025	44.5%
新 城 市	139,832	135,720	4,112	2.9%
田 原 市	538,733	376,515	162,218	30.1%
設 楽 町	11,442	10,865	577	5.0%
東 栄 町	5,296	6,045	749	14.1%
豊 根 村	2,089	2,012	77	3.7%

資料：愛知県県民生活部統計課「平成25年度　あいちの市町村民所得」より作成。
注）太字の市町村は流出型市町村。
注）流出額＝市町村内純生産－市町村民所得，流出率＝流出額÷市町村内純生産×100
注）流入額＝市町村民所得－市町村内純生産，流入率＝流入額÷市町村内純生産×100

　表Ⅱ-4-9は東三河地域市町村の流出入額・流出入率を示したものである。地域の中核的存在である豊橋市や豊川市は，地域の雇用機会を創出する役割だけではなく，地域への労働力を供給する役割も大きいことが確認できる。蒲郡市においては，雇用創出よりも周辺の市町村へ労働力を供給しており，地理的条件などからも，同地域の豊橋市や豊川市だけではなく，西尾市や幸田町など西三河地域からの所得流入が考えられる。山間地域にある東栄町は，周辺の流出型市町村（新城市，設楽町，豊根村）への就業が予想できる。一方，新城市，田原市，設楽町，豊根村は周辺市町村の就業者に対して雇用機会を提供していると考えられ，特に，田原市の流出額および流出率が高い数値となっていることから，労働需要の大きさを推察することができる。

　表Ⅱ-4-10は東三河地域市町村の市町村内純生産構成比を示したものである。東三河地域市町村においては，「平坦・中間地域(豊橋市，豊川市，蒲郡市，新城市，田原町)」と「山間地域（設楽町，東栄町，豊根村）」のタイプに区分して考える。平坦・中間地域では，製造業の純生産構成比率が高い田原市（80.3%）や新城市（54.3%）が流出型市町村になっており，製造業を中心とした雇用創出効果が考えられ，周辺市町村の就業者に対して安定的な雇用機会を提供していると思われる。反対に，流入型市町村である豊橋市や蒲郡市

表Ⅱ-4-10　東三河地域市町村の市町村内純生産構成比（2013（平成25）年）

	農業	林業	水産業	鉱業	製造業	建設業	電気・ガス・水道業	卸売・小売業	金融・保険業	不動産業	運輸・通信業	サービス業	政府系サービス生産者	非営利サービス生産者	市町村内純生産（要素費用表示）
豊橋市	1.7	0.0	0.0	0.0	25.1	8.6	2.1	16.7	3.4	8.5	5.2	20.2	4.9	3.4	100.0
豊川市	1.4	0.0	0.1	0.0	42.4	6.3	0.4	10.8	2.0	7.8	4.9	15.0	6.4	2.5	100.0
蒲郡市	1.2	0.0	0.1	0.0	27.4	6.5	0.3	16.8	3.8	9.1	4.1	22.2	5.8	2.5	100.0
新城市	1.5	0.0	0.1	0.1	54.8	6.2	0.7	6.5	1.2	6.7	2.7	11.4	6.0	2.1	100.0
田原市	4.2	0.0	0.2	0.0	80.3	1.9	0.2	2.3	0.5	2.3	1.8	3.7	1.8	0.9	100.0
設楽町	9.0	0.4	0.9	1.8	16.3	12.8	0.4	5.1	0.9	6.3	3.1	12.9	20.5	9.6	100.0
東栄町	3.0	0.4	0.2	3.6	9.0	13.5	0.7	9.2	1.8	6.7	2.7	21.5	13.0	14.4	100.0
豊根村	1.6	0.7	0.9	1.8	1.5	26.6	0.5	4.7	0.3	6.8	5.2	4.9	37.2	7.3	100.0

資料：愛知県県民生活部統計課「平成25年度　あいちの市町村民所得」より作成。
注）太字の市町村は流出型市町村。

などはサービス業や卸売・小売業の比率が高く，製造業の比率が相対的に低い。サービス業や卸売・小売業は製造業と比較した場合，安定的な雇用創出効果は限定的であるとされている。山間地域では製造業の比率が低く，全体的に建設業や政府系サービス生産者の純生産構成比率が高くなっている。これは山間地域における雇用創出手段が，公共事業などに依存していることを連想させ，過疎地域にみられる典型的な傾向でもあると思われる。

　杉浦（2012　177～183頁）による先行研究結果の時系列的データとの比較分析において，豊橋市や豊川市，蒲郡市，東栄町の流入率が上昇する傾向にはあるが，地域の中核的市町村である豊橋市や豊川市は流入型市町村として定着し，周辺市町村に対して労働力を供給する役割を果たしているものの，十分な雇用機会を創出することはできていない。新城市や田原市などのように製造業の市町村内純生産構成比率が高い市町村は，周辺市町村から労働力を需要する構造となっている。山間地域における公共事業などへの依存にも大きな変化はみられない。これらのことからも，東三河地域市町村内の所得の流出入視点の労働移動に関しては，各市町村の数値に変動はみられるが，その基本的構造に変化は認められない。

4 まとめ

　総務省統計局の「国勢調査」と愛知県県民生活部統計課の「あいちの市町村民所得」を用いて，主として労働供給側の視点から東三河地域の労働市場を分析した結果，次のような特徴があげられる。

　東三河地域の労働市場において，減少傾向にはあるが，第1次産業での仕事に従事している就業者の割合が高く，愛知県全体を上回っている。また，第2次産業である製造業に従事する就業者の割合が高いことも確認でき，その雇用創出効果が推測される。雇用者に関する集計結果では，労働集約型の職種を中心として，女性雇用者の非正規雇用化の傾向がみられた。非正規雇用化については，組織等における人事管理上の負担軽減や労働者の多様な働き方の選択肢の拡大など，そのメリットも認識されている。しかし，一般的に非正規雇用者の賃金や雇用条件は，正規雇用者と比較すると低待遇であり，何かしらの是正や改善が求められる政策的課題であると指摘されている。

　従業地・通学地集計結果から，豊橋市，豊川市，蒲郡市，新城市，東栄町は労働力の流出（通勤流出）であり，田原市，設楽町，豊根村は労働力の流入（通勤流入）であると確認された。特に，豊橋市においては，県外へ従業する者の割合が高い。その主要因は隣県である静岡県西部地域に通勤流出していることである。反対に，同地域からも多くの従業者が通勤流入していることから，両地域における経済的な相互補完関係が示唆される。

　「あいちの市町村民所得」を用いた分析では，新城市，田原市，設楽町，豊根村が所得の流出型市町村であり，豊橋市，豊川市，蒲郡市，東栄町は所得の流入型市町村となっている。相対的に製造業の純生産構成比率が高い市町村や産業の集積がみられる市町村が所得の流出型市町村になっており，製造業を中心とした雇用創出効果が考えられ，周辺市町村の就業者に対して安定的な雇用機会を提供していると思われる。所得の流入型市町村はサービス業や卸売・小売業の比率が高く，製造業の比率が低い。山間地域では全体的に製造業の比率が低く，建設業や政府系サービス生産者の純生産構成比率が

高く，公共事業などに依存している傾向がみられた。

地域内の地理的条件や産業構造によって，各市町村の労働需給は変容する。

豊富で良質な雇用機会は地域経済の成長と発展の源泉となる。地域経済・産業政策の視点からも，雇用動向を注視することが重要である。

注

(1) 従業上の地位は雇用者（内訳：正規の職員・従業員，労働者派遣事業所の派遣社員，パート・アルバイト・その他），役員（内訳：役員），自営業主（内訳：雇人のある業主，雇人のない業主，家庭内職者），家族従業者（内訳：家族従業者）に区分される。役員については，雇用者に含む研究もあるが，本稿では役員（内訳：役員）を雇用者に含めない。また，総数には分類不能または不詳の数を含むため，総数と内訳の合計とは必ずしも一致しない。

(2) 愛知県県民生活部統計課の「平成25年度 あいちの市町村民所得」は，内閣府経済社会総合研究所から提示された「県民経済計算標準方式」に準じて，愛知県が作成した「市町村民所得の推計方法」に基づき推計した結果である。

文献

愛知県県民生活部統計課「平成25年度 あいちの市町村民所得」2016年2月25日公表
　　（http://www.pref.aichi.jp/soshiki/toukei/0000080423.html）
杉浦裕晃 2012「東三河の労働市場」『東三河の経済と社会』（愛知大学中部地方産業研究所）第7輯
総務省統計局「平成22年国勢調査結果」
　　（http://www.stat.go.jp/index.htm）
総務省統計局「労働力調査結果」
　　（http://www.stat.go.jp/data/roudou/index.htm）
福井幹彦 1988「労働と賃金」『東三河の経済と社会』（愛知大学中部地方産業研究所）第4輯

（森　川　竜　哉）

第5章　東三河の財政

はじめに

　『東三河の経済と社会』第7輯では，東三河の各市町村行財政の状況についての記述がなされていないので，ここでは2000（平成12）年以降の状況についてみることとする。主に利用するデータは，総務省より公表されている「市町村決算カード」と愛知県総務部市町村課の発行している『市町村行財政のあらまし』である。この間，「平成の市町村合併」政策により行政区域の再編成が行われたため，合併市町村では経年データを比較することが難しいのであるが，本稿では旧市町村のデータを単純に合計することによって，現在の行政区域のデータとつながるようにした。

　また，この10年間は地方自治・財政に大きな変化をもたらした政治，政策，制度の変化と経済的変動があったので，それらをふまえて東三河の各市町村行財政の推移をみる必要がある。

1　国の政策による地方財政への影響

　この10年間の地方財政に影響を与えた諸事件を振り返ってみると日本の地域とその上に存在する市町村行財政が大きな変動に見舞われていたことが見て取れる。

　2000（平成12）年以降の東三河地域の市町村行財政に影響を与えた国レベルの主な事柄を整理しておく。

　①平成市町村合併（2000年～2005年）
　②小泉内閣による三位一体の財政改革（2005年）
　③民主党政権の誕生と崩壊（2009年）

④リーマン・ショックと税収減（2009年）
⑤自民党政権の復帰と新経済政策（2013年～）
　これらの諸変動が地方財政にどのような影響をもたらしたのかを簡単に振り返っておく。

1）平成の市町村合併

　いわゆる「平成の市町村合併」政策は，経済的側面からは国の財政再建に見合う市町村行財政の縮小を意図したものであるが，財政力の低い過疎市町村への地方交付税の縮減アナウンスによって，自律的財政の見通し困難と考えた自治体が2000年以降駆け込み的に編入・合併に踏み切った。

　東三河地域でも2000年には5市9町4村，計18自治体であったが，2010年には5市2町1村，計8自治体となり，自治体数は5割減少した。これらの自治体は，合併前の地方交付税計算が適用される合併特例が10年間保障され，合併に伴う公共事業への合併特例債という優遇措置を受けられることが財政的な合併誘因となった。これらの特例期間が過ぎたのちの決算が出ていないので，財政的決算は今のところ無理である。また，地方交付税計算の合併特例の延長がされたので，その結果が出る時期はさらに後になることになった。

　この間，合併による歳出削減は議会費，職員人件費で進められ，今後公共施設の統廃合から小学校，中学校の義務教育施設の統廃合による削減が進もうとしている。

　合併市町村でみると2000年度の新城市地域では，21校あった小学校が2014年度には16校に，豊根村では4校から2校へと減少している。その他の非合併市町村，合併市町村とも変らずとなっているが，田原市では2024年に20校から10校への統廃合が予定されている。

2）小泉内閣による三位一体の財政改革

　地方分権改革で残されていた国と地方の財政改革として，2004年度より国から地方への税源移譲，国庫負担金改革，地方交付税改革がセットで行わ

れ，三位一体改革といわれた。財政分権化は，もともと国税の地方移譲が基本であるが，それに見合う国庫負担金の削減が伴うこととなった。そのうえ，新自由主義の立場から小さな政府の実現を目指していた小泉内閣は，その趣旨に基づき地方交付税削減を抱き合わせで行い，地方自治体は税源移譲は実現したものの従来国から移転されていた地方の共通財源である地方交付税が大幅に削減され（2004年度対前年度比-12.0%，2005年度-4.5%，2005年度-6.5%），かつ過疎地域に上乗せされてきた補正係数の見直しなどがなされたため，2004年度〜2006年度で総額で5.1兆円減少した。そのこともあり，地方交付税によって維持されてきた過疎地域の財政見通しへの悲観が市町村合併への強い誘因となった。

税源移譲は，所得税が移譲され，住民税の所得割の税率は10%（市町村6%，府県4%）と従来の累進税から比例税化された。

3）民主党政権の誕生と崩壊

2002年に誕生した小泉内閣は，郵政民営化政策を掲げて2003年の総選挙で勝利し，規制緩和と小さな政府を基本として新自由主義政策を実行した。郵政事業の民営化，雇用規制緩和や先にふれた地方交付税改革などは，さまざまな摩擦を地域と地方行財政の現場に引き起こした。小泉内閣の後を継いだ安倍，福田，麻生内閣は，小泉内閣時に進行した労働規制緩和や不況の長期化による地方経済の不振の上に，アメリカ発の金融バブルの崩壊によるリーマンショックの直撃を受け，いずれも短命に終わり，2009年野党であった民主党に政権が移った。

民主党政権は，内政において新しい公共概念を打ち出し，小泉内閣以来の新自由主義改革による格差社会への不安，地域格差の拡大への不満を是正しようとした。事業仕分けによる財政見直しやコンクリートから人への公共事業の改革，子ども手当などの福祉政策と並んで地方交付税削減政策から増加への転換などこれまでの分権政策をふまえた福祉国家寄りの政策であった。

しかし，沖縄の基地移転政策の動揺，それまで反対していた消費増税への

政策転換，それをめぐる内紛などにより国民の信任を失い，選挙において敗北を喫し，政権の座を降りることになった。2011年3月11日に起こった戦後最大の被害をもたらした東日本大震災による津波被害と原発メルトダウンによる放射能汚染は，国家的危機であったが民主党政権はその危機を何とか乗り切り，原発依存政策からの転換を進めることを提起したがその実現前に崩壊した。また，コンクリートから人への公共事業改革政策の1つとして中止することとしていた，八ツ場ダム工事の再開は政策への不信を強めた。

4) リーマンショックと日本経済の税収減少

2008年に起こったアメリカの住宅バブルの崩壊を引き金とした金融危機は，アメリカの大手投資銀行であるリーマン・ブラザーズの倒産によって，第2次世界大戦の遠因ともなった1929（昭和4）年の世界大恐慌以来ともいわれる世界経済危機を引き起こした。

当時の日本は，1990年のバブル経済崩壊と金融危機による失われた20年ともいわれる経済低迷の中にあり，金融緊縮の時期であったため，欧米金融機関のような経営への打撃を避けることができた。

しかし，アメリカ経済の落ち込みと世界経済の低迷は，日本も同様であり，むしろアメリカ依存の高い日本の地域経済を直撃した。自動車産業の集積する愛知県の市町村は，大幅な法人住民税の減収に見舞われ，財政危機に陥った。

表Ⅱ-5-1では，県内市町村の法人住民税（所得割）の合計と自動車産業の集積するおもな自治体の税収を例示する。愛知県の市町村法人住民税は，2007年度の2,313億円から2009年度784億円に66％落ち込み，トヨタ自動車本社のある豊田市では95％，同じくデンソーのある刈谷市で86％，トヨタ工場のある田原市では97％の減収となった。その後一定の回復をするが，データのある2013年度決算でも回復には程遠い状況となっている。

5) 自民党政権の復帰と新経済政策（2013年〜）

2012年の総選挙により民主党から自民党・公明党の連立が政権に復帰し

第5章 東三河の財政

表II-5-1 愛知県内市町村法人住民税（所得割）推移

	2007（平19）		2008（平20）		2009（平21）		2010（平22）		2011（平23）		2012（平24）		2013（平25）	
	金額	伸び	金額	伸び	金額	伸び	金額	伸び	金額	伸び	金額	伸び	金額	伸び
全市町村	231,386,437	100	197,829,516	85.5	78,439,534	33.9	94,683,765	40.9	96,295,100	41.6	111,978,195	48.4	106,535,491	53.9
豊田市	48,192,950	100	37,210,715	77.2	2,483,703	5.2	4,249,033	8.8	4,141,529	8.6	5,051,760	10.5	5,006,358	13.5
刈谷市	7,300,816	100	5,978,248	81.9	1,049,325	14.4	1,692,456	23.2	3,053,700	41.8	3,865,902	53.0	4,896,113	81.9
田原市	10,042,396	100	7,409,587	73.8	311,098	3.1	819,542	8.2	543,047	5.4	727,696	7.2	717,234	9.7

注）金額単位は、千円である。伸びは、2007年＝100とした指数である。
出所）愛知県『愛知県統計年鑑』、各年より。

表II-5-2 東三河地域における現行区域指標

	人口（2000）		人口（2014）			面積（2014）		歳出規模（2000）		歳出規模（2014）		地方税収入（2014）		1人あたり千円
	人	構成比	人	2000=100	構成比	km²	構成比	百万円	構成比	百万円	構成比	百万円	構成比	
豊橋市	364,856	48.3	378,890	103.8	49.2	262	15.2	106,901	42.6	121,017	44.7	63,724	47.6	168.2
豊川市	176,730	23.4	185,111	104.7	24.0	161	9.3	53,621	21.4	58,606	21.7	28,483	21.3	153.9
蒲郡市	82,106	10.9	81,717	99.5	10.6	57	3.3	25,916	10.3	26,709	9.9	13,610	10.2	166.6
新城市	53,623	7.1	49,112	91.6	6.4	499	29.0	23,084	9.2	22,170	8.2	7,597	5.7	154.7
田原市	65,537	8.7	64,721	98.8	8.4	191	11.1	27,877	11.1	30,464	11.3	18,964	14.2	293.0
東栄町	4,717	0.6	3,642	77.2	0.5	123	7.2	3,153	1.3	3,312	1.2	345	0.3	94.8
設楽町	6,959	0.9	5,408	77.7	0.7	274	15.9	7,159	2.9	5,581	2.1	637	0.5	117.8
豊根村	1,631	0.2	1,246	76.4	0.2	156	9.0	2,974	1.2	2,836	1.0	415	0.3	332.7
東三河計	756,159	100.0	769,847	101.8	100.0	1723	100.0	250,685	100.0	270,695	100.0	133,776	100.0	173.8

注1）合併前の区域を現行市町村区域で集計している。
注2）人口は、2014年は住民基本台帳数、他は国勢調査人口である。
出所）総務省「決算カード」より作成。

た。新政権は，新しい経済政策としてデフレ経済からの脱却を掲げ，物価上昇率2%を実現するための金融緩和政策，財政政策，産業政策を打ち出した。自治体関係の政策として地方創生戦略政策（内閣府所管）が打ち出され，人口増加政策を各自治体が策定し，KPI（key performance indicator主要業績評価指標）によって目標管理がなされることになった。日本の総人口が長期にわたって減少して行くもとで，首都圏への社会移動が続く中，地方自治体が人口増加をはかろうとすれば，地域間競争が激化することになり，人口増における勝ち組自治体と負け組自治体が生じるのか，また日本全体の人口減少に歯止めがかかるのか，今のところ先はみえない状況の中で，自治体の模索が続かざるを得ない。

また，これまでなかった公共施設管理計画の策定が進められている。これは，大量に公共施設がつくられていた時期の施設が老朽化し，更新時期を迎えるにあたって耐用年数の延長や統廃合を長期にわたって計画的に進め，人口減少に対応した財政負担と合理的再配置をしようとするものである。公共施設は，それぞれの自治体や地域の公共財，ないしは準公共財として建設されてきたものであり，とりわけ地域コミュニティの施設として機能してきた場合は，地域との合意形成が財政削減にかかわる大きな課題となってくる。

② 東三河地域の市町村行財政全体の特徴

表Ⅱ-5-2は，東三河地域における現行区域指標を簡単に示したものである。また表Ⅱ-5-3〜5は，東三河地域の市町村行財政を全体としてみるために各市町村の歳入，歳出をほぼ5年ごとに集計したものである。

2000年以降，市町村合併がすすめられ，自治体数は大きく減少した。この地域での合併市町村は，豊川市，新城市，田原市，設楽町，豊根村で行われた。豊川市は2006（平成18）年一宮町，2008年音羽町，御津町，2010年小坂井町と合併した。新城市は，2005年鳳来町，作手村と合併した。田原町は，2003年赤羽根町と合併し田原市となり，さらに2005年渥美町と合併

第5章　東三河の財政

した。設楽町は，2005年津具村と合併した。豊根村は，2005年富山村と編入合併した。豊橋市，蒲郡市，東栄町は合併しなかった。その結果，東三河の自治体数は，5市9町4村が5市2町1村となった。各市町村データは，合併前の自治体のデータを合算し，比較しやすいようにした。

1) 総括的推移

東三河は都市的地域と農村的地域とを含んでおり，地域全体を一括してみることは，財政構造が異なる自治体を合算することとなりかえって特徴がみえにくくなってしまうが，財政の推移に限ってみればこの間の財政傾向をみてとることができる。

表Ⅱ-5-2をみると東三河全体では，2000年の国勢調査においては756,159人となっているが，2014年は769,847人（住民基本台帳人口）と微増している。

人口の構成比では，豊橋市が49％となっており豊橋市への集中度が高く，さらに豊川市24％，蒲郡市10％を合わせると3市で83％となる。一方，面積でみるとこの3市は28％を占めるにすぎず，広大な農山漁村地域が都市の後背地に広がっていることがわかる。

財政の規模は，ほぼ人口構成比に比例する形になっており，人口規模の大きい都市自治体の全体に占める割合が高い。財政規模を2000年度と2014年度で比較すると豊橋市，豊川市，田原市の比重が高まっている。

地方税は，各自治体の経済力を示す指標としてみることができるので，これを構成比でみると豊橋市，豊川市，蒲郡市への経済力の集中がわかる。また，人口の構成比に比べると田原市の比重の高さが目立っている。地方税収入を人口で割って1人あたりの税収を算出すると，税収総額からわかる姿と異なる財政の姿をみることができる。1人あたりでみると東三河全体では173千円であるが，最も高いのは豊根村332千円，次いで田原市の293千円となっており，最も低いのは東栄町の94千円である。税収規模の大きい豊橋市は168千円，蒲郡市166千円，豊川市153千円となっており，人口1人あたりの税収力は必ずしも高いとはいえないのである。

表Ⅱ-5-3 東三河地域市町村歳入

	2000(H12)		2005(H17)			2010(H22)			2014(H26)		
	金額	構成比	金額	伸び	構成比	金額	伸び	構成比	金額	伸び	構成比
地方税	118,444,954	45.2	123,081,174	103.9	47.7	123,943,388	104.6	45.9	133,776,223	112.9	47.0
地方譲与税,交付金等	23,827,048	9.1	24,064,377	101.0	9.3	15,473,376	64.9	5.7	15,244,685	64.0	5.4
地方交付税	36,925,963	14.1	18,799,168	50.9	7.3	25,234,302	68.3	9.4	26,208,064	71.0	9.2
(一般財源計)	179,197,965	68.3	165,944,719	92.6	64.3	164,651,066	91.9	61.0	175,228,972	97.8	61.6
使用料・手数料	6,652,005	2.5	7,070,596	106.3	2.7	6,886,832	103.5	2.6	6,817,411	102.5	2.4
国庫支出金	18,467,148	7.0	20,152,709	109.1	7.8	31,549,214	170.8	11.7	33,896,207	183.5	11.9
県支出金	9,938,124	3.8	10,635,445	107.0	4.1	16,445,658	165.5	6.1	18,698,260	188.1	6.6
地方債	19,856,500	7.6	23,218,400	116.9	9.0	21,799,210	109.8	8.1	17,401,230	87.6	6.1
その他	28,101,605	10.7	31,237,986	111.2	12.1	28,478,209	101.3	10.6	32,651,586	116.2	11.5
合計	262,213,347	100.0	258,259,855	98.5	100.0	269,810,189	102.9	100.0	284,693,866	108.6	100.0

注1) 単位表示の金額は、千円である。構成比は、％である。伸びは、2000年＝100である。
注2) 地方譲与税、交付金等は、地方譲与税、利子割交付金、株式等譲渡所得割交付金、地方消費税交付金、ゴルフ場利用税交付金、特別地方消費税交付金、自動車取得税交付金、軽油引取税交付金、地方特例交付金の合計である。その他は、交通安全対策特別交付金、分担金負担金、国有施設等所在市町村助成交付金、財産収入、寄付金、繰入金、繰越金、諸収入の合計である。

表Ⅱ-5-4 東三河地域市町村歳出（目的別）

	2000(H12)		2005(H17)			2010(H22)			2014(H26)		
	金額	構成比(％)	金額	伸び	構成比	金額	伸び	構成比	金額	伸び	構成比
議会費	2,720,590	1.1	2,393,068	88.0	1.0	1,838,067	67.6	0.7	1,954,279	71.8	0.7
総務費	29,576,412	11.8	30,713,499	103.8	12.4	30,532,754	103.2	11.9	31,696,791	107.2	11.7
民生費	53,000,363	21.1	62,367,365	117.7	25.3	82,511,999	155.7	32.2	94,474,444	178.3	34.9
衛生費	33,393,647	13.3	27,581,033	82.6	11.2	27,650,094	82.8	10.8	28,377,496	85.0	10.5
労働費	1,033,479	0.4	786,199	76.1	0.3	1,695,833	164.1	0.7	621,609	60.1	0.2
農林水産業費	10,288,219	4.1	7,641,880	74.3	3.1	6,494,082	63.1	2.5	6,686,242	65.0	2.5
商工費	9,338,347	3.7	8,875,818	95.0	3.6	9,344,816	100.1	3.6	7,915,912	84.8	2.9
土木費	46,368,928	18.5	38,976,417	84.1	15.8	29,546,535	63.7	11.5	28,100,679	60.6	10.4
消防費	10,899,893	4.3	11,279,460	103.5	4.6	10,429,820	95.7	4.1	10,826,697	99.3	4.0
教育費	29,279,601	11.7	29,231,293	99.8	11.8	23,508,036	80.3	9.2	30,312,535	103.5	11.2
公債費	24,285,266	9.7	26,908,480	110.8	10.9	30,651,441	126.2	12.0	28,696,713	118.2	10.6
その他	499,795	0.2	180,390	36.1	0.1	1,861,274	372.4	0.7	1,031,640	206.4	0.4
合計	250,684,540	100.0	246,934,902	98.5	100.0	256,064,751	102.1	100.0	270,695,037	108.0	100.0

注1) 単位表示の金額は、千円である。構成比は、％である。伸びは、2000年＝100である。
注2) その他は、災害復旧費、諸支出金、前年度繰上充用金の合計である。

第5章　東三河の財政

　表Ⅱ-5-3「東三河地域市町村歳入」は，2000年～2014年度までの歳入である。伸び率でみるとこの間歳入総額は，2000年度に比べ，2005，2010年度は減少し，2014年度で回復するなど停滞している。歳入の内訳でみると一般財源の減収が続いており，2014年度においても2000年の収入を下回っている。他方，国庫支出金，県支出金の伸びは大きく，2014年度は2000年度の1.8倍に膨れ上がっている。地方債収入は，2010年度までは高い伸びを示しているが，2014年度では減少し，地方債依存を低下させている。

　伸び率を反映して，構成比でみてもいくつかの特徴を指摘できる。一般財源の比率は一貫して低下してきており，国庫支出金，県支出金の比重が高まってきている。地方債収入の比率は，2005，2010年度と依存を高めるがその後低下してきている。

　表Ⅱ-5-4「東三河地域市町村歳出（目的別）」では，歳入同様2010年度まで抑制されていたが，2014年度はやや増加した。この間，伸び，構成比とも一貫して増えてきたのが民生費である。2000年度の構成比が21.1％であったものが，2014年度では34.9％へと13.8ポイント高まった。土木費は，2000年度の構成比18.5％から2014年度10.4％，伸び率でも約4割減と民生費と対称的に減少した。公債費は，2000年度に比べ2010年度は26％増えたが，2014年度は18％増と低下してきている。また，金額的には少ないが議会費が大幅に減少している。市町村合併のキャンペーンに議会費の減少をあげていたが，2000年度27億円から2014年度19億円に著減している。合併しなかった市での議会費は減っていないので，合併による議員定数の減少が原因であるが，歳出総額からみればきわめて少ない額である。合併によって区域人口が増え，市域も拡大する中で議員が減少することは，住民の声をどのように市政に反映させるのかという民主主義上の問題を生じる。

　表Ⅱ-5-5「東三河地域市町村歳出（性質別）」では，伸び率でみると扶助費，物件費，繰出金が大きく，普通建設事業，人件費が大きく低下している。構成比でみると扶助費，物件費が比率を高め，普通建設事業，人件費が大きく低下した。人件費の減少は，自治体の直営から業務の民営化が進み，また正

表Ⅱ-5-5　東三河地域市町村歳出(性質別)

	2000(H12) 金額	構成比(%)	2005(H17) 金額	伸び	構成比	2010(H22) 金額	伸び	構成比	2014(H26) 金額	伸び	構成比
人件費	57,207,271	22.8	53,269,812	93.1	21.6	47,853,752	83.6	18.7	45,896,966	80.2	17.0
物件費	30,613,184	12.2	33,470,571	109.3	13.6	36,263,037	118.5	14.2	40,275,607	131.6	14.9
扶助費	24,783,881	9.9	32,840,837	132.5	13.3	51,408,502	207.5	20.1	59,365,888	239.5	21.9
普通建設事業費	61,324,933	24.5	44,439,807	72.5	18.0	35,906,938	56.3	14.0	39,605,718	64.6	14.6
公債費	24,285,266	9.7	26,908,480	110.8	10.9	30,651,441	126.2	12.0	28,696,713	118.2	10.6
投資及出資金,貸付金等	7,922,080	3.2	8,734,656	110.3	3.5	10,244,799	129.3	4.0	10,215,134	128.9	3.8
繰出金	17,755,266	7.1	22,218,813	125.1	9.0	21,243,136	112.4	8.3	23,328,096	131.4	8.6
その他	26,772,659	10.7	25,051,926	93.6	10.1	22,493,146	84.0	8.8	23,310,915	87.1	8.6
合計	250,684,540	100.0	246,934,902	98.5	100.0	256,064,751	102.1	100.0	270,695,037	108.0	100.0

注1)　単位表示の金額は，千円である。構成比は，%である。伸びは，2000年＝100である。
注2)　投資及出資金等は，積立金，貸付金を含む。その他は，維持補修費，補助費，災害復旧費，失業対策事業費，前年度繰上充用金の合計。

表Ⅱ-5-6　東三河地域市町村税収

	2000(H12) 金額	構成比(%)	2005(H17) 金額	伸び	構成比	2010(H22) 金額	伸び	構成比	2014(H26) 金額	伸び	構成比
1普通税	107,867,277	91.3	112,683,527	104.5	91.6	113,230,564	105.0	91.4	123,102,137	114.1	92.0
市町村民税	44,910,654	38.0	48,438,490	107.9	39.4	50,253,758	111.9	40.5	58,565,594	130.4	43.8
個人均等割	669,203	0.6	936,194	139.9	0.8	1,108,079	165.6	0.9	1,308,311	195.5	1.0
所得割	33,423,014	28.3	31,998,516	95.7	26.0	38,659,989	115.7	31.2	41,486,404	124.1	31.0
法人均等割	1,921,919	1.6	1,976,162	102.8	1.6	1,960,952	101.0	1.6	1,999,664	104.0	1.5
法人税割	8,893,518	7.5	13,527,618	152.1	11.0	6,164,729	69.3	5.0	13,771,215	154.8	10.3
固定資産税	56,887,033	48.2	58,067,941	102.1	47.2	59,296,867	104.2	47.8	57,549,401	101.2	43.0
その他	6,035,590	5.1	6,177,096	102.3	5.0	6,039,939	11.0	4.9	6,987,142	115.8	5.2
2目的税	3,866,247	3.3	10,397,647	268.9	8.4	10,712,824	277.1	8.6	10,674,086	276.1	8.0
事業所税	2,383,862	2.0	2,342,561	98.3	1.9	2,647,416	111.1	2.1	2,620,587	109.9	2.0
都市計画税	7,800,492	6.6	7,848,696	100.6	6.4	7,868,618	100.9	6.3	7,906,524	101.4	5.9
その他	106,669	0.1	206,390	193.5	0.2	196,790	184.5	0.2	146,975	137.8	0.1
合計	118,124,300	100.0	123,081,174	104.2	100.0	123,943,388	104.9	100.0	133,776,223	113.3	100.0

注1)　単位表示の金額は，千円である。構成比は，%である。伸びは，2000年＝100である。
注2)　普通税のその他は，軽自動車税，市町村たばこ税，鉱産税，特別土地保有税の合計額。
注3)　税収には国保税は入れていない。

第5章 東三河の財政

表Ⅱ-5-7 東三河地域市町村行財政指標

	2000(H12) 金額	2005(H17) 金額	伸び	2010(H22) 金額	伸び	2014(H26) 金額	伸び
経常収支比率(%)	79.6	87.1		86.0		87.0	
積立金現在高(千円)	25,216,049	31,900,506	126.5	41,534,538	164.7	56,066,167	222.3
財政調整基金	20,841,865	21,356,493	102.5	27,468,456	131.8	34,265,072	164.4
減債基金	2,445,675	1,413,350	57.8	1,763,104	72.1	1,852,063	75.7
特定目的基金	13,406,828	9,130,663	68.1	12,302,978	91.8	19,949,032	148.8
地方債現在高(千円)	238,384,108	275,855,047	115.7	265,245,260	111.3	237,648,892	99.7
職員数(人)	6,055	5,669	93.6	5,190	85.7	5,134	84.8
A基準財政収入額(千円)	105,343,535	105,116,697	99.8	98,372,539	93.4	101,975,517	96.8
B基準財政需要額	132,116,666	116,097,816	87.9	116,109,327	87.9	118,178,790	89.5
財政力指数(単年度)A/B	0.80	0.91		0.85		0.86	

注1) 伸びは，2000年＝100である．
注2) 2000年度データは，愛知県総務部『市町村行財政のあらまし』より作成，他は総務省決算カードより作成した．
注3) 2000（平成12）年度分の財政力指数については，愛知県総務部（2002年）に2000年度の基準財政収入，需要のデータがないため，総務省決算カードの2001（平成13）年度データを使った．

職員の減少が進んでいるためである。一方，物件費が増加するのは，民営化による業務の委託費用が増加するためである。

表Ⅱ-5-6「東三河地域市町村税収」をみると，この地域での地方税収入総額は，2014年度1,337億円で，そのうちの9割が普通税，1割が目的税となっている。市町村民税個人所得割が31%，固定資産税が37%と約7割を占めている。法人税収は，10%程度でそれほど大きなウェイトは占めていないが，自治体によって違いがある。目的税は，使途が決まっている税収で，その大半は都市計画区域を持つ町村に限られる都市計画税である。

推移をみると所得割は，2005年度では減少し，2010年，2015年と回復している。これは，2004年〜2006年の三位一体改革による国税所得税が地方税に税源移譲されたためである。固定資産税も地方自治体の安定的な税収であるが，2014年度は減少している。市町村民税法人税割は，法人の所得に課せられるもので，事務所，事業所所在自治体に従業員数に応じて配分されるものである。リーマンショック後の2010年では3割ほど減収となったが，2014年度では回復している。

表Ⅱ-5-7「東三河地域市町村行財政指標」では，財政状況を判断するい

くつかのデータを掲げている。

　積立金現在高は，主に地方債の返済のために備蓄しておくものと将来の公共施設建設のために積み立てておく特定目的ものとがある。構造改革が進められた2005, 2010年度までは，特定目的積立金は取り崩しが進んだが，その後ようやく増加してきている。

　一方地方債残高は，2005年度までは過去の公共事業の増加に伴う地方債発行を反映して増加しているが，その後は歳出の削減を反映して減少してきている。

　職員数については，歳出（性質別）の人件費の減少を人員面からみたものである。2014年度は2000年度に比べ人件費は30％減少したが，職員数でみると同期間に15％減少した。

　各自治体の財政力をみるための指標として財政力指数があるが，東三河地域の自治体全体の財政力をみるための指数はない。そこで，便宜的に財政力指数の計算の基礎となっている基準財政収入額と基準財政需要額を東三河地域で合算してみたものが，財政力指数である。財政力指数は，基本的な行政需要を地方税収でどの程度まかなえるかという指標である。この差を埋めるのが地方交付税であり，これによって財政力の低い自治体も基本的な行政需要を満たすことができるのである（財政調整）。2000年度0.80から2014年度は0.86へと上昇しているが，2005年度の0.91からは低下している。財政力指数のもととなる基準財政需要額の算定は，政府が行うので基準財政需要額を圧縮する政策をとると財政力指数は上昇し，地方交付税額を減少させることができる。そのため，財政力指数の低い自治体は，地方交付税収入が減少するので，財政緊縮を進めなくてはならなくなる。また，地方税収入によって基準財政収入額が変動するので税収が増加すると財政力指数は上昇する。しかし，税収が増加すれば地方交付税収入は減少するので，地方自治体にとっては政府による基準財政需要額の算定が大きな影響を持つことになる。

　2014年度の財政力指数をみると豊橋市0.96，豊川市0.89，蒲郡市0.85，新城市0.62，田原市0.91，東栄町0.18，設楽町0.24，豊根村0.26となっており，

都市部，中山間地域，山間地域の差が際立っている。田原市は農漁村地域でありながら財政力指数が高いのは，法人の市民税収入の高さによる。

③ 各自治体の財政状況

1）豊橋市財政の特徴

　豊橋市は，東三河地域の中心都市であり，面積では東三河地域の15%であるが人口では半分を占めている。人口は，微増しているが2015（平成27）年をピークに減少に転じている。東三河の人口は豊川市を除いて減少しているので，豊橋市の人口の比重は東三河地域の中では高まっている。

　表Ⅱ-5-8の歳入総額は，2005年度は2000年度を下回るが，その大きな原因は地方交付税が大きく減少したからである。歳入の構造は，地方税収入が過半を占め財政力の高いことを示している。しかし地方税収は，2000年度と比較すると各年度とも微増しているものの歳入全体の伸びに及ばず伸び悩んでいる。

　国庫支出金は，14.4%を占め，地方税収入に次ぐ大きさで，2000年度の9%から比重を高めている。地方分権が叫ばれ，国庫支出金の削減と税源移譲が行われたにもかかわらず，国庫支出金の伸びと比率が高まっている。地方債収入は，2015年度まで増加をしているが，その後減少している。

　表Ⅱ-5-9の歳出（目的別）では，2014年度で民生費が4割近くを占め，次いで教育費13%，土木費11%，衛生費11%と続くが民生費の突出が顕著である。民生費は，2000年度から全体の伸びを上回り続け，2014年度は2000年度の2倍となっている。2014年度の公債費は，民生費に次ぐ伸びを示し，構成比も14%を占めているが増減を繰り返している。かつて歳出の主役的な位置を占めていた土木費は，2000年度でも222億円，その構成比も21%であったものが，年度ごとに金額を低下させ，2014年度は138億円となり，2000年度の構成比の半分近い11%になっている。

　表Ⅱ-5-10の歳出（性質別）では，2010年度まで財政の縮小，抑制基調が

表Ⅱ-5-8　豊橋市歳入

	2000(H12)		2005(H17)			2010(H22)			2014(H26)		
	金　額	構成比(%)	金　額	伸び	構成比	金　額	伸び	構成比	金　額	伸び	構成比
地方税	59,352,138	52.7	59,778,286	100.7	54.8	61,062,541	102.9	51.7	63,723,895	107.4	50.7
地方譲与税,交付金等	11,002,566	9.8	11,186,592	101.7	10.3	7,056,393	64.1	6.0	7,260,651	66.0	5.8
地方交付税	10,450,347	9.3	655,243	6.3	0.6	4,131,549	39.5	3.5	2,925,054	28.0	2.3
(一般財源計)	80,805,051	71.8	71,620,121	88.6	65.7	72,250,483	89.4	61.2	73,909,600	91.5	58.8
使用料・手数料	2,445,369	2.2	2,721,559	111.3	2.5	2,714,922	111.0	2.3	2,888,543	118.1	2.3
国庫支出金	10,128,056	9.0	11,439,649	113.0	10.5	15,111,495	149.2	12.8	18,171,125	179.4	14.4
県支出金	2,803,126	2.5	3,556,836	126.9	3.3	6,934,769	247.4	5.9	8,954,227	319.4	7.1
地方債	8,061,100	7.2	8,458,200	104.9	7.8	9,124,810	113.2	7.7	8,062,189	100.0	6.4
その他	8,324,788	7.4	11,274,704	135.4	10.3	11,945,236	143.5	10.1	13,785,577	165.6	11.0
合　計	112,567,490	100.0	109,071,069	96.9	100.0	118,081,715	104.9	100.0	125,771,261	111.7	100.0

注1) 単位表示の金額は、千円である。構成比は、%である。伸びは、2000年＝100である。
注2) 地方譲与税、交付金等は、地方譲与税、利子割交付金、株式等譲渡所得割交付金、地方消費税交付金、ゴルフ場利用税交付金、特別地方消費税交付金、自動車取得税交付金、軽油引取税交付金、地方特例交付金の合計である。その他は、交通安全対策特別交付金、分担金負担金、国有施設等所在市町村助成交付金、財産収入、寄付金、繰入金、繰越金、諸収入の合計である。

表Ⅱ-5-9　豊橋市歳出（目的別）

	2000(H12)		2005(H17)			2010(H22)			2014(H26)		
	金　額	構成比(%)	金　額	伸び	構成比	金　額	伸び	構成比	金　額	伸び	構成比
議会費	697,517	0.7	642,152	92.1	0.6	617,677	88.6	0.5	665,421	95.4	0.5
総務費	9,302,154	8.7	8,818,797	94.8	8.4	8,744,308	94.0	7.7	8,398,703	90.3	6.9
民生費	23,442,794	21.9	29,644,538	126.5	28.4	41,119,008	175.4	36.3	46,643,904	199.0	38.5
衛生費	18,273,032	17.1	11,044,184	60.4	10.6	14,034,670	76.8	12.4	13,459,029	73.7	11.1
労働費	474,977	0.4	236,415	49.8	0.2	690,360	145.3	0.6	238,016	50.1	0.2
農林水産業費	2,166,235	2.0	2,036,346	94.0	2.0	1,504,706	69.5	1.3	2,241,842	103.5	1.9
商工費	4,356,350	4.1	4,564,631	104.8	4.4	4,536,680	104.1	4.0	3,512,180	80.6	2.9
土木費	22,263,965	20.8	18,034,735	81.0	17.3	13,540,253	60.8	12.0	13,798,564	62.0	11.4
消防費	3,678,907	3.4	4,084,588	111.0	3.9	3,509,499	95.4	3.1	3,972,162	108.0	3.3
教育費	11,664,484	10.9	14,033,989	120.3	13.4	10,669,521	91.5	9.4	16,304,482	139.8	13.5
公債費	10,580,543	9.9	11,257,175	106.4	10.8	12,355,392	116.8	10.9	11,751,657	111.1	9.7
その他	0	0.0	0	皆増	0.0	1,834,500	皆増	1.6	31,061	皆増	0.0
合　計	106,900,958	100.0	104,397,550	97.7	100.0	113,156,574	105.9	100.0	121,017,021	113.2	100.0

注1) 単位表示の金額は、千円である。構成比は、%である。伸びは、2000年＝100である。
注2) その他は、災害復旧費、諸支出金、前年度繰上充用金の合計である。

続き，2014年度にようやく増加している。2000年度より構成比を高めた費目は扶助費，物件費，繰出し金，低下した費目は人件費と普通建設事業費となっている。普通建設事業費は，最大の支出項目であったが大幅に減少した。公共事業から福祉へ，公務員削減による直営から民間委託へという流れが読

第5章　東三河の財政

表Ⅱ-5-10　豊橋市歳出（性質別）

	2000(H12)		2005(H17)			2010(H22)			2014(H26)		
	金額	構成比(%)	金額	伸び	構成比	金額	伸び	構成比	金額	伸び	構成比
人件費	23,529,406	22.0	21,386,602	90.9	20.5	19,493,161	82.8	17.2	18,819,267	80.0	15.6
物件費	12,155,797	11.4	12,892,190	106.1	12.3	14,868,253	122.3	13.1	17,248,178	141.9	14.3
扶助費	15,464,330	14.5	19,828,300	128.2	19.0	29,285,356	189.4	25.9	32,858,063	212.5	27.2
普通建設事業費	24,999,726	23.4	17,692,337	70.8	16.9	15,159,932	60.6	13.4	18,190,151	72.8	15.0
公債費	10,580,543	9.9	11,257,175	106.4	10.8	12,355,392	116.8	10.9	11,751,657	111.1	9.7
投資及出資金,貸付金等	3,732,280	3.5	4,013,968	107.5	3.8	3,123,783	83.7	2.8	2,219,895	59.5	1.8
繰出金	5,779,909	5.4	8,056,386	139.4	7.7	9,342,335	161.6	8.3	10,674,413	184.7	8.8
その他	10,658,967	10.0	9,270,592	87.0	8.9	9,528,362	89.4	8.4	9,255,397	86.8	7.6
合　計	106,900,958	100.0	104,397,550	97.7	100.0	113,156,574	105.9	100.0	121,017,021	113.2	100.0

注1）単位表示の金額は，千円である。構成比は，％である。伸びは，2000年＝100である。
注2）投資及出資金等は，積立金，貸付金を含む。その他は，維持補修費，補助費，災害復旧費，失業対策事業費，前年度繰上充用金の合計。

表Ⅱ-5-11　豊橋市市税収入

	2000(H12)		2005(H17)			2010(H22)			2014(H26)		
	金額	構成比(%)	金額	伸び	構成比	金額	伸び	構成比	金額	伸び	構成比
1普通税	52,961,262	89.2	53,504,418	101.0	89.5	54,618,231	103.1	89.4	57,292,465	108.2	89.9
市町村民税	22,927,702	38.6	23,049,805	100.5	38.6	24,428,407	106.5	40.0	27,234,539	118.8	42.7
個人均等割	337,641	0.6	455,674	135.0	0.8	531,438	157.4	0.9	628,149	186.0	1.0
個人所得割	17,265,851	29.1	16,767,009	97.1	28.0	19,745,571	114.4	32.3	21,486,097	124.4	33.7
法人均等割	982,616	1.7	998,254	101.6	1.7	998,733	101.6	1.6	1,012,012	103.0	1.6
法人税割	4,341,594	7.3	4,828,868	111.2	8.1	3,152,665	72.6	5.2	4,108,281	94.6	6.4
固定資産税	27,034,762	45.5	27,492,023	101.7	46.0	27,283,846	100.9	44.7	26,646,609	98.6	41.8
その他	2,998,798	5.1	2,962,590	98.8	5.0	2,905,978	96.9	4.8	3,411,317	113.8	5.4
2目的税	6,390,876	10.8	6,273,868	98.2	10.5	6,444,310	100.8	10.6	6,431,430	100.6	10.1
事業所税	2,383,862	4.0	2,342,561	98.3	3.9	2,647,416	111.1	4.3	2,620,587	109.9	4.1
都市計画税	4,007,014	6.8	3,931,307	98.1	6.6	3,796,894	94.8	6.2	3,810,843	95.1	6.0
その他	0	0.0	0	皆増	0.0	0	皆増	0.0	0	皆増	0.0
合　計	59,352,138	100.0	59,778,286	100.7	100.0	61,062,541	102.9	100.0	63,723,895	107.4	100.0

注1）単位表示の金額は，千円である。構成比は，％である。伸びは，2000年＝100である。
注2）普通税のその他は，軽自動車税，市町村たばこ税，鉱産税，特別土地保有税の合計額。目的税のその他は，入湯税，水利地益税の合計額である。
注3）税収には国保税は入れていない。

み取れる。

　特に人件費は，235億円から188億円に47億円，20％低下している。これは，実際の職員数2,228人から2,054人に174人減少したこと，職員給与が抑制されてきたことによるものである。普通建設事業費も2000年度比で3割近く減

表Ⅱ-5-12 豊橋市財政指標

	2000(H12) 金額	2005(H17) 金額	伸び	2010(H22) 金額	伸び	2014(H26) 金額	伸び
経常収支比率(%)	77.8	85.0		85.5		89.0	
積立金現在高(千円)	11,536,321	11,952,509	103.6	8,628,624	74.8	9,223,791	80.0
財政調整基金	9,178,403	10,349,513	112.8	7,435,070	81.0	8,098,320	88.2
減債基金	390,295	87,632	22.5	188,760	48.4	156,602	40.1
特定目的基金	1,967,623	1,515,364	77.0	1,004,794	51.1	968,869	49.2
地方債現在高(千円)	106,655,871	116,270,847	109.0	109,700,776	102.9	102,783,121	96.4
職員数(人)	2,228	2,128	95.5	2,032	91.2	2,054	92.2
A基準財政収入額(千円)	51,437,572	51,241,354	99.6	48,300,209	93.9	50,896,578	98.9
B基準財政需要額	58,655,508	51,341,998	87.5	51,720,043	88.2	53,190,334	90.7
財政力指数(単年度)A/B	0.88	1.00		0.93		0.96	

注1) 伸びは，2000年＝100である。
注2) 2000年度データは，愛知県総務部『市町村行財政のあらまし』より作成，他は総務省決算カードより作成した。
注3) 2000（平成12）年度分の財政力指数については，愛知県総務部（2002年）に2000年度の基準財政収入，需要のデータがないため，総務省決算カードの2001（平成13）年度データを使った。

少したことは，公共事業の縮小を示し，他方扶助費は目的別歳出でみた民生費の増大を裏付けるものである。また，物件費の増加は公共部門の直営から民間委託の増大を示している。扶助費の増加は，生活保護などの生活困難者への財政支出であり，様々な福祉サービスの増加とともに民生費の増加をもたらしている。民生費の増加の一方，その担い手が直営から民間にゆだねられていくために，委託費用などの増加を示す物件費が増加している。

表Ⅱ-5-11の豊橋市市税収入の構造は，個人の所得と固定資産が市税収入を支え，企業への依存が小さいということである。つまり，財政力の高さは，個人の所得によって支えられているということである。個人の所得はまた，住宅や土地の所有を促し，固定資産税収入の高さにつながるのである。また，豊橋市は中核都市であり，企業集積による都市的需要が発生するとのことから事業所税課税が適用され，2014年度で26億円の税収を得ている。

表Ⅱ-5-12の財政指標では，公共事業の抑制政策が続いているために地方債の発行が抑制され，地方債残高として示される過去の負債残高が減少している。積立金残高のうち財政調整基金と減債基金の中心は，将来の負債返済に備えて財政備蓄を行うことにあるが，公債発行の減少は同時に基金残高を

減少させることになる。しかし，特定目的基金は将来の公共投資のためにその原資を積み立てておくものであるが，減少がつづいており公共施設をどうしていくかという将来計画の在り方と連動している。財政の硬直度をみるために経常収支比率があるが，次第に高まってきており財政硬直度が進んでいる。財政の硬直度をもたらすのは，義務的経費である人件費，公債費と扶助費の増加であるが，人件費は大幅に減少し，公債費も次第に低下していく中で，扶助費の増大が財政硬直度を高めている。

豊橋市の財政は，企業所得への依存が小さく，個人所得のウエィトが高い構造を持っており，所得の高い市民層が市財政を支えているという特徴を示しているため，市民個人への公共サービスと市民の行政参加を促進しやすい構造となっている。

2）豊川市財政の特徴

豊川市は，豊橋市に次ぐ人口を抱え，市町村合併後も人口を微増させている。財政の構造は，豊橋市に似ているが豊橋に比べると半分ほどの規模であり，財政力はやや低くなっている。財政の推移も豊橋市の推移によく似ている。

表Ⅱ-5-13の歳入では，2000年度以来歳入総額は2010年度まで減少ないし停滞を続けてきたが，2014年度には2000年度比11％と増加をした。豊川市財政は，自民党・公明党連立政権（小泉政権時代）の地方財政縮減政策と民主党政権の政策の違いをよく表している。2005年度は三位一体改革によって交付税が縮小されるが，豊川市は2000年度81億円から2005年度32億円へと激減している。国庫支出金は，33億円から36億円に微増しただけなので，2005年度の財政困難は地方交付税の減少にあることが分かる。民主党政権になった2010年度は，地方交付税の縮減を止め，総額で1兆円規模の増額配分がなされ，豊川市へは54億円の地方交付税が配分された。2000年度の81億円には及ばないものの国庫支出金79億円と合わせると133億円となり，2005年度の68億円から倍増することとなった。豊川市は，地方交付税と国

表Ⅱ-5-13　豊川市歳入

	2000(H12)		2005(H17)			2010(H22)			2014(H26)		
	金額	構成比(%)	金額	伸び	構成比	金額	伸び	構成比	金額	伸び	構成比
地方税	24,992,038	45.1	26,213,868	104.9	48.5	27,173,836	108.7	45.9	28,483,460	114.0	46.3
地方譲与税,交付金等	5,245,812	9.5	5,314,590	101.3	9.8	3,532,985	67.3	6.0	3,502,168	66.8	5.7
地方交付税	8,148,636	14.7	3,211,545	39.4	5.9	5,443,707	66.8	9.2	6,173,428	75.8	10.0
(一般財源計)	38,386,486	69.3	34,740,003	90.5	64.2	36,150,528	94.2	61.0	38,159,056	99.4	62.0
使用料・手数料	1,301,575	2.4	1,269,837	97.6	2.3	1,469,855	112.9	2.5	1,451,292	111.5	2.4
国庫支出金	3,341,205	6.0	3,692,730	110.5	6.8	7,943,230	237.7	13.4	7,733,294	231.5	12.6
県支出金	2,291,958	4.1	2,495,533	108.9	4.6	3,961,197	172.8	6.7	3,889,776	169.7	6.3
地方債	4,002,200	7.2	4,994,600	124.8	9.2	4,396,300	109.8	7.4	3,560,800	89.0	5.8
その他	4,878,990	8.8	5,831,084	119.5	10.8	4,818,232	98.8	8.1	6,177,586	126.6	10.0
合計	55,363,485	100.0	54,100,455	97.7	100.0	59,220,068	107.0	100.0	61,524,997	111.1	100.0

注1) 単位表示の金額は、千円である。構成比は、%である。伸びは、2000年＝100である。
注2) 地方譲与税、交付金等は、地方譲与税、利子割交付金、株式等譲渡所得割交付金、地方消費税交付金、ゴルフ場利用税交付金、特別地方消費税交付金、自動車取得税交付金、軽油引取税交付金、地方特例交付金の合計である。その他は、交通安全対策特別交付金、分担金負担金、国有施設等所在市町村助成交付金、財産収入、寄付金、繰入金、繰越金、諸収入の合計である。

表Ⅱ-5-14　豊川市歳出（目的別）

	2000(H12)		2005(H17)			2010(H22)			2014(H26)		
	金額	構成比(%)	金額	伸び	構成比	金額	伸び	構成比	金額	伸び	構成比
議会費	771,913	1.4	732,543	94.9	1.4	469,780	60.9	0.8	423,906	54.9	0.7
総務費	6,865,847	12.8	7,362,808	107.2	14.2	7,329,943	106.8	13.0	7,904,980	115.1	13.5
民生費	12,600,023	23.5	14,559,215	115.5	28.0	18,970,056	150.6	33.8	21,997,632	174.6	37.5
衛生費	5,890,543	11.0	5,837,132	99.1	11.2	5,154,498	87.5	9.2	5,887,459	99.9	10.0
労働費	296,071	0.6	238,690	80.6	0.5	427,636	144.4	0.8	165,861	56.0	0.3
農林水産業費	1,169,925	2.2	688,457	58.8	1.3	502,922	43.0	0.9	554,441	47.4	0.9
商工費	1,778,394	3.3	1,488,899	83.7	2.9	1,486,510	83.6	2.6	1,578,225	88.7	2.7
土木費	9,833,198	18.3	7,698,006	78.3	14.8	7,464,532	75.9	13.3	5,311,824	54.0	9.1
消防費	2,967,371	5.5	2,702,144	91.1	5.2	2,343,451	79.0	4.2	2,079,611	70.1	3.5
教育費	6,613,599	12.3	5,371,513	81.2	10.3	4,801,342	72.6	8.5	5,689,076	86.0	9.7
公債費	4,826,656	9.0	5,324,206	110.3	10.2	7,251,903	150.2	12.9	6,161,834	127.7	10.5
その他	7,742	0.0	0		0.0	0		0.0	851,482	10998.2	1.5
合計	53,621,282	100.0	52,003,613	97.0	100.0	56,202,573	104.8	100.0	58,606,331	109.3	100.0

注1) 単位表示の金額は、千円である。構成比は、%である。伸びは、2000年＝100である。
注2) その他は、災害復旧費、諸支出金、前年度繰上充用金の合計。

庫支出金の動向に市財政が左右されるという点で，財政力が高い豊橋市との違いがある。

　その後の2014年度は，地方交付税の伸びはあるものの2000年度の水準は回復せず，国庫支出金は微減し，合わせると2010年度の水準を維持している。

第5章　東三河の財政

表Ⅱ-5-15　豊川市歳出（性質別）

	2000(H12)		2005(H17)			2010(H22)			2014(H26)		
	金額	構成比(%)	金額	伸び	構成比	金額	伸び	構成比	金額	伸び	構成比
人件費	11,656,809	21.7	10,827,573	92.9	20.8	9,921,611	85.1	17.7	9,352,406	80.2	16.0
物件費	6,262,806	11.7	6,200,248	99.0	11.9	8,293,521	132.4	14.8	8,339,162	133.2	14.2
扶助費	4,591,808	8.6	6,487,365	141.3	12.5	11,329,974	246.7	20.2	13,832,479	301.2	23.6
普通建設事業費	11,043,248	20.6	6,726,503	60.9	12.9	7,571,871	68.6	13.5	7,340,100	66.5	12.5
公債費	4,826,656	9.0	5,324,206	110.3	10.2	7,251,903	150.2	12.9	6,161,834	127.7	10.5
投資及出資金,貸付金等	2,014,640	3.8	2,528,195	125.5	4.9	2,483,046	123.3	4.4	3,088,905	153.3	5.3
繰出金	5,602,049	10.4	6,073,889	108.4	11.7	4,258,600	76.0	7.6	4,280,874	76.4	7.3
その他	7,623,266	14.2	7,835,634	102.8	15.1	5,092,047	66.8	9.1	6,210,571	81.5	10.6
合計	53,621,282	100.0	52,003,613	97.0	100.0	56,202,573	104.8	100.0	58,606,331	109.3	100.0

注1）単位表示の金額は，千円である。構成比は，％である。伸びは，2000年＝100である。
注2）投資及出資金等は，積立金，貸付金を含む。その他は，維持補修費，補助費，災害復旧費，失業対策事業費，前年度繰上充用金の合計。

表Ⅱ-5-16　豊川市市税収入

	2000(H12)		2005(H17)			2010(H22)			2014(H26)		
	金額	構成比(%)	金額	伸び	構成比	金額	伸び	構成比	金額	伸び	構成比
1普通税	52,961,262	89.2	53,504,418	101.0	89.5	54,618,231	103.1	89.4	57,292,465	108.2	89.9
市町村民税	22,927,702	38.6	23,049,805	100.5	38.6	24,428,407	106.5	40.0	27,234,539	118.8	42.7
個人均等割	337,641	0.6	455,674	135.0	0.8	531,438	157.4	0.9	628,149	186.0	1.0
個人所得割	17,265,851	29.1	16,767,009	97.1	28.0	19,745,571	114.4	32.3	21,486,097	124.4	33.7
法人均等割	982,616	1.7	998,254	101.6	1.7	998,733	101.6	1.6	1,012,012	103.0	1.6
法人税割	4,341,594	7.3	4,828,868	111.2	8.1	3,152,665	72.6	5.2	4,108,281	94.6	6.4
固定資産税	27,034,762	45.5	27,492,023	101.7	46.0	27,283,846	100.9	44.7	26,646,609	98.6	41.8
その他	2,998,798	5.1	2,962,590	98.8	5.0	2,905,978	96.9	4.8	3,411,317	113.8	5.4
2目的税	6,390,876	10.8	6,273,868	98.2	10.5	6,444,310	100.8	10.6	6,431,430	100.6	10.1
事業所税	2,383,862	4.0	2,342,561	98.3	3.9	2,647,416	111.1	4.3	2,620,587	109.9	4.1
都市計画税	4,007,014	6.8	3,931,307	98.1	6.6	3,796,894	94.8	6.2	3,810,843	95.1	6.0
その他	0	0.0	0	皆増	0.0	0	皆増	0.0	0	皆増	0.0
合計	59,352,138	100.0	59,778,286	100.7	100.0	61,062,541	102.9	100.0	63,723,895	107.4	100.0

注1）単位表示の金額は，千円である。構成比は，％である。伸びは，2000年＝100である。
注2）普通税のその他は，軽自動車税，市町村たばこ税，鉱産税，特別土地保有税の合計額。目的税のその他は，入湯税，水利地益税の合計額である。
注3）税収には国保税は入れていない。

　地方債収入は，公共事業の縮小に伴って減少している。
　表Ⅱ-5-14の目的別歳出では，2005年度の縮小とそれ以後の2000年度比の微増という状況が続いている。その中で顕著な特徴は，民生費の著増と土木費と議会費の著減である。議会費の減少は，合併に伴い旧市町の合計議員

表Ⅱ-5-17　豊川市財政指標

	2000(H12) 金額	2005(H17) 金額	2005(H17) 伸び	2010(H22) 金額	2010(H22) 伸び	2014(H26) 金額	2014(H26) 伸び
経常収支比率(%)	77.7	85.4		88.7		87.8	
積立金現在高(千円)	4,718,759	5,577,891	118.2	9,622,995	203.9	13,258,443	281.0
財政調整基金	2,869,715	3,161,117	110.2	6,915,988	241.0	8,973,996	312.7
減債基金	451,437	479,270	106.2	480,488	106.4	95,216	21.1
特定目的基金	1,399,607	1,937,504	138.4	2,226,519	159.1	4,189,231	299.3
地方債現在高(千円)	48,877,677	61,579,764	126.0	61,934,618	126.7	51,351,565	105.1
職員数(人)	1,290	1,190	92.2	1,073	83.2	1,031	79.9
A基準財政収入額(千円)	22,081,699	22,359,695	101.3	21,270,903	96.3	22,382,291	101.4
B基準財政需要額	27,998,629	24,883,310	88.9	24,126,849	86.2	25,146,949	89.8
財政力指数(単年度)A/B	0.79	0.90		0.88		0.89	

注1) 伸びは，2000年＝100である。
注2) 2000年度データは，愛知県総務部『市町村行財政のあらまし』より作成，他は総務省決算カードより作成した。
注3) 2000（平成12）年度分の財政力指数については，愛知県総務部（2002年）に2000年度の基準財政収入，需要のデータがないため，総務省決算カードの2001（平成13）年度データを使った。

数を大幅に減らしたためである。また，教育費が減少しているが，合併をしなかった豊橋市や蒲郡市などは教育費を増加させていることに比べると大きな特徴である。これは，合併による教育職員の削減などによるものである。

　表Ⅱ-5-15の性質別歳出の特徴は，2000年度と2014年度を比較すると，全体の伸び9.3%を上回るのは扶助費，投資・出資・貸付金，物件費，公債費であり，下回るのは普通建設事業費，繰出し金，人件費，その他となっている。

　増加した主な費目をみると，扶助費は，46億円から138億円に3倍，約92億円増加した。目的別歳出での民生費が同期間に94億円増加したが，その大半は扶助費の増加であった。公債費は，依然として高い水準であるが，2015年に比較すると減少している。物件費は，33%，20億円増加し，直営部門の減少と民間委託が増えたことを示している。

　減少した費目のうち普通建設事業は，110億円から73億円に34%，37億円減少した。これを目的別歳出の土木費と照らし合わせると，2000年度の普通建設事業費110億円のうち土木費が98億円，他の施設建設費が12億円，2014年度は73億円，53億円，20億円となり，減少率は土木費26%，他の施

設建設費54%で，公共施設建設が抑制されてきたことがわかる。人件費は2000年度に比べ，20%，23億円と大きく減少した。市町村合併をしなかった豊橋市と比べると合併後，議員と職員を減少させたことによる効果である。豊橋市の職員数は2000年〜2014年までで7%の減少であるが，豊川市は20%減少となっている。物件費は，62億円から83億円へと33%増大し，民間委託が進んだ。しかし，同期間の豊橋市が40%増加したことに比べると相対的に少ない。

表Ⅱ-5-16の市税収入は，個人所得割の比重が高く，法人税への依存は低い。市税収入は，2000年度と2014年度を比較すると個人所得割が26%増加，法人税が24%増加している。固定資産税は所得課税である市町村民税収入を上回っており，全体の44%を占めている。

表Ⅱ-5-17の財政指標によれば，積立金が増加し，地方債残高が増加の一途をたどってきたのが2014年度は減少に転じた。職員数は，合併前に比べ大幅に減少している。財政力指数は，合併前の2000年度，旧豊川市が0.82，音羽町0.74，御津町0.72，小坂井町0.72，一宮町0.75と旧豊川市が相対的に高いがそれほどの差はなく，合併後も2014年度0.89となっている。

3）蒲郡市財政の特徴

蒲郡市の人口は，地方交付税の算定の際に標準となる10万人にちかい8万人であるが，2014年は微減となっている。

表Ⅱ-5-18の歳入は2014年度288億円で2000年度281億円とほとんど変わらない。2014年度の歳入構造では，地方税収入47%，国庫支出金11%，地方債収入7%，地方交付税収入6.3%で，地方交付税への依存度は低い。2014年度と2000年度を比較すると，歳入総額は2005，2010年度でマイナスとなり，ようやく2014年度で回復する。この間増加したのは，県支出金9億円から18億円，100%，国庫支出金17億円から32億円81%，地方税12億円から13億円，6%でその以外の収入は大幅に減少している。注目されるのは，使用料・手数料収入が財政緊縮の中で2000年度の89億円から2014年度77億円まで継

表Ⅱ-5-18　蒲郡市歳入

	2000(H12)		2005(H17)			2010(H22)			2014(H26)		
	金額	構成比(%)	金額	伸び	構成比	金額	伸び	構成比	金額	伸び	構成比
地方税	12,882,034	45.8	13,195,874	102.4	50.1	13,168,332	102.2	48.4	13,610,244	105.7	47.2
地方譲与税,交付金等	2,347,122	8.3	2,205,622	94.0	8.4	1,483,829	63.2	5.5	1,502,722	64.0	5.2
地方交付税	2,906,988	10.3	1,232,605	42.4	4.7	1,940,237	66.7	7.1	1,828,889	62.9	6.3
(一般財源計)	18,136,144	64.5	16,634,101	91.7	63.1	16,592,398	91.5	61.0	16,941,855	93.4	58.7
使用料・手数料	893,132	3.2	889,235	99.6	3.4	831,596	93.1	3.1	777,790	87.1	2.7
国庫支出金	1,766,341	6.3	1,756,398	99.4	6.7	3,537,088	200.2	13.0	3,213,607	181.9	11.1
県支出金	933,066	3.3	836,020	89.6	3.2	1,825,264	195.6	6.7	1,859,405	199.3	6.4
地方債	2,194,300	7.8	2,387,300	108.8	9.1	2,297,600	104.7	8.4	1,954,900	89.1	6.8
その他	4,159,508	14.8	3,799,206	91.3	14.4	2,080,075	50.0	7.6	3,966,358	95.4	13.7
合計	28,138,457	100.0	26,340,699	93.6	100.0	27,210,668	96.7	100.0	28,853,771	102.5	100.0

注1）単位表示の金額は，千円である。構成比は，%である。伸びは，2000年=100である。
注2）地方譲与税，交付金等は，地方譲与税，利子割交付金，株式等譲渡所得割交付金，地方消費税交付金，ゴルフ場利用税交付金，特別地方消費税交付金，自動車取得税交付金，軽油引取税交付金，地方特例交付金の合計である。その他は，交通安全対策特別交付金，分担金負担金，国有施設等所在市町村助成交付金，財産収入，寄付金，繰入金，繰越金，諸収入の合計である。

表Ⅱ-5-19　蒲郡市歳出（目的別）

	2000(H12)		2005(H17)			2010(H22)			2014(H26)		
	金額	構成比(%)	金額	伸び	構成比	金額	伸び	構成比	金額	伸び	構成比
議会費	332,024	1.3	302,461	91.1	1.2	251,910	75.9	1.0	274,223	82.6	1.0
総務費	3,699,033	14.3	3,165,279	85.6	12.6	3,414,870	92.3	13.3	3,453,558	93.4	12.9
民生費	5,975,173	23.1	6,562,546	109.8	26.1	8,776,810	146.9	34.3	9,928,864	166.2	37.2
衛生費	2,879,499	11.1	3,476,652	120.7	13.8	2,121,642	73.7	8.3	2,491,218	86.5	9.3
労働費	89,898	0.3	72,345	80.5	0.3	276,506	307.6	1.1	104,962	116.8	0.4
農林水産業費	575,373	2.2	341,126	59.3	1.4	465,033	80.8	1.8	249,040	43.3	0.9
商工費	1,236,054	4.8	836,315	67.7	3.3	799,914	64.7	3.1	853,496	69.1	3.2
土木費	5,421,548	20.9	4,300,907	79.3	17.1	2,609,336	48.1	10.2	2,196,118	40.5	8.2
消防費	1,233,117	4.8	1,035,463	84.0	4.1	979,282	79.4	3.8	1,149,315	93.2	4.3
教育費	2,085,105	8.0	2,295,108	110.1	9.1	2,415,164	115.8	9.4	2,730,838	131.0	10.2
公債費	2,377,240	9.2	2,792,332	117.5	11.1	3,468,795	145.9	13.6	3,468,795	145.9	13.0
その他	11,658	0.0	483	4.1	0.0	359	3.1	0.0	11,892	102.0	0.0
合計	25,915,722	100.0	25,181,017	97.2	100.0	25,579,621	98.7	100.0	26,709,391	103.1	100.0

注1）単位表示の金額は，千円である。構成比は，%である。伸びは，2000年=100である。
注2）その他は，災害復旧費，諸支出金，前年度繰上充用金の合計。

続的に減少していることである。地方債収入も継続的に減少させている。

　表Ⅱ-5-19の歳出（目的別）では，2000年度と2014年度を比較してみると，構成比において他都市と同様に民生費の比率が23％から37％，公債費が9％から13％，教育費が8％から10％に上昇している。また，過去の公債発行の

表Ⅱ-5-20　蒲郡市歳出（性質別）

	2000(H12)		2005(H17)			2010(H22)			2014(H26)		
	金額	構成比(％)	金額	伸び	構成比	金額	伸び	構成比	金額	伸び	構成比
人件費	7,150,853	27.6	6,592,252	92.2	26.2	5,599,110	78.3	21.9	5,243,544	73.3	19.6
物件費	4,142,544	16.0	3,982,498	96.1	15.8	4,080,251	98.5	16.0	4,486,302	108.3	16.8
扶助費	2,237,179	8.6	2,906,726	129.9	11.5	4,813,567	215.2	18.8	5,670,186	253.5	21.2
普通建設事業費	6,886,631	26.6	3,894,941	56.6	15.5	3,598,461	52.3	14.1	3,030,597	44.0	11.3
公債費	2,377,240	9.2	2,792,332	117.5	11.1	3,468,795	145.9	13.6	3,265,867	137.4	12.2
投資及出資金,貸付金等	610,544	2.4	370,833	60.7	1.5	730,014	119.6	2.9	748,080	122.5	2.8
繰出金	1,214,492	4.7	2,387,339	196.6	9.5	1,988,458	163.7	7.8	2,321,304	191.1	8.7
その他	1,296,239	5.0	2,254,096	0.0	9.0	1,300,965	0.0	5.1	175,961	0.0	0.7
合計	25,915,722	100.0	25,181,017	97.2	100.0	25,579,621	98.7	100.0	26,709,391	103.1	100.0

注1）単位表示の金額は，千円である。構成比は，％である。伸びは，2000年＝100である。
注2）投資及出資金等は，積立金，貸付金を含む。その他は，維持補修費，補助費，災害復旧費，失業対策事業費，前年度繰上充用金の合計。

表Ⅱ-5-21　蒲郡市市税収入

	2000(H12)		2005(H17)			2010(H22)			2014(H26)		
	金額	構成比(％)	金額	伸び	構成比	金額	伸び	構成比	金額	伸び	構成比
1普通税	11,626,255	90.3	11,852,179	101.9	89.8	11,947,707	102.8	90.7	12,422,356	106.8	91.3
市町村民税	4,475,461	34.7	4,229,184	94.5	32.0	4,882,355	109.1	37.1	5,492,543	122.7	40.4
個人均等割	78,312	0.6	101,292	129.3	0.8	120,227	153.5	0.9	143,479	183.2	1.1
個人所得割	3,396,312	26.4	3,169,440	93.3	24.0	3,910,671	115.1	29.7	4,138,044	121.8	30.4
法人均等割	212,692	1.7	224,575	105.6	1.7	219,183	103.1	1.7	218,270	102.6	1.6
法人税割	788,145	6.1	733,877	93.1	5.6	632,274	80.2	4.8	992,750	126.0	7.3
固定資産税	6,461,367	50.2	6,801,760	105.3	51.5	6,288,792	97.3	47.8	6,095,930	94.3	44.8
その他	689,427	5.4	821,235	119.1	6.2	776,560	112.6	5.9	833,883	121.0	6.1
2目的税	1,255,779	9.7	1,343,695	107.0	10.2	1,220,625	97.2	9.3	1,187,888	94.6	8.7
事業所税	0	0.0	0	0.0	0.0	0	0.0	0.0	0	0.0	0.0
都市計画税	1,183,010	9.2	1,214,301	102.6	9.2	1,128,996	95.4	8.6	1,106,856	93.6	8.1
その他	72,769	0.6	129,394	177.8	1.0	91,629	125.9	0.7	81,032	111.4	0.6
合計	12,882,034	100.0	13,195,874	102.4	100.0	13,168,332	102.2	100.0	13,610,244	105.7	100.0

注1）単位表示の金額は，千円である。構成比は，％である。伸びは，2000年＝100である。
注2）普通税のその他は，軽自動車税，市町村たばこ税，鉱産税，特別土地保有税の合計額。目的税のその他は，入湯税，水利地益税の合計額である。
注3）税収には国保税は入れていない。

返済金額が増加しており，依然として負債の重荷が続いている。2000年度と比較した2014年度の伸び率をみると，民生費66％，公債費45％，教育費31％，労働費16％の増加率で，他の費目は減少した。とくに，減少幅の大きな費目として，土木費60％，農林水産費58％，商工費30％などが目立つ。土

表Ⅱ-5-22　蒲郡市財政指標

	2000(H12) 金額	2005(H17) 金額	伸び	2010(H22) 金額	伸び	2014(H26) 金額	伸び
経常収支比率(%)	84.0	95.4		87.1		88.7	
積立金現在高(千円)	2,592,656	3,212,487	123.9	3,020,542	116.5	5,719,720	220.6
財政調整基金	1,488,400	2,237,500	150.3	1,799,600	120.9	3,194,442	214.6
減債基金	260,900	262,900	100.8	268,100	102.8	270,900	103.8
特定目的基金	843,354	712,087	84.4	952,842	113.0	2,254,378	267.3
地方債現在高(千円)	30,028,194	33,544,046	111.7	30,160,337	100.4	28,708,854	95.6
職員数(人)	731	628	85.9	561	76.7	575	78.7
A基準財政収入額(千円)	10,728,638	10,649,585	99.3	10,209,047	95.2	10,235,408	95.4
B基準財政需要額	13,083,890	11,807,189	90.2	12,079,814	92.3	12,000,360	91.7
財政力指数(単年度)A/B	0.82	0.90		0.85		0.85	

注1）伸びは，2000年＝100である。
注2）2000年度データは，愛知県総務部『市町村行財政のあらまし』より作成，他は総務省決算カードより作成した。
注3）2000（平成12）年度分の財政力指数については，愛知県総務部（2002年）に2000年度の基準財政収入，需要のデータがないため，総務省決算カードの2001（平成13）年度データを使った。

木費は，54億円から22億円に減少し，民生費と並んでいたものが民生費の5分の1になっている。

　表Ⅱ-5-20の歳出（性質別）で，歳出額の大きいものは扶助費，人件費，物件費，公債費である。扶助費の増加と普通建設事業費の減少は，各自治体共通であるが，蒲郡市は市町村合併をしなかった自治体にもかかわらず，減少幅が大きい。職員数は，2000年度731人から2014年度575人へ21％減少し，歳出の最大項目であった人件費は構成比を28％から20％へと大幅に低下させている。

　表Ⅱ-5-21の市税収入によれば，市民税収と固定資産税で9割を超えている。市民税収のうち，個人所得割が全体の3割で，法人税割が7％である。豊橋市，豊川市と比較すると法人税割の比率が若干高くなっている。固定資産税収入は，2000年度では，税収の5割を超えていたが，低下してきている。

　表Ⅱ-5-22の財政指標によれば，経常収支比率が豊橋市，豊川市に比較してやや高いが，大きな差はない。積立金は，2000年度わずか15億円であったが2014年度には2.5倍の32億円に積み増し，そのうちの22億円が特定目的の積立金となっている。一方地方債残高は，300億円から287億円に減ら

している。蒲郡市は，財政規模は異なるが隣接する豊川市，豊橋市と似た構造をしている。

4）新城市財政の特徴

　新城市は，旧新城市（36,026人），鳳来町（14,371人），作手村（3,226人）と合併し，都市的地域と農山村的地域を内包する地方都市の特徴を持つこととなった。そのことは，旧市町村の合併前の財政力指数から読み取ることができる。一般に都市部は税収が大きいので財政力が高くなり，農山漁村は第一次産業の比重が高いため税収が少なく財政力が低くなる。合併前の2001年度の財政力指数は，旧新城市0.63，鳳来町0.35，作手村0.25となっていた。これが合併前の旧市町村の財政力指数を合併したものとして2001年度の合算した基準財政収入額と合算した基準財政需要額で除して財政力指数を計算してみると0.49となる。合併後の新城市の財政力指数は，2014年度で0.62へと上昇している。つまり，市税収入が増加しているということである。しかし，0.62という数値は基本的な行政需要を賄うための税収が38％不足しているということであり，それを補うために全国の地方自治体の共同財源である地方交付税の交付を国を通して受けるのである。この点からみて，都市的特質を持っていた旧新城市は鳳来町，作手村というより農山村型地域を組みこむことによって中山間地域の自治体の特徴を持つことになった。財政的には，市税収入の比率が都市自治体ほど高くなく，それを補うための地方交付税への依存が都市自治体より大きくなっている。また，財政需要も都市的需要と農村的需要との違い，都市部と農村部でのコミュニティ意識の差，公共活動への意識や参加の形態の差異など，自治体の運営に当たっては各々の特質を生かすことができるかどうかが，地域発展のカギとなる。

　表Ⅱ-5-23の歳入の2014年度の構成比では，地方税32％，地方交付税25％，地方債10％，国庫支出金7％強で全体の7割を占めている。2000年度と比べると歳入全体は3％減少し，財政緊縮政策がとられている。その中で，地方税収入は20％増加，他市と比べても大きく伸ばした。国庫支出金は，

表Ⅱ-5-23　新城市歳入

	2000(H12)		2005(H17)			2010(H22)			2014(H26)		
	金額	構成比(%)	金額	伸び	構成比	金額	伸び	構成比	金額	伸び	構成比
地方税	6,302,142	26.1	6,622,796	105.1	29.4	7,195,914	114.2	32.0	7,597,344	120.6	32.3
地方譲与税,交付金等	1,879,771	7.8	1,941,294	103.3	8.6	1,306,691	69.5	5.8	1,148,527	61.1	4.9
地方交付税	7,793,686	32.2	5,445,820	69.9	24.1	6,060,216	77.8	26.9	5,832,974	74.8	24.8
(一般財源計)	15,975,599	66.1	14,009,910	87.7	62.1	14,562,821	91.2	64.7	14,578,845	91.3	61.9
使用料・手数料	698,085	2.9	701,832	100.5	3.1	575,834	82.5	2.6	475,759	68.2	2.0
国庫支出金	979,475	4.1	1,099,048	112.2	4.9	1,850,847	189.0	8.2	1,790,517	182.8	7.6
県支出金	1,429,799	5.9	1,235,409	86.4	5.5	1,191,980	83.4	5.3	1,389,156	97.2	5.9
地方債	2,095,900	8.7	2,270,700	108.3	10.1	1,868,000	89.1	8.3	2,430,400	116.0	10.3
その他	2,997,937	12.4	3,242,539	108.2	14.4	2,469,253	82.4	11.0	2,883,714	96.2	12.2
合計	24,176,795	100.0	22,559,438	93.3	100.0	22,518,735	93.1	100.0	23,548,391	97.4	100.0

注1) 単位表示の金額は，千円である。構成比は，%である。伸びは，2000年=100である。
注2) 地方譲与税，交付金等は，地方譲与税，利子割交付金，株式等譲渡所得割交付金，地方消費税交付金，ゴルフ場利用税交付金，特別地方消費税交付金，自動車取得税交付金，軽油引取税交付金，地方特例交付金の合計である。その他は，交通安全対策特別交付金，分担金負担金，国有施設等所在市町村助成交付金，財産収入，寄付金，繰入金，繰越金，諸収入の合計である。

表Ⅱ-5-24　新城市歳出（目的別）

	2000(H12)		2005(H17)			2010(H22)			2014(H26)		
	金額	構成比(%)	金額	伸び	構成比	金額	伸び	構成比	金額	伸び	構成比
議会費	351,538	1.5	244,924	69.7	1.1	175,094	49.8	0.8	206,618	58.8	0.9
総務費	3,785,360	16.4	3,378,273	89.2	15.5	3,498,560	92.4	16.5	3,202,494	84.6	14.4
民生費	3,731,794	16.2	4,336,376	116.2	20.0	5,207,502	139.5	24.6	5,963,526	159.8	26.9
衛生費	3,136,745	13.6	2,498,560	79.7	11.5	2,764,707	88.1	13.1	2,819,391	89.9	12.7
労働費	126,498	0.5	160,094	126.6	0.7	166,367	131.5	0.8	82,430	65.2	0.4
農林水産業費	1,978,147	8.6	1,382,283	69.9	6.4	1,013,257	51.2	4.8	1,093,792	55.3	4.9
商工費	917,521	4.0	859,567	93.7	4.0	596,744	65.0	2.8	718,719	78.3	3.2
土木費	2,542,617	11.0	2,222,658	87.4	10.2	1,416,552	55.7	6.7	2,165,852	85.2	9.8
消防費	1,243,116	5.4	1,388,350	111.7	6.4	1,203,860	96.8	5.7	1,461,152	117.5	6.6
教育費	2,561,589	11.1	2,206,672	86.1	10.2	2,130,426	83.2	10.1	1,578,146	61.6	7.1
公債費	2,464,950	10.7	3,007,254	122.0	13.8	2,966,264	120.3	14.0	2,808,140	113.9	12.7
その他	242,484	1.1	42,950	17.7	0.2	9,236	3.8	0.0	70,103	28.9	0.3
合計	23,084,359	100.0	21,727,961	94.1	100.0	21,148,569	91.6	100.0	22,170,363	96.0	100.0

注1) 単位表示の金額は，千円である。構成比は，%である。伸びは，2000年=100である。
注2) その他は，災害復旧費，諸支出金，前年度繰上充用金の合計。

10億円から18億円に82%増加，地方債収入も16%増加し，市税収入の増加を背景に国の補助金，地方債を活用しながら積極的な事業展開がなされたことを示している。

　表Ⅱ-5-24の歳出（目的別）の2014年度構成比では，民生費27%，総務費

表Ⅱ-5-25　新城市歳出（性質別）

	2000(H12)		2005(H17)			2010(H22)			2014(H26)		
	金額	構成比(%)	金額	伸び	構成比	金額	伸び	構成比	金額	伸び	構成比
人件費	5833912	25.3	5663389	97.1	26.1	5076639	87.0	24.0	4,913,831	84.2	22.2
物件費	2470700	10.7	3445234	139.4	15.9	2883350	116.7	13.6	3104478	125.7	14.0
扶助費	1039607	4.5	1513376	145.6	7.0	2375212	228.5	11.2	2786174	268.0	12.6
普通建設事業費	5719618	24.8	3697920	64.7	17.0	2825986	49.4	13.4	3672301	64.2	16.6
公債費	2464950	10.7	3007254	122.0	13.8	2966264	120.3	14.0	2808140	113.9	12.7
投資及出資金,貸付金等	1015906	4.4	720549	70.9	3.3	1104938	108.8	5.2	676125	66.6	3.0
繰出金	1657224	7.2	1979055	119.4	9.1	2059582	124.3	9.7	2254095	136.0	10.2
その他	2862442	12.4	1701184	59.4	7.8	1856598	64.9	8.8	1955219	68.3	8.8
合計	23084359	100.0	21727961	94.1	100.0	21148569	91.6	100.0	22170363	96.0	100.0

注1）単位表示の金額は、千円である。構成比は、％である。伸びは、2000年＝100である。
注2）投資及出資金等は、積立金、貸付金を含む。その他は、維持補修費、補助費、災害復旧費、失業対策事業費、前年度繰上充用金の合計。

表Ⅱ-5-26　新城市市税収入

	2000(H12)		2005(H17)			2010(H22)			2014(H26)		
	金額	構成比(%)	金額	伸び	構成比	金額	伸び	構成比	金額	伸び	構成比
1普通税	6,071,932	96.3	6,337,321	104	95.7	6,905,908	113.7	96.0	7,306,129	120.3	96.2
市町村民税	2,427,834	38.5	2,446,704	101	36.9	2,766,271	113.9	38.4	3,158,039	130.1	41.6
個人均等割	38,198	0.6	59,645	156	0.9	75,979	198.9	1.1	86,861	227.4	1.1
個人所得割	1,956,813	31.0	1,829,383	93	27.6	2,267,071	115.9	31.5	2,273,502	116.2	29.9
法人均等割	118,823	1.9	124,475	105	1.9	130,830	110.1	1.8	134,142	112.9	1.8
法人税割	314,000	5.0	433,201	138	6.5	292,391	93.1	4.1	663,534	211.3	8.7
固定資産税	3,245,481	51.5	3,529,237	109	53.3	3,777,053	116.4	52.5	3,730,390	114.9	49.1
その他	364,717	5.8	361,380	99	5.5	362,584	99.4	5.0	417,700	114.5	5.5
2目的税	230,210	3.7	285,475	124	4.3	290,006	126.0	4.0	291,215	126.5	3.8
事業所税	*	*	*	*	*	*	*	*	*	*	*
都市計画税	230,210	3.7	252,679	110	3.8	267,543	116.2	3.7	271,273	117.8	3.6
その他	33,900	0.5	32,796	97	0.5	22,463	66.3	0.3	19,942	58.8	0.3
合計	6,302,142	100.0	6,622,796	105	100.0	7,195,914	114.2	100.0	7,597,344	120.6	100.0

注1）単位表示の金額は、千円である。構成比は、％である。伸びは、2000年＝100である。
注2）普通税のその他は、軽自動車税、市町村たばこ税、鉱産税、特別土地保有税の合計額。目的税のその他は、入湯税、水利地益税の合計額である。
注3）税収には国保税は入れていない。

14％、公債費13％、衛生費13％が突出している。2000年度と比べ2014年度が緊縮財政となっている中で、民生費60％、消防費17％、公債費13％と増加し、他費目は減少している。減少幅の大きい費目は、農林水産費45％、議会費42％、教育費32％などとなっている。教育費の減少は市町村合併にとられ

表Ⅱ-5-27　新城市財政指標

	2000(H12) 金額	2005(H17) 金額	伸び	2010(H22) 金額	伸び	2014(H26) 金額	伸び
経常収支比率(%)	82.0	94		95.4		89.8	
積立金現在高(千円)	5,150,257	2,998,132	58.2	4,922,438	95.6	6,985,395	135.6
財政調整基金	1,704,988	1,300,625	76.3	1,968,537	115.5	2,182,105	128.0
減債基金	954,274	244,123	25.6	221,830	23.2	724,093	75.9
特定目的基金	2,430,995	1,453,384	59.8	2,732,071	112.4	4,079,197	167.8
地方債現在高(千円)	18,844,365	23,237,823	123.3	22,965,900	121.9	22,442,500	119.1
職員数(人)	711	681	95.8	609	85.7	619	87.1
A基準財政収入額(千円)	6,133,271	6,402,675	104.4	6,295,821	102.7	6,580,978	107.3
B基準財政需要額	12,466,158	11,022,507	88.4	10,688,410	85.7	10,585,001	84.9
財政力指数(単年度)A/B	0.49	0.58		0.59		0.62	

注1）伸びは，2000年＝100である。
注2）2000年度データは，愛知県総務部『市町村行財政のあらまし』より作成，他は総務省決算カードより作成した。
注3）2000（平成12）年度分の財政力指数については，愛知県総務部（2002年）に2000年度の基準財政収入，需要のデータがないため，総務省決算カードの2001（平成13）年度データを使った。

る顕著な政策であるが，同じ合併市である豊川市に比べても減少幅は大きい。2000年度に比べ25億円から15億円に10億円減少している。構成比でも11%から7%に低下している。

　表Ⅱ-5-25の歳出（性質別）では，2014年度の構成比でみると人件費22%が最も高く，次いで普通建設事業費16%，物件費14%，扶助費13%，繰出金10%などとなっている。扶助費の比率が低いこと，繰出金の比率が高いことが特徴である。2000年度と比較すると，扶助費はもともとの構成比率が4.5%と低く農村型財政の特徴を持っているが，2014年度には伸び率で2.7倍となっており確実に増加している。繰出金は，市の事業への一般会計からの支出であるが病院経営への支出が大きい。

　表Ⅱ-5-26の市税収入の2014年度の構成比をみると固定資産税49%，個人所得割30%で8割を占めている。固定資産税の比率が個人所得割よりも高いのは，農村型財政の特徴である。

　表Ⅱ-5-27の財政指標では2014年度の積立金が2000年度に比べて35%増加し，その多くは施設建設のための基金が増加したためである。地方債現在高は，2000年度188億円から2014年度224億円に20%増加している。職員数

は，2000年度711人から2014年度619人へ13%減少している。

一般的に市町村合併後は財政が膨張しがちであるが，新城市においてはむしろ緊縮財政が続いてきた。その間に税収が伸びてきたこともあり，積極的な財政運営が始まってきている。

5）田原市財政の特徴

田原市は，旧田原町（36,983人），赤羽根町（6,151人），渥美町（22,403人）が合併し，町制から市制となった。その後，人口は若干増加したものの，2010年には減少し，2014年度には再び増加するなど一進一退を続けている。3町の合併当時の財政力は，旧田原町1.52，赤羽根町0.36，渥美町0.59と旧田原町が突出しているが，合併後の2005年度は1.13に上昇し，2010年度は0.91に低下する。旧田原町からみれば，合併することによって財政力が低下するようにみえ，赤羽根町，渥美町からみれば財政力が上昇したようにみえることになる。旧田原町は，財政的にみると製造業地域，他の2町は農漁村地域という特徴を浮き彫りにしていた。市町村合併は，財政力指数の高い旧田原町と低い2町という個性の異なる地域を内部化することによって，財政は平均化され旧町が持っていた財政特徴をみえにくくすることになる。市町村合併を促進するためにとられた地方交付税の合併特例により地方交付税の算定が優遇されているが，10年後からその特例が段階的に縮小していくことになる。2003年に合併した田原市では，地方交付税の減少という財政問題がはじまっている。

表Ⅱ-5-28から合併後の田原市の歳入をみると，2014年度の構成比では，地方税が全体の59%を占め，地方交付税が12%で続く。豊橋市の50%を超えて，東三河地域のトップを占めている。その秘密は，表Ⅱ-5-31の税収構造から明らかになる。2014年度の税収構成比をみると法人税割が32%を占め企業都市の性格を示している。これは，トヨタ自動車田原工場の貢献が大きく，法人税割だけでなく固定資産税の土地，家屋と工場の機械設備に課税される償却資産税が加わることになる。さらに，工場で働く労働者は7,000

表Ⅱ-5-28　田原市歳入

	2000(H12)		2005(H17)			2010(H22)			2014(H26)		
	金額	構成比(%)	金額	伸び	構成比	金額	伸び	構成比	金額	伸び	構成比
地方税	12,991,325	43.8	15,768,412	121.4	45.9	13,888,636	106.9	47.1	18,964,120	146.0	58.7
地方譲与税,交付金等	2,702,965	9.1	2,832,462	104.8	8.2	1,697,897	62.8	5.8	1,522,930	56.3	4.7
地方交付税	3,777,656	12.7	3,093,819	81.9	9.0	2,271,846	60.1	7.7	3,833,217	101.5	11.9
(一般財源計)	19,471,946	65.6	21,694,693	111.4	63.2	17,858,379	91.7	60.6	24,320,267	124.9	75.3
使用料・手数料	880,868	3.0	896,254	101.7	2.6	842,364	95.6	2.9	816,492	92.7	2.5
国庫支出金	1,325,741	4.5	1,964,148	148.2	5.7	2,099,556	158.4	7.1	2,131,451	160.8	6.6
県支出金	1,469,070	4.9	1,438,815	97.9	4.2	1,445,591	98.4	4.9	1,534,372	104.4	4.8
地方債	2,051,700	6.9	3,834,700	186.9	11.2	2,792,000	136.1	9.5	412,000	20.1	1.3
その他	4,489,064	15.1	4,509,517	100.5	13.1	4,423,667	98.5	15.0	3,066,378	68.3	9.5
合計	29,688,389	100.0	34,338,127	115.7	100.0	29,461,557	99.2	100.0	32,280,960	108.7	100.0

注1) 単位表示の金額は、千円である。構成比は、%である。伸びは、2000年＝100である。
注2) 地方譲与税、交付金等は、地方譲与税、利子割交付金、株式等譲渡所得割交付金、地方消費税交付金、ゴルフ場利用税交付金、特別地方消費税交付金、自動車取得税交付金、軽油引取税交付金、地方特例交付金の合計である。その他は、交通安全対策特別交付金、分担金負担金、国有施設等所在市町村助成交付金、財産収入、寄付金、繰入金、繰越金、諸収入の合計である。

表Ⅱ-5-29　田原市歳出（目的別）

	2000(H12)		2005(H17)			2010(H22)			2014(H26)		
	金額	構成比(%)	金額	伸び	構成比	金額	伸び	構成比	金額	伸び	構成比
議会費	309,671	1.1	276,334	89.2	0.9	169,905	54.9	0.6	216,165	69.8	0.7
総務費	3,327,684	11.9	5,004,132	150.4	15.5	3,174,431	95.4	11.6	5,572,318	167.5	18.3
民生費	5,539,145	19.9	5,650,934	102.0	17.5	6,882,959	124.3	25.2	8,201,221	148.1	26.9
衛生費	1,861,901	6.7	3,290,599	176.7	10.2	2,336,863	125.5	8.5	2,483,684	133.4	8.2
労働費	44,035	0.2	52,788	119.9	0.2	89,602	203.5	0.3	22,224	50.5	0.1
農林水産業費	2,831,299	10.2	2,173,503	76.8	6.7	1,854,985	65.5	6.8	1,553,132	54.9	5.1
商工費	505,949	1.8	611,154	120.8	1.9	1,436,032	283.8	5.3	795,378	157.2	2.6
土木費	5,394,640	19.4	6,059,054	112.3	18.8	3,650,007	67.7	13.3	3,556,730	65.9	11.7
消防費	1,383,911	5.0	1,652,920	119.4	5.1	1,949,174	140.8	7.1	1,587,720	114.7	5.2
教育費	3,915,207	14.0	4,385,728	112.0	13.6	2,561,564	65.4	9.4	2,993,216	76.5	9.8
公債費	2,626,500	9.4	2,934,564	111.7	9.1	3,232,662	123.1	11.8	3,428,467	130.5	11.3
その他	137,140	0.5	136,957	99.9	0.4	4,684	3.4	0.0	53,628	39.1	0.2
合計	27,877,082	100.0	32,228,667	115.6	100.0	27,342,868	98.1	100.0	30,463,883	109.3	100.0

注1) 単位表示の金額は、千円である。構成比は、%である。伸びは、2000年＝100である。
注2) その他は、災害復旧費、諸支出金、前年度繰上充用金の合計。

人を超えており，すべてが田原市に居住するわけではないがその給与に課せられる市民税収入がある。田原市は，農工両全の風景を持つが，財政的実態は企業都市という性格を持っている。

　表Ⅱ-5-29の歳出（目的別）の2014年度構成比をみると民生費27%，総務

第5章　東三河の財政

表Ⅱ-5-30　田原市歳出（性質別）

	2000(H12)		2005(H17)			2010(H22)			2014(H26)		
	金額	構成比(%)	金額	伸び	構成比	金額	伸び	構成比	金額	伸び	構成比
人件費	6,306,496	22.6	6,444,026	102.2	20.0	5,816,476	92.2	21.3	5,612,457	89.0	18.4
物件費	3,855,634	13.8	5,150,119	133.6	16.0	4,338,841	112.5	15.9	4,862,138	126.1	16.0
扶助費	1,178,603	4.2	1,811,168	153.7	5.6	3,218,065	273.0	11.8	3,785,987	321.2	12.4
普通建設事業費	8,780,750	31.5	10,821,602	123.2	33.6	3,906,341	44.5	14.3	5,003,466	57.0	16.4
公債費	2,626,500	9.4	2,934,564	111.7	9.1	3,232,662	123.1	11.8	3,428,467	130.5	11.3
投資及出資金,貸付金等	343,051	1.2	227,612	66.3	0.7	1,337,572	389.9	4.9	3,106,160	905.5	10.2
繰出金	2,311,799	8.3	2,545,195	110.1	7.9	2,640,427	114.2	9.7	2,682,302	116.0	8.8
その他	2,474,249	8.9	2,294,381	92.7	7.1	2,852,484	115.3	10.4	1,982,906	80.1	6.5
合計	27,877,082	100.0	32,228,667	115.6	100.0	27,342,868	98.1	100.0	30,463,883	109.3	100.0

注1）単位表示の金額は，千円である。構成比は，%である。伸びは，2000年＝100である。
注2）投資及出資金等は，積立金，貸付金を含む。その他は，維持補修費，補助費，災害復旧費，失業対策事業費，前年度繰上充用金の合計。

表Ⅱ-5-31　田原市市税収入

	2000(H12)		2005(H17)			2010(H22)			2014(H26)		
	金額	構成比(%)	金額	伸び	構成比	金額	伸び	構成比	金額	伸び	構成比
1普通税	12,501,482	96.2	15,301,787	122.4	97.0	13,342,024	106.7	96.1	18,424,384	147.4	97.2
市町村民税	4,940,713	38.0	7,830,866	158.5	49.7	4,429,073	89.6	31.9	10,038,824	203.2	52.9
個人均等割	48,689	0.4	82,047	168.5	0.5	102,991	211.5	0.7	118,780	244.0	0.6
個人所得割	2,800,474	21.6	2,606,762	93.1	16.5	3,355,296	119.8	24.2	3,609,260	128.9	19.0
法人均等割	130,676	1.0	137,022	104.9	0.9	151,244	115.7	1.1	157,118	120.2	0.8
法人税割	1,960,874	15.1	5,005,035	255.2	31.7	819,542	41.8	5.9	6,153,666	313.8	32.4
固定資産税	7,019,286	54.0	6,905,738	98.4	43.8	8,383,933	119.4	60.4	7,757,694	110.5	40.9
その他	541,483	4.2	565,183	104.4	3.6	529,018	97.7	3.8	627,866	116.0	3.3
2目的税	489,843	3.8	466,625	95.3	3.0	546,612	111.6	3.9	539,736	110.2	2.8
事業所税	0	0.0	0	0.0	0.0	0	0.0	0.0	0	0.0	0.0
都市計画税	489,843	3.8	466,625	95.3	3.0	546,612	111.6	3.9	539,736	110.2	2.8
その他	0	0.0	0	0.0	0.0	0	0.0	0.0	0	0.0	0.0
合計	12,991,325	100.0	15,768,412	121.4	100.0	13,888,636	106.9	100.0	18,964,120	146.0	100.0

注1）単位表示の金額は，千円である。構成比は，%である。伸びは，2000年＝100である。
注2）普通税のその他は，軽自動車税，市町村たばこ税，鉱産税，特別土地保有税の合計額。目的税のその他は，入湯税，水利地益税の合計額である。
注3）税収には国保税は入れていない。

費18%，土木費18%，公債費11%が主な費目である。他市に比べ民生費の比率が低く，土木費の比率が高い。

　表Ⅱ-5-30の歳出（性質別）の特徴としては，投資及出資金，貸付金等が2010年度以降急速に伸びているが，これは積立金を増やしていることによる。

表Ⅱ-5-32　田原市財政指標

	2000(H12) 金額	2005(H17) 金額	伸び	2010(H22) 金額	伸び	2014(H26) 金額	伸び
経常収支比率(%)	74.0	75.3		85.4		74.3	
積立金現在高(千円)	7,909,635	3,795,691	48.0	10,013,686	126.6	12,736,795	161.0
財政調整基金	4,059,440	2,301,138	56.7	6,104,674	150.4	6,933,329	170.8
減債基金	119,629	0	0.0	0	0.0	0	0.0
特定目的基金	3,730,566	1,494,553	40.1	3,909,012	104.8	5,803,466	155.6
地方債現在高(千円)	21,646,593	28,370,498	131.1	28,546,867	131.9	23,207,034	107.2
職員数(人)	786	756	96.2	677	86.1	628	79.9
A基準財政収入額(千円)	13,287,052	12,884,390	97.0	10,880,987	81.9	10,592,557	79.7
B基準財政需要額	13,130,255	11,410,582	86.9	11,952,456	91.0	11,587,552	88.3
財政力指数(単年度)A/B	1.01	1.13		0.91		0.91	

注1) 伸びは，2000年＝100である。
注2) 2000年度データは，愛知県総務部『市町村行財政のあらまし』より作成，他は総務省決算カードより作成した。
注3) 2000（平成12）年度分の財政力指数については，愛知県総務部（2002年）に2000年度の基準財政収入，需要のデータがないため，総務省決算カードの2001（平成13）年度データを使った。

2000年度1億円，2005年度1億円から2010年度12億円，2014年度30億円へと増額してきた。これは，税収が潤沢なときに基金をつくり備蓄しておくためである。その結果，積立金残高は2000年度79億円，2005年度38億円であったものが2010年度100億円，2014年度127億円へと積み上がっている。

　表Ⅱ-5-31の市税収入の特徴は，法人税の変動が大きく，財政の不安定性があるということである。個人所得税や固定資産税は，景気の変動に敏感には反応しないのであるが，企業の収益に依存する法人割は景気を反映するので変動しやすい。一方，基礎的自治体である市町村の歳出は市民生活への現物サービスが中心であるから，不況だからといって削減したりすることはできない。そのため，基礎的自治体の歳入は個人所得税と固定資産税などを中心にした制度となっているのである。ところが，田原市は法人市民税の比重が高いため，変動が大きくなるのである。2000年度の3町の法人割は，19億円，合併後の2005年度50億円となるが2010年度は8億円に激減し，2015年度には61億円に拡大するのである。急増，急減，急増となっている。これは，2008年にアメリカの住宅バブルがはじけ，戦後最大の経済危機によって日本の自動車産業が不況に陥ったからである。世界経済の影響が田原市の財政

第5章　東三河の財政　　　　　　　　　　　　　　　　*175*

を左右しているといってよい。グローバル企業の利益の恩恵を受けるとともに，財政の不安定性を増すことになっているのが田原市の財政である。

　表Ⅱ-5-32の財政指標は，積立金現在高127億円と豊橋市の92億円を超え，東三河最大であることを示している。職員数は，2000年度の786人から2014年度の628人へ20%削減されている。一方，性質別歳出（表Ⅱ-5-30）での物件費の構成比の高さからみて，合併による施設の統廃合，運営の民営化が進んでいることが推測できる。

　田原市財政は，グローバル経済という他律的な動きに直接左右される度合いが強く，またいつ来るかわからない南海トラフ大地震により大きな被害を受けることが想定され，不確実性を抱えた財政であるといえる。

6）東栄町，設楽町，豊根村財政の特徴

　この地域は，山間地域の基礎自治体であり，多くの点で共通の特徴を備えている。人口は，2014年で東栄町3,642人，設楽町5,408人，豊根村1,246人，合わせて10,296人であるが，以前から人口が減少している。しかし，自治体は小さくても住民の暮らしを支え，土地と自然を管理し，共同社会を維持していくための組織として重要な役割を果たしている。都市地域では市場経済にゆだねられていても，山間部においては公共的に維持されなければならないという点で，公共部門の役割は都市自治体より大きいものがある。そうした機能を支えるために，財政面では地方交付税，国庫支出金の財政制度を発展させてきたのである（表Ⅱ-5-33，38，43）。

　歳入の特徴は，地方税収入の比重が低く，地方交付税の構成比が高い。地方税収入の歳入に占める割合は，東栄町，設楽町が10%前後，豊根村は13%である。豊根村がやや高いのは，固定資産税の比重が高いためである。固定資産税収入は，2014年度の村税全体41億円のうち36億円，86%を占めているが，それは村内に水力発電用のダムがあるためである。

　地方税収入を補うのが地方交付税であり，その指標が財政力指数である。地方交付税収入は，4～5割を占め，町村財政を支えている。こうした財政

表Ⅱ-5-33　東栄町歳入

	2000(H12)		2005(H17)			2010(H22)			2014(H26)		
	金額	構成比(%)	金額	伸び	構成比	金額	伸び	構成比	金額	伸び	構成比
地方税	397,444	11.7	364,788	91.8	12.1	361,571	91.0	10.2	345,351	86.9	9.7
地方譲与税,交付金等	162,010	4.8	160,251	98.9	5.3	106,063	65.5	3.0	84,806	52.3	2.4
地方交付税	1,895,881	55.8	1,456,355	76.8	48.5	1,714,383	90.4	48.1	1,678,447	88.5	47.1
(一般財源計)	2,455,335	72.3	1,981,394	80.7	66.0	2,182,017	88.9	61.3	2,108,604	85.9	59.2
使用料・手数料	141,658	4.2	288,520	203.7	9.6	76,706	54.1	2.2	93,488	66.0	2.6
国庫支出金	67,405	2.0	35,667	52.9	1.2	239,581	355.4	6.7	251,380	372.9	7.1
県支出金	247,153	7.3	215,185	87.1	7.2	206,208	83.4	5.8	224,700	90.9	6.3
地方債	228,200	6.7	296,200	129.8	9.9	402,700	176.5	11.3	325,360	142.6	9.1
その他	256,530	7.6	187,089	72.9	6.2	453,840	176.9	12.7	556,478	216.9	15.6
合　計	3,396,281	100.0	3,004,055	88.5	100.0	3,561,052	104.9	100.0	3,560,010	104.8	100.0

注1）単位表示の金額は，千円である。構成比は，％である。伸びは，2000年＝100である。
注2）地方譲与税，交付金等は，地方譲与税，利子割交付金，株式等譲渡所得割交付金，地方消費税交付金，ゴルフ場利用税交付金，特別地方消費税交付金，自動車取得税交付金，軽油引取税交付金，地方特例交付金の合計である。その他は，交通安全対策特別交付金，分担金負担金，国有施設等所在市町村助成交付金，財産収入，寄付金，繰入金，繰越金，諸収入の合計である。

表Ⅱ-5-34　東栄町歳出（目的別）

	2000(H12)		2005(H17)			2010(H22)			2014(H26)		
	金額	構成比(%)	金額	伸び	構成比	金額	伸び	構成比	金額	伸び	構成比
議会費	68,567	2.2	55,078	80.3	1.9	49,206	71.8	1.5	57,369	83.7	1.7
総務費	591,840	18.8	491,785	83.1	16.6	1,010,340	170.7	30.2	927,992	156.8	28.0
民生費	513,290	16.3	510,735	99.5	17.3	497,572	96.9	14.9	553,632	107.9	16.7
衛生費	535,850	17.0	366,157	68.3	12.4	576,379	107.6	17.2	395,539	73.8	11.9
労働費	0	0.0	14,494	皆増	0.5	14,590	皆増	0.4	7,729	皆増	0.2
農林水産業費	347,994	11.0	286,184	82.2	9.7	254,936	73.3	7.6	237,936	68.4	7.2
商工費	56,787	1.8	153,951	271.1	5.2	62,600	110.2	1.9	72,854	128.3	2.2
土木費	297,665	9.4	314,849	105.8	10.6	190,073	63.9	5.7	324,351	109.0	9.8
消防費	144,438	4.6	128,451	88.9	4.3	145,780	100.9	4.4	183,595	127.1	5.5
教育費	309,247	9.8	227,267	73.5	7.7	193,010	62.4	5.8	248,900	80.5	7.5
公債費	284,617	9.0	408,173	143.4	13.8	349,800	122.9	10.5	301,701	106.0	9.1
その他	2,231	0.1	0	皆減	0.0	0	0.0	0.0	0	0.0	0.0
合　計	3,152,526	100.0	2,957,124	93.8	100.0	3,344,286	106.1	100.0	3,311,598	105.0	100.0

注1）単位表示の金額は，千円である。構成比は，％である。伸びは，2000年＝100である。
注2）その他は，災害復旧費，諸支出金，前年度繰上充用金の合計。

構造にたいして政府が地方交付税を削減する政策をとればたちまち山間自治体の財政は行き詰まることになるのは明らかである。平成の市町村合併は，長期的には国の財政再建のために過疎山村自治体の消滅を含む再編成による地方経費の削減を意図して，三位一体改革において地方交付税の削減を行っ

表Ⅱ-5-35　東栄町歳出（性質別）

	2000(H12)		2005(H17)			2010(H22)			2014(H26)		
	金額	構成比(%)	金額	伸び	構成比	金額	伸び	構成比	金額	伸び	構成比
人件費	775,469	24.6	647,137	83.5	21.9	568,771	73.3	17.0	575,273	74.2	17.4
物件費	299,487	9.5	455,308	152.0	15.4	328,684	109.7	9.8	587,399	196.1	17.7
扶助費	93,705	3.0	83,131	88.7	2.8	132,910	141.8	4.0	149,396	159.4	4.5
普通建設事業費	493,654	15.7	214,248	43.4	7.2	669,459	135.6	20.0	573,233	116.1	17.3
公債費	284,617	9.0	408,173	143.4	13.8	349,800	122.9	10.5	301,701	106.0	9.1
投資及出資金,貸付金等	58,675	1.9	148,754	253.5	5.0	423,046	721.0	12.6	171,882	292.9	5.2
繰出金	474,893	15.1	541,539	114.0	18.3	369,676	77.8	11.1	395,371	83.3	11.9
その他	672,026	21.3	458,834	68.3	15.5	501,940	74.7	15.0	557,343	82.9	16.8
合計	3,152,526	100.0	2,957,124	93.8	100.0	3,344,286	106.1	100.0	3,311,598	105.0	100.0

注1）単位表示の金額は，千円である。構成比は，％である。伸びは，2000年＝100である。
注2）投資及出資金等は，積立金，貸付金を含む。その他は，維持補修費，補助費，災害復旧費，失業対策事業費，前年度繰上充用金の合計。

表Ⅱ-5-36　東栄町町税収入

	2000(H12)		2005(H17)			2010(H22)			2014(H26)		
	金額	構成比(%)	金額	伸び	構成比	金額	伸び	構成比	金額	伸び	構成比
1普通税	397,444	100.8	364,788	91.8	100.0	361,571	91.0	100.0	345,351	86.9	100.0
市町村民税	148,715	37.7	119,501	80.4	32.8	147,062	98.9	40.7	138,812	93.3	40.2
個人均等割	2,756	0.7	4,511	163.7	1.2	4,690	170.2	1.3	5,452	197.8	1.6
個人所得割	126,942	32.2	98,742	77.8	27.1	126,978	100.0	35.1	113,372	89.3	32.8
法人均等割	7,514	1.9	8,515	113.3	2.3	8,630	114.9	2.4	8,699	115.8	2.5
法人税割	11,503	2.9	7,733	67.2	2.1	6,755	58.7	1.9	11,289	98.1	3.3
固定資産税	218,980	55.5	216,823	99.0	59.4	191,947	87.7	53.1	178,504	81.5	51.7
その他	29,749	7.5	28,464	95.7	7.8	22,562	75.8	6.2	28,035	94.2	8.1
2目的税	0	0.0	0	0.0	0.0	0	0.0	0.0	0	0.0	0.0
事業所税	397,444	100.8	364,788	91.8	100.0	361,571	91.0	100.0	345,351	86.9	100.0
都市計画税	489,843	3.8	466,625	95.3	3.0	546,612	111.6	3.9	539,736	110.2	2.8
その他	0	0.0	0	0.0	0.0	0	0.0	0.0	0	0.0	0.0
合計	12,991,325	100.0	15,768,412	121.4	100.0	13,888,636	106.9	100.0	18,964,120	146.0	100.0

注1）単位表示の金額は，千円である。構成比は，％である。伸びは，2000年＝100である。
注2）普通税のその他は，軽自動車税，市町村たばこ税，鉱産税，特別土地保有税の合計額。
注3）税収には国保税は入れていない。

たのである。地方交付税に依存している農山漁村地域の自治体は，財政が立ち行かなることを恐れ，合併特例債や地方交付税の特例制度に導かれて合併という苦渋の選択をした（表Ⅱ-5-37，42，47）。

　合併をしなかった東栄町と合併をした設楽町，豊根村との財政的違いは，

表Ⅱ-5-37　東栄町財政指標

	2000(H12) 金額	2005(H17) 金額	伸び	2010(H22) 金額	伸び	2014(H26) 金額	伸び
経常収支比率(%)	75.2	89.2		75.1		93.0	
積立金現在高(千円)	990,788	1,774,315	179.1	2,750,371	277.6	2,490,891	251.4
財政調整基金	483,288	1,000,330	207.0	1,365,444	282.5	1,028,330	212.8
減債基金	91,635	149,394	163.0	388,199	423.6	389,396	424.9
特定目的基金	415,865	624,591	150.2	996,728	239.7	1,073,165	258.1
地方債現在高(千円)	2,451,409	3,147,318	128.4	3,050,664	124.4	3,459,886	141.1
職員数(人)	93	87	93.5	76	81.7	70	75.3
A基準財政収入額(千円)	429,685	422,259	98.3	366,038	85.2	334,125	77.8
B基準財政需要額	2,047,895	1,728,972	84.4	1,875,932	91.6	1,832,515	89.5
財政力指数(単年度)A/B	0.21	0.24		0.20		0.18	

注1) 伸びは、2000年＝100である。
注2) 2000年度データは、愛知県総務部『市町村行財政のあらまし』より作成、他は総務省決算カードより作成した。
注3) 2000年（平成12）年度分の財政力指数については、愛知県総務部（2002年）に2000年度の基準財政収入、需要のデータがないため、総務省決算カードの2001（平成13）年度データを使った。

表Ⅱ-5-38　設楽町歳入

	2000(H12) 金額	構成比(%)	2005(H17) 金額	伸び	構成比	2010(H22) 金額	伸び	構成比	2014(H26) 金額	伸び	構成比
地方税	690,631	9.4	651,731	94.4	11.0	649,752	94.1	9.3	637,227	92.3	10.5
地方譲与税,交付金等	353,248	4.8	349,058	98.8	5.9	236,730	67.0	3.4	182,496	51.7	3.0
地方交付税	3,067,213	41.6	2,674,990	87.2	45.0	2,614,636	85.2	37.6	2,687,440	87.6	44.3
(一般財源計)	4,111,092	55.7	3,675,779	89.4	61.9	3,501,118	85.2	50.3	3,507,163	85.3	57.7
使用料・手数料	111,321	1.5	0.0	0.0	0.0	0.0	0.0	0.0	0.0	0.0	0.0
国庫支出金	663,865	9.0	119,970	18.1	2.0	572,672	86.3	8.2	281,487	42.4	4.6
県支出金	606,325	8.2	461,634	76.1	7.8	619,331	102.1	8.9	656,279	108.2	10.8
地方債	816,800	11.1	797,200	97.6	13.4	704,700	86.3	10.1	299,700	36.7	4.9
その他	1,067,157	14.5	757,473	71.0	12.7	1,387,339	130.0	19.9	1,052,479	98.6	17.3
合計	7,376,560	100.0	5,941,626	80.5	100.0	6,962,112	94.4	100.0	6,073,041	82.3	100.0

注1) 単位表示の金額は、千円である。構成比は、％である。伸びは、2000年＝100である。
注2) 地方譲与税、交付金等は、地方譲与税、利子割交付金、株式等譲渡所得割交付金、地方消費税交付金、ゴルフ場利用税交付金、特別地方消費税交付金、自動車取得税交付金、軽油引取税交付金、地方特例交付金の合計である。その他は、交通安全対策特別交付金、分担金負担金、国有施設等所在市町村助成交付金、財産収入、寄付金、繰入金、繰越金、諸収入の合計である。

今のところないが、設楽町と豊根村は地方交付税の合併特例という特典の期限が切れ、合併してもなおかつ財政が厳しいということで合併市町村への財政特例が5年間延長されることとなった。その特例期間が終了する2020年以降、再び交付税の合併特例を延長することは交付税制度の基本を崩すことに

表Ⅱ-5-39 設楽町歳出（目的別）

	2000(H12)		2005(H17)			2010(H22)			2014(H26)		
	金額	構成比(%)	金額	伸び	構成比	金額	伸び	構成比	金額	伸び	構成比
議会費	123,492	1.7	87,638	71.0	1.5	67,113	54.3	1.0	76,365	61.8	1.4
総務費	1,449,155	20.2	1,607,629	110.9	28.4	2,512,557	173.4	37.8	1,377,406	95.0	24.7
民生費	886,294	12.4	837,758	94.5	14.8	780,065	88.0	11.7	882,110	99.5	15.8
衛生費	486,698	6.8	791,053	162.5	14.0	423,207	87.0	6.4	624,487	128.3	11.2
労働費	0	0.0	0	0.0	0.0	0	0.0	0.0	0	0.0	0.0
農林水産業費	838,459	11.7	427,050	50.9	7.6	644,239	76.8	9.7	535,138	63.8	9.6
商工費	167,156	2.3	130,214	77.9	2.3	124,453	74.5	1.9	154,217	92.3	2.8
土木費	280,586	3.9	215,907	76.9	3.8	595,852	212.4	9.0	564,950	201.3	10.1
消防費	191,145	2.7	222,282	116.3	3.9	209,073	109.4	3.1	265,480	138.9	4.8
教育費	1,767,804	24.7	513,094	29.0	9.1	571,728	32.3	8.6	389,737	22.0	7.0
公債費	869,635	12.1	823,371	94.7	14.6	716,174	82.4	10.8	705,792	81.2	12.6
その他	98,540	1.4	0	皆減	0.0	1,523	皆減	0.0	5,202	皆減	0.1
合計	7,158,964	100.0	5,655,996	79.0	100.0	6,645,984	92.8	100.0	5,580,884	78.0	100.0

注1）単位表示の金額は、千円である。構成比は、％である。伸びは、2000年＝100である。
注2）その他は、災害復旧費、諸支出金、前年度繰上充用金の合計。

表Ⅱ-5-40 設楽町歳出（性質別）

	2000(H12)		2005(H17)			2010(H22)			2014(H26)		
	金額	構成比(%)	金額	伸び	構成比	金額	伸び	構成比	金額	伸び	構成比
人件費	1,305,700	18.2	1,109,528	85.0	19.6	902,639	69.1	13.6	911,892	69.8	16.3
物件費	756,725	10.6	800,306	105.8	14.1	917,738	121.3	13.8	1,166,945	154.2	20.9
扶助費	149,587	2.1	178,934	119.6	3.2	207,475	138.7	3.1	228,615	152.8	4.1
普通建設事業費	2,587,446	36.1	887,775	34.3	15.7	1,716,461	66.3	25.8	883,866	34.2	15.8
公債費	869,635	12.1	823,371	94.7	14.6	716,174	82.4	10.8	705,792	81.2	12.6
投資及出資金,貸付金等	40,189	0.6	436,921	1,087.2	7.7	777,455	1,934.5	11.7	144,975	360.7	2.6
繰出金	560,955	7.8	526,883	93.9	9.3	421,461	75.1	6.3	567,743	101.2	10.2
その他	888,727	12.4	892,278	100.4	15.8	986,581	111.0	14.8	971,056	109.3	17.4
合計	7,158,964	100.0	5,655,996	79.0	100.0	6,645,984	92.8	100.0	5,580,884	78.0	100.0

注1）金額は、千円である。構成比は、％である。伸びは、2000年＝100である。
注2）投資及出資金等は、積立金、貸付金を含む。その他は、維持補修費、補助費、災害復旧費、失業対策事業費、前年度繰上充用金の合計。

なる。よって，延長を想定することは難しい。合併特例を受けている設楽町と豊根村の財政力指数は，合併以後も低下しており合併によって財政力が上昇したとはいえない。

　歳出は，総務費の比率が高く，民生費は都市部の市に比べて低く，統治的

表Ⅱ-5-41　設楽町町税収入

	2000(H12) 金額	構成比(%)	2005(H17) 金額	伸び	構成比	2010(H22) 金額	伸び	構成比	2014(H26) 金額	伸び	構成比
1普通税	690,631	100.0	651,731	94.4	100.0	649,752	94.1	100.0	637,227	92.3	100.0
市町村民税	265,601	38.5	221,935	83.6	34.1	262,255	98.7	40.4	260,113	97.9	40.8
個人均等割	4,898	0.7	7,247	148.0	1.1	8,098	165.3	1.2	9,304	190.0	1.5
個人所得割	226,228	32.8	186,583	82.5	28.6	225,986	99.9	34.8	218,634	96.6	34.3
法人均等割	13,161	1.9	14,080	107.0	2.2	13,294	101.0	2.0	13,218	100.4	2.1
法人税割	18,314	2.7	14,025	76.6	2.2	14,877	81.2	2.3	18,957	103.5	3.0
固定資産税	381,961	55.3	388,920	101.8	59.7	351,425	92.0	54.1	334,307	87.5	52.5
その他	0	0.0	0	0.0	0.0	0	0.0	0.0	0	0.0	0.0
2目的税	0		0		0.0	0		0.0	0		0.0
合計	690,631	100.0	651,731	94.4	100.0	649,752	94.1	100.0	637,227	92.3	100.0

注1) 単位表示の金額は，千円である。構成比は，%である。伸びは，2000年=100である。
注2) 普通税のその他は，軽自動車税，市町村たばこ税，鉱産税，特別土地保有税の合計額である。
注3) 税収には国保税は入れていない。

表Ⅱ-5-42　設楽町財政指標

	2000(H12) 金額	2005(H17) 金額	伸び	2010(H22) 金額	伸び	2014(H26) 金額	伸び
経常収支比率(%)	80.4	87.6		83.4		85.3	
積立金現在高(千円)	2,516,106	1,864,847	74.1	1,267,131	50.4	3,671,451	145.9
財政調整基金	696,278	509,525	73.2	995,694	143.0	2,361,078	339.1
減債基金	81,521	179,835	220.6	55,122	67.6	55,122	67.6
特定目的基金	1,738,307	1,175,487	67.6	216,315	12.4	1,255,251	72.2
地方債現在高(千円)	6,981,394	6,644,566	95.2	6,406,110	91.8	5,455,651	78.1
職員数(人)	147	128	87.1	110	74.8	103	70.1
A基準財政収入額(千円)	847,603	780,410	92.1	693,704	81.8	651,811	76.9
B基準財政需要額	3,405,895	2,819,848	82.8	2,642,085	77.6	2,688,475	78.9
財政力指数(単年度)A/B	0.25	0.28		0.26		0.24	

注1) 伸びは，2000年=100である。
注2) 2000年度データは，愛知県総務部『市町村行財政のあらまし』より作成，他は総務省決算カードより作成した。
注3) 2000（平成12）年度分の財政力指数については，愛知県総務部（2002年）に2000年度の基準財政収入，需要のデータがないため，総務省決算カードの2001（平成13）年度データを使った。

業務に限られていること，住民サービスはコミュニティや家族にゆだねられていることが分かる。それは性質別歳出の扶助費が豊根村の2%を筆頭に東栄町5%，設楽町4%であることに示されている。土木費を含む普通建設事業は，各町村でばらつきがある。豊根村は2014年度は歳出の32%を占め，過

第5章　東三河の財政

表Ⅱ-5-43　豊根村歳入

	2000(H12)		2005(H17)			2010(H22)			2014(H26)		
	金額	構成比(%)	金額	伸び	構成比	金額	伸び	構成比	金額	伸び	構成比
地方税	516,548	16.5	485,419	94.0	16.7	442,806	85.7	15.8	414,582	80.3	13.5
地方譲与税,交付金等	72,031	2.3	74,508	103.4	2.6	52,788	73.3	1.9	40,385	56.1	1.3
地方交付税	1,233,422	39.5	1,028,791	83.4	35.4	1,057,728	85.8	37.9	1,248,615	101.2	40.5
(一般財源計)	1,822,001	58.3	1,588,718	87.2	54.7	1,553,322	85.3	55.6	1,703,582	93.5	55.3
使用料・手数料	176,250	5.6	173,789	98.6	6.0	198,603	112.7	7.1	38,114	21.6	1.2
国庫支出金	74,867	2.4	45,099	60.2	1.6	194,745	260.1	7.0	323,346	431.9	10.5
県支出金	352,017	11.3	396,013	112.5	13.6	261,318	74.2	9.4	190,345	54.1	6.2
地方債	231,500	7.4	179,500	77.5	6.2	213,100	92.1	7.6	355,881	153.7	11.5
その他	466,612	14.9	521,267	111.7	17.9	373,194	80.0	13.4	469,967	100.7	15.3
合計	3,123,247	100.0	2,904,386	93.0	100.0	2,794,282	89.5	100.0	3,081,235	98.7	100.0

注1) 単位表示の金額は，千円である。構成比は，%である。伸びは，2000年＝100である。
注2) 地方譲与税，交付金等は，地方譲与税，利子割交付金，株式等譲渡所得割交付金，地方消費税交付金，ゴルフ場利用税交付金，特別地方消費税交付金，自動車取得税交付金，軽油引取税交付金，地方特例交付金の合計である。その他は，交通安全対策特別交付金，分担金負担金，国有施設等所在市町村助成交付金，財産収入，寄付金，繰入金，繰越金，諸収入の合計である。

表Ⅱ-5-44　豊根村歳出（目的別）

	2000(H12)		2005(H17)			2010(H22)			2014(H26)		
	金額	構成比(%)	金額	伸び	構成比	金額	伸び	構成比	金額	伸び	構成比
議会費	65,868	2.2	51,938	78.9	1.9	37,382	56.8	1.4	34,212	51.9	1.2
総務費	555,339	18.7	884,796	159.3	31.8	847,745	152.7	32.1	859,340	154.7	30.3
民生費	311,850	10.5	265,263	85.1	9.5	278,027	89.2	10.5	303,555	97.3	10.7
衛生費	329,379	11.1	276,696	84.0	9.9	238,128	72.3	9.0	216,689	65.8	7.6
労働費	0	0.0	11,373	皆増	0.4	30,772	皆増	1.2	387	皆増	0.0
農林水産業費	380,787	12.8	306,931	80.6	11.0	254,004	66.7	9.6	220,921	58.0	7.8
商工費	320,136	10.8	231,087	72.2	8.3	301,883	94.3	11.4	230,843	72.1	8.1
土木費	334,709	11.3	130,301	38.9	4.7	79,930	23.9	3.0	182,290	54.5	6.4
消防費	57,888	1.9	65,262	112.7	2.3	89,701	155.0	3.4	127,662	220.5	4.5
教育費	362,566	12.2	197,922	54.6	7.1	165,281	45.6	6.3	378,140	104.3	13.3
公債費	255,125	8.6	361,405	141.7	13.0	310,451	121.7	11.7	273,255	107.1	9.6
その他	0	0.0	0	0.0	0.0	10,972	皆増	0.4	8,272	皆増	0.3
合計	2,973,647	100.0	2,782,974	93.6	100.0	2,644,276	88.9	100.0	2,835,566	95.4	100.0

注1) 単位表示の金額は，千円である。構成比は，%である。伸びは，2000年＝100である。
注2) その他は，災害復旧費，諸支出金，前年度繰上充用金の合計である。

去も比較的高い水準を維持している。設楽町は，2000年度は歳出の36％を占めたが，その後削減が続き，2014年度では16％に低下している。東栄町は，歳出の15％～20％の間に収まっている。人件費は，2014年度では歳出の16％程度を占め，2000年度に比べると25～30％近い削減となっている。これを，

表Ⅱ-5-45 豊根村歳出（性質別）

	2000(H12) 金額	構成比(%)	2005(H17) 金額	伸び	構成比	2010(H22) 金額	伸び	構成比	2014(H26) 金額	伸び	構成比
人件費	648,626	21.8	599,305	92.4	21.5	475,345	73.3	18.0	468,296	72.2	16.5
物件費	669,491	22.5	544,668	81.4	19.6	552,399	82.5	20.9	481,005	71.8	17.0
扶助費	29,062	1.0	31,837	109.5	1.1	45,943	158.1	1.7	54,988	189.2	1.9
普通建設事業費	813,860	27.4	504,481	62.0	18.1	458,427	56.3	17.3	912,004	112.1	32.2
公債費	255,125	8.6	361,405	141.7	13.0	310,451	121.7	11.7	273,255	107.1	9.6
投資及出資金,貸付金等	106,795	3.6	287,824	269.5	10.3	264,945	248.1	10.0	59,112	55.4	2.1
繰出金	153,945	5.2	108,527	70.5	3.9	162,597	105.6	6.1	151,994	98.7	5.4
その他	296,743	10.0	344,927	116.2	12.4	374,169	126.1	14.2	434,912	146.6	15.3
合計	2,973,647	100.0	2,782,974	93.6	100.0	2,644,276	88.9	100.0	2,835,566	95.4	100.0

注1）単位表示の金額は，千円である。構成比は，％である。伸びは，2000年＝100である。
注2）投資及出資金等は，積立金，貸付金を含む。その他は，維持補修費，補助費，災害復旧費，失業対策事業費，前年度繰上充用金の合計。

表Ⅱ-5-46 豊根村村税収入

	2000(H12) 金額	構成比(%)	2005(H17) 金額	伸び	構成比	2010(H22) 金額	伸び	構成比	2014(H26) 金額	伸び	構成比
1普通税	516,548	100.0	485,419	94.0	100.0	442,806	85.7	100.0	414,582	80.3	100.0
市町村民税	57,323	11.1	44,974	78.5	9.3	54,363	94.8	12.3	51,781	90.3	12.5
個人均等割	996	0.2	1,614	162.0	0.3	1,804	181.1	0.4	1,956	196.4	0.5
個人所得割	50,482	9.8	38,239	75.7	7.9	45,687	90.5	10.3	42,919	85.0	10.4
法人均等割	3,449	0.7	3,233	93.7	0.7	3,882	112.6	0.9	3,343	96.9	0.8
法人税割	2,396	0.5	1,888	78.8	0.4	2,990	124.8	0.7	3,563	148.7	0.9
固定資産税	448,612	86.8	431,851	96.3	89.0	381,150	0.0	86.1	355,049	79.1	85.6
その他	10,613	2.1	8,594	183	1.8	7,293	68.7	1.6	7,752	73.0	1.9
2目的税	0	0.0	0	0.0	0.0	0	0.0	0.0	0	0.0	0.0
（市町村税）合計	516,548	100.0	485,419	94.0	100.0	442,806	85.7	100.0	414,582	80.3	100.0

注1）単位表示の金額は，千円である。構成比は，％である。伸びは，2000年＝100である。
注2）普通税のその他は，軽自動車税，市町村たばこ税，鉱産税，特別土地保有税の合計額。
注3）税収には国保税は入れていない。

表Ⅱ-5-47 豊根村財政指標

	2000(H12) 金額	2005(H17) 金額	伸び	2010(H22) 金額	伸び	2014(H26) 金額	伸び
経常収支比率(%)	85.9	92.2		87.1		87.9	
積立金現在高(千円)	1,337,848	724,634	54.2	1,308,751	97.8	1,979,681	148.0
財政調整基金	361,353	496,745	137.5	883,449	244.5	1,493,472	413.3
減債基金	95,984	10,196	10.6	160,605	167.3	160,734	167.5
特定目的基金	880,511	217,693	24.7	264,697	30.1	325,475	37.0
地方債現在高(千円)	2,898,605	3,060,185	105.6	2,479,988	85.6	240,281	8.3
職員数(人)	69	71	102.9	52	75.4	54	78.3
A基準財政収入額(千円)	398,015	376,329	94.6	329,078	82.7	301,769	75.8
B基準財政需要額	1,328,436	1,083,410	81.6	1,098,121	82.7	1,147,604	86.4
財政力指数(単年度)A/B	0.30	0.35		0.30		0.26	

注1）伸びは，2000年＝100である。
注2）2000年度データは，愛知県総務部『市町村行財政のあらまし』より作成，他は総務省決算カードより作成した。
注3）2000（平成12）年度分の財政力指数については，愛知県総務部（2002年）に2000年度の基準財政収入，需要のデータがないため，総務省決算カードの2001（平成13）年度データを使った。

人員でみると2014年度，東栄町70人，設楽町103人，豊根村54人と限界的数値ともいえるまでに減少している（表Ⅱ-5-34, 35, 39, 40, 44, 45)。

表Ⅱ-5-36, 41, 46は，各町村の税収状況を示している。都市部に比べ歳入に占める税収の比重が低い農山村型の特徴を示しているが，それぞれの自治体の特徴が示されている。各町村の税収を人口1人あたりで比較してみると，東栄町94.8千円，設楽町117千円，豊根村332千円となり，豊根村は相対的に税収が多いことが分かる。個人所得割でみると東栄町38千円，設楽町40千円，豊根村41千円でそれほどの違いはない。固定資産税は，東栄町49千円，設楽町61千円に対して豊根村285千円となっている。税収に占める固定資産税の構成比は，東栄町49%，設楽町61.8%，豊根村85.6%と豊根村の固定資産税依存の高さを示している。歳入のところで指摘されているように，豊根村はダムからの償却資産税収入が大きいことを示している。今後，設楽町もまた，設楽ダム建設に伴う固定資産税収入が増加していくことになる。しかし，これらの税収増のうち75%は地方交付税の減額になるので，自由に使える金額は税収の25%だけである。また，こうした公共構築物の固定資産収入は年とともに減価し，税収が減少することに注意が必要である。

地方債現在高は，豊根村2000年度29億円から2014年度2億円へと大幅に減少させている。積立金は，東栄町が10億円から24億円へと積み上げていることが注目される。東栄町では，地方債残高を25億円から35億円に増加させており，積立金の増加は，将来の返済に備えた財政調整基金，減債基金の増額である。

4 おわりに

東三河の市町村は，中核都市の豊橋をはじめ豊川，蒲郡の都市型自治体，中山間地を抱える地方都市の新城市，グローバル企業の工場を抱える産業都市の田原市，農山村型の東栄町，設楽町，豊根村といったタイプの違う地域によって形成されている。そのことは，そうした地域の課題にこたえる財政

の構造もまた，自治体によって異ならざるを得ないということである．それを無視して画一的な財政の仕組みをつくろうとすると財政は十分な力を発揮できなくなる．同時にどの自治体であっても基礎的な住民福祉行政や地域環境維持行政，社会資本整備の行政も必要である．そのことをもって，画一的制度が必要ということにはならず，基礎的サービスを満たすための財政需要については，市町村の税源を涵養するとともに不足する部分にたいしては，財政調整を行うことが必要になってくる．その機能を持つのが地方交付税と国庫支出金である．これは，あくまで地方自治体の主体性を発揮し，地域の管理主体としての役割をよりよく果たしていくように機能させていくことが必要である．

　また，こうした制度を土台に地方自治体は，それぞれの地域にふさわしい発展を図ることが必要であり，その意味で地域の経営力量を高めていく必要がある．経営とは，財政の削減ではなく，地域の自然資源，経済資源，文化資源，人的力を組み合わせて住民の暮らしときずなを強め，地域が持続していくための実践をしていくことである．その意味で，地域と自治体の経営力を高め，その手段として財政の運用が必要となる．田原市のような自らコントロールが難しいグローバル経済の強い影響を受ける自治体の財政の在り方については，過疎地域の財政問題同様挑戦すべき課題である．

文献

愛知県総務部『市町村行財政のあらまし』各年版
総務省「決算状況（市区町村）」各年度
　　（http://www.soumu.go.jp/iken/zaisei/card.html）

（西　堀　喜久夫）

第6章　東三河の伝統的地場産業
――「三河木綿・織物」――

1　はじめに

　東三河地域には歴史と風土によって培われた伝統的地場産業が数多く存在する。代表的なものを挙げると，経済産業大臣指定の伝統的工芸品[1]として有名な豊橋市の「豊橋筆」，郷土工芸品として位置づけられる蒲郡市の「三河木綿・織物」や「藍染」，豊川市の「曲輪せいろ」，「三河張子」，「小坂井の風車」，「天神様」，「宮太鼓，締太鼓，平太鼓」，そして，新城市の「鳳来寺硯」などがある。

　伝統的地場産業に属する企業等の多くは，歴史こそ古いものの，その経営実態は苦しく，地域を支える基盤産業としての役割は十分に担えていないものが多い。しかし，「三河木綿・織物」は現在でも東三河地域の主力産業[2]の1つとして地域を支えるとともに，認知度やブランド力の向上を目的として新たな取り組みを進めている。

　そこで，本稿では数ある東三河の伝統的地場産業の中でも三河木綿・織物に着目し，その産地の特徴，歴史，近年の動向等について簡潔にまとめる。

2　愛知県下の織物産地とその特徴

　愛知県は中世から木綿・織物などの繊維の産地として発展してきたが，現在も繊維産業は愛知県経済を支える重要な産業である。紡績や織物，ニット，染色などのテキスタイル産業だけでなく，その加工品である紳士服，婦人服などのアパレル産業，さらに，繊維製品の卸売業など，様々な関連産業が県内に集積しており，わが国における一大産地を形成している。

県下には複数の繊維産地が分布しているが，地域的には尾張地域（尾州産地，知多産地など）と三河地域（三河産地，三州産地など）に大別される。一宮市や尾西市を中心とした尾張地域では尾州織物を代表とする毛織物の生産が，知多半島に分布する知多産地では白生地の生産が盛んである。一方，三河地域は，綿・化合繊織物を中心にニット，ロープ，網，綿・化合繊紡績などの生産が盛んであり，衣料用のテキスタイルだけでなく，産業用資材やインテリア，寝装品などの非衣料用の繊維製品のウエイトが高い。

三河地域の主な産地としては，蒲郡市およびその周辺地域に広がる三河産地，西尾市を中心とする三州産地，そして岡崎市に分布する岡崎産地などに分類されることが多い。また，合田（1979 439〜454頁）では，三河地域のうち，西尾市や岡崎市とその周辺地域に発達した産地を西三河産地とし，蒲郡市，豊橋市，豊川市と宝飯郡および額田郡の一部の範囲に発達した産地を東三河産地としている。

各産地の生産品種と生産体制は，産地ごとに異なる特徴を有している（沢田 1992）。まず，知多産地では，量産型の白生地の生産が主力であり，最終用途としては，衣料，寝装品，ガーゼなどの生活用品の材料に用いられる織物を生産している。また，三州産地も白生地の生産が中心であるが，生活用品の材料として供せられる知多産地の織物とは異なり，主に産業用資材になる織物を生産している。最終用途としては，自動車の内装やイスの張地，ガムテープの基布などの生産に用いられることが多い。他方で，三河産地では，知多・三州産地とは異なり，白生地だけでなく，インテリア織物やファンシークロスなどの柄物の生産も行われている。こうした多様な生産品種の生産を実現するために，産地内には産元（産地問屋）のほか，撚糸，織布，染色整理，縫製などの各工程で高い技術力を持つ関連産業が集積している。これら関連産業はそれぞれ有機的に結び付き，一次加工品から最終製品までを地域内で一貫して生産できる総合的な生産体制を形成している。

③ 三河木綿・織物の歴史

1）古代における三河織物の位置づけ

　三河木綿・織物の歴史を紐解くと，三河地域は古代より織物が盛んであった。8世紀の始め頃に稲作の伝来とほぼ同時に織物技術も伝来し，その後は，植生繊維の苧麻（良質の麻）と絹の生産技術が急速に進歩していった。古代の三河国では朝廷への貢ぎ物の調として羅・綾・絹白糸等を納めており，とりわけ絹は上質のものとして珍重された。「正倉院文書」（750年）や「雑物請用帳」（752年）によると，11カ国から貢がれた絹の中で，三河産は精白な細糸で経糸・緯糸の密度の多い上質布として「白絹布」と称され，他国産より15％程高値で取引されていた。9世紀の「延喜式」にも，三河産の「犬頭白糸（けんとうしらいと）[3]」は最上の絹として位置づけられ，他国の倍以上の納品量を誇った。

2）木綿の伝来と三河木綿

　わが国における綿の伝来は，「日本後記」および「類聚国史」によると799（延暦18）年とされる。崑崙人（コンロン人）[4]が，小舟にのって三河国幡豆郡天竺村（愛知県西尾市）に漂着し，綿の種子1袋を伝えたのが最初とされる。他方で，「万葉集巻三」に「しらぬびのつくしの綿は身につけていまだに着ねどあたたかにみゆ」との記述もあるため，伝来した時期はもう少し古い可能性もある[5]。

　その後，伝えられた綿種は，紀伊，淡路，阿波，讃岐，伊予，土佐，大宰府などの諸国に広められたが，時の流れとともにいつしか途絶えてしまい，再びわが国の文献に現れ始めるのは中世の14～15世紀頃である。例えば，「大乗院寺社雑事記」には，1468（応仁2）年に輸入木綿を巡って布座と小物座が専売権を争ったことが記されている。16世紀に入ると，各地の様々な文献で国産木綿に関する記述がみられるようになるが[6]，三河木綿は各地の産地に先駆け，比較的早い時期に記録が残っている。例えば，1504（永正元）

年に三河から奈良に木綿が送られたことを記す文献の存在や，1510（永正6）年の記録である「永正年中記」に国産木綿布の最古の記録として"三州木綿"の文字が記載されている（和木・飯島 2009）。

これらの文献が示すように，三河地域は15〜16世紀頃には綿花の栽培地として発展し始め，その後，江戸時代になると摂津国や河内国などと並んで国内でも有数の綿作地域として位置づけられるようになる。とりわけ，矢作川の下流域で綿花の栽培が盛んになるが，こうした原材料の供給基盤が三河木綿・織物の発展の基礎になったと考えられる。

3）近世の三河木綿・織物

江戸時代の三河の綿業は農家の副業として広まるなど，生産の中心は農村であった。また，江戸などの大都市との商取引が行われるようになるとともに，組合組織と取引ルートが確立化するなど，ある種の統制も行われるようになった（図Ⅱ-6-1）。例えば，「西郡組小買株鑑札」（1864（文久4））の記述に基づくと，西郡，三谷，水竹，江畑，形原，西浦，深溝，六栗，幡豆の

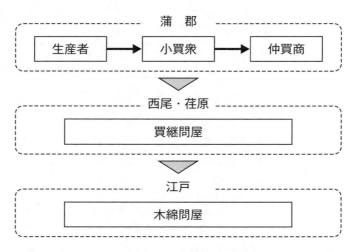

図Ⅱ-6-1　江戸時代における三河の白木綿取引の流れ
出所：三河テキスタイルネットワーク（夢・織・人）ホームページ掲載図を基に筆者作成。

一帯(現在の蒲郡市,幸田町,西尾市幡豆町一帯)の綿布小買人は鑑札を受けて商売をしていたことが明らかになっている[7]。

また,紡織の歴史を技術面からまとめた文献である「日本紡織技術の歴史」(1960(昭和35))によると,江戸時代の綿織物はほとんどが平織であったことが知られている[8]。幕末頃に絹織の影響を受け,製伝能率の高い高機が採用されるようになった。

4) 近代の三河木綿・織物

明治時代に入ると,綿業は農家の副業としての家内制手工業から工場制手工業に変化する。記録としては,1870(明治3)年に三谷町(蒲郡市三谷町)の小田時蔵氏が機業を始めたことが,近代における三河産地の綿業の始まりとされている。また,1876年には,同じく三谷町の武内せき女氏が三谷町松葉にて織布業を始めた[9]。

その後,三河木綿・織物の生産は増加し,販路は各地に拡大する。まず,1888年の東海道線の開通を契機に三河縞は関東方面に販路が広がる。また,1891年頃には,三谷町の水野六三郎氏が駿河路から甲府附近にいたる販路を築いた。さらに,1894年頃に方原村(現蒲郡市形原町)で元々塩魚の販売に従事していた小林平次郎氏が綿布行商に転向し,松本・長野方面に販売した。1895年には,小田角三郎氏が上州方面に新たな販路を開拓している。とりわけ,関東方面の需要が増え,1896年頃には牛久保町(現豊川市)の山田慶助氏や陶山忠七氏,蒲郡町の内田甚四郎氏らが,主として東京向けに白木綿を販売したと伝えられている。

1903(明治32)年には,藤田伊助氏を組長とする愛知県三河織物同業組合が結成される。同組合は,製品の検査機関を設立し,染色堅牢度や密度等を厳しく検査するほか,染色技術の進歩を目指す染色研究会を結成するなど,品質向上に向けた取り組みを積極的に行った。その結果,品質の向上とともに生産量も増加する。1904年には65万反の生産量に達し,10年後の1914(大正3)年には140万反にまで増加した。

5) 昭和初期から戦後の三河木綿・織物

1927（昭和2）年には，現在の愛知県三河繊維技術センターの前身である三河染織試験場が設立された。織物に関する研究が行われるとともに，海外見本の収集と配布，製作業者への指導を行うなど技術力の向上に貢献した。

1932年には，生産額が50万円になり，木綿による織込児服縞の生産高は全国第1位になる。この児服地は，婦人スカート，前掛け，コート，スポーツ服，鞄・袋物などの様々な装飾用品に使用された。

しかし，この頃の生産現場は過酷で，織機間の通路が通行できないほど狭い劣悪な職場環境である上に長時間労働を強いられるなど，厳しい労働条件で労働者は就業していた。職工には，成分工（出来高払），日給工，年期工の区分があったが，成分工は大半が地元出身者で，雇用期間がなく三河織物同業組合で決めた基準による賃金が支払われていた[10]。

第二次世界大戦の終戦後は，わが国は極端な衣料不足であった。このため，衣料は作れば作るほど売れる好景気が続いた[11]。この頃は戦後統制のため正常な取引ではあまり利益が出なかったが，特紡糸は綿糸布統制の適用から除外されていたため，特紡糸を使用した織物は自由に売買が可能であった。当時は極端な品不足の時代であったため粗製濫造の傾向が強かったが，わが国の織物業は大いに潤い，三河地域の織物業も目覚ましく復興した。

しかし，戦後の繊維業界の好景気は短く数年後には業界全体が景気後退し始める。三河産地も不況の煽りを受け，操業状況は1952（昭和27）年をピークに急速に後退し始めた。小規模業者の中には手持製品の値下がりや商社欠損のしわ寄せなどにより，同年の年末には三河産地の業者のうち135社が休業，20の工場が廃業した。翌年の1953年には転廃業工場の数は197にまで悪化した。

昭和30年代の高度経済成長期に入っても三河産地は取り残されるように不況に苦しんでいた。そもそもの生産過剰に加えて，貿易自由化に伴う国際競争の激化，設備の老朽化や人件費の上昇に伴う生産性の低下，新製品開発の遅れなどを原因に構造的不況論が指摘され始めた。

昭和40年代中頃からは，繊維産業の近代化，合理化のための構造改善事業が進められた。わが国の繊維産業は超自動織機の導入に伴い稼働率を急速に高めていったが，特に蒲郡地区の自動化率は高く，1973（昭和48）年8月時点で51.9％と全国平均（27.6％）を大幅に上回っていた。この結果，自動化前に比べると，織機1台あたりの生産性は25％向上し，従業員1人あたりの生産性では52％の向上を達成した。生産性の向上により，ドル・ショックや対米繊維輸出規制の痛手も一時的には克服するに至ったが，他方で従業者数が36％減と雇用吸収力は大幅に減退することになった（和木・飯島2009）。

④ 三河産地の近年の動向

1）織物工業の動向

蒲郡市に拠点を置き三河産地の織物工業を牽引する組合の1つである三河織物工業協同組合から入手した統計資料に基づき，近年の業界動向を概観する。

まず，表Ⅱ-6-1は，三河織物工業協同組合加盟企業の近年の織物生産高を示している。これをみると，2015（平成27）年の織物生産高（計）は784万225㎡であるが，2013年からの推移をみると，最近3年間では減少傾向にあることがわかる。製品種類別に確認すると，綿織物は堅調に増加傾向であったが，スフ織物[12]，合繊織物，その他が最近3年間は顕著に減少傾向にある。特に，スフ織物と合繊織物の2015年の落ち込みが激しい。

また，図Ⅱ-6-2は，三河織物工業協同組合加盟企業の事業所数，従業員数，織機台数の推移を示している。これをみると明らかなように，長年にわたる繊維不況の影響で，1960（昭和35）年以降，事業所数と織機台数は顕著に減少傾向であったことがわかる。特に，円高傾向が強まり輸出環境が悪化した1960年代から1990年代までの落ち込みが激しく，事業所数，織機台数ともに大幅に減少した。その後も減少傾向は続き，直近の2016年は，事業所

表Ⅱ-6-1　三河織物工業協同組合加盟企業の織物生産高　　　　　　　　　　（単位：㎡）

	2013年	2014年	2015年
綿織物	1,268,177	1,599,155	1,833,534
スフ織物	1,400,188	1,381,728	214,913
合繊織物	2,417,453	1,869,822	1,155,943
その他	5,196,325	4,939,930	4,635,835
計	10,282,143	9,790,635	7,840,225

出所：三河織物工業協同組合提供資料をもとに筆者作成。

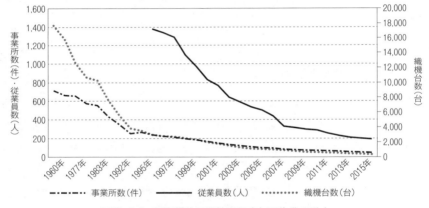

図Ⅱ-6-2　三河織物工業協同組合加盟企業の動向
出所：三河織物工業協同組合提供資料をもとに筆者作成。

数が46件，織機台数にいたっては340台と1960年の織機台数の50分の1以下まで減少している[13]。また，従業員数の推移は1996年以降の統計しか入手できなかったが，1996年時点に1,382人であった従業員数が，直近の2016年には192人と7分の1程度まで減少している。

　以上のように，蒲郡市の織物業界は1960年以降の長期にわたって苦しい業況にあり，近年においても好転の兆しがみられないことがわかる[14]。

2）三河産地の新たな取り組み

　長年にわたる三河木綿・織物業界の苦境を克服するべく，近年において

は新たな取り組みが試行されている。1つは，三河織物工業協同組合による三河木綿のブランディング戦略である。まず，2006年に地域ブランド専門委員会[15]を創設し，あわせて，その下部組織として地域ブランド広報部会，地域ブランド審査部会ならびに地域ブランド商品開発部会を設置した。そして，地域団体商標として『三河木綿』の商標権を規程・登録し，当該ブランドの管理を厳格化するとともに，この取り組みを通じて三河産地の活性化を目指している。こうした取り組みの結果，例えば，株式会社タネイでは，地域団体商標『三河木綿』を活かして刺し子織りの新製品を開発した。料理用割烹着，作務衣，和帽子，バッグなどの新規ブランドである「sasicco」や「和楽」などを開発し，製造・販売している。

　また，蒲郡市では，手織りの三河木綿・三河縞の復元を目指す「三河縞ルネッサンス事業（2002年度〜2004年度）」を展開した。現在は，同事業を発展的に継承した手織りの工房である「手織場（てばたば）」を運営し，開業以来，三河木綿保存会代表の高木宏子氏の指導のもと，昔ながらの製法の復元を目指している。また，こうした取り組みを紹介するホームページ（三河テキスタイルネットワーク（夢・織・人））の開設やアンテナショップ「夢織人」（写真Ⅱ-6-1）の運営を通じて，「三河木綿・三河縞」の認知度やブランド力の向上に資する活動を行っている。

5　おわりに

　本稿では，東三河の伝統的地場産業の1つである三河木綿・織物に着目し，産地の特徴，歴史，近年の動向等について簡潔にまとめた。その歴史は古く現在も地域経済を支える重要な産業であるが，戦後の高度経済成長期以降は構造的な不況にあえぎ，近年も苦しい経営を強いられている。こうした状況を打開するべく，蒲郡を中心とする三河産地では地域団体商標の規定・登録や三河木綿・三河縞の伝統技法の復元など，業界団体や市を中心に復興に向けた地道な取り組みが行われている。現時点では十分な成果がでているとは

写真Ⅱ-6-1 アンテナショップ「夢織人」(上:外観,左下・右下:店内)
筆者撮影(撮影日:2016年9月5日)。

言い難いが，三河木綿・織物は東三河の重要な地域資源であるため，今後においても産業振興の観点だけでなく文化振興の側面からも保護育成に向けた議論を続ける必要があろう。

注

(1) 伝統的工芸品産業の振興に関する法律（伝産法）に基づき経済産業大臣が指定。
(2) 総務省・経済産業省「平成24年経済センサス－活動調査 製造業（市区町村編）」によると，東三河地域の主要産地である蒲郡市の2011（平成23）年時点における繊維工業の工業全体に対する構成比は，製造品出荷額等ベースで11.5%，従業者数ベースで18.0%，事業所数ベースで35.8%を占める。
(3) 犬頭白糸は蔵人所に納められ，これを用いて天皇の衣服を織るようになった。犬頭白糸は雪のように白く光沢をおびた上絲であった。
(4) インド系の中国西部の山岳少数民族やマレー人との説がある。
(5) 「続日本記」によると769（神護景雲3）年に九州の太宰府から綿を朝廷に奉った記録もある。
(6) 武蔵に綿種が再伝来したこと（1501（文亀元）年），相模で綿花栽培が盛んになったこと（1522（大永2）年），綿種が九州に伝えられ薩摩木綿が生産されるようになったこと（1543（天文12）年），駿河で綿布が織られるようになったこと（1552（天文21）年），大和で綿実の栽培が始まったこと（1592（文禄元）年）など，各地の文献で国産木綿に関する記述が残されている。
(7) 商取引には2人の帳元と12人の木綿行司の調印を必要とするなど，統制的な手続きが必要であった。
(8) 平織は「いざり機」で織られたが，これは「木綿機」とも呼ばれるほど，木綿の生産に活用された。
(9) 小田時蔵氏は，1875（明治8）年に遠州笠井（静岡県浜松市笠井町）からチャンカラ機20台を購入して工場を設立している。また，武内せき女氏は，尾州中島郡祖父江村（愛知県中島郡祖父江町）から縞木綿用の機経台を1機入手し，4人の工女を採用して開業した。
(10) 多くの労働者は基本的に住込みであり，生活費として1日あたり約13銭を徴収されていた。
(11) 戦後の好景気のことを「ガチャマン景気」（ガチャンと織れば1万円もうかる）と称された。また，三河地域は「ガチャンの町」として全国的に知られるようになった。
(12) スフ糸（ステープルファイバー（短繊維））を用いた織物。
(13) 1960年の事業所数は716件，織機台数は17,738台であった。
(14) 今回入手した統計は三河織物工業協同組合の加盟企業の動向を示しているに過ぎず，産元や染色などの他の工程に携わる業界の動向については分析していない。このため，今回の分析結果をもって蒲郡を中心とする三河産地の織物業界全体の苦境を断じることはできない。ただし，三河産地の産元，織物，染色等の関連産業は相

互に密接に結びついているため，今回の分析結果は三河産地の織物業界全体の苦境を代表している可能性が高いことに留意するべきであろう。
(15) 同委員会は，組合員から委員を選出し，顧問として蒲郡市長，三河繊維技術センター長，弁理士を招聘している。

文献

合田昭三 1979「東三河織物業の生産構造」『地理学評論』（日本地理学会）52巻8号
沢田克行 1992「愛知県三河地域繊維産業の現状と将来展望」『繊維工学』Vol.45, No.9
三河織物工業協同組合ホームページ
　　（http://www.mikawaori.com/）（検索日：2016年9月22日）
三河テキスタイルネットワーク（夢・織・人）ホームページ
　　（http://www.yumeoribito.jp/index.php）（検索日：2016年9月22日）
和木康光（原著），飯島卓（編集・監修）2009『街は碧海に映え－がまごおり物語－』飯島株式会社

（辻　隆司）

第7章　データからみる東三河

――隣接4地域との2011〜2015年の相対比較――

1　はじめに

　2016(平成28)年10月現在,東三河の行政区分は5市2町1村で構成され,『東三河の経済と社会』第7輯当時（2011年12月）と変わっていない（ただし,第7輯においては,平成の大合併前の市町村を対象としている場合もある）。地理的には図Ⅱ-7-1（第7輯と同じ）のように，東三河は愛知県東部に位置し静岡県と接している。本稿は第7輯と同じ目的をもって，すなわち，この東三河を構成する市町村単位でみるばかりではなく，地域を1つのものとしてデータをみることで，2011年から2015年を中心に周辺隣接地域との相対比較を行うものである。周辺隣接地域とは，愛知県西三河，静岡県西部，長野県南部，そして岐阜県東部である。前回同様名古屋，尾張は，絶対的人口が他地域と比べてとびぬけて大きいので，比較の対象から外した。

図Ⅱ-7-1　東三河の位置図

2 データからみる東三河の概要

本稿の目的は東三河を1つのものとして，隣接の他地域との比較により，この地域の特徴をとらえようとするものである。取り上げる項目は前回と同じとして，人口，農業，鉱工業，エネルギー・運輸，商業，金融・財政，労働・賃金，生活・福祉，教育・文化とした。

本稿で用いたデータは，総務省統計局による政府統計窓口であるe-statを主として用い，不足のデータについては各県の統計年鑑等を用いた。また，データの欠損年については，推測する場合とその年を除いて分析することがあることをはじめにお断りしておく。

1）人　口

はじめに人口について取り上げるが，対象は人口総数，世帯数，15歳未満人口，15歳～64歳の生産年齢人口，65歳以上人口とした。第7輯同様各地域の人口総数に占める割合（％）を算出し，5地域を表す基準値として用い，この基準値により各地域の比較を行う。

①　**人口総数**（図Ⅱ-7-2）

図Ⅱ-7-2から人口総数について，2015（平成27）年の各地域人口割合は，愛知県西三河160万人（37％），静岡県西部132万人（30％），愛知県東三河76万人（17％），長野県南信35万人（8％），岐阜県東部34万人（8％）となり，愛知県西三河，静岡県西部に次いで，東三河は第3位の人口総数となっている。また，5地域における人口の割合を2010年と比較すると，愛知県西三河が1ポイント上昇したのに対し，静岡県西部と愛知県東三河はわずかともいえるが1ポイント下がっている。

2015年の人口総数の1990年比は愛知県西三河1.21，静岡県西部1.07，愛知県東三河1.04，岐阜県東部0.95，長野県南信0.95の順である。2010年との比較では岐阜県東部や長野県南信においては人口の減少が明確である。また，2010年との比較ではトヨタ系企業の集中する愛知県西三河を除いて，実数

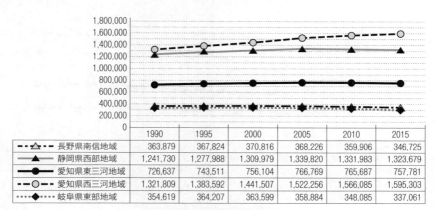

図Ⅱ-7-2　人口総数（人）
e-statより

としての人口が減少している。全国的な傾向ではあるが少子化の影響と都市化の影響がいずれの地域にも生じているといえる。なお，先に述べたが，本稿においても第7輯と同様に，この人口比率（％）によって各地域を表す基準と考えることとする（基準値）。

② 世帯数（図Ⅱ-7-3）

1990年から2015年までの世帯数の変化は図Ⅱ-7-3のとおりである。2015年における5地域の世帯数割合（カッコ内％）をみると，愛知県西三河62万世帯（37％），静岡県西部50万世帯（30％），愛知県東三河28万世帯（17％），長野県南信13万世帯（8％），岐阜県東部12万世帯（8％）であり，世帯数は地域ごとの人口総数の割合（基準値）とほぼ合っている。

2015年の世帯数の1990年比は愛知県西三河1.50，静岡県西部1.37，愛知県東三河1.33，岐阜県東部1.24，長野県南信1.20の順である。前回（1985～2010年）と同様，①の人口総数の基準年比よりいずれの地域も世帯数の増加が大きく，このことはこの間にさらに家族メンバーの縮小や核家族化が進んでいることを示している。

東三河地域は1.33であり，人口総数と比例して3位であり，5地域のちょうど中間に位置しているといえる。

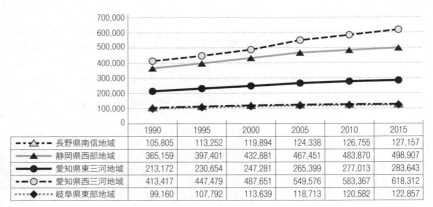

図Ⅱ-7-3　世帯数（世帯）
e-statより

③ 15歳未満人口（図Ⅱ-7-4）

1990年から2015年までの5地域の15歳未満の人口は，図Ⅱ-7-4のようにどの地域も減少していて少子化が進んでいることを示している。2015年における5地域の15歳未満人口の割合（カッコ内％）をみると，愛知県西三河24万人（39％），静岡県西部18万人（29％），愛知県東三河10万人（17％），長野県南信5万人（8％），岐阜県東部4万人（7％）である。この割合はほぼ

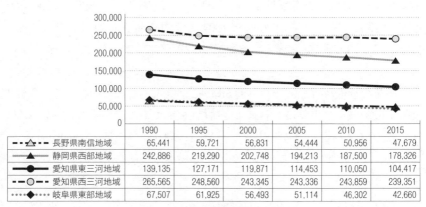

図Ⅱ-7-4　15歳未満人口（人）
e-statより

基準値と同じである。

2015年の15歳未満人口の1990年比は愛知県西三河0.90，静岡県西部・長野県南信0.73，愛知県東三河0.75，岐阜県東部0.63の順である。全国的な傾向とは言えいずれの地域も15歳未満の人口減少は大きく，なかでも岐阜県東部は0.63と大きく，この地域はとくに少子化の傾向が強いといえる。

東三河においても15歳未満の人口減少は大きく，0.75と約25％の減少を示している。15歳未満の人口減少は今でもそうであるが，いずれ近いうちに，生産年齢の減少となってこの地域の大きな問題となるであろう。

④ **15歳～64歳人口**（図Ⅱ-7-5）

1990年から2015年までの5地域の生産年齢人口（15歳から64歳まで）の変化は，図Ⅱ-7-5のとおり5地域とも減少している。2015年の5地域の15歳～64歳人口の割合（カッコ内％）をみると，愛知県西三河101万人（39％），静岡県西部78万人（30％），愛知県東三河46万人（17％），長野県南信19万人（7％），岐阜県東部19万人（7％）となる。前回と変わらず，愛知県西三河の割合が高く，西三河地域が生産年齢の多い産業地帯であることがわかる。

2015年の生産年齢人口の1990年比は愛知県西三河1.08，静岡県西部0.92，愛知県東三河0.92，岐阜県東部0.8，長野県南信0.83である．前回において（1985

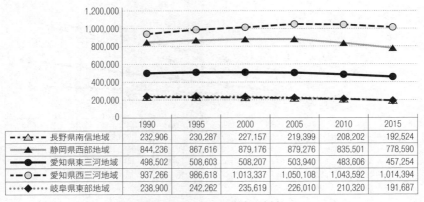

図Ⅱ-7-5　15～64歳人口（人）
e-statより

〜2010年）愛知県西三河1.24，静岡県西部1.06，愛知県東三河1.02,岐阜県東部0.92，長野県南信0.89であったことと比べると，いずれの地域も生産年齢人口が減少していることがわかる。

　自動車産業のメッカであり，アベノミクスの恩恵を多く受けているとされる地域が西三河である。しかし，このデータからは，アベノミクス効果は西三河地域の生産年齢の減少を抑えているが,その効果は限定的である。また，この点において同様の産業地帯とされる静岡県西部の落ち込みが目に付く。東三河においても生産年齢人口は減少している。

⑤　65歳以上人口（図Ⅱ-7-6）

　1990年から2015年までの5地域の65歳以上（高齢者）の人口増加は図Ⅱ-7-6からみて全ての地域で上昇してさらに高齢化が進行したことを示している。2015年における5地域の65歳以上人口の割合（カッコ内％）をみると，愛知県西三河32万人（30％），静岡県西部34万人（32％），愛知県東三河19万人（18%),長野県南信11万人（10％),岐阜県東部10万人（10％）となる。愛知県西三河の65歳以上の割合が上昇して前回みられた高齢化割合における地域的差異が縮小している。

　1990年から2015年における5地域の65歳以上の人口増減率は愛知県西三

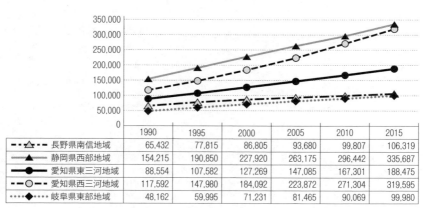

図Ⅱ-7-6　65歳以上人口（人）
e-stat より

河2.72, 静岡県西部2.18, 岐阜県東部2.08, 愛知県東三河2.13, 長野県南信1.62である。比較として1980年から2005年までの65歳以上人口増減率を挙げると, 愛知県西三河2.68, 静岡県西部2.43, 岐阜県東部2.39, 愛知県東三河2.26, 長野県南信1.94であった。

東三河において65歳以上人口の増加が他地域と比べてとくに多いわけではないが, いずれにしても急速に高齢化が進んでいるといえる。

2) 農 業

農業については, 第7輯において耕地面積と農業産出額のデータを示したが, 今回は農業産出額のデータを入手できなかったので, 耕地面積のみを示すこととする。

① 耕地面積 (図Ⅱ-7-7)

耕地面積については2009年から2015年のデータを示す。前回, 1991年から2007年のデータにおいて全ての地域で減少していたが, この減少傾向はこの7年間においても全地域で変わらない。耕地と農業人口の減少は続いているといえる。ただ2015年のデータの2009年比はいずれの地域も0.97以上であり微減であるといえる。

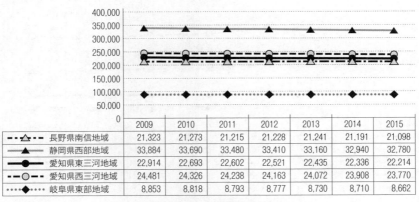

	2009	2010	2011	2012	2013	2014	2015
長野県南信地域	21,323	21,273	21,215	21,228	21,241	21,191	21,098
静岡県西部地域	33,884	33,690	33,480	33,410	33,160	32,940	32,780
愛知県東三河地域	22,914	22,693	22,602	22,521	22,435	22,336	22,214
愛知県西三河地域	24,481	24,326	24,238	24,163	24,072	23,908	23,770
岐阜県東部地域	8,853	8,818	8,793	8,777	8,730	8,710	8,662

図Ⅱ-7-7 耕地面積(ha)
2009〜2013：e-stat, 2014〜2015：農林水産省面積調査より

2015年度における耕地面積の5地域耕地面積割合（カッコ内％）をみると，耕地面積は，愛知県西三河2.4万ha（22％），静岡県西部3.3万ha（30％），愛知県東三河2.2万ha（20％），長野県南信2.1万ha（19％），岐阜県東部0.9万ha（8％）である。

3） 鉱工業

ここでは製造業従事者数，製造品出荷額，事業所数についてみていくこととする。

① 製造業従事者数（図Ⅱ-7-8）

製造業従事者数について，2008年から2012年までのデータではあるが，図Ⅱ-7-8からいずれの地域も減少しているとみてとれる。数値としてこれをみると，2012年の製造業従業者数の2008年比は，いずれも0.8～0.9であり減少している。2011年から2012年までの数値をみるといずれの地域も横ばいである。これは2008年のリーマンショックによる影響が，やや回復しはじめているともみえる。製造業従事者数について2012年の5地域の割合をみると，愛知県西三河31万人（48％），静岡県西部18万人（28％），愛知県東三河8万人（13％），長野県南信4万人（6％），岐阜県東部3万人（5％）となる。

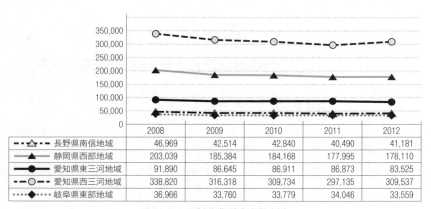

図Ⅱ-7-8　製造業従事者数(人)
e-statより

地域人口を基準として比べると，愛知県西三河は48％と前回（2008年以前）よりも割合が増加して，この地域がさらに製造業地帯となっていることが示されている。

東三河地域は人口の割には製造業従事者数が少ないといえる。

② **製造品出荷額**（図Ⅱ-7-9）

2008年から2012年までの製造品出荷額は，図Ⅱ-7-9から明らかにリーマンショック後の落ち込みが示されている。2012年度の5地域割合をみると，愛知県西三河21兆円（61％），静岡県西部7兆円（22％），愛知県東三河4兆円（12％），長野県南信1兆円（3％），岐阜県東部0.7兆円（2％）となり，愛知県西三河の製造品出荷額とその割合を高めている。静岡県西部が22％と相対的に少ないのは意外に感じるが，愛知県東三河において4兆円（12％）の製造品出荷額がある点も注目すべきであろう。

2012年の製造品出荷額の2008年比はいずれも0.7から0.9である。ただ，2012年になっていずれの地域も前年度横ばいか上昇している。

③ **事業所数**（図Ⅱ-7-10）

1986年から2012年までの事業所数総数の変化は図Ⅱ-7-10のとおりである。2012年の事業所数の2009年比は，いずれの地域も0.9程度であり，どの地域

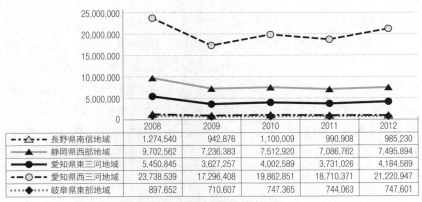

図Ⅱ-7-9　製造品出荷額等（百万円）
e-statより

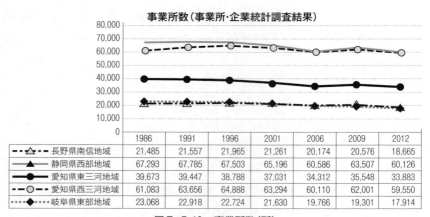

図Ⅱ-7-10　事業所数（所）
1986〜2009：e-stat，2012：経済センサスより

も4〜9％の減少を示している。第7輯は製造事業所総数であり今回とはデータが異なるが，特段の変化はないといえる。

4）エネルギー・運輸

エネルギー・運輸については第7輯に倣って自動車保有車両数に基づく乗用車，軽自動車台数からこれをみる。

① 自動車保有台数：乗用車，軽自動車（図Ⅱ-7-11）

前回（第7輯，1993〜2007年）においては，2007年までのデータということもあり，リーマンショック前の状況を表している。地域間の自動車と軽自動車の割合からみると，トヨタ自動車のある愛知県西三河では乗用車38％＞軽自動車29％となり乗用車の割合が高いが，スズキ自動車の立地する静岡県西部では，軽自動車32％＞乗用車29％と軽自動車の割合が高い。また，他の3地域とも軽自動車の割合が高くなり，地方においては軽自動車が1人1台の足となっていることを示しているとされていた。

2007年から2015年までの5地域のデータを図Ⅱ-7-11に載せた。図Ⅱ-7-11より，2007年から2015年の乗用車と軽自動車の増減率を算出すると表

第7章　データからみる東三河

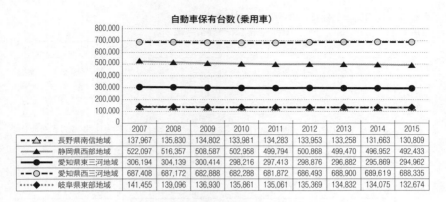

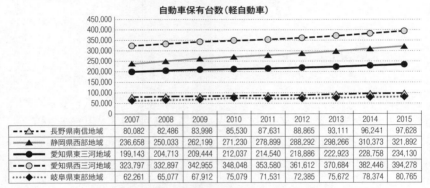

図Ⅱ-7-11　自動車保有台数：乗用車，軽自動車（台）
愛知県：愛知県統計年鑑，岐阜県：岐阜県統計書デジタルアーカイブ，
静岡県：統計センターしずおか，長野県：長野県統計情報より

Ⅱ-7-1のようになる。前回はどの地域も軽乗用車の増加が大きかったが，乗用車についても増加していた。しかし，リーマンショック後では，愛知県西三河は2015年の乗用車の2007年比が1.0と横ばいであるが，その他の地域はいずれも減少している。その代わり愛知県西三河も含めて軽乗用車の増加が大きい。この原因としては，賃金の上昇がないことから軽乗用車に乗り換える人が増えたこと，かつ女性の就業率が上がり通勤車としての軽乗用車が増えたことが考えられる。

表Ⅱ-7-1　2007年と2015年の自動車保有台数の増減

乗用車　　　　　　　　　　　（台）

	①2007	②2015	②/①
長野県南信地域	137,967	130,809	0.95
静岡県西部地域	522,097	492,433	0.94
愛知県東三河地域	306,194	294,962	0.96
愛知県西三河地域	687,408	688,335	1.00
岐阜県東部地域	141,455	132,674	0.94

軽乗用車　　　　　　　　　　（台）

	①2007	②2015	②/①
長野県南信地域	80,082	97,628	1.22
静岡県西部地域	236,658	321,892	1.36
愛知県東三河地域	199,143	234,130	1.18
愛知県西三河地域	323,797	394,278	1.22
岐阜県東部地域	62,261	80,765	1.30

5) 商　業

① 商業事業所数（図Ⅱ-7-12）

前回（第7輯，1985～2007年）において，商業事業所数は全体に減少していた。今回，図Ⅱ-7-12をみると，1999年から2014年までの動きとして，リーマンショック後落ち込みその後横ばいといえる。前回第7輯（1985～2007年）における2007年の商業事業所数の1985年比は，愛知県西三河0.81，静岡県西部0.75，長野県南信0.74，岐阜県東部0.73，愛知県東三河0.71であり，東

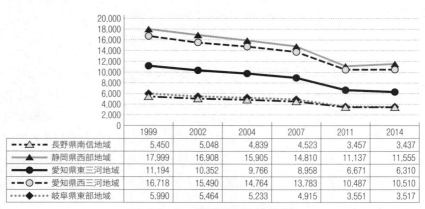

	1999	2002	2004	2007	2011	2014
長野県南信地域	5,450	5,048	4,839	4,523	3,457	3,437
静岡県西部地域	17,999	16,908	15,905	14,810	11,137	11,555
愛知県東三河地域	11,194	10,352	9,766	8,958	6,671	6,310
愛知県西三河地域	16,718	15,490	14,764	13,783	10,487	10,510
岐阜県東部地域	5,990	5,464	5,233	4,915	3,551	3,517

図Ⅱ-7-12　商業事業所数（事業所）
1999～2011：e-stat，2014：経済センサスより

三河地域における同比率が一番低く、減少が著しかった。今回（1999～2014年）は愛知県西三河0.63、静岡県西部0.64、長野県南信0.63、岐阜県東部0.59、愛知県東三河0.56である。いずれにしても、デフレ要因といった消費者が物を買わなくなったことと、小規模商業事業所が淘汰され、コンビニや大規模スーパーなどに集約されている過程を示していると思われる。

今回においても、愛知県東三河の1999年比が最も低く、減少が著しい。

② **商業従業者数**（図Ⅱ-7-13）

前回（第7輯、1985～2007年）における2007年の商業従業者数の1985年比は、商業事業所数の減少にもかかわらず増加して、愛知県西三河1.4、長野県南信1.3、静岡県西部1.18、愛知県東三河1.11、岐阜県東部1.06の順となりこの間の変化を示していた。とくに西三河の発展が大きかった。しかし、今回1999年から2014年の変化（2014年の商業従業者数の1999年比）は商業事業所数の減少を反映して、愛知県西三河0.81、長野県南信0.77、静岡県西部0.75、愛知県東三河0.66、岐阜県東部0.67とどの地域も減少している。とくに東三河地域においてその傾向が強い。

③ **商業年間商品販売額**（図Ⅱ-7-14）

第7輯（1987～2006年）における特徴は、バブル期にはどの地域も商業年

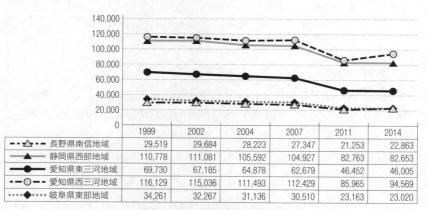

図Ⅱ-7-13　商業従業者数（人）
1999～2011：e-stat、2014：経済センサスより

間商品販売額が上昇したが，バブル崩壊後から下降したことである。ところが，1998年を境にして静岡県西部はそのまま下降していくのに対して，愛知県西三河は逆に増加していた。リーマンショックにより両地域とも商業年間商品販売額は減少したが，この2地域の格差に限ってはさらに広がっっている。前回と今回の5地域における年間商品販売額の割合（％）の変化をみると，愛知県西三河41％→43％，静岡県西部32％→30％，愛知県東三河16％→16％，長野県南信6％→5％，岐阜県東部6％→6％となりこのことを示している。また，東三河地域は3位であり傾向はほぼ横ばい状況である。

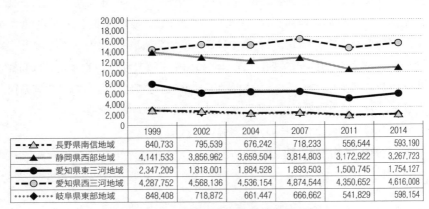

図Ⅱ-7-14　商業年間商品販売額(百万円)
1999～2011：e-stat，2014：経済センサスより

6) 金融・財政

金融・財政の項目については市町村別決算状況調を参考にした。歳入額は地域財政の実力を示し，地方交付税は財政の依存状況を示しているものとして考えた。

① 歳入額（図Ⅱ-7-15）

第7輯（1990～2008年）は，どの地域もバブルからしばらくは上昇して，その後緩やかに下降している。しかし，愛知県西三河は静岡県西部とは異なり，2004年頃から上昇に転じている。今回の2008年から2012年の変化は，

第7章 データからみる東三河

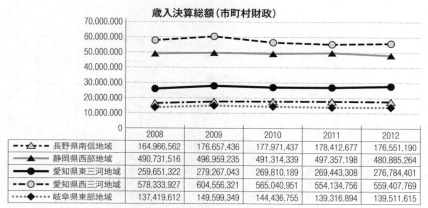

図Ⅱ-7-15　歳入額（千円）
e-statより

　リーマンショック後でありどの地域も横ばいである。2012年度における地域の歳入額（歳入決算総額）とその割合（％）は、愛知県西三河5,594億円（34％），静岡県西部4,808億円（29％），愛知県東三河2,768億円（17％），長野県南信1,766億円（11％），岐阜県東部1,400億円（9％）であり，人口総数による基準割合でみると愛知県西三河においてその割合が少ないといえる。また，2012年の歳入額の2008年比はどの地域もほぼ横ばいである。
　東三河地域については多少増加している。
② **地方交付税**（図Ⅱ-7-16）
　地方交付税は歳入の依存体質を表すものと思われる。その額の減少は財政の自立化富裕化を表している。第7輯（1997～2006年）は、どの地域もアジア経済危機後に増加して財政の悪化を示し，2000年以降どこも減少して財政の回復を示していた。しかし、今回の2008年から2012年のデータ（図Ⅱ-7-16）では、どの地域も増加している。2012年の地方交付税の2008年比をみると、愛知県西三河1.58，静岡県西部1.47，愛知県東三河1.76，長野県南信1.18，岐阜県東部1.17となる。これは2008年のリーマンショック後における自己財源の悪化を示している。2012年度における5地域の地方交付税とそ

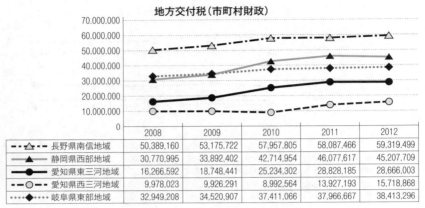

図Ⅱ-7-16　地方交付税（千円）
e-stat より

表Ⅱ-7-2　2012年度地方交付税（市町村行財政）の金額と割合

	2012（千円）	割合
長野県南信地域	59,319,499	32%
静岡県西部地域	45,207,709	24%
愛知県東三河地域	28,666,003	15%
愛知県西三河地域	15,718,868	8%
岐阜県東部地域	38,413,296	21%

の割合（％）を表Ⅱ-7-2に示す。長野県南信（32％），静岡県西部（24％）と岐阜県東部（21％）が多くを地方交付税に依存している。意外に思えるが，浜松市を擁しながら静岡県西部は財政的に悪いといえる。また，東三河地域は地方交付税の総額では同比率が1.76と最も大きい。このことから，リーマンショック後財政が悪化しているといえる。

7）労働・賃金（図Ⅱ-7-17）

　労働・賃金においては事業所・企業統計調査のデータを参考に，1990年から2010年まででではあるが，第1次，2次，3次の就業者数の変化を指標として選んだ。

① 第1次産業就業者数,第2次産業就業者数,第3次産業就業者数

図Ⅱ-7-17から第1次産業就業者数,第2次産業就業者数,第3次産業就業者数について,2005年と比べて2010年においては,どの地域においても生

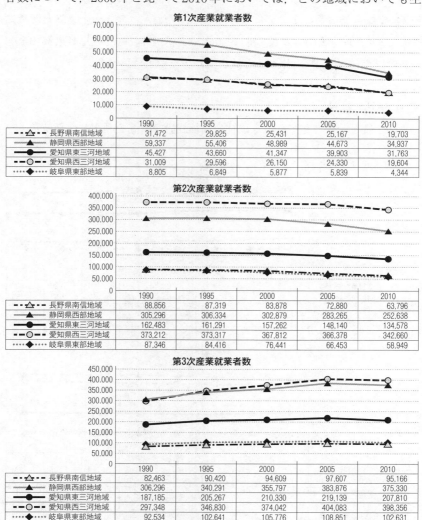

図Ⅱ-7-17　第1次産業就業者数,第2次産業就業者数,第3次産業就業者数(人)
e-stat より

産年齢者の減少傾向から絶対数が減っていることがわかる。いま少し長い目でみるために2010年の就業者数の1990年比でみると，第7輯と同様全体として，第1次産業就業者数の減少傾向，第2次産業就業者数の横ばい傾向，第3次産業就業者数の上昇傾向がみられる。ただし，第1次産業就業者数において，東三河地域(0.7)は第7輯(1980～2005年)と同様に，岐阜県東部(0.49)や長野県南信（0.63）と比べると減少率が少ないとはいえる。

8）生活・福祉

生活・福祉分野としては，主に社会福祉施設等調査を利用し，病院数，一

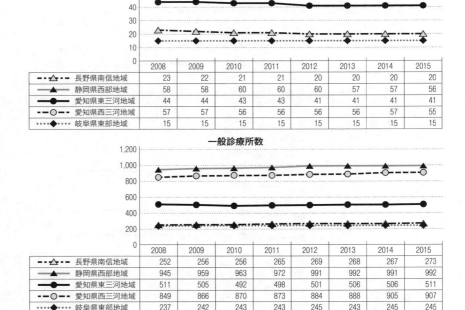

図Ⅱ-7-18　病院数，一般診療所数(所)
e-stat より

般診療所数,介護老人福祉施設数,保育所数を指標として取り上げた。

① 病院数,一般診療所数(図Ⅱ-7-18)

図Ⅱ-7-18から病院数については微減であるが,一般診療所数はどの地域も増加している。この傾向は第7輯と同様である。

② 介護老人福祉施設数(図Ⅱ-7-19)

第7輯で示した2006年の介護老人福祉施設数の2001年比は,愛知県西三河1.8,静岡県西部1.56,岐阜県東部1.67,愛知県東三河1.33,長野県南信1.24であり,どの地域も増加していたが,とくに愛知県西三河の伸びが大きかった。ところが,図Ⅱ-7-19および表Ⅱ-7-3から,2008年から2012年までの施設の増減は,長野県南信と静岡県西部で若干の増加がみられるが総じて低い。2012年度の介護老人福祉施設数とその割合は,愛知県西三河38カ所(21%),静岡県西部73カ所(40%),愛知県東三河23カ所(13%),長野県南信30カ所(16%),岐阜県東部19カ所(10%)である。基準値からみて静岡県西部と長野県南信の割合が高い。

東三河地域の介護老人福祉施設数はやや少なく,基準値からみた割合も少ない。

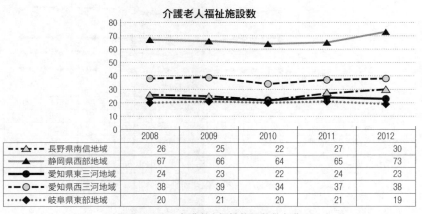

図Ⅱ-7-19 介護老人福祉施設数数(所)
e-stat より

表Ⅱ-7-3　介護老人福祉施設数の増減

(所)

	①2008	②2012	②/①
長野県南信地域	26	30	1.15
静岡県西部地域	67	73	1.09
愛知県東三河地域	24	23	0.96
愛知県西三河地域	38	38	1.00
岐阜県東部地域	20	19	0.95

③ 保育所数（図Ⅱ-7-20）

図Ⅱ-7-20から保育所数は西三河において増加した以外，どの地域も横ばいか微減であるが，2012年におけるその実数と割合は，愛知県西三河241カ所（32％），静岡県西部156カ所（21％），愛知県東三河164カ所（22％），長野県南信123カ所（16％），岐阜県東部70カ所（9％）である。実数および基準値も変わらずに愛知県東三河，長野県南信がとくに多く，静岡県西部が少ない。

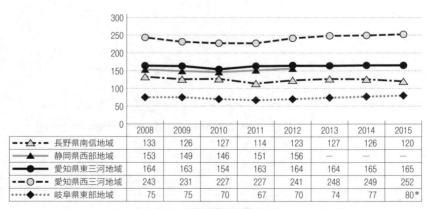

図Ⅱ-7-20　保育所数(所)

2008〜2012：e-stat，
2013〜2015：愛知県統計年鑑，岐阜県統計書デジタルアーカイブ，長野県民文化部こども家庭課より
注：2013〜2015の静岡県西部地域はデータ未公表
＊恵那市の幼保連携型認定こども園16を含む。

9) 教育・文化
① 幼稚園数（図Ⅱ-7-21）

図Ⅱ-7-21から幼稚園数は微増の横ばいである。2013年度の幼稚園数をみると，いずれの地域もほぼ横ばいである。割合では相変わらず静岡県西部において非常に多く，愛知県西三河，愛知県東三河，長野県南信において少ない傾向が続いている。静岡県西部には保育園が少なく幼稚園が多い特徴をもつことが理由であろう。

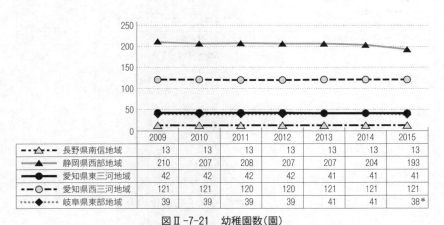

図Ⅱ-7-21　幼稚園数（園）
e-statより
＊恵那市の幼保連携型認定こども園16を含まず。

② 小学校数（図Ⅱ-7-22）

2015年の小学校数の2009年比は，愛知県西三河0.98，静岡県西部0.92，長野県南信0.98，岐阜県東部0.98，愛知県東三河0.96の順である。いずれも横ばいか微減といえる。傾向としては，愛知県西三河と静岡県西部がやや少なく，愛知県東三河と長野県南信がやや多く，愛知県東三河と長野県南信に過疎地の少人数の小学校が点在していることの証しであると思われる（図Ⅱ-7-22）。

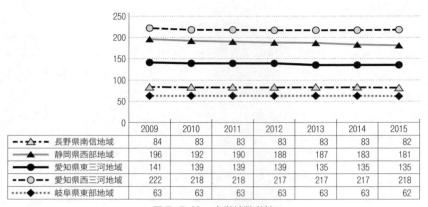

図Ⅱ-7-22　小学校数（校）
2008～2013：e-stat,
2014～2015：愛知県：愛知県統計年鑑，岐阜県：岐阜県統計書デジタルアーカイブ，
静岡県：統計センターしずおか，長野県：長野県統計情報より

3　おわりに

　ここまで東三河地域の特徴を，隣接の4地域とのデータと比較しながら概観してきた。結果からみると，この間の少子高齢化の影響が，現実となっていることがひしひしと感じられる。また，2008（平成20）年のリーマンショック後の回復が順調ではないことが示されている。成熟社会に入ったといわれる日本であるが，人口，産業，商業とも上昇の兆しはみえない。日本一の産業地域といわれる西三河においても，かつての勢いがあるとはいえない。東三河地域も例外ではなく今後の，少子高齢化と成熟社会において地域をどうするかの議論が必要であろう。辛いかもしれないが，その際には第2次大戦後70年続いた成長モデルからの精神的・行動的脱皮が求められるのであろう。

注

(1) 地域区分は，平成の大合併後の2015年を基準としている。今回，対象とした地域の市町村は以下のとおりとなっている。

　愛知県西三河地域は，岡崎市，碧南市，刈谷市，豊田市，安城市，西尾市，知立市，高浜市，みよし市，幸田町の10市町村。

　愛知県東三河地域は，豊橋市，豊川市，蒲郡市，新城市，田原町，設楽町，東栄町，豊根村の8市町村。

　岐阜県東部地域は，多治見市，中津川市，瑞浪市，恵那市，土岐市の5市町村。

　静岡県西部地域は，浜松市，磐田市，掛川市，袋井市，湖西市，御前崎市，菊川市，森町の8市町村。

　長野県南信地域（諏訪地区を除く），飯田市，伊那市，駒ヶ根市，辰野町，箕輪町，飯島町，南箕輪村，中川村，宮田村，松川町，高森町，阿南町，阿智村，平谷村，根羽村，下條村，売木村，天龍村，泰阜村，喬木村，豊丘村，大鹿村の22市町村。

（樋口義治・佐藤正之）

III

地域産業

第1章　東三河の農林漁業の動き

1．農業・林業

1　農業の動き

1）愛知県の農業と東三河の位置

　愛知県はトヨタを中心とした自動車生産など工業県として広く有名であるが，一方，農業生産もその生産額からみると，少なくともリーマンショックがあった2008（平成20）年以降についても，毎年全国6位か7位の高い位置を保っており，3,000億円台で九州の代表的農業県である熊本，宮崎両県とほぼ同じレベルにある。

　2013年でみれば，特に花卉は全国第1位にあり，野菜は5位，麦類は7位，果実は12位を占め，畜産も盛んで乳用牛は7位，鶏卵は8位，豚は10位，鶏は12位を占める。

　そしてその多くを東三河が占めている。2014年のデータによれば愛知県の農家戸数は73,344戸で全世帯数の2.4％にすぎないが，東三河では4万戸あまりでその比率は5％台をキープし，県農業人口の平均の2倍である。ちなみに全国平均は4％であり，全国平均も上回っている。しかし，いずれも農業人口の高齢化が進行し，65歳以上は60％近くに達しており，農業人口の今後の減少は続く気配である。

　そのような中で，東三河の販売農家数は9,517戸で，総農家の約95％を占めており，県平均の2倍以上を占めている。そのうち専業，主業農家は50％を占め，県平均の2倍以上を示して，活発な農業生産を裏付けている。こうして愛知県の農業生産額の半分は東三河が占めていて，前述した全国ランキング上位の部門を県内でみてみると，花卉は約75％以上，野菜は約50％，果

樹は約30%，畜産は約45%で，うち肉用牛頭数では約50%以上，肉用牛頭数では約60%，豚の頭数では約65%以上，採卵鶏羽数では約30%を占めている。

ただし，麦類については東三河の比率は低く，西三河が中心である。西三河ではトヨタ系工場の就業が広がる中，兼業農家の増大による農地の荒廃を避けようと1960年代から農業生産の組織化が始まり，ほかの地域では行われなくなった裏作を積極的に経営し，麦とともに転作奨励された大豆が積極的に栽培されてきたためである。

2）東三河の農業の動き

次に東三河農業の動きを合併前の旧市町村単位でみてみる。

図Ⅲ-1-1-1は2005年から2010年にかけての経営耕地面積と水田および畑の面積の増減の動きを示した。データの制約から2008年のリーマンショックの時期を挟んだこの期間だけしか示せないが，まず，全体では増減が分かれる形でみられる。全体での経営耕地の増加市町村は，渥美半島先端の旧渥美町と蒲郡市と旧音羽町，旧御津町のかつての宝飯郡西部，山間地域の入り

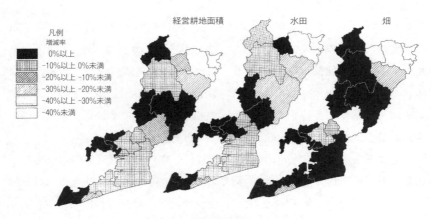

図Ⅲ-1-1-1　市町村別経営耕地面積の増減率（2005～2010年）
資料：『農林業センサス』より作成。
注）豊根村，富山村は未公表

口にあたる旧新城市とその奥の旧作手村および山間奥地の旧稲武町（今は西三河に編入されている）である。その増加分は多くないが，その多くは畑の増加によるもので，商品作物への指向性が多様なかたちで展開したといえる。豊橋から渥美半島にかけてはキャベツをはじめ，トマト，電照菊，ばら，シクラメンなど大型を多く含むガラス温室やビニールハウスによる花卉や野菜生産が発展し，それが畑地の面積を増やした。図Ⅲ-1-1-2に示した農地の貸し付け農家数の割合をみると渥美半島地域に高い比率でみられ，農家間での農地の貸し借りが多いこと，それが豊橋や旧一宮町，旧小坂井町へも広がったことがわかる。農家の中の規模拡大をめざす動きが一部の休耕地を再生，再活用したのであり，それが一部の市町村での水田にもあらわれ，農地の流動化が一部でみられたといえる。全体的には経営耕地面積が微減する中で，その後のこの動きは注目される。

　図Ⅲ-1-1-3，図Ⅲ-1-1-4，図Ⅲ-1-1-5はそれぞれ2005年と2010年の専業農家数，第一種兼業農家数，第二種兼業農家数の分布，およびこの期間におけるそれぞれの増減率の分布（図Ⅲ-1-1-6）を示したものである。それによると，専業農家数は微減傾向にあるとはいえ，豊橋市および旧渥美町が双

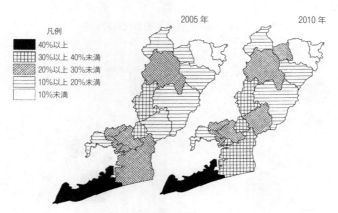

図Ⅲ-1-1-2　市町村別農地貸付農家数の割合
資料：『農林業センサス』より作成。
注）豊根村，富山村は未公表

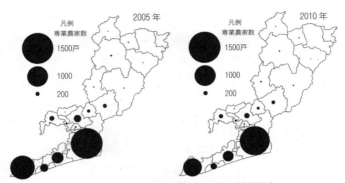

図Ⅲ-1-1-3　専業農家数の市町村別分布
資料：『農林業センサス』より作成。

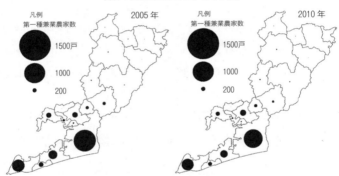

図Ⅲ-1-1-4　第一種兼業農家の市町村分布
資料：『農林業センサス』より作成。

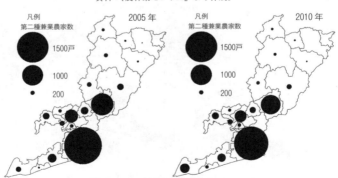

図Ⅲ-1-1-5　第二種兼業農家の市町村分布
資料：『農林業センサス』より作成。

壁のトップで，専業農家率は販売農家数の半分を占めている。次いで旧田原町，それに旧赤羽根町および旧豊川市で，旧田原町と旧赤羽根町も専業農家率は農家数のほぼ半分を占める。旧豊川市は後述する豊川用水の完成と同じ時期に，豊川流域の沖積低地でそれまでの不連続堤（霞堤）の締め切りが行われ，それまで洪水被害に悩んでいた低地部分が一気に豊かな農業地へ転換し，根菜，葉菜の主産地になって浮上することになった。あとは蒲郡市，旧新城市と旧一宮町が低位レベルで続く。このように豊橋市から渥美半島の市と旧町は専業農家の絶対数は多く，日本のトップレベルの農業地域を形成してきた。その背景には，1968（昭和43）年に豊川用水が通水し，それまでの乏水地域が温暖な気候条件を生かし，電照菊栽培の技術を開発し，農協組織をテコにして，折しも高度経済成長下の東京市場と強くつながったことなどで一変したことがあった。近年は三河湾岸一帯に洋花栽培も広がり，それにキャベツ，伝統の大根栽培がベースとなり，また乳牛や豚の畜産や鶏，ウズラなどの生産も発展して総合的な農業地帯になり，億単位の所得を上げる農家もみられ，日本の農業地域では最高の農業所得をあげるほどに発展した。かつては家畜の糞で水質汚染もみられたが，近年は各部門間のネットワークによりエコシステムを構築することでこれら問題を乗り切ろうとしている。

　図Ⅲ-1-1-4は，第一種兼業農家の各2年についての分布を示した。農家数は豊橋市と渥美地域で専業農家を下回る。専業農家の微減分はここへ組み込まれている。第一世代が農業主，第二世代が農業外に所得を求めているケースが多い。図Ⅲ-1-1-5の第二種兼業農家数は各市町村とも第一種兼業農家数を大きく上回り，図Ⅲ-1-1-4で示した専業農家数の分布と対極にある。1960年台の高度経済成長以降，今や日本の農家の多くはこの第二種兼業農家であり，これが次のステップで脱農家の道へと進み，日本の周辺地域では都市への挙家離村を促し，過疎地域をもたらしたことはよく知られている。東三河では奥三河の山間部でそのような動きがみられたが，日本の周辺地域に比べれば人口の減少レベルにとどまっている。

　図Ⅲ-1-1-6は以上の各農家の増減率を示した。専業農家では旧渥美郡の

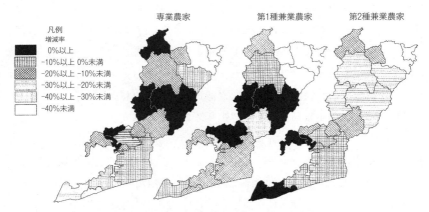

図Ⅲ-1-1-6　市町村別専兼業農家数の増減率（2005～2010年）
資料：『農林業センサス』より作成。
注）豊根村，富山村は未公表

減少傾向がみられるが，前述した農地の貸し付け農家率からわかるように，専業農家間に淘汰が始まり，規模拡大を目指す農家とそれらの農家に農地を貸す形で専業農家が兼業農家化した動きがわかる。旧渥美町での第二種兼業農家の増加はそのことを裏付けている。なお第二種兼業農家の全域での減少は，農家の脱農化による農家数の減少傾向を裏付けている。その背景には渥美半島地域も含め，これまで農業を第一線で支え，その発展に大きく貢献してきた農家の主業者が高齢化し，後継者に恵まれなかったり，後継者がいてもほかの業種に就業し，兼業化せざるをえなかったことなどにある。

なお，図Ⅲ-1-1-7と図Ⅲ-1-1-8は畜産のうち豚と採卵鶏の動きを示した。養豚業は旧田原市と豊橋市が中心で，その飼育頭数は20万頭を上回り，愛知県の60％以上を占める。従来，糞尿処理や臭気の問題で都市化の拡大の中で移転を余儀なくされた場合もあり，豊橋市の若干の減少にはその影響もある。なお，畜産では乳用牛や肉用牛の飼養も盛んで，それぞれ愛知県の過半をしめ，特に肉用牛はその肉に銘柄をつけ，ブランド化もはかるなど，市場開拓に積極的である。また乳用牛は地元豊橋の「地産地消」を掲げ，愛知県の40％ほどを生産する生乳のほか，多様な加工製品を加工する地元乳加工

第1章　東三河の農林漁業の動き

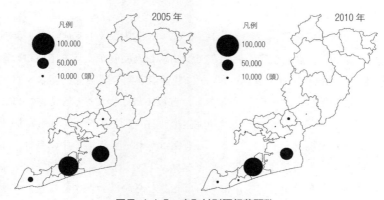

図Ⅲ-1-1-7　市町村別豚飼養頭数
資料:『農林業センサス』より作成。

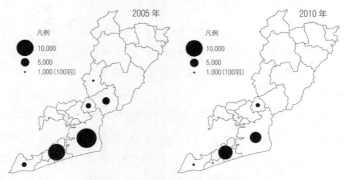

図Ⅲ-1-1-8　市町村別採卵鶏羽数
資料:『農林業センサス』より作成。

メーカーとつながり発展してきた。一方,採卵鶏の羽数は愛知県のほぼ30%を占め,養鶏は盛んである。またウズラの卵や近年は肉の生産もみられ,活発で,愛知県のほぼ70%を占めている。ウズラ生産は2009年には鳥インフルエンザの被害で大きなダメージを受け,その後への影響も大きかったが,今日ではかつての水準にほぼもどっている。

3) 各農協の動き

ところで,このような農業活動は農家のみならず,それを支える農協の活

動にもよるところが大きい。

　東三河では，豊橋農協（19支店），愛知みなみ農協（15支店など，渥美半島地域）が活発な農業生産を展開し，愛知みなみ農協が支える田原市は全国1位，豊橋農協が中心に支える（ほかに豊橋温室園芸農業協同組合や豊橋ウズラ農業協同組合など専門農協もある）豊橋市はかつて全国1位を続けていたが，各地に合併農協が出現した現在も全国6〜7位と，いずれも全国でもトップクラスの規模を示している。各農協はそれぞれ組織の中に多様な生産物ごとの多くの専門部会を有し，キャベツ，トマト，メロン，レタス，菊，シクラメン，畜産ほか，各生産はもっぱらそれらの部会が中心になって動いている。農協はそれぞれの市場の確保や生産資材や肥料の斡旋などでつながり，組合員の福利厚生や金融，土地斡旋など農業，営農，市場についてサポートする形となっていて，大規模な総合的企業としての性格がみられる。

　また，蒲郡市農協は，ほぼ「蒲郡みかん」農家を中心に組織されていて，施設による出荷時期の調節により価格調節や維持をはかり，ややミカン生産の専門的農協である。ミカン農家の維持や市場確保が当面の課題である。

　一方，愛知東農協（新城，設楽地域）は山間部が多く，生産規模は東三河では小規模である。しかし，多様な地形や気候条件に適合した農産物や畜産の多品種少量生産が特徴となり，ここに大規模農協とは違った存立基盤をみいだしている。

　そのような中で，山間農協，農家の問題も膨らんできた。獣害と鳥害との増大への対処問題である。山間地域では人工林の増大と成長の中で，人口が減少し，耕作地も減少する中で，かつて奥山に生息していた獣たちが広葉樹のえさ場の減少につれ，奥山から一気に里山へ生息域を拡大したため，減少した農地の穀物や果実，野菜の農作物を集中的に荒らすことになった。また，植林木の皮や芽，枝などの食害もみられる。

　図Ⅲ-1-1-9は全体の獣害面積とその被害額，図Ⅲ-1-1-10はそのうち農地についての獣害面積と被害額について示したものである。全体の獣害についてみると，前述の農地転用がリーマンショックにより激減した2010年から

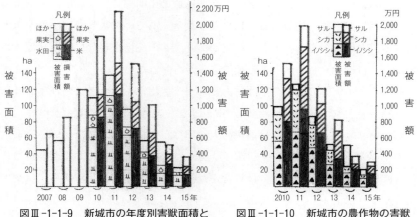

図Ⅲ-1-1-9　新城市の年度別害獣面積と被害額の推移
資料:「新城市農業課資料」より作成。

図Ⅲ-1-1-10　新城市の農作物の害獣面積と被害額の推移
資料:「新城市農業課資料」より作成。

2012年にかけて逆に被害が増大し，それより前からの年々の増加傾向と相まってピークを記録した。獣害と農地転用との因果関係がありそうで，調査研究の必要がある。その被害を農地でみると，水田と果樹園が主対象となっており，したがって，作物の被害は米と果実ということになる。このように獣害を起こす獣はイノシシとシカが主力であり，サルも一定レベルで害をもたらしてきた。

ただし，両者とも2011年をピークに減少傾向に転じており，折しも前述した農地転用の拡大に反比例している。この時期，新東名の工事が山間地域にまで及び，獣たちの行動範囲が制約されたこと，またそれまでの獣害の拡大に直面した新城市当局が獣害の集中する場所の把握とそれへの防御対策を積極的に試みるようになったことによる相乗効果のあらわれだとみてよい。

また，山間地である特性を生かして，耕作放棄された農地や一部森林地の伐採を行い，積極的に太陽光発電パネル用地として利用されるケースもここ数年でみられるようになってきた。電力の買い取り制度と助成金がそれを後押ししてきた。電力の買い取り価格は当初に比べ低下しつつあるが，電力自給も含め，今後も増えそうで，農林地の新たな需要と電力の自給化のながれ

としてみていく必要がある。とくに新城市域の山間部では、戦前、中部電力の給電外に置かれ、複数あるいは単独の集落、あるいは数軒から一軒が水力発電の自力の自給を行ってきた歴史があり、その記憶を現代に生かせば、エネルギー自給をめざす試みに転換できるかもしれない。

　それら大小両方の農協の中間にあるのが、豊川市を中心としたひまわり農協（14支店）である。その範囲が市街地と住宅地、それに農村が混在した地域であり、ひまわり農協は前掲の大規模や小規模の農協とは違い、農家以外の準組合員2.5万人あまりを有し、農家の正組合員8千人よりも遙かに多い構成になっていて、準組合員も含んだ幅広い事業展開をしている。農業生産はやはり部会中心になっており、2016年では蔬菜（254名）、イチゴ（139名）、トマト（111名）、柿（95名）、イチジク（64名）、スプレーマム（63名）、キク（52名）、ミニトマト（47名）、アールスメロン（41名）、バラ（39名）、アスパラガス（30名）、鉢物（30名）のほかにも13部会あって多様であり、

図Ⅲ-1-1-11　JAひまわり店舗・施設マップ
資料：『JAひまわり農協の現況』より作成。

営農センターを中心に技術や営農指導も行われている。

　これらの生産物についてはそれらの加工部門も持ち、それらは東西市場や名古屋市場などのほか、地元市民へも市内7カ所（図Ⅲ-1-1-11）で直接販売され、品質を保証する形で地産地消を進めている。と同時に準組合員も対象に様々な信用事業、保険を含めた共済事業、購買事業、前述の販売事業、不動産事業、さらに葬祭事業、通販斡旋事業など、正準組合員の一生の生活まで事業対象にしていて、活発な事業展開をみせている。2015年の自己資本は219億円、自己資本比率は21.4％で、健全なレベルにあるといえる。これは農業をベースにしながら、広く市民も対象に組み込むことができた都市型の農協展開の成功例だといえる。

　付記
　各農協、各市の農業関係のご担当者や統計のご担当者にご教示をいただいた。心よりお礼申しあげる。

　文献
愛知県東三河農林水産事務所農政課『東三河農業要覧』各年版
各農協『農協の歩み』
各農協『総会資料』
※なお、利用した各資料は各図表の最下欄に付記した。

② 林業の動き

1）愛知県の林業の動き

　戦前の植林された人工林は、戦時中の軍需用乱伐、空襲でほとんどの都市が消失し、戦後のその復興資材のためのさらなる乱伐で、多くの山地ははげ山となった。1950年代の朝鮮戦争も軍需用に山林の伐採を強いた。その結果、台風や豪雨のたびに各地で洪水が発生し、国土はズタズタになった。そのような事態の中、ようやく本格的な大造林運動が始まり、人工林率は10％

から20%，さらに30%へ上昇。今日では40%台に到達している。人工林面積1,000haは世界でもトップクラスである。しかし，その途中の1960年代の高度経済成長期に入ると，建築材として膨大な木材需要が発生したが，植林木はまだ未成熟であり，それを解決するために1968（昭和43）年外材輸入の自由化が実施された。今日議論されているTPPのいわば先取りである。

その結果，外材の天然大径材は安く，加工もし易いため，瞬く間に国内の利用木材は外材一色になり，人口が集中する大都市を中心に住宅材として利用され，国内材は見向きもされない状況になった。それは次第に山地での林業の仕事がなくなることにもなり，林業不況を進めた。

戦後の最初の造林運動から，すでに60年あまりの今日，十分に材料として建築材にも利用できる人工林資源も増えつつある。しかし，外材へ対応してきた製材工場も市場も製品も外材から国産材へ戻ることは簡単ではなくなっている。そこに今日の我が国の林業問題がある。

図Ⅲ-1-1-12は，愛知県における素材入荷量の推移を，外材と国産材に区分して示した。図の中央部以降の全体的低下はリーマンショック後の状況を示している。しかも断然多かった外材がリーマンショック後に回復せず，国産材の量は変わらないが，その比率は高まり，差はなくなったようにみえる。

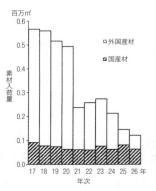

図Ⅲ-1-1-12　愛知県の外材・
国産材別入荷量の年次変化
資料：『愛知県林業統計書』より作成。

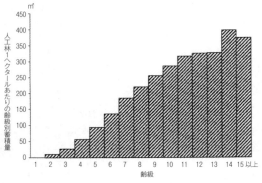

図Ⅲ-1-1-13　人工林1ヘクタールあたりの
齢級別蓄積量（2010年）
資料：『愛知県林業統計書』より作成。

しかし，これは国産材が実質的に頑張っているのではなく，原木で素材として輸入される外材量が輸出国側の規制もあって減少し，代わりに原木ではなく製材品として輸入されるようになったためである。実態は外材の天下にあまり変わりはない。

したがって，伐採されない国産材は年とともに，成長し蓄積量を増加させてきた。図Ⅲ-1-1-13が示す愛知県の5年間隔の齢級別1haあたりの蓄積量は，当然ながら伐採量が少ないため増加し，11齢級の50〜55年生あたりからピークを形成している。伐採できる伐期に到達した森林資源がかなりたまりつつあることを示している。

2) 東三河の人工林の動き

それを愛知県の大多数を占める東三河で示したのが図Ⅲ-1-1-14である。図の上半分は齢級別人工林面積を示し，図の下半分は齢級別人工林の蓄積量を示す。両者とも似た傾向を示すが，下半分の蓄積量はすぐには成長しない

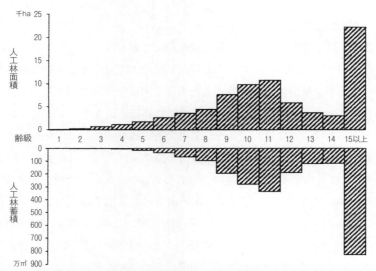

図Ⅲ-1-1-14　東三河の人工林面積と人工林蓄積量の齢級別構成（2010年）
資料：『愛知県林業統計書』より作成。

ので、面積の推移よりも遅れる。図中の上半分の推移は若齢級人工林ほど面積が少ないこと、つまり植林面積が減っており、本来ならあまり変化のないのが望ましいことを考慮すると、明らかにいびつであることがわかる。将来、今日の若齢級の分はきわめて少ないまま推移し、いわば絶滅危惧種といえる。外材の卓越がもたらしてきた弊害である。

ところで両者とも12齢級以上が谷状になっているが、これはそれ以前の、つまり造林運動以前の植林面積が少なかったことを示し、それより古い15齢級以上の面積と蓄積量がきわめて多いことを示している。奥三河の植林開始は江戸時代中期にさかのぼるほどの歴史があり、立派な大径木が多い。時に伐採されて地元の市場に出材されると、関西の吉野の業者が購入することが多い。これらはすでに過熟林になっているため、伐採を進めて森林を更新させてやることが必要である。奥三河の若齢級は今後とも危機が続くが、高齢級は豊かな森林資源を形成しており、多くは未利用である。これをどのように活用するかが現在の課題である。

3）林業活動の動き

そこで、以下市町村単位で林業活動についてみてみる。

図Ⅲ-1-1-15は2010年における市町村単位の人工林の面積比率の分布を示した。同比率が最高の80％に到達したのは東栄町と設楽町および津具村で、全国平均40％の2倍に達している。今日では林業不況もあって、これ以上の比率へ持ち上げるのは難しい。かつて東栄町の振草川流域は昭和初期に20％を超える人工林率を示すほどの県内最高のレベルにあった。その後、片桐保治郎の指導で「林業王国」を目指し、育成林業地域を形成した歴史がある（藤田 1992 249～285頁）。同図ではほかの市町村も全国平均を上回り、林業資源のレベルは高く、工夫によっては今日の林業地域を形成する可能性がある。

ところで伐採面積のうち皆伐面積とその後の植林をみると、この対象期間ではきわめてわずかしかみられず、伐採はそのほとんどが間伐である。そのようななかで、図Ⅲ-1-1-16は造林面積を示した。山間地域では東栄町と豊

第1章　東三河の農林漁業の動き

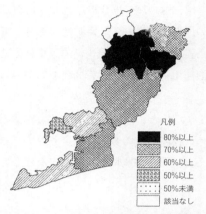

図Ⅲ-1-1-15　東三河市町村別人工林分布
（2010年）
資料：『平成22年度愛知県林業統計書』より作成。

図Ⅲ-1-1-16　東三河の市町村別再造林・拡大造林面積（2010年）
資料：『平成22年度愛知県林業統計書』より作成。

根村にみられ，それもわずかに再造林だけで，新たな造林を目指す拡大造林はみられない。林業の低迷がわかる。

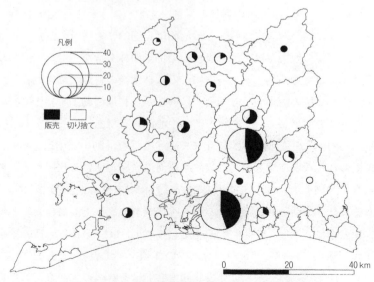

図Ⅲ-1-1-17　市町村別間伐を実施した林家数（2010年）
資料：『地域森林計画書』より作成。

では保育の方はどうか。図Ⅲ-1-1-17は三遠地域の間伐の状況を市町村別に示した。それによると，一応全域での展開はみられる。森林組合を通して国の助成金が払われるからでもある。三遠を比較すると遠州側の天竜林業地域である旧天竜市と旧浜松市，それに旧龍山村が熱心に保育間伐をしていることがわかる。

一方，三河側はほぼ10haほどをそろって進めているに過ぎない。作業の多くを森林組合の作業班にゆだねるため，作業班員の数も今は多くなく，それがこのような規模になっているといえる。そこが遠州の旧天竜市などとのちがいになって現れている。

4）NPOによる森林保育活動

以上のような林業の不振により，森林の手入れが不十分になり，せっかく育てた森林資源が放置されたりすることで，森林の荒廃もみられるようになった。そこで1997年，東三河の経済界や地方自治体，民間団体，個人のサポート体制をつくり，東三河の森林の保育をすすめようとするNPO団体「穂の国森づくりの会」が設立され，その活動は全国的にも注目された。これに刺激され，蒲郡の漁民が奥三河の段戸山で毎年植林を行なったり，県の補助による奥三河の生態系ネットワークによる森林保全の啓蒙活動も始まったりしたが，この「穂の国森づくりの会」は啓蒙から実地活動まで幅広く行い，毎年その実績を蓄積していて，東三河の中心的存在である。

図Ⅲ-1-1-18は2011年から2015年までの主な保育活動の実施地を示した。それによると，新城市域を中心に広く東三河に展開している状況がわかる。また表Ⅱ-1-1-1には，それらの具体的な活動状況を付した。そのうち，「会員による森林保全活動」は今やすっかりベテランになった会員による本格的な森林保全活動であり，「森林整備体験イベント」は，それら会員の指導による間伐，除伐，枝打ちなどの一般人への体験をすすめるイベントで，5年間に約1,000人が参加している。「自然観察会」はそれへの入門も含め，森林を中心とした自然の見方，面白さを伝えるイベントで，この期間600人あま

第1章　東三河の農林漁業の動き

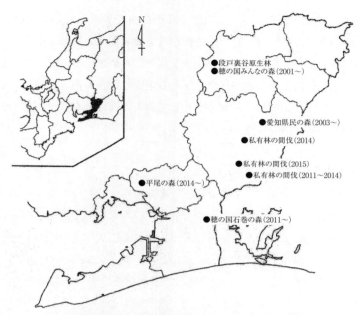

図Ⅲ-1-1-18　東三河地域における穂の国森づくりの会の主な活動場所（2011〜2015）
出典：「穂の国森づくりの会」資料。

表Ⅲ-1-1-1　「穂の国森づくりの会」の年度別活動内容別開催数と参加者の推移

事業区分		2011年度	2012年度	2013年度	2014年度	2015年度
森林整備体験イベント	回　　　数	6	2	2	1	1
	延べ参加者数	386	302	91	79	83
会員による森林保全活動	実 施 日 数	87	104	106	111	135
自然観察会等啓発イベント	回　　　数	4	2	3	1	3
	参加延べ人数	161	80	131	39	109
小学校への環境教育支援	延 べ 学 校 数	9	13	14	19	22
	延 べ 児 童 数	995	1,364	1,297	1,646	1,674
企業等の森づくり支援	実 施 主 体 数	14	17	16	22	22
	実 施 回 数	33	41	37	44	44

※森林整備イベントで，2011・2012の参加人数増は毎日新聞と共催で大規模な植樹イベントを開催したため。
※会員による森林保全活動人数の増加は，作業フィールドが増加したため。
※自然観察会等は，荒天による中止により増減あり。
※小学校への教育支援活動は，主に豊川市の野外教育活動（設楽町きららの里）の中で，きららの森を実施するプログラム。
　以前は愛知県森林管理事務所が主体となって実施してきたが，2014年度から当会が主体となって実施するようになった。
※企業等の森づくりの支援企業は，地元の企業や農協の他に，積水化学工業㈱や日清オイリオグループ㈱等の大手企業の支援も行っている。
　企業の森づくり支援の実施場所は，東三河地域が中心であるが，瀬戸市内の県有林,国有林等でも行っている。
（2015年以降は，東三河地域外での支援が増加傾向にある。）

りが参加している。そしてこの期間で最も参加者が多く，実に6,000人を超えるのが小学校での環境教育で，子供たちを対象として森林を中心に自然環境の大切さとその面白さについて工夫を凝らした活動を行っている。これは東三河の次世代に地域の環境保全を伝える重要な役割を担っている。そしてこれらの活動に，国有林，公有林，そして個人の森林所有者や森林組合が協力しているのも特筆される。

5) 新たな動き

ところで，以上のように豊かな森林資源を持ち，それにも関わらずその活用が沈静化していた奥三河に，かつて名古屋に市場を構え，そののち郊外の大口町に移転した大手の東海木材相互市場が，2012年に設楽町の東納庫（なくら）へ「サテライト名倉」として進出した。あらたな動きである。

ここでは市売りではなく，10軒ほどの浜問屋を介在して森林所有者から集材を行い，もっぱら製材業者へ販売する業態をとっている。集材範囲は，奥三河から天竜，南信州，東濃一円で，約2.5万m³が集材されるようになり，取扱量は増加中だという。そのうち奥三河材の集材が最も多い。ということは，奥三河の森林資源がこれによって少し動き出したということになり，今後の動きが注目される。奥三河材の中でもアブラ分の多い檜や赤みのある杉が評価され，それらは従来少なかった皆伐で集材されるようになり，三河材の強みがさらに知られるようになっている。皆伐の跡地には再造林が期待される。ただし，購入者の製材工場は，東京などの関東から関西や岡山あたりまで広がり，逆に地元愛知はきわめて少ない。外材工場が多いためである。このことは，優れて質のよい奥三河材が地元愛知県で利用されていないことであり，残念なことである。これは愛知県の消費者と住宅メーカー，工務店などがもっぱら価格も安く，節のないムクの外材の見栄えに指向しているためである。

なお，土場の一角にはチップ工場も立地し，端材や間伐材などの一部が集材され，山林所有者の小遣い稼ぎの場にもなっていて，よい組合せが工夫さ

れている。

　いずれにせよ，これによって奥三河林業の活性化につながること，そして地元に複数の地元材を挽く製材工場が，かつてのように立地することを期待したい。また，豊橋市が2013年，公共建築物に木材利用の方針を示し，ようやく画期的であったが，三河材使用も積極的に明示すれば，奥三河の活性化にもっと直結できるように思われる。

　そしてこのような，諸活動の展開をすすめ，さらに多くの新たな住民希望者を迎える仕組み作りを組み合わせることが，山間地域の農山村を活性化することにもつながる。空き家がなかなか利用されない中，設楽町田峯集落での地元民による住宅団地造りが成功したように（藤田　2011　1～34頁），山村への希望者に応じた住宅建設による農山村の経済だけでなく，新たなコミュニティづくりなどの社会組織の活性化（ジェントリフィケーション）（藤田　2013）も併せてすすめていく必要がある。

付記

　「穂の国森づくりの会」の森田実事務局長，「東海木材相互市場名倉サテライト」のスタッフの方からはご教示をいただいた。心よりお礼申しあげる。

文献

藤田佳久　1992「明治期の愛知県北設楽郡・振草川流域における林業王国の設計図」『奥三河山村の形成と林野』所収　名著出版
藤田佳久　2011「山村政策の展開と山村の存立基盤」『山村政策の展開と山村の変容』所収　原書房
藤田佳久　2013「日本山村のダイナミズム－山村史をふまえ限界集落そしてジェントリフィケーションへの展望－」『季刊国民と森林』No.126，秋季号
愛知県林務課『愛知県林業の動き』各年版
※なお，利用した各資料は，各図表の最下欄に資料名を記載した。

（藤　田　佳　久）

2．農産地における農業体験をめぐって

はじめに

　将来自分が農業に携わることはまずないだろうと思っている学生がほとんどを占める愛知大学地域政策学部の授業で，農業体験の有無を学生に聞くと，ほとんどが「ある」と言う。しかし，農業体験といっても，その内実はほぼ2つに限られる。1つは小学校，まれに中学校の授業の中で農作物を育てた経験であり，もう1つは子供のときに祖父母の家で野菜の収穫など畑の手伝いをした経験である。

　最初に断っておくが，農業体験においては，経済活動として農業を狭くとらえずに，広く作物を育てることを指していて，その体験が家庭や学校教育のなかで他に代えがたいものとなっている。農業体験に期待されるものとは，いったい何なのだろうか。周知のように東三河は農業が盛んな地域である。この地域における農業体験にかかわる取り組みの事例から考えてみたい。

　まずは，近年の東三河における農業の特徴的な動きと忘れてはならない地域的な特色について触れておこう。

① 農産地としての東三河の新たな模索

1)「東三河の農業を考える会」

　2014（平成26）年6月，東三河の農業者が集まって「東三河の農業を考える会」という独自の勉強会を立ち上げた。農業協同組合，市町村，作目など，従来の組織の枠を超えて，これからの農業経営について仲間同士で考えていこうという目的からである。「大産地は安泰の時代か。生き残る産地とは〜真のプロ農業者の時代」を基調講演として設立総会を開いた後も，何回か勉強会を重ねている。ドンブリ勘定から農業経営の意識改革・経営能力の向上

を図るための「スキルアップ経営セミナー」(2014年11月〜12月),「植物工場とは何か。私たちはどう向き合うのか」(2015年6月27日),「もう始まっている農業戦国時代」(2015年10月27日) などをテーマに開催されている[1]。

　背後にあるのは,農業の一大産地の現状に安住するのではなく,新たな経済環境の変化に対応していかなければならないという危機意識である。TPP（環太平洋経済連携協定）の参加への動きなど,新たな時代の流れを受けて,あるいはそれに先駆けて,どう対応すべきかを模索している。

　東三河は単に農業が盛んな地域というだけでなく,種苗メーカー,施設・資材メーカーなど農業関連産業も発展しており,さらに大学や自治体など農家の新しい取り組みを支える関連機関も身近に存在する。こうした関連機関も含めて,既存の農業に安住せず,新しい農業にチャレンジする力がある地域といえる。その代表として,2014年前後の「植物工場」と「農産物輸出」の取り組みに注目する。

2) 企業の参入による「植物工場」

　植物工場は,温度,湿度や二酸化炭素濃度など,施設内の環境を空調管理システムなどで人工的に管理（自動制御）し,光合成を促進させて生産量を増大させたり,天候に左右されず年間を通して安定的に収穫できるようにしたりできる施設である。太陽光を利用したもの,発光ダイオード（LED）など人工光を使ったもの,両者を併用したものがある。

　政府が2009年度の単年度事業として企業や農業生産法人に補助金制度を導入したことを契機に,全国的に取り組みがみられるようになった。東三河でも,豊橋市の第三セクター運営の植物工場や,自動車部品大手企業と種苗メーカーの提携による実証ハウスなどで,大玉トマトの栽培が試みられ,普通の施設では年間10アールあたり10〜15トンの生産量を,現在年間50トンまでアップできるようになったという。また,蒲郡市の眼科医療メーカーは植物工場を導入し,野菜やハーブの栽培を試みている。液肥の養分など栽培条件をコントロールして,特定成分を増減させた作物「食べるサプリメント」

の提供を目指している。しかし，植物工場の建設に多額の費用を必要とするため，採算性についてはまだ実証試験の段階にある[2]。

施設園芸では，自然界では植物の生育が困難な場所でも，それが生育できる環境を人為的に作り出し，植物の生育を阻害する条件やストレスを少なくし，生産の効率性を追求する。植物工場は，文字通り，第二次産業の工場に近づくことを目指す。製造業のように，生産を人間が計画的に行ない，通年で出荷できるよう，植物の生育環境を人間ができるだけコントロールしようとする。そのために施設やエネルギーに投資し，人間の労働も機械に代えていく。生産の効率化を徹底していくのは，地域や国境を越えて，グローバルな（地球規模の）市場を視野に入れているからでもある。

3) 農産物のアジア向けの輸出の試み

富裕層の購買意欲が高いアジア市場に，農産物を輸出する動きがみられる。2007年から豊橋市，JA豊橋，田原市，JA愛知みなみの4機関は，香港にトマトとメロンの輸出を，JA蒲郡市も2011年から台湾にミカンを輸出している。TPP批准に向けた動きや為替相場の円安傾向を受けて，2014年には輸出拡大を目指して新たな市場開拓の動きがみられた。豊橋市は，海外市場への売り込みに力を入れ，東南アジアのシンガポールで，ミカンやミニトマトの販売イベントを開催，ネット通販での次郎柿の試験販売，またジェトロと共催で現地の卸売企業を東三河に招いたりしている。タイ・バンコクでは，愛知や日本の食品の販売イベントで，豊橋市は特産品（ハウス次郎柿，種なし巨峰，アールスメロン）を試験販売，田原市とJA愛知みなみは田原産トマトを出展した[3]。渥美半島はすでに農業労働力として多くの外国人研修生を受け入れている地域でもある。こうした市場経済志向の農業生産は，人手が不足すれば労働力を海外からも調達するし，需要があれば生産物の販売先を海外にも求めていく。

2 農業の担い手の確保

1）東三河の新規就農者

　農業の担い手は，孫のいるような高齢者世代が主力であり，これは日本の農業の特徴となっている。少子高齢化のなか，いかに若い担い手を確保するかが，農業が抱える大きな課題である。これは農業が盛んな地域といわれる東三河でも変わらない。

　農林水産省は，2012（平成24）年度から青年就農給付金（経営開始型認定新規就農者）制度[4]を立ち上げ，担い手の確保に力を入れているが，農業の担い手の減少に歯止めがかかっていない。農業就業人口は，2008年に初めて300万人を割ってから，わずか8年間で200万人割れとなり，大幅に減少している[5]。世代別にみると，団塊の世代が定年退職を機に就農したとみられる65～69歳が増えているだけで，あとは軒並み減少している。特に，農業者全体の半数近くを占める70歳以上で高齢による離農が顕著である。

　東三河の最近の新規就農者の動向を表Ⅲ-1-2-1に示した。新規就農者は年間100人前後，うち新規参入者は20人ほどである。

表Ⅲ-1-2-1　東三河の新規就農者の動向（過去5年間の人数）

	新規就農者 2016年	うち新規参入者	新規就農者 2015年	うち新規参入者	新規就農者 2014年	うち新規参入者	新規就農者 2013年	うち新規参入者	新規就農者 2012年	うち新規参入者
田原市	37	2	40	9	16	3	44	5	26	0
豊橋市	20	4	32	5	19	2	32	7	32	2
豊川市	20	9	14	3	18	4	20	9	23	3
蒲郡市	6	1	9	1	6	1	3	0	10	1
新城市	3	2	6	3	10	7	2	2	6	4
設楽町	7	3	2	0	1	0	0	0	2	1
東栄町	0	0	3	2	0	0	3	0	0	0
豊根村	2	2	0	0	0	0	0	0	0	0
合計	95	23	106	23	70	17	104	23	99	11

※青年農業者等の実態調査に基づく。田原・東三河・新城設楽の農業改良普及課提供の資料による。
※新規参入者とは非農家出身で農業経営を開始した者，および農業法人等に雇用され将来農業経営を開始しようとするか，農業生産における特定の部分について担当責任を持つと見込まれる者。
※2015年5月2日から2016年5月1日までの1年間に新規に就農した者を2016年欄に記載。以下同様。

農業への新規参入には，農地の取得の問題など多くの課題があるが，その1つである技術的な問題に対しては，一般市民向けの農業研修の取り組みがみられるようになっている。

2）初心者向けと就農者向けの2つの農業研修

東三河の市町村が県農業改良普及課や農業協同組合などの協力を得て，一般市民向けの農業講座を開催するようになるのはリーマンショック後の景気後退の時期にさかのぼる。それをステップアップさせた形で，時を経ずして農業の担い手の育成を目指す講座も登場する。豊川市と田原市が行っている取り組みをみてみよう。

豊川市には，「とよかわ農業塾」と「とよかわ就農塾」の2つの研修コースがある[6]。「とよかわ農業塾」は，「農業に興味がある，農作業体験をしたい，農業にふれてみたい」という初心者向けコースで，旬の露地野菜の作付を中心に，座学による基礎講習と圃場での体験実習を行い，基礎的な栽培管理技術の習得をサポートしている。2009年度から開始され，春期と秋期の2コー

表Ⅲ-1-2-2 「とよかわ農業塾」
第10期（春期コース：4月～9月）の内容

		講　義	実　習
第1回	4月5日	・豊川市の農業 ・野菜作りの基礎	・スイートコーンの播種
第2回	4月26日	・農地と農業委員会 ・野菜作りの基礎Ⅱ	・スイートコーンの間引 ・サツマイモの定植
第3回	5月31日	・病害虫と農薬	・スイートコーンの追肥，除草
第4回	6月28日	・農塾と市民農園 ・農産物の流通	・スイートコーンの収穫 ・サツマイモの除草
第5回	8月2日	・野菜作りの基礎Ⅲ	・サツマイモの除草
第6回	9月27日	「グリーンセンター音羽の見学」	・サツマイモの収穫

第11期（秋期コース：10月～3月）の内容

		講　義	実　習
第1回	10月25日	・豊川市の農業 ・野菜作りの基礎	・キャベツとブロッコリー苗の定植
第2回	11月29日	・野菜作りの基礎Ⅱ	・キャベツの追肥と土寄せ
第3回	12月20日	・農地法　・農産物流通	・キャベツの生育確認，除草 ・防鳥網張り
第4回	1月31日	・野菜の品目別収支　・肥料と土作り	・キャベツの生育確認，追肥
第5回	2月22日	「とまと集出荷センターの見学」	「グリーンセンター音羽の見学」
第6回	3月29日	・復習（豊川市の農業，野菜作りの基礎）	・キャベツの収穫

表Ⅲ-1-2-3　「とよかわ就農塾」
第4期（2013年度）の内容

		講　　義	実　　習
第1回	8月22日	・農地法①　・土づくり①	
第2回	8月31日	・ダイコン，ニンジンの作付	・ダイコン，ニンジンの播種（施肥，畝立て，播種）
第3回	9月12日	・野菜価格安定制度　・病害虫防除①	
第4回	9月28日	・キャベツの栽培①	・キャベツのセルトレー播種 ・トラクター実演（操作説明）
第5回	10月10日	・野菜作りの基礎①　・豊川市の農業	
第6回	10月26日	・栽培日誌の記入 ・キャベツの栽培②	・キャベツの施肥，畝立て，定植
第7回	11月14日	・農産物の販売 ・グリーンセンター出荷	
第8回	11月30日	・タマネギ栽培	・タマネギの施肥，畝立て，マルチ張り，定植　・キャベツの追肥
第9，10回（不明）			
第11回	1月9日	・農地と農業委員会　・農家研修事業	
第12回	2月2日	・土づくり②	・キャベツの除草，追肥（2回目） ・タマネギの除草，追肥（1回目）
第13回	2月13日	・品目別収支　・農薬③	
第14回	2月22日	・ジャガイモの作付	・ジャガイモの施肥，畝立て，植付け ・キャベツ，タマネギの除草
第15回	3月13日	・スイートコーンの栽培 ・ホウレンソウ，コマツナの栽培	
第16回	3月29日	・土づくり③ ・スイートコーンの栽培	・スイートコーンの播種
第17回	4月5日	・野菜作りの基礎④ ・ホウレンソウ，コマツナの栽培	・ホウレンソウ，コマツナの播種 ・キャベツの収穫
第18回	4月24日	・除草剤　・野菜作りの基礎⑤	（作業説明）・ジャガイモの芽かき
第19回	5月3日	・鳥獣被害の現状 ・野菜作りの基礎⑥	・タマネギの収穫
第20回	5月22日	・生産者部会と販売 ・農業資金の融資 ・野菜作りの基礎⑦	（作業説明）・スイートコーンの追肥 ・スイートコーンの病害虫防除
第21回	6月12日	・農業機械　・新規就農の留意点 ・農業の確定申告	（作業説明）・スイートコーンの防除
第22回	6月28日	・土壌病害虫　・秋冬野菜の栽培 ・ふりかえり	

＊豊川市HPより作成（第9回，10回は記録が未掲載）。
＊開催時間は木曜日19：00～21：00，土曜日13：00～15：00。

スがあり，各コース6回，土曜日の午前中に開催されている。2016年の受講者は，春の卒業生21名，秋の受講者は15名。講義の教室はJAひまわりの西部営農センターの会議室で，実習用の圃場は近くの農地を借り受け，講師はJAひまわりや市の農業委員会の職員が務めている（表Ⅲ-1-2-2）。

第1章　東三河の農林漁業の動き

「とよかわ就農塾」は就農希望者向けのコースで，8月から翌年6月まで，月2回（木曜の夜と，土曜の午後），年間計21回開催される。1年間の研修を通じ，栽培の基礎から流通・販売，財務管理や労務管理など，就農後の農業経営に必要な基礎的な知識と技術の習得を目的としている（表Ⅲ-1-2-3）。

　田原市の場合は，「活き活き農業セミナー」と「チャレンジ農業セミナー」という2つの研修があり，それぞれ豊川市の「とよかわ農業塾」と「とよかわ就農塾」に相当する。「活き活き農業セミナー」は定年退職者や主婦の方を対象としており，健康や生きがいづくりを目的に，野菜栽培を行い，最終的には直売所出荷をめざす。2008年度から始まり，2016年度の受講者は29名。圃場は市が一筆借り上げた場所で行っている。

　「チャレンジ農業セミナー」は，新規就農をめざす人や，栽培技術の向上をめざす農業者を対象にして，キャベツ，ブロッコリー，イチジクの3つのコースからなる。キャベツとブロッコリーは，田原市の代表的な露地野菜。2016年度から導入しているイチジクは，定年退職者でも，小規模で扱いやすい作目だからである。2016年度の受講者は，キャベツ2名，ブロッコリー3名，イチジク9名。農業改良普及員のほか，作目ごとに専門の農業者1名が講師として自家の圃場において指導する。田原市の2つのコースは豊川市の事例とくらべ，直売所での販売や就農の具体的な作目を設定している点など，農業体験よりも農業の担い手育成のほうに若干重きを置いているのがわかる[7]。

3）市民農園と就農Iターン

　市民農園は，農地が取得しにくい都市部において以前からみられ，豊橋市では「豊橋市民ふれあい農園」の名で1987（昭和62）年度から取り組まれている。農業の担い手の育成というより，野菜や花などの栽培を通して土に触れ，農業への理解を深めるのを目的とする。現在は，市内3カ所に236区画が用意され，農具や給水施設・トイレが整備されている。初心者向けの栽培講習会が年4回開催され，趣味や健康づくりの場として利用されている[8]。

一方，高齢化がすすむ過疎地域では，若い人材の確保が切実な問題であり，新規就農者への支援は，移住や定住支援とセットとなっている場合が多い。設楽町では，産地を維持するために，特産のトマト栽培をめざす新規就農者を1985年頃から受け入れ，これまでに約20名の実績がある。研修先の農家を斡旋したり，就農林者向けの住宅を整備したり，手厚い支援を行っている。ここでは農業が移住者の生活に必要な，稼ぎを得る1つの手段として位置づけられている[9]。

③ 風土に根ざす農業の多様性

　農業はもともと風土に根ざした産業であり，農業という仕事は移り行く季節のリズムや，作物や家畜が育つ土地など自然環境と分かちがたく結びついている。その土地に汗水を注ぎ込む農業者の人生は風土と一体になっている部分がある。

　東三河で農業を営む老若男女100人余の肖像を撮った『百肖』というちょっと風変わりな冊子が出版された。この写真集には農業者の風貌だけが写っているのではない。人物の背景は自分の田畑や園芸施設の中であるから，百の農業の現場も写し撮られている。表Ⅲ-1-2-4は，この写真集に写っている地域と作物の一覧である。そこから東三河の農業の多様な姿を見て取ることができる。

　東三河はキャベツや白菜など露地野菜の一大産地，あるいは電照菊や施設園芸で有名な農業地域だが，それだけでないことがわかる。写真集に載っていない地域や作物も含めれば，その多様性はさらに増す。東三河は，奥深い山林を抱え，そこから流れ出る豊川が平地を形成し，さらに豊川用水が渥美半島をうるおして，三河湾や太平洋にそそいでいる。このように東三河は多彩な地形からなり，その地に根ざした多様な生業を育んできた。稲作，露地野菜，施設園芸，果樹，畜産などの農業が盛んなだけでなく，林業，漁業もあり，第1次産業のほぼすべての分野に及ぶ。限られた地域ながら，この地

第1章　東三河の農林漁業の動き

表Ⅲ-1-2-4　東三河の多彩な農林水産物の一例

地域	露地野菜	施設野菜	穀類	果樹	畜産	花き	林産物	海産物	その他
田原市(15)	キャベツ(5)、ブロッコリー(2)、カボチャ(2)、カリフラワー、スイカ、セルリー、ゴボウ、トウモロコシ、サツマイモ	ミニトマト(2)、アスパラガス、イチゴ、メロン、ベビーリーフ		ブルーベリー	養豚(2)、牛乳、肉牛			シラス	
豊橋市(26)	ハクサイ(5)、キャベツ(5)、タマネギ(2)、キュウリ、オクラ、ナス、ホウレンソウ、カボチャ、トウガン、コンニャクイモ、米ナス、サツマイモ、ハーブ類、玉レタス、レタス、スイカ	ミニトマト(2)、イチゴ(2)、キュウリ、スナップエンドウ、サラダホウレンソウ、ナス、サンチュ	米(5)	ブドウ、カキ(5)、イチジク	赤玉鶏卵、		タモギタケ、シイタケ		葉タバコ
豊川市(20)	ニンジン(3)、ナス(2)、ダイコン(2)、サトイモ、金ごまルッコラ、ミズナ、アスパラガス、コマツナ、ネギ、カリフラワー、トウモロコシ、ジャガイモ、レタス、オクラ、マコモダケ	トマト(3)、コマツナ(4)、ミニトマト(2)、バジル、ミズナ、タマネギ、大葉	米(2)、麦(2)、小麦、大豆	ブルーベリー(3)、カキ(2)、オリーブ、ブドウ、ナシ					ハチミツ
蒲郡市(5)		アスパラガス、イチゴ、つま菊、食用ホオズキ		露地ミカン(3)、ハウスミカン(2)		南天			
新城市(29)	ダイコン(3)、ナス(2)、ニンジン(2)、ミニトマト、キュウリ、スイカ、コマツナ、ニラ、タマネギ、サトイモ、サツマイモ、ハクサイ、ブロッコリー、ウリ類、ヤーコン、チンゲンサイ、オクラ、八名丸サトイモ、ネギ	イチゴ(2)、トマト、キュウリ、苗もの	米(7)、エゴマ、大豆、ソバ	ブルーベリー、ウメ、カキ、クリ	肉牛	小菊	菌床シイタケ(3)、原木シイタケ、シイタケ		茶(2)、紅茶
設楽町 津具(5)		ミニトマト(4)、天狗ナス	米(2)			シクラメン			
豊根村(1)	長ナス、ミョウガ		エゴマ						

*（ ）内の数字は農業者の人数を表す。
*『百目』より筆者作成。

域をみれば，日本の第1次産業の全体が俯瞰できるとさえいえる。

　こうした多様な農業形態の存在が，農業体験を行う上で重要な意味を持つ。農業体験の現場，とりわけ子供たちの農業体験に適した現場は，全国的な産地を形成している農業地帯とは，必ずしも限らない。[1]で述べたような作物の生育環境を人間がコントロールする植物工場や，効率を求め人手に取って代わって機械化がすすむ大量生産の現場では，子どもの農業体験を受け入れる余地はむしろ少ない。

　産地としての農業の新たな動きが日本の農業生産の未来を先取りするものだとしたら，子供たちの農業体験は，地産地消の提唱と同じように，むしろ逆の方向をむいている。たとえて言えば，湖でボートを漕ぐように，過去をみながら後ろ向きに未来に進んでいくのである。そうした農業体験の現場では，今では非効率とされ消えてしまったか消えつつある昔ながらのからだをつかった手作業や，作物以外にも多様な生き物が生息する自然環境，そうしたものが逆に大切な要素となる。

[4] 子どもたちにとっての農業体験

　平原に立つ一本の樹が年輪を重ねるように，渥美半島の一角（田原市渥美町江比間）で農業を営む1組の夫婦が17年間積みあげてきた実践がある。ファームステイを通して子供たちを受け入れ，体験の機会と場を提供してきた農業体験施設「渥美どろんこ村」である[10]。最後に，この渥美どろんこ村がかかわる「田んぼの学校」と「暮らしの学校」という，子どもたちに向けた2つの体験のプログラムをとりあげたい。農業体験は，別の言葉を用いれば，環境教育と食農教育の分野にまたがる実践といえる。

1）「田んぼの学校」

　「田んぼの学校」という取り組みは，農林水産省などが1998（平成10）年度から水田などを積極的に活用した環境教育として提唱したこともあっ

て，全国的にみられる。1999年にファームステイを始めた渥美どろんこ村も，同時期に同じ名前の取り組みを独自に始めている。2006年からは，ボランティアとして活動に参加していた若い人たちが中心となってNPO法人「はっくるべりーじゃむ」[11]を立ち上げ，この取り組みを引き継ぎ，いまでも毎年行っている。

「田んぼの学校」は，主に小学生を対象に日帰りで，4月から12月まで月1回開かれる。田んぼと言っても，休耕田を利用したビオトープや遊び専用の田んぼ，古代米をつくる田んぼ，あるいは「マイ田んぼ」（1人ひとりがつくる小さな田んぼ）などからなる。1年間の活動の主なメニューは表Ⅲ-1-2-5のようである。大人向けの農業研修のプログラムと比べてみてほしい。

体験の場や体験メニューをみればわかるように，仕事と遊び，あるいは学びと遊びが混在している。子供たちの興味は，大人が定める「仕事」と「遊び」といった境界を簡単に超えていく。

こうした田んぼは，稲だけでなく，多くの水生植物や水生動物に出会える場所でもある。珍しい生き物に目がとまれば，子供たちは，新しいおもちゃを求めるように追いかける。泥の中に素足で入る感触は，予想に反して気持ちの悪いものではない。子供たちは泥まみれになってはしゃぐ。

現在の日本において稲の栽培は，トラクターで代掻きをし，田植え機を使

表Ⅲ-1-2-5　「田んぼの学校」のプログラム

	プログラムの内容
4月	もみまき　カブトムシの幼虫さがし　調理
5月	マイ田んぼづくり　田植え　田舟で遊ぼう　調理
6月	さつま芋を植えよう　ビオトープ遊び　調理
7月	田んぼでどろんこ運動会　竹で流しそうめん
8月	（希望者だけで）スナメリウォッチング　田んぼのキャンプ
9月	稲刈り　調理
10月	足踏み脱穀機で脱穀　育てたお米での料理
11月	さつま芋掘り　秘密基地づくり（稲藁を使って）　調理
12月	もちつき大会　しめ縄づくり　調理

い，除草剤や化学肥料・農薬を散布し，コンバインで収穫するというのが主流である。機械化されて田に足をふみ入れる必要もほとんどなくなったといわれる。

　田んぼに素足で入って手で苗を植え，鎌で刈りとり，稲を束ね，はざかけし，千歯扱きや足踏み脱穀機など昔の道具をつかって脱穀する。こうした手作業が体験のプログラムには不可欠である。手作業は繰り返しているうちに，自から技術的な要領がつかめ，ほかのことは忘れて無心になれる。子どもたちにとって，遊びに夢中になることと変わりないのかもしれない。

　子供にとって田んぼでの農業体験は，農作業と自然環境のなかでの遊びとが一体となった体験である。こうした体験は，子供たちの身体の中に感覚として記憶される。

2)「暮らしの学校」

　東南アジアの国々の農村に行けば，自給的な暮らしが今なお色濃く残る光景を目にすることができる。「渥美どろんこ村」の佇まいは，そうした東南アジアの農家の雰囲気とどこか似ている。手作り風の質素な家屋，敷地内に植えられた果樹，その木陰に，鶏，山羊，子豚，様々な虫たち，多くの生き物が住み，一緒に人も暮らしている。

　渥美どろんこ村が子供たちに提供している「暮らしの学校」という年間20回ほど開かれる2泊3日のファームステイのプログラムはおよそ次のようなものである。

　海岸で流木を拾い集め，近所の店に魚のアラやおからをもらいに行き，古米や野菜くずなどの材料といっしょに大鍋に入れ，火を起こして，煮炊きする。豚の餌をつくるのである。豚の餌づくりは，人間の食事づくりと大差はない。そうして育てた豚の肉を料理に使う。鶏に餌をやり，卵をひろい，鶏肉を食べるために，ときには，自分たちの手で絞める。

　一日一日繰り返される日々の暮らしがそのまま体験のメニューとなっている。昔の生活を知る者にとって，そこに目新しいものは何もない。山で薪を

集め，それを竈で炊いて，ご飯の用意をし，人間の食べ残しや畑の作物の残滓で，家畜を飼って，自分たちが食べる卵や肉の食料を賄っていた。半世紀前には，ごく普通にみられた農家の暮らし方である。違っているのは，昔は農村でふつうにみられた光景が今ではどこにもない，ということである。

昔は有用な原料となったり副産物として利用されていたものが，現代の私たちの生活では，利用されずに廃棄物になってしまっていたりする。生産の過程や暮らしのスタイルが変化するなかで，循環が途切れて，見捨てられている。それを再び資源として活用する道をひらいてみせているのが「暮らしの学校」である。

ファームステイで育った子供が大きくなり，2016年春からは，大学を卒業した若者3名が研修生として加わり，1年間のファームステイを自ら選んだ小学5年生の女の子2名も生活を共にしている。

子供が育つには，暮らしが営まれる場と世話をする人が不可欠である。それは通常，家庭あるいは家族と呼ばれる。どろんこ村にファームステイする子供たちにとって，そこは生まれ育った所でなく，血縁はなく一時的な関係である。でも，そこは家庭のような安心が得られる場であり，家族のような信頼と役割で結ばれた関係がある。いわば「開かれた家庭」あるいは「開かれた家族」となっている。いろいろな人を受け入れてきた経験を通して，そうした子供が育つ場と関係が築かれていて，それが「暮らしの学校」というユニークな体験を提供するファームステイの実践を支える母体となっている。

「暮らしの学校」のプログラムの中には，鶏の解体という行為も組み込まれている。かつて鶏肉は貴重な動物性蛋白源であり，鶏を絞めることはごちそうにありつけることと同義であった。しかし今では何ら珍しい食材ではない。それでも自分の手で鶏を絞める意味はどこにあるのだろうか。同じ鶏肉でも，店頭に並ぶ鶏肉とそれはちがう。何も考えずに，それを，口にすることはできない。食べるということは，栄養をとったり，美味しさを味わったりするだけではない。子供たちは毎朝ヒヨコや子豚に餌をやるが，それは，ペットを飼うように，かわいいからではない。便利で豊かな生活のなかで，

私たちが見失っている、ある大切なことに気づかせてくれる機会となる。

　今まで生きていた他の生命体を犠牲にして、私たちは生きつづけている。他者の命が、自分の血肉になっている。鶏の解体という行為を通して、「命のつながり」を五感で感じる貴重な場面に出会う。たった一度の体験であっても、子供たちは長い生涯を通して、そこに何度でも立ち返って繰り返し考えつづけるだろう。「体験」とは、そういう何物にも代えがたい、かけがえのない経験をいうのである。

　ファームステイは研修費をとって行う経済行為である。モノではないが、サービスを売っている。1次産品としてではなく、農家の自給的な営みの中から、付加価値をつけた新たな商品を生み出しているという意味では、いわゆる6次産業化の一例に数えることができるかもしれない。しかし、私たちが近代化、産業化する中で見失ってしまったものを、「体験」として、もう一度取り戻しているのであり、その意味では、これまでの産業化とは全く正反対の方向を向いた取り組みともいえるのである。

注

(1) 松浦隆文氏（田原市）提供の資料による。
(2) 「『植物工場』東三河で育つ」『中日新聞』2014年9月20日、「『プロファーム』で量産化」『東日新聞』2014年5月13日、「野菜の栄養素を調節」『中日新聞』2014年1月9日。
(3) 『東愛知新聞』2014年3月6日、『東日新聞』2014年11月27日、『中部経済新聞』2014年12月23日などの新聞報道による。
(4) 青年の就農意欲の喚起と就農後の定着を図るため、就農前の研修期間（2年以内）および経営が不安定な就農直後（5年以内）の所得を確保する給付金を給付。
(5) 2016年の農業構造動態調査による。
(6) 実施主体は、豊川市、ひまわり農協、農業委員会、愛知県等で構成される「豊川市農業担い手育成総合支援協議会」。
(7) 田原市営農支援課からの聞き取りによる。
(8) 豊橋市HPによる。
(9) 設楽町HPによる。
(10) 「渥美どろんこ村」＝「小笠原農園」と言ってよい。現在その実質的な活動は、夫婦である小笠原弘さんと渡部千美江さんが担っている。
(11) 食と農と環境のつながりをテーマに、実践的な人づくり・まちづくり・環境づくりに取り組むNPO法人。

文献

NPO法人はっくるべりーじゃむ 2008『百姓体験のすすめ』
岩崎正弥 2013「農業《7次産業化》の可能性－渥美どろんこ村を事例として－」『年報・中部の経済と社会』（愛知大学中部地方産業研究所）2012年版
岩瀬大典「農的暮らし体験が与える影響～NPO法人はっくるべりーじゃむを通じて～」（2014年度愛知大学地域政策学部卒業研究）
小笠原弘 2016「ファームステイで自給的な『暮らし力』を売る（上・下）」『現代農業』2016年7月号・8月号
村井ゆかり・山田正嗣 2015『季刊誌しずく別冊 百肖～ひゃくしょう～』アイスタイルデザイン
渡部千美江 2016「農に生きる」『渥美半島の風』（「渥美半島の風」社中）創刊号

（片倉和人）

3．水産業

1　はじめに

　国は2012（平成24）年3月に，毎年度公表される「水産施策」の骨格となる新たな「水産基本計画」を策定し，「水産物の安定供給の確保」および「水産業の健全な発展」（水産基本法）の実現と，持続可能で力強い水産業の確立を目指している。同計画は，①「水産に関する施策についての基本的な方針」，②「水産に関し総合的かつ計画的に講ずべき施策」，③「水産物の自給率の目標」に大別され，①の基本方針として「東日本大震災からの復興」，「資源管理やつくり育てる漁業による水産資源のフル活用」，「『安全・安心』『品質』など消費者の関心に応え得る水産物の供給や食育の推進による消費拡大」，「安全で活力ある漁村づくり」の4点を掲げている。そして，水産復興を柱に，生産（資源管理，漁業経営の安定と強化，安全対策），加工，流通，消費にわたる各局面と，それらを支える水産基盤（インフラ）や水産関係団体，研究機関などに対して講ずべき施策が列挙されている（上記②）。
　それに基づいて作成，実施される水産施策では，前述の漁業経営の安定と強化，つまり「意欲ある漁業者の経営安定の実現」および「多様な経営発展による活力ある生産構造の確立」と，水産基盤の整備，つまり「安全で活力ある漁村づくり」のウェイトがやや高くなっている。これらは生産者の存続に大きく関わる項目であり，ソフトとハードの両面で様々なサポートのメニューが用意されており，水産施策の変化をみると実情に合わせてその内容が刷新されていることがうかがえる。
　しかし，過去の水産基本計画でも同様の施策がみられるにも関わらず，水産業を取り巻く状況は厳しさを増し，その課題は複雑化しているように思われる。従来から指摘されるように，日本の水産行政はハード面の整備と補助金の配分が先行し，核心的な問題の解決は先送りにされてきた傾向が強く，

そのツケが弱体化をみせる日本の水産業の根底を蝕み，その存続をより一層危ういものにしているともいえる。とはいえ，国のサポートを有効的に活用して活力を取り戻した事例があることも事実であり，さらに手詰まり感の強い現状を打開するために地域住民が主体となって問題解決を図ろうとする動きもみられるようになってきた。これらは海面養殖業を含む海面漁業一般の動向であるが，内水面漁業・養殖業の分野でも多様な問題に対して，様々な取り組み事例がみられ，地域産業の動きを把握するうえで無視できない。

　本稿では，東三河の海面漁業と内水面養殖業を取り上げ，経営体の状況を「漁業センサス」などの統計資料を用いていくつかの指標から概観し，存続が危ぶまれる生産者が置かれている状況の把握を試みる。また，蒲郡を中心にこの地域でみられる新たな動きをいくつか挙げ，今後の東三河水産業の可能性を展望する。なお，本稿では前稿（高木 2012）で行った統計分析との連続性を確保するために，可能な範囲で共通の項目を分析の対象とした。

2 海面漁業経営体数の推移と経営状況

　漁業センサスの集計単位となる東三河の漁業集落数は19であり，その内訳をみると田原の12が最も多く，豊橋2，豊川1，蒲郡は4を数える。最新の2013（平成25）年漁業センサスと前回の2008年のそれとを比較すると，2013年には田原の六連，神戸はそれぞれ2経営体を数えるのみとなり，経営体数以外の数値は秘匿扱いとなった。また，豊橋市外海が0経営体となり，豊橋と豊川の漁業経営体が統計上皆無となった。したがって，東三河の海面漁業の分析は田原と蒲郡が中心となり，2013年の統計値として利用することができるのはこれらの集落を除く14集落（田原10，蒲郡4）である。

　まず，平成以降に行われた5次にわたる漁業センサスの調査結果から東三河の漁業経営体数の推移を確認すると，1993年の722経営体が1998年には629経営体まで落ち込んだものの，2003，2008年は591，595経営体となり経営体数は安定した。しかし，その後は再び減少傾向に転じ，2013年の経営

体数は549である。単純計算では，この20年間で東三河の漁業経営体数はおよそ4分の3となり，全体として減少傾向にあることがうかがえる。

図Ⅲ-1-3-1は，この20年間の漁業経営体数の推移を漁業集落別にみたものである。高木（2012）でも指摘したように，一様に減少傾向がみられるのではなく，経営体数の減少が著しい集落とともに，減少幅の小さい集落や増加傾向を示す集落もあり，おもに蒲郡は前者，田原では後者の傾向が認められる。

図Ⅲ-1-3-2の年齢階層別漁業就業者数（2013年）をみると，60歳以上の漁業者が目立つ一方，60歳未満の漁業者も少なくなく，秘匿の2集落および三谷と竹島を除けば40歳未満の漁業者も確認でき，統計値上では田原市域で青年層が目立っている。

データ間の関係性をみることが可能な2003年のそれとの比較を試みれば，この10年間に多くの漁業集落で40歳未満の漁業者が減り60歳以上の漁業者が増えた。しかし，それに該当しないケースもあり，清田，泉，赤羽根，形原，西浦では40歳未満の漁業者が絶対数と構成比ともに増加をみせ，泉，宇津江，西浦では60歳以上の漁業者が絶対数と構成比ともに減少した。また，伊良湖岬，清田，赤羽根，田原（集落名）では，漁業経営体数と従事者数の増加がみられた。これらの漁業集落のうち二者以上該当しているのは，清田，泉，赤羽根，西浦であり，漁業センサス上では漁業従事者の減少と高齢化がすすむ多くの漁村とはやや異なる傾向をみせている。

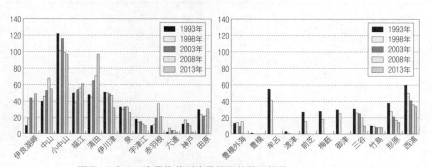

図Ⅲ-1-3-1　漁業集落別漁業経営体数の推移（単位：経営体）
出典：漁業センサス（各年次）より筆者作成。
注：御津は下佐脇，御馬，御津大塚の合計値（～1998年）。

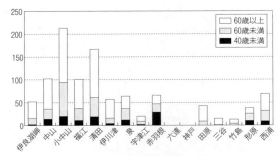

図Ⅲ-1-3-2　漁業集落別年齢階層別漁業就業者数(2013年)（単位：人）

出典：漁業センサス（2013年）より筆者作成。
注：六連，神戸（田原市）は秘匿。表Ⅲ-1-3-2，図Ⅲ-1-3-3も同じ。

表Ⅲ-1-3-1　営んだ漁業種類別経営体数,漁業種類別漁獲量と養殖魚種別収穫量の和(漁獲量)のうち上位3漁法(2013年)

	漁法数	1位	2位	3位	漁獲量	1位	2位	3位
	経営体数	(経営体)	(経営体)	(経営体)	(うち養殖)	(t)	(t)	(t)
田原市	12	採貝・採藻	その他の釣	その他の刺網	11,835	採貝・採藻	その他の漁業	のり類養殖
	483	375	76	66	(851)	8,830	1,378	810
豊橋市	0	–	–	–	x	その他の刺網	小型底曳網	–
	0				(0)	4	3	
豊川市	0	–	–	–	0			
	0				(0)			
蒲郡市	10	小型底曳網	採貝・採藻	その他の漁業	3,154	沖合底曳網	船曳網	小型底曳網
	66	33	17	10	(0)	1,045	1,043	945
4市計	16	採貝・採藻	その他の釣	その他の刺網	14,989	採貝・採藻	船曳網	その他の漁業
	549	392	76	70	(851)	8,872	1,512	1,378
愛知県	18	採貝・採藻	小型底曳網	その他の刺網	96,377	船曳網	小型底曳網	採貝・採藻
	2,348	981	587	289	(15,338)	41,433	18,056	14,953

注：漁獲量には，養殖業で得られた収穫物も含まれる。表Ⅲ-1-3-2も同じ。
資料：営んだ漁業種類別経営体数は漁業センサス（2013年），漁業種類別漁獲量と養殖魚種別収穫量は海面漁業生産統計調査（2013年）より筆者作成。

表Ⅲ-1-3-2　営んだ漁業種類別経営体数のうち経営体数の多い上位3漁法(2013年)

	漁業集落名	漁法数	1位	2位	3位		漁業集落名	漁法数	1位	2位	3位
		経営体数	(経営体)	(経営体)	(経営体)			経営体数	(経営体)	(経営体)	(経営体)
田原市(旧渥美町)	伊良湖岬	6	その他の刺網	その他の釣	採貝・採藻	田原市	赤羽根	7	その他の刺網	小型底曳網・船曳網	その他の釣
		49	44	40	16			21	8	各7	5
	中山	7	採貝・採藻	小型底曳網	潜水器漁業		六連	x	x	x	x
		55	49	8	7		神戸	x	x	x	x
	小中山	6	採貝・採藻	潜水器漁業	小型底曳網		田原	7	採貝・採藻	小型定置網・わかめ養殖	その他の漁業
		97	79	28	11			31	29	各8	6
	福江	5	採貝・採藻	潜水器漁業	のり類養殖	蒲郡市	三谷	4	小型底曳網	船曳網・その他の網漁業	その他の刺網
		61	58	7	3			10	7	各4	3
	清田	6	採貝・採藻	その他の釣	のり類養殖		竹島	1	採貝・採藻	–	–
		97	85	16	11			8	8		
	伊川津	3	採貝・採藻	のり類養殖	その他の釣		形原	5	小型底曳網	沖合底曳網・その他の延縄・その他の網漁業	沿岸カツオ一本釣
		32	30	5	2			14	9	各2	1
	泉	6	採貝・採藻	小型底曳網・その他の刺網・ひらめ養殖	その他の釣・その他の魚類養殖		西浦	7	小型底曳網	採貝・採藻	その他の漁業
		26	21	各3	各2			34	17	9	8
	宇津江	9	採貝・採藻	その他の刺網	小型底曳網・小型定置網・わかめ養殖						
		10	5	4	各3						

資料：漁業センサス（2013年）より筆者作成。

高木（2012）では，漁法の多様性が安定的な漁業経営のために重要であり，田原のアサリ・ノリ漁を中心とした採貝・採藻漁が多世代の漁家経営を可能にしていると述べた。2013年における漁法の組み合わせの状況を確認するために，表Ⅲ-1-3-1では市別に営んだ漁業種類別経営体数と漁獲量の上位3漁法を，表Ⅲ-1-3-2では漁業集落別に営んだ漁業種類別経営体数のそれを整理した。

これらの表によると，田原では採貝・採藻漁が経営体数，漁獲量ともに最大であり，漁業集落別では三河湾に面した中山以東では採貝・採藻漁がトップ，渥美外海に面した赤羽根では網漁がメインとなり，両者の境界にあたる伊良湖岬とその周辺では採貝・採藻漁とともに小型底曳網漁や潜水器漁業も営まれ，漁法の多様性がみられる。また，前述した清田や泉では，採貝・採藻漁とともに各種網，釣漁や養殖業が営まれており，統計分析上では漁法の多様性と採貝・採藻漁が漁業衰退を抑止する機能を果たしているといえよう。

蒲郡では網漁が中心的な漁法であり，経営体数では渥美外海などで操業する小型底曳網漁が，漁獲量ではそれ以遠で操業し，県下では蒲郡のみに漁船が所属する沖合底曳網漁が最大となっている。漁業集落別では，前述した沖合底曳網漁船を有す西浦が経営体数，漁法数とも多く，形原がそれに次ぐ。一方，三谷は西浦，形原よりも経営体数の落ち込みが激しく，竹島のように安定的に採貝・採藻漁（アサリ漁）を営む経営体は統計上皆無となった。なお，

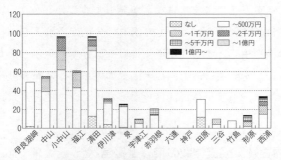

図Ⅲ-1-3-3　漁業集落別販売金額別経営体数(2013年)　(単位：経営体)
出典：漁業センサス（2013年）より筆者作成。
注：販売金額には，養殖業で得られた収穫物も含まれる。

表Ⅲ-1-3-1からは豊橋では年間操業日数が30日に満たない少数の漁業者が，刺網漁と小型底曳網漁により水揚げを得ていることが分かる。

このように，漁法の多様性や採貝・採藻漁が漁業の存続に大きな役割を果たしているものの，それが経営体の販売金額の伸びにつながっておらず，図Ⅲ-1-3-3からは東三河の漁業経営体の大半が500万円以下の階層であり，販売金額なしの経営体も少なくないことが浮かび上がってくる。

安定的な採貝・採藻漁を持続可能なかたちで発展させるためには，われわれに多くの恵みを与えてくれる浅海の重要性を発信しつつ，アサリではローカルな消費の喚起だけではなく，全国一の漁獲量を誇る愛知県を支える地域としての存在をひろくアピールし，消費の拡大を目指すことが求められるだろう。愛知県は，2016年3月に「食と緑の基本計画2020」を策定し，「あいちの水産業を支える伊勢湾・三河湾の生産力強化プロジェクト」を重点プロジェクトのひとつとして位置づけ，浅海の保全を中心に事業を展開し，あわせてアサリのブランド力強化のためにその魅力を発信している（愛知県農林水産部水産課 2016）。しかし，従来から展開しているシーブルー事業をはじめとする浅海保全事業や，「あいちの四季の魚」（アサリは春，ノリは冬のさかな）の認知度は低く，アピールの方法はもちろん「里海マネジメント」（日高 2016）という考え方も参照しながら事業内容の見直しや刷新を図ることも必要だと思われる。また，春の潮干狩り場の閉鎖報道にみられるように，貝毒やツメタガイによる食害などが発生することもあり，安定的な漁家経営のためには多角経営を行うなどリスクの分散が重要となる。

さらに，網漁を中心とする漁船漁業では，低迷する魚価と消費量の増大を目指すとともに，水産業の活力回復と向上のカギとなる新規就業者の獲得により一層力を注ぎ，地域全体の活性化につなげていくことが求められる。

③ 内水面養殖業経営体数の推移と経営状況

東三河の内水面養殖業は，豊橋を中心とした臨海部と，設楽を中心とした

内陸部でもみられる（図Ⅲ-1-3-4）。豊橋と田原は経営体数の減少が著しいものの，愛知県では西尾の一色地区に次ぐウナギ産地を形成しており（高木2013），経営体数が安定している豊川ではアユ，設楽ではニジマスがおもに養殖され，豊川や田原では1経営体あたりの従事者数，養殖池がともに大きく，豊橋ではそれらが小さい傾向にある（表Ⅲ-1-3-3）。収穫物の販売金額別経営体数をみると，5千万円以上の階層が最も多く，1億円を超える経営体が散見されるなど，販売金額は海面漁業に比べてきわめて大きいことが分かり，少数の経営体が東三河の内水面養殖魚の生産を支えている（図Ⅲ-1-3-5）。

東三河のウナギ生産量は多くなく，シラスウナギの減少にともなう仕入価格の乱高下や飼料価格の変動などにより養鰻経営環境は厳しさを増している。そうしたなかで，個々の経営体の高い技術力により高品質の活鰻生産が実現し，豊橋と田原の従事者が組織する養鰻組合が品質検査を行い，地域団体商標登録（2013年）をした「豊橋うなぎ」として出荷している。

また，養殖アユは豊川市域を中心に東三河で生産されており，2013（平成25）年に愛知県の生産量が日本一となった。筆者の聞き取りによれば，アユ養殖は地下水が得られる佐奈川流域で発展し，天然種苗に比べ冷水病の発生率を抑えられる無菌の人工種苗の導入と，養殖池の改良などにより高品質の養殖アユの生産に成功し，全国に向けて鮮魚を中心に活魚や冷凍魚を出荷している。また，東三河では小売店の店頭に海産魚とともに養殖アユが並ぶこ

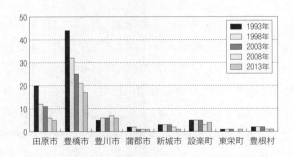

図Ⅲ-1-3-4　市町村別内水面養殖業経営体数の推移（単位：経営体）
出典：漁業センサス（各年次）より筆者作成。

表Ⅲ-1-3-3　内水面養殖業経営体の経営状況（2013年）

	実数（経営体）	従事者数(人)（平均）	営んだ養殖種類			養殖池数(面)（平均）	養殖面積(㎡)（平均）
			1位（経営体）	2位（経営体）	3位（経営体）		
田原市	5	46(9.20)	ウナギ(4)	アユ・その他種苗(各1)	－	130(26.0)	16,750(3,350.0)
豊橋市	17	68(4.00)	ウナギ(13)	アユ,金魚(各2)	－	219(12.9)	36,737(2,161.0)
豊川市	6	62(10.33)	アユ,アユ種苗(各3)	食用海水魚,金魚(各1)	－	317(52.8)	24,710(4,118.3)
蒲郡市	1	x	x	－	－	x	x
新城市	1	x	x	－	－	x	x
設楽町	4	9(2.25)	ニジマス(3)	マス類種苗(2)	その他のマス類(1)	66(16.5)	4,314(1,078.5)
東栄町	1	x	x	－	－	x	x
豊根村	1	x	x	－	－	x	x
愛知県	290	873(3.01)	ウナギ(145)	金魚(110)	ニジマス(8)	5,409(18.7)	2,688,184(9,269.6)

資料：漁業センサス（2013年）より筆者作成。

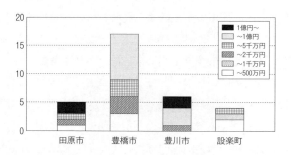

図Ⅲ-1-3-5　過去一年間の収穫物の販売金額別経営体数（2013年）　（単位：経営体）
出典：漁業センサス（2013年）より筆者作成。

とが珍しくなく，比較的身近な魚として流通していることも特筆される。

　なお，『漁業・養殖業生産統計年報』によると，豊川（河川名）における1993年の漁獲量は254t（うちアユは208t）であった。総漁獲量とアユ漁獲量は減少を続け，総漁獲量とアユ漁獲量（内数）を5年ごとにみると，1998年100t（55t），2003年84t（56t），2008年21t（10t），2013年17t（8t）となった。ただし，2006年からは遊漁に関する漁獲量を含まない。

④ 新たな動き：蒲郡における水産業活性化の取り組みを事例に

　前項でみたように，蒲郡では漁業経営体数の減少が著しく，衰退する水産業の活性化は観光振興やコミュニティづくりなどとともに，地域の重要課題のひとつである。そうしたなかで，蒲郡では産民官学が様々な取り組みを行い，多くの成果を出すとともに，反省や改善すべき点も得られている。

　蒲郡は渥美外海や三河湾での漁船漁業がさかんであり，前述したように小型底曳網漁は経営体数が多い漁法である。しかし，担い手の減少により減船が続き，従事者の高齢化もすすんでいる。その一方で，漁業を仕事としたいと考える若者もおり，全国レベルでみれば新規就業の成功事例も少なくない（金萬・三好　2015）。

　蒲郡市は，水産庁の補助事業を活用し，西浦の小型底曳網漁従事者を受け入れ先として漁業研修生を募集した。応募条件は，最長3年間の漁業研修後に漁船を取得し，蒲郡で独立自営を行うことのできる者であり，研修期間中は市独自の補助額を上乗せして年間300万円を補償するという画期的なものであった。2014（平成26）年5月に募集を開始したところ，全国から27名の応募があり，漁業体験や選考を経て3名の研修生が誕生した。しかし，10月の研修開始後，11月末には家族を残して単身で移り住んだ2名の研修生がリタイアし，研修生制度の難しさを露呈させた（蒲郡市　2015）。聞き取りによると，研修生の家族の問題だけでなく，漁業従事者が事故の発生を憂慮している点や，家族で操業しているために他人が船に乗ることを嫌うなどの受け入れ側の問題もあり，地域社会の研修生への理解と，研修生の地域社会への溶け込みの可否が研修生制度存続の要点となりそうである。

　さらに，西浦では沖合底曳網漁船が国の「もうかる漁業創設支援授業」を活用して新造され，シルクアイス装置の導入により鮮度の高い漁獲物の出荷を目指し，あわせて新しい操業体制などにより収益性を実証し，船内の居住環境の向上と定期漁休日の導入などを図り，乗組員の安定確保に向けた取り組みもなされている（蒲郡市　2015）。聞き取りによれば，沖合底曳網漁船

はこの地域の漁業従事者の平均年齢を大きく下げる役割を果たしており，新造船では50歳台後半の船長のもと，おもに地元出身の20〜40歳台の6人の乗組員が乗船していることから（うち1名は県外），地域活性化のために大きく貢献している。

　ただし，沖合底曳網漁船が西浦，形原で水揚げする鮮度の高い「深海」の魚であるメヒカリ，ニギス，アカザエビの普及に課題がある。すなわち，認知度の高くないこれらの魚種の存在や，一般的な調理法（唐揚げや団子など）の周知のほか，新たな食べ方の提案や加工品の開発など，蒲郡の地域資源として「深海」の価値を高める必要がある。2016年3月に行われた宿泊施設の料理長研修会では，漁協や生産者から体長が大きく新鮮なメヒカリを刺身として提供することが提案されたように，蒲郡の中心産業である水産業と観光業のさらなる連携が求められる。

　三谷では，水産業の衰退が地域の活力低下につながり，聞き取りによると市場が閉鎖されるという噂が聞こえ出した2013年頃から衰退に拍車がかかったという。三谷を拠点に活動するあるNPOでは，三谷の水産業と地域の活性化のために干物加工事業のほか，三谷漁協の市場施設を活用したイベントを企画し，三谷の水産業地域振興策として定着した。しかし，このNPOによると三谷で水揚げされた魚を干物加工に活用するという当初のコンセプトは崩れてしまい，高木（2012）で言及した干物の特産品化の目標も加工業者の高齢化により停滞している。そして2016年には三谷市場の業務が大幅に縮小されるに至り，地域の活力が大幅に低下したという。筆者の聞き取りに対し，NPO代表は一NPOの力のみでは水産業と地域の活性化は困難であり，多様な主体との連携を図ればよかったと語った。

　このことは，前述した事例も含め，水産業や地域の活性化のためには地域全体の理解と取り組みが必要であることを示唆している。水産業の分野における地域間の連携も視野に入れながら（高木　2014），市民の意向を反映した水産業と地域活性化のためのロードマップづくりが求められる。

文献

愛知県農林水産部水産課 2016『水産業の動き2016』
蒲郡市 2015『平成27年蒲郡市議会9月定例会会議録』蒲郡市議会
金萬智男・三好かやの 2015『私，海の漁師になりました。就業ナビ＆成功事例』誠文堂新光社
高木秀和 2012「水産業」『東三河の経済と社会』（愛知大学中部地方産業研究所）第7輯
高木秀和 2013「豊田市における近年の内水面漁業・養殖業の変容－食用魚・観賞魚養殖を中心に－」『豊田市史研究』第4号
高木秀和 2014「越境地域と水産業－対立・協調する漁業者」（愛知大学三遠南信地域連携研究センター編『越境地域政策への視点』）
農林水産省『漁業センサス』各年次
農林水産省『漁業・養殖業生産統計年報』各年次
日高健 2016『里海と沿岸域管理－里海をマネジメントする－』農林統計協会

（高 木 秀 和）

第2章　東三河の工業動向

1．工業概況

はじめに

　東三河地域の工業の構造的特質を主に工業統計を用いて明らかにする。東三河の地域経済の生産構造において工業が果たす役割は大きい。東三河地域は三河湾に面した港湾地域であり，国内外の経済活動と深く結びついている。近年，東三河地域の工業，なかでも輸送機械産業は，リーマンショックや自然災害など外的なショックから影響を受けたが，地域経済は再生している。ここでは，東三河地域の工業の現状について統計データを基に，工業の産業規模，集積，特化，投資，およびその変化について概観する。愛知県や西三河地域との比較を介して，東三河地域の工業の特徴を探る。

1　東三河の愛知県に占める経済的地位と産業構造

　東三河地域の愛知県における経済的位置は，所得統計による総生産額（2013年，9.1％），工業統計による製造品出荷額等（2014年，10.7％）の示すところおよそ"1割経済圏"の地域を占めており，1990年代半ば以降，ほぼ安定している（図Ⅲ-2-1-1，図Ⅲ-2-1-2）。
　東三河地域の産業構造は，総生産額の産業別構成比（2013年）では，一次2.5％，二次52.1％，三次45.4％（愛知県0.5％，40.6％，58.9％），就業者数（国勢調査2010年）では，一次8.0％，二次34.0％，三次58.0％（愛知県2.2％，31.4％，66.4％）となっており，愛知県に比べて，一次，二次産業のウエイトが相対的に高く三次産業が低いのが特徴的である（表Ⅲ-2-1-1）。

第Ⅲ部　地域産業

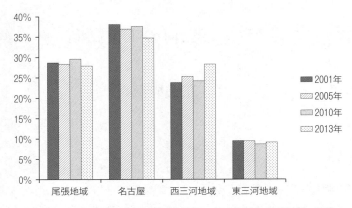

図Ⅲ-2-1-1　地域別総生産額の愛知県に占める割合（愛知県＝100）
資料：「市町村民所得統計」（愛知県）

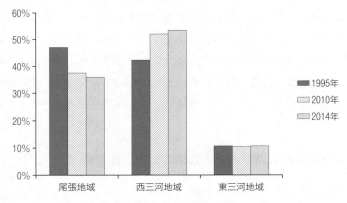

図Ⅲ-2-1-2　地域別工業出荷額等の愛知県に占める割合（愛知県＝100）
資料：『工業統計』各年版（愛知県）

　一般的に地域の産業構造を捉える場合，産出ベースである所得統計の総生産額を基準にすると通常は二次産業の労働生産性が高いため，一次，三次産業が過小に評価され，二次産業が過大に評価される傾向がある。ここでは投入資源の中でも本源的要素資源である労働にも注目し，就業人口と総生産額の産業別分布を用いて，東三河の地域や各市の現状の特徴をみてみる。
　全国的な傾向であるが，一次産業の就業者比率は，二次あるいは三次産業

第2章　東三河の工業動向

表Ⅲ-2-1-1　東三河地域の産業構造

	常住地就業者数（2010年）			総生産額（2013年）		
	一次産業	二次産業	三次産業	一次産業	二次産業	三次産業
田原市	28.2%	26.0%	45.8%	4.7%	81.1%	14.3%
新城市	8.6%	39.5%	51.9%	0.8%	47.5%	51.7%
蒲郡市	4.7%	38.6%	56.7%	1.4%	33.3%	65.2%
豊川市	5.9%	37.0%	57.1%	1.5%	48.5%	50.0%
豊橋市	5.4%	32.6%	62.0%	1.7%	33.5%	64.7%
東三河地域	8.0%	34.0%	58.0%	2.3%	48.5%	49.1%
愛知県	2.2%	31.4%	66.4%	0.5%	38.1%	61.4%

資料：「国勢調査」，「市町村民所得統計」

へ就業が移動し，各地域・市とも低下傾向にある。東三河地域の中でも田原市は，総生産額の二次産業のウエイトが81.1%と著しく高くなっている。就業者数でみると，高付加価値型農業経営を特徴とする田原市の一次産業就業者の比率28.2%が二次産業の比率26.0%を上回る高さを示している。

一方，二次産業の就業者比率をみると，トヨタ自動車の組立工場が立地する田原市で低いが，新城・蒲郡・豊川の各市では県平均を上回っている。しかし，二次産業の就業者のシェアは地場産業を含む既存集積の縮小傾向や臨海部工業の新設投資の鈍化等を要因に，おおむね低下ないしは横ばい傾向が続いている。その背景として，近年，中小企業数の減少傾向に伴い域内の雇用創出よりも近隣圏域への工業労働力の流出によるものや，総じて工業の成熟による三次産業就業者数の増加傾向などの要因があげられよう。

次に，三次産業の就業者比率は，地域の持つ人口や産業等の集積規模と諸機能の多様性に規定される部分が大きく，就業構造面で一次産業の強い田原市以外は，地方中核都市である豊橋市が東三河地域内で62.0%と最も高く，豊川市，蒲郡市，新城市においても50%以上を占めており，東三河地域においても就業構造の三次産業化への傾向がみられる。

以上は，「国勢調査」による常住地ベースの就業構造であるが，従業地ベース（自地域外からの通勤労働力を含む）での東三河地域の二次産業就業者比率は，田原市，豊川市，新城市において周辺他地域からの雇用吸引力によ

り常住地ベースのそれを上回る水準にある。

　また，東三河の地域経済に占める二次産業の位置をみると，総生産額では48.5％，就業者数では34.0％のウエイトを占めており，地域の基幹的産業である。西三河地域では二次産業の経済的比重はより高く，愛知県のそれは東三河地域より低い傾向がある。

② 東三河地域の工業の現状

　東三河地域の2014（平成26）年の工業の現状を1995年との比較でみると（表Ⅲ-2-1-2，従業者数4人以上），事業所数では45.3％減の1,813工場，従業者数では5.4％減の86,565人，製造品出荷額等では29.6％増の46,770億円，粗付加価値額では3.3％増の16,345億円の産業規模である。これを西三河地域の工業と比べると，事業所数で2分の1以下，従業者数で約4分の1，出荷額等で約5分の1，粗付加価値で約4分の1と，集積規模および経営規模のいずれにおいてもかなりの差がみられる。また，この間の変化をみると，東三河地域の事業所数の減少幅は，西三河地域よりも大きいが，愛知県の工業全体よりも小さい。従業者数では，西三河地域が増加傾向にあるのに対し，東三河地域は減少しており，その減少幅は県全体よりも小さい。出荷額等と粗付加価値額の増加率では，東三河は，西三河地域を大きく下回るものの，県全体とほぼ同程度である。

　次に，東三河地域の工業の主要業種（産業中分類，2014年，従業者4人以上）をみると，東三河地域の工業のなかで，輸送機械が事業所数（12.9％），従業者数（37.3％），出荷額等（59.9％），付加価値額（57.5％）のいずれにおいても首位を占めており，とくに出荷額等のシェアの高さが著しい。次いで，生産用機械・汎用機械（同13.0％，7.8％，13.7％，4.7％），プラスチック（同8.5％，8.8％，5.5％，6.2％），金属製品（同9.0％，5.2％，2.7％，3.2％），電気機械・電子部品（同6.1％，6.6％，3.2％，3.5％）などが主要業種にあげられる。主たるユーザー業界が自動車であることから，東三河の地域工業が直接・間接的

に自動車を核とする産業連関効果の高い垂直的な集積構造を特徴としていることがうかがえる。

また，地域産業のなかでも比較的安定した成長を維持している食料品（同11.7%，9.5%，4.5%，4.8%）のほかは，繊維（同10.8%，4.4%，1.8%，2.2%），木材・木製品・家具・装備品（同6.8%，1.9%，0.8%，0.8%），窯業・土石（同3.2%，1.9%，0.8%，0.8%）など中小地場産業を中心とした消費財関連の軽工業は縮小傾向にあるが，事業所数や従業者数では一定のシェアを占めている。また，従業者4人に満たない事業所も数多く存在していることから，中小地場産業が地域の就業・雇用に果たしている役割は重要であると

表Ⅲ-2-1-2 地域別事業所数・従業者数・製造品出荷額等の推移　　　　　　　　（単位：人，億円，%）

			愛知県			東三河地域					
年		日本	愛知県	尾張地域	西三河地域	東三河地域	豊橋市	豊川市	蒲郡市	新城市	田原市	北設楽郡
事業所数												
1995		387,726	31,441	21,855	6,269	3,317	1,340	866	701	560	112	69
			8.1%	69.5%	19.9%	10.5%	40.4%	26.1%	21.1%	16.9%	3.4%	2.1%
2010		224,403	18,764	12,408	4,325	2,031	841	577	328	352	84	30
			8.4%	66.1%	23.0%	10.8%	41.4%	28.4%	16.1%	17.3%	4.1%	1.5%
2014		202,410	16,795	10,999	3,983	1,813	747	498	305	322	81	24
			8.3%	65.5%	23.7%	10.8%	41.2%	27.5%	16.8%	17.8%	4.5%	1.3%
14/95		-47.8%	-46.6%	-49.7%	-36.5%	-45.3%	-44.3%	-42.5%	-56.5%	-42.5%	-27.7%	-65.2%
従業者数												
1995		10,320,583	897,677	511,786	294,428	91,463	35,825	27,422	10,783	18,663	8,723	1,110
			8.7%	57.0%	32.8%	10.2%	39.2%	30.0%	11.8%	20.4%	9.5%	1.2%
2010		7,663,847	790,778	394,133	309,734	86,911	33,369	24,439	8,645	18,660	13,219	525
			10.3%	49.8%	39.2%	11.0%	38.4%	28.1%	9.9%	21.5%	15.2%	0.6%
2014		7,403,269	795,496	381,432	327,499	86,565	32,081	23,831	8,705	19,428	14,237	411
			10.7%	47.9%	41.2%	10.9%	37.1%	27.5%	10.1%	22.4%	16.4%	0.5%
14/95		-28.3%	-11.4%	-25.5%	11.2%	-5.4%	-10.5%	-13.1%	-19.3%	4.1%	63.2%	-63.0%
製造品出荷額等												
1995		3,060,296	336,400	158,158	142,145	36,097	10,728	9,849	2,242	6,518	10,885	144
			11.0%	47.0%	42.3%	10.7%	29.7%	27.3%	6.2%	18.1%	30.2%	0.4%
2010		2,891,077	382,108	143,454	198,628	40,026	11,503	8,268	2,158	7,973	15,143	80
			13.2%	37.5%	52.0%	10.5%	28.7%	20.7%	5.4%	19.9%	37.8%	0.2%
2014		3,051,400	438,313	157,489	234,054	46,770	12,367	8,159	2,478	8,417	20,536	103
			14.4%	35.9%	53.4%	10.7%	26.4%	17.4%	5.3%	18.0%	43.9%	0.2%
14/95		-0.3%	30.3%	-0.4%	64.7%	29.6%	15.3%	-17.2%	10.5%	29.1%	88.7%	-28.1%
粗付加価値額												
1995		1,275,945	123,704	64,705	43,170	15,829	4,468	3,483	950	3,107	5,692	70
			9.7%	52.3%	34.9%	12.8%	28.2%	22.0%	6.0%	19.6%	36.0%	0.4%
2010		1,006,454	99,082	43,734	44,828	10,520	3,865	2,621	746	2,746	1,951	33
			9.8%	44.1%	45.2%	10.6%	36.7%	24.9%	7.1%	26.1%	18.5%	0.3%
2014		922,889	128,646	44,377	67,924	16,345	4,359	2,983	861	2,462	6,871	29
			13.9%	34.5%	52.8%	12.7%	26.7%	18.3%	5.3%	15.1%	42.0%	0.2%
14/95		-27.7%	4.0%	-31.4%	57.3%	3.3%	-2.4%	-14.3%	-9.3%	-20.8%	20.7%	-58.3%

資料：『工業統計』各年版（愛知県，経済産業省，従業者4人以上の事業所）
注：各年の下段は，それぞれ日本全国，愛知県，および東三河に占める構成比を示す。

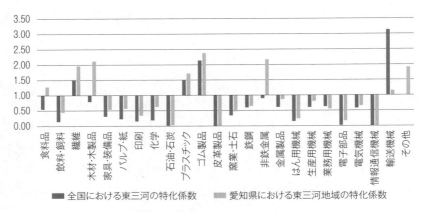

図Ⅲ-2-1-3 東三河地域の製造品出荷額等の産業分類特化係数（2014年）
資料：『工業統計』（愛知県）

考えられる。

　図Ⅲ-2-1-3に，全国と愛知県における東三河地域の製造品出荷額等の産業分類特化係数を示す。特化係数が1のときは全国または愛知県の構成比と東三河地域の構成比が同じであり，1を超えるほど，その産業の比重が高いことを示す。全国に対する特化係数（東三河の産業構成比／全国の産業構成比）でみると，輸送機械が3.13と最も高く，次いで，繊維製品1.51，ゴム製品1.51となっている。愛知県に対する特化係数（東三河の産業構成比／愛知県の産業構成比）でみると，ゴム製品が2.28と最も高く，次いで，非鉄金属2.17，木材・木製品2.12となっている。

　また，東三河地域および各市の製造品出荷額等に占める上位5業種を表Ⅲ-2-1-3に示す。4つの市において輸送機械が1位を占めており，特に田原市と豊川市が顕著である。田原市はトヨタ・同グループが三河港臨海部に集積して立地し，交易・貿易の優位性を備えている。豊川市の輸送機械は，国道・高速道路の交通の要衝である同市内に二輪車や鉄道車両，および自動車部品を主な製品とする企業が立地していることによる。これに対し，豊橋市は輸送機械が1位ではあるが，臨海部の鉄鋼等素材型業種やプラスチック工業，

電気機械・電子部品，食料品など中堅中小企業主体の比較的多様な業種の構成によるものである。蒲郡市は自動車関連企業による輸送機械，業務用機械に続いて，伝統的な繊維や食料品などの中小企業型の地場産業のウエイトが比較的高いのが特徴的である。新城市は，1980年代以降に主に工業団地における経営規模の大きい誘致企業を中心に，ゴム製品，生産用・汎用機械，電気機械・電子部品，非鉄金属，プラスチックが基盤産業となっている。

表Ⅲ-2-1-3　地域別製造業における上位5業種（出荷額等）（2014年）

	愛知県		東三河地域		豊橋市		豊川市	
1位	輸送機械	53.6%	輸送機械	59.9%	輸送機械	28.9%	輸送機械	50.9%
2位	生産用・汎用機械	6.2%	プラスチック	5.5%	プラスチック	14.0%	食料品	9.9%
3位	鉄鋼	5.8%	食料品	4.5%	食料品	8.7%	生産用・汎用機械	9.3%
4位	電気機械・電子部品	5.5%	生産用機械・汎用機械	3.7%	電気機械・電子部品	8.4%	金属製品	7.1%
5位	食料品	3.7%	鉄鋼	3.7%	鉄鋼	7.3%	非鉄金属	7.1%
	蒲郡市		新城市		田原市			
1位	輸送機械	17.9%	ゴム製品	32.7%	輸送機械	95.8%		
2位	業務用機械	16.2%	生産用・汎用機械	12.2%	鉄鋼	1.6%		
3位	繊維	9.1%	電気機械・電子部品	12.2%	金属製品	0.6%		
4位	プラスチック	7.2%	非鉄金属	12.0%	食料品	0.4%		
5位	食料品	6.0%	プラスチック	11.2%	プラスチック	0.1%		

資料：『工業統計』（愛知県）

　次に，東三河地域の工業の規模別構造をみると（表Ⅲ-2-1-4，5），従業員数299人以下の中・小規模層が，事業所数の97.8%，従業者数の56.1%を占めている。2005年時点と比べて，とくに小規模層では，事業所数で-27.0%，従業者数で-5.0%と縮小傾向にある。一方で，300人以上の大規模層は，事業所数では2.3%と小さいが，従業者数の43.9%を占めており，2005年時点と比べて，事業所数で+13.9%，従業者数で+6.4%と増加傾向にある。愛知県もほぼ同様な傾向にあるが，東三河地域では，中規模層の縮小傾向が強い。西三河地域では，小規模層は縮小傾向にあるが，中規模層では拡大傾向にある。とくに1,000人以上の従業者数は49.2%を占めており，大企業への集中化傾向が著しい。

　地域別に工業の生産性，とくに付加価値からみた生産性にどのような特徴があるのかをみてみよう。図Ⅲ-2-1-4に，地域別の付加価値生産性（従業

表Ⅲ-2-1-4　規模別事業所数

事業所数	愛知県			東三河地域			西三河地域		
	2014年	05年比 %	構成比 %	2014年	05年比 %	構成比 %	2014年	05年比 %	構成比 %
総　数	16,795	-27.4	100.0	1,813	-27.0	100.0	3,983	-23.1	100.0
小規模層	13,255	-32.4	78.9	1,381	-32.1	76.2	2,962	-29.8	74.4
4～9人	7,211	-43.1	42.9	720	-44.1	39.7	1,529	-40.9	38.4
10～19人	4,095	-9.6	24.4	437	-6.8	24.1	954	-8.3	24.0
20～29人	1,949	-18.5	11.6	224	-19.1	12.4	479	-19.0	12.0
中規模層	3,187	-0.2	19.0	391	-5.6	21.6	870	4.8	21.8
30～49人	1,219	3.5	7.3	144	-6.5	7.9	306	7.4	7.7
50～99人	1,136	-3.0	6.8	137	-2.8	7.6	320	1.6	8.0
100～199人	640	0.2	3.8	83	-12.6	4.6	183	16.6	4.6
200～299人	192	-6.3	1.1	27	12.5	1.5	61	-16.4	1.5
大規模層	353	7.3	2.1	41	13.9	2.3	151	13.5	3.8
300～499人	159	9.7	0.9	19	35.7	1.0	60	7.1	1.5
500～999人	114	12.9	0.7	15	0.0	0.8	47	34.3	1.2
1,000人以上	80	-3.6	0.5	7	0.0	0.4	44	4.8	1.1

表Ⅲ-2-1-5　規模別従業者数

従業者数	愛知県			東三河地域			西三河地域		
	2014年 人	05年比 %	構成比 %	2014年 人	05年比 %	構成比 %	2014年 人	05年比 %	構成比 %
総　数	795,496	-2.6	100.0	86,565	-5.0	100.0	327,499	4.6	100.0
小規模層	147,720	-25.2	18.6	15,891	-24.4	18.4	34,285	-23.5	10.5
4～9人	44,164	-42.1	5.6	4,439	-42.4	5.1	9,525	-40.0	2.9
10～19人	55,741	-10.8	7.0	5,930	-8.4	6.9	12,986	-9.6	4.0
20～29人	47,815	-18.7	6.0	5,522	-19.0	6.4	11,774	-19.4	3.6
中規模層	261,615	-1.6	32.9	32,642	-5.1	37.7	74,188	1.8	22.7
30～49人	47,587	3.1	6.0	5,515	-7.7	6.4	12,032	6.1	3.7
50～99人	78,250	-4.1	9.8	9,317	-2.1	10.8	21,932	-0.1	6.7
100～199人	89,509	1.1	11.3	11,437	-13.0	13.2	25,551	15.9	7.8
200～299人	46,269	-6.4	5.8	6,373	10.6	7.4	14,673	-16.3	4.5
大規模層	386,161	9.3	48.5	38,032	6.4	43.9	219,026	12.1	66.9
300～499人	61,819	10.8	7.8	7,800	40.5	9.0	23,979	8.9	7.3
500～999人	80,980	15.8	10.2	11,173	-0.8	12.9	33,974	38.7	10.4
1,000人以上	243,362	6.9	30.6	19,059	0.7	22.0	161,073	8.2	49.2

資料：『工業統計』（愛知県）

者1人あたりの付加価値額）を示す。2014年の付加価値生産性は従業者1人あたり愛知県1,617万円，東三河地域1,888万円，西三河地域2,074万円，尾張地域1,163万円である。全体の傾向として，愛知県の生産性に比べて，西三河地域と東三河地域の生産性は高い水準にあり，尾張地域の生産性は低い水準にある。2008年のリーマンショックにより，2009年に生産性が低下し

たが，とくに西三河地域と三河地域の低下が著しい。2011年にはおおむね回復しているが，東三河は他の地域に比べて若干遅れて回復している。

東三河地域の4市と北設楽郡の付加価値生産性をみると，2014年では田原4,826万円，新城1,701万円，豊橋1,359万円，豊川1,252万円，蒲郡989万円，北設楽郡710万円である。著しく田原市の生産性が高く，新城，豊橋，豊川と続き，蒲郡市と北設楽郡の生産性が低い傾向にあることがわかる。特に，田原市は2007年以降著しく減少し，2010年以後に回復傾向にある。

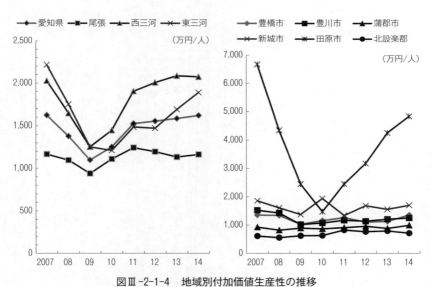

図Ⅲ-2-1-4　地域別付加価値生産性の推移
資料：『工業統計』各年版（愛知県），「平成24年経済センサス活動調査」

愛知県における東三河地域の工業の規模は一定のシェアをもつが，付加価値生産性でみても，西三河地域との格差は存在する。西三河地域における輸送機械を中心とした垂直的産業構造の相対的な強さが，東三河地域との格差を生んでいることは事実であろう。このような垂直的産業構造は正常時には威力を発揮するものの，外的なショックから影響を受けやすいことも確かである。内燃機関から電池やモーターを装備した自動車への生産シフトは，水

平的産業構造への転換をもたらし，産業の集積力を弱めるかもしれないが，一方で広域ネットワークの形成により地域経済の脆弱性の低減に貢献しうる。また，自動運転，人口知能，ロボット，IoTのような新技術が我々の生活や経済活動にも変化をもたらしつつある。このような新たな変動は，東三河地域の工業の産業構造にも影響を及ぼすことになろう。

（渋　澤　博　幸）

2．東三河の自動車産業

1　世界と日本の自動車産業動向

1）世界の自動車市場予測

図Ⅲ-2-2-1より世界の自動車販売市場をみると，販売台数は2018年に1億台を超えることが予測されている。市場を牽引しているのは新興国市場であり，2010（平成22）年に世界シェアが5割を超えてからも引き続き拡大が見込まれている。2025年時点の予測では，世界の自動車販売市場が1億2,815万台に達したとき，新興国市場の比率は65％まで増加することが予測されている。

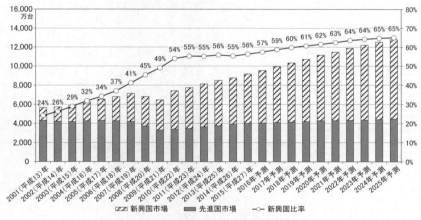

図Ⅲ-2-2-1　世界の自動車販売台数実績と予測
資料：日本自動車工業会資料，FORIN資料より筆者作成。
注）数値は表章単位未満の位で四捨五入しているため実数と内訳の合計や本文中の数値は必ずしも一致しない場合がある。以下の図表も同様。

2）国内自動車メーカーの自動車生産・販売動向

図Ⅲ-2-2-2より日本国内の自動車生産台数（国内＋輸出向け）をみると，リーマンショックや東日本大震災での一時的な生産の落ち込みがあるもの

の，2012年以降は，概ね1,000万台程度の生産規模で推移している。

　2015年の国内生産は前年比5％減の927万台となった。そのうち，海外輸出向けの生産は447万台で前年と同規模であるが，国内市場向けの生産は前年の531万台から50万台減の481万台となり，国内向け生産の減少が前年比マイナス5％の直接の影響として表れている。

　そして，国内向け生産の減少は新車販売台数の動向に関係する。図Ⅲ-2-2-3より，2015年の新車販売台数をみると，前年より約10％減の505万台となっている。ハイブリッド自動車や小型車などの低燃費車への人気は高いが，長引く消費低迷に加え軽自動車税の増税の影響もあってか買い替え需要は限定的であると言える。この先を見通すと，2019年10月まで先延ばしされた消費税率引き上げ前に一時的な需要増の期待はあるものの，日本全体の自動車市場の活性化に対しては限定的であり，むしろ少子高齢化の進展による需要の漸減は止まることなく，中長期的な減退傾向は避けられないと思われる。

　一方で，国内自動車メーカーはアジア，北中南米，欧州，近年はアフリカ・中近東など新興国を含め，世界各地で自動車生産を活発化させている。海外生産台数は2007年に国内生産台数を上回ってから，特に東日本大震災の

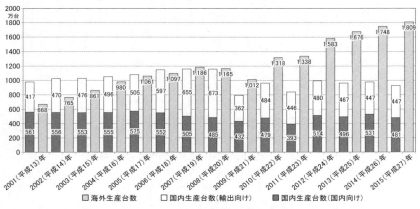

図Ⅲ-2-2-2　日本メーカーの国内生産台数と海外生産台数の推移
資料：日本自動車工業会資料より筆者作成。

年以降は年産50万台を超える勢いで増加し,2015年は前年より61万台増の1,809万台と過去最高を記録した。国内自動車メーカーの海外生産工場数(二輪,部品含む)は世界各地で300拠点と日本国内の拠点数の4倍となり,グローバルな事業展開を進めることで,世界各地の需要増に応じた海外現地生産が今後もさらに加速化するものと思われる(表Ⅲ-2-2-1)。

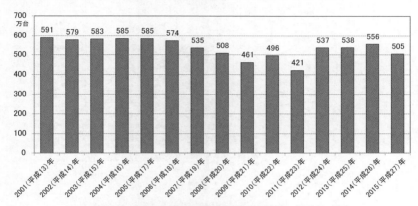

図Ⅲ-2-2-3 日本の自動車販売台数の推移
資料:日本自動車販売連合会資料より筆者作成。

表Ⅲ-2-2-1 日系自動車メーカーの海外生産工場数

国/地域	四輪車	二輪車	四輪車/二輪車	部品	計
アジア/大洋州	110	46	3	41	200
北米	18	1	−	15	34
中南米	20	12	1	2	35
欧州	19	2	−	6	27
アフリカ/中近東	18	3	−	−	21
合計	185	64	4	64	317

資料:日本自動車工業会資料より筆者作成。
「四輪車」,「二輪車」には部品等を含む。「部品」は部品のみを生産する工場。

2 東三河地域の自動車産業動向

1) 全国と愛知県の自動車産業の状況

図Ⅲ-2-2-4より国内自動車メーカーの組立を中心とする工場と部品等の工場の分布を確認する。組立を中心とする工場は41拠点,部品等の工場は

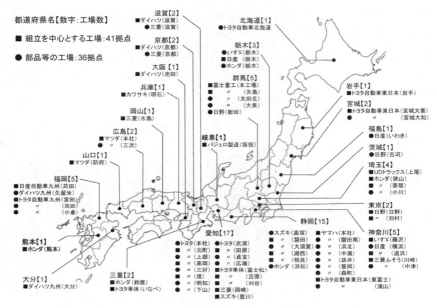

図Ⅲ-2-2-4　日本の主要自動車メーカーの自動車工場分布
資料：日本自動車工業会資料より筆者作成。

36拠点あり，これらの工場は北海道から九州まで太平洋側を中心に分布している。

　愛知県には組立を中心とする工場が9工場，部品等の工場が8工場の合計17工場が立地している。また，東三河地域に隣接する静岡県には15工場が立地している。両県の工場数は32工場で全国シェアは41％となり，文字通り自動車産業が集積する地域と言える。

　次に，工業統計の製造品出荷額等から自動車産業の集積をみる。図Ⅲ-2-2-5より2014（平成26）年における都道府県の自動車製造業の製造品出荷額等をみると，全国は49兆9,159億円で，そのうち愛知県が22兆4,588億円で全国の45％を占める。また，図Ⅲ-2-2-6より自動車製造業の事業所数は，全国には81万4,704事業所あり，そのうち愛知県には26万8,164事業所あり全国の33％を占める。このように，愛知県は工業出荷額，事業所数ともに

第2章 東三河の工業動向

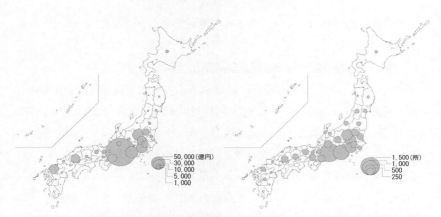

図Ⅲ-2-2-5 都道府県の自動車製造業の製造品出荷額等

資料：2014（平成26）年工業統計表より筆者作成。

図Ⅲ-2-2-6 都道府県の自動車製造業の事業所数

資料：2014（平成26）年工業統計表より筆者作成。

※自動車製造業の製造品出荷額等は，「自動車製造業（二輪自動車を含む）」，「自動車車体・付随車製造業」，「自動車部分品・付属品製造業」の製造品出荷額等の合計金額。

表Ⅲ-2-2-2　自動車製造業の製造品出荷額等と事業所数の全国シェア

	自動車製造業製造品出荷額等		自動車製造業事業所数			自動車製造業製造品出荷額等		自動車製造業事業所数	
	億円	全国シェア	所	全国シェア		億円	全国シェア	所	全国シェア
北海道	3,003	0.6%	7,390	0.9%	滋賀	2,433	0.5%	11,764	1.4%
青森	4	0.0%	102	0.0%	京都	4,191	0.8%	6,487	0.8%
岩手	1,177	0.2%	6,042	0.7%	大阪	2,175	0.4%	14,824	1.8%
宮城	1,920	0.4%	7,755	1.0%	兵庫	5,405	1.1%	13,622	1.7%
秋田	586	0.1%	2,242	0.3%	奈良	1,879	0.4%	3,565	0.4%
山形	1,187	0.2%	5,557	0.7%	和歌山	109	0.0%	531	0.1%
福島	2,601	0.5%	8,093	1.0%	鳥取	144	0.0%	815	0.1%
茨城	3,211	0.6%	11,889	1.5%	島根	667	0.1%	2,219	0.3%
栃木	13,237	2.7%	25,044	3.1%	岡山	2,924	0.6%	14,036	1.7%
群馬	30,773	6.2%	45,123	5.5%	広島	22,659	4.5%	35,555	4.4%
埼玉	21,440	4.3%	41,324	5.1%	山口	2,462	0.5%	8,837	1.1%
千葉	639	0.1%	2,554	0.3%	徳島	38	0.0%	189	0.0%
東京	11,787	2.4%	17,274	2.1%	香川	6	0.0%	137	0.0%
神奈川	32,914	6.6%	43,189	5.3%	愛媛	26	0.0%	163	0.0%
新潟	1,030	0.2%	5,411	0.7%	高知	37	0.0%	352	0.0%
富山	1,089	0.2%	4,786	0.6%	福岡	23,911	4.8%	23,176	2.8%
石川	648	0.1%	3,778	0.5%	佐賀	737	0.1%	1,345	0.2%
福井	1,194	0.2%	3,764	0.5%	長崎	31	0.0%	194	0.0%
山梨	1,021	0.2%	4,305	0.5%	熊本	1,204	0.2%	7,874	1.0%
長野	3,264	0.7%	12,869	1.6%	大分	1,575	0.3%	6,532	0.8%
岐阜	6,163	1.2%	20,483	2.5%	宮崎	341	0.1%	1,863	0.2%
静岡	40,825	8.2%	76,974	9.4%	鹿児島	73	0.0%	361	0.0%
愛知	224,588	45.0%	268,164	32.9%	沖縄	1	0.0%	30	0.0%
三重	21,831	4.4%	36,121	4.4%	計	499,159	100.0%	814,704	100.0%

資料：2014（平成26）年工業統計表より筆者作成。

日本の自動車製造業の多くを占める集積地域である（表Ⅲ-2-2-2）。

2）東三河地域の輸送用機械器具製造品出荷額等の分布図

図Ⅲ-2-2-7，表Ⅲ-2-2-3より，愛知県各市の輸送用機械器具製造業の出荷額の構成をみる。2014年の愛知県全体の出荷額は22兆4,535億円で，2010年の18兆9,267億円よりも約2割増加し，2008年のリーマンショック後の5年間において愛知県の輸送用機械産業は好調に転じてきたと言える。

また，規模順に各市の動向をみると，県内1位の豊田市の出荷額は12兆円を占め，全県の5割を超えるシェアを持ち2010年から2.4兆円（25％）増加している。

東三河の各市の動向をみると，田原市は2014年の出荷額は1兆9,682億円で豊田市に次いで県内2位の規模であり，2010年よりも5,032億円増加した。豊川市は2014年の出荷額は4,150億円で2010年よりも139億円減少した。豊橋市も同様に3,739億円から3,575億円へと164億円減少している。蒲郡市と

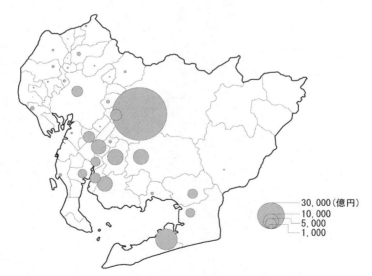

図Ⅲ-2-2-7　都道府県の自動車製造業の事業所数
資料：2014(平成26)年工業統計表より筆者作成。

第2章 東三河の工業動向

表Ⅲ-2-2-3 製造品出荷額等が多い上位市町村の2カ年の変化

		2010(平成22)年		2014(平成26)年		増減額	増減率
		億円	シェア	億円	シェア	億円	%
1	豊田市	97,176	51.3%	121,775	54.2%	24,600	25%
2	田原市	14,650	7.7%	19,682	8.8%	5,032	34%
3	安城市	8,814	4.7%	10,715	4.8%	1,901	22%
4	西尾市	8,912	4.7%	10,074	4.5%	1,161	13%
5	岡崎市	9,465	5.0%	10,047	4.5%	581	6%
6	刈谷市	9,994	5.3%	9,348	4.2%	-646	-6%
7	大府市	5,085	2.7%	5,892	2.6%	807	16%
8	みよし市	6,710	3.5%	5,597	2.5%	-1,113	-17%
9	名古屋市	4,127	2.2%	5,231	2.3%	1,104	27%
10	碧南市	4,104	2.2%	4,827	2.1%	724	18%
11	豊川市	4,290	2.3%	4,150	1.8%	-139	-3%
12	高浜市	2,935	1.6%	3,880	1.7%	946	32%
13	豊橋市	3,739	2.0%	3,575	1.6%	-164	-4%
14	半田市	3,317	1.8%	3,541	1.6%	224	7%
	蒲郡市	329	0.2%	444	0.2%	116	35%
	新城市	169	0.1%	150	0.1%	-19	-11%

資料：2010(平成22)年, 2014(平成26)年工業統計表より筆者作成。

新城市については，金額は一桁違うが蒲郡市は329億円から444億円へと増加し，新城市は169億円から150億円へと減少した。

③ 次世代自動車の普及による地域産業への期待

1) 次世代自動車の普及と愛知県の自動車産業の対応

2014（平成26）年11月に経済産業省が公表した「自動車産業戦略2014」では，2020年〜2030年の乗用車車種別普及台数の政府目標が示され，次世代自動車の新車販売に占める割合は2020年に20％〜50％，2030年に50％〜70％とされている（表Ⅲ-2-2-4）。

このうち，ハイブリッド自動車は2020年に20％〜30％，2030年に30％〜40％，電気自動車，プラグイン・ハイブリッド自動車は，2020年に15％〜20％，2030年に20％〜30％である。グローバルに進む環境・エネルギー制約に対

する要請や我が国自動車産業の高度化のためにも，自動車産業立国である愛知県が全国に先駆けて普及シナリオの実効性について具体的に示していくことが望まれる。

また，県行政の東三河地域を掌る東三河県庁においては，次世代自動車産業の育成・振興のため充電インフラ等の整備の加速化や，東三河地域の中小企業の既存産業から次世代自動車産業への円滑な対応や関連技術開発を促す支援を行うことで，電気自動車や燃料電池自動車などの普及を促進し，更なる地域企業の発展を図ろうとしている。

一方で，図Ⅲ-2-2-8のように1台あたり3万点の部品からなる自動車は，電気自動車では従来のガソリン自動車の部品点数よりも1/3程度減少するため，自動車部品を製造する企業の生産縮小や雇用の減少が懸念されてきている。逆に，モーター，コントロールユニット，バッテリーなど従来の自動車には搭載されなかった新しい部品の需要も発生し，トータルとして自動車部品・部材産業における構造変化が指摘できる。

また，図Ⅲ-2-2-2や表Ⅲ-2-2-1で指摘したとおり，世界市場の拡大にあわせて国内自動車メーカーの海外生産への移管が進んでいる。経済効率性や各国の状況に応じた自動車の供給を実現するためには，現地生産が望ましい形態であり，このことからも日本国内の生産は国内市場向けが大半となる。しかし，我が国の自動車市場は少子高齢化により縮小するため，日本国内の

表Ⅲ-2-2-4　2020年～2030年の乗用車車種別普及目標

	2014年（実績）	2015年（実績）	2020年	2030年
従来車	76.0%	73.5%	50～80%	30～50%
次世代自動車	24.0%	26.5%	20～50%	50～70%
ハイブリッド自動車	21.6%	22.2%	20～30%	30～40%
電気自動車	0.34%	0.27%	15～20%	20～30%
プラグイン・ハイブリッド自動車	0.34%	0.34%		
燃料電池自動車	0.00%	0.01%	～1% 4万台程度('25) 20万台程度('25)	～3% 80万台程度
クリーンディーゼル自動車	1.7%	3.6%	～5%	5～10%

資料：2010（平成22）年，2014（平成26）年工業統計表より筆者作成。

第2章　東三河の工業動向

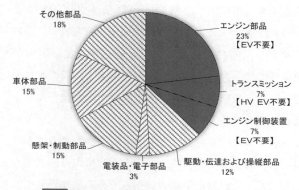

電気自動車は従来車に比較して部品点数が1/3（約11,100点）程度減少すると想定。
替わりに，モーター・コントロールユニット，バッテリー，インバーターなどの搭載により部品点数は2,100点増加。

図Ⅲ-2-2-8　自動車部品・部材産業の構造変化
資料：経済産業省資料より筆者作成。

自動車生産も減少していくことは避けられない。

　第Ⅲ部第2章1.でも指摘されているように，こうした自動車産業の未来への変動に対して，東三河地域の工業の産業構造にも影響を及ぼすことが予測されるが，この地域の経済に与える影響を最小限にとどめ，自動車産業の競争力の源泉を維持していくことが望まれる。

2）未来の自動車社会構築に向けた愛知県の取り組み

　自動車社会における安全確保や環境配慮への世界規模での関心の高まりから，運転負担軽減，事故や渋滞の削減，輸送効率化，過疎地域の移動利便性確保などの課題解決に向けて，世界の自動車メーカーは自動運転の技術開発を加速化している。既に，運転手の負担を軽減するためアクセルやブレーキ，ハンドリングを行う運転アシスト等の自動運転システムは実用的に普及し，完全自動運転を目指す実験や取り組みが各地で進められている。

　愛知県は2015（平成27）年8月に国が進める近未来技術実証特区「自動走行実証プロジェクト」に指定された（図Ⅲ-2-2-9）。無人自動車走行に伴う

道路交通法の規制緩和を図り，無人走行車両を利用したタクシーによる旅客サービス，無人配送サービスなどの新サービスの実現等に向けて，市街地，山間地などを含む県内15市町において自動走行の実証実験が進められている。東三河地域では，渥美半島の田原市や奥三河の設楽町において，病院，高校，町役場，高齢者施設といった拠点施設を含む走行ルートでの実証実験が進められる予定である。

自動走行システムの技術開発は世界競争に発展してきており，実用化に向けて県内の企業，大学，研究機関，行政の連携による継続的な推進が求められる。日本を代表する自動車産業の集積地である愛知として，新しい自動車社会の姿が描かれるとともに，自動走行技術で世界をリードし，そこから地域の自動車関連企業のイノベーションや新ビジネスが導き出されることを期待したい。

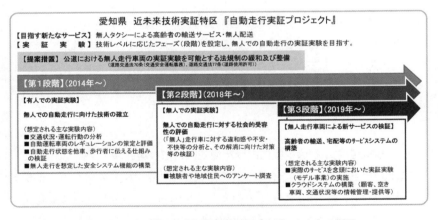

図Ⅲ-2-2-9　愛知県「自動走行実証プロジェクト」の概要
資料：愛知県資料より筆者作成。

（髙　橋　大　輔）

第3章　東三河の商業

1　はじめに

　2015（平成27）年10月に行われた平成27年国勢調査では，国勢調査が始まって以来の人口減少を示した。加えて高齢化は増加の一途をたどっており，2015年には高齢化率は26.7％となった[1]。日本は人口減少・超高齢社会へ本格的に突入したと言えよう。一方，1990年代以降，日本経済の長期低迷により価格デフレは継続している。それゆえ，多様な消費者が多様な場所で混在する市場のモザイク化，そして小商圏化の進行が指摘されている[2]。全国的に消費と都市のダウンサイジング[3]が進むなかで，本章では東三河地域における商業（卸売業，小売業）および消費者行動の動向について，2010年代を中心に述べていくこととする。

2　商　業

1）東三河地域における卸売業の現況

　東三河地域における卸売業の商店・事業所数（以下，事業所数とする），従業員数，年間販売額の推移を表Ⅲ-3-1，表Ⅲ-3-2，表Ⅲ-3-3にそれぞれ示した。東三河地域の事業所数は，全国や愛知県，名古屋市と同様，減少が続いている。調査方法が変わったため厳密に比較はできないが[4]，2007（平成15）年には1,867件だったものが，2014年には1,470件となっている。豊橋市や蒲郡市のように，卸売団地が整備され従来から卸売業の集積がみられた自治体においても減少がみられる。

　次に従業員数についてみると，全国や愛知県，名古屋市と同様，東三河地域における数値はやはり減少し続けている。2007年から2014年までの7年

表Ⅲ-3-1　卸売業商店・事業所数の推移

	実数（店）						
	1994年	1997年	1999年	2002年	2004年	2007年	2014年
全国	429,302	391,574	425,850	379,549	375,269	334,799	263,883
愛知県	29,908	28,816	29,345	26,421	25,547	22,848	17,851
名古屋市	17,749	17,161	17,217	15,190	14,550	12,853	9,490
東三河地域	2,492	2,315	2,379	2,164	2,093	1,867	1,470
豊橋市	1,488	1,402	1,401	1,336	1,258	1,124	877
豊川市	376	378	409	345	355	322	278
蒲郡市	388	333	330	293	278	240	168
新城市	105	85	90	72	76	64	61
田原市	111	103	131	108	113	104	78
設楽町	13	9	11	6	8	8	4
東栄町	10	5	7	4	4	4	2
豊根村	1	0	0	0	1	1	2

	前年比（％）					
	97年/94年	99年/97年	02年/99年	04年/02年	07年/04年	14年/07年
全国	-8.8		-10.9	-1.1	-10.8	
愛知県	-3.7		-10.0	-3.3	-10.6	
名古屋市	-3.3		-11.8	-4.2	-11.7	
東三河地域	-7.1		-9.0	-3.3	-10.8	
豊橋市	-5.8		-4.6	-5.8	-10.7	
豊川市	0.5		-15.6	2.9	-9.3	
蒲郡市	-14.2		-11.2	-5.1	-13.7	
新城市	-19.0		-20.0	5.6	-15.8	
田原市	-7.2		-17.6	4.6	-8.0	
設楽町	-30.8		-45.5	33.3	0.0	
東栄町	-50.0		-42.9	0.0	0.0	
豊根村	-100.0					

1997年以前と1999年以降，2007年と2014年はそれぞれ調査対象・方法が異なるため，直接比較はできない。
市町村名は2016年現在の市区町村の区画に再計算しており，1994～2004年の「東三河地域」には旧稲武町は含めていない。
資料：商業統計表，「愛知県の商業」各年度版により作成。

表Ⅲ-3-2　卸売業従業員数の推移

	実数（人）						
	1994年	1997年	1999年	2002年	2004年	2007年	2014年
全国	4,581,372	4,164,685	4,496,210	4,001,961	3,803,652	3,526,306	2,758,769
愛知県	345,527	324,117	317,998	287,515	267,382	258,318	204,253
名古屋市	242,065	224,370	212,083	189,041	172,134	167,439	119,087
東三河地域	20,659	18,923+	19,739	18,175	17,171	15,866	12,752
豊橋市	14,037	12,845	13,109	12,387	11,228	10,837	8,738
豊川市	2,776	2,673	2,965	2,667	2,782	2,404	2,067
蒲郡市	2,623	2,377	2,398	2,073	2,071	1,593	1,043
新城市	523	x	x	324	356	261	361
田原市	629	x	768	690	687	736	493
設楽町	x	25	x	20	21	20	10
東栄町	24	18	14	14	15	14	12
豊根村	x	0	0	0	3	1	28

第3章　東三河の商業

	前年比（％）					
	97年/94年	99年/97年	02年/99年	04年/02年	07年/04年	14年/07年
全国	-9.1		-11.0	-5.0	-7.3	
愛知県	-6.2		-9.6	-7.0	-3.4	
名古屋市	-7.3		-10.9	-8.9	-2.7	
東三河地域	*		-7.9	-5.5	-7.6	
豊橋市	-8.5		-5.5	-9.4	-3.5	
豊川市	-3.7		-10.1	4.3	-13.6	
蒲郡市	-9.4		-13.6	-0.1	-23.1	
新城市	*		*	9.9	-26.7	
田原市	*		-10.2	-0.4	7.1	
設楽町	*		*	5.0	-4.8	
東栄町	-25.0		0.0	7.1	-6.7	
豊根村	*		*	*	-66.7	

1997年以前と1999年以降，2007年と2014年はそれぞれ調査対象・方法が異なるため，直接比較はできない。
「x」は秘匿または集計時に秘匿値を含むこと，「*」は計算不可能であることを示す。
市町村名は2016年現在の市区町村の区画に再計算しており，1994～2004年の「東三河地域」には旧稲武町は含めていない（+を除く）。

表Ⅲ-3-3　卸売業年間販売額の推移

	実数（百万円）						
	1994年	1997年	1999年	2002年	2004年	2007年	2014年
全国	514,316,863	479,813,295	495,452,580	413,354,831	405,497,180	413,531,671	356,651,649
愛知県	48,664,573	50,254,028	44,039,587	33,465,615	32,944,845	35,151,716	28,370,169
名古屋市	41,160,960	41,773,897	36,152,791	25,868,081	24,796,736	27,065,625	20,472,362
東三河地域	1,238,409	1,470,686+	1,472,945	1,007,119	1,091,161	1,069,338	x
豊橋市	889,145	1,143,955	1,130,893	738,978	797,731	824,291	878,109
豊川市	137,420	134,545	165,960	138,824	153,877	127,017	112,120
蒲郡市	156,109	138,206	123,620	90,186	96,687	69,948	57,361
新城市	14,772	x	x	x	x	6,878	14,195
田原市	39,609	x	41,253	x	34,760	40,783	25,923
設楽町	x	372	x	213	275	199	393
東栄町	368	247	345	235	230	x	x
豊根村	x	0	0	0	x	x	x

	前年比（％）					
	97年/94年	99年/97年	02年/99年	04年/02年	07年/04年	14年/07年
全国	-6.7		-16.6	-1.9	2.0	
愛知県	3.3		-24.0	-1.6	6.7	
名古屋市	1.5		-28.4	-4.1	9.1	
東三河地域	*		-31.6	8.3	-2.0	
豊橋市	28.7		-34.7	8.0	3.3	
豊川市	-2.1		-16.4	10.8	-17.5	
蒲郡市	-11.5		-27.0	7.2	-27.7	
新城市	*		*	*	*	
田原市	*		*	*	17.3	
設楽町	*		*	29.1	-27.6	
東栄町	-32.9		-31.9	-2.1	*	
豊根村	*		*	*	*	

1997年以前と1999年以降，2007年と2014年はそれぞれ調査対象・方法が異なるため，直接比較はできない。
「x」は秘匿または集計時に秘匿値を含むこと，「*」は計算不可能であることを示す。
市町村名は2016年現在の市区町村の区画に再計算しており，1994～2004年の「東三河地域」には旧稲武町は含めていない（+を除く）。
資料：商業統計表，「愛知県の商業」各年度版により作成。

の間に，15,886名から12,752名となった。ただし，従業員数が全体的に減少するなかで新城市のみ従業員数の増加がみられた。新城市は新東名高速道路のインターチェンジ（新城IC）が2016年に供用を開始しており，それを見越した物流拠点として企業団地が開発されている。従業員数の増加は，こうした企業団地への大規模・中規模物流企業の進出によるものと考えられる。

最後に年間販売額についてみると，全国的には2007年にやや増加がみられたものの，ほぼ一貫して減少している。ただしやはり新城市のみ，2007年から2014年にかけて2倍以上の値の上昇を示している。

なお，東三河地域の各自治体における卸売業の特性を検討するため，1994年から2014年にかけてのW/R比[5]を表Ⅲ-3-4に示した。愛知県は全国よりも高い値を示しているが，東三河地域は全国よりも低く，おおむね1/2程度の値となっている。ただし，全国，愛知県ともに1994年以降徐々に減少している一方で，東三河地域では1999年から2002年にかけての減少を除き，一貫した値の上昇がみられる。近年は，豊橋市および新城市における値の増加が著しい。

以上の結果から，東三河地域における卸売業は直近20年間で縮小傾向にあったが，従業員数，年間販売額については近年若干持ち直したことが明ら

表Ⅲ-3-4　卸小売比率（W/R比）の推移

	1994年	1997年	1999年	2002年	2004年	2007年	2014年
全国	3.59	3.25	3.44	3.06	3.04	3.07	2.92
愛知県	5.84	5.84	5.20	4.15	4.15	4.24	3.88
名古屋市	12.00	12.12	10.30	8.14	8.09	8.48	6.92
東三河地域	1.46	1.66⁺	1.68	1.25	1.38	1.30	1.64⁻
豊橋市	1.98	2.48	2.46	1.81	1.99	1.97	2.65
豊川市	0.77	0.70	0.83	0.68	0.79	0.64	0.71
蒲郡市	1.65	1.56	1.43	1.15	1.19	0.82	0.78
新城市	0.30	*	*	*	*	0.15	0.38
田原市	0.57	*	0.60	*	0.52	0.58	0.43
設楽町	*	0.08	*	0.06	0.08	0.06	0.15
東栄町	0.10	0.06	0.09	0.08	0.07	*	*
豊根村	*	0.00	0.00	*	*	*	*

「*」は秘匿値を含むため計算不可能であることを示す。
市町村名は2016年現在の市区町村の区画に再計算しており，1994～2004年の「東三河地域」には旧稲武町は含めていない。東三河地域について，＋は旧稲武町を含んで計算したこと，-は東栄町および豊根村を含まず計算したことを示す。
資料：商業統計表，「愛知県の商業」各年度版により作成。

かとなった。さらに，東三河地域内においては，卸売業の中心地は豊橋市であることに変わりはないものの，高速道路開通により新城市の地位が急激に上昇していた。『東三河の経済と社会』第7輯[6]にて全国的に卸売業の上位寡占が進む状況のなかで，東三河地域では相対的に規模の小さな卸売業者が多く，事業所数，従業員数，販売額ともに減少が進んだことを指摘したが，今回の分析結果から近年の高速交通網の整備にともなう中規模・大規模流通企業の進出インパクトの大きさを伺うことができる。

2）東三河地域における小売業の現況
① 事業所数，従業員数，年間販売額の推移

東三河地域における小売業の商店・事業所数（以下，事業所数とする），従業員数，年間販売額，売場面積の推移を示したものが，表Ⅲ-3-5，表Ⅲ-3-6，表Ⅲ-3-7，表Ⅲ-3-8である。まず，事業所数の推移についてみると，東三河地域では全国や愛知県，名古屋市と同様，減少が続いている。2007年には7,091件だったものが，2016年には4,840件となっており，単純比較はできないものの，半数近く減少していると考えられる。この傾向はほぼ全ての自治体で同様である。

次に従業員数についてみると，全国や愛知県，名古屋市と同様，東三河地域では減少しており，2007年には46,813名だったものが2014年には33,253名となっている。各自治体についてみても，多少の違いはあるもののすべて減少している。

続いて年間販売額についてみると，2004年から2007年にかけて全国，愛知県，東三河地域において若干の増加がみられたが，2007年から2014年にかけて数値は減少した。東栄町および豊根村を除く東三河地域に着目すると，2007年には8,207億円であったものが2014年には6,628億円となっている。

さらに売場面積についてみると，1994年から2007年までは全国的に増加し続けてきたが，2014年になって初めて減少を示した。これは，愛知県，東三河地域も同様である。ただし，蒲郡市や設楽町のように増加した自治体

表Ⅲ-3-5 小売業商店・事業所数の推移

	実数（店）						
	1994年	1997年	1999年	2002年	2004年	2007年	2014年
全国	1,499,948	1,419,696	1,406,884	1,300,057	1,238,049	1,137,859	775,196
愛知県	76,856	74,204	72,609	65,689	61,375	57,153	39,648
名古屋市	28,857	27,245	26,560	23,541	21,663	19,759	13,287
東三河地域	9,426	9,022	8,815	8,188	7,673	7,091	4,840
豊橋市	4,297	3,996	3,948	3,606	3,374	3,159	2,168
豊川市	2,069	2,059	2,018	1,926	1,783	1,636	1,152
蒲郡市	1,257	1,181	1,156	1,073	997	903	599
新城市	710	696	665	617	578	534	372
田原市	818	824	791	759	738	675	425
設楽町	134	128	112	99	94	80	57
東栄町	111	109	98	88	88	84	47
豊根村	30	29	27	20	21	20	20

	前年比（％）					
	97年/94年	99年/97年	02年/99年	04年/02年	07年/04年	14年/07年
全国	-5.4		-7.6	-4.8	-8.1	
愛知県	-3.5		-9.5	-6.6	-6.9	
名古屋市	-5.6		-11.4	-8.0	-8.8	
東三河地域	-4.3		-7.1	-6.3	-7.6	
豊橋市	-7.0		-8.7	-6.4	-6.4	
豊川市	-0.5		-4.6	-7.4	-8.2	
蒲郡市	-6.0		-7.2	-7.1	-9.4	
新城市	-2.0		-7.2	-6.3	-7.6	
田原市	0.7		-4.0	-2.8	-8.5	
設楽町	-4.5		-11.6	-5.1	-14.9	
東栄町	-1.8		-10.2	0.0	-4.5	
豊根村	-3.3		-25.9	5.0	-4.8	

1997年以前と1999年以降、2007年と2014年はそれぞれ調査対象・方法が異なるため、直接比較はできない。
市町村名は2016年現在の市区町村の区画に再計算しており、1994～2004年の「東三河地域」には旧稲武町は含めていない。
資料：商業統計表、「愛知県の商業」各年度版により作成。

表Ⅲ-3-6 小売業従業員数の推移

	実数（人）						
	1994年	1997年	1999年	2002年	2004年	2007年	2014年
全国	7,384,177	7,350,712	8,028,558	7,972,805	7,762,301	7,579,363	5,810,925
愛知県	406,765	409,138	452,564	446,797	431,408	436,194	326,353
名古屋市	152,951	149,209	165,100	159,340	150,977	153,086	114,490
東三河地域	45,094	44,999+	49,991	46,820	47,720	46,813	33,253
豊橋市	22,213	21,649	24,522	23,425	23,846	23,210	16,520
豊川市	10,255	10,539	12,102	9,857	11,298	11,088	8,027
蒲郡市	5,597	5,312	5,811	5,886	5,351	5,430	3,887
新城市	3,042	x	x	3,133	2,861	2,873	2,072
田原市	3,253	x	3,637	3,837	3,693	3,544	2,332
設楽町	x	350	x	311	304	290	213
東栄町	302	325	297	316	305	320	159
豊根村	x	72	73	55	57	58	43

	前年比（％）					
	97年/94年	99年/97年	02年/99年	04年/02年	07年/04年	14年/07年
全国	-0.5		-0.7	-2.6	-2.4	
愛知県	0.6		-1.3	-3.4	1.1	
名古屋市	-2.4		-3.5	-5.2	1.4	
東三河地域	*		-6.3	1.9	-1.9	
豊橋市	-2.5		-4.5	1.8	-2.7	
豊川市	2.8		-18.6	14.6	-1.9	
蒲郡市	-5.1		1.3	-9.1	1.5	
新城市	*		*	-8.7	0.4	
田原市	*		5.5	-3.8	-4.0	
設楽町	*		*	-2.3	-4.6	
東栄町	7.6		6.4	-3.5	4.9	
豊根村					1.8	

1997年以前と1999年以降，2007年と2014年はそれぞれ調査対象・方法が異なるため，直接比較はできない。
「x」は秘匿または集計時に秘匿値を含むこと，「*」は計算不可能であることを示す。
市町村名は2016年現在の市区町村の区画に再計算しており，1994～2004年の「東三河地域」には旧稲武町は含めていない（+を除く）。
資料：商業統計表，「愛知県の商業」各年度版により作成。

表III-3-7 小売業年間販売額の推移

	実数（百万円）						
	1994年	1997年	1999年	2002年	2004年	2007年	2014年
全国	143,325,065	147,743,116	143,832,551	135,109,295	133,278,631	134,705,448	122,176,725
愛知県	8,330,521	8,605,120	8,473,644	8,059,876	7,937,608	8,291,533	7,303,613
名古屋市	3,431,465	3,447,896	3,508,490	3,179,008	3,066,661	3,191,700	2,956,541
東三河地域	850,104	888,089+	874,264	808,178	793,228	824,164	x
豊橋市	449,584	462,198	459,016	408,574	400,477	418,084	331,485
豊川市	178,871	192,593	199,967	203,385	196,009	198,217	157,992
蒲郡市	94,866	88,480	86,675	78,252	81,015	85,142	73,262
新城市	48,575	x	x	x	x	46,057	36,963
田原市	69,091	x	68,854	x	66,742	70,110	60,492
設楽町	x	4,416	x	3,765	3,555	3,134	2,635
東栄町	3,700	4,127	3,951	3,088	3,101	x	x
豊根村	x	770	821	x	x	x	x

	前年比（％）					
	97年/94年	99年/97年	02年/99年	04年/02年	07年/04年	14年/07年
全国	3.1		-6.1	-1.4	1.1	
愛知県	3.3		-4.9	-1.5	4.5	
名古屋市	0.5		-9.4	-3.5	4.1	
東三河地域	*		-7.6	-1.8	3.9	
豊橋市	2.8		-11.0	-2.0	4.4	
豊川市	7.7		1.7	-3.6	1.1	
蒲郡市	-6.7		-9.7	3.5	5.1	
新城市	*		*	*	*	
田原市	*		*	*	5.0	
設楽町	*		*	-5.6	-11.8	
東栄町	11.5		-21.8	0.4	*	
豊根村	*		*	*	*	

1997年以前と1999年以降，2007年と2014年はそれぞれ調査対象・方法が異なるため，直接比較はできない。
「x」は秘匿または集計時に秘匿値を含むこと，「*」は計算不可能であることを示す。
市町村名は2016年現在の市区町村の区画に再計算しており，1994～2004年の「東三河地域」には旧稲武町は含めていない（+を除く）。
資料：商業統計表，「愛知県の商業」各年度版により作成。

表Ⅲ-3-8　小売業売場面積の推移

	実数（㎡）						
	1994年	1997年	1999年	2002年	2004年	2007年	2014年
全国	121,623,712	128,083,639	133,869,296	140,619,288	144,128,517	149,664,906	134,854,063
愛知県	6,915,478	7,316,602	7,438,374	8,062,541	8,185,619	8,463,108	7,572,626
名古屋市	2,381,056	2,380,887	2,446,497	2,615,846	2,677,756	2,819,770	2,446,228
東三河地域	798,207	828,255+	x	926,204	890,617	930,076	789,350
豊橋市	402,191	414,285	436,805	458,966	442,035	453,194	379,405
豊川市	161,445	193,357	204,492	230,994	213,968	219,957	183,441
蒲郡市	90,644	86,360	92,594	106,805	102,285	116,963	117,040
新城市	51,734	x	x	x	x	56,501	47,217
田原市	79,153	x	65,446	x	68,164	72,704	52,178
設楽町	7,132	7,262	x	5,726	4,948	5,278	6,262
東栄町	4,946	4,471	5,078	4,920	4,892	4,777	2,885
豊根村	x	800	736	x	x	702	922

	前年比（％）				
	97年/94年	99年/97年	02年/99年	04年/02年	07年/04年	14年/07年
全国	5.3		5.0	2.5	3.8	
愛知県	5.8		8.4	1.5	3.4	
名古屋市	0.0		6.9	2.4	5.3	
東三河地域	*		*	*	*	
豊橋市	3.0		5.1	-3.7	2.5	
豊川市	19.8		13.0	-7.4	2.8	
蒲郡市	-4.7		15.3	-4.2	14.4	
新城市	*		*	*	*	
田原市	*		*	*	6.7	
設楽町	*		*	-13.6	6.7	
東栄町	-9.6		-3.1	-0.6	-2.4	
豊根村						

1997年以前と1999年以降，2007年と2014年はそれぞれ調査対象・方法が異なるため，直接比較はできない。
「x」は秘匿または集計時に秘匿値を含むこと，「*」は計算不可能であることを示す。
市町村名は2016年現在の市区町村の区画に再計算しており，1994～2004年の「東三河地域」には旧稲武町は含めていない（+を除く）。
資料：商業統計表，「愛知県の商業」各年度版により作成。

も一部でみられた。

　最後に，東三河地域における小売業の小売吸引力係数[7]について，2007年と2014年とを比較したものが図Ⅲ-3-1である。2007年では豊橋市の係数が唯一1を上回っており，東三河地域に限らず，愛知県・静岡県という地域でみたときにも中心性を有していたことがわかる。しかし，2014年になると東三河地域においては係数が1を超える自治体がなくなっただけでなく，豊橋市の係数は蒲郡市や田原市を下回った。このことから，小売業という視点からは，近年の豊橋市の地位は低下していることが指摘できる。

　なお，2014年における事業所（店舗）あたりの従業員数および年間販売額，

第3章 東三河の商業

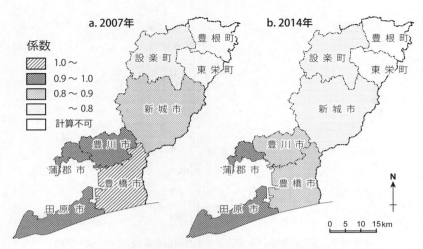

図Ⅲ-3-1　東三河における小売吸引力係数の変化
資料：商業統計表，国勢調査により作成。

そして売場面積を計算すると，全国では7.5名，1億5,761万円，174.0㎡，愛知県では8.2名，1億8,421万円，191.0㎡であるのに対し，東三河地域では6.9名，1億3,887万円[8]，163.1㎡となっている。このことから，全国的にみれば東三河地域における小売業の規模は全国平均より若干では低く，愛知県内でみれば尾張地域，西三河地域と比較してやや低いことが伺える。

② 商業集積の空間的特徴――メッシュデータを用いて

　中心市街地や郊外における商業の集積状況を空間的視点に基づく検討を行うため，商業統計（経済センサス）メッシュデータを用いてそれを検討する。ここでは，規模を考慮するため，従業員数を指標とする。図Ⅲ-3-2に，2分の1地域メッシュ[9]別にみた卸売業および小売業の従業員数を示した。

　卸売業の集積状況をみると，豊橋市，蒲郡市といった都市部では集積がみられる一方で，田原市や新城市，設楽町，東栄町，豊根村といった郊外部および中山間部ではほとんどみられない。なお，豊橋市では人口密度の高い中心市街地で集積が一定数みられるだけでなく，海岸部でも従業員数の多いメッシュがみられるのが特徴である。一方で，小売業の集積状況をみるとほぼ

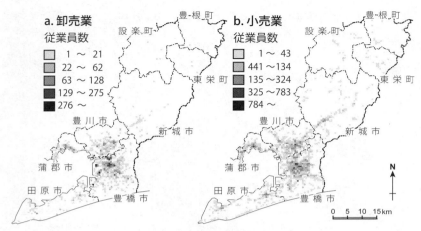

図Ⅲ-3-2　東三河における卸売業・小売業従業者数の分布（2012年）
資料：商業統計表により作成。

人口分布と同様の傾向がみられる。ただし，郊外部でも従業員数の多い場所が散見されるが，これはロードサイド型店舗の集積や大型店の立地がみられる場所であると考えられる。

③ 東三河地域における大型店の立地動向

地域商業動向を検討する際に重要な視点として，大型店の立地動向が挙げられる。大型店はそれだけで一定以上の規模を持つため，その立地動向が商業環境に与える影響は大きい。大型店の郊外立地による小売業の相対的盛衰人口規模条件（閾値）は30万台とされており[10]，豊橋市は東三河地域において唯一この閾値を上回っている。そこで東三河地域を対象として，2010年時点での大型店の立地状況および2011～2016年の大型店の立地動向について検討する[11]。なお店舗の立地区分として，国勢調査に基づく人口集中地区を「市街地」とし，それ以外を「郊外」と定義した。

2010年12月時点での大型店の立地状況を示したものが図Ⅲ-3-3である。市街地をみると，豊橋市の「アピタ向山店」，「イトーヨーカ堂豊橋店」，豊川市の「豊川サティ」，「プリオ」，蒲郡市の「アピタ蒲郡」，「カインズモール蒲郡」のように，食品スーパーを核店舗とするショッピングセンターが立

図Ⅲ-3-3 東三河地域における大型店の立地状況(2010年12月)
資料:「全国大型小売店総覧」各年度版ほかにより作成.

地している.その一方で,「カーマ21豊橋南店」,「ヤマダ電機テックランド蒲郡店」のように,ホームセンターや専門店の立地もみられる.なお,豊橋市中心市街地には,「豊橋ステーションビル(カルミア)」,「豊橋丸栄(現:ほの国百貨店)」など数店舗がみられる程度である.また,豊橋市と豊川市とを結ぶバイパス通り沿いには,専門店の集積もみられる.

続いて,2011年1月〜2016年9月にかけての大型店の立地動向を示したものが図Ⅲ-3-4である.10,000㎡を超えるような店舗の新規立地はみられず,またほとんどの新規店舗が市街地内に立地している.また,この間に閉鎖さ

れた大型店はみられない。

　第7輯の結果を踏まえて総括すると，1990年代までの中心市街地や市街地から2000年代に入り郊外へとシフトした一方，2010年代になると大型店の出店は抑えられている。これは，2000年代の出店により，東三河地域内での大型店に対する需要がある程度飽和したものと考えても良いであろう。

　ただし，現時点でいくつかの大規模大型店の新規出店，閉鎖が明らかになっている。まず閉鎖については，「イトーヨーカドー豊橋店」が，2017年2月末

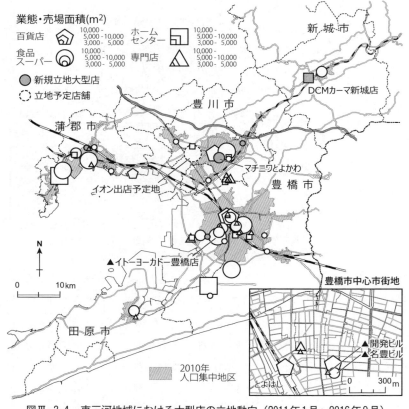

図Ⅲ-3-4　東三河地域における大型店の立地動向（2011年1月～2016年9月）
店舗名の前の▲は閉鎖が決定していることを示す。
資料：「全国大型小売店総覧」各年度版ほかにより作成。

までに閉鎖されることが報道された[12]。また，中心市街地に立地する名豊ビルおよび開発ビルは，再開発事業にともない取り壊されることが決定している[13]。その一方で，豊川市のスズキ豊川工場の跡地に，イオンによるショッピングセンターの進出可能性が報道された[14]。こうした大型店の立地動向は，今後の東三河地域における商業環境を大きく変化させることが予想される。

④ **中心市街地における商業動向――豊橋市の事例**

東三河地域の中心都市である豊橋市における中心市街地[15]に注目し，その商業動向について検討する。豊橋市は商業を含めた中心市街地活性化を主要政策課題のひとつとして掲げている。2009年には中心市街地活性化法に基づく「第1期豊橋市中心市街地活性化基本計画」が認定され，TMO設立をはじめとしてさまざまな事業が行われた[16]。2014年には「第2期豊橋市中心市街地活性化基本計画」が認定され，「にぎわいの交流空間を形成するまちづくりの推進」，「回遊したくなる魅力づくりの推進」，「快適に暮らせるまちづくりの推進」の3つを基本的方針として，各種事業が進められている。図

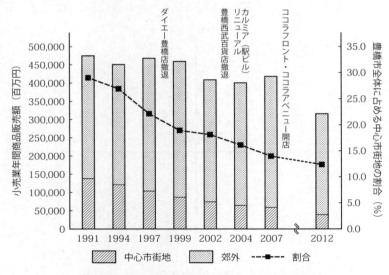

図Ⅲ-3-5　豊橋市中心市街地における小売販売額の推移
資料：1991～2007年までは商業統計，2012年は経済センサスにより作成。

Ⅲ-3-5に，1991～2012年にかけての豊橋市中心市街地における小売販売額の推移を示した。前述したように，1991年以降，豊橋市全体での小売業販売額は若干の増減をみつつ全体として緩やかに減少している。しかしながら，中心市街地における小売業販売額はそれを上回る速さで年々減少の一途をたどっている。特に豊橋市全体に占める割合についてみると，1991年の時点では29.0％と3割近い値を示していた。しかしこの20年間で急激に減少し，2012年現在では12.3％まで落ち込んでいる。このことから，商業拠点としての豊橋市中心市街地の地位は低下していると言えよう。

その一方で，地域住民や行政，地元商業者，民間企業によるまちづくり活動が近年活発化している。行政，地元商業者，民間企業，経済団体，地域住民と様々な主体が年間を通じて商店街を中心としてイベントなどを公共施設，広場，公園などで行っている。行政機関も，情報集約・共有・連携を目的とした連絡会議の運営やWebページの設置，SNSでの情報発信，イベントスケジュールの発行などの取り組みを行っている。図Ⅲ-3-6に実施セクター（公的セクターまたは民間・市民セクター）および活動目的（経済活動

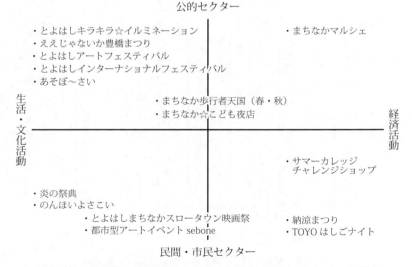

図Ⅲ-3-6　豊橋市中心市街地におけるまちづくり活動・イベントの類型化

または生活・文化活動）の2つの基準から豊橋市中心市街地で行われているまちづくり活動（イベント）を類型化した結果を示した。15活動（イベント）のうち，「公的セクター/生活・文化活動」が7活動（46.7％）と最も多く，次いで「民間・市民セクター/生活・文化活動」が4活動（26.7％），「民間・市民セクター/経済活動」が3活動（20.0％）となっており，「公的セクター/生活・経済活動」に位置づけられるのは1活動（6.7％）に過ぎない。この結果から，「生活の場」としての中心市街地の地位を保つための取り組みが行政，民間・市民の両者によって行われていると言えよう。

③ 消費者行動

1）東三河の商圏構造

1972（昭和47）年から実施されている『消費者購買動向調査』[17]は，愛知県の最も大規模かつ詳細な消費者行動の調査である。ただし，最新調査は2009（平成21）年であり，第7輯の刊行（2012年）後に東三河全体を網羅したデータは得られていない。そこで本稿では，まず1970年代から2000年代までの東三河の商圏構造の変容を『消費者購買動向調査』をもとに概説し，その上で2010年代の消費者の動向に関係する事項を加える形で記述を進めたい。

『消費者購買動向調査』（以下，「資料」と略記）は，愛知県が実施する購買実態調査で，調査対象は県内公立中学校2年生の生徒がいる全世帯である。調査対象となる購買品目は調査年次によって異なるが，ここでは，最も商圏が広い婦人服に類する品目[18]と，最も生活に密着し，それゆえ商圏が最も狭いと考えられる食料品[19]を，それぞれ「買回品」と「最寄品」の代表として取り上げ，東三河における消費者行動と商圏構造の変容を確認する。

① 買回品購買行動と商圏構造の変容

商圏や商業地の勢力圏を示す指標には小売吸引力係数などがあるが，ここでは，資料の性質から次のように商業地の吸引力を示す指標を導きたい。資料には，市町村ごとに居住者がどこに該当商品を購買に行くかが示されてい

る。自市町村内で購買をすます回答者が卓越する場合は、その商業基盤が強固であることを示す。また、市町村外から購買に来る回答者が多ければ、それだけ商業地の吸引力が強いことを示す。また、便宜的ではあるものの、特定市町村が集めている購買人口を、回答をもとに推定することができる。例えば、1972年の豊橋市の人口は、昭和45年国勢調査で代替すれば28万8,547人、婦人服等の市内購買率は92.8％なので単純計算すると市内の購買人口は約24万人になる。これに、豊橋市を購買先にしている他市町村の回答者数から計算すると、豊川市をはじめ三河地区全域から12万6,528人の購買人口を集めている[20]。購買人口の合計を豊橋市の人口で割ると1.42になり、人口の1.42倍の購買人口がいるとみなすことができる。本稿では、この「購買人口／市町村人口」を、当該市町村の商業吸引力を示す値として用いる。

　図Ⅲ-3-7から図Ⅲ-3-9は、東三河の各市町村（以下、本稿での市町村名と範囲は1972年当時のもの）の「購買人口／市町村人口」の値と、1972年から2009年の変遷を示したものである。図Ⅲ-3-7は、1972年当時に市制を施行していた4自治体を抽出したものだが、1972年から1990年ごろまでは、豊橋市の値が1.4付近で安定しており、東三河の商業において隔絶的な地位を占めていたことがわかる。例えば、1975年の東三河の全人口65万1,759人に対して豊橋市の推計購買人口は43万3,433人となり、東三河地域の住民3人に2人が豊橋市を購買先に選んでいる。

　1980年代になると、新城市の購買人口吸引力が上昇し、定住人口を超える購買人口を集めるようになる。しかし、その後は一貫して数値が低下しており、特に21世紀に入ってからの新城市の商業中心性の低下は顕著である。

　1990年代は、大店法の改定等により全国的に都心商業地の空洞化と郊外への大規模店の進出が進んだが、このころ東三河の商業構造も大きく変化した。まず、豊橋市の吸引力が長期低落に転じ、それに対応するように豊川市の吸引力が上昇する。1999年には豊橋市と豊川市の値が並び、2009年では逆転する。1990年代以降は、豊橋市内での商業地の郊外化と都心商業地の空洞化が進行し、ダイエーや西武百貨店が都心部から撤退した時期だが、こ

第3章　東三河の商業

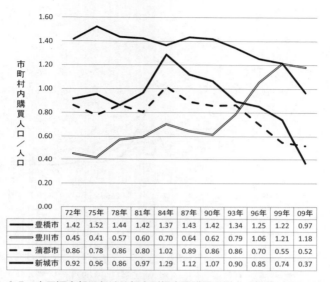

図Ⅲ-3-7　東三河市部における都市別婦人服購買吸引力の推移（1972-2009）
資料：「消費者購買動向調査結果報告書」各年版より作成。

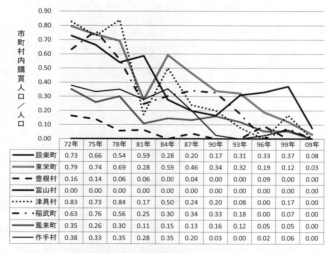

図Ⅲ-3-8　設楽郡町村の婦人服購買吸引力の推移（1972-2009）
資料：「消費者購買動向調査結果報告書」各年版より作成。

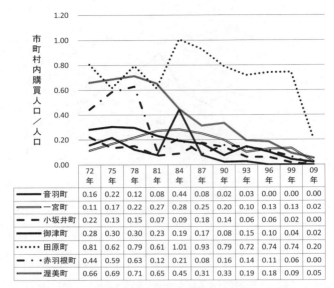

図Ⅲ-3-9　宝飯・渥美郡町村の婦人服購買吸引力の推移（1972-2009）
資料：「消費者購買動向調査結果報告書」各年版より作成。

れらの動きは豊橋市内での商流の郊外化にとどまるのではなく，少なくとも買回品に限れば豊橋市全体の商業吸引力を低下させる結果となった。ただし，豊川市も1999年から2009年の間に値をわずかであるが落としており，豊橋市の低落によって相対的に浮上したというのが実態に近いだろう。

また，この間，消費者の購買先も一般商店・百貨店から大型店へ，そして大型専門店へと転換がみられた。2009年においては，名古屋市を購買先に選ぶ消費者や，インターネットを利用した購買も増加しており，これらが豊橋市を含む各都市の購買吸引力の低下につながっている。

図Ⅲ-3-8は南北設楽郡での「購買人口／市町村人口」の値の経年変化を示している。1972年には，南北設楽郡の町村は，比較的商業吸引力のある設楽町，東栄町，津具村，稲武町と，大部分の購買流が町村外に流出していた富山村，鳳来町，作手村に二分されていた。しかし，その後はいずれもほぼ一貫して商業吸引力が右肩下がりになり，2009年にはどの町村でも90％以

上の消費者が（旧）町村外を購買先に選んでいる。

このような右肩下がりの傾向は，宝飯郡，渥美郡を対象とした図Ⅲ-3-9でも確認できる。唯一，田原町は赤羽根町などから消費者を吸引し，1990年代まで一定の吸引力を有していたが，2009年には大幅に値を落としている。平成の市町村合併で田原町は赤羽根・渥美両町を半ば吸収する形で田原市となった（2003年赤羽根町編入，2005年渥美町編入）が，田原自体の商業中心性は市制施行前よりも低下させている。

次に，消費者の購買先からみた地域の勢力圏構造とその変化をみる。「当該市町村の10％以上の消費者が購買先に選び，その割合が最も高い外部の市町村」に該当するものを勢力圏とし，1972年からおおよそ10年間隔でその変化をみた（図Ⅲ-3-10）。1972年では，豊橋市が東三河のほぼ全域から10％以上の購買流を集めており，わずかに作手村と鳳来町が新城市の勢力圏に，赤羽根町が田原町の勢力圏に含まれるにとどまる。新城市と田原町自体も豊橋市の勢力圏内にあることを考えると，これらは豊橋市の補完地域であるにすぎず，東三河全域に占める圧倒的な豊橋市の中心性を読み取ることができる。この構造は1981年でも変わらない。

1990年には新城市の吸引力が高まり，南北設楽郡のほぼ全域を勢力圏にする。図Ⅲ-3-7をみる限りこの時期にも豊橋市の吸引力は低下していないことから，東三河全体の中心都市としての豊橋市と奥三河に影響力をもつ補完地域の新城市という二元構造がみられたといえる。唯一，北設楽郡の稲武町はいつの時期でも豊田市の勢力圏内に含まれている。稲武町は，2003年東加茂郡に移行し，2005年には豊田市に吸収されたことにより，行政区域上も東三河から離脱した。

1999年には豊橋市と新城市の二元的構造は崩れ出す。そして，豊川市が近隣の町村（これらは2006年から豊川市に順次編入された）を勢力圏におさめ，豊橋市の補完地域としての地位を確立する。また，蒲郡市が豊橋市の勢力圏から離脱し，全体として豊橋市の求心力に揺らぎがみられる。2009年には，新城市や南北設楽郡の大部分が豊川市の勢力圏に組み込まれ，豊橋

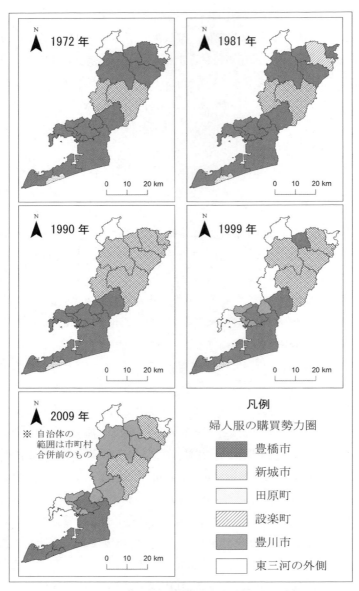

図Ⅲ-3-10　東三河の婦人服購買勢力圏の推移（1972-2009）
資料：「消費者購買動向調査報告書」各年度版により作成。

市の勢力圏はほぼ旧渥美郡の範囲に縮小する。2009年においても（旧）豊川市自体は豊橋市の勢力圏内に含まれており，かろうじて東三河の中心都市としての面目を保つ形になっているものの，豊橋市の求心性低下と豊川市の台頭は明瞭である。

② 最寄品購買行動の変容

　最寄品，特に食料品は消費者の生活に必須であり，頻繁な購買が必要となる。例えば，食料品スーパーマーケットの商圏はおおむね半径2kmに設定される。健康で文化的な生活のためには，全国どこであっても徒歩や自転車で到達できる範囲内に，購買先が配置されることが望ましい。

　図Ⅲ-3-11は，自市町村内で食料品を購入していると回答した割合を市町村別に示したものである。1972年には，東三河のほぼ全域で，市町村内を購買先にしている回答者が80％を超えており，東三河全域で食料品の購入が可能なことがわかる。しかし，1999年には南北設楽郡での購買率の低下が顕著となり，2009年には山間部に広大な空白域が展開する。奥三河山間部では，この間の人口減少も顕著であり，近隣商業地の深刻な縮小が伺える。食料品のような生活必需品の供給空白域の出現は現在全国的な課題とされており，東三河においても生活者第一の発想のもと対応が求められよう。

2）近年における消費者の動向
① 愛知県の消費者の動向

　愛知県は，『消費者購買動向調査』のほかにも，定期的に消費者の購買意識や抱える問題点に関するアンケート調査を実施している。これはサンプル300件程度と小規模で，東三河地域に限定された調査でもないが，ここでは2010年代の調査結果から，いくつか東三河にも関わるものを紹介したい。

（ⅰ）インターネットショッピングの利用

　2011年11月〜12月の調査（愛知県県民生活部県民生活課　2012）では，愛知県内のサンプル世帯の72％がインターネットを利用していると回答し，60.1％の回答者がインターネットショッピングを利用していた。2017年現在

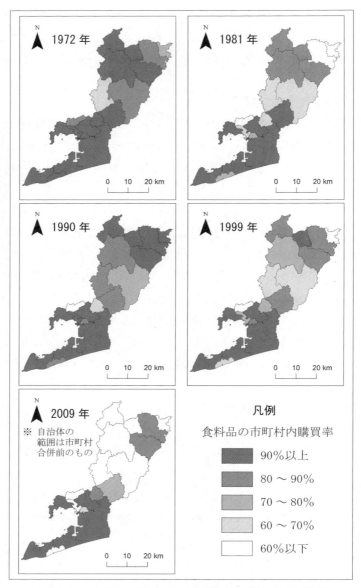

図Ⅲ-3-11　東三河の食料品市町村内購買率の推移（1972-2009）
資料：「消費者購買動向調査報告書」各年度版により作成。

では，さらにインターネットを利用した購買行動が普及していると考えられる。この調査でもインターネットショッピング利用者の15％が商品未達などのトラブルにあったと回答するなど問題もあるものの，インターネットショッピング自体は，東三河山間部のような商業施設が少ない地域においても購買環境を向上させうる可能性があり，普及が注目される。

(ii) 東日本大震災の消費者意識への影響

2011年の消費者アンケート（愛知県県民生活部県民生活課 2012）では，35％が東日本大震災を受けて飲料水や乾電池の買い溜めをしたと回答した。また，原発事故の影響を反映して，以前よりも食料品の原産地を気にするようになったとの回答が全体の91％に上り，省エネ関連商品を意識して購入しているとの回答も68％ある。2014年11月のアンケート（愛知県県民生活部県民生活課 2015）でも「食品中の放射性物質」に不安があると回答した割合が87％と高く，東日本大震災と原発事故が消費者の購買意識に多大な影響を与えている。

(iii) 消費税増税の購買行動への影響

2014年4月から消費税が8％に引き上げられた。この直前の2013年11月から12月に実施されたアンケート調査（愛知県県民生活部県民生活課 2014）では，回答者の90％が，消費税増税がすでに購買行動に影響しているか今後影響するだろうと回答していた。そして，増税後の2014年11月の調査（愛知県県民生活部県民生活課 2015）では，75％の消費者が，消費税増税が実際に購買行動に影響していると回答している。具体的には，そのうち83％が節約に熱心になった，60％が慎重に購入選択をするようになった，26％が今まで購入していた商品やサービスを取りやめたと回答しており，消費者の購買志向の減退がわかる。今後，消費税の税率はさらに引き上げられることが予定されており，消費者の購買志向への影響が懸念される。

② 東三河の商業・消費に関するトピック

(i) インバウンド消費

2003年の「観光立国宣言」以来，訪日観光客は増加を続け，2015年には

過去最高の1,973万人に達した。この中で，中国（台湾・香港を含む）人観光客による，いわゆる「爆買い消費」が全国的に注目された。愛知県は中国人観光客の「ゴールデンルート」に含まれることから，東三河，なかでも豊橋市では観光客の宿泊が増加し，これを当て込んだ店舗の出店や売場の変更が相次いだ。ロワジールホテル豊橋とクインシーズイン豊橋は中国人団体客の宿泊施設として連日満室の状況で，市内の商業施設も外国人観光客の取り込みに前向きである（中日新聞 2016.1.15）。しかし，ロワジールホテル豊橋に隣接するイトーヨーカドー豊橋店は，免税カウンターの設置など外国人観光客の需要を意識した営業をしてきたものの，2017年2月までの閉店が発表されるなど，インバウンド消費のみで商業環境全体が上向く状況ではない。

(ⅱ) 新たな商業関係施設と消費

1990年代から大型店の撤退が相次いだ豊橋市の都心部では，再開発事業が実施され，都心の利便性に着目した高層マンションの建設も盛んである。2012年には旧豊橋丸栄が地元資本の「ほの国百貨店」として再生された。

他方，豊川市では東三河初となるイオンモールの進出が取りざたされている（日本経済新聞 2016.9.1）。イオンモールの設定商圏は，おおむね自動車で30分の範囲，人口で40万人（イオンモール 2013：6頁）である。これは豊川市の市域と人口を大幅に超越しており，周辺の市町村，特に豊橋市の住民をターゲットにしての進出計画だと考えられる。

新城市は，2016年2月の新東名高速道路の区間開通により名古屋市まで一時間以内で到達できるようになり，通勤や購買で名古屋に直結した。名古屋からの来訪客を見込んだ道の駅「もっくる新城」が開業したほか，新東名新城ICの直近には，長篠の合戦をイメージしたテーマパーク色の強い「長篠設楽原パーキングエリア」が開設されている。

道の駅に関しては，もっくる新城のほかにも田原市の「田原めっくんはうす」など地元の産品を豊富に取り揃えた直売所を主要施設とするものが増加している。農協等の直売所も，豊川市のJAひまわりなどが積極的に開設しており，豊橋市の「あぐりパーク食彩村」のように市外からも顧客を吸引す

るものも少なくない。これらは，その土地の産品を生かした商業展開といえるが，豊川のいなり寿司や豊橋の豊橋カレーうどんのような「ご当地グルメ」の興隆も，地域の歴史や資源を消費につなげていく方策に含まれよう。ご当地グルメに限らず東三河の豊富な食材を生かした営業を行っている飲食店を取り上げたガイドブック（ぴあ中部支局 2014；2016）は続編も出る人気となっており，東三河の食材と飲食業への注目は近年急速に高まっている。これには，2000年から三遠南信の文化情報を地道に取材・発信してきた『春夏秋冬叢書』や『東三河＆西遠・西三河・南信応援誌"そう"』に代表される地元メディアの継続的な貢献が大きいことは言うまでもない。

④ 東三河の商業に対する若干の展望

　ここまで述べてきたように，事業者や自治体による努力がなされているものの，近年の東三河の商業・消費は大局的には横ばいから縮小状態にあり，今後の人口減少と高齢化を考えると劇的な向上は見込めない。豊川市では，東三河唯一の遠鉄ストアの開業（2015年11月），イオンモールの進出計画など相対的に活気があるようにみえる。ただし，市の人口を超える商圏人口をもつ巨艦店の進出は，市内の他の商業施設に壊滅的打撃を与える可能性もあり，市全体のまちづくりを勘案した商業基盤整備が求められよう。ともあれ，実際にイオンモールが豊川市に開業すれば，東三河全体の消費者行動を一変させるインパクトを与えることは間違いなく，今後の展開が注目される。

　東三河の中心都市であった豊橋市は，ここ20年あまり商業中心性を低下させてきた。近年，都心商業地の空洞化は歯止め傾向にあるが，今後，かつてのように東三河全域から消費者を吸引するほどの再活性化は難しい。商業地の都心再集約は，市外からの新規顧客吸引よりも市民が手軽に商業施設と文化施設を享受できるようにするためのコンパクトシティ化を目指した動きであるとみなすのが妥当だろう。他の東三河の地域，特に新城以北の山間部では商業中心性の低下が深刻で，商業施設の空白域の出現も懸念される。

商業と消費は元来「生活基盤を確保し,生活を楽しむため」の事象であり,人々の生活を脇に置いて経済規模の拡大が先行することは最善とはいえない。鉄道で直結する豊橋・豊川・蒲郡はもちろん,新東名の開通によって新城市も名古屋から一時間圏内に組み込まれるようになった。東三河は,元来水と空気,陸海の産物に恵まれ,温暖で食べ物も美味しい。それでありながら名古屋に半日で往復でき,そこに集積している文化施設や商業施設も利用できる都市的利便性も高い。確かに,消費や商業の劇的な拡大は今後望むべくもないが,「人々の幸福な生活のため」という商業の役割を再認識しての基盤づくりが行える点においては,東三河はまだまだ発展の余地がある恵まれた地域だと考えられる。発展は,ただ規模を大きくすることだけではない。

付記

東京大学空間情報科学研究センター共同研究「GISを用いた名古屋大都市圏の社会・経済地図に関する地理学的研究(課題番号553)」に基づくデータセットを利用した。なお,②2)④は,駒木(2016)の一部をもとに加筆修正したものである。

注

(1) 『平成28年度版高齢社会白書』による。
(2) 土屋・兼子(2013)。
(3) 箸本(2013)。
(4) 2012年の経済センサス実施にともない,それまでの商業統計の調査単位が「事業所」から「企業」に変更された。そのため,対象となる母集団も大きく変化した。経済センサス実施にともなう商業統計の変化については,駒木(2016)を参照にされたい。
(5) 卸売業販売額(Wholesale trade)を小売業販売額(Retail trade)で除した数値であり,販売額によって小売業を基準とする卸売業の集中度合いを示す指標である。ある国の内部でW/R比率を比較すると地域間での卸売業の集積状況を把握でき,国別でW/R比率を比較すると各国の流通経路の長短を比較することができる(荒井・箸本,2004)。
(6) 『東三河の商業』311〜332頁。
(7) 小売吸引力指数は,対象地域における地区および対象地域全域の人口と小売業販売額の比率から計算される。数値が1を超えている場合は地域の小売業が地域外から顧客を吸引しており,当該地域の住民に便宜と満足を与えていることを間接的に示すものである。なお,東三河地域が愛知県と静岡県の県境に位置することから,本

(7) 章では地区単位を自治体（市町村），対象地域を愛知県・静岡県として算出した。
(8) 店舗あたり年間販売額については，東栄町および豊根村を除いて計算した値である。
(9) 「第4次メッシュ」とも呼ばれる緯度経度によって規則的に区切られた不等辺四角形の区画である。2分の1地域メッシュは1辺の長さは約500mとなっていることから，「500mメッシュ」と呼ばれることもある。
(10) 山川（2004）。
(11) 大店法や大店立地法など，規制およびその運用により，大型店の定義は異なる。本稿では，大店法における第1種大型店の基準（売場面積3,000㎡）を参考にし，売場面積が2,800㎡以上の小売店舗を「大型店」とした。
(12) 東愛知新聞2016年8月10日付記事参照。実際の最終営業日は2017年1月9日であった。
(13) 正式名称は「東三河都市計画　豊橋駅前大通二丁目地区第一種市街地再開発事業」であり，施行地区面積は1.5ha，施工予定期間は2015年3月～2023年12月である。東西2棟とまちなか広場（仮）から成る。名豊ビルの跡に建つ東棟が2020年3月に，開発ビルの跡に建つ西棟が2023年3月に，それぞれ完成を予定している。
(14) 中日新聞2016年8月31日付記事参照。記事では，2018年7月末までに生産終了が決定しているスズキ豊川工場の跡地について，イオンモールがスズキとの用地買収交渉を進めていることが指摘されている。
(15) 「中心市街地」の区域を示す基準には中心市街地活性化法に基づく区域や都市計画法に基づく商業地域などがある。本章では，松山校区，松葉校区，新川校区の3つの校区を「中心市街地」とした。
(16) ただし，中心市街地活性化法という国策の枠組みにおいては，いくつかの条件から行政の主体性が発揮しづらい状況にあったことも指摘されている（加藤，2012）。
(17) 三河地域と尾張地域で別々に実施されている。報告書は三河版・尾張版がそれぞれ調査の翌年に刊行されており，三河版に限れば『消費者購買動向調査報告書』(1973)，『広域商業圏動向調査報告書』（1976・1979・1982・1985・1988の5冊），『消費者購買動向調査報告書』（1991・1994・1997・2000・2010の5冊）の11冊が刊行されている。
(18) 1972年から1978年までの調査では「衣料品（洋服・洋装類）」，1981年調査では「婦人洋服」，1984年調査では「婦人子供服」，1987年から2009年までの調査では「婦人服」の項目が該当する。
(19) 1972年から1978年までの調査では「食料品（青果・肉・鮮魚）」，1981年から2009年までの調査では「日常食料品」の項目が該当する。
(20) 湖西市をはじめ愛知県外からも購買人口を集めていると考えられるが，資料の制約から今回は愛知県内のデータのみにとどまる。

文献

愛知県県民生活部県民生活課　2012『買物行動等消費者アンケート調査報告』愛知県
愛知県県民生活部県民生活課　2014『消費生活と消費者行政に関するアンケート調査報告』愛知県

愛知県県民生活部県民生活課 2015『「消費者市民社会」等に関するアンケート調査報告』
　　愛知県
荒井良雄・箸本健二 2004『日本の流通と都市空間』古今書院
イオンモール株式会社 2013『2013 Annual Report』イオンモール株式会社
加藤拓 2012「まちづくり三法下における商業機能の動向と中心市街地活性化政策の課
　　題－愛知県豊橋市を事例として－」『日本地理学会発表要旨集』（日本地理学会）第
　　81号
駒木伸比古 2011「東三河の商業」『東三河の経済と社会』（愛知大学中部地方産業研究所）
　　第7輯
駒木伸比古 2016「豊橋市中心市街地における市民主導型まちづくり活動の展開－「と
　　よはし都市型アートイベントsebone」を事例として－」『地域政策学ジャーナル』（愛
　　知大学地域政策学部地域政策学センター）第5巻第2号
駒木伸比古 2016「経済センサス実施にともなう商業統計の変容とその利用」『E-journal
　　GEO』（日本地理学会）第11巻第2号
『中日新聞』2016年1月15日「中国人急増 対応手探り 豊橋の街中 期待と困惑」
土屋純・兼子純 2013『小商圏時代の流通システム』古今書院
『日本経済新聞』2016年9月1日「イオンモールと交渉 スズキ 豊川工場の跡地売却」
箸本健二 2013「小商圏時代とは何か」（土屋純・兼子純『小商圏時代の流通システム』
　　古今書院）
ぴあ中部支局 2014『ぴあ豊橋豊川食本：どうまいで食べてみりん！厳選200軒』ぴあ中
　　部支局
ぴあ中部支局 2016『ぴあ豊橋豊川食本2016→2017：普段使いのジモト飯厳選200軒!』
　　ぴあ中部支局
山川充夫 2004『大型店立地と商店街再構築－地方都市中心市街地の再生にむけて』八
　　朔社

　　　　　　　　　　　　　　　　　　　　　　　　　（駒木伸比古・近藤暁夫）

第4章　東三河の観光

1．観光の概観

① はじめに

　近年，観光振興による地域活性化を目指す動きが各地でみられる日本においては，2020年開催予定の東京オリンピック・パラリンピックに向けてその動きはますます加速化している。「観光立国にむけた取組は，「観光先進国」に向けた取組へと，新たなステージに移行した。」（「観光ビジョン実現プログラム2016」1頁）といわれるなか，「観光先進国」への視点のなかに掲げられている「観光資源の魅力を極め，地方創生の礎に」や「観光産業を革新し，国際競争力を高め，我が国の基幹産業に」は，まさに，日本の多くの地域における観光振興策として捉えることができる。
　本稿においては，このような動きが東三河地域ではどのようにみられるのかを中心として，東三河の観光を概観する。

② 観光統計からみる愛知県・東三河地域の観光動向

　観光に関わる産業は裾野が広いことから複合産業であり，「観光産業」という分類はない。そのため，観光統計として公表されているデータの多くは，観光関連施設等の利用者数である。そこで，ここでは，東三河観光の動向を概観するため，まず，愛知県における観光統計をみてみたい。
　2015（平成27）年における愛知県観光入込客数104,052千人（宿泊15,983千人，日帰り88,069千人）の内，観光目的の来訪者（宿泊6,149千人，日帰り84,006千人）が前年と比べてさほど大きな差が無いなか，特徴的なのは，

訪日外国人の宿泊が大きな伸び（前年比約2倍）を示していることである（「平成27年愛知県観光入込客統計」）[1]。一方，同年の愛知県内における観光レクリエーション資源・施設利用者総数は1億4,700,673人であり，2011年の東日本大震災以降，順調に増加している（「平成27年愛知県観光レクリエーション利用者統計」（平成27年1月～12月））。

つぎに，同年の県内における東三河地域の状況についてであるが，まず，観光入込客数は23,211千人（県全体の約22％），そして，宿泊者数は1,999千人（県全体の約14％）であり，そのうち外国人宿泊者数は31万6千人で，前年度比1.65倍になっており，2012年の8万人から3年間で4倍近い伸びを示している（東三河ビジョン協議会「東三河振興ビジョン［主要プロジェクト推進プラン］～広域観光の推進～ 目標達成状況と主な取組結果について」）。一方，観光レクリエーション資源・施設利用者において，東三河地域（統計では，愛知県は6つのブロックに分かれており，東三河地域は豊橋・三河湾地域と新城・設楽地域の2つに分かれる）の地域別利用者割合は，県全体の22.9％を占めている（図Ⅲ-4-1-1を参照：豊橋・三河湾地域20.1％，新城・設楽地域2.8％）。

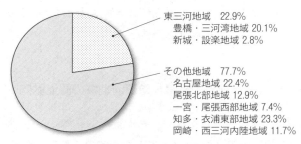

図Ⅲ-4-1-1 愛知県における観光レクリエーション資源・施設地域別利用者割合
資料：「平成27年愛知県観光レクリエーション利用者統計」をもとに作成。

つぎに，東三河地域の観光レクリエーション資源・施設等区分別利用者数から東三河地域をみると，つぎのような傾向がみられる。

まず，豊橋・三河湾地域は，「歴史・文化」（8,086,329人）が一番多く，「スポーツ・レクリエーション」（7,675,671人），「都市型観光－買い物・食等－」

（5,498,359人）の順であるのに対し、新城・設楽地域においては、「スポーツ・レクリェーション」が1,044,679人と一番多く、ついで「自然」（722,279人）となっていることから、同地域における観光資源の多くが自然資源の活用であることがわかる。

③ 東三河観光における新たな動き（2012年〜）

本章では、東三河観光における新たな2つの動き（2012年〜）を取り上げるとともに、各自治体における観光動向を概観する。

1）新たな2つの動き
① B-1グランプリ開催

2013（平成25）年11月（9・10日）の2日間にわたり、豊川市6カ所において「第8回ご当地グルメでまちおこしの祭典！ B-1グランプリin豊川」が開催された（写真Ⅲ-4-1-1）。「B-1グランプリ」は、全国のまちおこし団体による年1回の共同PRイベントであり、「愛Bリーグ」という主催団体に加盟する正会員の団体の地元で開催され、全国的にも知名度が高まっているイベントである。「『豊川いなり寿司』で豊川市をもりあげ隊」が同団体の会員であることから豊川市内において開催された大会の実行委員会には、豊川市関係者ばかりでなく、愛知県知事（名誉会長）をはじめ、東三河県庁および豊川市以外の自治体関係者、そして、各種団体や民間事業者も名を連ねている

写真Ⅲ-4-1-1　「B-1グランプリin豊川」大会の様子（2013年11月撮影）

ていることから、同大会は東三河地域全体に関わる大きなイベントであることがわかる。

大会の詳細はつぎのとおりである（「『第8回ご当地グルメでまちおこしの祭典！ B-1グランプリ in 豊川』大会報告書」より）。
- 来場者数：581,000人（1日目：323,000人，2日目：258,000人）
- 出展団体数：64団体
- ボランティア・スタッフ（延べ）：4,928人（1,332人の行政スタッフのうち，豊川市（1,114人）以外の市町村からは218人）
- イベントチケット販売状況：251,285冊
- イベントチケット使用状況：243,922,700円
   （同時開催事業会場内および協力店利用を含む合計）
- 経済波及効果：約35億3千万円（うち東三河地域　約20億9千万円）

なお，「B-1グランプリ in 豊川」開催日においては，併催イベントとして「愛知・東三河フェア」が開催され，2日間で48,000人が来場している。

② 三遠南信自動車道（鳳来峡IC～浜松いなさ北IC）・新東名高速道路（浜松いなさJCT～豊田東JCT）の開通

静岡県浜松市と長野県飯田市を結ぶ三遠南信自動車道のうち，鳳来峡IC（新城市）～浜松いなさ北IC（浜松市）の延長13.4km区間が2012年3月4日開通した。国土交通省中部地方整備局浜松河川国道事務所の調査によると，つぎのような変化がみられるという（「三遠南信自動車道（鳳来峡IC～浜松いなさ北IC）開通による整備効果」ほかより）。

- 開通直後　開通前後の「とうえい温泉」（東栄町）における入込客数は1.4倍に増加（愛知県内からの来客数1.2倍，浜松方面から2.2倍）。
- 1カ月後　豊根村の「芝桜まつり」来訪者数が対前年比約1.2倍に増加（静岡方面からの来訪者の約7割が三遠南信自動車道（鳳来峡IC～浜松いなさ北IC）を利用）。

さらに，2016年2月には新東名高速道路（以下，新東名）の浜松いなさJCTから豊田東JCT（豊田市）が開通した。浜松いなさJCTから15kmほどの場所に設置された長篠設楽原PA（新城市）は，「長篠の戦い」の戦地が

近いことから,武田軍(上り)や織田信長・徳川家康連合軍(下り)をイメージしたデザインの施設になっており,開通以来,すでに上下線合計で90万人(上り:38万人・下り:52万人,2016年7月時点,NEXCO中日本名古屋支社提供)を超えている。同PAからおよそ2.5kmの距離には新城ICがあり[2],周辺観光関連施設利用者の増加がみられる(新城市における観光関連施設利用状況については,本稿③2)②を参照)。

2) 東三河における地域別観光動向

本稿では,東三河(おもに自治体別)における観光動向について,その特徴的な点を中心に概観する。

① 豊川市・蒲郡市・豊橋市・田原市

・豊川市

豊川市では,2011年に「豊川市観光基本指針」が策定され,2011年度から2015年度までの5年間において,観光入込客数を6,000千人にすることを目標としてきた。2013年には,市制施行70周年記念の様々なイベントとともに,先述の「B-1グランプリin豊川」で58万1千人の来場者があったことから,年間7,510千人となった(豊川市資料)。そして,「B-1グランプリin豊川」開催後の観光ニーズ・マーケット動向に対応した新たな観光振興指針として,2015年に「豊川市観光基本計画」(2015～2021年)が策定された。そのなかでは,4つの基本方針をもとに,豊川ブランドの確立をはじめとして17の施策が示されている。

・蒲郡市

蒲郡市では,「蒲郡市観光ビジョン」(2004年)の「改定・蒲郡市観光ビジョン」(2010年)や「蒲郡市観光ビジョン アクションプラン」(2012年,蒲郡市・蒲郡市観光協会)に基づき,「ECOH(エコー)TOURISM」(エコー:地域環境・市民協力・地産地消・健康運動)推進に向けた取り組みなどが行われているが,蒲郡市観光の近年における大きな変化は,2014年8月に,ラグーナ蒲郡のラグーナテンボス㈱による運営が開始されたことであろう。同

施設では，メディアにおいてもたびたび取り上げられた3Dマッピングなどさまざまな新たな試みとともに，「フラワーラグーン」（2016年3月）や「ラグーナテンボスアートシアター」（同4月）のオープンなどが相次ぎ，新生ラグーナが始まった。2015年における同施設の利用者数は，3,110,294人で，前年同様（7月までは「ラグーナ蒲郡」），愛知県内の観光レクリエーション利用者統計利用者数上位観光資源6位であり，東三河地域においては1位となっている。

また，2011年から蒲郡市だけで実施されていた「オンパクin蒲郡」が，2013年から「みかわdeオンパク」という名称に変更され，東三河全域へと実施範囲を拡大していることから（岡崎市や西尾市へも拡大），同イベントは東三河地域全体の観光として捉えることができるであろう。

・豊橋市

豊橋市では，シティプロモーション（「豊橋市シティプロモーション戦略ビジョン」（2009年））のアクションプランである「ええじゃないか豊橋推進計画」（2010年）に基づいたシティプロモーション活動が行われてきたが，2016年に「ええじゃないか豊橋推進計画Ⅱ2016-2020」を策定した。同計画における4つの重点プロジェクトの1つとして「インバウンド倍増プロジェクト」が，さらに，これに関連する重点プロジェクトの1つとして「オリンピックde世界発信プロジェクト」が挙げられている。そのため，観光という面において，豊橋市は海外PRを重点的に行っていることがわかる。なお，同市では，訪日外国人受け入れを促進するために情報共有を行い，受け入れ環境を整備することを目的として，2015年に「豊橋インバウンド推進研究会」（事務局は豊橋観光コンベンション協会）を発足させるなど，官民によるインバウンド推進を行っている。「豊橋市内ホテル宿泊数実績調書」（豊橋市提供）によると，2015年度の外国人宿泊数総計は，179,543人で，2013年度総計（93,376人）と比較すると，倍近い伸びがみられる。

・田原市

田原市においては，「田原市観光基本計画」（2007年）が2015年に改定され，

現状分析（観光地の入込動向としては，過去10年間をおしなべてみると漸減傾向）を基に，「渥美半島まるごと観光の推進」を行っている。そのうちの1つが市民参加による観光まちづくりの推進（出前観光教室，観光おもてなし大学など）であり，来訪者の受け入れ体制を整える活動が行われている。同市では行政と観光ビューローの役割の明確化を掲げており，PR事業・各種事業運営を担当する渥美半島観光ビューローによる活発なPR事業が展開されている。また，後述する広域連携による共同事業の推進も同市観光の特徴となっている。

② 奥三河地域（新城市・設楽町・東栄町・豊根村）

豊かな自然資源を有する奥三河地域においてみられる観光の特徴は，地域資源活用による体験を中心とした観光形態の推進であり，観光資源の魅力向上を目指したさまざまな取り組みである（詳細については，第Ⅳ部第1章3.を参照）。なかでも，奥三河地域全体が連携したイベント（奥三河観光協議会が後援）が数多く開催されているが，これは奥三河地域における観光の特徴といえるであろう。

新東名および三遠南信自動車道（鳳来峡IC～浜松いなさ北IC）の開通が奥三河地域の観光へ及ぼす影響については先に述べたとおりであるが，ここでは，新城市の一例として，新東名新城ICに近接する道の駅「もっくる新城」の集客状況について触れてみたい（写真Ⅲ-4-1-2, 3）。2015年3月に開

写真Ⅲ-4-1-2(上)
道の駅「もっくる新城」の外観

写真Ⅲ-4-1-3(下)
道の駅「もっくる新城」内の様子
(2015年6月撮影)

駅した同施設は,「平成27年観光レクリェーション利用者統計利用者数上位観光資源 全体（上位50カ所）」の26位（1,131,750人）となり,東三河地域におけるランキングでは,ラグーナテンボス（同ランキング6位）に続き2位となっている[3]。

新東名開通前後における同施設の月別利用者数は,2015年の開駅月である3月（91,480人）から,月によって多少のばらつきはあるものの,新東名開通（2016年2月）以降は,12万人以上で推移している（4月の利用者は139,650人（新城市提供））。

奥三河全域の観光情報が入手できる「もっくる新城」は,車利用による来訪者の奥三河観光の玄関口となっており,国土交通省中部地方整備局による車籍調査によると,新東名（浜松いなさJCT～豊田東JCT）開通後1カ月間における「もっくる新城」来訪者数のうち,豊橋以外の地域（名古屋やその他）および県外（静岡県やその他）からの来訪者数がとくに増加しているという（「新東名高速道路の開通効果」）。また,同施設に近く,新城ICからそれぞれおよそ2kmの距離にある設楽原歴史資料館や長篠城址史跡保存館においては,新東名開通以降,利用者数がおよそ倍に増加している他[4],「長篠合戦のぼりまつり」の来訪者のうち,県外からの来訪が1.8倍になっている[5]。

このように,奥三河地域においては,道路整備によって新たな観光資源の創出,さらには,観光目的の来訪者が立ち寄る施設の利用者数やイベント参加者数の増加がみられるなど,同地域の観光状況は大きく変化している。

4 東三河における広域観光の取り組み

これまでみてきたように,東三河観光は各自治体における取り組みの多くが東三河地域全体に関わる広域観光として展開されていることが特徴と言えよう。東三河ビジョン協議会による「東三河振興ビジョン［将来ビジョン］」（2017年3月）には,「広域観光エリアとしての魅力の向上・発信」などが挙げられており,同ビジョン「主要プロジェクト推進プラン～広域観光の推

進〜」においては,全国的あるいは海外における観光地としての認知度が低い東三河のプロモーション強化が謳われている。

同ビジョンにおいて挙げられている広域観光を支える観光基盤・施設の整備推進として位置付けられている「もっくる新城」や,同推進プランのプロモーション強化(イベント・コンベンションの誘致促進)にも挙げられている「B-1グランプリin豊川」大会の東三河地域における誘客状況については先述のとおりであるが,他の推進プランとして示されている「多様な地域資源の磨き上げ」や「広域エリアとしての周遊性の強化」は,さまざまな事業において現在,展開されている。たとえば,先述のように,2011(平成23)年から蒲郡市だけで実施されていた「オンパクin蒲郡」が,2013年には「みかわdeオンパク」として東三河全域[6]として開催されたが,これは,同推進プランに挙げられている参加・体験型観光プログラムの開発と東三河地域への拡大として捉えることができる。

さらに,東三河全域における広域観光を推進する東三河広域観光協議会(奥三河観光協議会とも連携)は,中部運輸局が主導する「昇龍道プロジェクト」とも連携しており,海外からの誘客強化や海外プロモーションなどが推進されている[7]。

以上,愛知県の観光動向とともに,東三河の観光を概観したが,東三河における観光動向は,インバウンドの増加や東三河地域全体が取り組むイベント開催などがその特徴として挙げられる他,広域観光推進の取り組みが顕著であり,三遠南信自動車道(鳳来峡IC〜浜松いなさ北IC)・新東名の開通が同地域における観光動向に今後大きな影響を与えるであろう。

付記

本稿執筆にあたり,多くの方々にご協力いただいた。ここに,厚くお礼を申し上げる。

注

(1) 2015年における「都道府県別・宿泊施設タイプ別客室稼働率」(旅館,リゾートホ

テル，ビジネスホテル，シティホテル，簡易宿所別）をみると，愛知県は全国で3位（1位大阪，2位東京）である（「平成27年度観光の状況」）。
(2) 新東名（浜松いなさJCT～豊田東JCT）の開通後の6月における交通量は，平日・休日を平均すると，おおよそ35,000台である（浜松いなさJCT～新城IC（平日：34,200台・休日35,700台），新城IC～豊田東（平日35,000台・休日37,600台），NEXCO中日本HP「新東名高速道路（浜松いなさJCT～豊田東JCT）のストック効果」より）。
(3) 「観光レクリエーション利用者統計利用者数上位観光資源 その他（上位5カ所）」においては2位である（「平成27年観光レクリエーション利用者統計」より）。
(4) 新東名開通直後の2カ月間における新城市内の2つの施設利用者数増加（対前年同月）はつぎのとおりである。設楽原歴史資料館（2月：1,273人→2,911人，3月：1,555人→3,923人，同館提供）。長篠城址史跡保存館，（2月：1,176人→2,499人，3月：1,623→3,798人，同館提供）。両館とも前年度比約2.1～2.3倍の伸びとなっている。
(5) NEXCO中日本HP「新東名高速道路（浜松いなさJCT～豊田東JCT）のストック効果」より。
(6) 東三河全域だけでなく，岡崎市，西尾市，南知多町においても開催されている。東三河地域が他地域と連携する例としては，2014年から三河湾を囲む蒲郡市・田原市が西尾市・南知多町と「gogo三河湾協議会」を立ち上げ，「海の駅（港）」をめぐる船の旅をスタートさせたことが挙げられる。
(7) インバウンドについては，豊橋市をはじめ，豊川市，蒲郡市における伸びが大きい（「東三河振興ビジョン 目標達成状況と主な取組結果について」）。

文献

愛知県振興部観光局「愛知県訪日外客動向調査（平成27年度）調査結果概要」
愛知県振興部観光局「平成26年愛知県観光入込客統計」
愛知県振興部観光局「平成27年愛知県観光レクリエーション利用者統計」
可児優大 2016 中部地方整備局「新東名高速道路の開通効果」
　　（http://www.cbr.mlit.go.jp/kikaku/2016kannai/pdf/ac02.pdf）（2016/8/4）
蒲郡市公式ホームページ「みかわdeオンパク」
　　（http://www.city.gamagori.lg.jp/unit/kankoshoko/onpaku.html）（2016/7/31）
観光庁「平成27年度観光の状況」
観光庁「平成28年度版観光白書について」（平成28年5月）
観光立国推進閣僚会議「観光ビジョン実現プログラム2016－世界が訪れたくなる日本を目指して－」（平成28年5月）
国土交通省 中部地方整備局 浜松河川国道事務所HP「三遠南信自動車道」
　　（http://www.cbr.mlit.go.jp/hamamatsu/gaiyo_douro/gaiyo_sanen_index.html）（2016/8/3）
「三遠南信自動車道（鳳来峡IC～浜松いなさ北IC）開通による整備効果」
　　（http://www.cbr.mlit.go.jp/hamamatsu/gaiyo_douro/pdf/koukakaituu.pdf）

（2016/8/5）
田原市　2007「田原市観光基本計画」
田原市　2013「田原市総合計画」
田原市　2015「［改定］田原市観光基本計画」
豊川市　2015「豊川市観光基本計画」
豊橋市　2009「豊橋市シティプロモーション戦略ビジョン」
豊橋市　2010「ええじゃないか豊橋推進計画」
豊橋市　2015「ええじゃないか豊橋推進計画Ⅱ 2016-2020」
B-1グランプリin豊川実行委員会「第8回ご当地グルメでまちおこしの祭典！B-1グランプリin豊川大会報告書」（http://ai-b.jp/2013/B-1_pic/2013B1web.pdf）
東三河ビジョン協議会　2013「東三河振興ビジョン［将来ビジョン］〜豊かさが実感できる　輝く「ほの国」東三河を目指して〜」
東三河ビジョン協議会　2013「東三河振興ビジョン［主要プロジェクト推進プラン］〜広域観光の推進〜」
東三河ビジョン協議会　2016「東三河振興ビジョン［主要プロジェクト推進プラン］〜広域観光の推進〜　目標達成状況と主な取組結果について」（平成28年度第1回東三河ビジョン協議会　資料1）
（http://www.higashimikawa.jp/_upload/blog/file/9532701ce7520951b30f5cec072a11dc.pdf）（2016/9/28）
NEXCO中日本HP「新東名高速道路（浜松いなさJCT〜豊田東JCT）のストック効果」
（https://www.c-nexco.co.jp/corporate/pressroom/news_release/3900.html）
（2016/8/5）

　　　　　　　　　　　　　　　　　　　　　　　　　　　（安　福　恵美子）

2．ご当地グルメ

① はじめに

　近年，地域活性化における手段の1つとして，多くの地域が「食」を取り入れている。これらは，主として「ご当地グルメ」，「B級グルメ」などと称され，いまや重要な地域ブランドの要素ともなっている。

　しかし，このような食に関する地域活性化は最近始まったことではなく，古くから「郷土食」，「郷土料理」としてその地域に根付いた料理を紹介することが行われていた。それが近年の「ご当地グルメ」，「B級グルメ」ブームにより，地域活性化の重要な手段となっているのである。

　この東三河地域でも，様々なご当地グルメが地域活性化の一助として取り上げられており，観光業界においても重要な意味を持っている。そこで東三河地域におけるご当地グルメを取り上げ，その概況について論じたい。

　なお，「ご当地グルメ」については種々様々な定義があり，多くの書籍や論文の中で曖昧なとらえ方をされている。よって本論では，それらの中から村上と田村の定義を援用し，「主としてまちおこしや地域振興に活用されている地域色豊かな料理」（村上　2010 157頁），また「地方の美味しい物」（田村　2013 12頁）を「ご当地グルメ」として扱うものとする。

　今回，さまざまな資料等からご当地グルメについて論じているが，テーマである「ご当地グルメ」のみを扱った場合，該当する食事や商品等は非常に少なくなる。よって本論では，郷土料理や土産等で紹介される商品・食品等もご当地グルメとして扱う。また，ウェブサイト等で登場する商品や食品も，登録された情報のままご当地グルメとして扱う。ただし，観光情報誌や各自治体発行の観光ガイドマップでは，一般的な土産物店で販売されている大量生産された商品等が含まれているため，そのような商品や飲料は省き，基本的に食事に関連する商品のみを扱うものとした。さらに，原材料などは取り

上げず，必ず加工が行われたものをその対象としている。

2 三遠南信地域連携ビジョン推進会議（SENA）・資源データベースにみる東三河のご当地グルメ

表Ⅲ-4-2-1　SENA地域資源データベース「郷土料理・B級グルメ」の検索結果

自治体	商品名
豊橋市	うなぎ料理 ゼリー 三河つくだ煮 濱納豆 焼きちくわ 菜めし田楽 豊橋カレーうどん
豊川市	いなり寿司
新城市	森豆腐店の大あげ
田原市	あさりの押し寿司 あさり汁 じょじょ切り どんぶり街道 渥美あさりの押し寿司 渥美半島どんぶり街道
東栄町	ゆべし ハーブティー 五平オープンサンド 金山寺みそ

資料：SENA「地域資源データベース」

　この東三河地域は，静岡県西部の遠州地域，長野県南部の南信州地域とを合わせた三遠南信地域として，様々な取り組みが行われてきた。この三遠南信地域の更なる発展を求め2006（平成18）年に策定されたのが「三遠南信地域連携ビジョン」であり，そのビジョンを推進し，かつ三遠南信地域での様々な活動も推進するための組織として立ち上げられたのが「三遠南信地域連携ビジョン推進会議（以下，SENA）」である。このSENAのホームページ内には，三遠南信地域に関連した多くの情報が掲載されているが，近年開設されたのが「三遠南信資源データベース」である。このデータベースでは，キーワード検索はもちろん，季節や月，地域などが選定できるが，カテゴリ検索として，「自然系」，「人文系」，「産業系」，「交通系」のカテゴリの中に，様々なキーワードが分類されており，各テーマに沿って詳細に検索することが可能である。

　そこで，このカテゴリ検索から，ご当地グルメに関連のある「郷土料理・B級グルメ」，および「農林水産品（加工品）」の2種類について検索し，それぞれ東三河地域においてどのような商品があるかみたものが表Ⅲ-4-2-1と表Ⅲ-4-2-2である。

　まず表Ⅲ-4-2-1は「郷土料理・B級グルメ」の検索結果であるが，東三

第4章　東三河の観光

表Ⅲ-4-2-2　SENA地域資源データベース「農林水産品（加工品）」の検索結果

自治体	商品名
豊橋市	ちくわ
蒲郡市	三河のロープ・網 三河の綿スフ織物 三河木綿 蒲郡みかんわいん
新城市	奥三河 鳳来特産 梅うどん 奥三河 鳳来特産 梅づけ・ 　梅ジャム，梅みそ 奥三河 鳳来茶 耳かき一刀彫り
田原市	あさりせんべい ちりめんせんべい とまテル にんじん芋ようかん めろんハート 渥美たくあん
東栄町	東栄チキン
設楽町	とうもろこし トマトジュース 五平餅
豊根村	トマトケチャップ ブルーベリージャム ブルーベリー酒 栃もち 金山時みそ

資料：SENA「地域資源データベース」

河の自治体すべてが検索結果に登場しているわけではない。これは，このデータベースのデータ自体が各自治体の提出したデータをもとに作成されているためであり，よってデータを提出していない自治体の商品等は掲載されないことになる。

　検索結果によると，豊橋市が7品目と最も多く，次いで田原市が6品目となっている。豊橋市は古くからこの地域の郷土料理である「菜めし田楽」や「焼きちくわ」が掲載されている一方，近年話題の「豊橋カレーうどん」も登場する。また田原市では基本的に名産である「あさり」を使った商品が多く，様々な丼料理が食べられる「渥美半島どんぶり街道」も含めれば，6品中4品が「あさり」をメインとした商品となっている。なお，この田原市の「渥美半島どんぶり街道」であるが，田原市内の多くの飲食店で様々な丼料理を食することができる「食イベント」である。ある特定の食材等を使用した料理というわけではないため，必ずしも郷土料理とは言えないが，B級グルメという観点から掲載されている。

　そのほか，東栄町で4品目が掲載されているが，豊川市や新城市ではわずか1品目となっており，蒲郡市や設楽町，豊根村では登録されていなかった。

　続いて「農林水産品（加工品）」についてみてみると（表Ⅲ-4-2-2），「郷土料理・B級グルメ」には登場しなかった商品がいくつかみられる。「食」に関するものではなく「工芸品」なども表示されているが，「郷土料理・B級グルメ」では商品が表示されていなかった蒲郡市や，設楽町，豊根村でも「食」に関する商品が記載されている。要するに，「郷土料理・B級グルメ」と「農林水産品（加工品）」とは表裏一体であり，どちらに分類されるかは

担当者の一存によるということである。

　この「農林水産品（加工品）」によると，豊橋市の「ちくわ」がここでも登場しているほか，新城市では名産の梅を生かした商品が記載されている。田原市でも「あさり」以外にも農産品を中心とした加工品がみられる。また東栄町の「東栄チキン」や，設楽町の「五平餅」，豊根村の「栃もち」など，古くから各地域で親しまれてきた商品が登場している。これらも掲載される媒体が変われば，「郷土料理」や「B級グルメ」として紹介される商品であり，地域を代表する「ブランド商品」である。

③「愛知のうまいもん150『愛知グルメ図鑑』」にみる東三河のご当地グルメ

　愛知県産業労働部観光コンベンション課によって，愛知県のグルメ情報のウェブサイトが公開されている。そこで，このウェブサイトによる情報をもとに東三河地域におけるご当地グルメについてみていく（表Ⅲ-4-2-3）。

　このウェブサイトは2013（平成25）年に公開されたものであり，愛知県内の「食」に関する150点の商品を紹介している。その中では各商品を分類して紹介しており，今回はその分類をもとに，各自治体におけるご当地グルメについて分析した。

　ご当地グルメとしての登録が最も多いのは新城市で，3品目が登録されていた。SENAのデータベースでは出てこなかった「鳳来牛のステーキ」や「八名丸のコロッケ」などが登録されている。これらは「地のめぐみ」としても登録されており，郷土を代表する郷土料理であるといえる。

　次いで2点が登録されているのが豊川市で，全国的にも有名な「いなり寿司」も登録されている。豊橋市は全部で4品目が登録されているものの，ご当地グルメとしての登録は1品目で，近年知られるようになった「豊橋カレーうどん」は，このデータベース調査が行われた時点ではまだ誕生していなかったため，「うずらたまごの燻製」のみの登録となっている。同じく1品

表Ⅲ-4-2-3 「愛知のうまいもん150『愛知グルメ図鑑』」による東三河の「うまいもん」

自治体	商品名	ご当地グルメ	郷土食・伝統食	地のめぐみ	海のめぐみ	お酒	お菓子	HP上の問い合わせ先
豊橋市	うずらたまごの燻製	◎						豊橋観光コンベンション協会
	寒天ゼリー						◎	豊橋観光コンベンション協会
	次郎柿スイーツ			◎			◎	豊橋観光コンベンション協会
	菜飯田楽		◎					豊橋観光コンベンション協会
豊川市	葵最中						◎	小坂井町商工会
	いちじくスイーツ			◎			◎	御津町商工会
	黄金のさつまいもジャム			◎				豊川市観光協会
	雲助飯	◎						音羽商工会
	豊川いなり寿司	◎						豊川市観光協会
	豊川の青じそドレッシング			◎				ひまわり農業協同組合
蒲郡市	アカザエビのお造り				◎			蒲郡市観光協会
	蒲郡みかんわいん			◎		◎		蒲郡市観光協会
	ニギスの丸干し				◎			蒲郡市観光協会 / ラグーナ蒲郡インフォメーションセンター
	メヒカリの一夜干し				◎			蒲郡市観光協会
新城市	自然薯「夢とろろ」			◎				作手商工会
	「むかご」ご飯			◎				作手商工会
	鳳来牛のステーキ	◎						新城市観光課
	ほうらい茸の炊込みご飯	◎		◎				新城市観光課
	八名丸コロッケ	◎		◎				新城市商工会
田原市	渥美あさりの押し寿司		◎					渥美商工会
	じょじょ切り（伊良湖しるこ）	◎					◎	田原市商工観光課
	田原のあさりせんべい				◎			田原市商工観光課
	田原のはちはい汁		◎					田原市商工観光課
	釜揚げしらす				◎			田原市商工観光課
東栄町	東栄チキン	◎						東栄町商工会
設楽町	アメ茶漬		◎					設楽町産業課
	したらエゴマドレッシング			◎				設楽町産業課
	天狗の森のおいしいトマト（ジュース）			◎				津具商工会
豊根村	豊根のブルーベリージャム			◎				愛知東農業協同組合 豊根農産物加工場
	豊根のゆべし		◎					豊根村観光協会
東三河全域	へぼ飯		◎					新城市経済課
東・西三河全域	五平餅		◎					豊田市観光協会

資料：「愛知グルメ図鑑」

目の登録がみられるのは田原市と東栄町で，それぞれ「じょじょ切り（伊良湖しるこ）」，「東栄チキン」となっている。「じょじょ切り（伊良湖しるこ）」は「お菓子」としても登録されている。

この他「郷土食・伝統食」として登録されている食品をみると，豊橋市では「菜飯田楽」，田原市で「渥美あさりの押し寿司」，「田原のはちはい汁」，設楽町の「アメ茶漬け」，豊根村の「豊根のゆべし」となっている。また東

表Ⅲ-4-2-4　「なごやめし公式サイト」による
　　　　　　東三河のご当地グルメ

自治体	商品名	誕生年	認定店舗
豊橋市	豊橋カレーうどん	2010年4月	46店舗
豊川市	豊川いなりうどん	2010年12月	4店舗
蒲郡市	ガマゴリうどん	2012年2月	25店舗
田原市	大アサリ丼	−	41店舗

資料：「なごやめし公式サイト」
※認定店舗数はウェブサイトによる記載または各商品紹介ページでの記載による。

三河全域の郷土食として「へぼ飯」、東・西三河全域として「五平餅」が登録されている。

海に面している自治体の中でも、蒲郡市や田原市は「海のめぐみ」に分類された食品が特に多く、蒲郡市では「アカザエビのお造り」や「メヒカリの一夜干し」、田原市では「田原のあさりせんべい」や「釜揚げしらす」が該当する。

最も分類数が多いのは「地のめぐみ」で、12品目が登録されている。新城市では4品目が登録されているが、うち2品目はご当地グルメとしても登録されている。他自治体をみると、豊橋市の「次郎柿スイーツ」や豊川市の「黄金のさつまいもジャム」、蒲郡の「蒲郡みかんわいん」、豊根村の「豊根のブルーベリージャム」など、果物を用いた加工品が目立つ。

このウェブサイトのデータは、2009年11月から2010年2月にかけて愛知県内のすべての市町村の役所や商工会議所、商工会、観光協会等を訪問し聞き取りした上でのデータであり（愛知県振興部観光局観光振興課 2013）、各自治体が紹介したいと強く考えている商品である。しかしこの中には、近年東三河地域の自治体や観光協会が、ご当地グルメとして力を入れている「うどん」に関する商品は全く登場していない。これは、「うどん」関連のご当地グルメ商品の誕生がこの調査後だったからである。「なごやめし公式サイト」内にある東三河地域のご当地グルメをみてみると（表Ⅲ-4-2-4）、誕生年はいずれもこの調査の後であることが分かる。しかし、このウェブサイトを作成した愛知県によると、今のところ新たなご当地グルメ情報を追加する予定はないとのことであり、近年話題のこれらのご当地グルメが掲載される可能性は低い。

④ 観光情報誌にみる東三河のご当地グルメ

表Ⅲ-4-2-5　各情報誌におけるご当地グルメ

自治体	商品名	ぐるら 2011年10月刊行	ほの国 とっておき 探訪 2013年3月刊行
豊橋市	佃煮		◎
	菜めし田楽	◎	◎
	豊橋カレーうどん	◎	◎
	豊橋ちくわ		◎
豊川市	豊川いなり寿司	◎	◎
	豊川いなりうどん	◎	◎
蒲郡市	メヒカリ（唐揚げ）	◎	◎
	アサリの酒蒸し	◎	◎
新城市	五平餅	◎	◎
	奥三河バーガー	◎	◎
	奥三河戦国ぐるめ街道	◎	
田原市	（焼き）大アサリ		◎
	アサリの押し寿司	◎	◎
	渥美半島どんぶり街道	◎	◎
	あさりせんべい	◎	◎
設楽町	五平餅		◎
東栄町	五平餅		◎
	東栄チキン	◎	◎
豊根村	五平餅		◎
	茶臼山高原米粉ロールケーキ	◎	◎

資料：「グルメガイドぐるら」、「ほの国とっておき探訪」

その地域の「食」に関する情報は、ガイドブックなどの観光情報誌等に掲載、紹介され多くの観光客を集める。そこで、この東三河地域を扱った観光情報誌の中から、ご当地グルメ等に関する記事について取り上げ、どのような商品が紹介されているのかをみていく。今回は、その中からご当地グルメに関して、比較的記述の多い2誌を取り上げ比較したほか、約10年前に刊行された観光情報誌についても、ご当地グルメの記述内容について確認した。まず1冊目は「グルメガイドぐるら（以下、ぐるら）」で、サブタイトルに「グルメガイド」と付されているとおり、東三河地域のご当地グルメが全般に扱われたグルメ情報誌である。2011（平成23）年に刊行されたが、発行元ではないものの、愛知県東三河広域観光協議会が製作協力を行っている。

もう1点は「ほの国とっておき探訪（以下、ほの国）」で、2013年に、その愛知県東三河広域観光協議会によって刊行された観光情報誌である。東三河地域全域での観光客等の来訪と周遊を目的とし、自然や文化、グルメなどを紹介しており、東三河の観光資源を一様にみることのできる情報誌である。これら2誌を比較することで、よりこの地域を代表するご当地グルメを探し出すことが可能になる。

「ぐるら」と「ほの国」に記述された「食」に関する商品を比較してみると（表Ⅲ-4-2-5），豊橋市では「菜めし田楽」と「豊橋カレーうどん」が両方で紹介されていた。豊川市でも「豊川いなり寿司」と「豊川いなりうどん」がともに紹介されており，市を代表するご当地グルメとして位置づけられている。蒲郡市では，これまでも取り上げられてきた「メヒカリ（唐揚げ）」がいずれも掲載されているものの，「アサリの酒蒸し」は「ほの国」で初めて取り上げられた商品である。

新城市では，ともに「五平餅」と「奥三河バーガー」が取り上げられているが，田原市では「アサリ」関連の2商品（（焼き）大アサリ，アサリの押し寿司）が，「ぐるら」では紹介されていなかった。しかし「渥美半島どんぶり街道」はいずれも紹介されており，この「渥美半島どんぶり街道」は田原市における「食イベント」として認知されつつある。

「五平餅」は新城市だけではなく，奥三河地域の3町村（設楽町・東栄町・豊根村）のご当地グルメとしても取り上げられており，この奥三河地域を代表するご当地グルメであるといえる。また東栄町では「東栄チキン」が「ほの国」で取り上げられていた。

では，ここで2004年10月に刊行された「るるぶ東三河」の中でご当地グルメとして紹介された料理や商品をもとに，現在との比較をしておきたい（表Ⅲ-4-2-6）。なお，この「るるぶ東三河」では，東三河地域内を一般的な自治体名で分類しておらず，この雑誌独自の地域名表記となっている。

表Ⅲ-4-2-6　るるぶ東三河におけるご当地グルメ（2004年10月刊行）

地域	商品名
豊橋 （豊橋市）	菜飯田楽
	うずら料理
	自然薯（料理）
	ちくわ
	鰻
豊川とその周辺 （豊川市・一宮町・音羽町・御津町・小坂井町）	稲荷門前きしめん
	稲荷門前ざるそば
	いなり寿司
蒲郡 （蒲郡市）	めひかり唐揚げ
	サバ八丁
新城・南設楽 （鳳来町・作手村・新城市・三河高原）	ニジマスの塩焼き
	鳳来寺五平餅
	鳳来でんがく
	鳳来牛のステーキ
	鮎（料理）
渥美半島・三河湾 （渥美町・田原市）	焼き大アサリ
	焼き牡蠣
北設楽 （設楽町・東栄町・津具村・豊根村・富山村）	設楽そば
	五平餅

資料：「るるぶ東三河」

「豊橋」では，この地域で古くから郷土料理として親しまれてきた「菜飯田楽」が掲載されていた。この時点では，名産の「うずら」を使用した料理や「自然薯（料理）」，また古くから豊橋の名産品であった「ちくわ」や「鰻」も掲載されていた。「豊川」では古くからの郷土料理である「いなり寿司」が掲載されている。

「蒲郡」では，これまでみてきた中でも必ず紹介されていた「めひかり（メヒカリ）唐揚げ」がここでも記載されているほか，この地域の郷土料理である「サバ八丁」が紹介されていた。「新城・南設楽」では，当時まだ鳳来町が新城市と合併していなかったためか，「鳳来」を料理名に用いたものが紹介されており，「鳳来五平餅」や「鳳来でんがく」，「鳳来牛のステーキ」など，ほとんどが鳳来の名を冠した商品であった。「渥美半島・三河湾」では，この地域で採れる貝を扱った「焼き大アサリ」と「焼き牡蠣」があげられていたほか，「北設楽」では「設楽そば」，「五平餅」が紹介されていた。

このように，2004年時のガイドブックと比較すると，当時はまだ「ご当地グルメ」や「B級グルメ」といった食に関するブームは起きていなかった時期でもあり，各地域の食に関する商品も，そのほとんどが郷土料理として，古くからその地域で食されていたものであった。しかし，近年のグルメブームによって，各地域で新しい商品が開発されPRされたことで，各地域のご当地グルメも大きく変化したことが分かる。

5　各自治体の「観光ガイドマップ」にみるご当地グルメ

ここでは，各自治体および各観光協会等で入手した観光ガイドマップをもとに，その中で紹介されているご当地グルメに関する商品について確認する（表Ⅲ-4-2-7）。

豊橋市の観光ガイドマップでは「菜めし田楽」と「豊橋カレーうどん」が紹介されており，豊橋に古くから伝わる郷土料理と，近年新しく考案されたご当地グルメの両方が紹介されていた。豊川市も同様に，郷土料理である「豊

表Ⅲ-4-2-7　各自治体観光案内パンフレットにみるご当地グルメ

自治体	商品名
豊橋市	菜めし田楽
	豊橋カレーうどん
豊川市	豊川いなり寿司
	豊川いなりうどん
蒲郡市	ガマゴリうどん
	めひかり唐揚げ
	にぎすのフライ
新城市	五平餅
	梅うどん
	ジビエ料理（猪）
田原市	赤羽根しらす丼（どんぶり街道）
	極の丼（どんぶり街道）
	焼き大アサリ
設楽町	五平餅
	甘露煮
	猪鍋
	トマト餃子
東栄町	東栄チキン
	東風伝ニガリ豆腐
豊根村	新豊根ダムカレー
	とよね鍋
	五平餅
	金山寺みそ

資料：各自治体観光パンフレット

川いなり寿司」と，近年宣伝されるようになった「豊川いなりうどん」がいずれも掲載されていた。

蒲郡市では，これまでも必ず紹介されていた「めひかり（メヒカリ）唐揚げ」の他に，近年開発された「ガマゴリうどん」が掲載されていた。また，新城市では特産の「梅」を使用した「梅うどん」のほか，これまでもこの地域の郷土料理として紹介されてきた「五平餅」，「ジビエ料理（猪）」，また田原市では，定番の「焼き大アサリ」のほかに「どんぶり街道」の中から2種類の丼物が紹介されていた。

奥三河の各町村では，設楽町が「五平餅」のほか「猪鍋」や「トマト餃子」，また東栄町では，これまでも頻繁に紹介されてきた「東栄チキン」のほか「東風伝ニガリ豆腐」，豊根村では，近年売り出し中の「新豊根ダムカレー」，また四季折々の様々な味が楽しめる「とよね鍋」や「五平餅」，「金山寺みそ」が紹介されていた。

以上，各自治体の観光ガイドマップから，掲載されている料理等についてみてきたが，どの自治体も古くから伝わる郷土料理と，近年開発された新しいご当地グルメの両方を紹介していた。このようにご当地グルメには，当初述べたように，古くから伝わる郷土料理としての概念と，近年新しくまちおこしとして開発された料理としての2つの側面があり，それぞれが地域を代表する料理として，また，まちおこしの一手段としても位置づけられているのである。

第4章 東三河の観光　　　　　　　　　　　　　　*341*

6　おわりに

　ここまで，東三河地域におけるご当地グルメについてみてきた。古くから東三河地域の各自治体内で食されてきた郷土料理や特産品に加えて，近年のご当地グルメブームもふまえた，さまざまな料理がご当地グルメとして取り上げられていた。また近年「奥三河・戦国ぐるめ街道」や「渥美半島どんぶり街道」といった「食イベント」が企画，実施されており，これらがご当地グルメとして扱われている場合もみられる。

　このような，伝統料理や郷土料理と，近年のブームによって形づくられたいわゆるB級グルメ的な料理とがうまく共存することで，より東三河地域の活性化に結び付いていくことを期待したい。

文献

愛知県振興部観光局観光振興課　2013「愛知のうまいもん150 愛知グルメ図鑑」
　　（http://www.pref.aichi.jp/kanko/gourmet/index.html）
愛知県東三河広域観光協議会　2013「ほの国とっておき探訪」
蒲郡市観光商工課・蒲郡市観光協会　2015「蒲郡 海の回廊 出湯の泊」
三遠南信地域連携ビジョン推進会議　2011「地域資源データベース」
　　（http://www.sena-vision.jp/chiikishigen/）
JTB 2004「るるぶ東三河」
設楽町観光協会　2013「五平餅のふるさと したら五平餅ガイド」
設楽町役場・設楽町観光協会　2014「設楽町観光ガイドブック したら」
新城市観光協会　2014「新城市観光ガイドマップ」
田原市商工観光課・渥美半島観光ビューロー　2016「たはら旅手帖」
田原市商工観光課・渥美半島観光ビューロー　2016「だもんで TAHARA まるごと観光」
田村秀　2013『ブックレット新潟大学62　新潟と全国のご当地グルメを考える』新潟日報事業社
東栄町役場企画課　2015「東栄町100％楽しむナビ」
豊川市商工観光課・豊川市観光協会 2016「豊川市観光スポット図鑑」
豊根村役場　2016改定「豊根村」
豊根村観光協会　2015「新豊根ダムカレー 佐久間ダムカレー」
豊根村観光協会　2015「豊根村 とよね鍋」
豊橋市観光振興課　2014「豊橋市観光ガイドマップ」
なごやめし普及促進協議会 2015「全国に発信したい 愛知のご当地グルメ」

（http://nagoya-meshi.jp/nagoyameshi05/）
プライズメント　2011「グルメガイドぐるら」
村上喜郁　2010「ご当地グルメの競争優位構築に関する予備的考察」『大阪観光大学紀要』
　　（大阪観光大学）開学10周年記念号第10号

（鈴　木　伴　季）

第5章　東三河の金融

　本章では，まず全国と愛知県および東三河の地域金融の動向を考察する。次に，愛知県信用保証協会の統計を用いて，近年の東三河における信用保証付き貸出の動向を考察する。最後に，地域金融機関の地域密着型経営について，東三河およびその周辺の地域金融機関の取組事例を紹介する。

1　近年の地域金融──全国的傾向と愛知県および東三河の動向

1）預貯金残高の推移

　1996（平成8）年3月期から2016年3月期のゆうちょ銀行の全国の預金残高（郵便貯金）の計数を概観すると[1]，その預金残高は1996年3月期の213兆円から2000年3月期の260兆円まで増加し，その後は2011年3月期の166兆円まで一貫して減少している。2011年度以降は下げ止まりの兆しをみせていて，2016年3月期には164兆円となっている（表Ⅲ-5-1）。この15年で預貯金残高合計が18.2％増加したにもかかわらず，ゆうちょ銀行の預金残高

表Ⅲ-5-1　全国の預貯金残高の推移　　　　　　　　　　　　　　　　　　　　　　（単位：億円）

	全国					増減率			
	1996年3月	2001年3月	2006年3月	2011年3月	2016年3月	5年比	10年比	15年比	20年比
大手銀行	2,719,620	2,906,043	3,111,248	3,510,725	4,101,350	16.8%	31.8%	41.1%	50.8%
地方銀行	1,696,653	1,819,004	1,926,289	2,182,939	2,566,612	17.6%	33.2%	41.1%	51.3%
第二地銀	620,975	574,344	545,815	583,964	664,699	13.8%	21.8%	15.7%	7.0%
信用金庫	962,195	1,038,115	1,125,658	1,198,212	1,348,429	12.5%	19.8%	29.9%	40.1%
信用組合	227,626	180,619	159,218	172,265	196,068	13.8%	23.1%	8.6%	-13.9%
労働金庫	95,317	120,350	144,779	169,015	181,703	7.5%	25.5%	51.0%	90.6%
農協	675,827	720,923	788,653	858,107	959,125	11.8%	21.6%	33.0%	41.9%
ゆうちょ銀	2,134,060	2,499,193	1,999,938	1,656,365	1,638,132	-1.1%	-18.1%	-34.5%	-23.2%
合計	9,132,273	9,858,591	9,801,598	10,331,592	11,656,118	12.8%	18.9%	18.2%	27.6%

（出所）金融ジャーナル編『金融マップ』各年版より筆者作成。

表Ⅲ-5-2　愛知県の預貯金残高の推移　　　　　　　　　　　　　　　　　　　　（単位：億円）

	愛知県					増減率			
	1996年3月	2001年3月	2006年3月	2011年3月	2016年3月	5年比	10年比	15年比	20年比
大手銀行	143,734	180,930	186,875	208,769	236,953	13.5%	26.8%	31.0%	64.9%
地方銀行	25,425	26,458	29,629	35,416	48,560	37.1%	63.9%	83.5%	91.0%
第二地銀	55,029	56,268	64,328	69,593	75,167	8.0%	16.8%	33.6%	36.6%
愛知	16,799	18,310	21,066	23,134	25,632	10.8%	21.7%	40.0%	52.6%
名古屋	21,429	22,334	25,053	27,050	31,141	15.1%	24.3%	39.4%	45.3%
中京	10,143	10,488	11,661	12,857	14,206	10.5%	21.8%	35.5%	40.1%
信用金庫	87,801	97,390	117,246	131,865	163,889	24.3%	39.8%	68.3%	86.7%
豊橋	3,527	4,445	5,396	6,183	7,695	24.5%	42.6%	73.1%	118.2%
岡崎	20,556	23,473	23,150	24,532	28,284	15.3%	22.2%	20.5%	37.6%
いちい	5,342	6,761	7,597	8,428	9,722	15.4%	28.0%	43.8%	82.0%
瀬戸	9,500	11,673	12,638	13,843	20,655	49.2%	63.4%	76.9%	117.4%
知多		3,163	4,759	5,601	7,130	27.3%	49.8%	125.4%	n/a
豊川	3,501	4,794	5,512	6,039	7,058	16.9%	28.0%	47.2%	101.6%
豊田	5,085	6,520	7,317	9,503	13,516	42.2%	84.7%	107.3%	165.8%
碧海	10,735	12,871	14,075	15,637	19,220	22.9%	36.6%	49.3%	79.0%
西尾	4,878	6,091	7,192	8,774	11,127	26.8%	54.7%	82.7%	128.1%
蒲郡	6,055	7,377	8,196	9,333	11,514	23.4%	40.5%	56.1%	90.2%
信用組合	8,520	7,095	5,517	6,009	6,388	6.3%	15.8%	-10.0%	-25.0%
労働金庫	3,690	5,084	6,666	8,093	9,347	15.5%	40.2%	83.9%	153.3%
農協	41,360	48,219	59,781	69,473	81,381	17.1%	36.1%	68.8%	96.8%
ゆうちょ銀	137,482	157,955	126,258	103,028	99,786	-3.1%	-21.0%	-36.8%	-27.4%
合計	503,041	579,399	596,300	632,246	721,472	14.1%	21.0%	24.5%	43.4%

（出所）金融ジャーナル編『金融マップ』各年版より筆者作成。

はこの15年で▲34.5％も激減している。愛知県の場合も減少率の絶対値では全国平均を上回って，郵便貯金は減少してきた（表Ⅲ-5-2）。

　他方，大手銀行の預金は96年3月期の272兆円から2016年3月期の410兆円まで増加している（表Ⅲ-5-1）。大手銀行の預金は，この20年で50.8％増加し，5年比でも16.8％増加している。愛知県の大手銀行の預金も同様に増加し，20年比では64.9％，5年比でも13.5％の増加となっている（表Ⅲ-5-2）。

　地方銀行は96年3月期の170兆円から2016年3月期の257兆円までほぼ一

貫して増加し，信用金庫も96年3月期の96兆円から2016年3月期の135兆円までほぼ一貫して増加している（表Ⅲ-5-1）。

　愛知県の地銀・信金は，この20年で同業態の全国平均の伸び率を大きく上回って預金残高を増大させている。20年比では，地銀が91.0％の増加，信金は86.7％増加している。とりわけ東三河を営業基盤とする豊橋・豊川・蒲郡の3信金は，20年比の増減率でみると，それぞれ118.2％，101.6％，90.2％と大きく預金残高を増大させてきた（表Ⅲ-5-2）。

　これに対して，第二地方銀行の預金は96年3月期の62兆円から99年3月期の63兆円をピークに減少に転じ，2005年3月期をボトムに2015年3月期の66兆円まで回復している。10年比の増減率は21.8％だが，20年比では7.0％の増加に過ぎない（表Ⅲ-5-1）。愛知県の第二地銀に限定してみると，20年比では36.6％と預金を増加させており，全国的傾向とは異なっていたが，直近の10年間ではほぼ全国的傾向と符合している。名古屋市を中心に店舗展開をしている名古屋銀・愛知銀・中京銀の第二地銀は，この20年においては預金残高を手堅く伸ばしてきた（表Ⅲ-5-2）。ただし，店舗数を96年3月期と2016年3月期で比較すると，愛知銀は100店舗から98店舗に，名古屋銀は113店舗から104店舗に，中京銀は76店舗から66店舗に減少しており，各行の合理化努力が伺える。

　信用組合の預金は95年3月期の23兆円をピークとして2003年3月期の15兆円まで減少し，それをボトムにして2016年3月期の20兆円まで一貫して増加している。20年比の増減率は▲13.9％，15年比も8.6％と停滞しているが，2003年度以降は増加に転じているので10年比は23.1％の増加である（表Ⅲ-5-1）。愛知県の信組に限定してみると，預金の推移は全国平均を下回る状況である（表Ⅲ-5-2）。

　また，労働金庫の預金は96年3月期の9.5兆円から16年3月期の18.2兆円までほぼ一貫して大幅に増加している。農協の預金も96年3月期の68兆円から16年3月期の96兆円までほぼ一貫して増加している（表Ⅲ-5-1）。愛知県に限定してみると，この傾向は一層顕著になり，20年比の増減率でみると，

労金の預金は153.3％の増加，農協のそれは96.8％の増加となっている。

　1990年代以降の業態別の預貯金残高の推移をまとめると，ゆうちょ銀行の預金残高（郵便貯金）は1997・98年の金融危機の勃発後の2000年3月期まで増加したが，その後は一貫して減少し，近年は下げ止まりの兆しをみせている。他方，大手銀・地銀は預金残高を伸ばし，信金も健闘しているが，第二地銀や信組の預金残高はやや伸び悩んでいたが，この10年は復調している，ということになる。

　全国の預貯金残高がこの20年で27.6％増加しているのに対して，愛知県のそれは43.4％増加している。これは，愛知県ではこの20年で地銀の預金残高の増加が全国平均を大幅に上回り，大手銀・第二地銀も預金残高を増大させ，信金・労金・農協は全国平均を大幅に上回って預金残高を増大させてきたためである。東三河の3信金の預金増加も，20年比の増減率でみると，全国平均を大幅に上回っている。

2）貸出金残高の推移

　次に，全国の貸出金残高の計数を考察しよう。大手銀の貸出金残高は1993年3月期の297兆円をピークに減少しているが，ここ10年はほぼ横這いで推移している。地銀の貸出金残高は，90年代は増加してきたが，2000年代初頭は微減ないし横這いに推移し，その後は2016年3月期の185兆円まで微増ながらほぼ一貫して増加している（表Ⅲ-5-3）。

　信金の貸出金残高は99年3月期の71兆円から2005年3月期の62兆円に減少し，その後も横這いないし微増にとどまっている。第二地銀の貸出金残高は90年代以降97年3月期の53兆円まで増加し，それをピークに減少基調に転じて2005年3月期には40兆円まで減少している。それをボトムにこの10年は微増基調であり，2016年3月期には49兆円となっている。信組の貸出金残高は95年3月期の19.1兆円から2004年3月期の9.1兆円まで半減している。これをボトムに2016年3月期の10.3兆円まで微増基調に転じている（表Ⅲ-5-3）。

第5章　東三河の金融

表Ⅲ-5-3　全国の貸出金残高の推移　　　　　　　　　　　　　　　　　　　　　　　（単位：億円）

	全　国					増減率			
	1996年3月	2001年3月	2006年3月	2011年3月	2016年3月	5年比	10年比	15年比	20年比
大手銀行	2,938,698	2,750,391	2,157,610	2,221,916	2,288,088	3.0%	6.0%	-16.8%	-22.1%
地方銀行	1,353,827	1,358,157	1,407,294	1,575,074	1,845,642	17.2%	31.1%	35.9%	36.3%
第二地銀	530,830	465,706	413,765	439,139	492,600	12.2%	19.1%	5.8%	-7.2%
信用金庫	698,941	661,881	647,461	637,114	672,826	5.6%	3.9%	1.7%	-3.7%
信用組合	186,619	134,516	93,704	94,349	102,987	9.2%	9.9%	-23.4%	-44.8%
労働金庫	59,705	76,202	97,093	115,758	120,568	4.2%	24.2%	58.2%	101.9%
農協	196,608	220,054	207,468	223,550	206,654	-7.6%	-0.4%	-6.1%	5.1%
合　計	5,965,228	5,666,907	5,024,395	5,306,899	5,729,365	8.0%	14.0%	1.1%	-4.0%

（出所）金融ジャーナル編『金融マップ』各年版より筆者作成。

表Ⅲ-5-4　愛知県の貸出金残高の推移　　　　　　　　　　　　　　　　　　　　　　（単位：億円）

	愛　知　県					増減率			
	1996年3月	2001年3月	2006年3月	2011年3月	2016年3月	5年比	10年比	15年比	20年比
大手銀行	119,038	120,588	88,420	71,534	70,558	-1.4%	-20.2%	-41.5%	-40.7%
地方銀行	26,901	27,549	32,892	44,491	62,145	39.7%	88.9%	125.6%	131.0%
第二地銀	43,503	40,823	42,702	46,794	48,271	3.2%	13.0%	18.2%	11.0%
愛知	12,216	12,526	12,738	14,486	15,146	4.6%	18.9%	20.9%	24.0%
名古屋	16,132	16,231	17,533	18,454	19,728	6.9%	12.5%	21.5%	22.3%
中京	8,187	7,959	8,402	8,976	9,655	7.6%	14.9%	21.3%	17.9%
信用金庫	60,264	57,253	62,798	69,073	80,600	16.7%	28.3%	40.8%	33.7%
豊橋	2,118	2,440	2,270	2,962	3,861	30.4%	70.1%	58.2%	82.3%
岡崎	13,978	13,867	13,606	14,233	15,496	8.9%	13.9%	11.7%	10.9%
いちい	3,969	3,888	3,602	3,710	3,942	6.3%	9.4%	1.4%	-0.7%
瀬戸	6,486	7,028	6,874	6,972	9,066	30.0%	31.9%	29.0%	39.8%
知多		1,867	2,607	3,119	3,645	16.9%	39.8%	95.2%	n/a
豊川	2,395	2,724	2,807	3,197	3,897	21.9%	38.8%	43.1%	62.7%
豊田	3,582	3,808	4,085	4,882	6,251	28.0%	53.0%	64.2%	74.5%
碧海	7,518	8,027	8,212	8,830	10,064	14.0%	22.6%	25.4%	33.9%
西尾	3,446	3,766	3,769	4,214	5,048	19.8%	33.9%	34.0%	46.5%
蒲郡	4,175	4,329	4,036	4,684	5,529	18.0%	37.0%	27.7%	32.4%
信用組合	6,436	5,575	2,892	3,286	3,356	2.1%	16.0%	-39.8%	-47.9%
労働金庫	2,264	3,144	5,151	7,824	8,038	2.7%	56.0%	155.7%	255.0%
農協	9,977	12,602	14,124	15,353	15,068	-1.9%	6.7%	19.6%	51.0%
合　計	268,383	267,534	248,979	258,356	288,036	11.5%	15.7%	7.7%	7.3%

（出所）金融ジャーナル編『金融マップ』各年版より筆者作成。

これを20年比と10年比の増減率でみると，全国の貸出金残高の20年比が▲4.0％，10年比が14.0％であるのに対して，大手銀の20年比は▲22.1％，10年比6.0％，第二地銀の20年比は▲7.2％，10年比は19.1％，信組の20年比は▲44.8％，10年比は9.9％となっている。

愛知県の大手銀・信組に限定してみると，この15年の大手銀の貸出金残高の減少は顕著であり（20年比の増減率は▲40.7％，15年比は▲41.5％，10年比は▲20.2％），信組の貸出金残高はこの20年でほぼ半減しているが，この10年は微増基調に転じている（表Ⅲ-5-4）。

これに対して，愛知県の地銀は貸出金残高を地銀の全国平均を大幅に上回って増大させており，2000年代初頭は低迷したが，20年比の増減率は131.0％となっている（表Ⅲ-5-4）。愛知銀・名古屋銀・中京銀などの愛知県の第二地銀も，90年代以降の第二地銀の全国的傾向とは対照的に，手堅く貸出金残高を伸ばしてきたが，5年比の増減率はそれぞれ4.6％，6.9％，7.6％と第二地銀の全国平均の12.2％を下回る結果となっている（愛知県の第二地銀の5年比の増減率は3.2％であり，さらに全国平均を下回っている）。これは愛知県での新規融資や住宅ローンを巡って，隣接する岐阜県や三重県，さらには関西の地域銀行が名古屋市に店舗を開設するなど「越境進出」を加速しており，名古屋市では銀行間の貸出競争が激化しているためである[2]。

愛知県の信金の貸出金残高は96年3月期の6.0兆円から1997・98年の金融危機時と2000年代初頭までは低迷したものの，その後は16年3月期の8.1兆円まで増加している（20年比の増減率は33.7％，15年比は40.8％，5年比は16.7％）。これは全国の信金の貸出金残高が96年3月期の70兆円から16年3月期の67兆円に微減していることと対照的である（20年比の増減率は▲3.7％，15年比は1.7％，5年比は5.6％）。とりわけ東三河を営業基盤とする豊橋・豊川・蒲郡の3信金は，15年比の増減率でみると，それぞれ58.2％，43.1％，27.7％と大きく貸出金残高を増大させており，これは全国の信金の貸出金残高が横ばいであったことと対照的である（表Ⅲ-5-4）。

また，労金の貸出金残高は96年3月期の6.0兆円から16年3月期の12.1兆

円にほぼ一貫して増加し，農協は19.7兆円から20.7兆円とほぼ横這いで推移している（表Ⅲ-5-3）。愛知県の労金・農協に限定してみると，この20年で労金の貸出金残高は3.6倍に，農協のそれは1.5倍に増加している（表Ⅲ-5-4）。

1997・98年の金融危機は地域経済や地域金融を直撃し，99〜02年度の4年間に25の信用金庫が破綻し，98〜02年度の5年間に117の信用組合が破綻した[3]。こうした金融危機の影響は信組，第二地銀，信金あるいは大手銀の貸出金残高の推移に現れているが，厳しい環境下で地銀や労金の健闘が光る格好である。愛知県に限定してみると，労金や農協の健闘が目覚しく（ただし，愛知県の農協は10年3月期をピークに微減ないし横這いである），地銀も全国平均を大幅に上回って貸出金残高を増大させている。次にみる東三河の3信金も，信金の全国的傾向とは対照的に健闘している。

3）東三河の地域金融──3信金を中心に

それでは，東三河を営業基盤とする豊橋信金・豊川信金・蒲郡信金の3信金の預金残高の推移をみてみよう。図Ⅲ-5-1から分かるように，3信金とも預金残高を着実に積み上げてきた。他方，3信金の貸出金残高は2004年度（05

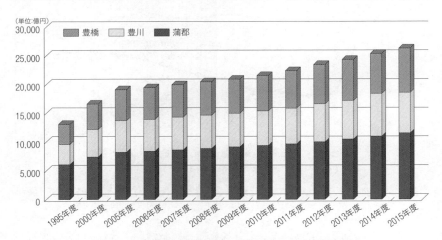

図Ⅲ-5-1　東三河を営業基盤とする3信金の預金残高の推移
（出所）金融ジャーナル編『金融マップ』各年版より筆者作成。

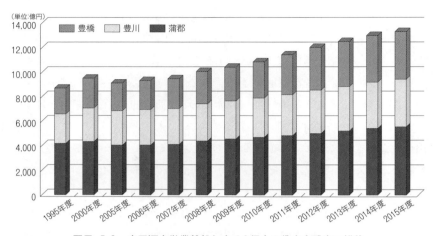

図Ⅲ-5-2　東三河を営業基盤とする3信金の貸出金残高の推移
（出所）金融ジャーナル編『金融マップ』各年版より筆者作成。

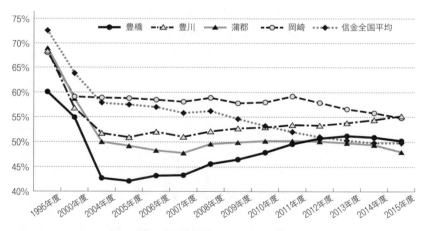

図Ⅲ-5-3　東三河を営業基盤とする4信金の預貸率の推移
（出所）金融ジャーナル編『金融マップ』各年版より筆者作成。

年3月期）前後まで低迷していたが，近年は緩やかな増加傾向にある（図Ⅲ-5-2）。

　図Ⅲ-5-3は東三河で高いプレゼンスを誇る岡崎信金を含む4信金の預貸率（預金残高に対する貸出金の比率）の推移である。これをみると，岡崎信金

を除く3信金は10年度までは信金の全国平均を下回っていた。信金の預貸率の全国平均は下げ止まることなく14年度の49.8％まで低下している。しかし，豊川信金の預貸率は11年度には全国平均を上回り，15年度には55.2％まで上昇している。豊橋信金の預貸率は13年度には全国平均を上回り，15年度には50.2％となっている。他方，蒲郡信金の預貸率は07年度をボトムに11年度の50.2％まで上昇していたが，15年度は48.0％と再び全国平均（49.9％）を下回っている。信金の預貸率の全国平均が下げ止まらないなか，豊川信金の預貸率がほぼ上昇基調にあることは，地域経済の活性化の観点からは好ましい傾向であり，今後も一層の預貸率の上昇が期待される。

　預貸率の低下は，基本的には金融機関にとって優良な貸出先がないために起きるので，一概に金融機関の経営戦略や融資態度の問題とはいえない。しかし，地域密着型経営で成果を上げることができるならば，それは融資先企業や地域経済を活性化し，金融機関自身の収益を向上させ，結果として預貸率を上昇させる[4]。後述する蒲郡信金や豊川信金や岡﨑信金の地域密着型経営が奏功すれば，こうした信金の預貸率は上昇していくだろう。

② 近年の東三河における信用保証付き貸出の動向

1）信用保証制度の制度改革とその行方

　信用保証制度は，信用保証協会が金融機関に対して中小企業者の債務を保証することによって，中小企業の資金調達の円滑化を図る公的制度である。保証を受ける中小企業者は，その見返りとして信用保証協会に保証料を支払う。

　1990年代以降の金融バブルの崩壊や1997（平成9）・98年の金融危機は実体経済に深刻な打撃を与えてきた。金融バブルの崩壊や金融危機は，地域金融機関の中小企業に対する「貸し渋り」や「貸し剥がし」を引き起こし，地域経済を衰退させたと指摘されて久しい。我が国の1990年代以降の「失われた20年」において，不当な「貸し渋り」や「貸し剥がし」を防ぎ，地域

金融や地域経済を下支えした制度として，信用保証制度が挙げられる。

一方，信用リスクの低い企業が信用保証制度の利用を敬遠し，信用リスクの高い企業ばかりが利用するといった問題や，全額保証の信用保証制度によって金融機関は信用リスクの高い企業に十分な審査をすることなく融資してしまうといった問題が指摘されてきた[5]。

こうした指摘を受けて，我が国の信用保証制度において，2006・07年に2つの抜本的な制度改革が行われた。すなわち，06年4月には，借り手の信用リスクに応じた9段階の保証料率が導入され，07年10月には信用保証協会と金融機関との責任共有制度が導入された[6]。その結果，現行制度では，原則として信用保証協会の保証率は80％，金融機関の負担は20％である。

信用保証制度については，現在，経済産業省は融資先企業の成長段階に応じて保証率を5～8割程度に区分する案を検討中である。『日本経済新聞』の報道によれば，「例えばベンチャーなど創業からまもない企業は保証率を8割程度と比較的手厚くする一方で，開業から時間がたち，信用力が高まった企業は5～7割など段階的に引き下げ，焦げ付いた場合の金融機関の負担を増やす」[7]といった案が検討されているという。

2) 愛知県信用保証協会の保証承諾——東三河を中心に

愛知県においても，2011年3月11日に発生した東日本大震災の影響を受ける中小企業者の資金繰りを支援するために，11年4月に愛知県は当初保証料を全額補助する「経済環境適応資金 あいちガンバロー資金」（貸付限度額5,000万円，責任共有制度対象）を創設している。愛知県信用保証協会を活用した中小企業支援はさまざまな形で展開されている。

愛知県信用保証協会は，『愛知県信用保証協会レポート』において，名古屋市内・尾張・西三河・東三河の地区別保証承諾額を公表している。そこで，同レポートの各年度版の計数を用いて，東三河の信用保証付き貸出の推移を考察してみよう。図Ⅲ-5-4は2005年度以降の愛知県信用保証協会の東三河における保証承諾額の推移であるが，リーマンショックに襲われた08年度

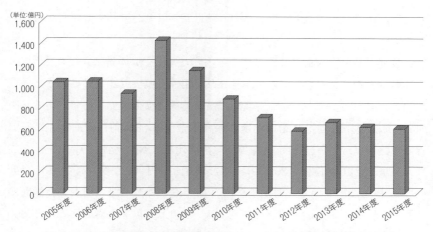

図Ⅲ-5-4　愛知県信用保証協会の東三河における保証承諾額の推移
（出所）愛知県信用保証協会『愛知県信用保証協会レポート』各号より筆者作成。

に急増していることがわかる。

　愛知県信用保証協会（2009）によると，08年度は景気対応緊急保証を中心に長期資金が好まれ，景気後退による先行き不透明感から運転資金の利用が増加したという。無担保化の傾向が強まり，都銀と地銀の伸びが顕著であるという。愛知県の制度融資では，「経済環境適応資金」が増加し，なかでも緊急保証に関連した「セーフティネット資金」および07年度から拡充・強化された「原油・原材料高対応資金」が積極的に利用された。業種別では幅広い業種で増加しているが，とりわけ緊急保証開始後，製造業の割合が増加したという。

　愛知県信用保証協会（2010）によると，09年度後半から緊急保証の取り扱いが沈静化したため，09年度の保証承諾は前年度を下回った（図Ⅲ-5-4）。09年度も緊急保証を中心に長期資金が増大したが，景気後退により設備資金を抑制する傾向が続いている。08年度に保証付き融資が大幅に伸長した製造業において，09年度は保証付き融資が著しく減少したという。

　愛知県信用保証協会（2011）によると，緊急保証の取り扱いが沈静化したため，10年度の保証承諾は，緊急保証開始前の07年度を下回った（図Ⅲ-5-

4)。東三河では，景気低迷により引き続き設備資金を抑制する傾向が続いていた。

2012年秋以降，アベノミクスによる円安と輸出主導の景気回復を受けて，愛知県は好景気を謳歌してきた。愛知県信用保証協会（2016）によると，東三河の2015年度の地区別保証承諾額は613億円と横這いで推移している（図Ⅲ-5-4）。愛知県全体の2015年度の保証承諾額は4,834億円であり，地区別保証承諾額は，名古屋市内1,449億円（構成比30.0％），尾張1,772億円（36.7％），西三河1,000億円（20.7％），東三河613億円（12.7％）であり，合計4,834億円となっている。愛知県全体の15年度の保証承諾の内訳を金額別にみると，3,000万円以下の4区分で57.6％（500万円以下が構成比7.6％，500万円超1,000万円以下が11.9％，1,000万円超2,000万円以下が20.7％，2000万円超3,000万円以下が17.4％）と過半を占めている[8]。

愛知県全体の15年度の保証承諾の内訳を資金使途別にみると，運転資金の構成比が84.5％であり，担保別にみると無担保保証が85.3％を占めている。保証承諾の内訳を金融機関群別にみると，信金の構成比が46.2％と突出しており，第二地銀が34.4％，地方銀行が10.6％，都市銀行が7.1％，信組が0.9％となっている[9]。なお，15年度の保証承諾のうち，愛知県融資制度保証の利用が50.1％と過半を占めており，そのうち約6割が「経済環境適応資金」となっている[10]。

中国経済の失速懸念や米国FRBの利上げによる世界経済への影響や国際的なテロ事件の頻発，および英国のEU離脱を支持した国民投票（2016年6月23日）[11]など，輸出主導の製造業を中心に愛知県内企業の先行きの不透明感も増している。

3 むすびに代えて──東三河およびその周辺の地域密着型金融

2005（平成17）年3月29日に，金融庁は「地域密着型金融の機能強化の推進に関するアクションプログラム」を発表した[12]。これを受けて，各地域

金融機関は地域密着型金融の様々な取組みを展開している。最後に，東三河およびその周辺に本店を構えて東三河でも事業展開している地域金融機関の地域密着型金融の取組事例を3つ紹介して結びに代えたい。

1つ目は蒲郡信金の「ビジネスポータルサイト「愛知ビジネスパーク いざ検索！」の開設」である[13]。蒲郡信金は2009年3月に取引先の販路開拓のためのビジネスフェアを開催し，ビジネスマッチングを推進してきた。蒲郡信金は2009年10月に，この経験を踏まえてより多くの地元企業の販路開拓や広報活動等の支援策として，蒲郡商工会議所と連携してインターネットを活用したビジネスポータルサイトを立ち上げた。事務局は蒲郡信金内に設置されているが，蒲郡信金と商工会議所が運営委員会を設置し，サイトは一体で運営されている。2010年11月には豊田信用金庫と豊田商工会議所が加盟し，2011年8月には瀬戸信金と瀬戸商工会議所が加盟するなど，複数地域が連携する企業情報サイトであり，東海地区では初めての試みであるという。蒲郡信金によれば，「一部の取引先で売上増加等がみられ，企業格付のランクアップや融資実行等に繋がった」[14]ことや，「参加企業のほか，他信用金庫や商工会議所との連携強化，コミュニケーション・親密度の向上が図れた」[15]ことなどの成果が上がっているという。

2つ目は，豊川信金の「経営支援ガイドブック発行による地域への情報発信」[16]である。これは企業が経営課題を明確化するためのフローチャートや豊川信金の経営支援メニュー，事例紹介，企業の経営者自身が自社分析や戦略策定を行うための「コンサルティング・ツール」の4つからなる。このガイドブックは，主に経営改善支援先や新規融資開拓先を中心に営業店を通じて無料で配布されている。豊川信金が行った営業店へのアンケート（効果測定期間は2012年2月～12月）によれば，27先1,031百万円（うち，新規融資先6先366百万円）の融資獲得につながったという。その他にも，「企業の経営課題を把握することに活用でき，経営支援の提案や資金ニーズもつかむことができた」[17]などの成果が上がっているという。

3つ目は，岡崎市に本店を構え東三河でも営業展開している岡﨑信金の「「主

要顧客サポート記録表」の制定による経営改善支援」である[18]。岡﨑信金は既に本部に専門部署として経営支援部を立ち上げ，大口先を優先して事業再生支援を行っていたが，2012年度に「金庫全体として経営改善・事業再生支援に取り組む方針の見直し」[19]を行ったという。支援候補として8,000社を抽出し，その中から2012年度は約1,700社を，2013年度は2,200社を営業店が主体的に選定し，取引先とのコミュニケーションを通じてビジネスモデルや経営者の考え方を把握し，それをイントラネットの「主要顧客サポート記録表」に記録していく。これにより営業店と本部の経営支援部がリアルタイムで情報を把握し，本部の経営支援部は随時，営業店へのアドバイスが可能になったという。岡﨑信金によれば，「これらの取り組みにより，愛知県中小企業再生支援協議会への持ち込み案件は，平成24年度14社，平成25年度（10ヶ月経過時）7社となり，DDSの活用（平成26年2月実行）等も含め，抜本的な事業再生に結びついている。さらに，「経営サポート会議（あいち企業力強化連携会議）」を活用したバンクミーティング（4社），認定支援機関による経営改善計画策定支援事業の活用（11社）など，外部連携による経営改善支援の取り組みを強力に推進している」[20]という。

　金融機関が取引先の経営改善を支援し，その結果，当該取引先の経営が改善されて信用格付けが上がるならば，金融機関が前期以前に引当てていた貸倒引当金は戻入れされ，貸倒引当金戻入益として利益計上される。つまり，取引先の信用格付けのランクアップは，金融機関の収益向上につながるのである。この意味で，金融機関の経営改善支援による取引先の信用格付けのランクアップは，金融機関と取引先の双方にとって最も望ましい。

　こうした地域密着型金融は，自己の競争優位を活かした取組みや，地域特性を活かした取組みによって，地域経済の活性化に資すると同時に，金融機関自身の収益向上につながりうるものである。

注

(1) 本稿の金融機関の預貯金残高・貸出金残高・店舗数に関する計数は，金融ジャーナル編『月刊金融ジャーナル増刊号 金融マップ』各年版による。計数はいずれも末残。
(2) 名古屋経済圏の平均貸出金利が全国平均を下回る現象は「名古屋金利」と呼ばれる。「東海財務局によると，愛知，岐阜，三重の地銀8行の貸出金利回りは16年3月期で1.20％。全国の1.34％を下回る。2017年3月期はマイナス金利で一段と利ざやが悪化しそうで，実質業務純益は5行が減る見込み」（『日本経済新聞』地方経済面中部2016年7月13日「脱・金利競争 中部地銀の活路 上」）という。
(3) 金融審議会（2009）
(4) 金融機関の与信判断において事業性評価を重視する近年の金融庁の新方針は地域密着型経営とも符合するものである。近年の金融庁の新方針については，金融庁（2016）を参照。一般向けに書かれたものとしては，橋本（2016）を参照されたい。なお，金融庁（2016）に登場する「日本型金融排除」（20頁）という用語は，「十分な担保・保証のある先や高い信用力のある先以外に対する金融機関の取組みが十分でないために，企業価値の向上が実現できず，金融機関自身もビジネスチャンスを逃している状況」（金融庁 2016: 20）を指す。言い換えると，「担保・保証がなくても事業に将来性がある先，信用力は高くないが地域になくてはならない先 等」（金融庁 2016: 21）が金融機関の与信対象から排除されている状況を指す。金融庁（2016）に初めて登場したこの用語は，我が国の金融界に衝撃を与えた。
(5) 竹田（2013）67頁。
(6) 竹田（2013）70〜71頁。
(7) 『日本経済新聞』2015年11月11日「中小融資 保証見直し」。なお，現在進行中の信用保証制度の見直しを巡る議論については，中小企業庁（2015）および全国地方銀行協会（2015）を参照されたい。
(8) 愛知県信用保証協会（2016）28頁。
(9) 愛知県信用保証協会（2016）28〜29頁。
(10) 愛知県信用保証協会（2016）29頁。
(11) ジェトロ・ロンドン事務所（2016）によると，2010年以降，日本から英国への直接投資残高は急増しており，15年には900億ドル弱（約10兆円）まで増加している。英国における日系企業数（支店，駐在員事務所含む）は931（現地法人本店479，現地法人本店以外179，支店74，駐在48，合弁事業106，区分不明45。原資料は「海外在留邦人調査統計」2014年10月）に達している。英国に進出している日本企業は，英国を拠点にEU域内に輸出しており，英国のEU離脱が日本の輸出産業に与えるマイナスの影響は大きい。東三河も輸出主導の製造業を中心にその影響が懸念される。
(12) 金融庁（2005）
(13) 以下，蒲郡信用金庫（2012）による。
(14) 蒲郡信用金庫（2012）
(15) 蒲郡信用金庫（2012）
(16) 以下，豊川信用金庫（2013）による。

⒄　豊川信用金庫（2013）
⒅　以下，岡崎信用金庫（2014）による。
⒆　岡崎信用金庫（2014）
⒇　岡崎信用金庫（2014）。なお，DDS（Debt Debt Swap）とは，金融機関が融資先の過剰債務を解消するために，融資先に対する既存債権を，他の債権よりも劣後する条件の債権に変更することを指す。

文献

愛知県信用保証協会『愛知県信用保証協会レポート』各年度版
岡崎信用金庫 2014「「主要顧客サポート記録表」の制定による経営改善支援」2014年4月1日（http://tokai.mof.go.jp/content/000085057.pdf）
蒲郡信用金庫 2012「ビジネスポータルサイト「愛知ビジネスパーク いざ検索！」の開設」2012年3月23日（http://tokai.mof.go.jp/content/000056061.pdf）
金融ジャーナル編『月刊金融ジャーナル増刊号 金融マップ』各年版 金融ジャーナル社
金融審議会 金融分科会第二部会 協同組織金融機関のあり方に関するワーキング・グループ 2009「中間論点報告書」2009年6月29日
金融庁 2005「地域密着型金融の機能強化の推進に関するアクションプログラム（平成17～18年度）」2005年3月29日
　（http://www.fsa.go.jp/news/newsj/16/ginkou/f-20050329-4/01.pdf）
金融庁 2012「平成23年度 地域密着型金融に関する取組みへの顕彰について」2012年3月23日（http://www.fsa.go.jp/news/23/ginkou/20120323-3.html）
金融庁 2013「平成24年度 地域密着型金融に関する取組みへの顕彰について」2013年4月26日（http://www.fsa.go.jp/news/24/ginkou/20130426-3.html）
金融庁 2014「平成25年度 地域密着型金融に関する取組みへの顕彰について」2014年4月1日（http://www.fsa.go.jp/news/25/ginkou/20140401-2.html）
金融庁 2015「地域金融機関の地域密着型金融の取組み等に対する利用者等の評価に関するアンケート調査結果等の概要について」2015年8月21日
　（http://www.fsa.go.jp/news/27/ginkou/20150821-2/01.pdf）
金融庁 2016「平成28事務年度金融行政方針」2016年10月21日
　（http://www.fsa.go.jp/news/28/20161021-3/02.pdf）
ジェトロ・ロンドン事務所 2016「英国のBREXIT問題の経緯と離脱のシナリオ」（「BREXIT国民投票直前セミナー：問題の経緯と離脱のシナリオ」2016年6月14日の配布資料）（https://www.jetro.go.jp/ext_images/world/europe/uk/referendum/seminar_brexit1.pdf）
全国地方銀行協会 2015「信用保証制度の見直しについて」2015年11月30日
　（http://www.meti.go.jp/committee/chuki/finance_wg/pdf/003_02_00.pdf）
竹田聡 2012「東三河の金融」『東三河の経済と社会』（愛知大学中部地方産業研究所）第7輯
竹田聡 2013「信用保証制度と地域金融：安定化論と清算主義の観点から」『年報 財務

管理研究』(日本財務管理学会) 第24号
中小企業庁 2015「中間整理 (論点整理と方向性) (案)」2015年12月10日
  (http://www.meti.go.jp/committee/chuki/finance_wg/pdf/004_02_00.pdf)
豊川信用金庫 2013「経営支援ガイドブック発行による地域への情報発信」2013年4月
  26日 (http://tokai.mof.go.jp/content/000054884.pdf)
橋本卓典 2016『捨てられる銀行』講談社
浜松信用金庫 2012「「海外ビジネスサポートデスク」の立ち上げによる取引先企業の海
  外進出支援」2012年3月23日 (http://tokai.mof.go.jp/content/000056064.pdf)

(竹　田　　　聡)

第6章　東三河の貿易と海外進出

1．企業の海外進出

1　はじめに

　愛知県内企業の海外進出状況については，公益財団法人あいち産業振興機構『愛知県内企業の海外事業活動』の付属資料「企業別海外進出拠点一覧」（以下，『海外事業活動』）という調査資料が利用できる。『海外事業活動』は，愛知県内企業の海外進出が本格化し始めた1980年代後半から毎年行われる県内企業へのアンケート調査をもとに作成されており，1986（昭和61）年度から，毎年発行されている。ただし，アンケートの対象ではない企業や回答しなかった企業については，当然のことながら掲載されない。回答による情報の更新の仕方によっては，過去の情報がそのまま掲載される場合もあるし，最新の情報も数年後に掲載される場合がある。とはいえ，同資料は県内企業の海外進出動向を大まかに知り，検討を加える上で最も基本的な資料といえる。

　本稿では『海外事業活動』から東三河企業（東三河地域，豊橋市，豊川市，蒲郡市，新城市等に本社を置く企業）を抽出して，その海外進出動向について整理する[1]。すでに本誌前号（『東三河の経済と社会』第7輯）で，『海外事業活動』（1986～2009年版）を利用して東三河企業が海外への進出を開始した1968年から2008（平成8）年までの約40年間の動向を整理した[2]。本稿は，その継続的な作業である。その際，資料の性格上，海外進出動向をより客観化するためには，より長期的な観察が必要となるため，前回の調査と3年間重複させて，対象期間を2006年から2015年の10年間とした。また，各社のホームページ（会社概要）や地方紙（『中部経済新聞』，『中日新聞』，『東

愛知新聞』など）の記事を参照して一部補足した。

　なお，『海外事業活動』（1986～2009年版）により作成した東三河企業の海外進出企業・拠点に関する総括表によれば，その初期から2008年までの進出企業延べ数は46社，同拠点延べ数は149拠点であった。『海外事業活動』によれば，2008年の進出企業数31社，進出拠点数112拠点であった。

②　東三河企業の海外進出概況

1）東三河企業の海外進出動向
①　進出企業・拠点数と撤退企業・拠点数の推移

　『海外事業活動』（2007～2016年版）付属資料の企業別海外進出拠点一覧から東三河企業を抽出して，2006（平成18）年から2015年における同地域企業の海外進出企業数と拠点数を整理，総括表を作成した。紙幅の関係でこの総括表を掲載することはできないが，これによれば，2006年から2015年に海外に進出した企業の延数は50社，拠点数の延数は195拠点であった。この間に撤退した企業・拠点を差し引いた2015年の進出企業数は46社，進出拠点数は169拠点となっている。

　どのような企業が海外へ進出しているかについて，2015年の進出企業を『海外事業活動』の産業分類にしたがってグルーピングして，それぞれの企業の事業内容を付記すると表Ⅲ-6-1-1のようになる。

　同表によれば繊維，ゴム・プラスチック製品，業務用機器，輸送機器がそれぞれ5社，金属製品，電気機器がそれぞれ4社，その他製造業が3社などとなっている。繊維で海外生産を行うのは2社（TBR㈱，石田製鋼㈱）でいずれもロープ関連の企業である。ゴム・プラスチック製品・業務用機器では，㈱樹研工業，㈱アイセロ，本多プラス㈱，㈱トヨテックなどユニークな製品を生産する企業が多い。金属製品ではオーエスジー㈱，輸送機械では武蔵精密工業㈱とシロキ工業㈱の存在が大きい。

表Ⅲ-6-1-1　2015年の海外進出企業の業種と業務内容

業種（社数）	会社名（業務内容）
繊維(5)	福井ファイバーテック（漁網の販売），TBR（機能性組紐状ロープの製造・販売），石田製鋼（繊維ロープ製造），三敬（ベビー用品製造・販売），トキワ織物（製品のデリバリー管理）
木材・木製品(1)	朝日木材加工（木製家具製造・販売）
印刷(1)	大三紙業（軟包装印刷）
化学工業・石油製品(1)	竹本油脂（界面活性剤の製造販売）
ゴム・プラスチック製品(5)	樹研工業（エンプラ製品の製造・販売），アイセロ（プラスチック製品の製造），ジュコー（光学製品の製造・販売），ヤマハチケミカル（スタンプ製品類の組付製造），本多プラス（プラスチック製ボトル・キャップ等の製造）
鉄鋼(1)	シンニチ工業（鋼管製造販売）
非鉄金属(1)	ＵＡＣＪ銅管（エアコン用銅管製造）
金属製品(4)	野口製作所（金属プレス），三遠機材（商社），コンドウ（工作機械製造・販売），オーエスジー（精密機械工具の製造・販売）
生産用機器(3)	三光製作所（カメラ部品の販売），サン電子（産業装置等の設計・製作・販売），近藤製作所（自動車部品・産業用機械等の製造）
業務用機器(6)	網太（漁網の販売とサービス），トヨテック（光学製品），AIHO（厨房機器の製造・販売），共栄社（業務用芝刈機の販売），ニデック（眼科医療機器の販売），山八歯材工業（歯科用機材の製造・販売）
電子部品・デバイス・電子回路(1)	対松堂（電子部品等の販売）
電気機器(4)	本多電子（魚群探知機等の製造・販売），大林精工（部品の金型設計・製作・販売，プレス加工），千代田電子（ハーネスおよび関連部品の販売），アイデン（電気機械器具製造業）
輸送機器(5)	武蔵精密工業（自動車用ボールジョイント等の製造・販売），シロキ工業（自動車ウィンドレジュレーター，ドアフレームの生産），キュリアス精機（金属切削加工），加藤製作所（自動車部品の製造），新日工業（自動車部品の製造）
その他の製造業(3)	ホシノ（自動車部品加工用工具の製造・販売），井関（中国協力工場の管理），プラセス（樹脂金型設計，製作，部品加工）
建設業(1)	大仙（額縁製造）
卸売業(2)	昭和医科工業（医療器械の販売），アムデックス（機械工具販売）
宿泊・飲食サービス業(1)	物語コーポレーション（レストラン経営）
その他のサービス業(1)	豊橋設計（機械設計）

出典：『海外事業活動』（2016年版）より作成。

② 海外進出企業数・拠点数の推移

次に東三河企業の海外進出企業および同拠点について大まかな傾向をつかんでみる。まず、進出企業数であるが、図Ⅲ-6-1-1からもわかるように、2008年に40社となり、2010年代に入って漸増し、46社となった。2010年以降、新たに9社（三遠機材㈱、福井ファイバーテック㈱、㈱物語コーポレーション、キュリアス精機㈱、㈱アムデック、本多電子㈱、三敬㈱、㈱豊橋設計）が海外進出を果たし、4社（レンテック大敬㈱、㈱イマダ、㈱グローバル、㈱ジャパン・テッシュ・エンジニアリング）が撤退した。

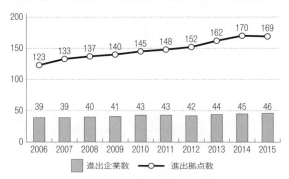

図Ⅲ-6-1-1　進出企業数と進出拠点数
出典：『海外事業活動』（2007～2016年版）より作成。以下の図も同様。

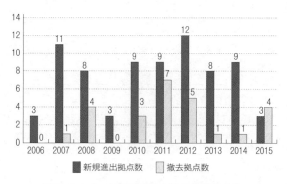

図Ⅲ-6-1-2　新規進出拠点数と撤退拠点数

一方、拠点数は一貫して増加を辿り、2006年の123拠点から2010年に145拠点、2015年には約170拠点までになった。図Ⅲ-6-1-2に示すように、2006年から2015年の新規進出拠点数は計75拠点、撤退拠点数は計26拠点で49拠点の純増となっている。10年間の平均新規進出拠点は7.5拠点、平均撤退数は2.6拠点となる。

なお、市別の進出企業数は図Ⅲ-6-1-3のようになる。2006年から2015年に豊橋市に本社を持つ企業で海外に進出した企業は15社から18社へ、同じ

第6章　東三河の貿易と海外進出

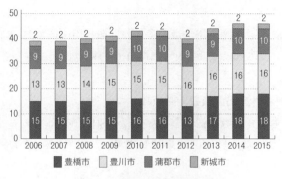

図Ⅲ-6-1-3　市別進出企業の推移

く豊川市では13社から16社へ、それぞれ3社増加した。同期間に豊橋市の企業の海外拠点は43拠点から57拠点へ、豊川市の企業のそれは59拠点から89拠点へ増加した。蒲郡市の海外進出企業数は9社から10社へ1社、同海外拠点数は13拠点から18拠点へ5拠点の増加であった。新城市については2社のままで、拠点数も5拠点前後で変化がない。

③ 業種別海外進出企業・拠点数

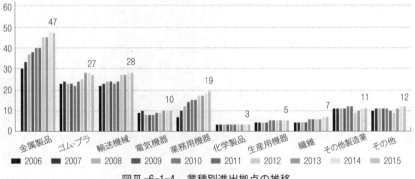

図Ⅲ-6-1-4　業種別進出拠点の推移

　業種別の進出拠点数の推移は、図Ⅲ-6-1-4のようになる。拠点数が最も多いのは金属製品である。2010年以降、三遠機材㈱や㈱コンドウが海外進出を果たしたほか、㈱オーエスジーだけで2000年代後半から2010年代にかけて拠点数を10拠点前後増やしたことなどを要因として47拠点に増加した。2006年から2015年までに17拠点の純増（実際には24拠点増、7拠点減）であった。それに次いで拠点数が多いのはゴム・プラスチック製品（㈱アイセロ、㈱ジュコーなど）、輸送機械（武蔵精密工業㈱、シロキ工業㈱など）で、

それぞれ4拠点純増の27拠点（7増3減），6拠点純増の28拠点（8増2減）である。また，金属製品に次いで拠点増加数が多いのは業務用機械で12増3減の9拠点の純増であった。これは㈱共栄社や㈱AIHOの拠点拡大が寄与している。

④ 資本金規模別・市別海外進出企業数・拠点数

資本金別区分別に海外進出企業数の推移をみたものが図Ⅲ-6-1-5である。2006年から2015年に増加した海外進出企業社11社のうち，6社は資本金

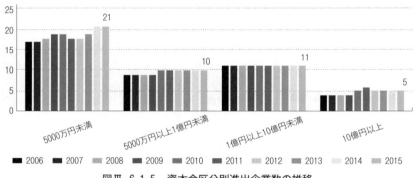

図Ⅲ-6-1-5　資本金区分別進出企業数の推移

5,000万円未満の中小規模の企業であった。㈱加藤製作所，㈱コンドウ，キュリアス精機㈱，㈱アムデック，三敬㈱，㈱豊橋設計の6社である。ただし，撤退が2社あったため2015年は4社増の21社となっている。資本金5,000万円以上1億円未満では，新たに福井ファイバーテック㈱，三遠機材㈱が参入して1社が撤退したため，1社増の10社となった。資本金1億円以上10億円未満の区分は変化がなかった。資本金10億円以上では㈱UACJ鋼管，ジャパン・テッシュ・エンジニアリング㈱，㈱物語コーポレーションが新たに海外進出を果たしたものの1社が間もなく撤退して，5社となった。

進出拠点数はどの資本区分でも増加傾向にあり，2006年から2015年に，資本金5,000万円未満では26拠点から34拠点（8拠点増），資本金5,000万円以上1億円未満では18拠点から29拠点（11拠点増），資本金1億円以上10億円未満では22拠点から37拠点（15拠点増），資本金10億円以上では52拠点

から65拠点（13拠点増）となった。

⑤ 進出先と進出形態

東三河企業の進出国別拠点数をみたのが図Ⅲ-6-1-6である。拠点数として最も多いのは中国で47拠点（28％）に上る。2006年から2015年に16拠点を増やしている。これに次ぐ同期間の増加はベトナムの7拠点，タイの5拠点で，2015年にそれぞれ15拠点，9拠点となった。インドネシアとメキシコは4拠点増加して，それぞれ7拠点，6拠点となった。これに対してアメリカは2006年の16拠点から2015年の12拠点へ5拠点減少した。㈱オーエスジーのアメリカ拠点の再編が大きな要因になっていると考えられる。その他は，2006年から2015年までに10拠点増えているが，そのうち7拠点は東欧を含むヨーロッパであった。この7拠点のうち生産拠点は1拠点のみで，6拠点は販売拠点等であった。

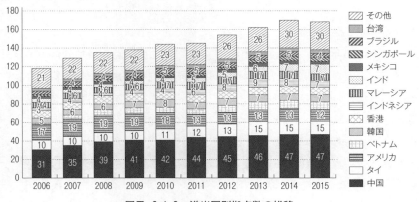

図Ⅲ-6-1-6　進出国別拠点数の推移

次に進出先を北中南米，アジア，うち中国，ヨーロッパに大きく区分して進出形態についてまとめたのが図Ⅲ-6-1-7である。北中南米については，生産拠点は2006年から2015年までに2拠点増加して4拠点減少した結果13拠点となった。販売等の拠点は12拠点でほぼ横ばいであった。アジア地域における生産拠点は，同期間に58拠点から86拠点へ28拠点増加したが7拠点減少したため，結果として21拠点増加の79拠点となった。販売等拠点は

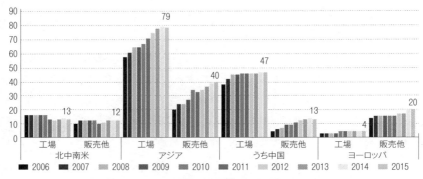

図Ⅲ-6-1-7 形態別進出地域別拠点数の推移

20拠点から49拠点へ29拠点増加して9拠点減少したため40拠点となった。

　アジアの生産拠点および販売等拠点のそれぞれ50％，32％を占める中国については，生産拠点は2000年以降ほぼ横ばいで，2015年には47拠点であった。販売等の拠点は4拠点から13拠点へ9拠点増加した。これはアジアにおける販売等拠点の半分程度である。このことから次のことがいえよう。すなわち，2006年から2015年の10年間のアジア生産拠点の増加分は中国以外のアジア諸国の増加であったこと，同期間の販売等拠点の増加の約半分は中国であったということである。そして，生産拠点は中国以外のアジア諸国へ移行し，中国は生産拠点としてだけではなく販売拠点としての位置づけも与えられつつあるということである。

　なお，ヨーロッパについては2006年から2015年に6拠点増加したが，生産拠点は1拠点のみであった。

③ 主要企業の海外進出状況

　図Ⅲ-6-1-8は，2015（平成27）年までに海外に3カ所以上の拠点（工場・販売・その他）を持っている企業ごとに2006年から2015年までの拠点数の推移をまとめたものである。それぞれの企業の動向について説明する。

　㈱アイセロ（豊橋市）[3]は，図表でみると2011年以降拠点数を5つ増やし，

第6章　東三河の貿易と海外進出

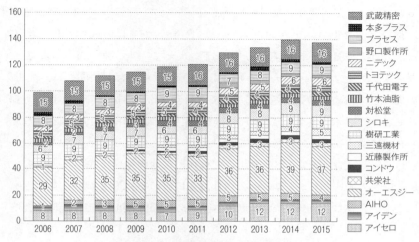

図Ⅲ-6-1-8　主要企業の海外拠点数の推移

2013年には11カ国12拠点としている。同社は、包装用防錆フィルムなど、各種包装用フィルムや特殊用途の高機能性フィルムをマレーシア、韓国、中国で製造している。2010年代に入ると主要顧客である自動車メーカーのグローバル調達に対応するように、2011年にはインドネシア、アメリカ、2013年にはインド、メキシコと販売拠点を新設した。

各種ブレーカーやコネクタを生産する㈱アイデン（新城市）は、中国とベトナムに計3拠点を有している。最近までグループ会社である愛知電工㈱の2社体制で海外拠点を運営していたが、2011年に海外拠点はアイデン1社に統一された。中国では香港に本社を、広東省の東莞市に製造会社を有するが、実際は独資法人4社で構成されている[4]。

㈱AIHO（豊川市）は、業務用厨房機器メーカーであり、業務用炊飯器では国内でトップシェアを持ち、中国を中心に2カ国4拠点を有する。2003年に中国（天津）に現地給食業者などと海外販社を設立、2008年に中国（上海）に工場を建設し、翌年から本格稼働した。2009年には広東省（深圳市）に事務所を設立した[5]。

切削工具大手のオーエスジー㈱（豊川市）は、すでに1968年から海外に

拠点を設け，2015年現在では生産拠点をアメリカ，インド，中国など8カ国11拠点，販売拠点他を20カ国26拠点，合計25カ国37拠点有する。最近では2012年に3拠点（トルコ，ポーランド，ルーマニア），2014年に3拠点（イギリス，ドイツ，ベルギー）を増設している。『中部経済新聞』は，売上の50％以上を占める自動車産業に加えて，航空機市場を同社のもう1つの柱に育てるべくドイツ（ゲッピンゲン）やアメリカ（イリノイ），インド（コルカタ・プネー）工場の生産能力を増強するなどしていると報じている[6]。

㈱共栄社（資本金3億円，豊川市，業務用芝刈機・草刈機のトップメーカー）は，アメリカ，イギリスへの販社設立に次いで，2012年に中国（上海）に工場を建設した。㈱コンドウ（資本金1,920万円，豊川市，工作機械の製造・販売・修理）も同じようなパターンで2013年タイに工場を設立した。また，タイ・コンドウ（Thai Kondo Machine Works Co.,Ltd）は，2012年にインドネシアに事務所を開設した。㈱近藤製作所（資本金1億円，蒲郡市，自動車部品，産業用機械・機器の製造）は，1996年にタイに進出したが，2003年にアメリカ，2010年には中国にいずれも工場を稼働させた。自動車部品を扱う商社である三遠機材㈱（資本金9,000万円，豊橋市）は，2010年以降，タイ，韓国，インドネシア，中国へと進出した。タイには無段変速機用の鍛造部品などを造る製造拠点を持ち，アジア地域でのサプライチェーン構築を進めた[7]。

プラスチック小型精密部品を供給する㈱樹研工業（資本金7,900万円，豊橋市）は，1980年代後半から海外展開を開始，1992年にシンガポール企業との折半出資で，同国にジュケン・テクノロジー社を設立した。その後，ジュケン・テクノロジー社は，マレーシア，タイ，中国などでの生産立ち上げの中心となり，2002年には同社を持株会社としてマレーシア，タイ，香港，中国（蘇州・珠海）の関連会社を統括する体制を構築した[8]。㈱樹研工業のホームページでは，『海外事業活動』の海外9拠点の他にシンガポール，中国，インドネシア，インド，スイスなど6拠点，計15拠点が掲載されている。

シロキ工業㈱（資本金74億6,000万円，豊川市）は，シート機構部品やウ

ィンド・レギュレーターなどの自動車部品メーカーである。海外では北米（テネシー州など）に3つの生産拠点の他，中国（広州），タイ，インドネシアに生産体制を整備し，2014年にはインドへ進出した。同社の製品は，トヨタグループ向けが約7割を占め，2016年にはアイシン精機㈱のグループ会社になると報道されている(9)。

㈱対松堂（資本金9,600万円，豊川市）は，化学品事業部と電子事業部からなり，海外拠点を持っているのは電子回路基板等を手がける電子事業部である。電子事業部は，もとは㈱対松堂精工の別会社であったが2013年に7月に㈱対松堂に合併した。海外生産拠点は，中国（深圳・蘇州），ベトナムの計3拠点である。

竹本油脂㈱（資本金5億6,100万円，蒲郡市）は，海外においてはおもに界面活性剤等の製造・販売が主な事業である。『海外事業活動』によれば，すでに1970年代に韓国，台湾，1998年には中国に製造拠点を設けた。同社ホームページによれば，海外事業所をアメリカ，インド，中国，台湾，韓国の5カ国に置いている。実際に同社は，1985年にインドの化学メーカー，パシュスンズ・ファイブロール社（Pushpsons Fibrol Pvt. Ltd.）と合弁企業を設立した。また1988年には，アメリカの化繊メーカーであった，ゴールストン・テクノロジー社（Goulston Technologies, Inc.）を買収，子会社とした(10)。

千代田電子工業㈱（資本金1億2,000万円，豊川市，ワイヤーハーネスおよび関連部品の製造・販売）は，中国の東莞市と嘉興市に生産拠点を持つ。東莞の工場は，1994年に中国・深圳市での委託生産事業を前身としており，2005年に東莞市に移転，2011年に独資となった(11)。

レンズを初めとする光学機器メーカーの㈱トヨテック（資本金8,000万円，豊川市）は，中国・東莞市を中心に製造拠点を整備し，海外事業が同社の売上の6割を占めるようになった。2011年に韓国の㈱多山精密と光学事業関係の業務提携を締結。2015年には，香港子会社（東洋豊技（香港）有限公司）がシンガポール営業所を開設，アセアンや欧米の市場開拓を本格化させている(12)。また，同じく香港，中国（東莞市）に2つの生産拠点を持っている㈱

ジュコー（資本金8,000万円，豊川市）は，㈱トヨテックのグループ企業である。

眼科医療器械の製造・販売を行う㈱ニデック（資本金4億6,200万円，蒲郡市）の海外拠点は，アメリカ，フランス，イタリアといった欧米諸国が中心だった。2010年代に入ると中国など現地メーカーとの競合激化を背景として，低価格品を開発，アジア等での販売を促進するため中国，シンガポール，ブラジルに新たに販売拠点を拡大した[13]。

㈱野口製作所（資本金1,200万円，豊橋市，金属プレス・深絞り加工，金型製作）は，インドネシア（カラワン），中国（常州市）に生産拠点を有していたが，2012年インドネシア（ブカシ）の現地企業を買収し，2013年にベトナムに新工場を稼働させた[14]。『海外事業活動』にはベトナム，インドネシアの2生産拠点のみが掲載されている。

㈱プラセス（資本金1,510万円，豊川市，プラスチック金型設計・製作・部品成形）は，1990年代にタイ，中国に進出した後，2000年以降，2001年中国，タイにそれぞれ2拠点目，2003年と2005年には中国の天津と深圳に新たな生産拠点を拡大した。2010年以降は，さらにルーマニア，インドネシア，メキシコに工場を新設し，海外に9つの生産拠点を有している。

本多プラス㈱（資本金1億円，新城市，化粧品・文房具用等プラスチック製品の製造）は，1993年にフィリピン，2000年にインドネシアに生産拠点を設けたが，現在の海外拠点は2013年に新設したベトナム工場に集約されている[15]。

武蔵精密工業㈱（資本金29億7,360万円，豊橋市）は，ホンダ系の自動車用ボールジョイント等の製造・販売会社である。同社ホームページによれば，海外生産拠点は1980年のアメリカをかわきりに15拠点におよび，営業拠点等も合わせると21拠点となる[16]。2010年代に入ってタイ第2工場の増設[17]のほか，メキシコ工場，ベトナム工場，インド第2工場，中国（南通市）工場を新設した。これらの新設工場の一部は2015年時点で『海外事業活動』には反映されていない。一方，同社は2004年のタイにおけるトヨタの世界

戦略車IMVの立上げに際してエンジン部品の一部を供給したが、その後、2010年代に入ってインドネシアでアイシンやダイハツと取引を開始、トヨタグループとの取引を拡大した[18]。

最後に、図Ⅲ-6-1-8の主要企業には入っていないが、注目している企業を2社紹介しておく。1社は、部品の金型設計・製作・販売、プレス加工を行う大林精工㈱（資本金1,000万円、豊川市）である。同社の広田社長は、1997年にベトナムの投資許可を獲得、1999年にドンナイにヒロタ・プレシジョン・ベトナムを設立した。現地で市場開拓をして日系企業等から受注を獲得、操業を開始したが、創業直後の3～4年は赤字が続いた。その後ようやく経営が軌道に乗り、2007年にはドンナイ工場を拡張し、2011年にはハノイに新工場を稼働させるまでになった。同社のユニークな現地従業員の育成方法は現地化という言葉に内実を与えるものと言える[19]。

もう1社は、レストラン経営分野の海外進出企業として社名が取上げられるようになった㈱物語コーポレーション（資本金27億399万円、豊橋市）である。同社は「肉源」、「丸源」などで知られる焼肉・ラーメン店などをチェーン展開している。同社は2011年に中国事業統括会社として物語香港を設立、同年、物語（上海）企業管理有限公司を設立した。2012年6月に「鍋源」上海1号店をオープン、その後5店に増やした。しかし、一部はカニ料理店などに業態転換を余儀なくされている[20]。同社の動向は、他の外食チェーンにも影響を与えるものと思われる。

4 まとめ

以上、『海外事業活動』等を利用して2006（平成18）年から2015年にいたる10年間の東三河企業の海外進出の状況についてみてきた。以下、それを整理してまとめに代えたい。
① 東三河企業の海外進出企業数は、2015年時点では46社であり、若干の撤退はあるが増えている。2006年から2015年の純増は7社であった。

② 海外進出企業の本店所在地は，豊橋市，豊川市，蒲郡市，新城市である。田原市に本社を置く企業は現在のところ皆無である[21]。
③ 進出拠点数は，2006年から2015年に49拠点の純増を示し169拠点となった。新規進出拠点数の10年間平均の増加数は7.5拠点，同撤退拠点数は2.5拠点である。
④ 業種別の海外進出企業数は，業務用機器6社，ゴム・プラスチック製品5社，輸送機器5社，金属製品4社などとなっている。同拠点別では金属製品47拠点，輸送機械28拠点，ゴム・プラスチック製品27拠点，業務用機器19拠点の順である。
⑤ 資本金区分企業では，2006年から2015年の進出数で資本金5,000万円の企業の新規進出が6社と最も多かった。
⑥ 進出国別拠点数では中国が最も多く2006年から2015年に16拠点増えているが，生産拠点というよりも販売拠点の増加であった。生産拠点は中国以外のアジア地域で増加している。
⑦ 企業別の拠点数では，オーエスジー㈱が8拠点，㈱アイセロが4拠点など大企業による拠点拡大，㈱三遠機材のような新規の進出企業による複数拠点の設置などが目立っている。
⑧ 『海外事業活動』のアンケートに対して回答していない企業や回答しても会社情報を更新していない企業がある。既述のように，海外進出企業数や拠点数，とりわけ拠点数については，実際の数字はさらに大きな数になる。

なお，2006年から2015年にかけての海外進出企業の海外拠点の様子については，2006年2月から2007年2月にかけて行ったインド，ベトナム，中国調査した前掲，愛知大学中部地方研究所（2009），2009年9月から2012年3月の中国・上海，台湾，中国・天津，ベトナム，中国・広州，インドネシア調査した愛知大学中部地方研究所（2012）がある。

第6章　東三河の貿易と海外進出　　　　　　　　　　　　　　　　　　　　　*375*

注

(1) 『海外事業活動』によれば，東三河の市町村のうち田原市，設楽町，東栄町，豊根村に本社または本店を置く企業で海外に進出している企業は存在しない。
(2) 愛知大学中部地方産業研究所（2012）367～382頁。同稿では『愛知県内企業の海外事業活動』の資料としての特徴についても記している。また，愛知大学中部地方研究所（2011）74～76頁に東三河企業の海外進出企業総括表（1968～2008年）を掲載してあるので合わせて参照されたい。
(3) 2013年にアイセロ化学㈱から㈱アイセロに社名を変更した。
(4) 同社ホームページ参照（2016年11月現在）。
(5) その後の経緯は明らかではないが，『中部経済新聞』（2013年12月17日）によれば，同社は2014年末までに3億円を投じて本社工場の生産能力を増強，15年中には東南アジアに販社を設立すると報じている。
(6) 『中部経済新聞』2015年1月20日，4月24日，8月3日他参照。
(7) 『東日新聞』2014年1月7日。また，『東愛知新聞』（2015年2月20日）は，新たにメキシコに進出するほか，中国で2カ所目の営業拠点の開設を検討していると報じている。
(8) 『日経産業新聞』（2003年8月25日）。
(9) 『中部経済新聞』（2015年7月11日）。
(10) いずれも両社のホームページ（2016年11月現在）による。なお，同社はウィキペディア等によれば，5カ国に7拠点を設けている。
(11) 同社ホームページ参照（2016年11月現在）。
(12) 『中部経済新聞』2015年12月15日。
(13) 『日本経済新聞』2010年11月17日参照。
(14) 同社ホームページ参照（2016年11月現在）。
(15) 同社ホームページには，「新たな生産拠点となるこの工場では，各種成形機，加飾機，マシニングセンターなどを完備し，24時間体制で生産」しているとある（2016年11月現在）。
(16) ドイツ，タイ，インド，アメリカに営業拠点，イギリスに物流センターを有する。2014年には中国に武蔵精密投資（中山）会社（Musashi Seimitsu Investment (Zhongshan) Co.,Ltd）を設立した。
(17) タイ第2工場はおもに二輪車用部品を生産していたが，四輪車用部品の需要に対応する。第1工場は2011年の洪水で大きな被害を受けた。2012年4月から操業を再開したが，リスク分散的な意味もあると思われる（『中部経済新聞』2012年8月28日参照）。
(18) 『中部経済新聞』（2012年11月7日）。同紙はまた，ホンダの海外展開に合わせて生産をグローバル化，トヨタ系の中堅自動車部品メーカーよりも海外生産で先行しているとも述べている。
(19) 筆者は2006年9月にドンナイ工場に広田社長を訪問した。愛知大学中部地方研究所（2009）参照。
(20) 『中部経済新聞』2013年2月4日，『日本経済新聞』2015年8月21日など参照。なお，同じ外食チェーンの㈱甲羅（資本金2,000万円，豊橋市）も中国へのFC形式での

⑵1　出店拡大を構想している（『日本経済新聞』2014年11月18日）。
⑵1　『日本経済新聞』（2013年2月6日）は，田原市の㈲新鮮組はタイ北部で，大手ビール会社と組み，コシヒカリの生産を行っていると報じた。また『中部経済新聞』（2016年3月28日）は，本社を田原市に置く外食チェーン「かつさと」を運営するヴィレッジフーズ㈱が3月30日に台湾に1号店を出店することなどを報じている。

文献

あいち産業振興機構　2007〜2015『愛知県内企業の海外事業活動』
愛知大学中部地方産業研究所　2011『年報・中部の経済と社会』
愛知大学中部地方産業研究所　2012『東三河の経済と社会』第7輯
阿部・樋口・佐藤　2009『中部地域企業のアジア進出調査報告書－インド・ベトナム・中国（広東省）－』（愛大中産研調査報告第65号）
阿部・樋口・森　2012『中部地域企業の中国展開と現地化－自動車関連産業を中心として－』（愛知大学中産研調査報告第67号）
『日本経済新聞』，『中部経済新聞』，『東日新聞』他

（阿　部　　聖）

2．貿易・三河港・輸出入

1 はじめに

東三河地域の海の玄関である三河港は，1962（昭和37）年に西浦，蒲郡，豊橋，田原の4港が統合してできた港湾である。1964年に重要港湾に指定され，また国が東三河地域を工業整備特別地域に指定したことを契機に，地域産業の発展を支える港湾として成長してきた。

はじめに，三河港の特徴を蒲郡地区，御津地区（豊川），神野地区，明海地区（豊橋），田原地区の順に紹介する。蒲郡地区は浜町を中心に製造・物

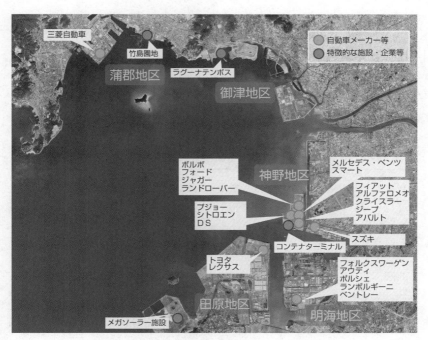

図Ⅲ-6-2-1　三河港の概観と自動車メーカー等の立地状況
資料：三河港要覧より筆者作成。

流機能が集積するとともに完成自動車の輸出拠点である。また竹島園地やラグーナテンボスなどのレジャーゾーンでもある。御津地区は、製造・物流拠点として東名高速道路へのアクセスにも優れた工業団地が形成されている。神野地区は、多くの外資系自動車企業が立地し、完成自動車の輸移出入が盛んに行われている。またコンテナターミナルも有する物流拠点でもある。明海地区も外資系自動車企業が立地する完成自動車の輸入拠点であり90社を超える多くの製造業、物流関連企業が立地している。田原地区は、トヨタ自動車の輸出拠点であり、自動車関連の製造工場も多く立地している（図Ⅲ-6-2-1）。また、国内最大級のメガソーラーや風力発電施設が立地する再生可能エネルギー施設の集積地でも知られる。

② 海上出入貨物の状況

1）取扱貨物量の状況

2014（平成26）年の三河港の貨物量は前年比2％減の2,078万トンであった。このうち海外貿易貨物量が1,189万トン、国内貿易貨物量が888万トンで、海外比率は57.2％であった。貨物量の推移をみると、2007年に3,207万トン

表Ⅲ-6-2-1　三河港の海上出入貨物量の推移

（単位：トン）

	海外貿易貨物量			国内貿易貨物量			貨物量合計	海外貿易比率
	輸出	輸入	輸出入計	移出	移入	移出入計		
2001（平成13）年	8,850,600	2,653,739	11,504,339	3,670,980	5,304,742	8,975,722	20,480,061	56.2%
2002（平成14）年	9,650,698	2,484,627	12,135,325	4,334,995	6,358,976	10,693,971	22,829,296	53.2%
2003（平成15）年	8,909,357	2,669,740	11,579,097	3,778,068	6,780,826	10,558,894	22,137,991	52.3%
2004（平成16）年	9,600,846	2,822,195	12,423,041	4,766,870	6,780,826	11,547,696	23,970,737	51.8%
2005（平成17）年	10,873,449	2,899,174	13,772,623	3,853,412	7,161,356	11,014,768	24,787,391	55.6%
2006（平成18）年	14,451,261	2,967,663	17,418,924	4,177,605	7,615,448	11,793,053	29,211,977	59.6%
2007（平成19）年	14,521,939	2,752,394	17,274,333	4,073,380	10,730,138	14,803,518	32,077,851	53.9%
2008（平成20）年	14,081,753	2,862,644	16,944,397	4,530,613	9,694,240	14,224,853	31,169,250	54.4%
2009（平成21）年	7,883,608	1,815,151	9,698,759	3,315,677	5,410,392	8,726,069	18,424,828	52.6%
2010（平成22）年	9,451,956	2,124,229	11,576,185	3,386,303	5,384,110	8,770,413	20,346,598	56.9%
2011（平成23）年	7,060,031	2,596,062	9,656,093	3,142,723	4,862,377	8,005,100	17,661,193	54.7%
2012（平成24）年	9,423,314	2,590,298	12,013,612	3,866,340	6,079,256	9,945,596	21,959,208	54.7%
2013（平成25）年	9,871,037	2,696,985	12,568,022	2,851,223	5,840,624	8,691,847	21,259,869	59.1%
2014（平成26）年	8,888,198	3,006,519	11,894,717	3,099,994	5,788,009	8,888,003	20,782,720	57.2%

資料：各年の三河港港湾統計年報より筆者作成。

まで増加したが，2008年の世界経済不況の影響によって，2009年の貨物量は前年比69％減の1,842万トンまで減少した。その後の貨物量は浮き沈みを繰り返しながら，2012年以降は2,100万トン前後で推移している（表Ⅲ-6-2-1）。

2）海外貿易（輸出入貨物）の状況

次に，海外貿易について輸出入貨物を品目ごとに確認する。海外貿易の品目の多くを占めるのは金属機械工業品である。2014年の金属機械工業品の貨物量は，輸出が870万トンで全体の98％，輸入が223万トンで全体の74.4％を占める（表Ⅲ-6-2-2，表Ⅲ-6-2-3）。特に近年は輸入貨物に占める金属機械工業品の貨物量が増加している。貨物割合は2008年の52.5％から2014年の74.4％へと増加している。

金属機械工業品の品種貨物は輸出・輸入ともに「完成自動車」が大半を占める。輸出はトヨタ，スズキ，三菱等の国内メーカーの完成自動車，輸入はフォルクスワーゲングループ，メルセデス・ベンツ，ボルボ等の外国メーカーの完成自動車である。

図Ⅲ-6-2-2は2014年の輸出貨物の品種と仕向国をみたものである。貨物

表Ⅲ-6-2-2　三河港の品目別輸出貨物量と推移

（単位：トン）

輸出品目	農水産品	林産品	鉱産品	金属機械工業品	化学工業品	軽工業品	雑工業品	特殊品	分類不能のもの	合計
2001(平成13)年	34	174	2,027	8,794,416	1,876	5,194	1,003	44,195	1,681	8,850,600
2002(平成14)年	19,846	0	0	9,572,442	7,547	727	9,328	40,808	0	9,650,698
2003(平成15)年	7,312	0	4,454	8,831,244	8,068	741	1,525	56,013	0	8,909,357
2004(平成16)年	3,017	38	1,340	9,500,381	9,864	2,180	5,967	78,059	0	9,600,846
2005(平成17)年	7,411	130	1,291	10,642,061	13,252	2,865	3,357	203,082	0	10,873,449
2006(平成18)年	0	0	20	14,299,262	8,540	1,848	3,273	138,318	0	14,451,261
2007(平成19)年	19	10	8,761	14,362,340	9,840	804	11,374	128,735	56	14,521,939
2008(平成20)年	0	172	40	13,957,542	7,778	730	6,924	108,567	0	14,081,753
2009(平成21)年	0	34	574	7,559,182	6,832	982	3,067	312,937	0	7,883,608
2010(平成22)年	0	81	6,051	9,221,296	8,952	1,386	6,109	208,081	0	9,451,956
2011(平成23)年	0	53	264	6,908,545	12,256	768	6,607	131,538	0	7,060,031
2012(平成24)年	0	48	20	9,198,289	14,141	1,160	6,563	203,093	0	9,423,314
2013(平成25)年	0	2,583	24	9,627,302	11,737	783	11,495	217,113	0	9,871,037
2014(平成26)年	6	1,792	12	8,706,266	10,769	806	7,410	161,137	0	8,888,198

資料：各年の三河港港湾統計年報より筆者作成。

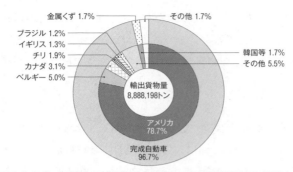

図Ⅲ-6-2-2　三河港の輸出貨物の品種と仕向国（2014（平成26）年）
資料：三河港港湾統計年報より筆者作成。

表Ⅲ-6-2-3　三河港の品目別輸入貨物量と推移

（単位：トン）

輸入品目	農水産品	林産品	鉱産品	金属機械工業品	化 学工業品	軽工業品	雑工業品	特殊品	分類不能のもの	合計
2001（平成13）年	196,814	566,873	448,786	1,364,316	60,554	6,912	5,305	1,365	2,814	2,653,739
2002（平成14）年	170,781	525,355	382,374	1,284,141	85,555	10,894	18,628	6,849	50	2,484,627
2003（平成15）年	218,393	512,533	483,796	1,285,529	92,285	32,458	36,081	8,625	40	2,669,740
2004（平成16）年	210,364	473,184	507,811	1,430,239	115,016	33,722	37,942	13,917	0	2,822,195
2005（平成17）年	208,983	501,560	595,023	1,351,586	138,748	52,574	42,627	8,073	0	2,899,174
2006（平成18）年	191,920	536,586	530,428	1,501,060	91,199	48,936	59,210	8,324	0	2,967,663
2007（平成19）年	187,056	516,695	476,941	1,353,023	103,094	49,527	58,449	7,609	0	2,752,394
2008（平成20）年	270,277	465,778	393,250	1,502,494	104,570	45,364	75,423	5,432	56	2,862,644
2009（平成21）年	167,496	141,439	258,390	1,092,837	52,382	44,768	55,021	2,818	0	1,815,151
2010（平成22）年	181,121	142,640	266,898	1,354,398	79,763	53,644	35,931	9,834	0	2,124,229
2011（平成23）年	165,293	155,457	318,964	1,725,785	103,404	64,416	45,757	16,986	0	2,596,062
2012（平成24）年	136,632	114,166	246,231	1,895,723	98,061	39,159	47,819	12,507	0	2,590,298
2013（平成25）年	134,012	41,754	346,567	1,956,602	96,927	53,406	58,240	9,477	0	2,696,985
2014（平成26）年	130,082	27,757	410,690	2,237,636	79,058	36,466	65,367	19,463	0	3,006,519

資料：各年の三河港港湾統計年報より筆者作成。

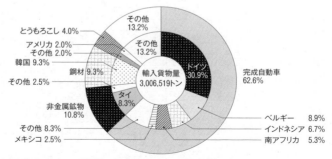

図Ⅲ-6-2-3　三河港の輸入貨物の品種と仕入国（2014（平成26）年）
資料：三河港港湾統計年報より筆者作成。

量888万トンの96.7％が完成自動車で占められ，残りは金属くず等がそれぞれ2％程度である。完成自動車の仕向国は，北米向け完成車が多数を占め，アメリカ78.7％，ベルギー5.0％，カナダ3.1％で，それ以外にチリ，イギリス，ブラジルがそれぞれ1％程度である。

　図Ⅲ-6-2-3から2014年の輸入貨物の品種と仕入国をみると，輸出よりも完成自動車に特化した貨物構成ではないが，それでも貨物量300万トンのうち62.6％が完成自動車である。それに続くのは非金属鉱物10.8％，鋼材9.3％，とうもろこし4.0％などである。完成自動車の仕入国は，ドイツ30.9％，ベルギー8.9％，インドネシア6.7％，南アフリカ5.3％，メキシコ2.5％である。『東三河の経済と社会』第7輯で報告した2010年時点と比較するとドイツやインドネシアの割合が大きく増加している。ドイツからはメルセデス・ベンツの輸入車の増加，インドネシアからはトヨタの逆輸入車の増加が指摘できる。

　また，全体の10.8％を占める非金属鉱物はタイからの石膏原料，9.3％を占める鋼材は韓国からの自動車用鋼板が主な貨物である。

3）国内貿易（移出入貨物）の状況

　次に表Ⅲ-6-2-4と表Ⅲ-6-2-5から国内貿易について移出入貨物を品目ごとに確認する。移出入貨物も海外貿易と同様に金属機械工業品の取り扱いが多く，2014年では移出に占める割合は91.4％，移出では66.0％である。

　図Ⅲ-6-2-4から2014年の移出貨物の品種と仕向地（都道府県）をみると，貨物量309万トンの73.2％が完成自動車で，残りは鉄鋼10.0％，鋼材8.2％などである。完成自動車の仕向地は，福岡19.7％，神奈川15.1％，岡山14.9％，愛知10.7％，鹿児島3.9％と続く。また，鉄鋼，鋼材は千葉が主要な仕向地である。

　また，図Ⅲ-6-2-5は2014年の移入貨物の品種と仕入地をみたものである。貨物量578万トンのうち完成自動車は47.7％を占める。完成自動車は海外貿易とともに国内貿易でも太宗を占める。完成自動車に続くのは，セメント11.5％，鋼材10.7％，鉄鋼6.7％，石炭6.4％，石油製品6.1％などである。

仕入地（都道府県）をみると，完成自動車は，福岡32.2％，宮城8.4％，神奈川5.2％である。本輯第Ⅲ部第2章2.で述べたように東北や九州の自動車産業の集積地から三河港地域へ輸送されていることがわかる。

4）コンテナ貨物の状況

三河港のコンテナ貨物の取扱状況については，コンテナターミナルの開設当時からの概略を『東三河の経済と社会』第7輯で述べたが，1998年11月に神野埠頭7号岸壁において最初のコンテナターミナルが供用開始され，

表Ⅲ-6-2-4 三河港の品目別移出貨物量と推移

(単位：トン)

移出品目	農水産品	林産品	鉱産品	金属機械工業品	化学工業品	軽工業品	雑工業品	特殊品	分類不能のもの	合計
2001(平成13)年	525	0	1,238,997	2,218,660	12,310	28,156	1,880	158,434	12,018	3,670,980
2002(平成14)年	525	0	1,313,381	2,719,230	15,758	34,843	1,880	236,527	12,851	4,334,995
2003(平成15)年	2,000	269	156,585	3,356,849	12,232	30,569	1,890	207,409	10,265	3,778,068
2004(平成16)年	4,820	2,002	502,814	3,937,381	18,217	37,361	805	263,470	0	4,766,870
2005(平成17)年	4,000	1,940	93,036	3,375,441	8,861	29,673	3,024	337,437	0	3,853,412
2006(平成18)年	2,570	2,017	146,130	3,654,599	16,924	40,533	1,700	313,132	0	4,177,605
2007(平成19)年	2,592	1,908	110,852	3,594,268	17,153	37,841	823	307,943	0	4,073,380
2008(平成20)年	0	2,613	228,807	3,908,898	36,659	39,886	0	313,750	0	4,530,613
2009(平成21)年	0	3,881	119,221	2,917,437	50,326	29,117	68	195,627	0	3,315,677
2010(平成22)年	0	5,118	95,736	2,908,347	20,039	22,673	147	334,243	0	3,386,303
2011(平成23)年	500	1,793	152,902	2,614,286	6,516	26,231	0	338,275	2,220	3,142,723
2012(平成24)年	0	5,712	54,761	3,499,995	1,681	24,770	0	273,814	5,607	3,866,340
2013(平成25)年	0	2,329	39,464	2,498,457	3,320	20,346	0	282,425	4,882	2,851,223
2014(平成26)年	0	800	29,736	2,833,860	824	18,079	0	214,473	2,222	3,099,994

資料：各年の三河港港湾統計年報より筆者作成。

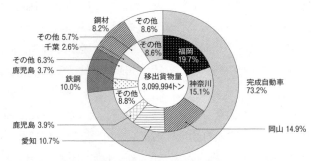

図Ⅲ-6-2-4 三河港の移出貨物の品種と仕向地（2014（平成26）年）
資料：三河港港湾統計年報より筆者作成。

2008年4月に整備された神野埠頭8号岸壁とあわせて現在は2バース体制のコンテナターミナルとして，取扱機能の充実化が図られてきた。

2016年9月現在の航路は，アジア方面の外貿定期航路を中心に，韓国航路が週3便，中国航路が週1便，フィリピン航路が週1便の計5便である。2016年6月に，新たな外貿定期コンテナ航路として，中国・新海豊集装箱運輸有限公司（SITC）によるフィリピン航路が開設された。フィリピンのマニラとスービック，上海，寧波，釜山等と三河港を結ぶ航路で，三河港初の東南アジア航路である。

表Ⅲ-6-2-5　三河港の品目別移入貨物量と推移

(単位：トン)

移入品目	農水産品	林産品	鉱産品	金属機械工業品	化学工業品	軽工業品	雑工業品	特殊品	分類不能のもの	合計
2001（平成13）年	125,296	10,023	442,894	3,275,590	1,425,494	11,280	0	14,165	0	5,304,742
2002（平成14）年	146,950	13,375	595,305	3,716,878	1,850,958	15,284	0	20,226	0	6,358,976
2003（平成15）年	133,999	14,845	538,690	4,173,076	1,891,624	20,046	285	8,261	0	6,780,826
2004（平成16）年	133,999	14,845	538,690	4,173,076	1,891,624	20,046	285	8,261	0	6,780,826
2005（平成17）年	125,988	7,000	596,984	4,681,969	1,721,149	19,224	0	9,042	0	7,161,356
2006（平成18）年	138,342	5,224	629,375	5,156,370	1,653,483	18,315	0	14,338	1	7,615,448
2007（平成19）年	150,672	9,519	594,005	8,312,321	1,635,073	19,461	70	9,017	0	10,730,138
2008（平成20）年	68,941	2,156	637,062	7,251,113	1,646,547	14,113	50,252	24,056	0	9,694,240
2009（平成21）年	19,177	1,917	557,648	3,445,548	1,354,133	10,960	536	20,473	0	5,410,392
2010（平成22）年	13,297	2,507	644,426	3,434,063	1,257,106	11,340	46	21,325	0	5,384,110
2011（平成23）年	19,580	353	719,992	2,899,793	1,195,489	12,010	10	15,150	0	4,862,377
2012（平成24）年	30,420	3,967	691,254	4,155,887	1,172,787	9,775	472	13,543	1,151	6,079,256
2013（平成25）年	19,730	2,238	623,801	3,967,523	1,192,602	10,120	1,089	23,521	0	5,840,624
2014（平成26）年	17,508	80	616,256	3,820,958	1,273,806	21,859	860	36,682	0	5,788,009

資料：各年の三河港港湾統計年報より筆者作成。

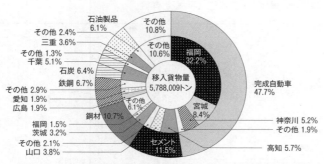

図Ⅲ-6-2-5　三河港の移入貨物の品種と仕入地（2014（平成26）年）

資料：三河港港湾統計年報より筆者作成。

図Ⅲ-6-2-6からコンテナの取扱個数の推移をみると，コンテナ取扱量は供用開始直後から順調に増加した．2013年にはロシア・ウラジオストク港との航路が開設され，トヨタ自動車田原工場からロシア向けの完成自動車部品（現地ノックダウン生産向け）の輸出が盛んになり，2014年の取扱個数は7.5万TEUで過去最高の取扱個数を記録した．しかし，翌年にトヨタがウラジオストクでの車両生産を終了したのに伴いコンテナ輸出は休止となり，2015年は5.4万TEUまで落ち込んだ．

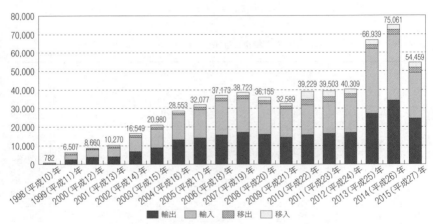

図Ⅲ-6-2-6　三河港コンテナターミナルの取扱個数の推移
資料：各年の三河港港湾統計年報より筆者作成．

表Ⅲ-6-2-6　コンテナ貨物の品目（2014（平成26）年）

（単位：トン）

品　目	輸　出	輸　入	移　出	移　入	合　計
農水産品	6	1,237	0	0	1,243
林産品	1,792	8,017	0	0	9,809
鉱産品	12	1,945	0	233	2,190
金属機械工業品	76,753	49,178	0	1,169	127,100
化学工業品	10,769	44,928	192	28,962	84,851
軽工業品	806	19,112	0	19	19,937
雑工業品	7,366	41,656	0	860	49,882
特殊品	30,390	19,463	0	0	49,853
分類不能のもの	0	0	0	0	0
合計	127,894	185,536	192	31,243	344,865

資料：三河港港湾統計年報より筆者作成．

表Ⅲ-6-2-6から外貿コンテナの取扱品目（大分類）をみると，輸出では，金属機械工業品，特殊品などが取り扱われている。輸入では，金属機械工業品，化学工業品，雑工業品などが取り扱われている。

　今回のフィリピン航路の新規開設により，これまで名古屋港など他港を経由していた住宅建材や自動車部品などの新たな貨物需要の取り込みが期待されている。三河港振興会や港湾管理者の愛知県などでは，ロシア航路休止に伴って落ち込んだコンテナ貨物量の回復に向けて，新規コンテナ輸出入助成金のインセンティブ制度や荷主や船社への新規航路PRなど，利用者ニーズに応じた集荷策を進めており，官民一体となった積極的なポートセールス活動が期待される。

③　三河港における完成車貿易

　三河港の最大の特色である完成自動車の貿易について最近の動向を述べる。なお，完成自動車の貿易が拡大した経緯や，その背景となった自動車メーカーの立地過程については『東三河の経済と社会』第7輯で詳細を整理しているので参照されたい。

　完成自動車の輸出は，1970年代以降のトヨタ自動車（田原地区），三菱自動車（蒲郡地区），スズキ（神野地区）といった国内メーカーによるもので，毎年80万台程度の自動車が北米を中心に世界各国へ輸出されている。2015（平成27）年現在では，三河港には国内メーカーの4ブランドが集積し，輸出台数は2015年に87万台となり全国シェアは15％である。貿易額，輸出台数は名古屋港に次いで横浜港に並ぶ規模である（図Ⅲ-6-2-7）。

　完成自動車の輸入は，80年代から90年代にかけて拡大する。80年代末のプジョーの輸入開始に始まり，90年代初頭にメルセデス・ベンツ，クライスラー，ローバージャパン，1992年にはフォルクスワーゲングループ，2001年にゼネラルモーターズが輸入を開始し，完成自動車の輸入と全国への出荷前点検等を行う施設として新車整備センター（VPC: Vehicle Preparation

Center）が神野地区や明海地区に相次いで設けられた。

最近では，2011年よりフィアットクライスラージャパン，2013年にはプジョー・シトロエン・ジャパンが千葉港から移転して輸入を開始した。さらに，2010年に三河港から一時撤退したメルセデス・ベンツ日本が2014年から輸入を再開している。

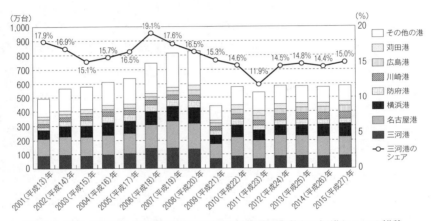

図Ⅲ-6-2-7　三河港と他の港における完成自動車輸出台数と三河港シェアの推移
資料：各年の貿易統計より筆者作成。

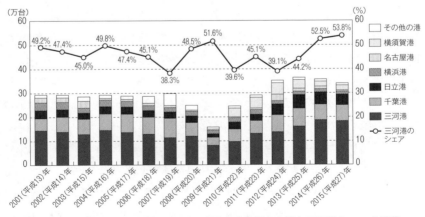

図Ⅲ-6-2-8　三河港と他の港における完成自動車輸入台数と三河港シェアの推移
資料：各年の貿易統計より筆者作成。

2015年現在，三河港には外国メーカー21ブランドが集積し，輸入台数は2015年に18万台となり全国シェアは53％である。輸入台数・貿易額ともに1993年以来23年連続日本一の地位にある（図Ⅲ-6-2-8）。

三河港がトップクラスの自動車取扱港湾に成長した背景について三河港の立地特性の面から整理すると，①三河港が本州の中心に位置し，陸海の物流に適したインフラ（高速道路網や海運）が整備されていること，②自動車専用船が利用できる岸壁が確保できること，③輸入整備工場やモータプールに必要となる広大な用地が確保できること，④自動車関連産業に携わる人材が豊富に確保できたことなどがあげられる。こうした立地条件が相まって国内外の自動車メーカーが最も集積する港湾へ成長した。

④ 三河港の新しい価値創造の取り組み

三河港周辺の自治体や商工会議所等の経済界は，完成自動車の貿易の拡大と自動車企業の集積を活かし自動車物流の国際的ハブ港として総合的な自動車産業拠点へと成長を図るため，1998（平成10）年に「国際自動車コンプレックス計画」を策定した。

この計画は，国際的なビジネス連携の場の整備・提供を目的として，自動車産業のゲートウェイにふさわしい陸海空のインフラ整備，自動車の研究開発，製造，輸送・流通，展示・販売，リサイクルといった自動車のライフサイクルに対応するための地域の戦略プロジェクトである。

この計画に連動して，国の構造改革特区を活用した規制緩和などが進められた。それは，国際自動車特区等の展開による仮ナンバープレートの簡素化，完成車物流の効率化や完成車リサイクル事業，自動車産業観光などであり，自動車を核とした三河港の新しい価値創造の取り組みと言える。

その一例を紹介する。三河港では自動車産業を地域ブランドを高める貴重な資源として活用することで，地域の活性化に繋げようとする試みが始まっている。それは，三河港にある外国メーカーの新車整備センター（VPC）

で新車を購入したオーナーに直接引き渡す納車システムの実現である。

　日本では購入した自動車はディーラーや自宅で納車するのが一般的なシステムであるが、三河港に新車整備センター（VPC）を擁するメルセデス・ベンツは、全国各地にあるディーラーで新車を購入したオーナーがVPCに直接出向いて愛車を受け取ることができる「デリバリーコーナー」を開設した（写真Ⅲ-6-2-1）。2014年10月より全国唯一の納車システムとしてスタートしている。

　この納車システムは豊橋市などが国に提案した「国際輸入自動車特区」による規制緩和として実現した制度をメルセデス・ベンツが活用したものである。納車の際に行われるナンバープレートと封印取り付け作業は、原則、陸運局やディーラーでしか認められなかったが、封印取り付けの規制緩和により三河港に立地する外国自動車企業のVPCで同様の作業が可能となった。オーナーはVPCにて入念な点検・整備の様子を見学し、出荷前点検が完了した直後の新車を受けとってそのまま自身の運転でドライブして帰宅することができる（図Ⅲ-6-2-9）。

写真Ⅲ-6-2-1　デリバリーコーナー納車式の様子（初回2014年10月20日）
写真：メルセデス・ベンツ日本㈱提供。

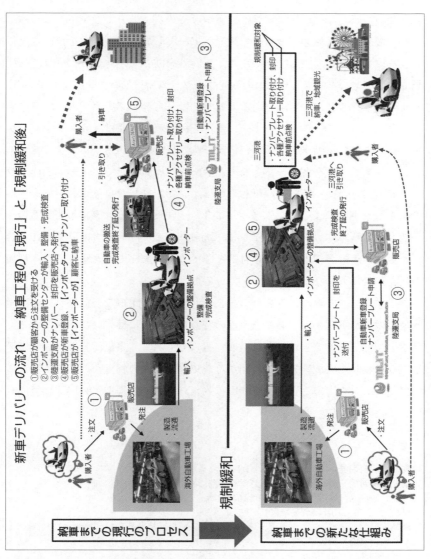

図Ⅲ-6-2-9 「国際輸入自動車特区」の認可による新車デリバリーシステムの概念図
筆者作成。

こうした取り組みは，メーカーサイドでは自社製品をより身近に感じてもらうための新たなブランド戦略と位置づけている。一方で豊橋市をはじめ東三河地域では工場見学と合わせた観光ツアーとして地域の魅力を全国に発信できる機会と捉えている。そのため，三河港を訪れたオーナーにドライブ観光や宿泊を楽しんでもらうための観光プログラムや宿泊特典を提供している。

　この納車システムの本場であるドイツでは，自動車メーカーの工場での納車が観光化されている。オーナーに新車を引き渡す施設は「カスタマーセンター」と呼ばれ自動車製造工場に併設され，自動車博物館，ホテル，ブティック，レストランなどが一体となったテーマパークとして，メーカーのブランド発信拠点となっている。筆者らがドイツで実施した自動車メーカー等への聞き取り調査によると，ドイツ主要3メーカーではそれぞれ年間数万台〜十数万台の新車がカスタマーセンターで納車され，ドイツ本国のほかEU各国からオーナーが納車と観光を目的としてカスタマーセンターを訪れ，地域の観光振興に大きな役割を果たしている。

　ドイツ本国での取り組みをそのまま三河港で展開することは難しいが，国内最大の自動車輸入港である三河港の特徴を生かすには大いに参考になる。日本全国で三河港でしかできない取り組みでもある。東三河地域の観光資源と組み合わせた広域観光への展開が可能である。この貴重な取り組みを地域のブランド力を高める資源として磨き，さらなる価値創造への展開に発展していくことを期待したい。

文献

愛知県三河港務所『三河港要覧』各年版
愛知県三河港務所編 2001〜2014『三河港港湾統計年報』
公益社団法人日本港湾協会 2016『日本の港湾2015』
財務省 2001〜2015『貿易統計』
髙橋大輔 2012「貿易・三河港・輸出入」『東三河の経済と社会』（愛知大学中部地方産業研究所）第7輯
三河港振興会 2015〜2016『三河港活用ガイドブック』

（髙　橋　大　輔）

Ⅳ 地域社会・文化

第1章　東三河の地域社会

1．都市社会の構造変化

1　はじめに

　東三河における「都市社会の構造変化」を論じる前に，まず，次の問いを検討しておかなければならない。はたして，東三河の都市とはどこなのか。
　何をもって都市とするかを十分に論じる紙幅はないが，都市は，政治・経済・文化における中心性，規模・密度・異質性の高さといった生態学的特性，あるいは都市に特有の生活様式の成立などをもって，都市でない社会・空間（たとえば農村など）から区別されてきた。しかし，高度経済成長期にみられたような急速な都市化が沈静化し，多くの人々が程度の差こそあれ都市的な生活を送る現在，東京圏のようなメガシティを除くと，特定の社会・空間に一定の種差性を見出し都市として切りとることに，どれほどの現実味と理論的意義があるのか，答えは必ずしも自明ではない。
　だがそれでも，観察の倍率を上げてより微細な差異に目を凝らせば，相対的なものであっても，都市としての特性をより備えた社会・空間を見出すことはできるだろう。本稿では，ひとまずこうした仮定にたち，最も基本的な指標として，人口と「結節的機関」（鈴木 1957）の集積に着目して，対象たる東三河の都市社会を定めるところから検討を始めよう。

2　東三河における都市地域

　人口と結節的機関の集積という観点から東三河を見渡すと，約38万の人口を擁する唯一の中核市であり，また，東三河県庁や名古屋地方裁判所豊橋

支部といった行政機構，各種メディアの支社・支局や交通インフラなど，結節的機関が集積する豊橋市が，検討対象として浮上する。しかし，豊橋市も中心部から少し離れると，その景色は田圃や畑が広がるものへと一変し，市域をそのまま都市的な空間範域と同一視することには，なお難がある。この点をふまえ本稿では，豊橋市のなかでも人口と結節的機関の集積度合いが相対的に高い空間範域のみを，豊橋市の都市地域として抽出して分析対象に据え，その検討から東三河地域における都市社会の構造変化に迫りたい。

　だが日本では，実質的な都市地域に対応して操作的に定められた統計単位は十分に整備されていない[1]。そこで本稿では，独自に，国勢調査の小地域集計と相互に参照可能なかたちで，豊橋市における都市地域を操作的に設定する。具体的にはまず，国勢調査の小地域集計の単位となる町丁・字等から2010（平成22）年時点の人口集中地区を含むものを抽出する。そのうえで，結節的機関の集積も考慮しつつ，都市地域が一円の空間範域となるように飛び地部分を除く[2]。とりわけ都市地域の外縁部にあたる町丁・字等については，さらに航空写真や各種地図と照合し，その主要部分が農地等であるものを除外する。ただし，都市地域の外縁部にあたる町丁・字等のうち，その飛び地が都市地域の中心部にまたがる場合には，たとえ主要部分が農地等であっても含めるものとする[3]。こうして，最終的に豊橋市を構成する町丁・字等から205を抽出し，豊橋市の都市地域を図Ⅳ-1-1-1の網掛け部分として操作的に設定した[4]。

③ 1990年代後半以降の日本における都市社会の構造変化

　バブル経済崩壊後の不況が深刻さを増した1990年代後半以降，日本の大都市は激しい変化を経験してきた。この時期の変化として従来指摘されてきたことは，概ね以下のようにまとめられる。

　第1に，日本の大都市の多くは，これまで基本的に工業化の進展とともに規模を拡大してきたが，この時期，グローバル化とも連動した脱工業化の進

第1章　東三河の地域社会

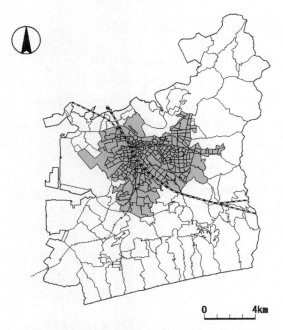

図Ⅳ-1-1-1　豊橋市における都市地域
注：国土地理院の数値地図2500（空間データ基盤）を用いて筆者作成。

展と情報・サービス産業への本格的移行にともなって，その産業構造が大きく組み替えられてきた。並行して，都市における職業構成も組み替わり，専門技術職・サービス職の増加と，管理職や生産工程・労務職の減少が進んだ。

　第2に，産業構造や職業構成の変動が進んだこの時期には，いわゆる「都心回帰」[5]が進み，それまで減少傾向にあった都心部の人口は増加に転じた。規制緩和の追い風を受けて再開発が進む都心部では，オフィスビルのみならず，タワー型を含む大規模な集合住宅も建設されるようになり，これが職住近接を求める専門技術職層などの受け皿となってきた。

　さて，こうした一連の変化は，豊橋市の都市地域においては，どれほどみうけられるのか。2で操作的に設定した豊橋市の都市地域について，国勢調査の小地域集計の結果を用いて以下に検討する[6]。

４　豊橋市における都市地域の人口推移

　豊橋市の都市地域における人口は，1990年代後半以降，どのように推移してきたのか。図Ⅳ-1-1-2のとおり，豊橋市都市地域の人口は，1995（平成7）年から2010年まで，わずかずつだが増加してきた。だが，豊橋市全体の人口に占める都市地域の人口の比率は，一貫して低下の傾向にある。これは，豊橋市全体の人口増加のペースが，都市地域での人口増加を上回ることによる。

　では，豊橋市都市地域の人口は，どのような住宅に居住しているのか。表Ⅳ-1-1-1によると，都市地域でも人口の6～7割が「一戸建」の住宅に暮らしており，その構成比は若干低下の傾向にあるとはいえ，大きく変化してはいない。だがそれでも，減少の一途を辿る「長屋建」と対照的に，「共同住宅」に暮らす人口は増加し続けており，とりわけ「6階建以上」の共同住宅に暮

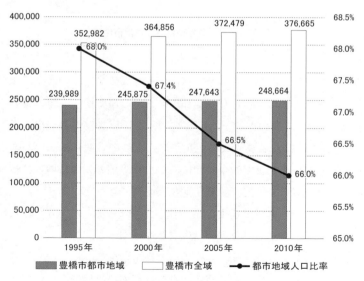

図Ⅳ-1-1-2　豊橋市都市地域の人口と人口比率の経年変化
注：国勢調査（各年版）を基に筆者作成。

第1章　東三河の地域社会

表Ⅳ-1-1-1　豊橋市都市地域における住宅の建て方別主世帯人員数の変化（構成比と増減率）

	1995年 (N=233,883)	2000年 (N=238,884)	2005年 (N=240,766)	2010年 (N=243,068)	1995年/ 2000年	2000年/ 2005年	2005年/ 2010年
一戸建	70.0%	67.9%	66.5%	66.8%	-0.9%	-1.4%	1.4%
長屋建	3.5%	2.7%	2.4%	1.9%	-20.3%	-11.5%	-18.7%
共同住宅	26.3%	29.1%	30.9%	31.0%	13.2%	7.1%	1.3%
1・2階建	8.0%	9.5%	10.3%	10.9%	22.1%	9.0%	7.1%
3〜5階建	14.0%	14.8%	15.3%	14.2%	8.4%	3.7%	-6.4%
6階建以上	4.3%	4.8%	5.4%	5.9%	11.9%	13.6%	11.9%
6〜10階		3.0%	3.6%	4.0%		18.6%	14.3%
11階以上		1.7%	1.8%	1.9%		4.8%	7.1%
その他	0.2%	0.2%	0.2%	0.2%	41.0%	-17.6%	43.8%

注：国勢調査（各年版）を基に筆者作成。比率は少数2位を四捨五入。秘匿地域の数値は除外して算出。

らす人口は，一貫して10％以上の増加率を示している。

　以上のように，豊橋市の人口は，都市地域よりもその外側でより増加してきた。ここからは，今なお都市が外側へと水平方向に拡大しつつあることが看取され，「都心回帰」というよりもむしろ郊外化の趨勢の方が顕著である。ただし，都市地域の人口もわずかずつ伸びているこの時期，高層の共同住宅に暮らす人口比率も上昇しており，都市地域の内側では，垂直方向へと都市が拡大する兆候も看取される。豊橋市の都市地域をめぐっては，この2つのプロセスが同時に進行してきた点を，ひとまず確認しておきたい。

5　豊橋市における都市地域の産業別就業人口

　1990年代後半以降，豊橋市の都市地域における産業構造は，どのように変化したのか。その前に，まず，就業者総数（実数）を確認しておこう（表Ⅳ-1-1-2）。豊橋市では，都市地域の人口が少しずつ増加を続けていることはすでに確認したが，それにもかかわらず，就業者総数は2000（平成12）年をピークとして，それ以降は減少に転じている。松本（2004 28頁）は，郊外化の過程では，その帰結として，都市における高齢化が都市の中心部で先に進むことを指摘しており，より詳細な検討が必要であるとはいえ，豊橋市の都市地域における就業者総数の減少も，このエリアで先んじて高齢化が

表Ⅳ-1-1-2 豊橋市都市地域における産業別就業人口の構成（構成比と増減率）

	1995年	2000年	2005年	2010年	1995年/2000年	2000年/2005年	2005年/2010年
農業	2.3%	2.4%	2.4%	1.9%	4.2%	-0.7%	-20.8%
林業	0.0%	0.0%	0.0%	0.0%	0.0%	-55.6%	41.7%
漁業	0.0%	0.0%	0.0%	0.0%	-22.2%	-9.5%	-50.0%
鉱業	0.1%	0.1%	0.0%	0.0%	11.9%	-52.0%	-30.6%
建設業	10.4%	9.9%	8.7%	7.5%	-4.0%	-12.5%	-15.3%
製造業	27.3%	26.6%	25.4%	23.5%	-1.4%	-5.5%	-9.7%
電気・ガス・熱供給・水道	0.6%	0.5%	0.5%	0.5%	-13.4%	-14.1%	7.1%
運輸,通信	4.7%	5.4%	5.4%	5.8%	15.6%	-1.2%	5.0%
			情報通信業 1.1%	情報通信業 1.0%			
			運輸業 4.4%	運輸業,郵便業 4.7%			
卸売,小売,飲食	25.6%	24.8%	24.1%	22.7%	-2.3%	-3.6%	-8.0%
			卸売・小売業 18.5%	卸売業,小売業 16.8%			
			飲食店,宿泊業 5.5%	宿泊業,飲食サービス業 5.9%			
金融・保険	3.0%	2.7%	2.3%	2.3%	-10.8%	-14.4%	-3.8%
不動産	0.8%	0.9%	0.9%	1.4%	8.0%	4.3%	48.6%
サービス	22.3%	23.6%	26.9%	24.5%	7.1%	12.6%	-11.1%
			教育,学習支援業 4.1%	教育,学習支援業 4.2%			
			医療,福祉 7.5%	医療,福祉 8.7%			
			複合サービス事業 0.7%	複合サービス事業 0.4%			
			サービス業 14.5%	生活関連サービス業,娯楽業 3.9%			
				学術研究,専門・技術サービス業 2.7%			
				サービス業 4.6%			
公務	2.0%	2.0%	2.0%	2.0%	1.3%	-1.1%	0.0%
分類不能	0.7%	1.1%	1.4%	7.7%	60.6%	23.7%	440.1%
就業者総数（実数）	100.0%(127,699)	100.0%(129,179)	100.0%(128,003)	100.0%(124,868)	1.2%	-0.9%	-2.4%

注1：国勢調査（各年版）を基に筆者作成。秘匿地域の数値は除外して算出。比率は小数2位を四捨五入（そのため表中の「0.0%」は実数が0であることを意味しない）。

注2：日本標準産業分類の変更をふまえ、経年変化を追うために、「運輸,通信」では、2005年は「情報通信業」と「運輸業」を、2010年は「情報通信業」と「運輸業,郵便業」を合算。また「卸売,小売,飲食」では、2005年は「卸売・小売業」と「飲食店,宿泊業」を、2010年は「卸売業,小売業」と「宿泊業,飲食サービス業」を合算。「サービス」では、2005年は「教育,学習支援業」・「医療,福祉」・「複合サービス事業」・「サービス業」を、2010年は「教育,学習支援業」・「医療,福祉」・「複合サービス事業」・「生活関連サービス業,娯楽業」・「学術研究,専門・技術サービス業」・「サービス業」を合算。

進んでいることによると推測される。

　さて，豊橋市の都市地域における産業別就業人口の構成の推移を検討しよう。表Ⅳ-1-1-2のとおり，1995年と2000年では，構成比の1位は「製造業」であり，「卸売，小売，飲食」が2位，「サービス」3位と続くものの，2005年と2010年では，その順位が入れ替わる。2000年代に入って日本標準産業分類が大幅に変更されたことで，とりわけ「サービス」と「卸売，小売，飲食」については単純に比較できないが，この時期，産業構造に一定の転換が生じたことは確かだろう。「製造業」と「卸売，小売，飲食」の構成比は一貫して低下，その減少率も年を追うごとに上昇し，2005年と2010年では，構成比において「製造業」は2位，「卸売，小売，飲食」は3位に後退する。就業人口全体に占める構成比は小さいものの，同様の傾向は「建設業」にもみられる。一方で，2005年まで上昇傾向を示してきた「サービス」の構成比は，以後，1位を占めるようになる[7]。

　東京をはじめとする大都市で経験されたドラスティックな変化に比べると，はるかに緩やかなものであるとはいえ，しかしこの時期，脱工業化の進展と情報・サービス産業への移行という産業構造の変動は，豊橋市の都市地域でも確実に進展してきたといえる。

⑥　豊橋市における都市地域の職業別就業人口

　産業構造が緩やかに変動してきた1990年代後半以降，豊橋市の都市地域における職業構成はどのように組み変わってきたのか。表Ⅳ-1-1-3のうち，とりわけ増減率に着目すると，「専門技術職」と「サービス職」は一貫して増加傾向にあり，逆に，「管理職」と「販売職」は一貫して減少傾向にある。また，「事務職」と「運輸・通信職，生産工程・労務職」も，2000（平成12）年をピークとして減少傾向に転じている。都市の中心部では専門技術職とサービス職が増加し，管理職や生産工程・労務職が減少するという従来指摘されてきた傾向は，豊橋市の都市地域においても同様に看取される。

表Ⅳ-1-1-3　豊橋市都市地域における職業別就業人口の構成（構成比と増減率）

	1995年	2000年	2005年	2010年	1995年/2000年	2000年/2005年	2005年/2010年
専門技術職	11.3%	11.8%	12.1%	12.6%	4.1%	2.3%	1.5%
管理職	3.8%	2.6%	2.2%	2.2%	-31.3%	-16.3%	-3.4%
事務職	16.6%	16.9%	16.7%	16.1%	2.2%	-2.2%	-6.1%
販売職	15.7%	15.4%	14.2%	12.9%	-1.4%	-8.5%	-11.6%
サービス職	8.5%	9.0%	9.9%	11.0%	6.5%	8.5%	8.9%
保安職	0.9%	1.0%	1.1%	1.2%	12.7%	8.8%	5.6%
農林漁業	2.3%	2.2%	2.1%	1.7%	-4.9%	-1.6%	-22.3%
運輸・通信職,生産工程・労務職	40.2%	40.1%	40.2%	34.7%	0.1%	-0.5%	-15.9%
運輸・通信	3.4%	3.3%	3.0%	輸送・機械運転 3.2%	-1.4%	-10.9%	
生産工程・労務	36.8%	36.8%	37.3%	運搬・清掃・包装 6.8%	0.3%	0.4%	
				生産工程 20.1%			
				建設・採掘 4.6%			
分類不能	0.6%	1.1%	1.4%	7.6%	60.7%	28.7%	430.8%
就業者総数（実数）	100.0%(128,599)	100.0%(129,179)	100.0%(128,003)	100.0%(124,868)	0.5%	-0.9%	-2.4%

注1：国勢調査（各年版）を基に筆者作成。比率は小数2位を四捨五入。秘匿地域の数値は除外して算出。
注2：日本標準職業分類の変更をふまえ、経年変化を追うために、1995年から2005年について、「運輸・通信」と「生産工程・労務」を合算した「運輸・通信職, 生産工程・労務職」を設けた。2010年については、「輸送・機械運転」・「運搬・清掃・包装」・「生産工程」・「建設・採掘」を合算して「運輸・通信職, 生産工程・労務職」とした。

　一方、表Ⅳ-1-1-3の構成比に目を転じると、1995年から2010年まで、一貫して「運輸・通信職, 生産工程・労務職」が構成比において1位を占め、16％台で推移する「事務職」が2位、11～12％で推移する「専門技術職」が3位に続き、この順位に変動はない。とりわけ40％台で推移してきた「運輸・通信職, 生産工程・労務職」のうち、「生産工程・労務」だけをとりだしてもみて、2005年まで30％台後半で推移しており、増減率に着目すると、わずかではあるが増加の傾向を示し続けてさえいる。総じて、豊橋における都市地域の職業構成は、比較的安定しているといえる。

　ただし、2005年と2010年とを比較すると、「運輸・通信職, 生産工程・労務職」は大きく減じている。この間に、日本標準職業分類の改定をはさんでおり、従来の「運輸・通信」と「生産工程・労務」は、「輸送・機械運転」、

「運搬・清掃・包装」,「生産工程」,「建設・採掘」へと再編された。このため厳密な比較はできないが,しかし,これらを足し上げた全体の構成比が大きく低下していることには,分類の改訂の影響には還元できない変化が含まれている可能性もある[8]。依然として多くの留保が必要だが,仮にそうであるとするなら,ここには,これまで比較的安定してきた豊橋市都市地域における職業構成が大きく転換する兆候が現れているかもしれない。

7 おわりに

ここまで,豊橋市の都市地域について,人口,住宅の建て方,産業構造,職業構成に着目しつつ,1990年代後半以降の変化をたどってきた。就業人口に占める製造業比率の低下とサービス産業比率の上昇,生産工程・労務職比率の低下と専門技術職・サービス職比率の上昇,そして都市中心部での人口増加といった趨勢は,この時期,豊橋市の都市地域でも看取された。脱工業化や情報・サービス産業への移行に伴う変動圧力それ自体は,豊橋市の都市地域においても,例外なくかかってきたといえる。とはいえ,その結果としての変動の程度は比較的緩やかなものであり,産業構造も職業構成も大きくは変わっていない。人口の推移をみても,「都心回帰」というより郊外化の趨勢がむしろ顕著であった。総じて,工業化とともに成長してきた都市の姿が,今なお基調として維持されていることがうかがわれる。ただし,6で確認したとおり,こうした安定的な都市社会の構造が変化し始めている兆候がないわけではない。今後の推移を注意深く見守る必要がある。

注

(1) 玉野（2016）は,国勢調査における人口集中地区は,飛び地を多く含んだまだら状の区域設定であることに加え,国勢調査のたびに新たに設定し直されるため,人口集中地区の統計数値を経年比較することには難があると指摘する。こうした問題をふまえ,玉野（2016）は,メッシュデータ区分を用いて日本の都市地域を示す基礎

統計単位の設定を試行しており,本稿における都市地域の設定においても参考にした.
(2) たとえば,二川駅周辺の人口集中地区を含む町丁・字等は除外してある.
(3) 具体的には,岩田・飯村・牟呂がこれにあたる.
(4) 結果的にこのエリアは,2010年の国勢調査における人口集中地区や,都市計画における市街化区域とも,(完全には一致しないが)大部分が重なる.また,玉野(2016)が豊橋について設定した都市地域とも概ね一致する.
(5) Van den Bergほか(1982)は,都市の発展段階を,都市化,郊外化,逆都市化,再都市化として整理する.いわゆる「都心回帰」は,この再都市化の段階に概ね対応する.
(6) 本稿執筆時点で2015年国勢調査の小地域集計は公開されていないため,ここでは1995年から2010年までの結果を用いる.
(7) 2005年と2010年の間で極めて増加率が高いのは「分類不能」である.これが日本標準産業分類の改訂(とりわけサービス産業の細分化)に起因するものか,「分類不能」に該当する産業自体の出現や増加によるものか,慎重な検討を要する.このことは,2005年と2010年の間で「サービス」の構成比が低下していることとも関連する可能性がある.
(8) 2005年と2010年の間で極めて増加率が高いのは,ここでも「分類不能」である.これが,新たに設けられた「輸送・機械運転」,「運搬・清掃・包装」,「生産工程」,「建設・採掘」の構成比の全体を押し下げている可能性には,やはり留意が必要である.

文献

鈴木栄太郎 1957『都市社会学原理』有斐閣
玉野和志 2016『都市分析の基礎統計単位設定に関する方法的検討』(2013年度〜2015年度 日本学術振興会 科学研究費補助金(基盤研究C)研究成果報告書)
松本康 2004「定住都市・東京の形成と変容−郊外化から再都市化へ」(松本康編『東京で暮らす−都市社会構造と社会意識』東京都立大学出版会)
Van den Berg, Leo, Roy Drewett, Leo H. Klaassen, Angelo Rossi, and Cornelis H. T. Kijverberg 1982 *Urban Europe: A Study of Growth and Decline*, Oxford, Pergamon Press.

(植田剛史)

2．地域コミュニティ

1　はじめに

　本稿は,『東三河の経済と社会』第7輯以降の推移に注目して,表題の「地域コミュニティ」をめぐる問題を主題とする。

　1995（平成7）年の地方分権法成立に基づく地方分権推進委員会の設置を起点として,地方分権一括法（1999年成立,2000年4月施行）,地方分権改革推進法（2007年施行）という地方分権をめぐる状況が推移し,同委員会「中間報告」（自由主義的改革の一環である「小さな政府」－規制緩和と一体的な分権化）,そしてその最終報告書にある「協働」という言葉に凝縮された行政運営に関わる方向づけがなされている。

　そのような地方分権を文脈として,「地域コミュニティ」を視座として地方自治体における「分権」の現況を取り上げる。

　本稿の主題を追究するにあたって,この間の地方分権の推移においてそれを類型的に捉えることのできる事例として,4地方自治体（以下,自治体あるいは市と表記）と1つの校区を取り上げた。

　現在の新城市,豊川市,田原市は平成合併により行政区域が再編された自治体である。そして,東三河で人口・都市機能において東三河の基軸となる自治体（中核市）である豊橋市について,その郊外に位置する岩田校区の地域コミュニティの活動とともに取り上げる。

2　「協働」による事業体制

　上述の最終報告書にある「協働」は,各自治体の総合計画に依拠して「まちづくり」を追求するうえでキーワードになっている。従来の地域住民組織（地域コミュニティ）,市民活動として括られるNPO,ボランティアによる

団体活動, 事業者（企業を含む）, 行政体が相互に連関した行政体制を「協働」によって構築しようとする。

　自治体において協働の解釈, 行政における「地方自治」の重点の置き方によって, 協働体制の様相は多様である。それと一環をなすのが各自治体における事業・活動である。事業に関しては行政サイドで提示された市民協働推進補助金分野（保健・医療・福祉, 社会教育, まちづくり, 学術・文化・芸術・スポーツ, 環境保全, 災害救援, 地域安全, 人権・平和, 国際協力, 男女共同参画, 子どもの健全育成, 情報化社会, 科学技術, 経済活動, 職業能力, 消費者保護, 公益的社会貢献活動団体の運営・活動に関することの17分野であるが, 他の自治体ではこれら分野に追加されて18〜21分野の構成もあるが, 基本的には同じである）がその対象となる。

　その事業を担う活動主体についても「地域コミュニティ」,「市民活動団体」の2つのカテゴリーの設定は共通にする。用語の定義については, 豊橋市の場合の地域コミュニティは地域住民を主体として地域のまちづくりを実践する集まり, という定義, 市民活動団体についてはNPO（特定非営利活動法人）, ボランティア団体などを指し, 地域コミュニティ以外をいう, は各自治体に共通する。市民活動団体はNPO法人, ボランティア活動団体など市民活動を行う団体の総称であることも同様である。

3　協働事業と4自治体の特性

1）新城市と「地域自治区」

　平成合併（2005年）, 旧新城市・旧鳳来町・旧作手村の合併の前に地方自治法が改正され（2004年）, 地域自治組織の制度化による「地域自治区」が新城市に設置された。

　地域自治区は合併まえの新城市に5区域, 鳳来町に4区域, 作手村を1区域とする編成で, 現時点で合併後の新城市の10区域に設置されている。地域自治区は小学校区が構成単位となっている。

地域自治区の設置（「新城市地域自治区条例」2013年施行）は，「新城市自治基本条例」（2013年施行）では"地域内分権"として捉えられていて，協働は「……『新たな公共』社会における「協働」を進めるため…」として，「新たな公共」と連動させて捉えられている。

地域自治区には地域協議会が置かれ，「地域自治区予算」と「地域活動交付金」事業の検討・審査を担う機関となっている。

前者は，「地域」問題についての認識が施策に反映されやすい予算使途のしくみとして設けられており，地域自治区をベースとした地域（＝地域自治区の区域）を対象とする事業である。後者は「活動団体」にむけた市民活動支援であり，その団体の活動はそれぞれの自治区内に課題を特定した事業である。その申請団体については，地域自治区によって応募資格要件は異なるが，基本的には地域コミュニティ組織，公民館組織，子ども会，ボランティア組織である。

「地域活動交付金」事業の特徴については，7分野（生活環境，安心安全な地域，地域の伝統・文化芸能，子どもの健全育成，保健・医療・福祉，地域づくり，地域活動拠点整備）に整理されるが，これらの事業の構成については，同市の第1次新城市総合計画（2008～2018年度）においてプロジェクトのひとつとして市民自治社会創造が掲げられ，そのための「地域計画」の策定の一環として2006（平成18）年度から取り組まれてきた「めざせ明日のまちづくり事業」の19分野に相似する事業内容である。同事業は平成合併をはさんで旧3自治体のそれぞれの「地域計画」を引き継ぐものである。その補助金対象事業として上途の分野に該当し，市全域または複数の地域自治区を対象区域とするという広がりをもった事業であって，その事業の趣旨が複数地域自治区に該当し，さらに市全域にも通じるような事柄として地域（地域自治区）の課題として受け止められて，市民が自発的に解決に取り組む事業であることを条件としている。全市的な観点とそれを構成する地域自治区の観点とが事業を通じて相互的で連関的な〈場〉を作り出すこと，平成合併を機に掲げられている"自治"のありように向けて歩み出された段階に

あるといえよう。複数の地域自治区を対象区域とする事業，地域の課題等に対し，市民が自発的に解決に取り組む事業であることを条件としている。「地域活動交付金」事業より広域化したのが本事業であるともいえる。

2012年度からの事業について，事業主体名から推測し事業主体を市民活動組織（NPO，ボランティア）と地域自治区を基盤とする住民活動組織（地縁基盤の住民組織）とに分けると，下記のようである。事業主体数は，地域を基盤とする住民活動組織を主体とする事業数のほうが多く実施されている。

2012年から2015年までの総事業数と事業主体の内訳（カッコ内の前者がNPOなどの市民活動組織を示し，後者は地域自治区を基盤とする住民活動組織を示す）は2012年から順に16［6 – 10］→8［2 – 6］→11［2 – 9］→10［2 – 8］という推移を示すが，その内訳を活動主体に注目すると，後者の地域自治区を基盤とする住民活動組織に担われた活動が対象年度を通じて大きく上回っている。

地域自治区の単位地域が旧新城市以前の合併を平成合併と重ねることで，合併以前の行政単位においてそれぞれの生活慣行や祭祀組織などの住民の日常生活の統合単位が伝統的に機能することによって培われて累積したものが，地域自治区制度のもとで新たな自治体の下位の地域的共同空間として広域行政域の根基となっていることをうかがわせる。

2）田原市と「地区自治会」

同市における地域コミュニティ団体は，小学校区を単位とした106の「地区自治会」（区，町内会など），地区自治会で構成する連合組織である20の「校区」，「コミュニティ協議会」（小学校の統廃合の措置で従来の「校区コミュニティ協議会」から名称変更）があり，そのコミュニティ協議会すべてを包括するのが田原市地域コミュニティ連合会である。

とくに行政が地域コミュニティ団体の基礎として重視するのが「地区自治会」である。

まちづくりを協働による公共，と捉え，地域コミュニティ団体の認定規定

を設けている。地区自治会を，地域環境の整備，防犯，災害対策，福祉の向上，伝統行事の継承および文化資源保存などを地域の課題として取り組む役割を担う地縁に基づく市民活動団体であると位置づけている。

その地区自治会に対して，コミュニティ協働助成金と地区自治会協働助成金とから成る「協働助成金」が交付される。交付金による活動内容に対して，行政から地区自治会には要望が付されている（市依頼業務への協力，自治会加入の促進，地域の課題解決，各種助け合い，敬老福祉活動，河川を含む美化活動，など）。「地域づくり活動推進交付金」には実施するべき3項目（①コミュニティ協議会の区域内のすべての市民を対象として開催されるイベント，②スポーツ大会，③青少年健全育成のために実施される教育講演会又は親子・世代間交流等）の交付条件がある。さらに「指定活動奨励金」を交付する。福祉と自主防災に特定した活動に対しての交付である。これらの交付金はコミュニティ協議会が対象となっていて，同協議会を通して地区自治会に交付されるしくみである。

このように「コミュニティ協議会」＝「地区自治会」の関係軸を基幹とする「協働」体制がおもてに現れているが，市民協働の体制という側面からみると，地区自治会という地縁を基盤とする団体を重視するとともに，その地区自治会地域内の各種団体や事業者などを含むことも可能であり（田原市市民協働まちづくり条例〔逐条解説〕），いわばその地域内に立地していることも"地縁"という概念で包括して地域コミュニティ団体を構成することで地縁原理が貫かれている。そして従来の行政＝住民組織の関係を根底に据え，それを軸心として住民は市民カテゴリーにふくまれ，地域コミュニティ団体を構成する一団体である地区自治会は市民活動団体として包括されている（同条例第2条）ことに拠って市民協働の基礎部分が構成されているといえる。

2008年度施行の「田原市市民協働まちづくり条例」による補助金対象事業（対象20分野）における2009年から2015年までの補助金対象事業数の総計は52になる。

2009年度から2015年度までの年度別に事業数を列挙すると，2009年度の

12を皮切りにつづく年度の事業数は順に10→9→3→6→7→5，と推移している。

　分野別には，環境保全と，健康・医療・福祉が同数（16）でもっとも多く，ついで，まちづくり（8），子どもの健康育成（6），学術・文化芸術・スポーツ（5）が20分野の上位5分野である。また，活動主体は自治会組織を含まない市民活動団体（28）がもっとも多くを占める傾向となっている。ついで，NPO（20），ボランティア団体（4）とつづく。

　地区自治会に重点をおく協働体制は，それに対応する行政の組織機構についても変更が重ねられてきた。2009年度に市民環境部市民協働課が設置された。2014年度から市民協働課は政策推進部に配置され，さらにその後2016年度からは市民協働の担い手とされる地域コミュニティ，NPO，ボランティア団体はそれぞれの担当部署が分かれ，地域コミュニティは総務部総務課地域行政係のもとに交通・防犯との構成となり，NPOは企画部企画課協働係に配置されている。そして，ボランティアは福祉協議会の担当となっている。

3）豊川市と「市民活動」

　豊川市の場合，2001年度に市民活動団体の代表者からなる「豊川市市民活動団体懇談会」が設置され，市民活動推進の提言を受けたことを起点として市民活動の活性化にむけての「とよかわ市民活動活性化基本方針〜行政も市民も変わる協働のまちづくり〜」（2003年3月）が策定された。

　その後上記のとよかわ市民活動活性化基本方針は5年間隔で見直され，現在は2013年3月に策定された「とよかわ市民協働基本方針実施計画」（実施期間：平成25年度〜平成29年度）に拠っている。

　協働については，まず，市民活動を対象として，その要件として自主性・自発性，非営利，不特定多数への利益増進に寄与，などを満たす活動であると規定する。そして，要件を満たすNPO，ボランティアなどの団体による活動と行政との関係を軸として捉えられる。それを協働の軸として，地縁組

織（連区や町内会），社会福祉協議会をはじめとする既存の公益組織の活動も位置づけられている。市民活動団体による行政との協働がその活動内容となるが，さらに協働の目的は，あくまでも「市民活動団体の特性を活かして公共サービスを向上させること」（豊川市「協働の手引き」）とあり，市民活動団体と行政との協働というかたちが浮き彫りになる。

　それと関連して，2012年4月，新たな市民活動の拠点施設として「とよかわボランティア・市民活動センタープリオ」が開設され，ボランティア・市民活動の拠点となっている。

　市民協働推進事業への補助金制度については2015年度からからスタートした。補助金対象事業として20分野の提示がある。2015年度の6事業のうち4事業が自治会・町内会主体によるものであり，さらに3事業はテーマ（音楽，ウォーキング，食育）によって限局した地縁性のつよい地域が主体の事業である。2016年度は6事業である。うち5事業が自治会・町内会・校区会を事業団体としている。

　補助金事業分野を設けた協働事業の開始年度は4自治体でもっとも遅い時期になっている。自治会・町内会に力点をおいて進められている事例自治体とは対照を成す事例である。因みに豊川市では協働に関する条例は設けられていない。

4）豊橋市と「市民協働推進事業からの展開」

　豊橋市では，2007年度から「豊橋市市民協働推進条例」が施行され，同時に文化市民部のもとに市民協働推進課が新設された。豊橋の「協働」をめぐる組織機構について他の自治体とのちがいがみられる。

　2010年度から自治会業務，校区市民館管理運営業務が，2011年度に男女共同参画課が市民協働推進課にそれぞれ移管され，協働事業に関連する領域（それぞれが市民協働推進補助金事業の分野）が統合された。

　これは協働事業そのものが従来のタテ割り行政では対応できない課題に対応しようとしていることにかなうことと受け止められる。

協働推進事業数の推移と事業内容について，地域コミュニティに着眼してその活動についてみてみよう。同事業の補助金交付の対象となる市民協働推進補助金分野（17分野は既述）における「まちづくりの推進を図る事業」について取り上げる。第7輯に属する年度についても協働推進事業当初からの動向を捉えるため，年度ごとの総事業数（2007年度から2016年度まで）に同分野の事業が占める割合をみると，年度順に4/12（33%）→5/10（50%）→12/19（64%）→10/23（43%）→11/22（50%）→14/18（77%）→13/19（68%）→7/12（58%）→9/15（60%）→8/11（73%），という高い割合で推移している。事業分野が多層性をもっており，現場における経験を通して俯瞰的に問題を把握しうる関心・方法が求められる〈場〉である。

　その事業の活動主体については，地域コミュニティの住民組織，NPO・ボランティア団体，それ以外の市民活動団体カテゴリーに属する団体がもっとも高い割合を示している。

　2007年度～2011年度と2012年度～2016年度を比較すると，それぞれの該当年度において，住民組織では，前者10，後者6，市民活動団体については，前者30，後者53，NPO・ボランティアでは前者2，後者15，となる。協働事業の開始年度からみると，市民活動団体（豊橋市では市民活動プラザ登録団体）とNPOが協働事業の担い手として著しい増加を示していて，補助金事業後の活動の今後に関心を向けることがつぎの段階への課題であるとして受け止められる活動状況といえよう。

　また，この「まちづくり」の分野については，地域コミュニティ（同市では地域コミュニティはほぼ自治会を意味している）が直面する課題として，防犯・防災，福祉・医療，地元伝統文化の喪失，環境問題，外国人との共生問題，が提示されているが，それに該当する活動へ事業が集中している。

　豊橋市における行政と住民の協働推進事業の事例として，現時点での校区の課題である地域福祉の問題に関し，住みよい暮らしづくり計画のための事業に取り組み，「岩田地区　住みよい暮らしづくり計画」（2013年3月）を作成した岩田校区についてみておこう。

地域コミュニティを活動主体として，小学校区を単位とする校区における暮らしやすさを主題として計画書にまとめている。そのモデル校区が5校区あり，岩田校区はその1校区である。地域コミュニティの課題に対し，校区という地域を主体として取り組んでいる。

現在の同校区の地域住民組織は9つの自治会からなり，1950年代初期から1970年代初頭までの土地区画整理事業が今日の同校区の地域特性の起点となった。その中で1960年代の区画整理事業を機に住宅地域化が進展し，1970年代中期には豊橋市の新興住宅地に変貌した。

少子高齢化の進行は，豊橋市の平均より速く，2004年4月の11.7%から2014年4月には21.2%と進行している。「岩田校区支え合い活動『のん・ほい』」の企画で市民協働推進補助金（2015年度）を交付されている。団塊の世代が多い同校区の高齢化問題への取り組みである。

4 むすびにかえて

地方自治体は地方分権法による方向づけを文脈として，その「自治」を模索しているといえよう。それは従来の自治体行政と住民・市民の関係をどのように構築するかをめぐってのそれである。

各自治体の総合計画に位置づけられた「まちづくり」は，行政と住民・市民との共有される新たな地平の追求である。

「協働」をキーワードとするさまざまな補助金事業の現状は，自治体が「自治」の基盤をどこに置くのかに関わって各自治体のテーマをうかがわせるものであった。

現段階ではその目指されている「新しい公共」，「自助，共助，公助という補完性の原理」による体制を到達点とみなして，協働関連の課題について自治体共通に言及されている。そこに「協働」を組み込む方向に行政サイドの「協働」への強調点がある。どのような論理で協働の今後を位置づけるか，については，それ自体が「自治」の課題であろう。協働によって蓄積されつ

つある補助事業の実績や補助事業後の活動主体について，その主体間の連環した体制がどのように確立されるかについてはその途上にあり，その追求課題に関わることとして補助事業を契機として行政・住民間におけるフィードバックの体制を設けてこの先の補助事業を展開するうえでワンステップとなりうる試行がなされてもいいのではないかと考える。

住民層の現場（ローカル）における問題発見・認識がその地域での完結体を求めるのではなく，そこに表された問題を集約するレベルの〈場〉があってはじめて住民・市民活動団体・行政の「協働」関係が，新たな行政のあり方（現行の「地方自治」の限界を認識し，問題提起につながりうる段階の成果が確信できるようなシステム）をめぐっての「協働」のフィードバック体制がそのため前段階となろう。

文献

岩田校区住みよい暮らしづくり委員会　2013「岩田校区　住みよい暮らしづくり計画」
新城市「第1次新城市総合計画　2008〜2018」
新城市　2015「新城市めざせ明日のまちづくり事業補助金　応募の手引き」
新城市　2015「住みよいまちへ！地域自治区制度」
新城市「地域活動交付金活用分野別一覧表」（平成25年度〜平成27年度）
新城市「新城市地域自治区条例」
新城市「新城市自治基本条例」2013（平成25）年4月1日施行
新城市HP「平成19年度　めざせ明日のまちづくり事業」
田原市「田原市地域コミュニティ振興計画」（平成19年3月）
田原市「田原市市民協働まちづくり条例」2008（平成20）年度施行
田原市「市民協働まちづくり事業補助金」（平成21年度〜平成27年度各年度）
田原市　2008「市民協働まちづくり条例【逐条解説】」
田原市　2016「田原市市民協働関連補助金《応募の手引き》」
田原市　2016「地域コミュニティ活動等支援制度　平成28年度版説明資料」
豊川市　2003「とよかわ市民活動活性化基本方針〜行政も市民も変わる協働のまちづくり〜」
豊川市　2013「とよかわ市民協働基本方針実施計画」（平成25年度〜平成29年度）
豊川市　2014「協働の手引き」
豊川市　2015「市民協働推進事業補助金の活用団体紹介」
豊橋市「市民協働推進補助金一覧表」
豊橋市「豊橋市市民協働推進補助金事業報告会」資料（平成21〜平成28年度を参照）

豊橋市「豊橋市市民協働推進計画」(平成22年3月〜平成27年度)
豊橋市HP「市民協働推進補助金審査結果」(平成19年度〜平成28年度)

(交　野　正　芳)

3．奥三河山間部の地域づくり

1 まち・ひと・しごと創生総合戦略――新たな地域づくりの指針

　2014（平成26）年11月28日に施行された「まち・ひと・しごと創生法」に基づき都道府県，市町村は，「人口ビジョン」，「まち・ひと・しごと創生総合戦略」の策定を2016年3月までに終えている。国は，2014年12月27日に，2060年の人口を1億人とする長期ビジョンの「まち・ひと・しごと創生長期ビジョン－国民の「認識の共有」と「未来への選択」を目指して－」を閣議決定した。2015年6月30日には，2015～2019年度5カ年の総合戦略として，「まち・ひと・しごと創生基本方針2015－ローカル・アベノミクスの実現に向けて－」を閣議決定した。国は，地方創生の総合戦略として次の4つの基本目標，政策を掲げている。①地方にしごとをつくり，安心して働けるようにする。②地方への新しいひとの流れをつくる。③若い世代の結婚・出産・子育ての希望をかなえる。④時代に合った地域をつくり，安心なくらしをまもるとともに，地域と地域を連携する。

　愛知県では，2015年10月に「愛知県人口ビジョン・まち・ひと・しごと創生総合戦略」の策定を終えている。市町村の策定にあたっては，都道府県のまち・ひと・しごと創生総合戦略を勘案して作成することの努力義務が課せられている（まち・ひと・しごと創生法第10条）。表Ⅳ-1-3-1は，愛知県が策定した「愛知県人口ビジョン・まち・ひと・しごと創生総合戦略」のうち，三河山間地域，三河湾の島々および周辺地域の具体的施策の抜粋である。

　奥三河地域の市町村の「まち・ひと・しごと創生総合戦略」の策定状況は，表Ⅳ-1-3-2のとおりである。2015年8月に豊根村，2016年2月に新城市，2016年3月には，設楽町，東栄町が策定を終えている。表中の下段は，市町村が策定している総合計画である。各市町村ともに最上位の計画として「総合計画」を策定している。ただし，2011年5月2日の地方自治法の改正により，

表Ⅳ-1-3-1 「愛知県まち・ひと・しごと創生総合戦略」三河山間地域関係分 抜粋

1.基本的な考え方
三河山間地域や知多半島の先端地域，三河湾の島々など，今後，急速な人口減少・高齢化が見込まれる地域もある。こうした，いわば条件不利地域については，豊かな自然や魅力的な観光資源さらには，県土の保全や水源の涵養，地球温暖化の防止，農林水産物の供給など本県の発展において，様々な面で重要な役割を担っており，これらの地域を県全体で支え，人口減少に歯止めをかけていくことが必要である。

2.重視すべき視点
【視点4:活力ある地域づくり，バランスのある発展をめざす】
　三河山間地域や半島先端地域，三河湾の島々など，今後さらなる人口減少・高齢化が見込まれる地域があり，地域によって活力の差が拡大していくことが懸念される。愛知が持続的に発展していくためには，県内の各地域が活力を維持し，バランスある発展をめざしていくことが不可欠である。そのため，三河山間地域などのいわゆる条件不利地域については，暮らしの安心を支える基盤の整備はもとより，観光振興による交流人口の拡大，さらには，新たなしごとの創出を図りながら，移住・定住を促進していくことが重要である。

3.基本目標と施策
(1) 三河山間地域，三河湾の島々及び周辺地域の振興
①暮らしの安心を支える環境の整備へき地医療拠点病院，へき地診療所の整備・運営への助成など，地域医療の充実を図るとともに，バス路線の維持や山間道路の整備などの生活交通の確保，携帯電話の不通話地域の解消などのインフラ整備を図る。「へき地・複式教育研究協議会」及び「へき地教育指導者研究協議会」を開催し，小規模校における教育の充実を図るなど，教育環境の整備を図る。
②小規模高齢化集落の維持・活性化
　集落単体での課題対応・解決が困難になっている小規模高齢化集落の維持・活性化のため，周辺集落との連携を促すことにより，集落のもつ相互扶助機能の再生・維持や，外部からの移住者など集落の担い手の育成を図る。また，移住や起業，集落支援等の企画・運営を行い，三河山間地域と都市をつなぐ仕組み「三河の山里サポートデスク」により，集落の維持・活性化を図る。さらに，市町村における「小さな拠点＊」の形成に向けた取組に対する支援などを行う。
③交流居住の促進
　「三河の山里サポートデスク」が中心となって，「愛知県交流居住センター」と連携し，都市住民との交流イベントの開催や情報発信，受入集落支援を行うとともに，農家民泊の普及に向けた取組を行い，交流人口の増加を図る。また，首都圏等における移住プロモーション活動を実施し，移住先としての三河山間地域を全国へＰＲすることで，移住を促進する。
④多彩な地域資源を生かした観光による地域の活性化
　三河山間地域の魅力をメディアやイベント等を活用して発信するとともに，あいちの山里の魅力を体感してもらうため，現地への移動手段の確保等の仕組みづくりをすすめることで，三河山間地域への人の流れをつくり，地域経済の活性化，新規雇用の創出をめざす。また，三河湾の島々とそのゲートウェイの魅力をメディアやイベント等を活用して発信するとともに，モニターツアーを実施するなど，誘客を促進する。
⑤地域の特性を生かした農林水産業の振興
　三河山間地域や三河湾の豊かな自然環境や特色ある地域資源を生かした，地域特産品の開発や産地直売など，農林水産物の高付加価値化及び農林漁業者の所得向上に向けた取組を推進する。また，「伐る→植える→育てる」の循環を効率的に行う林業を実現させるとともに，県産木材の生産から供給までの一貫した流通・加工体制の強化を図る。さらに，地域の農林水産業を担う意欲ある人材の確保・育成を図るとともに，耕作放棄地対策や，鳥獣被害防止対策などを推進する。加えて，捕獲したイノシシやニホンジカなどの野生鳥獣を食肉（ジビエ）として有効活用する取組を支援する。

出所：愛知県「愛知県人口ビジョン・まち・ひと・しごと創生総合戦略」（2015年10月）

総合計画策定の法定義務はなくなり、基本構想も議会の議決を必要とせず市町村の自由裁量となっている。市町村の「まち・ひと・しごと創生総合戦略」は、総合計画と連動させ、短期・中期・長期の政策・指針として策定されている。

表Ⅳ-1-3-2　奥三河地方の市町村「まち・ひと・しごと創生総合戦略」

市町村	まち・ひと・しごと創生総合戦略／市町村総合計画	人口ビジョン目標値
新城市	しんしろ創生戦略（2016年2月）	45,680人/2019年
	第1次総合計画（計画期間：2008年度～2018年度）	
設楽町	設楽町地方創生総合戦略（2016年3月）	3,000人/2060年
	設楽町総合計画（計画期間：2007年度～2016年度）	
東栄町	東栄"住人"増やそう戦略（2016年3月）	2,100人/2040年
	第6次東栄町総合計画（計画期間：2016年度～2025年度）	
豊根村	小さく持続するむら戦略（2015年8月）	900人/2060年
	第5次豊根村総合計画（計画期間：2016年度～2025年度）	

出所：新城市、設楽町、東栄町、豊根村の「まち・人・しごと創生総合戦略」、「総合計画」より作成。

奥三河地域4市町村ごとに「まち・ひと・しごと創生総合戦略」計画が目指すところをみておく。

1）豊根村

2015年8月に「豊根村まち・ひと・しごと創生総合戦略」を策定・公表した。長期ビジョンでは、2015年の豊根村人口1,207人から2060年の豊根村人口を"900人程度"確保すると掲げている。創生総合戦略の基本的な考え方として、次の3つを示している。①小さいことを活かした長続きする豊根村にする。②自分たちのことは自分たちで決めるむらづくり。③かかわりを広げるむらづくり。そして、戦略名を「小さく持続するむら戦略（2015～2020）」としている。2060年に人口900人を確保するために必要な5年間の取り組みとして、4つの基本目標①茶臼山観光ブランド化、②田舎志向を引き込む、③現役世代をしっかり応援、④つながる山暮らしを掲げている。

豊根村は、奥三河地域の4市町村の中でいち早く総合戦略を策定し2015年12月11日には内閣府から「地方創生先行型交付金・先駆的事業」として、1

億円の交付金の決定を受けている。その先駆的な事業とは，農林水産業の成長産業化として取り組んでいる愛知県幸田町と豊根村による「低温プラズマ技術新産業創生事業」である。官・学・民の協働と地域間（幸田町・豊根村）の連携により，幸田町は低温プラズマ技術を活用した農水産物の成長促進等の研究開発，機器開発により就業機会の創出を目指す。豊根村は，低温プラズマ技術を活用したチョウザメの養殖技術の高度化に取り組み，雇用の確保を目指す。幸田町が低温プラズマ技術研究を担い，豊根村がチョウザメ養殖の実証フィールドを提供することで，連携と生産システムの確立を目指す。

　低温プラズマ技術の研究開発，機器開発，チョウザメの養殖技術開発には，名古屋大学，愛知工科大学，東海大学と企業が連携協働をしている。

　2016年3月18日には，「地方創生加速化交付金事業」として，内閣府より「低温プラズマ技術実装化推進事業」に対し，1億3千万円の交付金の決定を受けている。低温プラズマの技術の実装として，幸田町は「ハウスいちご」のブランド化を，豊根村は希少性が高い「ヒメマスの養殖」を行うことでブランド化への加速を目指すとしている。豊根村の場合，「まち・ひと・しごと創生総合戦略」の策定公表後に，国の「地方創生先行型交付金・先駆的事業」，「地方創生加速化交付金事業」に取り込んでいることは特異なところである。

表Ⅳ-1-3-3　豊根村の地方創生交付金の活用状況

年度	地方創生交付金	豊根村の先行事業
2014	国の補正予算 【先行型】 【消費生活喚起型】	・総合戦略の策定（事業費：3,308千円） ・観光客の誘致対策（事業費：18,760千円） ・買物弱者支援（郵便局連携）（事業費：1,317千円） ・プレミアム商品券（事業費：18,306千円） ・ふるさと旅行券（事業費：5,640千円） ・ふるさと名物券（事業費：181千円）
2015	国の予算 【先駆的事業分】	・低温プラズマ技術産業創生事業（事業費：50,353千円） ・チョウザメ養殖マニュアル化事業（事業費：684千円） ・地域野菜のキッチンカー整備（事業費：10,048千円）
2015	国の補正予算 【加速化交付金】	・低温プラズマ技術産業創生事業の拡大展開 　（事業費：51,500千円） ・官民連携による茶臼山ブランディングの推進 　（事業費：32,500千円）

出所：豊根村役場地域振興課「平成26年度～平成27年度地方創生交付金の活用」より作成。

もう1つの特異なこととして、2015年4月には、国の「地方創生人材支援制度」を活用して、㈱野村総合研究所の井上泰一氏が「豊根村ビレッジマネージャー（非常勤）」として国から派遣されている。外部人材の活用においては、総合戦略策定と戦略の事業化に関与したことの成果は大きいと思われる（以上、表Ⅳ-1-3-3を参照）。

2）新城市

2016年2月に「新城市まち・ひと・しごと創生総合戦略」を策定・公表した。総合戦略は、"しんしろ創生"の実現を掲げている。その基本的な考え方は、「住みやすい・働きやすい・子育てしやすいと思える暮らし環境を整え、安心し心豊かに暮らすことのできるまちをつくる。自ら主体的に考え、学ぶことで、地域を磨く"人材（財）"となり、新たな価値を創造し、豊かな地域社会を形成する」であり、それに基づいて次の4つの基本目標を掲げている。

①希望が叶う安心・安全で豊かなまちを創る。②結婚・出産・子育て環境を創る。③市内にしごとを創る。④市内への人の流れを創る。

奥三河地域の市町村は、最上位計画である「総合計画」を持っており、市町村の総合戦略に組み込まれている。新城市も最上位計画として、2007年度に新生・新城市を目指すビジョンとして「第1次新城総合計画～山の湊しんしろ経営戦略プラン（基本構想：2008年度～2018年度）」策定し、前期（2008～2010）・中期（2011～2014）・後期（2015～2018）の基本計画と実施計画を改定しており、「市民がつなぐ山の湊　創造都市」としている。2015年度には、国の地方創生加速化交付金事業を導入し、愛知県と新城市との広域連携事業として「奥三河DMO整備連携推進事業」を行った。新城市の事業費が60,684千円、愛知県の事業費が50,000千円である。もう1つ新城市のみの事業として、「若者が活躍できるまち実現事業（若者まちづくりプランナー・プレーヤー・起業化事業）」を行い、こちらの事業費は、15,416千円となっている。

3）設楽町

「設楽町総合計画」の期間を前期：2007年度～2011年度，後期：2012年度～2016年度として，基本構想を策定し各行政分野の個別計画の上位計画としている。2016年3月に「設楽町地方創生総合戦略」と設楽町人口ビジョンを策定・公表した。設楽町人口ビジョンには，年間10世帯（子育て世帯）の移住者を確保するための町づくりを進め，2060年に設楽町人口3,000人の維持を目指すとある。

その中で注目すべきは，小学校区をもとにそれぞれの持続可能な人口数値を出していることである。そして，目標とする移住世帯数として，名倉校区は2世帯/年，田峯と清嶺校区は1世帯/年，津具校区は2世帯/年，田口校区は5世帯/年としている。このことと関係して総合戦略においても子育て世帯（年間10世帯）の移住者を確保することを政策目標に掲げている。

設楽町の行政区（設楽行政区設置に関する規則 2005年10月1日）は34の小さな区（集落・組）で編成されているが，総合戦略では「名倉地区」，「津具地区」，「清嶺地区」，「田口地区」の4地区に区分している。2015年度には，国の地方創生加速化交付金事業として，「地域と連携した魅力創造発信事業」を行い，地域（地区）の自主性を育てるために地域に「移住定住推進委員会（仮称）」の設置を推進し，空家リフォーム塾，移住ノートの作成，移住定住用HPの作成，タウンプロモーションの実施，地域づくり顧問の配置等の事業と活動が行われている。事業費は，13,400千円である。

4）東栄町

東栄町は，2016年3月に「東栄町人口ビジョン」と「東栄町まち・ひと・しごと創生総合戦略（東栄"住人（すみびと）"増やそう戦略）」を策定・公表した。2013年3月に国立社会保障・人口問題研究所が発表した将来人口推計によると，2040年の人口が2015年の半分程度である1,666人まで減少するため，人口ビジョンでは，人口減少問題に取り組む基本的な視点として次の3点を挙げている。

第1章　東三河の地域社会

①子育て世代，若者を中心とした生産年齢人口の流入と定住の促進。②若い世代の就労・雇用の創出，結婚・子育ての支援。③高齢者が積極的に社会参加し，自立した生活と若い世代の支援ができる環境の整備。

また，総合戦略の中で地域における受け入れ体制の充実とともに移住・定住者の確保に向けた4つの重点戦略とそれら重点戦略の実行を含めた，6つの基本目標を設定している。

重点戦略　①東栄町に愛着を持つ若者のUターン促進と住民の定住促進，②町内未婚者と町外若者との結婚促進，③子育て世代の移住促進，④田舎で働きたい人の移住促進

基本目標　①しごとづくり，②人の流れづくり，③魅力づくり，④結婚・出産・子育て支援づくり，⑤暮らしの安全を支える地域づくり，⑥地域と地域の連携。

これらをふまえて2015年度に総合計画を改定し，2016年度を始期とする「第6次東栄町総合計画」がスタートしている。まち・ひと・しごとの創生につながる施策に連動する上位計画である。

東栄町では，2015年度に「地方創生加速化交付金事業」として，次の2つの取り組みをはじめた。

①世代を超えた人の流れづくりの場「おいでん家」事業

高齢者同士の相互扶助の場，人の世話を通じた活躍・雇用の場の創出を目指すとして，町内11地区のうち4地区に「おいでん家」を設置した。事業費は52,811千円である。

②ヨソ者が担う観光地域づくり事業

2016年度中に東栄町観光協会の設立を目指し，地域おこし協力隊卒業者等，Iターン者を登用し，ヨソ者の視点を生かして町の魅力を発信する。チェーンソーアート競技大会や東栄フェスティバル等のイベント，セルフコスメツアーや花祭体験ツアー等の新たなツーリズム等の常在の観光的な資源がある。事業費は，14,578千円である。

奥三河地域4市町村のまち・ひと・しごとの創生の戦略施策は2年目を迎

えているが,問われることは自治体の政策思考力とまち（地域社会・自治区・地区・集落）でのたゆまざる活動と行動の具現化，そしてひとづくり＝地域の交流人(ひと)・活動人(ひと)・共住人(ひと)の相乗りができるかであろう。奥三河地域の市町村は，2005年〜2015年の間に「地域再生法」に基づく地域再生計画の認定を受けている。2015年の「まち・ひと・しごと創生総合戦略」策定時期と合わせて市町村の単独計画として，また広域連携・補完計画として「地域再生計画」を策定している。新城市は,単独の「『山の湊』しんしろ活性化計画」,豊根村・設楽町・東栄町は地域間連携での「水と緑あふれる奥三河活性化計画」,「『住んでよし，訪れてよし，移住してよしの田舎』北設楽郡創造計画」等を策定し，計画事業の実施には，国・県からの財政的な支援がなされている。

② 外部人材の移入施策（共住施策）

奥三河の市町村では，移住・定住の外部人材の移入施策を，総合計画，過疎対策，あるいは地域再生策や，まち・ひと・しごと創生戦略において主要な施策の柱としている。ここでは市町村の外部人材の移入施策として，総務省・地域おこし協力隊事業と市町村の主な定住・移住・共住施策をみていく。

外部人材移入制度として，総務省が2009（平成21）年度に「地域おこし協力隊」制度を創設した。この制度について総務省は，「都市地域から過疎地域等の条件不利地域に住民票を移動し，生活の拠点を移した者を，地方公共団体が『地域おこし協力隊員』として委嘱。隊員は，一定期間地域に居住して，地域ブランドや地場産品の開発・販売・PR等の地域おこしの支援や，農林水産業への従事，住民の生活支援などの『地域協力活動』を行いながら，その地域への定住・定着を図る取組」であるとしている。事業の主体は，地方公共団体であり，地域おこし協力隊の活動期間は概ね1年以上3年以下である。総務省の支援は，協力隊の活動に要する経費として隊員1人あたり400万円を上限とし，地域おこし協力隊員の起業に要する経費として1人あたり100万円を上限とし，協力隊員募集に要する経費として1団体あた

表Ⅳ-1-3-4　地方自治体の地域おこし隊員数,取組団体数の推移

	2009年度	2010年度	2011年度	2012年度	2013年度	2014年度	2015年度
隊員数	89名	257名	413名	617名	978名	1,511名	2,625名
団体数	31団体	90団体	147団体	207団体	318団体	444団体	673団体

出所:総務省「地域おこし協力隊の推進について（通知）平成21年3月31日」より作成。

り200万円を上限として特別交付税により財政支援があると概説している。表Ⅳ-1-3-4は,2009年度からの全国の隊員数,取り組み団体の推移である。

奥三河地域の地域おこし協力隊受け入れ状況は,表Ⅳ-1-3-5である。豊根村では,2009年度から「地域おこし協力隊」事業に取り組んでいる。併せて特定非営利活動法人「地球緑化センター（1999年9月法人設立）」が行っている「緑のふるさと協力隊」の受入も行っている。「緑のふるさと協力隊」の場合は,受入市町村が隊員活動に要する経費を負担し,活動期間は1年となっている。

「地域おこし協力隊」による地域協力活動は多様である。奥三河地域での「地域協力活動」としては,次の活動がみられる。

・地域おこしの支援（地域行事やイベントの応援,伝統芸能や祭,地域ブランドや地場産品の開発・販売・プロモーション,空き家活用,都市との交流事業,移住者受け入れ促進,地域メディアなどを使った情報発信等）
・農林業従事（農作業支援,耕作放棄地再生等）・協力隊の起業,定住等

表Ⅳ-1-3-5　2009年〜2016年の地域おこし協力隊受入（外部人材）の推移

市町村	2009年（平成21）	2010年（平成22）	2011年（平成23）	2012年（平成24）	2013年（平成25）	2014年（平成26）	2015年（平成27）	2016年（平成28）
新城市						M(30代・愛知) W(20代・愛知) M(20代・愛知) M(20代・愛知)	M(30代・京都)	W(30代・愛知)
設楽町					M(20代・千葉)	M(30代・千葉)	M(30代・千葉) M(30代・愛知)	M(30代・千葉) M(30代・愛知)
東栄町					W(20代・沖縄) W(20代・和歌山)	M(20代・静岡) M(30代・栃木) M(20代・愛知) W(20代・沖縄) W(20代・和歌山)	M(20代・静岡) M(30代・栃木) M(20代・愛知) W(20代・和歌山) M(20代・愛知)	M(20代・静岡) M(30代・栃木) M(20代・愛知) W(30代・愛知)
豊根村	M(30代・愛知)	M(30代・愛知) M(40代・東京)	M(30代・愛知) M(20代・千葉)	M(20代・千葉)	M(20代・千葉) W(30代・愛知) M(30代・愛知)	M(30代・愛知) M(30代・愛知)	M(30代・愛知) W(20代・東京)	W(20代・東京) W(20代・島根) W(20代・東京)

出所:「新城市・設楽町・東栄町・豊根村地域おこし協力隊事業」より作成。
※Mは男性,Wは女性。

である。

　奥三河地域への外部人材移入施策として，市町村では「移住・定住対策」に取り組んでいる。「まち・ひと・しごと創生総合戦略」，「人口ビジョン」においても4市町村は，人口縮小を見据えていることとあわせて外部人材の移住・定住対策を戦略の主要施策として掲げている。

　奥三河地域では，長きにわたり人口減少対策，UJIターンによる移住・定住対策を継続している。各町村の移住・定住施策の主な事業を紹介する。

1）豊根村

　豊根村は，2013年度において「譲渡型定住促進住宅」事業を行った。一戸建住宅の中野ガーデンハイツ5戸（木造2階建85.28㎡, 3LDK，敷地面積130㎡）を整備した。入居資格は，世帯主が40歳以下の者，単身者の場合は将来結婚して定住する意志のある者，地域の活動に参加できること，5年以上継続して居住できること等が要件となっている。家賃30,000円/月，敷金90,000円である。居住年数3年を経過すると有償譲渡が可能であり30年を経過すると家屋，土地を無償譲渡する仕組みである。事業費（村単独事業）は，57,500千円である，2015年度の中野ガーデンハイツ入居状況は，5戸共に入居済みとなっている。

2）東栄町

　東栄町では，2012年度から，空き家バンク（空き家情報活用制度）に登録されている空き家を町が所有者から10年間借り受けて改修を行い，「空き家リフォーム住宅」として，移住・定住希望者に貸している（定住促進空き家活用住宅）。入居10年目以降（町と入居者との賃貸借契約終了後）は，空き家所有者と入居者との契約に移行する。2012年度は，3戸の改修住宅に3家族13人の入居があった。この空き家活用の改修は，総務省の過疎地域集落再編成整備事業を導入している。2012年9月19日には，「東栄町定住促進空き家活用住宅の設置および管理に関する条例」が施行され, 中設楽地区（2

戸），御薗地区（2戸），東薗目地区（1戸），本郷地区（2戸），三輪地区（1戸）に空き家活用の定住促進住宅ができている。

3）設楽町

　設楽町では，2007年11月14日に設楽町空き家情報システム制度要綱を廃止して，「設楽町空き家バンク制度要綱」に改定している。制度の趣旨は，UJIターン者の定住支援，都市交流による地域の活性化施策であり，設楽町内の空家，空地，空き店舗の活用を図るためのバンク制度である。注目すべきは，設楽町内の「名倉地区」，「清嶺地区」，「津具地区」，「田口地区」には，地区住民が主体の移住・定住促進の中間支援をする任意組織があることである。名倉地区では「名倉高原山の番人」，清嶺地区では清嶺地域活性化協議会，津具地区では移住定住推進委員会「津具どっとこい（tsugu.coi）」，田口地区では田口小学校区移住定住推進委員会があり，地区が抱える人口減少と地域維持の地域課題を踏まえた取組みがされている。津具地区の移住定住推進委員会「津具どっとこい（tsugu.coi）」は，2016年8月21日に津具地区（旧津具村）の空き家見学会を開催し，6件の家を案内している。見学参加者の要件は，夫婦の合計年齢80歳未満，中学生以下の子供がいる方，40歳未満の独身の方で，先着40名とある。

　設楽町では，空き家の紹介とあわせて，町が所有する住宅用地（田口地区）を「一坪1万円」で宅地分譲しており，対象は上記と同じ夫婦の合計年齢80歳未満，中学生以下の子供がいる方となっている。2013年4月8日に「設楽町宅地分譲要綱」を策定し，「設楽町宅地分譲募集要領」に基づいて，人口減少を抑制することと若年層の移住と定住を促進することを目的に分譲している。

4）新城市

　新城市の空き家対策は，「空き家バンク」について定めた「新城市空き家情報登録制度要綱」（2015年1月16日）にみられるように，奥三河地域では後発である。2015年4月1日には，空き家バンクに登録された空き家を対象

とする「新城市空き家改修事業補助金交付要綱」が施行され，定住促進と地域の活性化を図るため，空き家の所有者または入居者による居住するに必要な改修，補修，取替え等に要する経費に対して助成を行っている。新城市空き家バンクへの登録物件は，2015年が6件，2016年が7件である。合併前の旧鳳来町，旧作手村での登録が多い。2015年は，6物件のうち2件の売買契約がなされ，2016年は8月末で7物件のうち3件の売買，賃貸の契約がなされている。新城市は，2005年の市町村合併で都市的地域と中山間・山村地域を抱えている。住環境施策については，2008年9月にまず都市計画に関する基本的な方針を示す「新城市都市計画マスタープラン」を策定し，2014年3月に新たに「新城市住生活基本計画」の中で，2014年度から2023年度の10年間で，誰もが快適に暮らせ，住み続けることができる住まい・まちづくり実現に取り組むとしている。この計画の中で示されている新城市の住宅・居住の概況は，2008年の新城市の住宅戸数が18,630戸，世帯総数が16,110世帯，空き家数が2,470戸であり，空き家率は13.3％となっている。

空き家対策については，2015年2月26日「空家等対策の推進に関する特別措置法」が施行された。このことにより，市町村が抱える空き家についての対策・施策は，自治体の裁量として取り組むことになる。

③ 奥三河地域のツーリズム（観光）創生

奥三河地域の4市町村は，地域再生や地方創生，総合計画，個別の施策である地域振興，地域産業，地域雇用，人材移入施策等において，「観光」を重要度・優先度が高いとしている。そこで，地域の観光・ツーリズムの動向をみていく。

1）各市町村の「地域観光の振興ビジョン」

まず，市町村の「地域観光の振興ビジョン」の策定状況である。豊根村は，2014（平成26）年12月に「豊根村観光交流アクションプラン・めざせ100万人」

を策定した。2020年の観光交流人口100万人を目指すとある。

東栄町は，2016年3月に「第6次東栄町総合計画（2016年～2025年）」を策定・公表した。活力あるまちづくりの柱の1つに「観光」施策を置き，新たな観光資源の創造と観光交流来訪者の誘致，観光・ツーリズムによる地域づくりを掲げている。

設楽町は，2006年度に「設楽町総合計画」を策定・公表した。2011年度には「設楽町総合計画・後期基本計画（2012年度～2016年度）」の中で，活力あふれる産業振興のまちづくりの1つに観光・レクリエーションの振興を掲げている。

新城市は，2010年3月に「新城市観光基本計画（平成22年度～平成31年度）」を策定・公表し，観光交流による地域の活性化を目標に掲げた。

同計画はとりわけ，高速道路のゲートウェイとしての位置づけ，可能性について言及した。その後新城市の観光を取り巻く環境は，「三遠南信自動車道」鳳来峡IC～浜松いなさIC間（2012年3月5日），「新東名高速道路」御殿場JCT～三ヶ日JCT間（2014年4月14日）の開通と，新城IC（2016年2月13日），長篠設楽PAの開設，道の駅もっくる新城の開業により大きく変化した。この変化を，観光基本計画に基づいて実施してきた観光振興事業の見直しと，観光基本計画に掲げる「観光交流による地域の活性化」を具現する機会として，2016年3月に「新城市観光基本計画アクションプラン－平成28年度～平成31年度－」を策定し，「未来（あす）へはばたくしんしろ観光アクションプラン」をテーマに計画を推進している。

2）奥三河観光協議会

任意団体として活動していた「奥三河観光協議会」は2014年9月29日に解散・清算し，同日に法定団体である「一般社団法人奥三河観光協議会」が設立された。同協議会は，観光地域づくりでの中間支援を行うことを目的としており，新城市，設楽町，東栄町，豊根村，豊橋鉄道株式会社，一般財団法人茶臼山高原協会，東海旅客鉄道株式会社，名古屋鉄道株式会社，愛知県

商工会連合会新城設楽支部，愛知東農業協同組合で組織されている。奥三河の観光Webサイト「きらっと奥三河観光ナビ」の運営や奥三河ふるさとガイドによる観光案内，東海自然歩道奥三河完全走破シリーズの開催など，官民一体となって奥三河の観光振興を推進している。

3）奥三河地域雇用創造協議会

奥三河地域雇用創造協議会は，「おとなが楽しむ手軽な田舎」をコンセプトに，「実践型地域雇用創造事業（厚生労働省）」の支援を得て，奥三河地域の観光ビジネス・雇用の創出を推進している。構成団体は，新城市，設楽町，東栄町，豊根村，一般社団法人奥三河観光協議会，愛知県商工会連合会新城設楽支部，愛知東農業協同組合である。主たる事業として，事業者向けの「雇用拡大メニュー（観光ビジネス参入セミナー）」，求職者向けの「人材育成メニュー（伝える，教える技術知識等を持つ観光人材の育成セミナー等）」，「就職促進メニュー（就職面接会等）」，「雇用創出実践メニュー（体験型観光プログラム，特産品開発等）」の4つの事業創造メニューが用意されている。

4）各市町村における観光・ツーリズム事業の取り組み
① 豊根村

豊根村は，茶臼山高原の萩太郎山頂（1,358ｍ）付近に2008年，「茶臼山高原天空の花回廊『芝桜の丘』」を開園した。2011年には，芝桜40万株にまでなり，今日に至っている。2015年4月18日には愛知県ではじめて道の駅の認定を受けた「道の駅・豊根グリーンポート宮嶋」が，リニューアルオープンした。小さな道の駅であるが，特産品売り場，山のレストランふるさと，青空カフェ，バルコニーがあり，豊根村観光協会が観光情報の提供を行っている。2015年度の豊根村観光協会の事業として，みどり湖ハーフマラソン（スポーツ），豊根四季の大鍋（食），豊根アクションプラン推進事業（観光地域づくり），観光産業・観光事業者の振興育成が展開されている。豊根村への観光レクリエーションでの来訪者の状況は，表Ⅳ-1-3-6のとおりである。

表Ⅳ-1-3-6 豊根村の観光レクリエーション利用者の推移 (単位:人)

観光レクリエーション 資源・施設名	2008 (H20)	2009 (H21)	2010 (H22)	2011 (H23)	2012 (H24)	2013 (H25)	2014 (H26)	2015 (H27)
茶臼山高原	262,600	354,000	235,600	140,600	139,145	116,484	105,100	138,400
茶臼山高原スキー場	60,800	56,400	48,320	59,400	57,327	63,446	65,900	53,000
兎鹿嶋温泉	102,600	107,800	101,861	82,500	90,323	84,246	81,700	86,500
芝桜まつり	-	-	307,000	266,000	313,030	191,000	213,000	229,000
合計	426,000	518,200	692,781	548,500	599,825	455,176	465,700	506,900

出所：愛知県振興部観光局観光振興課「愛知県観光レクリエーション利用者統計 平成20年～27年」より作成。

② 東栄町

　東栄町は，2016年度において「東栄町観光協会（仮称）」の設立を見込んでいる。東栄町の観光事業は，町が直営する実行委員会を組織して実施しているが，観光協会が設立されることで，多様な展開となることを期待したい。東栄町には，イベント型の観光として，「東栄町フェスティバル（一部国重要無形文化財・花祭りを含む）」，「チェンソーアート競技大会（木材活用と芸術の融合）」，「和太鼓『絆』プロジェクト（高校和太鼓部，和太鼓集団志多ら）」，「星空おんがく祭」がある。他には2015年に地域おこし協力隊のOGたちが起こした，東栄町発ニューツーリズムがある。1つは，暮らし体験型ゲストハウス「danonだのん」（金城愛氏），もう1つは，ビューティーツーリズム「naoriなおり」（大岡千紘氏）である。ビューティーツーリズムは，東栄町にある三信鉱工においてのみ採掘されている化粧品のファンデーションの原材料であるセリサイトの鉱山探索＋手作りコスメティック体験ができるとして起業され，2010年に閉校となった東部小学校（木造校舎）を再生した「東栄町体験交流館のき山学校」にて体験できる。この施設は，地域内外住民の交流，観光振興，集落の活性化を図ることを目的として町が設置し，2015年4月に開校された。NPO法人てほへが指定管理者として，のき山学校の管理運営をしている。校内には，Caféのっきい，のき山文庫，多目的室，講堂，グランド，のっきい農園が備わっており，学び・ツーリズムの様相があるといえる。東栄町への観光レクリエーションでの来訪者の状況は，表Ⅳ-1-3-7のとおりである。

表Ⅳ-1-3-7　東栄町の観光レクリエーション利用者の推移　　　　　　　　　　（単位：人）

観光レクリエーション資源・施設名	2008 (H20)	2009 (H21)	2010 (H22)	2011 (H23)	2012 (H24)	2013 (H25)	2014 (H26)	2015 (H27)
東栄フェステバル	7,000	7,000	10,000	9,000	12,000	12,000	13,000	15,000
チェンソーアート競技大会	8,000	6,000	12,000	7,000	12,000	15,000	15,000	15,000
花祭り	7,800	7,900	－	－	－	－	－	－
とうえい温泉	192,26	186,124	－	－	－	－	－	－
東栄総合社会教育文化施設	32,061	45,568	－	－	－	－	－	－
東栄町農産物直売所	59,911	66,701	－	－	－	－	－	－
東栄グリーンハウス	13,677	－	－	－	－	－	－	－
合計	320,709	319,293	22,000	16,000	24,000	27,000	28,000	30,000

出所：愛知県振興部観光局観光振興課「愛知県観光レクリエーション利用者統計　平成20年～27年」より作成。

③ 設楽町

　設楽町では，名倉地区の「奥三河食彩フェスタしたら」があるが，2016（平成28）年7月の開催がファイナルとなった。「道の駅アグリステーションなぐら」は，1999年8月27日に「道の駅」の登録となった。1991年に4名の女性が「お母さんの店」を開業し，道の駅開駅時に併せて食堂部「お母さんの店」を新設した。地域の伝統食である五平餅を改良し，地元産の名倉米と名倉地区で栽培されているエゴマを使った「エゴマだれ五平餅」として売り出しており，ここでは，伝統食・地産地消・女性の起業・地域営農の仕組みが動いている。2014年11月に，「ジャパンフードフェスタ2014」の中で行われた「第2回地場もん国民大賞（農林水産省が開催する食資源を活用した加工食品，料理のコンテスト）」の審査で銅賞を獲得し，2015年5月～10月にイタリアで食をテーマとして開催された「2015年ミラノ国際博覧会」の日本館において紹介された。

　国土交通省は，地方創生を実現していくための有力な手段として「道の駅」を捉え，2014年度から優れた取り組みをしている「道の駅」を3パターンで選定して支援を行っている。Ⅰ．全国モデルの「道の駅」（6駅），Ⅱ．重点「道の駅」（73駅），Ⅲ．重点「道の駅」候補（49駅）である。さらに2016年度現在は特定テーマ型モデル「道の駅」を加えた4パターンとなっている。奥三河地域にある道の駅は6駅であり，「道の駅アグリステーションなぐら」

第1章　東三河の地域社会

表IV-1-3-8　設楽町の観光レクリエーション利用者の推移　　　　　　　　　　(単位:人)

観光レクリエーション資源・施設名	2008 (H20)	2009 (H21)	2010 (H22)	2011 (H23)	2012 (H24)	2013 (H25)	2014 (H26)	2015 (H27)
田峯観音	434,000	427,000	34,363	—	—	—	—	—
奥三河総合センター	—	29,246	—	—	—	—	—	—
名倉カントリークラブ	36,322	37,349	14,393	—	—	—	—	—
寒狭川(鮎,アマゴ釣り)	11,606	14,28	11,502	—	—	—	—	—
つぐ高原グリーンパーク	14,078	15,012	11,832	—	—	—	—	—
面ノ木園地	236,683	284,019	207,767	—	—	—	—	—
面ノ木ビジターセンター	36,985	42,711	19,328	—	—	—	—	—
アグリステーションなぐら	154,374	168,607	62,525	—	—	—	—	—
八雲苑	63,225	61,886	15,643	—	—	—	—	—
奥三河食彩フェスタしたら	7,400	6,000	—	—	—	—	—	—
森林まつり	1,500	—	—	—	—	—	—	—
段戸裏谷原生林きららの森	—	59,367	3,770	—	—	—	—	—
設楽町	—	—	—	630,964	607,614	595,440	566,031	443,835
合計	1,027,582	1,145,477	381,123	630,964	607,614	595,440	566,031	443,835

出所:愛知県振興部観光局観光振興課「愛知県観光レクリエーション利用者統計　平成20年〜27年」より作成。

が重点道の駅候補の選定となっている。津具地区にも「道の駅つぐ高原グリーンパーク」がある。

　設楽町の観光協会は，「津具観光協会（津具商工会内に事務局がある）」と「設楽町観光協会」の2本立てである。設楽町への観光レクリエーションでの来訪者の状況は，表IV-1-3-8のとおりである。

　津具地区には，「奥三河つぐ高原グリーンツーリズム推進協議会」がある。奥三河つぐグリーンツーリズム推進協議会は，地元農家の有志が立ち上げ，農業・農村観光（グリーンツーリズム）を進めている。津具地区は，名倉地区と並んで中山間地域の農業地帯であり，米づくり，高原野菜，花き栽培が行われ，「道の駅つぐ高原グリーンパーク」，「面ノ木園地（原生林，自然林湿地帯）」等の体験的な観光資源を持っている。奥三河つぐ高原グリーンツーリズム推進協議会は，2013年度に農林水産省の「都市農村共生・対流総合対策交付金」を受けて，野生のイノシシ，シカをジビエとして食肉利用しており，「奥三河高原ジビエの森（ジビエ食肉処理施設）」を稼働させ，秋季には地域の食と文化を紹介するイベント「奥三河つぐ高原マルシェ秋の収穫

祭」を開催している。

④ 新城市

　新城市は，2004年6月に地域再生法に基づく地域再生計画として「DOS（Do Outdoor Sports）地域再生プラン」が内閣府から認定され，新城の自然のフィールドを使ったアウトドアスポーツでまちづくり，地域観光の創造を図ることを掲げている。当初の計画には，「ラリー」，豊川を使った「いかだカーニバル」，「マラソン」の事業がある。以後，10年以上が経過し，2015年度でのアウトドアスポーツイベントの開催実績は，「ツール・ド・新城（11回目，参加者977人）」，「三河高原トレイルランニングレース（9回目，参加者971人）」，「新城ラリー（12回目，観客51,000人）」，「OSJ新城トレイルレース（10回目，参加者1,419人）」であった。新城市は，DOS地域再生事業の継続と合わせて，新たなツーリズムである「新城のスポーツツーリズム」の提唱と推進行動を起こしている。2016年度には新城市の行政機構に「産業振興部スポーツツーリズム推進課」を設置した。新城市観光協会は，合併前の旧市町村にあった催事・誘客事業を担っており，2015年の集客状況は，「新城桜まつり（集客87千人）」，「しんしろ戦国絵巻三部作（集客40千人）」，「新城納涼花火大会（集客40千人）」，「鳳来寺山もみじまつり（集客108千人）」であったと公表している。新城市への観光レクリエーションでの来訪者の状況は，表Ⅳ-1-3-9のとおりである。

　奥三河地域の市町村の観光動向に共通していることは，新たなツーリズムの創発と取り組みがあることである。新城市＝スポーツツーリズム，設楽町＝グリーンツーリズム，東栄町＝ビューティーツーリズム，豊根村＝花のツーリズムである。体験型・交流型・地域観光型のツーリズムとして，参加する人，観る人，支える人が，地域での新たな常在観光に仕立て上げているといえよう。

第1章　東三河の地域社会

表Ⅳ-1-3-9　新城市の観光レクリエーション利用者の推移　　　　　　　　　　　　　　　　（単位：人）

観光レクリエーション資源・施設名	2008 (H20)	2009 (H21)	2010 (H22)	2011 (H23)	2012 (H24)	2013 (H25)	2014 (H26)	2015 (H27)
桜淵公園	219,096	323,227	46,998	167,405	170,88	119,205	127,53	92,383
新城市設楽原歴史資料館	15,707	14,761	16,790	19,212	24,167	24,081	20,872	23,068
鬼久保ふれあい広場	44,789	46,775	45,474	36,045	32,138	39,928	19,500	27,502
つくで手作り村	115,737	147,227	134,176	111,179	116,392	109,703	118,745	117,920
湯谷温泉	38,405	61,270	49,284	51,557	46487	39,087	32,172	50,813
鳳来ゆーゆーありいな	186,650	177,592	169,730	1653,342	112,495	142,157	155,937	156,315
長篠城址史跡保存館	15,272	16,423	19,775	18,885	25,498	23,369	21,199	25,422
長篠合戦のぼりまつり	12,000	10,000	20,000	20,000	30,000	30,000	10,000	31,900
鳳来寺山	269,353	251,159	258,819	63,854	272,559	257,066	261,609	258,468
阿寺の七滝	82,600	67,030	77,800	109,279	71,634	61,986	74,225	82,932
愛知県民の森	553,658	565,533	562,757	482,519	489,139	525,372	432,33	452,098
乳岩峡	21,400	17,200	18,667	23,06	20,256	19,927	21,337	21,909
学童農園やまびこの丘	44,573	48,651	48,215	43,021	42,898	39,264	46,818	50,294
東海自然歩道	146,400	129120	152,576	193,2	214,704	229,646	283,697	240,407
湯谷園地	21,031	18,516	25,759	11,424	15,002	10,200	16,220	19,444
うめの湯	57,678	47,907	50,204	44,923	52,261	50,743	46,882	48,450
新城納涼花火大会	—	—	36,000	38,000	38,000	38,000	38,000	40,000
新城さくらまつり	—	—	110,736	81,552	112,493	81,672	80,826	70,040
富永神社祭礼	7,500	7,500	—	—	—	—	—	—
一鍬田天王祭	1,500	1,500	—	—	—	—	—	—
設楽原決戦場まつり	3,000	3,000	—	—	—	—	—	—
サマーカントリーフィーバー	2,000	2,000	—	—	—	—	—	—
長篠城址史跡めぐり	15,608	16,858	—	—	—	—	—	—
湯谷老人福祉館	3,228	—	—	—	—	—	—	—
鳴沢の滝	10,000	10,000	10,000	14,950	13,030	21,381	22,018	16,818
寒狭川	28,221	25,906	17,518	17,485	20,794	17,593	15,538	13,978
新城ラリー	—	—	21,000	15,000	37,000	42,000	48,000	51,000
軽トラ市	—	—	8,015	29,775	26,623	28,532	29,132	39,485
つくで祭り	10,000	10,000	12,600	10,000	7,000	9,000	7,000	6,000
もっくる新城	—	—	—	—	—	—	—	1,131,750
合計	1,929,406	2,023,155	1,912,893	1,689,145	1,991,455	1,959,912	1,929,587	3,068,396

出所：愛知県振興部観光局観光振興課「愛知県観光レクリエーション利用者統計　平成20年～27年」より作成。

文献

愛知県 2015「愛知県内の地域再生計画〈地域再生法に基づく計画〉」
　　（http://www.pref.aichi.jp/soshiki/chiki/0000008989.html）
愛知県振興部観光局観光振興課「愛知県観光レクリエーション利用者統計　平成20年～
　　27年」

愛知県・新城市・北設楽郡設楽町・東栄町・豊根村 2014「奥三河地域雇用創造計画」
愛知県政策企画局企画課 2015「愛知県人口ビジョン・まち・ひちと・しごと創生総合戦略」
一般社団法人奥三河観光協議会 2015「平成27年度，平成28年度奥三河観光協議会総会議案書」
奥三河観光協議会 2014「平成26年度奥三河観光協議会総会議案書（奥三河観光協議会解散総会・一般社団法人化設立総会）」
小田切徳美 2014『農山村は消滅しない』岩波書店
小田切徳美・筒井一伸編著 2016『田園回帰の過去・現在・未来 移住者と創る新しい農山村』一般社団法人農山漁村文化協会
国土交通省 2016「平成27年度重点「道の駅」の選定について」
設楽町 2011「設楽町総合計画後期基本計画書」
設楽町 2013「設楽町地域おこし協力隊設置要綱」
設楽町 2016「設楽町人口ビジョン・総合戦略計画書」
新城市 2010「新城市観光基本計画書」
新城市 2014「新城市住生活基本計画書」
新城市 2015「第一次新城市総合計画後期基本計画書」
新城市 2016「新城市まち・ひと・しごと創生総合戦略計画書」
新城市観光協会「平成26年度，平成27年度，平成28年度新城市観光協会通常総会」資料
総務省 2009「地域おこし協力隊推進要綱」
総務省地域創造グループ地域自立応援課 2016「平成27年度地域おこし協力隊の定住状況等に係る調査結果」
筒井一伸・嵩和雄・佐久間康富著，小田切徳美監修 2014『移住者の地域起業による農山村再生』岩波書房
東栄町 2015「第6次東栄町総合計画書」
東栄町 2016「東栄町まち・ひと・しごと創生総合戦略計画書」
豊根村 2009「第5次豊根村総合計画書」
豊根村 2014「豊根村観光交流アクションプラン」
豊根村 2015「豊根村まち・ひと・しごと創生総合戦略計画書」
豊根村観光協会「平成26年度第42回通常総会，平成27年度第43回通常総会，平成28年度第44回通常総会」資料
内閣官房まち・ひと・しごと創生本部 2014「まち・ひと・しごと創生長期ビジョン」
穂積亮次 2016『自治する日本 地域拠点の民主主義』萌書房
牧野光朗 2016『円卓の地域主義』事業構想大学院大学出版部
松本英明 2013『新版逐条地方自治法・第7次改定版』学陽書房

（黍嶋久好）

第2章　東三河の医療・福祉

1. 医　療

1　はじめに

　本稿では東三河における医療供給の2004（平成16）年から2015年まで約10年間の動向について概観する。東三河の医療供給は北部（新城市，東栄町，設楽町，豊根村）と南部（豊橋市，蒲郡市，豊川市，田原市）で異なる様相を示すため，両地域を対比しながら記述する。

2　医療施設

1）病　院

　病院の配置とその推移については表Ⅳ-2-1-1，2のとおりである。東三河北部では1999（平成11）年から約20年間，病院数は6院と横ばいであるが，そのうち救急告示病院は従来の4院から3院へ減少した。入院病床数は一般病床が2004年の369床から239床へ減った。一般病床から転換した療養病床も2004年までは増加を続けたが，それ以降は227床から243床へ増加したのみで，病院病床総数は596床から482床へと減少している。

　東三河南部では病院数が42院から35院へと減少し，一般病床と共に療養病床の減少もみられる。2010年頃までは，高齢化により増大する医療費抑制のため一般病床から低コストの療養病床へ転換したり介護保険施設等への入所を促進させたりする全国的な医療費削減政策の影響がみられたが，その後は療養病床の削減も進み，医療施設における要介護高齢者の「受け皿」機能は縮小している。2004年から2015年までの総病床減少率は愛知県全体で

表Ⅳ-2-1-1　2004（平成16）年　病院数と病床数；病院，病床の種類・医療圏・市区町村別

	病院数総数	一般病院	精神病院	結核療養所	療養病床のある病院	救急告示病院	病床数総数	一般病床	精神病床	感染症病床	結核病床	療養病床
愛知県	353	316	37	−	167	188	69,982	42,309	13,686	62	474	13,451
東三河北部	6	6	−	−	5	4	596	369	−	−	−	227
新城市	3	3	−	−	2	2	414	320	−	−	−	94
鳳来町	2	2	−	−	2	1	112	9	−	−	−	103
作手村	−	−	−	−	−	−	−	−	−	−	−	−
東栄町	1	1	−	−	1	1	70	40	−	−	−	30
設楽町	−	−	−	−	−	−	−	−	−	−	−	−
津具村	−	−	−	−	−	−	−	−	−	−	−	−
豊根村	−	−	−	−	−	−	−	−	−	−	−	−
富山村	−	−	−	−	−	−	−	−	−	−	−	−
東三河南部	42	38	4	−	24	24	8,167	3,549	1,693	10	42	2,873
豊橋市	25	21	4	−	11	15	5,654	2,166	1,587	10	34	1,857
蒲郡市	4	4	−	−	2	2	733	504	−	−	−	229
豊川市	11	11	−	−	10	5	1,234	426	106	−	8	694
一宮町	−	−	−	−	−	−	−	−	−	−	−	−
音羽町	−	−	−	−	−	−	−	−	−	−	−	−
御津町	−	−	−	−	−	−	−	−	−	−	−	−
小坂井町	1	1	−	−	1	−	230	137	−	−	−	93
田原市	1	1	−	−	−	1	316	316	−	−	−	−
渥美町	−	−	−	−	−	−	−	−	−	−	−	−

資料：『平成16年医療施設調査』（2004年10月1日）より作成。

3.15％であるのに比し，東三河南部では5.37％，北部では19.13％と高い傾向がみられる。

　医療法に基づく，一般病床と療養病床を合わせた基準病床数（2011〜2015年度）は東三河北部が630床，南部が6,444床であるが，いずれも現状では基準に達していない。

　入院病床の減少は病床利用の低下に直結する。表Ⅳ-2-1-3のとおり東三河北部の病院では一般病院の一日あたり在院患者数が10年で38.4％減少した（愛知県での減少は8.7％，東三河南部は8.5％）。

　病院での外来患者数も，初期医療における診療所の役割の高まりとともに減少している。愛知県も例外ではなく，表Ⅳ-2-1-4のとおり10年で一般病

表Ⅳ-2-1-2　2015（平成27）年　病院数と病床数；病院，病床の種類・医療圏・市区町村別

	病院数総数	一般病院	精神病院	結核療養所	療養病床のある病院	救急告示病院	病床数総数	一般病床	精神病床	感染症病床	結核病床	療養病床
愛知県	322	284	38	–	157	150	67,780	40,043	12,877	72	200	14,588
東三河北部	6	6	–	–	4	3	482	239	–	–	–	243
新城市	5	5	–	–	4	2	442	199	–	–	–	243
東栄町	1	1	–	–	–	1	40	40	–	–	–	–
設楽町	–	–	–	–	–	–	–	–	–	–	–	–
豊根村	–	–	–	–	–	–	–	–	–	–	–	–
東三河南部	35	31	4	–	21	18	7,729	3,335	1,563	10	18	2,803
豊橋市	20	16	4	–	8	9	5,168	1,977	1,457	10	10	1,714
蒲郡市	3	3	–	–	2	2	698	439	–	–	–	259
豊川市	11	11	–	–	10	6	1,547	658	106	–	8	775
田原市	1	1	–	–	1	1	316	261	–	–	–	55

資料：『平成27年医療施設調査』（2015年10月1日）より作成。

表Ⅳ-2-1-3　1日平均在院患者数の推移

	一般病院			療養病床のみの病院		
	2004（平16）	2009（平21）	2015（平27）	2004（平16）	2009（平21）	2015（平27）
愛知県	49,856	46,116	45,513	12,625	12,613	12,877
東三河北部	537	384	331	211	187	183
東三河南部	6,170	5,984	5,645	2,741	2,726	2,562

資料：『病院報告』（各年版）より作成。

表Ⅳ-2-1-4　1日平均外来患者数の推移（一般病院）

	2004（平16）	2009（平21）	2015（平27）
愛知県	79,763	68,515	65,862
東三河北部	972	637	540
東三河南部	7,527	6,648	6,395

資料：『病院報告』（各年版）より作成。

院の外来患者数は17.4％減少した。東三河南部も同様に15.0％の減少であるが東三河南部は新城市民病院の外来縮小などの影響により44.4％もの大幅な減少となっている。

2）診療所

　病院と診療所の連携と役割分担が政策的に進められ，初期医療や慢性疾患管理および在宅医療における診療所の役割が全国的に高まる中，愛知県下では医科診療所の設置件数が約10年で11.7％増加している。東三河南部でも1.0％増加しているが，北部は9.3％減少している（表Ⅳ-2-1-5，6）。

　一方で入院機能は病院への集中が進み，有床診療所は都市部を中心に減少の一途を辿っている。愛知県下では2004年の590カ所（6,857病床）から2015年には371カ所（4,560病床）へと減少した。同様に東三河南部では70カ所（798病床）から35カ所（477病床）へ激減した。東三河北部では有床

表Ⅳ-2-1-5　2004（平成16）年　一般診療所数，歯科診療所数，病床数；病床の有無・医療圏・市区町村別

	医科診療所						歯科診療所		
	施設数	有床診療所数	療養病床のある診療所数（再掲）	病床数	療養病床数（再掲）	無床診療所数	施設数	有床	無床
愛知県	4,707	590	54	6,857	570	4,117	3,512	－	3,512
東三河北部	54	5	1	41	6	49	29	－	29
新城市	25	1	－	4	－	24	17	－	17
鳳来町	10	2	1	24	6	8	5	－	5
作手村	2	1	－	8	－	1	1	－	1
東栄町	4	－	－	－	－	4	1	－	1
設楽町	8	1	－	5	－	7	3	－	3
津具村	2	－	－	－	－	2	1	－	1
豊根村	2	－	－	－	－	2	1	－	1
富山村	1	－	－	－	－	1	－	－	－
東三河南部	443	70	4	798	－	373	331	－	331
豊橋市	246	38	4	435	－	208	182	－	182
蒲郡市	55	10	－	132	－	45	45	－	45
豊川市	70	15	－	164	－	55	58	－	58
一宮町	14	2	－	14	－	12	6	－	6
音羽町	5	1	－	4	－	4	2	－	2
御津町	9	－	－	－	－	9	4	－	4
小坂井町	5	1	－	19	－	4	4	－	4
田原市	29	1	－	5	－	28	21	－	21
渥美町	10	2	－	25	－	8	9	－	9

資料：『平成16年医療施設調査』（2004年10月1日）より作成。

表Ⅳ-2-1-6　2015(平成27)年　一般診療所数，歯科診療所数，病床数；病床の有無・医療圏・市区町村別

	医科診療所						歯科診療所		
	施設数	有床診療所数	療養病床のある診療所数(再掲)	病床数	療養病床数(再掲)	無床診療所数	施設数	有床	無床
愛知県	5,259	371	26	4,560	268	4,888	3,704	1	3,703
東三河北部	49	5	1	36	12	44	29	−	29
新城市	34	4	1	31	12	30	23	−	23
東栄町	5	−	−	−	−	5	1	−	1
設楽町	7	1	−	5	−	6	4	−	4
豊根村	3	−	−	−	−	3	1	−	1
東三河南部	447	35	−	477	−	412	330	−	330
豊橋市	254	21	−	314	−	233	184	−	184
蒲郡市	63	6	−	77	−	57	44	−	44
豊川市	96	8	−	86	−	88	77	−	77
田原市	34	−	−	−	−	34	25	−	25

資料：『平成27年医療施設調査』(2015年10月1日)より作成。

診療所が5カ所のままで増減はない。病床は41から36に減少しているが，病院の病床減を肩代わりする有床診療所の意義は大きい。

3) 東三河北部で低下する入院病床の自域依存率

東三河北部では人口10万対の病院病床数は，県平均の水準になっているが，愛知県健康福祉部が2009年に実施した患者一日実態調査によれば，入院受療率（人口10万対入院患者数）は県平均が730であるのに対し，東三河北部では1,164であり，入院への需要は県よりも多い。しかし東三河北部では，入院自域依存率（患者が居住する医療圏内の医療機関に入院している割合）が1999年には83.6％であったが，2004年には74.1％，2011年には47.2％と減少している（表Ⅳ-2-1-7）。東三河北部に住む人が入院する場合，52.8％の人は他の地域の病院を利用しなければならないことになる。入院機能を整備することは，たんに入院病床の配置のみならず，手術や救急医療などの高度な治療機能を併せ持つことを意味する。これらのことからも東三河北部における入院病床数の確保は急務であるといえる。

表Ⅳ-2-1-7　一般病院の入院病床自域依存率の推移（％）

	1999（平11）年7月	2004（平16）年7月	2009（平21）年6月
東三河北部	83.6	74.1	47.2
東三河南部	95.2	91.4	91.4

資料：『愛知県地域保健医療計画』（2013）より作成。

　なお，病院，診療所以外の保健医療機関として東三河北部には新城市に保健所，設楽町に同分室が置かれているほか，保健センター（類似施設を含む）7カ所，助産所3カ所，薬局20カ所がある。

　東三河南部には中核市の豊橋市に保健所が1カ所，豊川市にも保健所があり蒲郡市，田原市にそれぞれ同分室がある。そのほか保健センター（類似施設）が8カ所，助産所12カ所，薬局が331カ所ある（2016年10月1日現在）。

③　医　師

　医療施設と同様に地域の医療供給に医師の存在は欠かせない。本項では東三河を従業地とする医師数をみる（表Ⅳ-2-1-8，9）。

1）医師全般

　愛知県全体および東三河南部では2004（平成16）年からの10年で，病院の従業医師数は増加している（愛知県で26.1％，東三河南部で21.7％の増加）。一方，東三河北部では，病院従業医師数は45人から35人へ22.3％減少している。これは1990年代以降の医師養成数の減少と共に，2004年からスタートした新たな医師研修制度が影響している。新研修制度では，卒後研修を大学病院以外の病院で行うことが可能になったため大学病院では医師が減少した。そのため農村山間地などの病院に大学から派遣されていた医師が呼び戻され，残った医師は過重な労働を余儀なくされてさらに転出が進むという悪循環が全国的に生じた。東三河北部地域の病院もその例外ではなく，医師の不足がもたらす問題が住民の不安となっている。

診療所従業医師も，愛知県下で12.5％，東三河南部では5.6％増加しているのに対し，東三河北部では5.4％となる2人の減少がみられる。診療所数，病床数，病院医師数の減少が相俟って，同地区の医療供給機能の低下が危惧される。

2) 産婦人科医師数

近年，一般的な医師不足と併せて特に産婦人科の医師不足が懸念されている。産婦人科（ここでは産科，婦人科，産婦人科をすべて「産婦人科」とする）を標榜する医師数をみると，愛知県全体では1999年から2004年にかけて726人から708人へ減少したものの，その後2015年には823人と増加に転じている。東三河南部では2004年の68人から76人へと増加をみせている。

表IV-2-1-8　2004(平成16)年　従業地別医師数，産科婦人科医師数，歯科医師数

	人口	男	女	病院従事医師数	診療所従事医師数	産科婦人科標榜医師数	歯科医師数
愛知県	7,205,625	3,603,250	3,602,375	5,920	4,645	708	4,470
東三河北部	64,978	31,569	33,409	45	38	4	35
新城市	35,929	17,656	18,273	34	19	3	23
鳳来町	13,586	6,558	7,028	5	9	1	6
作手村	3,117	1,485	1,632	−	2	−	1
東栄町	4,363	2,039	2,324	6	2	−	1
設楽町	4,902	2,391	2,511	−	4	−	3
津具村	1,539	696	843	−	1	−	1
豊根村	1,328	638	690	−	1	−	−
富山村	214	106	108	−	−	−	−
東三河南部	700,944	347,822	353,122	581	449	68	442
豊橋市	373,045	185,237	187,808	372	258	38	242
蒲郡市	81,795	39,743	42,052	52	57	9	57
豊川市	120,689	59,992	60,697	108	73	12	83
一宮町	16,373	8,241	8,132	−	9	−	6
音羽町	8,627	4,225	4,402	−	4	−	3
御津町	13,543	6,610	6,933	−	9	−	4
小坂井町	21,765	10,780	10,985	19	5	2	7
田原市	43,450	22,502	20,948	30	25	6	27
渥美町	21,657	10,492	11,165	−	9	1	13

資料：『平成16年版愛知県衛生年報』(2004年10月1日) より作成。
1. 医師，歯科医師数は医療施設の代表者と勤務者を指し，非臨床医は除外した。
2. 本表で産科婦人科とは産科，婦人科，産婦人科をすべて含む。

表Ⅳ-2-1-9　2015(平成27)年　従業地別医師数, 産科婦人科医師数, 歯科医師数

	人口	男	女	病院従事医師数	診療所従事医師数	産科婦人科標榜医師数	歯科医師数
愛知県	7,444,513	3,719,190	3,725,323	7,466	5,226	823	5,581
東三河北部	57,081	27,883	29,198	35	36	3	35
新城市	47,362	23,290	24,072	30	32	3	30
東栄町	3,418	1,578	1,840	5	2	ー	1
設楽町	5,124	2,462	2,662	ー	2	ー	4
豊根村	1,177	553	624	ー	ー	ー	ー
東三河南部	697,437	348,490	348,947	707	474	76	467
豊橋市	373,086	186,744	186,342	443	289	47	275
蒲郡市	80,659	39,891	40,768	56	58	10	55
豊川市	181,158	90,072	91,086	178	96	15	104
田原市	62,534	31,783	30,751	30	31	4	33

資料:『平成27年版愛知県衛生年報』(2015年10月1日)より作成。
1. 医師, 歯科医師数は医療施設の代表者と勤務者を指し, 非臨床医は除外した。
2. 本表で産科婦人科とは産科, 婦人科, 産婦人科をすべて含む。

しかし東三河北部では1999年の7名から2004年は4名, 2015年には3名へと減少している。

　『人口動態統計特殊報告』によれば1998年から2002年の5年間と2008年から2012年の5年間の合計特殊出生率(ベイズ推定値)を比較すると, 愛知県全体では1.42から1.51 (+0.09), 東三河南部(豊橋市を除く)では1.58で変わらず, 豊橋市では1.53から1.59 (+0.06)と改善しているが, 東三河北部では1.55から1.44 (△0.11)へと減少している。その原因のひとつとして産婦人科医師の減少があるとは断定できないが, 安心して子どもをもうける要素として医療体制が重要であることに変わりはない。

　2011年度には, 新城市内に産科オープンシステム(妊婦健診, 産褥療養, 保健指導は助産所が主に行い, 分娩は医療機関が行う体制)を利用する「しんしろ助産院」が設置され, ハイリスク分娩については東三河では豊橋市民病院が地域周産期母子医療センターの役割を担う体制となっている。

3) 歯科医師数

　歯科診療所は2004年からの10年で, 愛知県全体では5.5％増加しており, 歯科医師数も24.9％増加している。東三河南部では歯科診療所は331カ所か

ら330カ所と横ばいだが,歯科医師は442人から467人へと5.7％増加している。東三河北部においては歯科診療所が29カ所,歯科医師数も35人で増減はない。

4 課 題

上記の動向を背景として,愛知県『地域医療構想』(2016.10)では,東三河における医療供給の課題が以下のように指摘されている。

1) 東三河北部
・へき地医療,救急医療及び在宅医療の充実のため,医師を始めとする医療従事者の確保と区域内の医療機関相互の連携をさらに進める必要がある。
・救急搬送所要時間が長くなっており,救急搬送体制の充実が必要である。
・医師不足により診療制限をしている病院数は2病院(33.3％)と高くなっており,その状況を分析し,対応を検討する必要がある。
・重篤な救急患者の救急医療や周産期医療の確保が区域内の医療機関だけでは困難な状況となっており,東三河南部との連携をさらに進める必要がある。
・回復期機能の病床を確保する必要がある。

2) 東三河南部
・療養病床が多いため,不足する機能への転換を図るとともに,在宅医療への移行を進める必要がある。
・回復期機能の病床を確保する必要がある。
・病床100床対の医療施設従事医師数及び病院従事看護師数が県平均と比べ極めて少なくなっており,その状況を分析し,対応を検討する必要がある。

(西 村 正 広)

2．福　祉

1　はじめに

　わが国では，総人口が減少するなかで高齢者人口は増加し続けており，さらに，今後要介護リスクの高い75歳以上の後期高齢者の割合が上昇することが予想されている。こうした高齢者を取り巻く状況の変化に対応すべく，2011（平成23）年の介護保険法改正より，高齢者が住み慣れた地域で最期まで暮らし続けられるように，住まい・医療・介護・予防・生活支援の各サービスを切れ目なく一体的に提供する地域包括ケアシステムの構築に向けた取り組みが進められている。

　地域包括ケアシステム構築に向けた政策の議論では，地域包括ケア研究会の報告書[1]を踏まえ，公の負担である「公助」，介護保険制度に代表される「共助」の大幅な拡充を期待することは難しく，住民相互の支え合いなどの「互助」や，自らの健康管理や市場サービスの購入などの「自助」の役割が大きいことや，高齢化の進展は地域差が大きいことから，地域の特性や実情に応じてシステムを構築する必要性があることが指摘されている。

　そこで本稿では，東三河の8市町村における高齢者介護をめぐる状況を概観した上で，「地域包括ケアシステム」の構築における課題について検討してみたい。

2　東三河地域の高齢化の姿

　2015（平成27）年に，わが国の65歳以上の高齢者人口は，3,392万人となり，総人口に占める割合である高齢化率は26.7％となった。表Ⅳ-2-2-1に愛知県・東三河各市町村の人口構成の推移を示す。この表によれば，愛知県全体では人口は増加傾向にあり，高齢化率も全国に比べ低い水準で推移している。

しかし東三河の状況を老人福祉圏域ごとにみると[2]、東三河南部圏域（以下，南部圏域）の4市では，人口は緩やかな減少傾向にあり，高齢化率も蒲郡市を除き全国より低い水準で推移している。田原市を除いて，南部圏域の3市では後期高齢者より前期高齢者の人口が多い状況が続いているが，今後要介護リスクの高い後期高齢者の増加が予測されており，生産人口が減少傾向にある中で，いかにして介護の担い手を確保していくかが課題となろう。

北部圏域の4市町村は若年層を中心に人口減少が著しく，設楽町，東栄町，豊根村の3町村では，2014年に高齢者人口が生産人口を上回っている。北部圏域では，いずれも前期高齢者より後期高齢者の割合が高く，新城市を除き

表Ⅳ-2-2-1　愛知県・東三河地域の年齢別人口構成の推移

			南部圏域				北部圏域			
	全国 (万人)	愛知県 (人)	豊橋市 (人)	豊川市 (人)	蒲郡市 (人)	田原市 (人)	新城市 (人)	設楽町 (人)	東栄町 (人)	豊根村 (人)
2010(平成22)年10月1日										
総　数	12,806	7,410,719	376,665	181,928	82,249	64,119	49,864	5,769	3,757	1,336
0～14歳	1,680	1,065,254	55,709	27,294	11,015	8,788	6,300	513	301	130
15～64歳	8,103	4,791,445	241,743	115,543	50,781	41,005	29,531	2,749	1,660	594
65～74歳	1,517	839,156	41,084	21,074	10,605	6,545	6,325	963	642	189
75歳以上	1,407	652,929	34,696	17,141	9,530	7,679	7,708	1,544	1,153	423
(再)65歳以上	2,925	1,492,085	75,780	38,215	20,135	14,224	14,033	2,507	1,795	612
構成比(%)										
総　数	100	100	100	100	100	100	100	100	100	100
0～14歳	13.2	14.5	14.9	15.1	13.4	13.7	12.6	8.9	8.0	9.7
15～64歳	63.8	65.2	64.8	63.8	62.0	64.1	59.2	47.7	44.2	44.5
65～74歳	11.9	11.4	11.0	11.6	12.9	10.2	12.7	16.7	17.1	14.1
75歳以上	11.1	8.9	9.3	9.5	11.6	12.0	15.5	26.8	30.7	31.7
(再)65歳以上	23.0	20.3	20.3	21.1	24.6	22.2	28.1	43.5	47.8	45.8
2014(平成26)年10月1日										
総　数	12,708	7,444,513	373,086	181,158	80,659	62,534	47,362	5,124	3,418	1,177
0～14歳	1,623	1,040,670	52,858	26,403	10,241	8,396	5,700	425	276	118
15～64歳	7,785	4,633,650	229,998	1,110,076	47,986	38,406	26,520	2,317	1,450	501
65～74歳	1,708	948,055	47,777	24,253	11,455	7,716	7,123	890	614	193
75歳以上	1,592	765,325	39,358	19,550	10,659	7,914	8,019	1,496	1,087	371
(再)65歳以上	3,300	1,713,380	87,135	43,803	22,114	15,630	15,142	2,386	1,701	564
構成比(%)										
総　数	100	100	100	100	100	100	100	100	100	100
0～14歳	12.8	14.1	14.3	14.6	12.7	13.4	12.0	8.3	8.1	10.0
15～64歳	61.3	62.7	62.2	61.1	59.7	61.5	56.0	45.2	42.3	42.3
65～74歳	13.4	12.7	12.8	13.4	14.2	12.3	15.0	17.4	18.0	16.4
75歳以上	12.5	10.4	10.6	10.8	13.3	12.7	16.9	29.2	31.7	31.4
(再)65歳以上	26.0	23.2	23.6	24.3	27.5	25.0	32.0	46.5	49.6	47.7

注：総数には「年齢不詳」を含まない。
資料：平成27年愛知県統計年鑑（愛知県），総務省「人口推計」，平成22年国勢調査より作成。

高齢者人口も減少傾向にある。しかしこれら町村では，生産人口が急速に減少することが予測されるため，介護の担い手不足のみならず，福祉財政やコミュニティそのものの維持についても今後一層厳しい状況になることが予測される。

③ 高齢者の世帯

高齢化の急速な進展により，高齢者のみの世帯が急増している。2010（平成22）年の国勢調査によれば，全国の一般世帯における65歳以上の者のいる世帯の割合は，37.3％であり，これらの世帯における「単身世帯」の割合は24.8％，「夫婦世帯」は22.4％であり，約半数が高齢者のみの世帯である。

表Ⅳ-2-2-2に愛知県と東三河の世帯構造の推移を示す。65歳以上の高齢者のいる世帯は，南部圏域，北部圏域ともに愛知県の平均より高い水準で推移しており，特に東三河北部圏域では，一般世帯の57.8％を占めるに至っている。

65歳以上の高齢者のいる世帯の構成をみると，両圏域とも「単身世帯」，「夫婦世帯」の割合は増加傾向にあるが，愛知県の平均に比べて低い水準で推移している。とはいえ，南部圏域では2005年から2010年にかけて「夫婦世帯」

表Ⅳ-2-2-2　圏域別65歳以上の者のいる世帯の状況

区　分	一般世帯数	一般世帯のうち65歳以上の高齢者のいる世帯数	一般世帯に占める65歳以上の者のいる世帯の割合（％）	65歳以上の者のいる世帯の世帯構造					
				単身世帯	％	夫婦世帯	％	その他の同居世帯	％
平成17年									
愛知県	2,724,476	846,253	31.1	167,609	19.8	223,567	26.4	455,077	53.8
南部圏域	243,313	85,478	35.1	13,800	16.1	18,406	21.5	53,272	62.3
北部圏域	20,560	11,681	56.8	1,711	14.6	2,818	24.1	7,152	61.2
平成22年									
愛知県	2,929,943	991,869	33.9	217,326	21.9	278,356	28.1	496,187	50.0
南部圏域	256,042	97,434	38.1	17,540	18.0	23,419	24.0	56,475	58.0
北部圏域	20,616	11,924	57.8	2,002	16.8	3,041	25.5	6,881	57.7

資料：愛知県高齢福祉課2015「第6期愛知県高齢者健康福祉計画」，2009「第4期愛知県高齢者健康福祉計画」より作成。

が5,013世帯,「単身世帯」が3,740世帯増加しており,今後は家族による介護力に依存することが一層困難になることが予想される。

④ 介護保険サービスの状況

介護保険制度は,市町村が保険者となって運営を担い,市町村ごとに給付と負担が連動する仕組みとなっている。市町村が3年を1期とする介護保険事業計画を策定し,この計画に基づき,65歳以上の第1号被保険者の保険料基準額(以下,保険料)が設定される。介護保険創設当初,全国平均で2,911円であった保険料は上昇し続け,第6期では月額5,514円とおよそ1.9倍まで上昇している。表Ⅳ-2-2-3は,東三河各市町村の第5期と第6期の保険料である。総人口に占める後期高齢者の割合が高く,認定率も高い北部圏域の3町村では,保険料の伸び率が高くなっている。

国は,保険者間に保険料の差が生じないように調整交付金を交付しているが,保険料が最も低い田原市と最も高い東栄町とでは月額1,150円の差が生じている。東三河では,2015(平成27)年1月に8市町村による東三河広域

表Ⅳ-2-2-3 第5期および第6期における第1号保険料

保険者名	第5期(2012〜2014年度)保険料基準額(月額)(円)	第6期(2015〜2017年度)保険料基準額(月額)(円)	保険料基準額の伸び率(%)	高齢化率 平成27年10月1日時点(推計値)	高齢者(65歳以上)に占める後期高齢者(75歳以上)の割合(%) 平成27年10月1日時点(推計値)	認定率* 平成26年12月末時点
豊橋市	4,300	4,800	11.6	24.1%	45.5%	14.5%
豊川市	4,590	5,180	12.9	25.1%	45.1%	14.5%
蒲郡市	4,472	4,900	9.6	28.0%	49.0%	14.4%
田原市	4,216	4,750	12.7	25.6%	50.1%	14.0%
新城市	4,450	4,950	11.2	32.4%	52.5%	18.5%
設楽町	4,400	5,700	29.5	47.0%	62.3%	19.7%
東栄町	4,300	5,900	37.2	52.5%	64.2%	21.6%
豊根村	4,500	5,300	17.8	49.3%	65.9%	22.7%

＊認定率:第1号被保険者の認定者数/第1号被保険者数
資料:厚生労働省HP「第6期計画期間・平成37年度等における介護保険の第1号保険料およびサービス見込み量等について」より転載。

連合が設立されており，2018年度には介護保険の保険者を「東三河広域連合」として統合することになっている。介護保険の広域化によるメリットは保険財政の安定化と，保険業務の効率化，広域的なサービスの基盤整備などが挙げられる。

しかし杉浦（2009）は，保険者地域内で，サービス基盤の分布の不均一がある一方で保険料賦課水準が均一化されることは，受益（サービス給付）と負担（保険料）に関して構成市町村間での公平性をかえって損なう恐れがあると述べている。さらに坂本・住居（2006）は，人的なサービスを中心とする介護サービスの供給や保険財政は必ずしも広域化により効率化するものではないと指摘している。

そこで表Ⅳ-2-2-4に各市町村別の主な介護サービス施設・事業所の数を示す。この表をみると，自宅等で暮らす要介護・要支援者（以下，要介護者

表Ⅳ-2-2-4　東三河における主な介護サービス事業所数（2016年9月現在）

サービスの種類	南部圏域				北部圏域			
	豊橋市	豊川市	蒲郡市	田原市	新城市	設楽町	東栄町	豊根村
居宅サービス								
訪問介護	44	38	8	5	8	2	1	1
訪問看護	19	17	3	2	3	0	1	0
通所介護	117	71	24	26	21	4	3	1
短期入所生活介護	16	12	5	7	3	1	1	0
特定施設入居者生活介護	7	3	1	1	1	0	0	0
地域密着型サービス								
定期巡回・随時対応型訪問介護看護	3	0	0	0	0	0	0	0
夜間対応型訪問介護	0	0	0	0	0	0	0	0
小規模多機能型居宅介護	1	5	0	0	1	0	0	0
複合型サービス	3	2	0	0	0	0	0	0
認知症対応型共同生活介護（グループホーム）	22	12	7	5	7	2	1	1
施設サービス								
介護老人福祉施設	8	7	3	3	2	2	1	0
介護老人保健施設	7	4	2	2	2	0	0	1
介護療養型医療施設	3	3	0	0	4	0	0	0
日常生活圏域の数	22	4	3	4	6	1	1	1
65歳以上人口	87,135	43,803	22,114	15,630	15,142	2,386	1,701	564
行政面積（km²）	261.35	160.79	56.81	188.81	499.00	273.96	123.4	155.91
65歳以上人口密度（1km²あたり）	333.4	272.4	389.3	82.8	30.3	8.7	13.8	3.6

資料：厚生労働省「介護サービス情報公表システム（愛知県）」より作成。

表Ⅳ-2-2-5　保険者別　各サービスの利用者数

保険者名		A 認定者数(人)	B サービス利用者合計(人)	B/A サービス利用者/認定者(%)	D 居宅サービス利用者数(人)	D/B (%)	E 地域密着型サービス利用者数(人)	E/B (%)	F 施設サービス利用者数(人)	F/B (%)
全国		6,222,508	5,260,840	84.5	3,920,543	74.5	418,133	7.9	922,164	17.5
南部圏域	豊橋市	13,545	11,641	85.9	8,930	76.7	936	8.0	1,775	15.2
	豊川市	7,042	6,068	86.2	4,573	75.4	458	7.5	1,037	17.1
	蒲郡市	3,358	3,022	90.0	2,308	76.4	282	9.3	432	14.3
	田原市	2,365	2,111	89.3	1,521	72.1	189	9.0	401	19.0
北部圏域	新城市	2,928	2,469	84.3	1,798	72.8	172	7.0	499	20.2
	設楽町	525	440	83.8	286	65.0	35	8.0	119	27.0
	東栄町	372	325	87.4	222	68.3	27	8.3	76	23.4
	豊根村	130	103	79.2	49	47.6	11	10.7	43	41.7

資料：厚生労働省「介護保険事業状況報告（平成28年5月分）」より作成。

等）にサービスを提供する居宅介護サービス事業所の数には，保険者間で大きな差がある。65歳以上人口密度が低く，高齢者人口が減少傾向にある北部圏域の3町村では，居宅介護サービス事業所の種別・数ともに少なく，その中でも特に訪問介護・看護の事業所が極めて少ない。訪問系サービスは移動に多くの時間を要するため，採算が合わず事業者の参入が進んでいないのが現状である。

　表Ⅳ-2-2-5は，各市町村における各種サービスの利用者数を示したものである。この表によれば居宅サービスが不足している北部圏域では施設サービスへの依存が高くなっており，特に豊根村では，サービス利用者の約4割が施設サービスを利用している。施設サービスは1人あたりの費用額が居宅介護サービスに比べて高額であり，介護保険料を押し上げる一因となっている。

　北部圏域に比べ65歳以上人口密度が高く，今後後期高齢者の増加が予測される南部圏域では，居宅サービス事業所の整備が進んでおり，田原市を除き全国平均に比べ，施設介護への依存が低い。しかし南部圏域においても中・重度の要介護者の在宅生活を24時間支える「夜間対応型訪問介護」や，「定期巡回・随時対応型訪問介護看護」，1事業所が「通所」，「訪問」，「宿泊」

を柔軟に組み合わせて提供する「小規模多機能型居宅介護」については参入が進んでいない（表Ⅳ-2-2-4）。

5 地域包括ケアシステム構築における課題

　介護と医療のニーズを併せ持つ高齢者を地域で支えることを目指す地域包括ケアシステムでは，医療と福祉の連携が不可欠である（図Ⅳ-2-2-1）。東三河の医療体制については，北部圏域において，医療従事者の確保や，救急搬送体制，へき地医療の確保等が課題となっている（愛知県医療福祉計画課2016）。東三河の医療体制については第Ⅳ部第2章1.で述べたことから，本稿では福祉に焦点を当てて，地域包括ケアシステムの課題について検討してみたい。

　南部圏域では，今後，後期高齢者の増加が見込まれており，高齢者のみの世帯も増加傾向にあることから，中・重度の要介護者が自宅等で暮らし続けるためには，24時間対応の在宅サービスを充実させる必要がある。とはいえ，先に述べたようにその中心となる「定期巡回・随時対応型訪問介護看護」，「夜間対応型訪問介護」，「小規模多機能型居宅介護」については整備が遅れている（表Ⅳ-2-2-4）。その原因として「定期巡回・随時対応型訪問介護看護」では，「夜間，深夜の対応が中心」，「利用者からのコール対応が中心」といった誤った認識を事業者が持っていることや，「小規模多機能型居宅介護」については一般の訪問，宿泊サービスに比べ，手厚い職員配置が必要であることにより，事業者が新規参入に慎重になっていることなどが考えられる（愛知県高齢福祉課 2015）。従って，保険者はこれら事業の実態を正確に分析し事業者に知らせ，参入を促す方策を検討する必要があろう。

　住まい・医療・介護・予防・生活支援を一体的に提供する地域包括ケアシステムでは，概ね30分以内に必要なサービスが提供される日常生活圏域を中学校区を単位として想定している（図Ⅳ-2-2-1）。しかし表Ⅳ-2-2-4に示すように北部圏域の3町村ではいずれも町や村全域を1圏域としている。さ

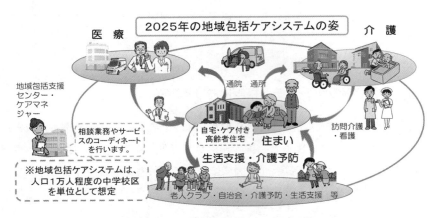

図IV-2-2-1　地域包括ケアシステムの姿
資料：第42回 社会保障審議会介護保険部会参考資料5-1より転載。

らにこれら町村では，高齢者人口も減少傾向にあり，くわえて山間部の多い地域ということもあり，今後も通所や訪問のサービス事業者の新規参入は見込めない。これら地域においては生産人口の急減により介護職員の確保も困難な状況にある。こうした状況においては，コミュニティ全体の維持という観点からも高齢者住宅等への住み替えという選択肢を提示することが今後重要な課題となろう。とはいえ2010（平成22）年の国勢調査によれば，設楽町，東栄町，豊根村の借家率は5％を下回っており持家率が極めて高い。また国土交通省「平成20年住生活総合調査(愛知県集計結果)」によれば，「持ち家」の者については，高齢期における住み替えに対する希望は5.4％にとどまっている。介護需要の集約，住み替えについては住民の意向を詳細に検証した上での提案が必要と考えられる。

　先に述べたように，地域包括ケアシステムでは「自助」や「互助」，とりわけ住民の支え合いによる「互助」の果たす役割が重視されている。では当事者である地域住民は，「互助」についてどういった意向を持っているのだろうか。新城市が2009年に実施した「地域の支え合い・助け合いの活動に関するアンケート調査」では，地域の付き合いにおいて「何でも相談し助け

合える人がいる」が13.9%,「内容によっては相談し助け合える人がいる」が40.3%であり，後の半数は「世間話や挨拶程度」，「付き合いがない」と回答しており，また地域活動への参加意向についても「時間に余裕ができれば参加したい」という消極的な回答が6割以上を占めるなど，支え合いについての住民の意識が分かれていることがうかがえる[3]。東栄町が2014年に実施した「第6次東栄町総合計画の策定に向けた住民意識調査」では，東栄町からの移転を考えている者のうち，65〜69歳では「地域活動がわずらわしい」が，75歳以上では「まちに愛着が持てない」の回答がそれぞれ相対的に高いという結果が報告されている[4]。

地域包括ケアシステム構築のモデル事業として，豊橋市が市内の地域包括支援センターに依頼して行った「互助」の再構築の試みでは，旧来の保守的な組織（自治会，老人会など）とは別に自主的なボランティア組織をつくろうとする場合に，既存の形から全ての考えをスタートする人たちと，柔軟に考えていこうとする人達との調整が難しいという課題があることを報告している（株式会社日本総合研究所　2014）。

6 おわりに

人口減少・高齢化が進展する状況において，地域包括ケアシステムの構築は，医療や福祉のあり方にとどまらず地域社会のあり方そのものに変革を迫る可能性を有している。東三河では2018年度に介護保険の保険者が統合される予定であるが，市町村ごとに高齢化の進展も，暮らし方に対する人々の考え方も多様である。地域包括ケアシステムの構築において，保険者や自治体は住民1人ひとりに自らが暮らす自治体の現状への理解を促し,「公助」,「共助」,「互助」,「自助」が効果的に連携して発展するようバックアップすることが重要となろう。

注

(1) 地域包括ケア研究会 2009『地域包括ケア研究会報告書～今後の検討のための論点整理～』は地域包括ケアシステム構築の構成要素である「公助」,「共助」,「互助」,「自助」の概念を提示している。(http://www.mhlw.go.jp/houdou/2009/05/h0522-1.html)
(2) 老人福祉圏域とは，都道府県が介護給付等サービスの種類ごとの量の見込みを定める単位である。
(3) 本調査は新城市が「地域福祉計画」,「地域福祉活動計画」の一環として実施した調査である。調査時期は2009（平成21）年7月，対象は20歳以上の者から無作為に抽出した2,000人である（回収率49.2％）。(http://www.city.shinshiro.lg.jp/index.cfm/7,13231,c,html/13231/20090910-100527.pdf)
(4) 本調査はまちづくりについての住民の考えを把握することを目的として，2014（平成26）年10月に，東栄町内に在住する満18歳以上の住民（高校生を除く）（3,226人）を対象に実施された（回収率42.6％）。(http://www.town.toei.aichi.jp/basic/information/03_kikaku/pdf/sougoukeikaku/27ishikityousakekka.pdf)

文献

愛知県医療福祉計画課 2016『愛知県地域医療構想（案）』
　　(http://www.pref.aichi.jp/uploaded/attachment/219364.pdf)
愛知県高齢福祉課 2015『第6期愛知県高齢者健康福祉計画』
　　(http://www.pref.aichi.jp/soshiki/korei/0000081476.html)
株式会社日本総合研究所 2014『平成25年度 老人保健事業推進費等補助金 老人保健健康増進等事業：『地域包括ケアシステム』事例集成』
　　(http://www.mhlw.go.jp/file/06-Seisakujouhou-12400000-Hokenkyoku/0000073805.pdf)
坂本忠次 2006「介護保険制度における経済と財政を考える」(坂本忠次・住居広士編『介護保険の経済と財政－新時代の介護保険のあり方』勁草書房)
杉浦真一郎 2009「合併地域における介護保険の事業特性に関する旧市町村間の差異」『地理学評論』(日本地理学会) 82巻3号

（田　中　昌　美）

3．障害者福祉(政策)

　本稿では，東三河における障害のある人に対する福祉政策をみていく。障害のある人の動向を統計資料から概観し，近年の国としての政策を確認したうえで，東三河における障害者福祉政策および障害者サービスの実施状況を中心に考察していく。

1　障害のある人の動向

　全国および愛知県における障害児・者数と総人口に占める割合をみていこう（表Ⅳ-2-3-1）。愛知県および東三河地域の障害（児）者数はそれぞれの手帳保持者であり，とくに精神障害者に関しては対象の範囲が狭くなっていることに注意が必要である。

　障害が重複している場合があるため単純な合計にはならないものの，国の人口のおよそ6.7％が何らかの障害を有しており，愛知県の人口のおよそ4.5％がいずれかの手帳を有している。

　愛知県内の状況を障害別にみると，身体障害では，1級と2級の手帳を有する人の割合が全体の44.3％を占めている。また障害別では肢体不自由の割合が最も多く全体の54.3％であるが，2006（平成18）年からの増加率は内部障害がもっとも大きい。知的障害者の手帳保持者数は，年率3〜4％増えており，重度判定を受けている人が全体の41.1％を占める。精神障害者の手帳保持者数は，2006年と比較して2倍以上に増えており，2級（中度）の手帳を有する人の割合がもっとも多く66.5％を占める[1]。

　発達障害のある人，難病の人の数に関する公的な数値は，現在，国にも愛知県にも存在しない。発達障害のある人は精神障害者保健福祉手帳あるいは療育（愛護）手帳を有している場合，どちらの手帳も有していない場合がある。制度の狭間におかれた人たちの問題が顕在化している現在，手帳の有無

表Ⅳ-2-3-1　障害児・者数(全国(推計)・愛知県)

	全国(推計)	愛知県
身体障害児・者	393.7万人	239,389人
総人口に占める割合 (%)	3.10	3.22
知的障害児・者	74.1万人	47,184人
人口に占める割合 (%)	0.58	0.64
精神障害者	392.4万人	48,341人
人口に占める割合 (%)	3.09	0.65

出典：全国については『障害者白書』(2016年度版)より抜粋。ただし総人口に占める割合は国勢調査(2015年)の数値より筆者が作成した。県については『第4期愛知県障害者福祉計画』(2015年3月)より抜粋。

表Ⅳ-2-3-2　障害児・者数(東三河地域)

	2010年	2014年
身体障害者	25,311人	25,578人
人口に占める割合 (%)	3.28	3.39
知的障害者	4,647人	5,107人
人口に占める割合 (%)	0.60	0.68
精神障害者	3,284人	4,577人
人口に占める割合 (%)	0.43	0.61

出典：2010年については愛知県からデータ提供を受け，筆者が作成。2014年については『第4期愛知県障害者福祉計画』(2015年3月)より抜粋。

にかかわらない制度の運用が求められている。

　東三河地区においても，手帳保持者数は増加している(表Ⅳ-2-3-2)。国，県と比較すると身体障害者手帳を有している人の占める割合が高い。これは東三河地域のなかでも北部圏域に顕著であり，地域の高齢化と関連があると思われる。

2　政策をめぐる動向

　2006(平成18)年，障害者の権利の実現のための措置等を規定した障害者に関する初めての国際条約である「障害者の権利に関する条約」が採択され，2008年に発効した。日本は2007年9月に署名，2014年1月に批准した。

　署名から後，日本はこの条約を批准するための取り組みを行ってきた。ま

ず2009年に「障がい者制度改革推進会議」を設置し，条約の締結に必要な国内法の整備を目的とした議論が行われた。ここでの活発な議論をもとに，2011年には「障害者基本法」が改正された[2]。

とりわけ社会モデルの視点が採用され，法律における「障害」に関する理念の転換が行われたこと，また「合理的な配慮」の趣旨に基づく規定がなされたことは注目すべきである。さらに2013年には自立支援法が「廃止」され，障害者総合支援法が制定された。

「障害者基本法」の改正の際，同法第4条基本原則として，障害者権利条約の差別の禁止に係る規定の趣旨を取り込むかたちで「差別の禁止」が規定された。この規定を具体化するものが「障害を理由とする差別の解消の推進に関する法律」である。障害を理由とする差別の解消を推進し，すべての国民が障害の有無によって分け隔てられることなく，相互に人格と個性を尊重し合いながら共生する社会の実現に資することを目的として，2013年6月に成立，2016年4月から施行されている。これは障害を理由とする差別的取扱い，権利侵害を禁止するものであり，「合理的配慮」を行わないことも「差別」であるとする，画期的な法律である。また，2013年に改正された「障害者雇用促進法」においても，合理的配慮の提供義務を定めている（川島 2016）。

各自治体が策定する障害福祉計画等には，以上のような流れが組み込まれている。『第4期愛知県障害福祉計画』においても，その「基本的考え方」として「すべての県民が，障害の有無にかかわらず，等しく基本的人権を享有するかけがえのない個人として尊重され，障害の有無によって分け隔てられることなく，相互に人格と個性を尊重しあいながら自立した生活を営み，様々な形で社会参加や自己実現を図る」と記されている。

③ 東三河地域における障害福祉サービスをめぐる状況

愛知県では，地域間の格差が生じないサービス提供体制づくりの推進のた

め，12の広域的な単位である障害保健福祉圏域を設定している。この背景には，小規模な町村など利用者が少ない地域では，サービス事業者の確保がむずかしいことがある。東三河地域は，東三河北部圏域（新城市，設楽町，東栄町，豊根村），東三河南部圏域（豊橋市，豊川市，蒲郡市，田原市）の2つの圏域に分かれている（表Ⅳ-2-3-3，4）。

とりわけ東三河北部圏域は面積人口57,434人，人口密度は55人/k㎡とかなり低い。この地域は身体障害者手帳保持者の人口比が4.6となっており，12の圏域のうち最も高くなっている。

訪問系・日中活動系サービスの状況をみていこう。これらはともに，障害のある人の地域での生活を支える基本事業である。東三河北部圏域では利用実績は2008（平成20）年度から一貫して伸びているが，必要とするサービス量がなお不足している（表Ⅳ-2-3-3）。この理由としては，利用者の絶対数が少なく利用者の密度も低いために，事業者として効率が悪く，その参入

表Ⅳ-2-3-3　障害福祉サービスの状況　東三河地域（北部圏域）

	2013年度利用実績	2015年度見込み	2016年度見込み	2017年度見込み
1) 訪問系サービス				
総利用時間数（時間分）	1,091	1,335	1,435	1,549
2) 日中活動系サービス				
生活介護（人日分）	2,618	3,269	3,375	3,455
自立訓練（機能訓練）（人日分）	0	22	22	44
自立訓練（生活訓練）（人日分）	0	88	88	154
就労移行支援（人日分）	328	364	381	420
就労継続支援（A型）（人日分）	522	613	634	656
就労継続支援（B型）（人日分）	1,133	1,426	1,516	1,605
療養介護（人分）	7	7	7	8
短期入所（福祉型）（人日分）	211	174	174	174
短期入所（医療型）（人日分）	――	31	31	36
3) 居住系サービス				
共同生活援助（人）	53	58	60	64
施設入所支援（人）	84	85	84	79

出典：『第4期愛知県障害者福祉計画』（2015年3月）。訪問系サービスには「居宅介護，重度訪問介護，同行援護，重度障害者等包括支援」を含む。

が少ないことが挙げられる。日中活動系サービスについては，居宅からの通所手段が少ないため，利用者が限定されるとともに，交通費の負担が大きいことが問題となっている[3]。

東三河南部圏域では，圏域外のサービス事業所を利用している人の割合が全体の6.4％であるのに対し北部圏域では27.1％であることから，圏域内のサービスでは充足されていない様子がみてとれる。

事業者の参入を促進するためには，まず介護報酬の改善が望まれる。「障害者総合福祉法の骨格に関する総合福祉部会の提言」にあるように，「どこに暮らしを築いても一定の水準の支援を受けられるよう，地方自治体間の限度を超え合理性を欠くような格差についての是正」をめざすことが必要だろう。

この点において，地域における自立支援協議会の役割は大きいと考えられる。たとえば南部圏域の豊橋市障害者自立支援協議会では，2015年度には

表Ⅳ-2-3-4　障害福祉サービスの状況　東三河地域（南部圏域）

	2013年度利用実績	2015年度見込み	2016年度見込み	2017年度見込み
1）訪問系サービス				
総利用時間数（時間分）	17,564	18,789	19,572	20,537
2）日中活動系サービス				
生活介護（人日分）	30,328	33,722	34,550	35,385
自立訓練（機能訓練）（人日分）	5	138	139	139
自立訓練（生活訓練）（人日分）	504	696	790	837
就労移行支援（人日分）	2,092	3,514	4,353	5,175
就労継続支援（A型）（人日分）	4,017	5,010	5,312	5,722
就労継続支援（B型）（人日分）	11,254	12,472	12,915	13,370
療養介護（人分）	38	39	40	45
短期入所（福祉型）（人日分）	1,689	1,817	1,854	1,906
短期入所（医療型）（人日分）	──	66	82	97
3）居住系サービス				
共同生活援助（人）	341	412	457	507
施設入所支援（人）	577	570	561	549

出典：『第4期愛知県障害者福祉計画』（2015年3月）。訪問系サービスには「居宅介護,重度訪問介護,同行援護,重度障害者等包括支援」を含む。

安心生活支援事業（体験の場の確保および地域相談支援員の配置）の創設と，リーフレットづくりを行っている。後者について，とりわけ精神科病院からの地域移行に際してのサービス情報が不足していたことから，東三河圏域で統一したリーフレットを作成したという。また2016年度には，居住確保のための不動産業者等との連携について協議を行うとしている[4]。北部圏域の新城市でも，地域自立支援協議会等を活用し，地域で自立した生活をするための支援を行うことができるよう，ネットワークを構築するとしているが，規模の小さい自治体における協議会の運営がより困難を伴うことは容易に推測される。組織されている自立支援協議会において，どのように建設的な議論を行い，実際のサービスに生かしていけるのか，また自治体とどのように連携していけるのかが課題である。

4 教 育

この地域に特筆すべきこととして，2015（平成27）年4月に豊橋市立くすのき特別支援学校が設置されたことが挙げられる。東三河地域の知的障害児が通う学校としては，愛知県立豊川養護学校（当時）が存在していたが，2012年には，政府が定める適正規模を大幅に超えていた。豊橋市は近隣市と連携しながら，愛知県教育委員会に対して特別支援学校の新設を働きかけていたが，分離新設等を含めた対応については，その時点で早くとも7，8年後以降の検討課題であるとの回答を得ていた。一方で，市民からは，豊川養護学校の過大規模解消に対して，3万人を超える署名とともに，豊橋市立の知的障害を対象とする特別支援学校設立の要望があがってきていた。こうしたなかで，2011年3月，豊橋市が特別支援学校の設置を決定したという経緯がある[5]。

上記の署名運動は，障害のある子どもの親の会が中心となっており，また設立が決まってからも，親の会も議論の場に参加する機会を得ていたことから，保護者の同校へのコミットメントが強かったといえるだろう[6][7]。

特別支援学校への入学を望む児童・生徒が増えている背景には，学習障害（LD）や注意欠陥多動性障害（ADHD）等の児童生徒の「発見」[8]，またそうした子どもへの教育的対応に関する要望の高まりなどがある。文部科学省は，「特別支援教育の理解の広がりによって，特別支援学校・学級を選ぶ保護者が増えている」（文部科学省 2013）と述べている。

　特別支援学校の定員超過・過大化はもちろん解決すべき問題ではある。しかし，新たに学校を設置することだけが解決の道すじではないだろう。文部科学省がいう，特別支援学校を選ぶ保護者のなかには，逆に，そこでなければ適切な配慮，あるいは1人ひとりの障害の状況に応じた「個別の教育支援計画や指導計画」のもとでの教育を受けられない（受ける見込みがない）と認識し，そのため通常学級や特別支援学級ではなく，特別支援学校への通学を希望する人がいる可能性を考える必要がある[9]。

　障害者権利条約では第24条において，各国にインクルーシブ教育システムの構築を求めている。すべての障害のある人に，障害のない人と等しく教育の機会が与えられるために，「障害に基づいて一般的な教育制度から排除されないことおよび障害のある児童が障害に基づいて無償のかつ義務的な初等教育からまたは中等教育から排除されないこと」を掲げている。さらにその実現のために，「個人に必要とされる合理的配慮が提供されること」を求めている。

　愛知県障害福祉計画においても，これが踏襲されるかたちで，基本理念のなかに「障害の有無によって分け隔てられることなく」という文言が入れられ，「地域社会に完全に包容され」ることが謳われている。もちろん特別支援教育推進計画とも連動して進められることが望ましいだろう。「排除」された場所における配慮が前提とされることは，将来的に「地域社会に完全に包容する」ことの困難が生起することが危惧される。

　愛知県は，小中学校の特別支援学級，ならびに通常学級においても，合理的配慮等を行っていくこと，また地域の子どもは地域の学校に通うという基本線があると説明している[10]が，一方で特別支援学校の設置に莫大な費用を

かけていることも事実である。インクルーシブ教育を基本とする政策における費用配分のバランスを考える必要があるのではないか。

5 重症心身障害児者に対する支援体制

最後に、重症心身障害児者に対する支援について触れておきたい。愛知県では、重症心身障害者入所施設の人口あたりの病床数が全国最低となっている。こうした状況を受け、愛知県は、重症心身障害児者など医療的ケアを必要とする障害児者が、身近な地域において医療や療育などの支援が受けられる体制づくりに向けて、重症心身障害児者入所施設（医療型障害児入所施設）を2014（平成26）年度末の390床から2017年度末の694床に増やすことを計画している。東三河地区においては、2017年5月に豊川市小坂井町に、心身障害者更生相談所の跡地を利用し、64床が新設されることが決定されている[11]。

重症心身障害者入所施設の病床数が少なく、受け皿がないことは解消すべきであろう。すでに述べたように、この10年間で障害者権利条約を批准し、国の政策も地域移行を進める方向で進んでおり、愛知県でもそれを進めていることもみてきた。一方で、現在は県内の患者の8割が在宅介護で生活をしているが、介護する親の高齢化などで入所を望むケースが増えてくると予想されている。また、在宅で生活をする障害児とケアする親を支えるサービスが希少であるか欠如しているため、その生活自体がすでに危機的状況にあることは忘れてはならない。

これに対し、入所施設の病床の増加は一時的な解決策となるかもしれない。ただ、これは先述の地域移行の流れとは矛盾するものである。全国的には、医療的ケアを必要としながら医療と福祉の連携により、地域で暮らす例もみられる[12]。こうした状況のなか、今後は、重症心身障害のある人に対する在宅生活を支えるサービスの整備を前提としたうえで、入所施設に関する計画の見直しが必要となってくるだろう。

注

(1) 愛知県『第4期愛知県障害福祉計画』(2015年3月) 6～10頁。
(2) この会議の24名の構成員のうち14名が障害のある当事者または家族であったことも特筆すべきであろう (松井・川島 2010: i)。
(3) 愛知県『第4期愛知県障害福祉計画』(2015年3月) 73頁。
(4) 『豊橋市障害者自立支援協議会年間活動報告書 (2015年度)』3, 16頁。
(5) 豊橋市教育委員会「豊橋市立特別支援学校整備の基本的な考え方」(2011年12月), 2011年9月13日建通新聞, 2013年1月25日建通新聞より。
(6) 2015年9月8日, A会 (親の会) へのインタビュー記録より。
(7) 愛知県はこのほかにも, 半田特別支援学校, 春日台特別支援学校の過大化を解消するため, 2018年4月に知多地区に, 2019年4月に尾張北東地区に, それぞれ知的障害特別支援学校を新設することを決めている。この理由として愛知県内の障害特別支援学校の児童生徒数が, 2003年度と2013年度で比較すると3,365人から4,890人へと1.5倍に増加しており, 教室不足が顕著になっていることが挙げられている (『あいちビジョン2020：2014-2016実施計画』「重要政策課題⑩障害者支援」より)。
(8) 木村祐子は, 1990年代半ばから発達障害に関連する制度が次々と成立・施行され, 急速に医療的カテゴリーとして認知されるようになったとする (木村 2015: 3)。
(9) 保護者の1人は, 地元の小中学校の特別支援学級において, 手厚い配慮が行われればそれが一番よいと語った。しかし特別支援学級に在籍することは, 障害児教育の経験に乏しい教員にあたる, あてにしていた教員が転任しているなどのリスクを伴うため, 「かけ」の要素が大きいのだという。こうした背景のもと, 比較的「先生をしっかり教育している」特別支援学校への入学を望むことになる (2015年9月8日, A会 (親の会), 2016年9月28日, B会 (親の会) へのインタビュー記録より)。また, 小・中学校の特別支援学級はこの10年間で約1.8倍, 通級による指導を受けている子どもは5.6倍, 教室数は4倍に増えているという (2014年3月19日『第3回愛知県障害者施策委員会会議録』より)。このことによる人材不足や教員の質の低下も, 特別支援学級での教育への信頼を損ねる要因となっている。
(10) 2015年3月19日『第3回愛知県障害者施策委員会会議録』より。
(11) 2014年2月4日中日新聞より。
(12) 医療的ケアネット編 (2013) を参照。

文献

医療的ケアネット編 2013『医療的ケア児者の地域生活支援の行方－法制化の検証と課題』クリエイツかもがわ
川島聡 2016「権利条約における合理的配慮」(川島聡ほか編『合理的配慮－対話を開く, 対話が拓く』有斐閣)
木村祐子 2015『発達障害支援の社会学－医療化と実践家の解釈』東信堂

土屋葉 2016「モザイクとしての『障害者問題』」(好井裕明編著『排除と差別の社会学新版』有斐閣)
松井亮輔・川島聡編 2010『概説 障害者権利条約』法律文化社
文部科学省 2013「学校基本調査」

(土屋　葉)

第3章　東三河の教育・文化

1．教育の動向

1　はじめに

　本章では『東三河の経済と社会』第7輯以降の東三河の教育について述べる。東三河の教育に関するこの5年間は，少子化による学校の統廃合と校舎の耐震化が進んだ。また，豊橋市立の特別支援学校（くすのき）が新設された。

2　東三河の教育機関

　2011（平成23）年から2015年（保育所のみ2014年）までのデータを元に東三河の教育機関について述べることとする。2015年時点のデータでの合計をみると，保育所数が165，幼稚園が39，小学校が132（公立のみ），中学校が58，高等学校が28，また中等教育学校や高等専修学校，特別支援学校のほか，大学は5校設置されている。

　以下，東三河における教育機関の現況について述べていく。

1）保育所および幼稚園

　表Ⅳ-3-1-1より，保育所数の変化を2011年からみると，東三河全体では横ばいとなっており，その数に変化はほとんどみられない。

　表Ⅳ-3-1-2の保育所在籍者数をみると，東三河での総数は，2013年にはやや増加しているものの，2014年には減少している。豊橋ではこの4年間でやや増加しているが，新城市での減少数は大きく，この4年間で300人弱減少している。

表Ⅳ-3-1-1　東三河における保育所数の変化(公・私立) (カ所)

	2011年	2012年	2013年	2014年
東三河	164	164	165	165
豊橋市	57	57	57	57
豊川市	45	45	45	45
蒲郡市	18	18	18	18
田原市	21	21	21	21
新城市	16	16	17	17
設楽町	4	4	4	4
東栄町	2	2	2	2
豊根村	1	1	1	1

資料：愛知県統計年鑑

表Ⅳ-3-1-2　東三河の保育所在籍者数の変化(公・私立) (人)

	2011年	2012年	2013年	2014年
東三河	18,305	18,383	18,414	18,207
豊橋市	9,002	9,075	9,215	9,145
豊川市	4,831	4,917	4,953	4,941
蒲郡市	1,488	1,466	1,466	1,471
田原市	1,653	1,656	1,607	1,579
新城市	1,125	1,079	974	877
設楽町	97	94	100	98
東栄町	77	73	79	75
豊根村	32	23	20	21

資料：愛知県統計年鑑

幼稚園では、新城市のみが公立(1園)となっており、豊橋市(27園)や豊川市(6園)、蒲郡市(3園)、田原市(2園)などは私立である。

東三河での園数の変化はほとんどみられないが、表Ⅳ-3-1-3の学級数をみると、この5年間で30学級ほど減少している。このため東三河では幼稚園の在園者数(表Ⅳ-3-1-4)も大きく減少しており、この5年間で600人程度減少している。田原市では約100人増加しているのに対し、それ以外の自治体では減少しており、特に豊橋市での減少数が多くなっている。

表Ⅳ-3-1-3　東三河における幼稚園学級数の変化 (学級)

		2011年	2012年	2013年	2014年	2015年
公立	東三河	12	13	6	5	3
	新城市	12	13	6	5	3
私立	東三河	307	306	300	299	275
	豊橋市	208	207	202	202	176
	豊川市	56	55	56	55	55
	蒲郡市	28	28	26	25	27
	田原市	15	16	16	17	17

資料：あいちの教育統計

表Ⅳ-3-1-4　東三河における幼稚園在園者数の変化　　　　　　　　　（人）

		2011年	2012年	2013年	2014年	2015年
公立	東三河	199	199	102	80	61
	新城市	199	199	102	80	61
私立	東三河	6,718	6,662	6,724	6,616	6,163
	豊橋市	4,301	4,230	4,294	4,246	3,795
	豊川市	1,434	1,438	1,436	1,361	1,374
	蒲郡市	674	665	640	626	594
	田原市	309	329	354	383	400

資料：あいちの教育統計

2) 小学校

表Ⅳ-3-1-5　東三河における小学校数の変化　　（校）

		2011年	2012年	2013年	2014年	2015年
	東三河	139	139	135	135	132
市町村立	豊橋市	52	52	52	52	52
	豊川市	26	26	26	26	26
	蒲郡市	13	13	13	13	13
	田原市	20	20	20	20	18
	新城市	20	20	16	16	16
	設楽町	5	5	5	5	5
	東栄町	1	1	1	1	1
	豊根村	2	2	2	2	1

資料：あいちの教育統計

　東三河における小学校数は2015年時点で132校となっている。2011年と比較した場合7校減となっているが、この間の閉校は新城市と豊根村、そして田原市でのものである（表Ⅳ-3-1-5）。田原市では、2011年の東日本大震災を契機に、安全防災の観点から小学校の統廃合問題が議論されるようになり、その結果2014年度末をもって3校が統合された（中日新聞　2015.4.7）。また新城市では、それよりも早い2012年度末をもって4校の小学校が閉校となっており、これは児童数の減少に伴う統廃合である。

　学級数の変化（表Ⅳ-3-1-6）をみると、この5年間で東三河全体では53学級の減少となっている。なかでも減少数が多いのは、豊橋市で32学級、新城市で11学級、豊川市で8学級となっているが、唯一蒲郡市のみ5学級の増加となっている。しかし、東三河全体としては減少が進んでおり、引き続

表Ⅳ-3-1-6　東三河における小学校学級数の変化　（学級）

		2011年	2012年	2013年	2014年	2015年
	東三河	1,822	1,796	1,779	1,759	1,769
市町村立	豊橋市	836	820	810	801	804
	豊川市	420	412	415	407	412
	蒲郡市	191	190	189	190	196
	田原市	183	184	184	186	179
	新城市	146	144	135	130	135
	設楽町	28	28	27	27	27
	東栄町	7	7	8	8	8
	豊根村	11	11	11	10	8

資料：あいちの教育統計

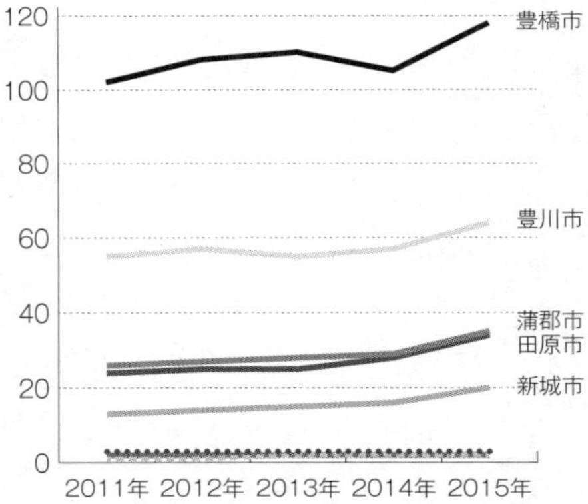

図Ⅳ-3-1-1　東三河における小学校特別支援学級数の変化
（資料：あいちの教育統計）

き若年層を中心とした人口減少が進んでいることが分かる。

ところで，第7輯でも論じたとおり2006年の法改正により，この東三河でも特別支援学級の増加がみられたが，この5年間で特に豊橋市や豊川市での都市部を中心として増加が継続しており（図Ⅳ-3-1-1），豊橋市では16学級，田原市では10学級，豊川市や蒲郡市では9学級，新城市でも7学級の増加となっている。また，2009年に初めて特別支援学級が設置された東栄町で，2013年にさらに1学級増設されており，特別支援学級に関しては今後もさらに増設されていく傾向にある。

　2016年4月，豊橋市に愛知県内では3校目，豊橋市内では初めてとなる，小中一貫校「前芝学校」が開校した。小中一貫の導入により，中学1年次に学習内容や生活の変化に馴染めない生徒が不登校に陥るのを防ぐ効果が期待できるほか，小学校高学年で教科担任制を取り入れることで，学力の向上を図るねらいもある。なお，この前芝地区ではもともと小中学校が隣接しており，前芝保育園を含めて合同運動会を以前から行うなど，小中一貫を導入できる環境が整っていた（東愛知新聞　2016.4.8）。

3) 中学校

　中学校は，2011年から2015年まで東三河では57校が設置されており，すべての市町村でその数に変化はみられない（表Ⅳ-3-1-7）。しかし，田原市では，2016年4月から統廃合によって1校減少している。また，引き続き統廃合が検討されており（東愛知新聞 2014.6.27），中学校数はさらに減少する

表Ⅳ-3-1-7　東三河における中学校数　　　　（校）

		2015年
市町村立	東三河	57
	豊橋市	22
	豊川市	10
	蒲郡市	7
	田原市	7
	新城市	6
	設楽町	2
	東栄町	1
	豊根村	2
私立	東三河	1
	豊橋市	1

資料：あいちの教育統計

表Ⅳ-3-1-8　東三河における中学校学級数の変化　　（学級）

		2011年	2012年	2013年	2014年	2015年
市町村立	東三河	772	772	769	780	775
	豊橋市	375	368	368	370	369
	豊川市	174	180	176	184	180
	蒲郡市	83	86	88	85	85
	田原市	68	67	66	65	66
	新城市	54	53	53	56	57
	設楽町	9	8	8	8	8
	東栄町	3	3	3	5	5
	豊根村	6	7	7	7	5
私立	東三河	6	6	6	6	6
	豊橋市	6	6	6	6	6

資料：あいちの教育統計

ことが予想される。

　なお，表Ⅳ-3-1-8の学級数をみると，2011年からこの5年間では僅かに増加している。ただし，この学級数の増加は，小学校の時と同様に特別支援学級の増設が影響している（図Ⅳ-3-1-2）。

　表Ⅳ-3-1-9の生徒数をみると，東三河全体では750人程度減少しているが，豊川市で2014年にかけて増加した上で

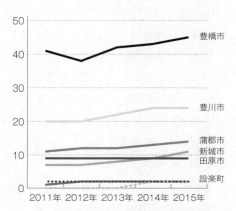

図Ⅳ-3-1-2　東三河における中学校特別支援学級数の変化
（資料：あいちの教育統計）

表IV-3-1-9　東三河における中学校生徒数の変化　　（人）

		2011年	2012年	2013年	2014年	2015年
	東三河	22,968	22,978	22,709	22,693	22,212
市町村立	豊橋市	11,570	11,523	11,457	11,345	11,143
	豊川市	5,425	5,547	5,450	5,619	5,524
	蒲郡市	2,361	2,341	2,342	2,267	2,182
	田原市	1,948	1,894	1,869	1,827	1,783
	新城市	1,415	1,426	1,358	1,400	1,366
	設楽町	140	135	137	130	117
	東栄町	73	73	62	71	67
	豊根村	36	39	34	34	30
私立	東三河	215	211	214	201	201
	豊橋市	215	211	214	201	201

資料：あいちの教育統計

表IV-3-1-10　東三河に設置されているおける公立および私立高等学校　（2016年度）

県立	時習館 豊橋東 豊丘 豊橋南 豊橋西 豊橋工業 豊橋商業	豊橋市
	成章 福江 渥美農業	田原市
	国府 御津 小坂井 豊川工業 宝陵	豊川市
	蒲郡 蒲郡東 三谷水産	蒲郡市
	新城東 新城東・作手校舎 新城	新城市
	田口	設楽町
市立	豊橋	豊橋市
私立	桜丘 豊橋中央 藤ノ花女子	豊橋市
	豊川	豊川市
	黄柳野	新城市

資料：愛知の教育

の現象であり，自治体によって生徒数の傾向には差がみられる。

また，私立中学として東三河で唯一設置されているのが桜丘学園桜丘中学校であるが，若干の生徒数の減少はみられるものの，200人台を維持している。

4）高等学校

東三河の高等学校（以下，高校）は，2015年時点で公立高校が23校，私立高校が5校設置されている（表IV-3-1-10）。

公立高等学校の生徒数をみると（表IV-3-1-11），この5年間では100人程度の減少となっている。自治体別にみた場合，豊橋市では120人の増加，豊川市や蒲郡市でもわずかではあるが増加となっている。しかしその他の自治体では減少しており，特に新城市では161人，田原市では106人，設楽町でも19人の減少となっている。このように特に新城市での減少が大きく，中山間地域での減少が目立つ。

私立高等学校では，この5年間で147人の減少となっているが，2015年にはやや増加した上での人数であり，生徒数の増減は流動的である。豊橋市では100人程度の増加であるが，豊

表Ⅳ-3-1-11 東三河に設置されている高等学校生徒数の変化 (人)

		2011年	2012年	2013年	2014年	2015年
市町村立	東三河	15,730	15,734	15,708	15,640	15,604
	豊橋市	7,025	7,103	7,136	7,152	7,145
	豊川市	3,498	3,528	3,527	3,492	3,517
	蒲郡市	2,010	1,997	2,006	2,018	2,019
	田原市	1,712	1,719	1,715	1,652	1,618
	新城市	1,325	1,238	1,177	1,170	1,164
	設楽町	160	149	147	156	141
私立	東三河	4,795	4,692	4,695	4,524	4,648
	豊橋市	3,363	3,376	3,379	3,320	3,457
	豊川市	1,298	1,191	1,166	1,086	1,088
	新城市	134	125	150	118	103

資料：あいちの教育統計

川市では約200人の減少とその差は大きい。また黄柳野高校のある新城市ではこの5年間で30人程度の減少であるが，特に2014年からの落ち込みが大きく，前年に起きた火災事故による影響（中日新聞 2013.5.9）を受けた減少である可能性が考えられる。

　この5年間で，閉校した県立高等学校はなかったものの，統廃合の問題は近年の生徒数の減少と相まって，引き続き議論されている。近年では，愛知県が2015年3月に策定した「県立高等学校教育推進基本計画」の中で，生徒が減少する地域における対応として，新城東高（普通科）と新城高（農業科，商業科，家庭科）を2019年度までに統合することが盛り込まれた。ただし，新城東高校作手校舎は引き続き存続するとしている。

　またこの中では，中学校卒業者数の減少が見込まれる東三河において，豊橋南高校に「教育コース」，豊橋西高校に「スポーツコース」，福江高校に「観光ビジネスコース」の設置を検討するほか，実施時期は未定としながらも，福江高校と田原市立福江中学で連携型中高一貫教育の実施の検討などが盛り込まれている（愛知県教育委員会 2016 30頁）。この連携型中高一貫教育は，東三河の山間地域では，田口高校と設楽中学，津具中学，東栄中学，豊根中学，また新城東高校作手校舎と作手中学という組み合わせですでに設置されており，この地域独自の計画的および継続的な教育課程として展開されつつある。このほか，御津高校に「昼間定時制」の新設を検討することも掲げられている。

私立高校は、豊橋市に3校、豊川市に1校、新城市に1校が設置されている。豊橋市内の私立高校の生徒数はこの5年間でやや増加しているものの、豊川市内の私立高校では200人程度減少している。また新城市内の高校も減少しており、私学における生徒数の減少はそのまま学校の運営に直結するため、早急に生徒確保のための手段を講じる必要がある。

5）中等教育学校

2006年4月に開校した、愛知県初の中等教育学校である海陽中等教育学校は、2012年3月には開校から6年目となり、同校初の卒業生を送り出した。進学先としては偏差値上位校のほか、海外の大学への進学者もみられた（東日新聞 2012.4.7）。この卒業生たちは、2016年3月には大学を卒業しており、就職やさらなる進学など、「次世代リーダーの育成」という学園の特色が、どのように引き継がれていくのか注目される。

6）特別支援学校（旧養護学校）

これまでの養護学校は、2014年4月より、特別支援学校へと名称変更を行った（表Ⅳ-3-1-12）。2016年現在、東三河には、特別支援学校として豊橋市に豊橋特別支援学校が設置されているが、2014年には同校山嶺教室が設楽町の田口高校内に設置されたほか、2015年4月にはくすのき特別支援学校が開校した。その他、豊橋市には豊橋聾学校も設置されている。豊川市には豊川特別支援学校、および宝陵高校内に同校本宮校舎が設置されている。

なかでもくすのき特別支援学校の設置については、豊川養護学校（当時）の過大化などから、豊橋市内での開校が議論され、その結果2015年4月に県内でも2校目となる、「知的障がい者のための市立特別支援学校」として開校が実現した。なお、特別支援学校については、引き続き本章

表Ⅳ-3-1-12　東三河に設置されている特別支援学校 （2016年度）

県立	豊橋特別支援学校		豊橋市
	豊橋特別支援学校	山嶺教室	設楽町
	豊川特別支援学校		豊川市
	豊川特別支援学校	本宮校舎	
市立	くすのき特別支援学校		豊橋市

資料：各学校HP

2. において詳しく述べられている。

7）大学・短期大学

東三河には，2016年現在，5つの大学・短期大学が設置されており，うち2つの大学には短期大学部が設置されている（表Ⅳ-3-1-13）。

まず，新城市に2004年に開学した愛知大谷新城大学だが，早くも2009年には，短期大学，四年制大学ともに翌2010年からの募集停止を発表した。その後，別法人等による大学継続の動きはあったものの，結局2013年3月末をもって閉学となった（中日新聞 2013.3.15）。なお大学跡地には，穂の香看護専門学校が2014年4月に開校している。

表Ⅳ-3-1-13　東三河に設置されている大学・短期大学　（2016年度）

国立	豊橋技術科学大学	豊橋市
私立	愛知工科大学	蒲郡市
	愛知工科大学自動車短期大学	
	豊橋創造大学	豊橋市
	愛知大学	

資料：各学校HP

では，次に，現在東三河に設置されている大学をみていく。豊橋技術科学大学は，工学部のみの単科大学であり，1976（昭和51）年に開学した。2010年から，機械工学，電気・電子情報工学，情報・知能工学，環境・生命工学，建築・都市システム学の課程に改組され，それぞれコース制が導入された。また大学院工学研究科の博士前期・後期課程が設置されており，学部卒業生の多くはそのまま大学院に進学する。

愛知工科大学は，2000年，蒲郡市に設置された工学部をもつ単科大学である。学科構成は，機械システム工学科，情報メディア学科，また2011年に名称変更した電子制御・ロボット工学科の3学科体制となっている。大学院工学研究科の博士前期・後期課程が設置されている。また，愛知工科大学自動車短期大学は，自動車整備士の養成に力を入れており，2級自動車整備士資格の取得をはじめ，愛知工科大学への編入により，1級自動車整備士の資格も目指すことのできる自動車工業系の短期大学である。

豊橋創造大学は，豊橋市内3校目の4年制大学として1996年に開学した。当初経営情報学部のみの単科大学であったが，その後，リハビリテーション

学部(現保健医療学部：理学療法学科，看護学科)を新設，また2012年には経営学部を開設した。大学院は，経営情報学研究科と健康科学研究科の2研究科体制となっている。

愛知大学では，2011年4月，地域政策学部が豊橋校舎に開設された。5つ(公共政策，地域産業，まちづくり，地域文化，健康・スポーツ)のコースをもち，これらのコースを通じて地域の未来を創造する人材を育成することを目的としている。また文学部は6コース13専攻で構成されており，2012年4月にはメディア芸術専攻が新設された。そして2012年4月に，名古屋駅南に位置するささしまライブ24地区に名古屋キャンパスを開校した。旧名古屋校舎の3学部(法，経営，現代中国)に加えて，豊橋校舎からも2学部(経済，国際コミュニケーション)が移転し，名古屋駅近隣に学生数約7,000人規模の巨大キャンパスが誕生した。

また，大学院は文学研究科を除いた全研究科が車道校舎へ移転，また大学経営部門も車道校舎に集約され，愛知大学は名実共に名古屋市に立地する大学として新しく歩み始めた。現在，2017年の完成を目指して名古屋キャンパスの2期工事が進んでおり，コンベンションホールなどが建設される。

8) その他

表Ⅳ-3-1-14　東三河に設置されている専修学校　(2016年度)

公立	豊橋市立家政高等専修学校	豊橋市
	豊橋市立看護専門学校	
	蒲郡市立ソフィア看護専門学校	蒲郡市
	田原市立田原福祉専門学校	田原市
私立	中部コンピュータ・パティシエ・保育専門学校	豊橋市
	豊橋歯科衛生士専門学校	
	あいち情報専門学校	
	専門学校中部ビューティー・デザインカレッジ	
	豊橋調理製菓専門学校	
	東三河看護専門学校	
	美容専門学校アーティス・ヘアー・カレッジ	
	豊橋ファッション・ビジネス専門学校	
	中部福祉専門学校	豊川市
	穂の香看護専門学校	新城市

資料：全国学校総覧2016年版

このほか東三河には，専修学校(表Ⅳ-3-1-14)や各種学校が設置されている(全国学校データ研究所2015)。公立の看護専門学校が2校，福祉専門学校が1校，また家政高等専修学校が1校設置されているほか，

私立では，豊橋市を中心に，各分野の専門学校が置かれている。その他に，東三河に設置されている各種学校としては，珠算学校や理容学校，大手大学受験予備校，愛知県医師会准看護学校などが該当する。また外国人学校も各種学校に含まれ，ブラジル人学校や朝鮮学校が豊橋市内に設置されている。

文献

愛知県 2013『平成24年度刊 愛知県統計年鑑（第61回）』愛知県
愛知県 2014『平成25年度刊 愛知県統計年鑑（第62回）』愛知県
愛知県 2015『平成26年度刊 愛知県統計年鑑（第63回）』愛知県
愛知県 2016『平成27年度刊 愛知県統計年鑑（第64回）』愛知県
愛知県教育委員会 2012「平成23年度 あいちの教育統計」
  (http://www.pref.aichi.jp/soshiki/kyoiku-kikaku/0000048655.html)
愛知県教育委員会 2013「平成24年度 あいちの教育統計」
  (http://www.pref.aichi.jp/soshiki/kyoiku-kikaku/0000057777.html)
愛知県教育委員会 2014「平成25年度 あいちの教育統計」
  (http://www.pref.aichi.jp/soshiki/kyoiku-kikaku/0000067367.html)
愛知県教育委員会 2015「平成26年度 あいちの教育統計」
  (http://www.pref.aichi.jp/soshiki/kyoiku-kikaku/0000079171.html)
愛知県教育委員会 2016「平成27年度 あいちの教育統計」
  (http://www.pref.aichi.jp/soshiki/kyoiku-kikaku/0000087550.html)
愛知県教育委員会 2016「県立高等学校教育推進実施計画（第1期）の策定について」
  (http://www.pref.aichi.jp/soshiki/kotogakko/jissikeikaku.html)
愛知県立豊川特別支援学校 (http://www.toyokawa-sh.aichi-c.ed.jp/)
愛知県立豊橋特別支援学校 (http://www.toyohashi-sh.aichi-c.ed.jp/)
愛知工科大学 (http://www.aut.ac.jp/univ/)
愛知工科大学自動車短期大学 (http://www.aut.ac.jp/jc/)
愛知大学 (http://www.aichi-u.ac.jp/)
愛知の教育 2016「学校一覧（所在地等）」(http://www.pref.aichi.jp/soshiki/kyoiku-kikaku/0000000044.html)
海陽学園海陽中等教育学校 (http://www.kaiyo.ac.jp/)
桜丘学園 (http://www.sakuragaoka-gakuen.ed.jp/)
全国学校データ研究所 2015『全国学校総覧 2016年版』原書房
『中日新聞』2013年3月15日「さらば青春の風景 新城大谷大 最後の卒業式」
『中日新聞』2013年5月9日「黄柳野高で寮2棟全焼 新城 焼け跡から1遺体 男子生徒1人不明」
『中日新聞』2015年4月7日「田原・伊良湖岬小で入学式 3校統合よろしくね」
黄柳野高校 (http://www.tsugeno.ac.jp/)

『東日新聞』2012年4月7日「中高一貫の海陽学園が初の卒業生 進路先は東大など有名校がズラリ」
豊川高等学校（http://www.toyokawa.ed.jp/）
豊橋技術科学大学（http://www.tut.ac.jp/）
豊橋市立くすのき特別支援学校
　　　（http://www.kusunoki-s.toyohashi.ed.jp/kusunoki-s/index.html）
豊橋創造大学（http://www.sozo.ac.jp/index.php）
豊橋中央高等学校（http://takakura-gakuen.sua.jp/）
『東愛知新聞』2014年6月27日「伊良湖岬中，福江か赤羽根に統合 渥美8校区協議まとまらず」
『東愛知新聞』2016年4月8日「東三河初・公立の小・中一貫校 豊橋市前芝学校が開校」
藤ノ花女子高等学校（http://www.fujinohana-h.ed.jp/）

　　　　　　　　　　　　　　　　　　　　　　　　　　（鈴木伴季・樋口義治）

2．学童保育・特別支援教育

1 学童保育

1）東三河における学童保育の実態

　東三河5市の公営の学童保育（行政用語では「児童クラブ」）の実態は，表Ⅳ-3-2-1（2016年5月1日現在，豊橋学童保育連絡協議会第38回定期総会資料）のとおりである。民営は豊川市の公設民営5カ所と豊橋の33カ所だけであり，学童保育の質を保障するために必要な政策を要求してきた学童保育連絡協議会をもつ豊橋は，この意味で地域での学童についての重要な拠点となってきた。学童保育全体の8割以上が公設（2014年全国学童保育連絡協議会調査）である中，貴重な資源である。豊橋のこの特異性については，豊橋の保育園・幼稚園がもともとこの地に多く，寺社経営による民営がほとんどで，豊橋市政における子ども施策が遅れていたところ[1]を民営の学童保育が運動によってカバーしてきた背景がある。

　学童保育は，1950年代末，共働き労働者家庭が増加した大都市で親や民間保育園の共同運営により共同保育として誕生して全国に広がり，1967（昭和42）年には全国学童保育連絡協議会が結成され，市民主導の運動によって拡大してきた。学童保育が法制化されたのは，1997（平成9）年の児童福祉法の改正と遅く，この時やっと「放課後児童健全育成事業」として位置付けられた。とはいえ，家庭で育児が困難な保護者からみれば保育園の延長上にあるものでありながら，行政によって保障されている保育園と比べ学童保育は貧弱であり，「事業」ゆえ施設や職員の最低基準が法的に定められず，国からの補助金は法的根拠を持たない奨励的予算補助，市町村の責任は利用促進の努力義務でしかなかった。2012年「子ども・子育て支援法」の制定と児童福祉法の改定により法整備がやっとなされ，市町村が実施主体となる「地域子ども・子育て支援事業」となり，事業計画，条例で基準策定，指導

表IV-3-2-1　東三河5市の公営学童保育の実態

自治体	豊川市		蒲郡市	新城市	田原市	豊橋市
担当課	子ども課		教育委員会庶務課	子ども未来課	文化･生涯学習課	子ども家庭課
学童クラブ数	公設准公営25(分割4含)	公設民営6(分割1含)	公設公営13	公設公営16(分割4含)夏休2追加	公設公営12(分割1含む)	公設公営50(分割17含む)
子ども教室	土曜のみ23カ所		なし	複数地域検討中	有料5千円+教材費500円,保険料800円,学童保育の代わり8カ所	学童保育の代わり3カ所+外国語児童のみ3カ所
2019年までの計画	受け入れ人数,現状維持		現状維持	作手,鳳来で複合施設予定。人数,現状維持	現状維持	全体で3,410人受入へ。子ども教室は10カ所へ
定員	40人	70人以下	40人	10〜40人	30人	35人(最大40人)
対象学年	1〜6年	1〜6年	1〜6年	1〜6年	1〜6年	1-6年
指導員	常勤者1･パート2の常時2人勤務	各クラブ単位で配置	常時複数40人で3人以上70人で4人以上	20人以下も2人。40人以上で3人	3人を配置し,常時2人勤務	責任者は5日勤務+週3日勤務者2人。36人〜+2人
保育料(月額)	7,500円(8月15,000円)。母子父子減免有	7,500円〜7,500円。母子父子減免有	4,000円(8月7,000円)非課税世帯免除全施設空調	5,000円(8月8,000円)生活保護世帯全額免除	5,000円+生活保護世帯および1人親世帯は全額免除。全施設空調	7,000円。延長加算は2,000円。おやつ代は別途必要。非課税世帯免除
おやつ	上記に含む	上記に含む	個人で持参	1,000円夏休みは2,500円	2,000円	父母が当番で購入･持込。半分以上で平日中止
開所時間	8:00〜18:00 19時まで延長保育,1,000円。学校休日は8:30〜	7:30〜19:00	8:00〜18:30	下校〜18:00 学校休みは8:00〜18:00	13:00〜18:00 春･夏･冬休みは8:00〜18:00	8:00〜19:00 18時以降延長保育あり1,000〜2,000円
土曜日	閉所。祝日指定校開設	開設。一部祝日開設	開設	閉所。学校代休日閉所	第1･3･5土および祝日は閉所	指定校開設盆休み開設
施設外保育	長期休みあり	長期休みあり	なし	長期休みあり	なし	なし
台所ガス	一部あり	一部なし	カセットコンロあり	なし	あり	なし

資料：豊橋学童保育連絡協議会第38回定期総会資料

員の研修を現在行いつつある（2015年より実施）。しかし豊橋の例でもただちに予算措置がなされず，地域依存で民営路線の子ども施策は，貧弱な条件を改善するにはまだまだ課題が大きい。

2）現状と制度変更も含めた問題点

今回の省令基準では，専用施設（1人あたり1.65㎡），専任職員（2人以上），児童数（おおむね40人以下）が学童保育の基礎単位となった。全国的に学

童保育施設数が増加しているのは分割によるものだが，大規模化を経過措置の中で容認しているところもある．東三河は，豊橋を筆頭として分割を進めている（表Ⅳ-3-2-1）．

　学童保育をめぐる問題として，学童保育の大規模化（40人以下は現在全国5割），貧困・障害[2]・外国籍の子どもなど利用児童の多様化，学童保育料の高額化（少子化による学童数の減少の効果。一方，働く母親の増加でニーズは現在急激に増えているにもかかわらず，潜在的待機児童が解消されない原因ともなっている），放課後子ども教室と放課後児童健全育成事業（学童保育）の一体化による学童保育の固有性軽視，指導員の労働条件や待遇の悪さ等が指摘されてきた．東三河でみると，新城市や豊川市等の一部過疎地問題（学校の統廃合問題と絡んで），地域に多い外国籍の子どもの問題，特別支援学校の不足による学童保育（特に民間）での障がい児の多さなどを地域として抱えている．

　指導員の労働条件については，全国学童保育連絡協議会の2012年実態調査で，年150万円未満の指導員が68.2%，正規職員は公営2.9%，民営18.6%，勤続1〜3年が半数である．愛知県が2015年10月市町村に実施した「児童クラブ従事者処遇実態調査」では，パート指導員の平均時給は970円，本来無料のはずの放課後子ども教室を学童保育の代替として利用料を徴収している市もある．2012年度の愛大での豊橋学童保育調査（公営・民営児童クラブの指導員全数調査）では，豊橋の学童保育指導員の9割が女性で，嘱託34.6%，アルバイト48.4%であった．年齢は50代39.6%，40代23.4%，60代19.3%，30代12%，20代5.2%と比較的高齢であり[3]，若者が正規の仕事として就けない実態がみえる．勤続月数は1〜3年が多く短期である（全国傾向と同）．

　実施場所については，全国学童保育連絡協議会の2014年調査で，学校施設内53.5%，児童館内12.3%，学童保育専用施設7.9%である．東三河では公営が多いが，小学校以外，児童館や公民館などでの運営もみられる．

　愛大豊橋調査では，公営は小学校の中の1教室，民営は小学校の近くで自

前の園庭を持つ独立施設であり，学校の中にあるのか外にあるのかで，子どもの意識や遊び方などに差異があった。公営ではおやつのないクラブが多く，屋外での遊び時間も民営の方が多く，また障がい児の預かりの率も民営の方が多かった。2人体制でも公営の指導員のケア意識は比較的高かったが，保護者とのかかわりや子どもの生活への意識など，やはり民営の方が生活への密着度が高かった。

　放課後子ども教室については，名古屋のように多く導入されている地域と比べると，豊橋などでは過疎地に限っており，学童保育を結果的には尊重した形になっている。とはいえ，「豊橋市子ども・子育て応援プラン」では，認定こども園を21カ所へ増加，「放課後児童クラブの更なる拡充……多様化する子育てニーズに対応するための新たな放課後児童対策の在り方を検討……」が明記されている。すなわち，すでに「民営化」されている豊橋の保育が認定こども園化する中で，学童保育を取り込んでいく動きが加速化される。その背景には，保育園・幼稚園の拡大期の建物の老朽化・要耐震工事化を，認定こども園に関わる補助金で乗り切ろうとする事業者のニーズもある。この中で，学童保育が影響を受けることは必須である。

注
(1) それゆえ他市で学童保育の場として機能する児童館は豊橋には1カ所のみである。
(2) 愛知県連協では，2015年，障がい児の学童保育の受け入れ充実を求める請願署名を68,361（豊橋で12,449）筆提出しているが，不採択となっている。
(3) ただし公営は2人体制のため，調査結果は公営の性格が多く出ている。

文献
愛知大学社会調査実習樫村クラス　2012『豊橋の学童保育調査』愛知大学
豊橋学童保育連絡協議会　2016「第38回定期総会資料」

（樫　村　愛　子）

2 特別支援教育

 障害がある個人の教育については，2000（平成12）年以降，国が新たな指針を示し，その指針に基づいて全国の都道府県で取り組みがなされている。ここ東三河地域では，2015年，豊橋市に市立の特別支援学校が開校するという大きな環境変化があった。このような背景から，本稿では，国および愛知県の動きをふまえ，当該の個人をとりまく東三河の教育の環境整備を，特別支援学校の変化に注目して述べ，今後の課題および展望を記す。

1）特殊教育から特別支援教育へ

 文部科学省は，2003年に「今後の特別支援教育の在り方について（最終報告）」とする答申をまとめた（特別支援教育の在り方に関する調査研究協力者会議 2003）。本答申は，障害がある生徒の教育をめぐって，生徒数の増加，障害の重度・重複化[1]，多様化という昨今の変化を指摘し，その情勢への対応として，従来の「特殊教育」という考え方を「特別支援教育」に転換する必要性を示した。障害種ごとの教育を前提とした「特殊教育」に対して，「特別支援教育」とは，障害のある生徒1人ひとりの教育的ニーズを重視し，教育的支援を行うものである。ここには，特殊教育の対象ではなかった学習障害（LD），注意欠陥・多動性障害（ADHD），高機能自閉症のある生徒も含まれる。

 基本的考え方の転換に伴い，これまでの盲・聾・養護学校の学校制度は特別支援学校の制度に移行することが提案された。新たな制度では，地域の教育的ニーズや子どもの状態に応じて，より適切かつ柔軟に教育が行えるよう，複数の障害種に対応した学校設置が可能になる（例えば，1つの特別支援学校が肢体不自由と知的障害の教育部門を有するなど）。また，分校や分教室の活用も含め，どのようなタイプの学校を設置するかは自治体の判断に委ねられる。加えて，特別支援学校が地域に果たす役割の明文化もなされた。それは，地域の特別支援教育に関わるセンター的機能の発揮である。具体的に

は，地域の小中学校等に対する教育上の支援のさらなる拡充と，福祉，医療，労働等の関係機関との密な連携協力による効果的，効率的な教育の実施である。

これらの制度の見直しを現場の実践に繋げる支援ツールとして「個別の教育支援計画」[2]が導入された。この計画は，生徒1人ひとりのニーズに応じて，乳幼児期から学校卒業後まで一貫した教育的支援を行うことを目的に，教育機関が福祉，医療，労働等の関係機関と連携して作成される書類である。また，校内の連絡調整，保護者および関係機関の協働を促す新たな人的資源として，特別支援教育コーディネーターの配置が提言された。これらの答申の概要を表Ⅳ-3-2-2に記す。

以上の転換は，特別支援学校が地域の中核となって，生徒1人ひとりの教育的ニーズに応じた総合的支援を行うという意味で，地域化，総合化，センター化と呼ばれている。答申後，それぞれの自治体では基本計画の策定や取り組みが始まった。例を挙げると，京都市は2004年に市内の養護学校を改編し，地域制・総合制特別支援学校を開校した（京都市立総合養護学校2005）。新たな学校では知的障害と肢体不自由をはじめとする複数の障害に対応した教育課程が組まれている。また，東京都教育委員会は都の特別支

表Ⅳ-3-2-2　今後の特別支援教育の在り方について（最終報告）の主な概要

障害がある生徒の教育をめぐる情勢の変化	①盲・聾・養護学校に在籍する生徒の増加 ②障害の重度・重複化 ③通常学級等に在籍する学習障害（LD），注意欠陥・多動性障害（ADHD），高機能自閉症の生徒への対応の必要性（障害の多様化）
基本的考え方の転換	特殊教育（障害の種類と程度に応じた教育）から 特別支援教育（個々の教育的ニーズに応じた教育的支援）へ
学校制度の見直し	盲・聾・養護学校（障害種ごとの学校制度）から 特別支援学校（複数の障害種に対応する学校設置を可能にする学校制度）へ
地域に果たす学校の役割	障害のある生徒の教育に関する，地域のセンター的役割の発揮 地域の教育，福祉，医療，労働関係機関，親の会，NPO等との連携と協力
新たな支援リソースの導入	「個別の教育支援計画」の導入と特別支援教育コーディネーターの配置

教育推進計画を2004年に策定し，現在は第3次実施計画（2011～2016年度）の期間に当たる（教育庁 2010）。

2）特別支援教育に関わる愛知県の動き

　上述した特殊教育から特別支援教育への転換を踏まえ，愛知県ではどのように対応がなされているか。愛知県教育委員会は2014年度に県の特別支援教育推進計画「愛知・つながりプラン」（以下，推進計画と略す）をまとめた。期間は2014年度から2018年度までの5年間である。以下，特別支援学校に関わる推進計画の内容を中心にみる。なお，県下の養護学校は2014年度に特別支援学校に名称が変更された。盲・聾学校の変更はなく，2017年度に再検討の予定である。名称変更に関わって，推進計画には複数の障害種を受け入れる学校設置を県では今後検討していくことが記された。

　推進計画に示された①特別支援教育の内容の充実と②特別支援学校の整備に関わる主な課題を表Ⅳ-3-2-3にまとめた。①特別支援教育の内容の充実については，a. 重複障害学級の設置率の向上，b. 自閉症又はその傾向を示す知的障害がある生徒への対応の検討，c. 就労支援の充実，d. 聾学校のセンター機能化の推進，e. 盲学校の教員の専門性に配慮した人材配置と育成，f. 高等部をもたない病弱特別支援学校に入院してくる高校生への訪問教育等の対応の検討の6点が挙げられた。

　②特別支援学校の整備に関する最初の2つの課題（a，b）は教育のハードとアクセシビリティに関わるものである。a. ハード面は，特別支援学校の在籍生徒数が当初想定を大きく上回ったことによる教室不足の解消である。2013年度は県立知的障害特別支援学校8校すべてで，普通教室数が開講学級数に満たなかった。不足教室数の最多は県立豊川特別支援学校の34（普通教室数55に対して開講学級数89）であり，教育環境の改善が喫緊に求められた。b. アクセシビリティの課題は，スクールバスの整備等による通学環境の改善である。2013年度は県下の肢体不自由特別支援学校において，スクールバス利用生徒のうち，片道60分以上乗車する生徒は約4割に上った。

表Ⅳ-3-2-3　県特別支援教育推進計画「愛知・つながりプラン」で示された特別支援教育に関わる主な課題

①特別支援学校の教育内容の充実について
　a．重複障害のある生徒を通常学級で指導する事態への対応として重複障害学級設置率の向上
　b．自閉症又はその傾向を示す知的障害がある生徒に対応した教育課程の編成，支援の充実
　c．就労支援，発達段階に応じたキャリア教育，専門的実習による職業教育の充実
　d．聾学校の専門性向上とセンター的役割の遂行に効果的な取組方法の検討
　e．専門性に配慮した盲学校の教員の異動や若手教員の育成
　f．病弱特別支援学校に入院してくる高校生への訪問教育等の対応

②特別支援学校の整備について
　a．学校規模の過大化による教室不足の解消
　b．スクールバスの整備などによる通学環境の改善
　c．スクールカウンセラーなどの専門家の配置による心のケアの実施
　d．パトライトなど障害の特性に応じた必要な施設，設備や教材等の整備
　e．看護師の配置による医療的ケアの整備

中でも広域の通学圏をもつ東三河は長時間通学が顕著であった。これらの課題に加え，c．心のケアの実施，d．施設，設備，教材等の整備，e．医療的ケアの整備が挙げられた。

　以上の課題解決にあたり推進計画では複数の数値目標が定められた。特別支援教育を推進する支援ツールとして導入された「個別の教育支援計画」については，幼稚園・保育所，小学校，中学校，高等学校等の作成率の目標値が，2018年度までに100％と設定された。全国調査（文部科学省 2014）によれば，愛知県において個別の教育支援計画の作成率は，公立幼稚園と小中学校の特別支援学級は90％を上回っている。一方，公立小中学校の通常学級の作成率は70％代，公立高等学校等は40.0％であり，現状では高等学校等の作成率が最も低い。

3）東三河の特別支援教育：特別支援学校の状況から

　前述した県としての課題をふまえ，ここでは東三河の特別支援教育について，特別支援学校の状況に注目して述べる。

　東三河には特別支援学校の本校が4校，分校舎と教室が各1校ある[3]。図Ⅳ-3-2-1に学校の地理的分布，教育部門を有する障害の種類，2015年度の在籍生徒数，設置年度を示した。地理的には山嶺教室を除き，東三河の特別

支援学校は豊橋市と豊川市に集まっている。教育部門を有する障害の種類は，聴覚障害1校，肢体不自由1校，他の4校は知的障害である。2016年度時点の在籍生徒数は，県立豊川特別支援学校342名，豊橋市立くすのき特別支援学校が216名と規模が大きい。肢体不自由の部門をもつ県立豊橋特別支援学校は177名が在籍し，聴覚障害の部門をもつ県立豊橋聾学校は69名である。なお，東三河には視覚障害，病弱の教育部門を有する特別支援学校はない[4]。

設置年度をみると，私塾から始まった県立豊橋聾学校が1898（明治31）年で最も古い。県立豊橋特別支援学校と県立豊川特別支援学校の設置は，1979年の養護学校の設置義務化の時期と重なる。他の3校は2009年以降と新しい。3校の設置趣旨は異なるが，それぞれ表Ⅳ-3-2-3に挙げた課題の解決と関連がある。開校順にみると，県立豊川特別支援学校本宮校舎は，2009年に県立宝陵高校内に併設された分校舎である。主に軽度の知的障害がある生徒が通い，就労支援の充実に重点が置かれている（表Ⅳ-3-2-3の①-c. に挙げた課題と対応）。

県立豊橋特別支援学校山嶺教室は，北設楽郡（設楽町，東栄町，豊根村）のほぼ中央に位置する県立田口高校の空教室を利用して2014年に開校した分教室である。その位置が示すとおり，山間地域からの長時間通学の解消が狙いである。同校には郡の中学校を卒業した知的障害がある生徒のうち，公共交通機関などで自宅からの通学が可能な生徒が通う（表Ⅳ-3-2-3の②-b. に挙げた課題と対応）。そして2015年に開校した市立くすのき特別支援学校は，前年度の生徒数が523名にまで増えた県立豊川特別支援学校の顕著な教室不足の解消を狙いとして設置された。（表Ⅳ-3-2-3の②-a. に挙げた課題と対応）。これら3校の設置に加え，2015年度には推進計画に基づき，県立豊橋聾学校の高等部に重複障害学級が新設された。

以上の流れをみると，東三河の特別支援教育は，ごく近年になって長時間通学の解消や教室の確保という教育環境の整備が実質的に進んだといえる。中でも高まる市民らの要望を受けて，県立ではなく東三河初の市立のくすの

き特別支援学校が開校したことは大きい。同校では市立ならではの強みを生かした学校づくりを推進している（豊橋市教育委員会 2014）。たとえば，地域に開かれた学校づくりの一環として，地域産業である農業を核とした栽培から販売までの作業実習を行ったり，就労支援の重点化において，総合相談支援センター，ハローワーク，商工会議所など市のネットワークを生かした就労関連実習（職場体験，企業実習）を実施するなどしている。

また，同校の整備概要には，同校と県立豊川特別支援学校が一体となって，東三河全域の知的障害がある生徒に対応し，地域の特別支援教育の環境向上に貢献するという考えが記されている（豊橋市教育委員会 2013）。今後は両校一体となった当地域の特別支援教育の進展が注目される。なお，両校の通学区域は，小中学部に関しては次のようである。県立豊川特別支援学校には豊川市，蒲郡市，新城市，北設楽郡，市立くすのき特別支援学校には豊橋市と田原市に在住する生徒が通う。また，市立くすのき特別支援学校の運営費

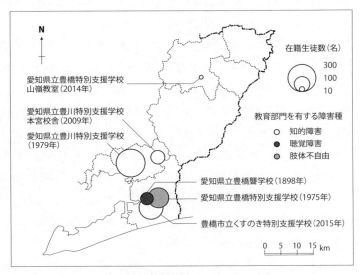

図Ⅳ-3-2-1　東三河地域の特別支援学校の地理的分布と教育部門を有する障害種および在籍生徒数（名）
＊括弧内の数字は設置年度を示す。

は豊橋市のほか人件費を県と国，管理費の一部を田原市が負担している。

4）東三河地域の特別支援教育の今後の課題と展望

　特殊教育から特別支援教育への転換後，東三河には設楽町に分教室，豊川に分校舎，豊橋に特別支援学校がそれぞれ開校し，物理的環境の整備が進んだ。今後はその活用とソフト面の充実が求められる。豊橋市のアンケート調査（豊橋市 2013）によれば，当事者の求めるクラス環境として，障害の特性や個々の能力に応じたクラスへの在籍とともに，通常学級で学ぶ機会の設定を望む回答が多く示された。また，学校教育に対する要望には，教員の専門性の向上と個々に応じた支援，移行時期（進学等）の関係機関との連携，相談体制（就学・進路等）の充実などに関する回答が多くみられた。

　こうした課題に対して，これまでには，特別支援学校の教員による巡回相談・事例研究会や，特別支援教育コーディネーター研修が行われてきた（豊橋市 2014）。豊橋市障害者福祉計画（豊橋市 2014）では，これらの継続に加え，2014年から2018年までの期間を対象に次の事業が組まれている。①心理カウンセラーなどによる相談活動の充実，②小中学校，特別支援学校，医療機関，福祉施設等との連携強化，③通級指導教室の拡大充実と支援員の配置，④研修の充実，および，個別の教育支援計画の策定と活用による，保護者とともに子どもの成長を促す教員の資質向上である。また，就学期間の支援と同様に，就学前の早期支援，卒業後の進路・就労に関する支援も施策の柱とされた。

　上記は豊橋市の事業であるが，豊川市の第3次豊川市障害者福祉計画（計画期間：2016〜2020年；豊川市 2016）においても，それぞれに市の施策が記されている。つまり，これらは東三河の課題である。今後の展望としては，豊橋市立くすのき特別支援学校の整備概要に記されたとおり，地域一体となった課題解決の取り組みが，2020年代にかけてますます促進されるだろう。同時に，特別支援学校のセンター化の流れにおいては，教育，医療，福祉，労働など分野をまたぐ支援のネットワークがより広域に形成されるであろ

う。たとえば，この地域の特別支援学校の整備は，2012年に始動した東三河県庁を中心とする協議会においても検討，推進されている（東三河ビジョン協議会 2013）。また，南北に長く，山間部と半島をもつ東三河は，地形上の理由からも市町村間の連携が，支援の質および量の確保やアクセス向上に欠かせない。そのような単位の1つが障害福祉圏域である。東三河には，新城以北の北部圏域と豊川以南の南部圏域がある。両圏域とも2012年以降，基幹相談支援センター[5]が設置され，関係者間の連携・連絡が会議等で図られている。さらに，基幹となるセンター以外にも，各市町村で様々な機関が支援を必要とする生徒に対して，療育やサービスを提供している。個々に応じた支援を実現するには，上記の展望に加え，こうした1つ1つの取り組みとその成果を，広域連携のもとで共有し蓄積するシステムの整備が今後，必要になると考えられる。

注

(1) 2002年度時点で小・中学部の生徒に占める重複障害学級在籍者の割合は，盲・聾・養護学校の平均で43％，肢体不自由養護学校だけでみると74％であった。
(2) 卒業後の円滑な就労支援を目的とするツールは「個別移行支援計画」と呼ばれる。
(3) 本稿では便宜的に分校舎，分教室も本校と同様に1校と数える。
(4) 視覚障害の部門を有する特別支援学校は県下に2校あり，東三河の近隣では県立岡崎盲学校がある。豊橋市にも1948年に県立豊橋盲学校が設立されたが1981年に閉校した。病弱の部門を有する愛知県下の特別支援学校は，県立大府特別支援学校1校である。
(5) 基幹相談支援センターは地域の障害がある個人の相談支援の中核を担う機関である。市町村での相談支援体制を強化するため，障害者自立支援法の改正により2012年から導入された。

文献

愛知県教育委員会 2014「愛知県特別支援教育推進計画（愛知・つながりプラン）
　～すべての子どもへの適切な支援・指導の充実をめざして～」
　（http://www.pref.aichi.jp/soshiki/tokubetsushienkyoiku/0000070151.html）
教育庁 2010「東京都特別支援教育推進計画 第三次計画について」

(http://www.kyoiku.metro.tokyo.jp/press/pr101111tok.htm)
京都市立総合養護学校 2005「総合制・地域制の養護学校における教育課程はどうあるべきか－障害種別の枠をこえた教育課程のあり方に関する研究：文部科学省教育研究開発学校指定5年次研究報告」
特別支援教育の在り方に関する調査研究協力者会議 2003「今後の特別支援教育の在り方について（最終報告）」(http://www.mext.go.jp/b_menu/shingi/chousa/shotou/054/shiryo/attach/1361204.htm)
豊川市 2016「第3次豊川市障害者福祉計画」(http://www.city.toyokawa.lg.jp/kurashi/fukushikaigo/shogaifukushi/shogaifukushikeikaku/2jifukushikeikaku.files/keikaku4.pdf)
豊橋市 2013「障害者福祉に関するアンケート調査報告書」
(http://www.city.toyohashi.lg.jp/5195.htm)
豊橋市 2014「豊橋市障害者福祉計画2014－2018」
(http://www.city.toyohashi.lg.jp/secure/6627/shogaisyakeikaku26-30.pdf)
豊橋市教育委員会 2013「豊橋市立特別支援学校整備概要」
(http://www.city.toyohashi.lg.jp/secure/8961/tokushi-seibigaiyou.pdf)
豊橋市教育委員会 2014「豊橋市立くすのき特別支援学校 概要（案）」
(http://www.city.toyohashi.lg.jp/secure/8961/gaiyou141219.pdf)
東三河ビジョン協議会 2013「東三河振興ビジョン【将来ビジョン】〜豊かさが実感できる輝く「ほの国」東三河を目指して〜」
(http://www.higashimikawa.jp/prefectural/pdf/2.vision.pdf)
文部科学省 2007「特別支援教育の推進について（通知）」
(http://www.mext.go.jp/b_menu/hakusho/nc/07050101.htm)
文部科学省 2014「平成26年度特別支援教育体制整備状況調査 調査結果」
(http://www.mext.go.jp/a_menu/shotou/tokubetu/material/1356211.htm)

（吉　岡　昌　子）

3．生涯学習（公民館活動）・市民活動

本稿では主に北設楽郡を除く東三河5市を対象にする。

1 生涯学習（公民館活動）

1）概　要

日本で生涯学習（lifelong learning）という用語が広く用いられるようになるのは，1980年代以降である。1981（昭和56）年の中央教育審議会答申『生涯教育について』第1章「我が国における生涯教育の意義」では，「生涯学習」を次のように位置づけた。

「今日，変化の激しい社会にあって，人々は，自己の充実・啓発や生活の向上のため，適切かつ豊かな学習の機会を求めている。これらの学習は，各人が自発的意思に基づいて行うことを基本とするものであり，必要に応じ，

表Ⅳ-3-3-1　東三河5市における生涯学習の枠組み

	所管	計画（2016年9月現在）	情報誌
豊橋市	教育委員会 生涯学習課	『豊橋市生涯学習推進計画改訂版(2016－2020)』2016年	『グラッド』毎年半期ごと発行
豊川市	教育委員会 生涯学習課	『第3次豊川市生涯学習推進計画－心に彩り　体に潤い　絆で結ぶ　とよかわの生涯学習－』2016年	『とよかわ生涯学習ガイドブック』毎年半期ごと発行
蒲郡市	教育委員会 生涯学習課	『がまごおり　ゆたかな海と緑の学園都市構想　蒲郡市生涯学習推進計画2005』2005年	『蒲郡市生涯学習ガイドブック』毎年半期ごと発行
田原市	教育委員会 生涯学習課	『田原市生涯学習推進計画』2012年	『生涯学習情報誌』毎年半期ごと発行
新城市	教育委員会 スポーツ共育課	『お～い　みんなでやらまいかん!! 新城の三宝を活かした市民活動の創出（新城市生涯学習推進計画）』2009年	『市教委だより』毎月発行（生涯学習に関しては講座開催時に掲載）

（資料）各市「生涯学習課（スポーツ共育課）」ホームページより。
（注）なお生涯学習施設は非常に多岐にわたり数も多いためここでは掲載していない。各市の「推進計画」，「情報誌」等より確認していただきたい。

自己に適した手段・方法は，これを自ら選んで，生涯を通じて行うものである。その意味では，これを生涯学習と呼ぶのがふさわしい。」

　この答申を受け，同じ81年に愛知県では「生涯教育推進懇話会」を設置，これ以降県内各自治体において，生涯学習に関する整備が進められていった。

　現在の東三河5市における生涯学習の枠組みを表Ⅳ-3-3-1にまとめた。いずれも「推進計画」をもち，現代の超高齢社会・少子化社会に適応した講座を企画・実施している。また大学との連携講座も開催し，自市を知るための講座の企画も進められている。各市の推進計画における施策は以下のとおりである。

　①豊橋市：〔施策の3本柱〕「1生涯学習活動の推進，2家庭教育・地域教育の推進，3生涯学習・社会教育施設，図書館の充実」

　②豊川市：〔施策の方向性〕「1学びを育むきっかけづくり，2学びをとおした人づくり，3学びを生かしたまちづくり」

　③蒲郡市：〔6つの推進計画プロジェクト〕「1生涯学習市民大学構想，2東三河オープンユニバーシティ構想，3生涯学習センターの設置，4ミニ博物館構想による生涯学習のまちづくり，5コミュニティスクール整備と充実，6学習情報・学習相談提供システムの構築」

　④田原市：〔施策の体系〕「1学ぶ機会の充実，2学びを活かす機会の充実，学びの支援の充実」

　⑤新城市：〔具体的な方針〕「1生きがい活動，2地域活動，3里山活動，4文化活動」

　以下，豊橋市と新城市について生涯学習の中身に触れる。

2）生涯学習の現況
① 豊橋市

　豊橋市における生涯学習の過去5年（2011年度～15年度）の企画講座数の変遷を表Ⅳ-3-3-2に示した。

　内容の内訳は大きく「生涯学習市民大学事業」（トラム事業，高齢者セミ

表IV-3-3-2　豊橋市における生涯学習講座数の推移

	事業	2011年度	2012年度	2013年度	2014年度	2015年度
生涯学習大学事業市民	トラム一般	29	33	39	36	37
	トラム専門	24	26	28	25	36
	トラム総合	20	19			
	トラム連携			6	6	6
	トラム体験					2
	高齢者	23	23	22	22	23
家庭教育事業	幼児ふれあい	41	37	39	33	
	パパママ	4	4	4	4	
	家庭教育（親子）	5	6	3	5	6
	合計	146	148	141	131	110

（資料）生涯学習課提供資料より作成。

ナー）と「家庭教育事業」（幼児ふれあい，パパママ子育て教育，家庭教育講座）に二分されている。企画については，主に生涯学習課や地区市民館館長（生涯学習課嘱託職員）が行っている（豊橋市では小学校区ごとに49校区市民館，中学校区ごとに22地区市民館を設置している）。なお「トラム」とは「トヨハシ（豊橋），ライフロング（生涯），ムーブメント（活動）の略で，市が主催する生涯学習市民大学の愛称」（生涯学習情報誌『グラッド』より）である。このトラム事業は「一般」，「専門」，「総合」の三種類で構成されていたが，2013年度に見直しをされ「総合」に代わって「連携」が，また企画内容のマンネリ化を打開するため全1回の単発講座である「体験」を15年度より導入している。またトラム事業では「運営委員会」が設置され，生涯学習課の企画案や実施結果を元にアドバイスを行っていたが，2016年6月末で廃止となった。「トラム連携」は市内三大学（愛知大学，豊橋技術科学大学，豊橋創造大学）および豊橋工業高校が担当している[1]（以上，生涯学習課より）。

② 新城市

　新城市は「共育（ともいく）」という概念を創り生涯学習を推し進めている。スポーツ共育課（2016年4月設置）によれば，「共育とは，子どもを軸にその未来を第1に考え，学校を拠点に，学校・家庭・地域の老若男女が地

域総ぐるみで，ふるさと新城の『自然・人・歴史文化の三宝』を活かし，共に過ごし，共に学び，共に育つ『感動・創造・貢献の活動』を創り出すことです。活動を通して，顔と名前のわかるネットワークを広げ，地域の安全を守り，活力あるまちづくりを進めるものです」と定義されている。「地域総ぐるみ」，「ふるさと新城の三宝」，「活力あるまちづくり」という文言に象徴されるように，通常の教養講座的な内容から一歩進めて，子どもを軸にしながらも住民総ぐるみで地域づくりに関わろうという意図が「共育」には込められている。2015年には「新城教育憲章」を制定し，また実践目標として「新城共育１２」の12の合言葉を定めた。こうした教育理念・実践は，市民自治の醸成を意図した地域自治区制度との連動もあるだろう。『（平成27年度）新城市の教育－新城「共育」を推進－』（新城市教育委員会）によれば，学校教育も含む今後3つの課題の1つとして「学校教育と社会教育の融合」が挙げられている。また「教育委員会の行う各種の文化・スポーツイベントの管轄の見直し・整備」も挙げられ，「地域の経済振興や観光イベント」については「市長部局との協議・整備を進める」とされているように，生涯学習が座学を超え，まさに「学びを生かしたまちづくり」（豊川市）へと展開されようとしているといえるかもしれない。まちづくりへの接続という意味では，生涯学習課を市長部局へ移管する動きも各地でみられ（高浜市，豊田市等），今後の生涯学習の1つの方向性を示しているといえよう。

② 市民活動

1) 概　要

まず市民活動として東三河8市町村のNPO法人数を確認しておく。愛知県NPO交流プラザ（愛知県県民生活部社会活動推進課NPOグループ運営）によれば，豊橋市84，豊川市29，蒲郡市12，田原市18，新城市15，設楽町1，東栄町4，豊根村0，合計163団体が認証されている（2016年9月30日現在）。また東三河市民活動情報サイト「どすごいネット」（東三河5市）には746団

体（2016年10月31日現在）が登録されている。同ネットにはNPO法人の他に大学のサークルや企業のボランティアグループ，さらには趣味の団体等も含まれているが，自主申告であるため全活動団体が登録されているわけではない。

ここでは『東三河の経済と社会』第7輯との関連で市民活動に対する東三河5市の支援制度について述べていきたい。各市の制度概要については第7輯で詳細に触れられているが，その後の変化も含めて枠組みをまとめたものが表Ⅳ-3-3-3である[2]。

表Ⅳ-3-3-3　東三河5市における市民活動支援の枠組み

	所管	関連する条例等	計画等	拠点
豊橋市	市民協働推進課	市民協働推進条例（2007年）	市民協働推進計画（2009年→2016年〔第2次〕）	豊橋市民センター内オレンジプラザ
豊川市	市民協働国際課	市民活動活性化基本方針（2002年→13年改訂）	市民活動活性化基本方針実施計画（2003年→13年改訂）	とよかわボランティア・市民活動センタープリオ
蒲郡市	協働まちづくり課	協働のまちづくり条例（2009年）（注1）	特になし（注1）	がまごおり市民まちづくりセンター
田原市	企画課	市民協働まちづくり条例（2008年）	市民協働のまちづくり方針（2014年）	田原市民活動支援センター
新城市	まちづくり推進課（2016年4月以前は市民自治推進課）	自治基本条例(2013年)（注2）	特になし	しんしろ市民活動サポートセンター

（資料）各市関係課のホームページより。
（注1）その後協働のまちづくり推進のために，がまごおり協働まちづくり会議『協働のまちづくりのさらなる推進に向けて　総括と市長への提言』（2015年）が出された。
（注2）新城市は上記条例施行前より「総合計画」に基づいて補助金制度を導入。したがって本条例が市民活動助成制度の直接の根拠ではない。

詳細な計画をもたない市もあるとはいえ，いずれの市も補助金制度をもち市民活動を支援している。その補助金制度の概要を示したものが表Ⅳ-3-3-4である。同表で確認できるように，各市の補助金制度は多様である。補助金額・補助率・採択可能回数において目立った共通点はみられない。しかしその底流には1つの共通理念がある。市民活動の開拓から展開・自立への誘導である。補助金の手厚さにバラつきがあるとはいえ，補助金額や補助率の変化で市民活動団体の自立を促す仕組みをとっている。すべての団体が事

表Ⅳ-3-3-4　東三河5市における補助金制度の比較(2016年度現在)

	名称	一事業上限補助額(補助率)	採択可能回数(同一事業)
豊橋市	・つつじ補助金(市民活動スタート支援補助金) ・くすのき補助金(市民活動ネクスト補助金)	・つつじ→5万円(10分の10) ・くすのき→30万円(3分の2→2分の1→3分の1)	・つつじ:1回のみ ・くすのき:3回まで
豊川市	・市民協働推進事業補助金 ・NPO法人運営支援補助金	・20万円(5分の3→5分の2→5分の1) ・市に納付された前事業年度分の法人市民税均等割の金額と同額	・市民:3回まで ・NPO:特に制限なし
蒲郡市	・市民企画公募まちづくり事業助成金(はじめの一歩部門,ほとばしる情熱支援部門)	・一歩→10万円(10分の10) ・情熱→100万円(10分の10)	・一歩:2回まで ・情熱:特に制限なし
田原市	・市民協働まちづくり事業補助金 ・新規団体・人材養成活動支援補助金 ・市民活動チャレンジ支援補助金	・市民→20万円(補助経費10万円以上)(2分の1),4.9万円(補助経費10万円未満)(2分の1) ・団体→5万円(10分の10),人材→3万円(2分の1～2分の2) ・チャレンジ→10万円(2分の1)	・市民:3回まで ・団体・人材:1回のみ ・チャレンジ:1回のみ
新城市	・めざせ明日のまちづくり事業補助金(自由,コミュニティビジネス(CB)立ち上げ) ・若者チャレンジ補助金	・めざまち→自由:育成期30万円(10分の9),自立期60万円(10分の8),拡充期100万円(3分の2),CB:100万円(10分の9→3分の2) ・若者→中学生過半数:5万円(10分の10),高校生過半数:10万円(10分の10),若者一般:50万円(10分の10)	・めざまち→自由:育成期2回まで,自立期2回まで,拡充期特に制限なし,CB2回まで ・若者:特に制限なし

(資料)各市関係課ホームページおよび関係課提供資料より作成。

業型NPOもしくはビジネス化に向けて自立することは現実には難しいが,可能な限り経済的な自立を促すための制度転換が今後さらに求められるだろう。この意味では,新城市が2016(平成28)年度より立ち上げたコミュニティビジネスへの支援制度は,そうした意図の政策的表れだといえる。

　さて,こうした補助金制度を受けて,過去5年間の採択団体数の推移を表したものが表Ⅳ-3-3-5である。補助金のメニュー(枠)が(とりわけ新城市)増えてきていること,しかし採択数においては大きな増加がみられないこと,などの特徴を見て取ることができる。採択数に関しては,それぞれ財源枠が決まっていることもあり,この数だけで市民活動の広がりを確かめることはできない。そこで応募数に対する採択数を確認してみる。ここでは,蒲郡市と田原市の2市の推移をみておこう。

第3章　東三河の教育・文化

表Ⅳ-3-3-5　東三河5市における補助金採択団体（事業）数の推移

	2011年	2012年	2013年	2014年	2015年
豊橋市	・つつじ9 ・くすのき19 ・ハード4(注1)	・つつじ4 ・くすのき14 ・ハード3	・つつじ9 ・くすのき9 ・ハード2	・つつじ7 ・くすのき8	・つつじ7 ・くすのき10
豊川市	・NPO1	・NPO1	・NPO1	・NPO4	・NPO2(注2) ・市民6
蒲郡市	・情熱5 ・一歩8	・情熱6 ・一歩8	・情熱3 ・一歩6	・情熱5 ・一歩3	・情熱5 ・一歩3
田原市	・市民9 ・団体1 ・人材7	・市民3 ・団体1 ・人材2	・市民5 ・団体3 ・人材7	・市民5 ・人材1	・市民4 ・団体2 ・人材5 ・チャレンジ2
新城市	・めざまち18	・めざまち23	・めざまち8 （地域計画4， 育成2，自立2） （注3）	・めざまち11 （地域計画4， 育成2，自立1， 拡充4）	・めざまち10 （地域計画4， 育成6）(注4) ・若者7（中学 1，高校5， 一般1）

（資料）各市担当課ホームページおよび各課提供資料より作成。
（注1）ハード補助金は施設整備への補助金であったが（MINTO財団）14年度より廃止され，くすのき補助金で施設整備へも対応可能となった。
（注2）補助額は11年50万円，12年50万円，13年50万円，14年200万，15年100万である。
（注3）2013年度より10地域自治区の導入により，各自治区に限定した活動に対しては各地域協議会の審査を経て地域活動交付金が支給されることになった。ただしすでに策定済みの地域計画に基づく活動に対しては，2年間の移行措置として「めざまち」にも応募が可能であるため「地域計画」なる枠が設けられた。
（注4）2016年度に「コミュニティビジネス立ち上げ」枠が導入され，3団体が採択された。

① **蒲郡市の事例**（『協働のまちづくりへの提言（資料編）』より）

2011年度：情熱5/10，一歩8/8，12年度：情熱6/6，一歩8/8，13年度：情熱3/5，一歩6/6，14年度：情熱5/5，一歩3/3（分母が応募事業数，分子が採択事業数）。

② **田原市の事例**（企画課提供資料より）

2011年度：市民9/9，12年度：市民3/3，13年度：市民5/5，14年度：市民5/7，15年度：市民4/5（分母が応募事業数，分子が採択事業数）。

他市もほぼ同様の状態であり，市民活動の裾野が広がっていないという現状が浮かび上がる。そのため補助金制度というインセンティブがあることの周知の徹底化（SNSの活用）や事前相談制度の充実，申請書類・プレゼン等の簡略化といった対応策がとられているが，現状では十分機能しているとは

言い難い。市民活動の裾野を広げるには対象を絞った掘り起こしも必要である。例えば新城市が2015年度より導入した「若者チャレンジ補助金」のような，若者にターゲットを絞った開拓戦略が重要になるだろう。

2) 現状——豊橋市の事例

豊橋市を事例としてさらに市民活動支援をめぐる現状を掘り下げてみたい。毎年実施される『市民意識調査』における「市民協働によるまちづくりについて」に関する回答は以下のとおりである（2014年度）。「市民協働」という言葉を聞いたことがない人は全体（n=2,221）の約72％，必要性を感じている人は全体（n=2,189）の約50％，まちづくり活動（自治会活動〔地域活動〕・NPO活動・ボランティア活動等）への参加率（参加したことがある人）は全体（n=2,209）の約43％（ただし20歳代は他世代より低く約29％）という結果であった。また市民協働推進課では，独自に市民活動団体，事業者，自治会，市職員へのアンケート調査を行い，それらの結果も踏まえて第1次推進計画を検証，2016年3月に『第2次市民協働推進計画』を策定した。

第2次推進計画の4つの施策ごとの数値目標は表Ⅳ-3-3-6のとおりである。市民協働への理解を深めながら活動人口（活動団体）を増やすということ，そのために既存施設（既設サイト）を活用して活動団体の相談・交流・情報交換を強化し，補助金制度の周知徹底による新規活動の開拓に重点を置いた目標設定となっている。こうした目標設定の背景にある課題とは，市民活動の広がりが弱いという現状であり，いずれの市でも共通しているといえる。

③ おわりに——生涯学習と市民活動の連携に向けて

生涯学習審議会の答申『社会の変化に対応した今後の社会教育行政の在り方について』（1998年9月）では，「地域住民の多様化・高度化する学習ニーズへの対応」の必要性がうたわれたが，これはとりもなおさず「『生涯学習』は現代的・公共的課題に住民が自主的に参加し，協同して取り組む中で，地

表Ⅳ-3-3-6　第2次豊橋市市民協働推進計画における数値目標

施　策	指　標	現状(2014)	目標(2020)
1　意識醸成と人材育成	市民協働によるまちづくりの必要認識度	50.10%	70%
	まちづくり活動への参加率	43%	60%
2　情報の共有	市民協働に向けた交流会参加者数	69人	460人(5年計)
	市民活動プラザ登録団体数	387団体	460団体
3　協働事業の促進	新規協働事業数	20件	130件(5年計)
	市民活動プラザでの相談件数	117件	620件(5年計)
4　市民活動への支援	校区市民館の地域コミュニティによる利用率	16%	18%
	つつじ補助金交付件数	5件	35件(5年計)

(資料)『第2次豊橋市市民協働推進計画2016→2020』2016年3月

域社会を自ら担っていく人材に育っていくことを目指すもの」[3]である。いわば「まちづくり」を目標に、その手段として生涯学習という学びが置かれるという構図であろう。言い換えれば、市民活動を所管する部署と生涯学習を主管する部署とが連携・協働して、共通の目標「まちづくり」に向けた取り組みを実施する必要性がある。現在はそのような体制が組まれているとは言い難い。いわゆる「気づき」から「動き」への学びの飛躍がこれからの生涯学習には求められているように思われる。

　一方、市民活動に関して、新城市では「市民自治」がキーワードであるが、他の4市では「協働」をキーワードにして活動支援がなされている。しかし協働とは一体何なのか。広義のまちづくりに向けた市民活動を促進するための仕組みとして協働が提起されてきたはずなのに、いつのまにか協働自体が目的化している。豊橋市市民協働推進課のアンケート調査（2015年）では、市との協働を望む市民団体が75.6％（n=156）、市以外に協働を望む団体としては（n=91）、「同分野の市民活動団体」76.9%、「異分野の市民活動団体」62.2%、「自治会」42.9%、「事業所」40.7%という結果となった。自治会、事業所との協働希望こそ半数を切っているとはいえ、市を含む他団体との協働を望む市民活動団体は多い。行政は、目的に応じたマッチング機能を発揮する責任があるだろう。その際の実用的な学び（ノウハウを学びたい、事業を

拡大したい，コミュニティビジネスを展開したい，NPO法人格を取得したい，等々）機能こそ，実は暗黙的なマッチングなのであり，ここにも生涯学習との連携・協働が求められているのではないだろうか。

注

(1) ちなみに2015年度の愛知大学との連携講座は中部地方産業研究所が担当し，テーマは「ヒトと糸，布が織りなす世界」（全4回）であった。受講者数73人（男20人，女53人），各回の参加者は第1回→第4回にかけて54人，57人，40人，51人，延べ人数202人。アンケート結果を通しての全体評価は「難しい題目であったが，繊維関係者の参加や愛知大学にある産業記念館（生活産業資料館－岩崎），ガラ紡の施設の見学もでき，好評であった」。また受講者意見としては「思った以上におもしろい講座でした。特に愛大記念館や産業館の体験，見学が楽しかった。この講座を聞いてますます日本製品を探して使っていきたい」などの声があった（豊橋市生涯学習課提供資料より）。
(2) なお表Ⅳ-3-3-3には記載していないが，東栄町では第5次総合計画策定を機に2006年度から「元気な地域づくり支援制度」を立ち上げ，各地区活動を助成している。同時に各地区で地域づくり団体の立ち上げが促され，2015年現在11団体が存在している（東栄町旧企画課資料より）。なかでも2010年に設立された「NPO法人てへ」は閉校となった旧東部小学校を活用した「のき山学校」を運営し，種々の助成を得ながら都市・農村交流，移住促進の活動等を継続している。
(3) 佐藤ほか（2015）。

文献

がまごおり協働まちづくり会議　2015『協働のまちづくりのさらなる推進に向けて　総括と市長への提言』
佐藤快信・菅原良子・入江詩子　2015「社会教育のこれまでの経緯とこれから」『現代社会学部紀要』（長崎ウエスレヤン大学）13巻1号
新城市教育委員会生涯学習課　2009『お～い　みんなでやらまいかん!!　新城の三宝を活かした市民活動の創出（新城市生涯学習推進計画）』
新城市教育委員会　2016『新城市の教育－新城「共育」を推進』
中央教育審議会答申　1981『生涯学習について』
豊橋市　2016『第2次豊橋市市民協働推進計画2016→2020』
豊橋市　2016『豊橋市生涯学習推進計画改訂版（2016‐2020）』
豊橋市『グラッド（生涯学習情報誌）』各年版（前期・後期）

（岩　崎　正　弥）

4．教員養成の新しい潮流
——学校インターンシップ導入による大学・学校の新たな関係の可能性——

① 教員養成と「学校インターンシップ」

　学校教員の大量退職時代を迎えた2000年代以降，優秀な人材の確保をめざして各地の教育委員会が「教師塾」事業を展開する動きが相次いだ。東海圏も例外ではなく，名古屋市教育委員会主催の「なごや教師養成塾」は現在でも教員採用試験のアドバンテージを得られるとあって，応募する学生も多い。こうした動きは，戦後の教員養成制度が堅持してきた「大学における教員養成」に対する疑念の提示であるともいえる。すなわち，大学の教員養成課程ないし教職課程を修了した新卒者は「実践的力量」が不足し，「即戦力」としては不十分であるとの認識が，新卒者に対して指導的立場となるはずのベテラン教員の大量退職という事態と相まって拡大しつつあるということである。こうした認識は教育委員会や学校関係者に限ったことではなく，保護者のあいだには「自分の子どもは新任教師に担任してほしくない」という，力量の不足している者に子どもを預けることを躊躇する認識も広がっている。
　しかし，大学ないしその教職課程がこの事態に手をこまねいていただけではない。「教師塾」事業とほぼ同時期に関東・関西地区の大学では「学校インターンシップ」と呼ばれる学校への学生派遣事業を展開し始めた。「学校インターンシップ」とは，「ボランティア」のように短期・単発の事業ではなく，半年から1年間というスパンのなかで，たとえば週1回数時間程度定期的に教師の補助業務を行う事業のことをさす。一般社団法人全国私立大学教職課程協会の調査によれば，先発的に開始した関東・関西地区に続いて近年では教員養成コンソーシアムを立ち上げた中国・四国地区や九州地区にも学校インターンシップを取り入れる大学が増加している。
　そうしたなかで，愛知大学（以下，「本学」）もまた，豊橋校舎を中心に活

発に学校インターンシップを行っている。本稿では，教員養成の新しい潮流といえるこの事業の本学における実態について概説し，最後にこの活動がもたらす今後の可能性にふれておくことにしたい。

② 本学の学校インターンシップの具体的内容[1]

1）学校インターンシップの種類

本学が学生を派遣している学校インターンシップ事業は大きく分けて次の3種類である。

 A．本学が独自に派遣先を開拓して行っている学校インターンシップ…（派遣先）豊橋市・豊川市の小中学校

 B．本学から学習支援チューターと教育実習の一環として学生を派遣しているもの…（派遣先）豊橋市立栄小学校

 C．各教育委員会の学校インターンシップ事業に学生を派遣しているもの…岡崎市・新城市・一宮市・小牧市等

本稿ではA.の独自派遣の事業について詳述したいが，あらかじめB.およびC.について簡単に説明しておきたい。B.の学習支援チューターは教職課程導入時期の1年次生が週1回1時間程度，本学豊橋校舎隣りにある市立栄小学校で活動するものである。A.の事業には2年次生以上のみ派遣しているため，1年次生でこの活動を希望する者が多い。2016（平成28）年度は約80名を派遣している。また，教育実習の一環として1998（平成10）年の教育職員免許法改正時から，3年次に栄小学校において年間40時間の実習を行った者について4年次の実習を1週間短縮する制度を設けていた。これについては学校インターンシップの拡大とともに近年では事実上機能しておらず，今後廃止する予定としている。

また，C.については本学が主体的に派遣を行っているというよりも，学生が個別に各教育委員会の募集に応じているという状況にある。

2）本学が独自に派遣先を開拓する学校インターンシップ
① 開始の経緯とシステムの独自性

　前項でA．に挙げた本学が独自に派遣先を開拓する学校インターンシップは，2012（平成24）年度以降本格的に始動している。同年，本学では教職課程センターを設置し，専任の「事業主任」を置いて学生指導を中心とした事業の推進を図っている。その前年度2011（平成23）年度には，1人の教職課程履修学生が自分自身で行き先を開拓して，豊橋市内の小学校でいわば学校インターンシップのパイロットケースとして活動を行っていた。これを他の学生にも広める目的で事業主任が派遣先を開拓してきたものである。

　全国的には，大学や大学コンソーシアムが自治体・教育委員会と提携して学生派遣を行う場合が多い。それに対して本学のシステムの独自性は，直接的に自治体・教育委員会と提携することなく，各学校と個別に覚書を交わすことで学生派遣を行っていることである。したがって，豊橋市内の学校に学生を派遣するとはいえ，すべての学校がその対象となっているわけではない。遠方から通学する学生の利便性等も考慮し，できるだけ公共交通機関で活動先に移動できる学校を選定している。このようなシステムを取ることが可能になったのには，事業主任が豊橋市内の義務教育校長経験者であったという経歴によるところが大きい。

　自治体・教育委員会と直接の提携関係にあるわけではないが，毎年度の活動開始時期（5月ごろ）には，市教育委員会に対して派遣学生の学校ごとの名簿を提出して理解を求めている。また，活動創始期にある小学校長が市教育委員会に対して学生受け入れについて質したところ，この事業に理解を示して許可したという。このように，本学の学校インターンシップは大学・学校間の覚書の交換によって支えられる一方，市教育委員会の了解のもとに行われるという独自システムによって運営されているといえる。

② 学生募集・活動内容等の実態

　それでは具体的に学生募集や活動内容について述べていきたい。まず，活動内容についてであるが，一般的な学校インターンシップと同様で，教職課

程履修学生のうちの希望者が，小中学校に一定の期間，特定の曜日・時間帯で活動を行っている。本学では半年度ごとに学生募集を行っており，最短でも6カ月が継続する活動期間となる（ただし，長期休業の期間を除く）。各学校では，教員とのティームティーチングによる学習指導の補助を行うこととなっている。

学生募集は毎年度4月から5月にかけて，先ほど述べたように2年次以上の学生を対象に行われる。この事業が開始された2012年度の受け入れ校数は小学校9校，中学校1校で，それぞれ38名，2名の学生が活動を行っていた。2016年度にはこの数が約180人と4倍以上に増加している。

各学校での活動について明確な規定や覚書上の条項があるわけではない。先ほど挙げたティームティーチングによる授業時間中の学習補助のほか，放課後の補充学習，クラブ活動，課外活動，「総合的な学習の時間」など児童生徒が教室を出て活動する時間の補助が行われる。さらに，運動会などの学校行事の手伝いや教員の教材作成の補助に回ることもある。

ある小学校の例を挙げると，学生が活動する前日までに，各担任が補助を希望する時間帯を挙げておき，学生が活動する当日に本人に告げて活動に入っている。このように，適宜補助を必要とするあるいは希望するクラスに入る学校と，活動期間を通じて同一クラスの補助に入る場合とがある。これら活動内容や活動するクラスについては，受け入れ側の学校に委ねられており，それぞれの事情によって適切な形態がとられている。

活動を行う学生は，原則として公共交通機関で各学校へ移動することになるが，この学校インターンシップでは費用補助はなく，交通費等はすべて学生本人の負担となっている。また，一部地域で行われているような謝金の支払い等も行われていない。ただし，学生に対する費用弁済はないものの，活動する全学生は「インターンシップ・教職資格活動等賠償責任保険」に加入している。

先に述べたように，大学と学校では活動開始時期に覚書を交換している。これに加えて，学生は活動の態度や守秘事項に関する「誓約書」を提出する。

この内容は規律の遵守，活動期間中に知りえた学校や在校生等の機密事項の守秘義務について厳守させるものである。こうした活動態度や活動上の注意事項についての大学のフォローアップについては項目を改めて述べたい。

③ 大学としての学生指導・フォローアップ

学生の活動に対しての大学としての指導やフォローアップはどのように行われているのだろうか。まず，基本的なことがらとして学校訪問が年に2回程度行われている。1回目は5月から6月にかけて，覚書の交換と新規活動学生の様子について情報交換をするための訪問が行われる。2012年度の活動開始時には，4月から5月にかけて学生を同行させた訪問を行っていたが，その後活動学生数の飛躍的な増加に伴って，現在ではこれを省略している。2回目の訪問が2月から3月にかけて，1年間の謝意を表して，また年間を通じた学生の様子についての懇談のために行われている。これらの訪問はすべて事業主任が担っており，学校数の拡大に伴ってその業務量は増大しているといえる。

大学においては，活動学生に対する事前・事後指導や特定の課題についての講習を行っている。事前指導は，言うまでもないことであるが基本的なマナー，インターンシップ中の態度・規律等について，前述の守秘義務等を含めて行われる。SNS上への写真のアップロードを禁じることなど，学校が通常注意を払っている肖像権などの問題についても触れられる。また，特定の課題についての講習では，とくに発達障害を持つ児童生徒への対応の仕方が中心的な課題となっている。

活動に対する事後指導は，学生が企画・運営する「全体会」を兼ねて行われることになる。この学生主催の行事は，1回目を5月に開催し，学校インターンシップの「発足式」として行う。その後，2回目を9月ごろに「中間報告会」として，さらに2月に「年度末報告会」として行う。2回目，3回目ではいずれもインターンシップでの学びについて学生自身が報告し，他の活動学生と質疑応答を行ってそれを深める形をとっている。また，派遣先の学校ごとに事例の検討を行う。無論，学生はインターンシップ活動についての

情報交換を日常的に行っているはずであるが、こうした「報告会」の機会もまた自分自身の活動を省察する貴重な機会となっている[2]。

③ 本学の学校インターンシップの特徴と今後の展開の可能性

1）本学の学校インターンシップの特徴

ここまで述べてきた内容から、全国で一般的に行われている学校インターンシップと比較しての特徴を述べておきたい。

はじめに、実施システム上の特徴についてである。先にまとめたように、本学の学校インターンシップは自治体・教育委員会との直接的な提携関係によって行われているのではない。大学と学校との覚書の交換といういわば簡便な形で実施されている。このことは、教職課程履修学生全員に活動を課すのではなく、意欲のある学生の希望を叶えるという発足当初の意図によるものであろう。つまり、学校現場を直にみたいという学生の希望が発端であり、大学がカリキュラムとしてそれを課すという形態は採用していないということである。

このことは、学生指導上の特徴となっても現れる。すなわち、この学校インターンシップは単位化されていない。学生の自由意志によって維持されている活動である。自由意志によるこうした活動が果たしてうまくいくのかという疑問もまた当然考えられるであろうが、現在のところ大きな問題はないといってよい。たとえば、単位化の問題については数年前から教員側から学生に対してこれを打診してきている。しかし、学生側が単位化した場合の弊害を危惧して拒否している。つまり、いわば単位目当てで意識の低い学生が学校に入ることを、彼ら活動学生が懸念しているということである。

このように特徴を考えてくると、この学校インターンシップ活動は教職課程履修の入口にある、意思のはっきりしていない学生のスクリーニングとして機能するものではなく、明らかに教職課程履修の補完あるいは一部として機能していると考えられる。一般社団法人全国私立大学教職課程協会の全国

調査によれば，先進的に学校インターンシップを行っている阪神・京都地区ではこうした活動の機能が分化していっている。すなわち，阪神地区は履修意志の低い学生のスクリーニング機能を担わせるものとして，京都地区は教職課程履修を補完するものとして機能している。

　本学の活動は京都地区に類似した機能を持つものといえようが，その運営の内実については相違がある。京都地区では，教育委員会の全面的な協力のもとに学校インターンシップが行われており，活動学生のいる学校に対してはその指導のために教員の加配が行われているほどである。さらに，活動の振り返りにあたっても活動する学校の教員が参加するなど，綿密な体制が組まれている。本学では振り返りについても学生主体で行われており，学生の意識に信頼して行っている側面が非常に大きい。

2）今後の展開の可能性

　学校インターンシップへの派遣学生・派遣先が増加していることは，希望する学生が増加していることだけによるのではない。派遣先の学校からは派遣の継続さらには増員の要望も強い。また，派遣のない学校からは直接大学に対して派遣の要望が来ることも多いという。このことには教員の多忙化や教職員定数の抑制など種々の事態が関連していることは明らかであるが，今回は紙幅の都合で検討は割愛せざるを得ない。いずれにしても，学生の自由意志によって支えられながら，学校にも受け入れられている存在となっていることは確かであろう。

　今後の展開の可能性として，ここでは2点指摘しておきたい。1点目は，今後も学生が継続的に学校で活動することによる，学校自体の変容の可能性である。教師－子どもという固定された環境に，学生という異質な他者が入ることの影響をいかによい方に向けていくか。学校への影響は，子どもだけではなくそこで働く教師にも刺激を与えている。長年勤務することによる教師としての力量の成長は当然望むべきことであるが，そこに初志を持った学生が入ることによる影響である。これを学生の自由意志，言い換えれば善意

の搾取とならない方向で展開させていくことが必要であろう。

　もう1点は，教職課程カリキュラムとの連動の可能性である。先に述べたように，現段階では単位化は考えていない。一方，社会的・政策的には教職大学院を中心とした教員養成システムを強力に推進しようとする力が働きつつある。こうした力の背後にあるものは決して教育的意図だけではないが，現在の教職課程カリキュラムに対する職業上の必要から学ぶものになっていないとの批判には聞くべきところもある。学校インターンシップの批判への切り返しの可能性を探ることもまた必要だといえる。

注
(1) 本学では活動を「教職インターンシップ」と称しているが，本稿では「学校インターンシップ」の名称に統一する。
(2) このほか，学生には毎月1回の「活動報告書」の提出を義務づけている。活動開始当初は詳細なレポートを課していたが，人数の増大に伴って簡略化を図っている。

文献
加島大輔 2013「地区ごとの特徴を通して見えるもの－学校インターンシップをめぐる現状と今後」（後掲2013年報告書所載）
全国私立大学教職課程研究連絡協議会 2011『全国私立大学教職課程研究連絡協議会報告書 現場体験型教員養成の実態と課題』
全国私立大学教職課程研究連絡協議会 2013『全国私立大学教職課程研究連絡協議会報告書 現場体験型教員養成の実態と課題 第2報』
（全国私立大学教職課程研究連絡協議会は，2016年7月に一般社団法人全国私立大学教職課程協会に組織変更した。）

（加　島　大　輔）

5．愛知を中心とした郷土食調査

1　郷土食と郷土料理

　定まった空間（地域）のなかで，ながく継承されてきた伝統食を意味する言葉に，郷土食や郷土料理がある。「郷土食」について古家晴美氏（『ヴェスタ78号郷土食』農山漁村文化協会　2010）は，「主に第二次世界大戦ころから生きていくための地域食」として使われてきたという。

　私は「郷土食」を日常（ケ）と非日常（ハレ）をあわせた地域の伝統食で，地域民が共感でき，あえて言葉にださなくてもあい通じる，地域で生きていくのに必要な料理であると考える。

　高度成長期のなかで「郷土食」は，地域も伝統食の概念もあいまいになった。ハレの伝統食には，年中行事でつくり食べる「行事食」と，人生儀礼で食べる「儀礼食」とがあった。現在は，人生儀礼と年中行事の境界も，ハレとケの境界もあいまいになった。

　そうしたなかで郷土食を代表する伝統食として表舞台に登場するのが「郷土料理」である。当時の郷土料理書を読むと地域民が自ら選んだとは限らず，外部から選ばれたことも多そうである。町場では盛り場を中心に地域を代表する郷土料理が必要で，商業化され宣伝されまたたくまに広がった。世界無形文化資産に和食が登録される以前から，行政にとっても地域を代表する郷土料理が必要だったのである。そのため，今では地域の伝統食といえば「郷土料理」と意識されるようになった。

　以下では，原点にもどり郷土料理ではなく，生きていくための伝統食である愛知県の郷土食について紹介することにする。

2 愛知の郷土食の基本図書

　ここでは東三河を中心に，隣接する西三河や尾張の愛知県を範囲とした，郷土食の基本図書を紹介する（表Ⅳ-3-5-1）。主に愛知大学に収蔵されている郷土食に関連した書籍から選んだため，愛知県史や，市町村などが調査し刊行した自治体史が中心となった。食文化については雑誌にも優れた調査レポートなどが掲載されているが，今回は膨大となるため割愛している。

　まずは，愛知県内だけでなく日本各地の郷土食と比較研究できる『日本の食生活全集　聞き書愛知の食事』がある。出版社である農山漁村文化協会のホームページには「各県版と索引巻をあわせて全50巻で，全国300地点，5,000人の話者から聞き書きして完成した世界最大の食文化データベース」とあり，収録料理数は52,000点である。聞取りでは，大正から昭和初期にかけての食事に焦点をしぼり，80歳前後の主婦から教えてもらった。この時代にいきた主婦は，地域の自然が生み出した四季折々の素材を，調理・加工・貯蔵した，日本の伝統的な食事を伝えた最後の人々であった。そのため地域ごとに，日本の北と南，西と東でも大きく違っていた。この本では日本の食事が記録として伝えるだけではなく，伝承復活の契機になることを期待しているとある。その願いは現実のものとなり，郷土食を考えるだけでなく，調理するときの基本図書となっているのである。

　『聞き書愛知の食事』（農村漁村文化協会 1989）は，県内を自然や生活様式から7区画し，農業地域，水郷地域，海岸地域，山間地域，町場とわけ，名古屋町場はさらに職人・サラリーマン・商家と3つにわけ，四季の一日の食事を聞取りしている（表Ⅳ-3-5-2）。こうした9地区におよぶ区分にも，愛知県の多様な自然や生活様式が反映されている。

　日本の民俗学をひらいた柳田国男は，戦前においては食文化を重視し，1931（昭和6）年には『明治大正史世相篇』，1932年には『食物と心臓』を書いている。そして，ハレとケという民俗学の基本となる概念を見い出した。さらに，1941年，1942年にかけて全国の研究者によびかけて，食生活の100

第3章　東三河の教育・文化

におよぶ調査項目による総合調査をおこなった。その成果物の『食習採集手帖』は，成城大学民俗研究所・柳田文庫に所蔵されていたが，成城大学民俗学研究所編で『日本の食文化-昭和初期・全国食事習俗の記録（正・補遺編）』（岩崎美術社　1990，1995）として刊行された。正編に，愛知県の5カ所が含まれていて，前著と同じく日本の他地域との比較ができ，時代もさらに古くきわめて貴重な資料となっている。その刊行にあわせて開催された研究プロジェクトの成果物『食の昭和文化史』（おうふう　1995）も参考になる。

　愛知の食文化を学際的に語りあった業績に，『日本の食文化に歴史を読む』（中日出版社　2008）がある。2007（平成19）年に開催された「日本の食文化に歴史を読む-東海の食の特色を探る」（主催春日井市等）に，新資料を加えてまとめている。東三河や愛知県に限定されないが，東海地方の多様な食文化の特徴を描きだした好著である。

　安田文吉氏は，名古屋の食文化を内側から深く見つめ，その良さ，愛すべきところを伝えてきた。高著『名古屋飲食夜話1・2』（中日新聞社　2011，2014）の2冊で，1は「晴れの日の食事」，「普段の食事」，「名古屋ごはん」，「気に入りの店ほか」，2は「春」，「夏」，「秋」，「冬」，「東海・北陸編」の構成である。内容は深いが，実体験に基づいた誰にでもわかりやすい文章となっている。

　　　　　　　　　　　　　　　　　　　　　　　　　　（印南　敏秀）

表IV-3-5-1 愛知県（東三河・西三河・尾張）の食関係の参考文献

地理区分	書名・サブタイトル	著者名	書誌情報 巻次	出版地	出版者	出版年	ページ数	掲載箇所
愛知	聞き書愛知の食事	「日本の食生活全集愛知」編集委員会編	日本の食生活全集23	東京	農山漁村文化協会	1989	355頁,9頁	
	日本の食文化に歴史を読む：東海の食の特色を探る	森浩一編		名古屋市	中日出版社	2008	367頁	
	東海の味	中部本社報道部編		東京	毎日新聞社	1963	284頁	
	あいちの伝承料理集：あいちの伝承料理100選	愛知県農林水産部農業経営課		名古屋	[愛知県]	2005	265頁	
	農林水産省選定　農山漁村の郷土料理百選	(財)農山村開発企画委員会(編)			[ロケーションリサーチ(株)]			www.rdpc.or.jp/kyodo.ryouri100/
東三河	愛知県史	愛知県史編さん委員会編	別編　民俗3　三河	名古屋市	愛知県	2005	994頁	4-2 ハレとケの食　380〜420頁
	愛知県史民俗調査報告書	「愛知県史民俗調査書3　東栄・奥三河」編さん専門委員会　愛知県史編さんさん室	3　東栄・奥三河	名古屋市	愛知県総務部県史編さん室	2000	302頁	三河山間部の食生活　94〜110頁
	豊根村誌	安藤慶一郎監修　豊根村誌編		豊根村	豊根村	1989	742頁	11-2　食生活　573〜583頁
	津具村誌	安藤慶一郎監修　津具村誌編		津具村	津具村	2000	614頁	7-2　衣食住　421〜426頁　ハレの食事　426〜427頁
	稲武町史	芳賀登監修　稲武町教育委員会編	民俗資料編	稲武町	稲武町	1999	380頁	2　年中行事と祭礼　23〜80頁
	東栄町誌	東栄町誌編集委員会編	自然・民俗・通史編	東栄町	北設楽郡東栄町	2007	1462頁	1-2　食　208〜246頁
	南設楽郡誌	南設楽郡教育会編	完	新城町	南設楽郡教育会	1926	600頁,49頁	5-1　衣食住　543〜545頁
	長篠村誌	長篠郷土研究会		新城市	長篠郷土研究会	1958	649頁	12-2　食　425〜429頁
	愛知県北設楽地方の生活文化			名古屋市	名古屋女子大学生活科学研究所	1984	386頁	12　食生活の変遷　329〜363頁
	北設楽郡史	北設楽郡史編纂委員会編	民俗資料編	設楽町	北設楽郡史編纂委員会	1967	639頁,30頁	2　衣・食・住　食生活　76〜79頁

第3章　東三河の教育・文化

地理区分	書名・サブタイトル	著者名	書誌情報 巻次	出版地	出版者	出版年	ページ数	掲載箇所
	県境を越えて：県外調査報告書	長野県史刊行会民俗編編纂委員会編	第三集	長野市	長野県史刊行会民俗資料調査委員会	1982	195頁	北設楽郡豊根村川宇連3-6 食生活 93〜94頁 北設楽郡津具村行人原・松山4-6 食生活 127〜128頁 北設楽郡稲武町大野瀬5-6 食生活 148〜152頁
	鳳来町誌	鳳来町教育委員会編	民俗資料編(1) 民俗資料	鳳来町	鳳来町	1976	1155頁	2　食　37〜88頁
	新編豊川市史	新編豊川市史編纂委員会編	第9巻　民俗	豊川市	豊川市	2001	1180頁	4-2　食生活と民俗　626〜682頁
	小坂井町誌	小坂井町誌編纂委員会編		小坂井町	小坂井町	1976	802頁	4-3　食生活　771〜773頁
	蒲郡市史	蒲郡市編さん事業実行委員会編	本文編3 近代・民俗編	蒲郡市	蒲郡市	2006	833頁,21頁	1-2　食生活　530〜543頁
	愛知県史民俗調査報告書6	「愛知県史編さん事業愛知県史編集委員会編・愛知県史民俗部会・民俗部会編	6　渥美・東三河	名古屋市	愛知県総務部総務課県史編さん室	2003	291頁	東三河地方の食生活　104〜124頁
	日本の食文化：昭和初期・全国食事習俗の記録	成城大学民俗学研究所編		東京	岩崎美術社	1995	667頁	愛知県豊橋市牟呂町公文 368〜380頁 愛知県渥美郡神戸村　381〜388頁 6-3　年中行事と通過儀礼 1133〜1139頁
	豊橋市史	豊橋市史編集委員会編	第3巻	豊橋市	豊橋市	1983	1146頁,38頁	民間信仰と俗信　98〜128頁
	渥美町の民俗探訪	愛知渥美町農業協同組合		渥美町	愛知渥美町農業協同組合	2001	371頁	
	田原町史	田原町文化財調査会編	上巻	田原町	田原町教育委員会	1971	1162頁	1-2　食物　760〜788頁
	渥美町史	渥美町町史編さん委員会編	考古・民俗編	渥美町	渥美町教育委員会	1991	609頁	1-1-2　食物　440〜442頁
	三洲奥郡漁民風俗誌	松下石人著		[渥美町]	渥美町教育委員会	1970	160頁	4　食　30〜40頁
	三洲奥郡風俗図絵	松下石人著		東京	国書刊行会	1981		
	赤羽根町史	赤羽根町史編纂委員会編	通史編	赤羽根町	愛知県赤羽根町	1968	894頁	4-2　食生活　776〜777頁
西三河	旭町誌	旭町誌編集委員会編		旭町	旭町	1981	491頁	13-1　衣食住　367〜372頁
	足助町誌	足助町誌編纂委員会編		足助町	足助町	1975	987頁	6-2-1　衣・食・住　879〜882頁

第Ⅳ部 地域社会・文化

地理区分	書名:サブタイトル	著者名	書誌情報					ページ数	出版年	掲載箇所		
			巻次		出版地	出版者						
	藤岡村誌	藤岡村誌編さん委員会編			藤岡村	藤岡村	751頁	1974	13-1	衣食住	307~310頁
	小原村誌	小原村誌編集委員会編			小原村	小原村	657頁	2005	9-1	衣・食・住	581~582頁
	豊田市史	豊田市教育委員会編	5巻 民俗		豊田市	豊田市	736頁,31頁	1976	1-2	食生活	29~68頁
	松平町誌	松平町誌編纂委員会編			[豊田市]	豊田市教育委員会	1020頁	1976	4-1	衣食住	824~827頁
	上郷町誌	上郷町誌編纂委員会編			豊田市	豊田市立図書館郷土研究室	540頁	1966	16-1-2	食生活	494~495頁
	猿投町誌	猿投町誌編纂委員会編			豊田市	猿投町誌編纂委員会	776頁	1968	6-6-2	衣食住	574~575頁
	高岡町誌	高岡町誌編纂委員会編			高岡村	高岡村	611頁	1956	18-1-2	食物	562~563頁
	堤誌	堤誌編さん専門委員会編			豊田市	堤誌編さん委員会	622頁,12頁	1988	5-3-1	衣食住	343~345頁
	近代の暮らしと食Ⅰ:ふるさとの語り部集	豊田市郷土資料館編	豊田市文化財叢書23		豊田市	豊田市教育委員会	489頁	1993	8	おかずの数々	399~468頁
	近代の暮らしと食Ⅱ:ふるさとの語り部集	豊田市郷土資料館編	豊田市文化財叢書30		豊田市	豊田市教育委員会	491頁	1995	8	のみくいの様々	403~474頁
	高岡町誌	高岡町誌編纂委員会編			[豊田市]	豊田市	512頁	1968	18-1-2	食物	466頁
	新修豊田市史	新修豊田市史編さん専門委員会編	別編 民俗Ⅰ 山地のくらし		豊田市	豊田市	852頁,22頁	2013	4	食生活	296~366頁
	三好町誌	三好町誌編纂委員会編			三好町	三好町誌編纂委員会	609頁	1962	10-2-3	食物	477頁
	新編三好町誌	みよし市誌編さん委員会編	本文編		みよし市	みよし市	1146頁	2013	2-2	食生活	885~893頁
	額田町史	額田町史編さん委員会編			額田町	額田町	1139頁	1986	4-3-2	食	922~928頁
	新編岡崎市史	新編岡崎市史編集委員会編	民俗12		岡崎市	新編岡崎市史編さん委員会	831頁	1988	7-2	食生活	427~457頁
	新編三好町誌民俗調査報告書:みよしの民俗	三好町誌編纂委員会民俗部会			みよし市	みよし市	522頁	2011	3-2	食生活	184~213頁
	六ツ美村史	六ツ美村史調査會			安城町	六ツ美村史調査會	810頁	1926	12-2-2	食物	683~686頁
	幸田町史	幸田町史編纂委員会編			幸田町	幸田町	915頁	1974	8-2	食生活	822~825頁
	知立市史	知立市史編纂委員会編	下巻		知立市	知立市	898頁,187頁	1979	8-1-2	食生活	105~131頁

第3章 東三河の教育・文化

地理区分	書名:サブタイトル	著者名	巻次	出版地	出版者	出版年	ページ数	掲載箇所
	安城食の風景	安城市歴史博物館編		安城市	安城歴史博物館	1995	178頁	
	新編安城市史	安城市史編集委員会編	9 資料編 民俗	安城市	安城市史編集委員会	2003	816頁	3-3 食 537〜596頁
	愛知県史民俗調査報告書2 西尾・佐久島	「愛知県史民俗調査報告書2 西尾・佐久島」編集委員会編 愛知県史編さん委員会民俗部会編	2 西尾・佐久島	名古屋市	愛知県総務部県史編さん室	1999	232頁	西尾市・幡豆郡の食生活 76〜95頁
	高浜市誌	高浜市誌編さん委員会編	第2巻	高浜市	高浜市	1976	1136頁	11-2 食 587〜590頁
尾張	愛知県史	愛知県史編さん委員会編	別編 民俗2 尾張	名古屋市	愛知県	2008	1007頁43頁	4-2 ハレとケの食 355〜390頁
	新修名古屋市史	新修名古屋市史編集委員会編	第9巻 民俗編	[名古屋市]	名古屋市	2001	839頁	6 食生活 399〜446頁
	名古屋市史		限定版 風俗編	名古屋市	愛知県郷土資料観光会	1979	800頁	7 食物 471〜519頁
	尾張旭市誌	尾張旭市誌編さん委員会編		尾張旭市	尾張旭市	1971	620頁	3-1 衣・食・住 561〜567頁
	瀬戸市史	瀬戸市編事委員会編	民俗編	瀬戸市	瀬戸市	2006	432頁	3-2 食生活 153〜167頁
	春日井市史			[春日井市]	春日井市	1963	774頁	7-2 食習 664〜671頁
	長久手町史	長久手町史編さん委員会編	資料編4 民俗・言語	長久手町	長久手町	1990	702頁	4 食物 163〜191頁
	愛知県史民俗調査報告書5 大山・尾張東部	「愛知県史民俗調査報告書5 大山・尾張東部」編集委員会編 愛知県史編さん委員会民俗部会編	5 大山・尾張東部	名古屋市	愛知県総務部総務課県史編さん室	2002	306頁	尾張北部及び東部の食生活 90〜107頁
	日本の食文化：昭和初期・全国食事習俗の記録	成城大学民俗学研究所編		東京	岩崎美術社	1995	667頁	愛知県丹羽郡池野村（現大山市）334〜342頁 愛知県丹羽郡岩倉町（現岩倉市）342〜351頁 愛知県東春日井郡味岡村 351〜367頁
	新川町誌	町制五十周年記念町誌編集委員会編	復刻版	新川町	新川町	2000	1392頁	14-1-2 食物 1136〜1147頁
	春日村史	春日村史編集委員会編	現代編	春日村	春日村	1988	669頁	6-1-2 食物 473〜487頁
	小牧市史	小牧市史編集委員会編	本文編	[小牧市]	小牧市	1977	760頁	3-1 衣食住 653〜660頁

第Ⅳ部　地域社会・文化

地理区分	書名：サブタイトル	著者名	巻次	書誌情報 出版地	出版者	出版年	ページ数	掲載箇所	
大府市誌	大府市誌編さん刊行委員会編		資料編民俗	大府市	大府市	1989	402頁	3-3-3 4-2-3	衣食住　226頁 衣食住　297～299頁
知多市誌	知多市誌編さん委員会編		本文	知多市	知多市	1981	940頁	4-2-2	食制　853～856頁
南知多町誌	南知多町誌編さん委員会編		本文編	南知多町（愛知県）	南知多町	1991	954頁	4-4	食生活　743～749頁
武豊町誌	武豊町誌編さん委員会編		本文編	武豊町（愛知県）	武豊町	1984	879頁	2-4-2	食制　275～280頁
一宮市萩原町史	萩原町史編纂委員会編			一宮市	萩原町誌編纂委員会	1969	762頁	6-2-2	食物　520～533頁
木曽川町史	木曽川町史編纂委員会編			木曽川町（愛知県）	木曽川町	1981	1328頁	4-15-3 1078～1081頁	衣・食・住
平和町誌	平和町誌編纂委員会編			平和町（愛知県）	平和町	1982	1314頁	8-1	食習　990～1001頁
祖父江町史	祖父江町史編さん委員会（ほか）編		下巻	祖父江町（愛知県）	祖父江町	1979	1297頁	7-1-2	食　1188～1190頁
岩倉市史	岩倉市史編集委員会編			岩倉市	岩倉市	1985	388頁	8-2	食物　9～23頁
大口町史	大口町史編纂委員会編			大口町（愛知県）	大口町	1982	951頁	4-1-1	食物　747～748頁
扶桑町史	扶桑町編			扶桑町（愛知県）	扶桑町	1976	696頁	4-2-2	食物　384～386頁
美和町史	美和町史編さん委員会編			美和町（愛知県）	美和町	1982	962頁	3-1	民俗と文化
大治町民俗誌	名古屋民俗研究会編		下巻	大治町（愛知県）	大治町	1979	903頁,44頁 上下通しのページ数	12-1-5	食物　705～719頁
大治町民俗誌	名古屋民俗研究会編		上巻	大治町（愛知県）	大治町	1979	493頁	12-5-1	食物　149～182頁
十四山村史	十四山村史編集委員会編		民俗編	十四山村（愛知県）	十四山村	1999	375頁	2-2	食物　69～91頁
弥富町誌	弥富町誌編集委員会編 安藤慶一郎監修			弥富町（愛知県）	弥富町	1994	500頁	10-2	食生活　453～456頁
八開村史	八開村史編さん委員会（ほか）編		民俗編	八開村（愛知県）	八開村	1994	639頁,17頁	4-2-1	食物　227～263頁

表IV-3-5-2　愛知地区区分ごとの日常食

名古屋の四季と食事　―洋食，外食を楽しむ人々

愛知　名古屋市　東区

	朝	昼・弁当	おやつ	夕飯	夜食
冬	麦飯 (3割大麦) 味噌汁 (赤味噌・豆腐・ねぎ) 生卵 つくだ煮 (ごまめ・こうなご) 漬物 (たくあん・白菜漬け) 麦飯	麦飯 梅干し 塩じゃけ 煮物 (大根切干・油揚げ) こうこ		麦飯 かしわのひきずり (鶏肉・糸こんにゃく・豆腐・ねぎを砂糖・たまりで甘からく煮て生卵をからめて食べる)	きしめん，うどん (熱い煮干しの出汁にたまりで味付け。茹でた正月菜と花かつおをのせて食べる) しのだどんぶり (油揚げ・ねぎを甘からく煮て麦飯にのせて食べる)
春	味噌汁 (わかめ・しじみ・あさり) 煮物 (たけのこ・ふき等の春野菜)	同朝	ぜんざい 鬼まんじゅう 菓子パン 大福 おはぎ	同朝	
夏	麦飯 味噌汁 生卵 つくだ煮 漬物	弁当 焼魚 煮豆 漬物 麦飯	すいか	煮魚 野菜の煮物 (かぼちゃ・なす) 味噌汁 (豆腐・なす・かぼちゃ) 漬物 (なす・きゅうり) 酢のあえもの (きゅうり・もずく・わかめ・さば・らっきょう) 麦飯	
秋	麦飯 味噌汁 (なす・だいこん・ねぶか) 漬物 (なすのどぶ漬・かぶの塩漬)	記述なし	みたらしだんご 番茶 焼きいも 小田巻き(あん巻き) 満月焼き(今川焼き) みかん りんご 梨 ぶどう	麦飯 煮魚 (かます・砂糖・みりん・たまりで煮る) 煮豆 漬物 (白菜) 煮物 (里芋・さくらえび・砂糖・みりんたまりで煮る)	

愛知　名古屋市　西区

	朝	10時のおやつ	昼	おやつ	夕飯
冬	白米 味噌汁 (赤味噌・油揚げ・豆腐・ねぎ・里芋) 生卵 漬物 (白菜・かぶの糠漬け) 小梅	抹茶 まんじゅう ようかん	きしめん (煮かけ風・油揚げ・ほうれん草・小松菜・花かつお) 煮物 (里芋) 漬物 (かぶらの糠漬け) 煮豆	たい焼き 焼きいも かきもち ひなあられ かるめ焼き	白米 おみおつけ (豆腐・油揚げ・ねぎ) 白和え (にんじん・こんにゃくの細切りを醤油・砂糖・みりんで煮て，すり鉢ですった豆腐とごまで和える) 漬物 (白菜) コロッケ
春	ごはん おみおつけ かぶの糠漬け 魚の干物と大根おろし のり 生卵		ごはん このしろの酢の物 つくしの卵とじ 守口漬		ごはん 煮魚 (いさき・醤油・砂糖・みりんで煮る) 煮物 (ふきとたけのこ) みつばのおひたし かき玉汁

	朝		昼		夕飯
夏	ごはん おみおつけ (なす・どじょう) はえの煮物 (はえを酢で煮たら砂糖・醤油 　酒・しょうがで煮る) 生卵 梅干し 糠漬け		ごはん 塩鮭の焼いたもの 冷奴 きゅうりとなすの糠漬け	黄うり すいか 割り氷	ひやむぎ はえの煮物 麩ときゅうりの酢の物 なすのしげ焼き
秋	ごはん おみおつけ (里芋) 大根おろしに酢醤油 あじの干物 煮物 梅干し		まつたけごはん まつたけの佃煮 吸い物 ライスカレー きしめん		ごはん とろろ まぐろの刺身 ひじきの煮物 ロールキャベツ うりの粕漬け

堀川端,清州越商家の食　―先祖を敬い,伝承行事を守る大店の食事
愛知　名古屋市　中区

	朝	昼	おやつ	夕飯
冬	麦飯 おつけ (花切干し・揚げ・豆腐・ 　わかめ・大根・白菜・ね 　ぎなど) つくだ煮 (じゃこ・あさり・こぶ) 大根漬 らっきょ漬 梅干し	麦飯 朝のおつけ 煮物 (里芋・大根・にんじん・ 　ごぼう・干ししいたけを 　いろどりよく煮る) 大根漬け らっきょう漬け	おへぎ(かきもち) 牛乳	麦飯 おから ほうれん草のごまよごし 大根漬け らっきょ漬け 梅干し おつけ (豆腐・わかめ) のっぺい汁 酒のあて (刺身・うに・酢だこ)
春	麦飯 おつけ (わかめ・たけのこ等春 　野菜・しじみ) 大根漬け らっきょ漬け 梅干し	麦飯 朝のおつけ ひじきの煮物 大根漬け らっきょ漬け 梅干し 弁当 菓子パン 麦飯 佃煮 大根漬け 塩鮭の焼いたもの ちくわの煮たもの	ゼリービンズ あんパン おやき ビスケット あられ せんべい もなか ドロップ 草もち こうせん おしるこ	麦飯 おつけ 春野菜の煮しめ (たけのこ・さやえんどう・ 　ふき等) 青菜のおひたし 大根漬け らっきょ漬け 梅干し
夏	麦飯 おつけ (とうがん・なす) 漬物 (なす・きゅうりの糠漬け) 梅干し	そうめん きゅうりの酢もみ 冷奴 (薬味・ネギ・しょうが・青 　じそ)		白米 (実えんどうごはん・味ご 　はん) なすの丸煮 らっきょ漬け 梅干し きゅうりの糠漬け ライスカレー コロッケ ハヤシライス
秋	麦飯 おつけ (里芋・白菜・大根・ね 　ぎ) らっきょ漬け 梅干し	煮込みうどん (揚げ・ねぎ) 大根漬け らっきょ漬け	さつまいものぜんざい	混ぜごはん (まつたけごはん・栗ご 　はん) 吸い物 (豆腐・ほうれん草) 里芋の煮しめ らっきょ漬け

尾張水郷の食　一湿田のれんこんと川の魚貝を豊かに利用
愛知　尾張水郷　海部郡立田村

	朝	小昼	昼	おやつ	夕飯
冬	麦飯 おつい (里芋・ねぶか(ねぎ) 大根 干しな (大根の丸干し・小麦粉 のだんご) こうこ (たくあん)	さつまいもの切干し あられ おへぎ(かきもち) 焼きもち	麦飯 おつい (朝のおつい) おしたし (ほうれん草) こうこ 煮物 (大根・里芋) 煮豆 (大豆・ごぼう・にんじん・ こんにゃく・れんこん) かぶら炒り (かぶらの塩漬けの油 炒め)	さつまいもの切干し あられ おへぎ(かきもち) 焼きもち	麦飯 煮込みうどん (油揚げ・ねぶか・たまり で味付け) いわしとねぶかの味噌 煮 かぶらの酢漬け
春	麦飯 おつい (わけぎ・えんどう) こうこ	麦飯 梅干し しその粉 こうこ	麦飯 おつい (朝のおつい) おしたし (せり・切干し大根) たけのことふきの煮つ け	昼の残り物 焼き米のおこし こうこ 梅干し	かきまわし (にんじん・ごぼう・油揚 げ・こんにゃくを入れた 炊き込みごはん) 澄まし汁 (麸・わけぎ) こうこ 川魚の煮つけ (もろこ)
夏	麦飯 おつい (しじみ・菜っ葉・かきば) こぬか漬け (きゅうり・なす) きゅうりの酢もみ きゃべつの塩もみ	お茶漬け 麦飯 らっきょ漬け 梅干し しそ 漬物	麦飯 ゆでなす (ゆでたなすを味噌、しょ うがだまりで食べる) きゅうりの塩もみ	だんご おはぎ 煮付け (こんにゃくと角麸)	つけうどん さばの味噌煮 きゅうりの酢もみ 煮物 (なす・かぼちゃ・じゃが たら・たまねぎ) 川魚の煮物
秋	麦飯 おつい (大根) 漬物 (大根の葉漬け・かぶら 漬け) こうこ なめ味噌 (ごぼう・にんじん・しょう がなすび)		麦飯 おつい (朝のおつい) 焼きさんま 大根おろし かぶら漬け こうこ	蒸しさつまいも 切干しいも 柿 さとうきび	いもぞうすい 煮あえ 葉漬け こうこ

尾張＜稲沢＞の食　一伊吹おろしが干しあげる数々の切干し大根
愛知　稲沢市

	朝	昼	おやつ	夕飯
冬	麦飯 おつけ (かけ大根・里芋・ねぎ) こうこ	麦飯 おつけ (朝のおつけ) 大根と里芋の煮つけ	抹茶 あられ せんべい	麦飯 のっぺ汁 (大根・にんじん・里芋・ ごぼう・あぶらげを短 冊切りにして醤油で味 付け)
春	麦飯 しじみ汁 (しじみ・えんどう) こうこ	麦飯 しじみ汁 (朝の残り) 切干し大根と青菜の おしたし	あられ せんべい	麦飯 切干し大根の煮つけ ふきとたけのこの煮つ け うでいも こうこ

夏	麦飯 おつけ (なす・かけ大根) 梅干し らっきょ漬け	麦飯 おつけ (朝のおつけ) うでなす (なすを丸ごと茹でてしょうがだまりを付けて食べる) きゅうりの塩もみ		麦飯 かぼちゃとじゃがいもの煮つけ 大根おろしとじゃこ
秋	麦飯 おつけ (里芋・ねぎ) 抜き菜のおしたし (大根の葉・ほうれん草)	麦飯 おつけ (朝のおつけ) だつの酢炒り (里芋の一種の茎を酢醤油で味つけして炒り, 砂糖で味を調える)		麦飯 いわしとねぎの煮つけ こうこ

愛知海岸の食 —このわたづくりと養蚕に潤う浦
愛知　知多郡　師崎町

	朝	昼	夕飯
冬	麦飯 味噌汁 (大根・白菜・ねぶか) たくあん漬け	ぞうすい (朝の残りの味噌汁に冷や飯を入れる) たくあん漬け	麦飯 煮魚 (かれい・いわし・くじめ・こち) いわしのひきずり (野菜といっしょに鍋で煮る) 雑魚のたたきだんごの汁物, 煮物 ほうれん草のごまあえ ほろふき大根
春	麦飯 味噌汁 (あさり) あさりのつくだ煮 たくあん漬け	麦飯 味噌焼き (いたら貝の殻に味噌とだし, 砂糖を入れ, えんどう, あさりを入れて七輪で火にかける) たくあん漬け	麦飯 焼き魚 (せいご・かれい・くじめ・たなご) わけぎとあさりの酢味噌和え たくあん漬け
夏	麦飯 味噌汁 (なす・とうがん・かぼちゃ・たまねぎ) 漬物 (きゅうり・なすの塩漬け・らっきょ漬け)	かにそうめん じゃがいもとかにの煮つけ ちから煮 (そぼろ) らっきょ漬け	麦飯 ちから煮 (かに・いしもち・えそ) いとこ煮 (めぐろ豆・かぼちゃを一緒に甘からく煮る) きゅうりの漬物
秋	麦飯 味噌汁 (こち・はぜ) 抜き菜漬 (大根の間引き菜)	麦飯 煮酢和え (野菜) 大根おろし 抜き菜漬 味噌焼き (ぼら)	麦飯 ひきずり (いわし) たくあん漬け おから (魚の煮汁で煮る)

西三河<安城>の食 ―米，蚕，鶏，野菜も豊かな日本のデンマーク
愛知　安城市

	朝	昼	夕飯
冬	くず米飯 味噌汁 （里芋・ネギ・大根・白菜・かぶ・じゃがいも・ねじ干し大根） 漬物 （白菜漬・たくあん漬・大根の粕漬） 生卵 昨夜お残りのおかず （こうなごの佃煮・なめ味噌） 梅干し らっきょ漬	焼きおち 味噌汁 （朝の残り） なめ味噌 漬物 野菜の煮つけ	くず米飯 煮味噌 （にんじん・ねぎ・こんにゃくを味噌で煮る） おじや （味噌汁にごはんを入れる） 大根おじや いもがゆ 梅干し 漬物
春	くず米飯 味噌汁 （つる豆＝えんどう） なめ味噌 漬物 （たくあん漬）	くず米飯 梅干し しそ 炒り豆 （大豆） 煮豆 炒り卵 こうなごの佃煮 切干大根の煮つけ 生みそ 味噌・砂糖・けずり粉を煮たもの 福神漬け	くず米飯 たけのことつる豆の煮付け しだじ飯 （たけのこの混ぜごはん） 切干大根のごま酢和え わけぎの酢味噌和え うどの酢味噌和え 卵汁
夏	麦飯 味噌汁 （なす・そうめん・かぼちゃ・とうがん） 糠漬け （きゅうり・なす） こうなごの佃煮	麦飯 梅干し しそ 塩ますの焼いたもの 鉄火みそ （しそ・砂糖・味噌で煮る） 糠漬け （きゅうり・なす）	冷やしそうめん （薬味＝ねぎ・しょうが） 残り飯 なすの塩漬け かんらん・とうがんの酢もみ なすのしぎ焼き なすの丸焼き なすの煮付け じゃがいもとかんらんの炒め煮 かぼちゃの煮つけ かきまし （かぼちゃをたまりで煮込んだ中にうどん粉を溶いていれたもの） なんばの炒め煮 ささげの味噌和え こうなごの酢だまりかけ
秋	麦飯 味噌汁 （里芋・抜き菜・大根・ねぎ・かぶ） 漬物 （白菜漬・たくあん漬・抜き菜漬） 秋なすの漬物 漬けうりの粕漬け	麦飯 梅干し しそ こんにゃくの煮物 金山寺味噌 糸こんぶの煮しめ いわしの味噌漬け焼き	しだじ飯＝混ぜごはん （鶏肉・にんじん・こんにゃく・ちくわ・油揚げ） 澄まし汁 （豆腐） うどん＝煮込みうどん・かけうどん 漬物

東三河＜豊橋＞の食　―春は山菜,夏の川魚,出来秋を彩るきのこ類
愛知　豊橋市

	茶の子	昼飯	間食	夕飯
冬	麦飯 味噌汁 （里芋・大根・油揚げ・葉ねぎ） つくりおきの煮物 昨夜の残り物 たくわん	麦飯 味噌煮 （里芋・大根・こんにゃく・にんじん・油揚げを味噌で煮る） 小煮干しのたまりかけ （炒った小煮干しにたまりをふりかける）	ふかしいも 芋切干	ろうじ飯 （ろうじ＝きのこの一種・にんじん・ちくわ・こんにゃく・油揚げをたまりで炊きこむ） とろろ汁 里芋のごま味噌和え たくわん
春	茶の子 麦飯 味噌汁 （花干し＝切干大根・油揚げ えんどう・わかめ・みつば ふきのとう） うずらの煮豆 わらび漬	昼飯 麦飯 味噌汁 （朝の残り） せりの甘だまり和え たくわん	こじはん＝夕方4時前後 蒸しさつまいも 焼きみそ きゃらぶき	夕飯 麦飯 はちはい豆腐 （豆腐・野菜・ちくわの汁物） 切干大根の木の芽和え たくわん
夏	茶の子 麦飯 味噌汁 （なす・かぼちゃ・青とうがらし じゃがいも・油あげ・そうめん みょうが・しそ） 糠漬け （きゅうり・なす）	昼飯 麦飯 味噌汁 （朝の残り） 焼きなす 焼き青とうがらし 炒り大豆のたまりがけ じゃがいもの煮つけ きゅうりの当座漬 （輪切りにして塩をふるだけ） 大根おろしとじゃこ	こじはん 麦めし こず味噌＝金山寺味噌 きゅうりの当座漬	夕飯 麦めし 煮ぞうめん （なす・ささげ・青とうがらし・油揚げ・そうめんを煮てたまりで味付け） 川魚の焼いたもの 当座漬 （なす・きゅうり）
秋	茶の子 麦飯 味噌汁 （里いも・そうめん・油揚げ・ねぎ・大根の抜き菜・きのこ） 抜き菜漬	昼飯 麦飯 味噌汁 （朝の残り） 焼きさんま（半分） 抜き菜のおひたし		冬 煮かけうどん （大根・里いも・にんじん・油あげ・青ねぎを入れた煮かけ汁をかけ,すりごま・おろししょうが・きざみねぎの薬味を入れて食べる）

第3章 東三河の教育・文化

愛知山間<奥三河>の食　—山深い里の雑穀, 山菜, そしてへぼ飯の味
愛知　北設楽郡　津具村

	茶の子	昼飯	こじはん	夕飯	夜食
冬	麦飯 大根切干としゃくし菜の味噌汁 たくわん 金山寺味噌	麦飯 ゆでいも (ゆでたじゃがいもに味噌をつけて食べる) きゃらぶき たくわん	麦飯 味噌汁 (朝の残り) たくわん	ひえ飯 大根の煮つけ 焼き味噌 しゃくし菜の漬物	ひえ飯 (残り物の味噌汁をかけて食べる)
春	麦飯 わらびとたけのこの味噌汁 たくわん	麦飯 炒り豆 たくわん	もち 大根切干の酢もみ たくわん	麦めし 味噌汁 (朝の残り) わらびとたけのこの煮つけ たくわん	
夏	麦飯 なすとささげの味噌汁 きゅうりの塩もみ 梅干し	あぶった握り飯 きゅうりの塩もみ	つきとび=とうもろこし (茹でたり焼いたりする)	そうめん (朝の冷たい味噌汁をかけ、みょうがをきざんでのせる)	
秋	菜飯 (大根の葉をきざみ塩で味付け麦飯に入れる) 味噌汁 (大根の抜き菜・たついも) しゃくな漬	うどん (大根・にんじん・油揚げ・煮干しで汁をつくりうどんにかける)	菜飯 抜き菜の味噌汁 らっきょう	麦飯 かぼちゃの煮つけ しゃくな漬 らっきょう	

(『日本の食生活全集23：聞き書愛知の食事』/「日本の食生活全集愛知」編集委員会編　編集代表　星永俊　農山漁村文化協会, 1989)

第4章　東三河の産業遺産

1　産業遺産をめぐる最近の動向

　2015（平成27）年7月5日に，日本で19番目となる世界遺産登録が決定する。「明治日本の産業革命遺産－製鉄・製鋼，造船，石炭産業－」の名称だが，2007年の「石見銀山遺跡とその文化的景観」，2014年の「富岡製糸場と絹産業遺産群」に次ぐ，産業遺産としての3番目の登録であった。

　産業遺産は，世界遺産登録のうち文化遺産の分類枠に含まれ，1994年の世界遺産委員会で，記念物，建造物群，遺跡の分野に登録数が多くなっている偏りを是正するため，文化的景観，産業遺産，20世紀以降の現代建築の3つの分野の登録数を増やす必要がある，とされたうちの1つである。いわゆる「世界遺産リストの代表性，均衡性，信用性のためのグローバル・ストラテジー」の確認と言われるものである。2年続けての産業遺産の登録は，これが後押しになったと思われる。

　2016年に世界遺産登録された「ル・コルビュジエの建築作品－近代建築運動への顕著な貢献－」もその流れの1つであろう。日本の国立西洋美術館も含まれる登録（日本で20番目の世界遺産登録）であるが，20世紀の近代建築に大きな影響をもたらしたといわれる人物の作品群を登録したものである。この登録ではもう1つの特徴があった。フランスを中心に日本を含む7つの国にまたがる登録となったことである。

　こうした広範囲にまたがる流れは，じつは2015年の「明治日本の産業革命遺産」の登録でもみられている。「法隆寺地域の仏教建造物」（1993年登録）や「原爆ドーム」（1996年登録）のように，限定された地域あるいは物件だけでなく，地域を遠く離れて存在する複数の物件をまとめて1件とする，シリアルノミネーションと呼ばれる登録方法である。この登録は，鹿児島，佐

賀，熊本，長崎，福岡の九州各県のほか，山口県の萩，さらには静岡県の韮山，岩手県の釜石にも及んでおり，こうした8エリア23カ所という広範囲にわたる登録は日本では初めてのケースであった。

　そしてこの世界遺産登録では今ひとつ，日本ではこれまでにないケースとして関心を呼んだことがあった。それは稼働する施設の登録である。稼働遺産とも呼ばれているが，旧官営八幡製鐵所の修繕工場や旧鍛冶(かじ)工場，遠賀川(おんががわ)水源地ポンプ室，三池炭鉱の積み出し港であった三池港，長崎造船所のハンマーヘッド型起重機など9カ所11施設である。

　世界遺産登録では，事前に国の法的保護措置が必要とされていることから，日本では文化財保護法による指定（国宝，重要文化財，史跡等）を受けることが前提となっている。しかし「明治日本の産業革命遺産」では，構成資産の中に稼働遺産が含まれていたことから暗礁に乗り上げる。文化財保護法では指定物件の保護を目的としており，現状を損なうことにつながる稼働物件は対象外であった。そこで浮上したのが，文化財保護法とは切り離した別の保護方策の適用であった。結果的に，内閣官房が担当することが閣議決定され，景観法（景観重要建造物など）や港湾法などを改正することで保護措置をとることになる。文化庁でなく，また文化財保護法以外による初のケースともなった。

　この世界遺産登録によって，稼働遺産も推薦できる門戸が開かれることになるが，課題がないわけではない。稼働することは修理も必要になることから真正性への問題，世界遺産は見学を推奨しているわけではないが，今回の稼働物件の多くが見学不可となっており，産業観光や町づくりの核になりにくい点も浮かび上がる。

　とはいうものの，稼働遺産が世界遺産に登録された意義は大きい。その1つには，文化財保護法に新たな観点を加えるきっかけにもなり得ると思われるからである。これについては次に述べる。

2 産業遺産と文化財

1）文化財保護法と産業遺産

　文化財保護法は，法隆寺金堂の火災による壁画の焼損を機に，1950（昭和25）年に制定される。その際，「歴史上又は芸術上高い価値を持つもの」が保護対象とされたが，基本的には「美しいもの」が対象に置かれてきた。

　そこに新たな保護対象の拡充が図られたのが1975年の法改正であった。生活基盤の激変等がその理由とされたが，このとき「学術上価値の高い歴史資料」の追加が明記される。この改正によって1977年に歴史資料として初の重要文化財（以下，重文と略）指定となる一号機関車（国鉄150形蒸気機関車，1871年英国製，1972年輸入，鉄道博物館保存）や平削盤（明治12年工部省赤羽工作分局製，博物館明治村保存）などが指定される。このときはまだ関係学会でも産業遺産という言葉は使われてなかったが，産業遺産の重文指定に門戸を開く改正ともなった。

　もう1つ産業遺産に関する注目点は，1996（平成8）年の法改正で創設された登録文化財制度である。これは重文指定制度を補うものとして，緩やかな規制の下に保存や活用措置が必要とされるものを文化財として登録する制度である。

　この法改正を進める要因の1つとなったのが，1991年から各都道府県単位で始まった「近代化遺産（建造物等）総合調査」である。その目的は，取り壊しや改変が進む近代の物件の実情を早急に把握することであった。実際にこの調査がもとになって，登録有形文化財（建造物）への登録件数は年々増加し，2016年現在，1万件を超える数となっている[1]。もっとも多い府県では600件を超え，愛知県も400件を超える登録数である。産業，交通の分類枠を中心に，例えば産業2次に分類される登録数が1千件を超え，交通が500件近くと，産業遺産とみなしても良い物件がかなりの数に上っている。

　こうした動きによって近代の物件にも光が当たるようになる。しかし，現在建造物における重文指定は，近世のものを中心に2,500件近くに及んでい

るが,「近代/産業・交通・土木」の指定物件は100件に満たない3％程度とまだ緒に就いた段階である。

2)「産業遺産」の枠組みの必要性

そしてもう1つの課題が稼働遺産の扱いである。博物館等における動態保存・展示もこれに関わる。

文化財保護法を管轄する文化庁サイドでは,前に述べたように稼働遺産の文化財指定は対象外としており,動態保存についても否定的である。いずれも,稼働や動態は部品の消耗や現状の改変につながるから保護の対象にあたらないとする考えである。したがって,その管轄下にある都道府県自治体の文化財行政の担当者も同様の考えで臨んでいる。

しかし指定される文化財のすべてがそのような状態にあることが望ましいのであろうか。絵画や彫刻ならともかく,例えば機械であれば,もともと動かすことを目的に作られたものであり,そこに存在意義があるはずである。すなわち,美術品とは違う観点が必要となる。

先に1975年の法改正で「学術上価値の高い歴史資料」が明記され,産業遺産の文化財指定への門戸を開くものとして述べたが,これは重文(美術品)の枠組みに明記されているように,美術品としての扱いになっている。例えば,先に挙げた一号機関車や平削盤,また旧横須賀製鉄所で使われた1865(慶応元)年製のスチームハンマー,博物館明治村に所蔵の1893(明治26)年製のリング精紡機など,交通機械,工作機械,生産機械として使われたれっきとした機械も,この枠組みでの指定,すなわち美術品としての指定となっている。絵図や文書類と同列の枠組みでの指定である。おそらく拡大解釈して,ここにしか入れられなかったことを物語っているとも言えようが,やはりここにメスを入れる必要があると考える。

こうした機械類をはじめ,今後も増え続けるであろう産業遺産の指定や登録に応じるためには,文化財保護法の枠組みに2004年の一部改正によって重要文化的景観が新たな枠組みに加えられたように,「重要産業遺産」ある

いは「重要文化財（産業遺産）」および,「登録有形文化財（産業遺産）」あるいは「登録有形産業文化財」などの分類枠を設ける必要があると考える。

こうした新たな枠組みは, この分野の指定や登録を大きく進めることになるであろうし, 稼働や動態といったことも, 新たな視点で検討を進めるきっかけになると思うからである。

3 産業遺産は身近にある

1) 東三河の産業遺産

では具体的に産業遺産とはどのようなものを指すのであろうか。じつは意外と町なかに存在しているものが多い。まずは愛知県の東三河地域を例に, その一部を順不同であるが列記してみよう[2]。

農林漁業であれば, 1千haに及ぶ大規模新田を人造石工法と呼ばれる新工法で完成させた豊橋市の神野新田干拓堤防(1895(明治28)年築, 改修, 現役)。同じく人造石工法による新城市の第一号樋管や豊橋市の第五号樋管, 最終樋管など牟呂用水の樋門(1894〜1908年築, 一部改修, 現役)。田原市を中心に所在する木造ガラス温室（多くは1960（昭和35) 年前後築, 一部現役)。田原市や豊川市に点在する旧葉たばこ乾燥室 (1985年頃使用停止)。豊川稲荷に近いところにある独特な造りをみせる線香製造工場(1917(大正6) 年築, 現役)。三河湾でもっとも長大な石積み防波堤となる蒲郡市の稲生南防波堤（1920年築, 現役)。

繊維産業では, 2012（平成24）年現在で348棟を確認した蒲郡市の織物工場などの鋸屋根工場[3]（1920〜50年代頃, 一部現役)。

窯業では, 江戸時代から続く石灰産地であった豊橋市や田原市の石灰焼成窯跡（1940〜50年代頃操業停止)。その石灰を原料にセメントを製造した田原市のセメント焼成窯跡（1907年築, 全国に遺る二窯のうちの1つ)。

鉄道では, 豊川市にある日本車輌に屋外展示される蒸気機関車（1922年製）や国産初の東京上野公園を走ったモノレール（1957年製）, 新幹線0系（0

系としては最終の1986年製)。旧田口線(1932年開業、1968年廃止)の橋脚やトンネルなどの遺構。飯田線にいまも強固な姿をみせる煉瓦橋脚(1897年築、現役)。全国で唯一国道1号線を走る豊橋鉄道の路面電車(1925年開業、現役)と、そこで運行された日本初の狭軌低床半鋼製ボギー車である車両

写真Ⅳ-4-1　渥美線小池駅の木柱
(2015年7月13日筆者撮影)

(1927年製、「こども未来館ココニコ」展示)。意外なものでは渥美線に残る木柱が見ものでもある(1924年開業、木柱はほとんどが鉄筋コンクリート(RC)製に変わるなか希少な存在、現役、写真Ⅳ-4-1)。

道路関係では、当時としては長大な橋として注目を浴び、大正時代を代表する橋として知られる長さ50mのRC製アーチ橋の黄柳橋(1918年築、登録文化財、歩道橋として現役)。県内最初の本格的トンネルとなった新城市と設楽町にまたがる与良木隧道(1894年開通、現役)。いまは通る人も希となったが、静岡県との県境にあり、煉瓦トンネルとしては県下初期の旧本坂隧道(1915年開通、現役)。

電力では、県内2番目の水力発電所として稼働した豊橋市の牟呂用水上に造られた牟呂発電所跡(1892年開業、1909年廃止)。県内最初の本格的水力発電所となる新城市作手の見代発電所遺構(1908年開業、1959年廃止、堰堤、水路、発電所建物が現存)。中でも観光施設の一部に取り込まれている長篠発電所(1912年開業、現役)の余水吐がおもしろい。ナイアガラの滝を模して造られている。

さりげなく観光ポイントともなっている木材産業の遺構が新城市にはある。奥三河の観光地の1つ湯谷温泉の川筋に、水車を動力とした製材所の水車が60年を経たいまも遺り、散歩道ともなっている水路跡、そして川幅い

っぱいに小滝のように造られた小さな堰が，訪れる観光客を和ませる。

　上下水道施設も訪れたい1つである。事前の承諾が必要だが，県内初の近代水道となった豊橋市の高山浄水場（1908年築，現役），市民向けでは名古屋市に次ぐ県内2番目の上水道施設である下条取水場や小鷹野浄水場と多米配水場，ここの建物は見所である（いずれも1929年築，現役）。またこちらも許可が必要だが，建設当時は東洋一とうたわれ，日本で6番目の下水処理場である豊橋市の野田処理場（1935年完成，現役）も見逃せない。

　おやっと思うものでは，豊川市や豊橋市の畑の中にぽつんと立つRC製の骨組みだけの櫓がある。大正末期から昭和初期に建設された長距離電話用の装荷線輪と呼ばれる音声電流を増幅するコイルを設置した施設である。その電話中継所となる建物（旧豊川電話中継所，1926年築）も，ほぼそっくり当時の様子を残して，地元企業の本社事務所として活用されている。

　また視野を県内全域に広げれば，その数は限りなく増える。例えば名古屋テレビ塔や名古屋港にある南極観測船「ふじ」もこれに含まれる。

　以上，比較的目に触れやすい工場や施設，建築物や構造物に限って取り上げたが，これらがいわゆる産業遺産と呼ばれるものである。また建物内部には隠れた存在でもある歴史的な機械や装置なども多数存在する。

　ただその幾つかに現役と記したように，使用中あるいは稼働中のものも含まれるため意外と思われる向きもあろう。しかし産業遺産は用途を終えたものだけを扱うのではない。先人が築いたものづくりや流通に関する遺産を後世に伝え残す意味を持っている。使用を終えたものであっても使用中のものであっても，そのものが存在している限り，産業遺産として捉えている。

　このように，産業遺産とは，身近に，生活に密着しているものが多いことに気がつくであろう。

2）愛知大学生活産業資料館所蔵の産業遺産

　また産業遺産は博物館や資料館にも多くのものが保存されている。取り上げれば切りがないほどに挙げられるが，その一例として，豊橋市にある愛知

大学中部地方産業研究所附属生活産業資料館（以下，「産業館」と略）を紹介しよう。

ここは1964（昭和39）年4月に大学の機関の1つとして発足したところである。当初は産業館という名称で，その名の示すとおり，産業資料の消滅，散逸を憂い，1952年頃から東三河地方において古い繊維加工具などを収集したのに始まる。

収蔵資料は当初から1990年頃までに収蔵された「旧蔵資料」643点[4]と，それ以後2000年頃までに収蔵された「新蔵資料」1,857点[5]に分けられている。ほかにも未登録の資料を含め数百点が所蔵されているが，現在その整理作業が進められている。

この収蔵資料の特徴は，とくに「旧蔵資料」643点のうち産業資料に分類されるものが409点と約3分の2を占めていることである。また「新蔵資料」も1,857点の約半数が産業資料に分類される数となっている。多くは県内から収集されたものであるが，養蚕，製糸，麻真田，海苔養殖，漁具，農具，ガラ紡，高機（たかばた），土管木型（どかんきがた），万年筆，船大工など，三河で栄えた産業に関する機械や機器，道具などの資料が大半を占めている。県外のものも東海地方を中心に，木挽鋸や真珠養殖などの用具やロープ製造機など多種にわたる。

もっとも点数が多いのは豊橋市前芝（まえしば）地区を中心とする海苔養殖に関する資料385点である。この海苔養殖にも使われた小型の木造船を製造する船大工の道具類も260点が収蔵されている。ここでは船大工道具を紹介しよう。

1963（昭和38）年の漁業センサスでは，東三河の沿岸地域では39カ所の造船所が記載されている。このうち前芝地区には2カ所の造船所があり，「産業館」所蔵の船大工道具の多くはそのうちの1カ所から収蔵されたものである。

その資料の特徴は，木造船製造工程で使われる各種の道具類が大体揃っているところである。一例を挙げれば，木造船の材料となる板は，大木をそうそう使えるものでないため，ほとんどは2枚から3枚の板をつなぎ合わせて1枚の幅広の板としているが，このとき使われるのがコズリと呼ばれる刃の細かい仕上げ用の鋸である。また板をつなぎ合わせるときに使われるのがツ

バノミと呼ばれる特殊な鑿(のみ)である。板を付き合わせるようにしてつなぎ合わせていくが、つなぎ材には船釘が使われる。しかし直接板に釘を打ち込むと板材が割れる危険がある。それを防ぐため、事前に釘打ちののぞき穴をあける工具がツバノミである。ツバノミでは、打ち込んだ後これを一旦抜く必要があるため、鑿の根元にはつばが付く独特な形状をしているが、これをハンマーでたたいて抜くことになる。そのことからこの名前が付いている。これには使う釘の長さや、打ち込む位置によってさまざまな形状のものが用意されており、こうした各種のツバノミが30本近く収蔵されている（写真Ⅳ-4-2）。

また木造船には船釘が大量に使われる。その形状は板厚の狭いところに打ち込むため独得な平たい形状をしているが、1.5トンの木造船に使われる船釘の数は各種の長さのものを合わせ、1,300本を下らないといわれる。その船釘も多種、多数収蔵されている。

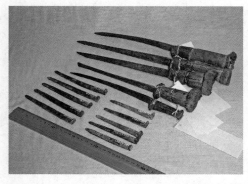

写真Ⅳ-4-2　「産業館」収蔵のツバノミと船釘の一部
（2016年10月28日筆者撮影）

一部を紹介しただけではあるが、こうした木造船づくりの各種の道具も産業遺産に該当するものである。民俗資料に分類する向きもあろうが、造船所という工場において生産を目的に使われた道具類は、やはり産業遺産に分類する方がふさわしい。すでに東三河の三河湾沿岸での木造船づくりは、1965年頃に姿を消している。希少な産業遺産である。

そしてもう1つの特徴となる収蔵品が、ガラ紡の機械とその関連資料である。「産業館」の目玉ともなっている資料であるが、学内の大学記念館の一室に開室される「ガラ紡展示室」には、ガラ紡の主要機械であるガラ紡績機、合糸機(ごうしき)、撚糸機(ねんしき)の3台の機械がいずれも動態展示されている。関連する3台の機械が揃って動態展示されるのは全国でもここだけである。これらの機械

写真Ⅳ-4-3　授業でガラ紡実演を見学
（2016年6月7日筆者撮影）

は1970年代に収集され，長い期間収蔵庫で眠っていたが，2005年に動態整備され，2008年から一般公開されたものである。

　動態展示すなわち機械を動かしてみせる実演は，基本的には月曜と金曜の午後に限定している，しかし運転担当者の都合が付く範囲での柔軟な対応はしている。また授業の中で学生の見学も行っている（写真Ⅳ-4-3）。公共の博物館や資料館では，資料に手を触れることを避ける傾向にあるが，「産業館」では実際に触れる体験も行っている。見て，さらに触ることで驚きは増し，学ぶことにつながると思うからである。また機械は動かなければ機械ではない，動かすことで資料としての価値が増すと考えているからでもある。しかし課題がないわけではない。

④　産業遺産の課題

　先にも述べたように，機械の動態保存や展示は今の文化財行政の観点からは否定的である。動かすことは消耗にあたり現状保護に反するとの考えである。もちろん極度な消耗に当たるような動かし方は別であるが，じつは機械は動かすことで寿命を延ばすことが可能な資料でもある。意外と思われるかもしれないが，機械の多くは鉄鋼を主体に作られており，それだけ剛性を持つものであるが，手入れをしなければ錆が生じ，いずれ使い物にならなくなる。手入れをして使い続けることが保存のためにも重要なポイントとなる。これは家屋にしても同様であろう。美術品など静態保存がふさわしいものとは違い，機械は動かすこと，活用することに意義を有する資料でもある。

「産業館」のガラ紡や、トヨタ産業技術記念館でも展示する機械のほとんどを動態展示している[6]が、そうした意義をもとに行っている。

もちろん動かすことは、少なからず消耗にもつながる。点検はそのためにも重要であり、ときには修理も必要となる。したがってその動かし方には一定のガイドラインを設ける必要がある。また、修理の際のガイドラインも考えておく必要がある。

筆者は「産業館」でのガラ紡の動態展示を担当してきた経験をもとに、上記で述べたような観点から、その策定への考え方や、動態のための整備や運転時、また修理の際におけるガイドラインを提示[7]してきた。

ただ、その際にも触れたが、現実に動態展示するには困難が伴うことが多い。整備や運転を担当できる学芸員や専門員などの存在が極めて少ないことである。企業博物館であれば社内からの応援も可能であろうが、一般には容易でない。そうした経験なり学問を積んだ人が少ないためである。「産業館」でも、現在の担当を引き継ぐ人材が課題の1つでもある。

ここでは課題の一例を挙げるにとどめたが、とくに現状は極めて少ない産業遺産や近代を専門とする研究者が増えることを期待したいところでもある。

5 産業遺産の活用と発見

産業遺産が世界遺産に登録され、産業遺産の名も少しずつ耳に入るようになってきた。と言ってもまだ多くの人にはそのイメージすら沸かないのが現実であろう。その認識度を上げる取り組みとして、産業観光の1つに組み込んだり、産業遺産ウォーキングなどが各地で行われている。

東三河においてもこうした試みが断片的に行われているが、筆者もこれまで豊橋美術博物館主催のバスで巡る「豊橋歴史探訪－近代化遺産巡り－」に10年余り関わってきている。再掲するものが多いが、これまで訪れたその一部を紹介する。

豊橋では、愛知大学の「産業館」やガラ紡、神野新田干拓堤防、牟呂用水

の樋門，豊橋市の上下水道施設，豊橋市電，渥美線，石灰窯。豊川市では，旧豊川電話中継所と装荷線輪櫓，日本車輌の展示車両，木造船。蒲郡市では，織布工場，鋸屋根工場，稲生南防波堤。田原市では，セメント焼成の徳利窯跡，田原鉱山。新城市など奥三河では，長篠発電所余水吐，田口線遺構，豊川用水頭首工(とうしゅこう)，牟呂用水頭首工，などである。

　こうして挙げたように，産業遺産は見に行くことからスタートすることが多いが，探索すること，発見することがまた楽しみの1つになる。バスで巡るだけでなく，産業遺産は生活に身近なものも多いため，徒歩でまた自転車で巡れば，より思わぬ発見につながる。さらに産業遺産は意外と奥の深い対象物であることにも気づかされるであろう。

注
(1) http://kunishitei.bunka.go.jp/bsys/index_pc.html より（文化庁の国指定文化財等データベース）。
(2) 天野武弘「産業近代化と産業遺産」『東三河の経済と社会』第7輯，2012年3月，527～541頁。
(3) 野口英一朗・岩井章真・天野武弘・小野雅信「蒲郡市の鋸屋根工場の一次調査－その1－」『産業遺産研究』第20号，26～36頁。
(4) 『愛知大学中部地方産業研究所附属生活産業資料館　産業資料目録（旧蔵資料）』愛知大学中部地方産業研究所，2010年3月。
(5) 『愛知大学中部地方産業研究所附属生活産業資料館　産業資料目録（新蔵資料）』愛知大学中部地方産業研究所，2013年3月。
(6) 成田年秀「動かし続けることにこだわる博物館－トヨタ産業技術記念館の意義と課題－」『シンポジウム「日本の技術史をみる眼」第33回－博物館における動態保存のあり方－講演報告資料集』，中部産業遺産研究会，2015年2月，4～8頁。
(7) 天野武弘「機械の動態保存のガイドラインの提案」，前掲『シンポジウム「日本の技術史をみる眼」第33回講演報告資料集』，36～39頁。

（天　野　武　弘）

第5章　東三河の環境

1．東三河におけるバイオマス利活用状況

　バイオマスが注目をされ始めたのは，35年以上も前のことである。学術分野，特に農学化学関連学会では農畜産業廃棄物の堆肥化に有用な微生物の探索が，研究フロントとして注目を集めていた。バイオマス，つまりは生物排泄物の再生利用として，当初は物質循環に注目し，農畜産廃棄物等の堆肥化が推進されてきた。その結果，農地に対する過剰な堆肥還元が現状では問題視されている。

　一方で，バイオマスの再利用として物質循環のみならず，エネルギー循環にも着目し，再生可能エネルギー発生源としての利活用に注目し，地域内循環を基本とした循環型地域資源としての価値が認められている。

　本稿では，バイオマス利活用の産業化による地域振興を目的とした国の政策と，それに対応する東三河地域のバイオマス利活用の方向性と現状について報告する。

1　バイオマスタウン構想

　2002（平成14）年に閣議決定されたバイオマス・ニッポン総合戦略に基づき，農水省から全国市町村に向けて表Ⅳ-5-1-1に示す趣旨のバイオマスタウン構想の策定が呼びかけられた。農水省の呼びかけに対し，東三河地域での積極的な動きは当初みられなかった。

　一方，国の政策として，バイオマス・ニッポン総合戦略を更に推し進めることを目的として，2009年9月にバイオマス活用基本法の施行，さらには本法律に基づきバイオマス活用推進基本計画が2010年12月に閣議決定された。この政策は，10年間のバイオマス・ニッポン総合戦略に基づき，各市町村

で構想された内容の実現化，さらには実現への加速化を目的として策定されたものである。

表Ⅳ-5-1-1　バイオマス産業化に関わる国の施策，方針の流れ

種類	事業化計画	基本計画	
名称	バイオマス産業都市構想	バイオマス活用推進計画	バイオマスタウン構想
定義	バイオマスタウン構想をさらに発展させ，地域のバイオマスの原料生産から収集・運搬，製造・利用までの経済性が確保された一貫システムを構築し，地域のバイオマスを活用した産業創出と地域循環型のエネルギーの強化により，地域の特色を活かしたバイオマス産業を軸とした環境にやさしく災害に強いまち・むらづくりを目指す地域の内容をまとめたもの	バイオマスタウン構想に，定期的なバイオマス利用量の調査，計画の進捗状況や目標の達成状況等の評価の視点を追加したもの	域内において，広く地域の関係者の連携の下，バイオマスの発生から利用までが効率的なプロセスで結ばれた総合的利活用システムが構築され，安定的かつ適正なバイオマス利活用が行われていることが見込まれる地域において，市町村が中心となって作成する，地域のバイオマス利活用の全体プラン
根拠	バイオマス事業化戦略　2012年9月策定（注1）	バイオマス活用推進基本法，2009年9月施行	バイオマス・ニッポン総合戦略，2002年12月閣議決定
作成主体	①市町村（単独または複数） ②市町村（単独または複数）と当該市町村が属する都道府県との共同体 ③①または②と民間団体等（単独または複数）との共同体	①市町村 ②都道府県	①市町村
目標	2018年までに約100地区を選定 （各都道府県2地区程度）	・2020年までに600市町村において市町村バイオマス活用推進計画の策定 ・全都道府県において都道府県バイオマス活用推進計画の策定	2011年4月末までに300市町村で構想策定
公表数	・市町村33構想 （2015年10月現在）	・市町村21構想 ・都道府県14構想 （2014年1月現在）	2011年4月末で318構想（計画終了）

注1）関係7府庁による共同の取りまとめであり，7府庁とは次のとおり。内閣府，総務省，文部科学省，農林水産省，経済産業省，国土交通省，環境省。
注2）資料に基づき筆者作成。

2　バイオマス活用推進計画

　具体的な内容として，バイオマスタウン構想に描かれている各地域の特性や現状，今後の展開といった定性的な内容に対し，定量的な視点，つまり定期的なバイオマスの需要と供給量の調査といった数値目標の設定や，計画の進捗状況や目標達成状況等の評価の視点を明確化し，計画内容に追加することを努力目標とした。

　このような基本計画の数値化，構想の可視化を，各市町村が円滑に実施できるようにするため，農林水産省としては次の2種類の参考資料を作成した。

　1つは，バイオマスタウン構想からバイオマス活用推進計画策定へと移行する際の留意事項を通知することを目的として，「バイオマス活用推進基本法に基づく都道府県および市町村によるバイオマスの活用の推進に関する計画の策定の推進について」を，2011（平成23）年1月26日付けで農林水産省大臣官房環境バイオマス課長から配信している。

　もう1つは，「都道府県・市町村バイオマス活用推進計画作成の手引き」として2012年9月に具体的な内容を示した手引書が作成された。掲載されている内容としては，バイオマス賦存量の算定方法，バイオマス利活用の取組み効果の把握や評価方法，さらには既に策定・公開されている市町村のバイオマス活用推進計画が事例として掲載されており，これらを参考にバイオマスタウン構想から数値化されたバイオマス活用推進計画策定への円滑な移行を支援した。

　このような流れの中，潜在的なバイオマス資源の豊富な東三河地域では，バイオマス活用基本法の制定が明らかとなった2008年前後に，豊川市（2007年），豊橋市（2008年），田原市（2009年）と3市が相次いでバイオマスタウン構想を策定している。各市の構想内容の概略を表Ⅳ-5-1-2に示した。

③ 東三河におけるバイオマス利活用の広域化に向けて

　2008（平成20）年前後に3市が相次いでバイオマスタウン構想を策定，あるいは準備中の動きとほぼ並行して，東三河地域におけるバイオマス利活用の広域化に関する検討がはじめられた．

　検討メンバーとして，
- 豊橋市，田原市，豊川市，新城市，蒲郡市，小坂井町
- 愛知県，東三河農林水産事務所
- ㈱サイエンスクリエイト
- 豊橋技術科学大学（アドバイザー）

が参集した．

1）検討課題

　報告書によると，2008年12月，2009年2月と合計2回の検討委員会開催を経て，2009年3月には最終報告書が提出されている．農林水産省委託事業とはいえ報告書は全体として，民間シンクタンク主導による机上の空論的内容であることは否めない．しかしながら，表Ⅳ-5-1-2で示した各自治体のバイオマスタウン構想における個別の課題を，個別に検討・解決するのではなく，地域連携を通して検討し，解決の方向性を探ることが有効であることは自明であろう．

　検討過程の中でまとめられた各自治体の現状と課題，およびそれらに対する解決の方向性が，表Ⅳ-5-1-3のようにまとめられた．バイオマス資源の種類により，各自治体間での課題は異なるが，家畜排泄物についてはおおむねどこも同様の状況であることが明らかとなった．各市町村とも供給過多の状況であり，おそらく畜産農家における家畜排泄物の堆肥化施設整備はおおむね終了をしていると想定している．しかしながら，生産されている堆肥の品質確保が不安定であることに加え，農地への還元状況も既に過剰であることが指摘されている．

表Ⅳ-5-1-2　東三河3市が提案しているバイオマスタウン構想

実施主体	提出年	構想名 利活用するバイオマスの種類	対象地域
豊川市	2009年 3月	豊川・宝飯バイオマスタウン構想 ・食品残さ ・刈り草・剪定枝等の草木系バイオマス ・生活系生ゴミ ・家畜排泄物	豊川・宝飯郡 小坂井町
豊橋市	2007年 7月	豊橋バイオマスタウン構想 ・家畜排泄物 ・事業系食品廃棄物 ・事業系廃食用油 ・豊川流域から発生する木質資源 ・下水道汚泥 　現在は100％乾燥汚泥として農地へ還元しているが，今後家畜排泄物由来の堆肥との競合等が懸念される。	豊橋市
田原市	2008年 2月	田原バイオマスタウン構想 ・家畜排泄物 ・下水道汚泥 ・農業系廃プラスチック ・剪定草木類 ・農産物残渣 　エコ・ガーデンシティ推進計画の一部門との位置付けより，廃棄物リサイクルと関連したバイオマス利活用に重点を置く。	田原市

　このような現状を踏まえ，地域連携，つまりは広域化による解決の方向性が求められている。ここでまずは，広域化に関する共通認識が必要であろう。

2）広域化とは

　バイオマスタウン構想は，市町村単位で公表されている。構想は行政であっても，その具体化，特に事業化については，民間主体の実施である場合が多い。行政の持つ公共性，公益性と民間の持つ事業性をどのように組み合わせ協働させるか，その際の主体はどこなのかを明確化することが，今後の方向性を具体化する基盤となるであろう。

広域化でまず課題となることは，表Ⅳ-5-1-3に明記されているように，市町村の枠組みを外し，自治体間の連携による課題解決が必須という点である。ここで連携という観点を民間の動きに向けると，民間の事業拡大に伴う広域化（行政区域を超えての事業拡大）は容易であろう。しかしながら，各行政間で当該民間事業に対する評価が異なれば，当然規制がなされ，民間事業の円滑な広域化は困難となる。つまりここでも，行政（市町村）間での連

表Ⅳ-5-1-3　東三河におけるバイオマス利活用の広域化における現況と課題

課題等	現況（課題や可能性の内容）	広域化による検討の方向性
堆肥の地域内広域流通の可能性	・田原市ではJAエコセンターで生産される堆肥の8～9割を市外に出荷。 ・豊川市では，畜産農家の堆肥生産は余剰気味であり，市外からの受入れは必要ない。 ・堆肥生産に関し，品質にばらつきがみられる。発酵が不十分な低品質の堆肥が出荷される場合もある。 ・堆肥流通は，輸送効率が悪く，東三河地域では堆肥に値が付かないことが課題。現状では，10km圏内でないと採算が取れない。	・生産過剰の堆肥を，市内の農地へ過剰投与するのではなく，高品質な堆肥の生産システムを広域で構築し，市外へ流通させる仕組みの検討。 ・窒素を含有した肥料効果の高い堆肥生産技術が確立している。この高品質堆肥の生産を広域で検討すべき。
木質資源をテーマとした利用促進	・豊橋市では堆肥化の副資材としておが粉の入手が困難。 ・新城市では木質資源は豊富だが，木材価格が上昇しないと木質資源を山から搬送できない。 ・蒲郡市では，畜産業，林業ともに衰退しており，原料となるバイオマスに乏しい。	・新城市では林業振興に力を入れており，木材資源の需要喚起を下流側に期待している。 ・一方で，下流側は製材端材の安価なおが粉を畜産農家は望んでいる。 ・木材資源の需要喚起が広域的にできれば，端材の量も多くなり，畜産農家へおが粉を供給することができる。
耕作放棄地対策	・田原市では菜の花プロジェクトの対象地として検討したが，実現はしていない。 ・豊橋市では，今年度稲WCSを試験的に8反栽培。豊橋市では，飼料米の栽培を希望している養豚農家が存在する。市内での確保が困難な場合は，広域対応も可能ではないか。	・休耕地に稲WCSや飼料米を作付することにより，今後輸入飼料から変換し，飼料自給率の向上を検討する。 ・エコフィードや飼料米の導入に際し，小規模から初めて順次拡大することを検討。

資料：2008（平成20）年度バイオマス利活用加速化事業【広域化】（農林水産省委託事業）報告書から著者が作成。

携が必須となる。

　では，バイオマスタウン構想の事業化，加速化構想に必要な広域化とは，どのような方策が効果的であろうか。現状でもいくつかの市町村では，民間による事業化が始まっているため，民間事業の広域的発展を待ち，他市町村との調整が必要となった際に，行政間の連携を考えるのが1つの方策と考えられる。

　一方，民間事業の拡大化を待つのではなく，まずは行政間で越境政策を考える，行政の越境政策策定を実施し，そこに合致する公共性，公益性を備えた民間事業の広域化を促進することが，もう1つの方策であろう。

　多額の補助金により，地域振興も念頭に置いたバイオマスタウン構想に関する国の政策展開を勘案すると，国は後者を効果的と考えている。確かに，バイオマスの物質循環とエネルギー循環の双方を同時に行うことは，その公益性，公共性は非常に高く，民間企業が事業化するにしても，主導権は地域の行政が連携して発揮することが必要であろう。

3）広域化の具体的方策の提案

　以上概略した議論の結果，報告書では次のような提案を行った。
　①　公益性の視点からバイオマス利活用のビジョンや目標設定
　②　広域化の長所と課題の明確化
　　　　長所：関係者間信頼確保による品質確保，リスク管理徹底，
　　　　　　　事業分散によるリスク分散可能，市場拡大等
　　　課題：物流コスト増大，連携者全員の利益確保方策等
　③　バイオマス情報センターの設置・運営
　④　①〜③の推進体制として，東三河地域バイオマス広域利活用協議会（仮称）の設置

　今後は，堆肥品質管理・流通センターを整備し，各市町村内のみでは困難な堆肥の受給バランスを改善するとともに，堆肥の品質向上と確保により，安全で安心できる農業基盤を維持すること，が長期ビジョンとして提示された。

しかしながら，その後報告書の提言に基づいた広域化の検討が継続していたわけではない。

4 東三河振興ビジョンにおけるバイオマス利活用の方向性

以上のような経緯の後，2012（平成24）年，東三河地域の経済社会的振興に関わる東三河振興ビジョンが，東三河県庁により組織化された東三河ビジョン協議会（愛知県，東三河8市町村，経済団体，大学等が参画）により策定された。

東三河振興ビジョンでは，目標年度を2023年と定め，それまでに到達すべき東三河の姿を明示するとともに，その具体化のために重点的に取組むべき7つの施策の方向性を示している。

一方，東三河ビジョン協議会では，「将来ビジョン」で掲げた各施策が今後着実に推進・具体化されることを目指し，7つの方向性から毎年度テーマを選定し，「主要プロジェクト推進プラン」を策定するとともに先導事業の立ち上げを目標としている。2013年度は，「再生可能エネルギーの導入推進」と「地域産業の革新展開」の2テーマが，2014年度から2016年度までの3年間を計画期間として設定された。

「再生可能エネルギーの導入推進」では，次頁に示す2つの方針と6つの主な取組を設定している。ここで，3までに説明をした東三河地域における家畜排泄物の堆肥化について物質循環型のバイオマス利活用の方向性は，主に（3）廃棄物・下水汚泥の利用推進で検討されることになり，検討組織として「東三河地域の下水処理を核としたバイオマス利活用検討会議（以下，検討会議）」が設置された。本会議の構成員は，愛知県，東三河5市（豊橋市，田原市，豊川市，蒲郡市，新城市）と2大学（豊橋技術科学大学，愛知大学）であり，3で示したバイオマス利活用広域化に関わる農水省委託事業での検討体制を受け継いでいる。この事業における報告書の提言も含め，廃棄物関連のバイオマス利活用における広域化とは，東三河地域でも都市部を視野

に入れた広域連携を目指している。

【2つの方針と6つの主な取組】
1. 地域内循環をベースとした再生可能エネルギーの導入拡大
   (1) 太陽光発電の導入推進　　(2) 木質バイオマスの利活用
   (3) 廃棄物・下水汚泥の利活用　(4) 小水力発電の導入推進
2. 地域内外への再生可能エネルギーの普及・啓発の推進
   (1) 多様な主体の参加促進　　(2) 地域一体の情報発信

1）検討会議での議論の経緯
① 事業化ロードマップの策定

　この検討会議では，3年間の計画期間のみならず，20年後以降も視野に入れた中長期的展望も含めた事業化ロードマップを策定し（「東三河地域のバイオマス関連施設整備と利活用ロードマップ」2014年3月），これに沿った事業化検討テーマの選定や具体的な検討方法につき，現在議論を進めている。ロードマップ等具体的施策に関しては，2013年11月14日に第1回の検討会議を開催し，その後2014年1月16日のワークショップ，2月18日の第2回検討会議における各市町村との議論により提案している。

　この検討会議は「東三河地域の下水処理を核としたバイオマス利活用‥」との名称を冠しているが，会議では他の検討会議が立ち上がっている木質バイオマス以外のバイオマス地域資源について当初から検討を行い，中長期的展望も含めた検討ロードマップでは，次のバイオマス資源を取り上げている。

　　水処理汚泥（下水道，農業集落排水，し尿・浄化槽）
　　生ゴミ（家庭系一般廃棄物，事業系一般廃棄物）
　　刈り草，剪定枝
　　家畜廃棄物

ところで，3で紹介したバイオマスタウン構想広域化に関わる2009年度の報告書では，もっぱら家畜排泄物をバイオマス資源として注目していた。しかしその後，2012年度の東三河振興ビジョン策定までの間に，東三河各市町村でのバイオマス利活用の状況に大きな変革が発生していた。

② 利活用するバイオマス資源の変化

それは，これまで乾燥汚泥として農地還元をしていた下水道汚泥を，物質循環に加えエネルギー循環資源として利活用する動きである。これには，蒲郡市が2012年度から，下水浄化センターにメタン発酵槽を設置，下水汚泥を資源としたエネルギー循環型バイオマス利活用を始めている。蒲郡市は，2009年度の広域化報告書においては，「畜産業，林業共に衰退しており，原料となるバイオマスに乏しい。」と嘆いていたが，足元にある未利用のバイオマス資源を活用し始めた。発酵残渣については，液肥あるいは乾燥後の乾燥汚泥が肥料原料として利用可能である。

さらに蒲郡市と同様，下水汚泥の物質およびエネルギー循環型利活用を目指して，愛知県管轄の豊川浄化センターでも2014年度からメタン発酵槽を設置，稼働をさせている。本施設では，豊川流域の下水道汚泥を処理している。

一方豊橋市では，中島処理場における下水道汚泥と，家庭系・事業系一般廃棄物から分別した生ゴミを混合利用したメタン発酵を，2017年度から稼働させるべく，現在施設を建設中である。

このような東三河内での動きを損ねることなく，東三河振興ビジョンを基盤として策定された主要プロジェクト推進プランを推し進めるために，検討会議では議論の端緒として，各市におけるバイオマス利活用の優先順位を調査した。その結果は，表Ⅳ-5-1-4のとおりである。

いずれの市においても現状での優先順位は，水処理汚泥の利活用であることが明確となった。水処理汚泥はいわば生活排泄物である。今後の人口減少が自治体財政の逼迫を招くことが明白ななかで，処理施設の老朽化対応や処理コスト削減を勘案したとき，東三河地域で水処理汚泥の広域処理が可能であれば，どの自治体にとっても望ましいことである。さらに，処理コスト削

減のみならず，東三河地域におけるバイオマス利活用，特に現在まで未利用であったバイオマス利活用による循環型社会の構築や産業振興が伴うことも期待される。

しかしながら，NEDO（国立研究開発法人 新エネルギー・産業技術総合開発機構）の推計によれば，東三河地域での水処理汚泥を資源としたバイオマスエネルギーポテンシャルは，愛知県全体での汚泥の約1％であり，家畜排泄物の52％と比較して低い推計値が示されている。

以上のような経緯に基づき，検討会議では2014年3月に公表したロードマップにおいて，かつてのバイオマスタウン構想で主眼とした家畜排泄物を地域資源としたバイオマス利活用の事業化は，他のバイオマス資源と分離し，別途検討することとした。堆肥化という物質循環は，課題もあるが一応のシステム化は構築されている。その一方で，家畜の持つ独特の病原体（ウィルス類や細菌類等）による排泄物輸送時等の交差感染対策を考えると，下水道汚泥等と混合しメタン発酵資源として利用するために，現状での処理システ

表Ⅳ-5-1-4 東三河地域各都市が現在必要と考えているバイオマス利活用調査表

市名	検討したいバイオマス
豊橋市	・刈草 ・排水有機汚泥 　　排水路に堆積した有機汚泥
田原市	・下水汚泥 ・し尿・浄化槽汚泥 ・農業集落排水汚泥 　　汚泥成分が一定しないため，肥料としての使用不安 ・畜産廃棄物 　　堆肥化処理が可能であるが，供給過剰状態 　　堆肥の品質が確保されていないため，悪臭発生
豊川市	・し尿・浄化槽汚泥 ・農業集落排水汚泥
蒲郡市	・下水汚泥
新城市	・し尿・浄化槽汚泥 ・刈草・剪定枝

資料：2013（平成25）年第1回東三河地域の下水処理を核としたバイオマス利活用検討会議議事資料より抜粋。

ムを見直し，再構築することに多大な利点はないとの判断が根拠であろう。

5 バイオマス産業都市構想とのかかわり

　表Ⅳ-5-1-1で紹介した国が主導するバイオマス産業都市構想は，それまでのバイオマスタウン構想を事業化するための実質的な行動計画を要求している。定義としては，地域資源としてのバイオマス利活用において，特にエネルギー循環を強化したシステムの構築により，地域産業振興を目指すとしている。

　東三河振興ビジョンで示された「再生可能エネルギーの導入推進」でのバイオマスに関わる部分は，バイオマス産業都市構想と同様の方向性を示している。しかしながら，現状ではバイオマス産業都市構想を作成する自治体は，当分出現しないと予測される。

　検討会議内の議論は，各市での取組み現状の比較や評価に主眼を置いている。情報交換や情報共有に基づき，各市における個別事業の改善や方向性の策定という観点では，有効な議論を進めている。しかしながら，事業の広域化という論点にはまだ到達していない。

　NEDOの推計によれば，東三河地域では家畜排泄物と木質系バイオマスを資源としたバイオマスエネルギーの利用が有効とされている。畜産業に関しては，後継者不足や飼料の高騰による収益減等により廃業が進んでいる。今後，東三河地域における再生可能エネルギー生産において，バイオマスエネルギーの関与がどのように推移するか，検討すべき事項は多数存在する。

文献

一般社団法人日本有機資源協会 2014「バイオマス産業都市構想作成の手引き」
株式会社循環社会研究所 2009「平成20年度バイオマス利活用加速化事業【広域化】報告書」
田原市役所 2008「田原市バイオマスタウン構想」

（最終アクセス2017年1月10日：http://www.city.tahara.aichi.jp/_res/projects/default_project/_page_/001/002/313/section/ecoene/pdf/2008-8biomas_kousou.pdf）
豊川市役所 2009「豊川・宝飯バイオマスタウン構想」豊川市市役所
　（最終アクセス2017年1月10日：http://www.city.toyokawa.lg.jp/shisei/gyoseiunei/publiccomment/kohyo/publictetuzuki/biomasstown/index.files/10288.pdf）
豊橋市役所 2007「豊橋市バイオマスタウン構想」
　（最終アクセス2017年1月10日：http://www.city.toyohashi.lg.jp/secure/9395/biomass_kousou.pdf）
東三河ビジョン協議会 2014「東三河振興ビジョン【主要プロジェクト推進プラン】～再生可能エネルギーの導入～」

（功刀　由紀子）

2. 豊川水系の開発と環境影響および環境保全・修復

　この報告では，『東三河の経済と社会』第7輯で触れられなかった環境保全・修復の面を中心に取り上げたので，第7輯を併せて読んでいただけると幸いである。

1 三河湾

1）三河港港湾計画に環境保全ゾーンを設定

　2011（平成23）年に改訂された三河港港湾計画（第6次）[1]では，豊川河口の六条潟一帯が港湾計画の中で初めて環境保全ゾーンに設定された。閉鎖性の強い三河湾の湾奥に残された貴重な干潟浅場，アサリ稚貝の重要な発生場所として位置づけられた（図Ⅳ-5-2-1）。

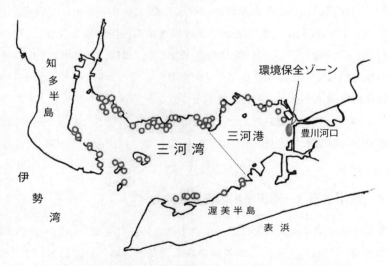

図Ⅳ-5-2-1　環境保全（整備）ゾーン[1]およびシーブルー事業箇所
丸印：2004年度末までの干潟浅場造成箇所[2]
資料：三河港港湾計画（第6次），港湾計画図，海域環境創造事業より作成。

2) シーブルー事業による干潟浅場機能の修復

　渥美湾（三河湾東部）において1970年代後半以降，2,800haにもおよぶ浅海の浚渫・埋め立てが行われた結果，汚濁が進み，貧酸素化による水産資源と生物多様性が減失したことに対する反省から，干潟浅場の造成が事業化された。1987（昭和62）年度から愛知県農林部水産課が事業を始め，建設部港湾課が1991年度から，1999〜2004年度には国土交通省中部地方整備局が加わって三河湾口の中山水道航路浚渫砂を用いて39箇所，約620haの干潟浅場造成が行われた。1987年度からの総計では，約800haに達した[2]。赤潮プランクトンをろ過食する二枚貝などの底生動物が，造成された干潟浅場で増殖成長し，汚濁を抑える。ただし，川からの砂供給が絶たれた状態では，長期的には干潟浅場の劣化は避けられないものと考えられる。

3) 河口部へ浚渫土砂を入れる

　国土交通省豊橋河川事務所は，豊川本川の治水事業で出た河道掘削の浚渫土砂を豊川河口部に干潟造成目的で投入した。2008年度から2014年度にかけて，合計10,835㎥（内2,900㎥の矢作川水系の浚渫土砂を含む）が投入された[3]結果，河口〜六条潟一帯で漂砂が増えた。ほぼ，同時期に1970年代末から姿を消していた二枚貝ハマグリがよみがえった。川から供給される土砂礫は海の生態系を支える重要な要素と推定される。

　以上のように，汚濁が進んで「瀕死の海」とも表現されてきた三河湾は，未だ夏季の貧酸素水塊が解消されてはいないが，回復の兆しがみられる。

② 豊川水系（一部天竜川の支流を含む）

　豊川水系は第二次大戦後に豊川用水事業（1968年完成），続いて豊川総合用水事業（2002年完成）と大規模な水源開発が進められ，開発による環境影響が顕著に現れている。河川環境の目安となる水量と砂礫の流下量が水源開発によってどのように変わったかみてみよう。

1）豊川用水の開発と豊川の流量変化

　豊川用水の全面通水（1968年）以前の豊川（石田基準点）の年流量は，およそ10億㎥で，豊川用水の取水によっておよそ7.95億㎥に減少した[4]。豊川用水の大野頭首工からの取水量から天竜川水系の流域変更分を差し引いた「豊川水系からの用水取水分」と豊川の流量減少分とがほぼ対応する。豊川総合用水事業が完成した2002（平成14）年以降，年間の取水量は以前とほとんど同じであるが，これまで取水していなかった寒狭川から導水が始まり，石田基準点における流量の観測値はおよそ7.53億㎥に減少した（図Ⅳ-5-2-2）。豊川総合用水事業の寒狭川からの取水計画は年間0.3億㎥程度で，流量の減少幅の0.4億㎥とほぼ対応している。

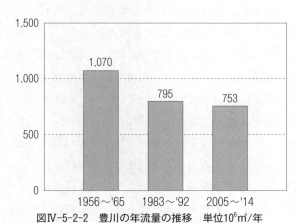

図Ⅳ-5-2-2　豊川の年流量の推移　単位10⁶㎥/年

豊川用水開通以前，豊川用水開通（1968年）後，および豊川総合用水事業完成（2002年）後の各10年間の平均年流量比較（石田地点），資料：流量年表，水文水質データベースに基づいて筆者作成。

① 寒狭川下流部〜豊川中下流部

　豊川総合用水事業で造られた寒狭川頭首工からの取水（最大取水量15㎥/秒）は，頭首工下流の維持流量3.4㎥/秒を上回る場合に限って行われ，主として降雨後の増水期に取水される。このため，豊川下流部においては降雨後の増水状態は長続きせず，一気に流量低下が起きるようになった。降雨後の豊かな流量と広い水面の状態から流量が急減し，水面も急に狭まるので，

アユなど川魚の採餌環境や産卵環境が著しく悪化している。寒狭川頭首工からの取水を流量の自然な変動に合わせる方式(流量の20%を限度とするなど)に改める工夫をして,河川生態系への影響を減らすことが緊急の課題となっている。

② 宇連川,大野頭首工の上流と下流

豊川用水に取水する大野頭首工(1962年完成)はJR飯田線三河大野駅前地点の約1km下流に位置し,堤高が26mある。大野頭首工より上流の宇連川は,3つのダムの水すなわち,宇連ダムと大島ダムの放流水,および佐久間ダムからの導水が流れる人工水路と化している。

一方,大野頭首工より下流では,豊川用水の全面通水(1968年)後,宇連川の平均流量が0.5㎥/秒以上の日数は年間80日前後しかなく,約2kmの間"水涸れの渓谷"となっていた。これは維持流量なしに頭首工地点の流水の全量が取水されるためである。豊川総合用水事業の完成以後は,大島ダムの放流水と寒狭川導水については大野頭首工地点の維持流量が設定されたので,この日数は年間150日程度となった[5]ものの,降雨後の限られた期間を除いてほぼ断水状態が続いている。こうした状況について,大野頭首工に維持流量を設定し,その維持流量分を新城市一鍬田の牟呂松原頭首工から牟呂用水幹線水路を経由して,森岡地点で取水し,森岡導水路によって豊川用水東部幹線水路に回すことが提案されている[6]。宇連川の大野頭首工直下流の断水は,設楽ダムからの放流水を当てにせずに改善可能である。大野ダムからの放流水を利用する小水力発電を併設すれば,森岡導水に必要な電力の確保もできる。

なお,水資源機構豊川用水総合事業部は,2015年に小水力発電設備を東部幹線水路二川調節堰および,大島ダムに設置した[7]。二川のものは,流量0.97㎥/秒,落差1.2m,最大出力7kWの低落差仕様である。

2) 途絶えた砂礫の流れ

支流の宇連川では早くから水資源開発が始まり,最上流部にある宇連ダム

と大島ダムが砂礫の供給を絶ち，かつて川原に溜まっていた砂礫は，中流部の大野ダム湖に沈積して，頭首工の下流には流下していない。洪水時に巻き上げられて流下する泥〜粘土などの微粒子以外は，いわゆるダム堆砂となっている。豊川用水総合事業部の資料によると，1985年ころまでは，大野頭首工の堆砂は毎年1万㎥程度増加を続けていた。その後，増加速度は10分の1程度に急減して現在に至っている。頭首工より上流では川原の砂礫が消失し，河床の岩盤が露出した状態となった。宇連川漁協の資料によると，1985年ころを境にアユの不漁が顕著になり，友釣りのできない川になったことが分かる。砂礫が流下しなくなり川床を研磨する効果が失われたことが主な原因と考えられる[8]。

これまで大型の開発はなく，河川環境としては比較的良い状態に保たれてきた寒狭川の上流部では，現在もアユ釣りやアマゴ釣りの賑わいはみられる。寒狭川下流部では，布里から横山までの間に1910年代に造られた3箇所の小水力発電所の取水堰がある。この区間に割り込んで寒狭川頭首工（1998年完成）が建設されたころから，砂礫の流下がほとんど止まった。これには，豊川総合用水事業に相乗りした建設省の流況改善事業が絡んでいる[9]。また，これらの堰の管理と関係していると思われるが，布里発電所の取水堰の直上流地点で，年間およそ4,000㎥の砂利採取が継続的に行われている[10]。寒狭川頭首工の完成後10年程経過すると，かつてにぎわっていた寒狭川下流部のアユの友釣りは壊滅状態となった。また，海から産卵に遡上する大型のウグイの大群も目にすることがなくなった。上流からの砂礫の流れが止まり，川床から砂礫が消失したためと推定される。

3）天然アユ復活への取り組み

豊川中下流部では，オオカナダモの繁茂，ミシシッピアカミミガメ，オオクチバスなどの増加，アユの小型化・成育不良の慢性化，テナガエビ，オイカワやウグイの激減など，河川生態系の劣化が目に見えて進んでおり，漁協関係者も危機感を強めている。そのような中で，豊川水系の漁協・市民団体・

河川管理者の協力で，天然アユの産卵場〜生育環境の改善を図る取り組みが2016年度から始まった[11]。今後，河川を流下する砂礫の流れを復活させるなど，取り組みの発展が期待される。

4）治水関係

豊川水系では2011年9月21日の台風15号通過時に比較的大きな洪水があった。事前に満水状態にあった宇連・大島ダムの放流の影響もあって宇連川沿いでは家屋の浸水被害が生じた。また，本川下流部では，石田基準点で戦後2番目の高水位を記録し，不連続堤部分からの浸水（遊水）により一部に農業被害が生じた。その後，洪水時にもっとも水位が高まる一鍬田地点の河道改修（低水路拡幅・掘削）が完了し（写真Ⅳ-5-2-1），戦後最大洪水規模の出水には，現堤防の余裕高の範囲で対応できるところまで整備が進んだ[12]。豊川下流域の水害対策は，破堤を防ぐ堤防補強を進めることが肝心である。なお，新城市八名井〜一鍬田地区にかけての河道改修の掘削土砂合計222,900㎥のうち6,500㎥が，河口干潟造成（2009〜2014年度）に投入された[3]。

写真Ⅳ-5-2-1　一鍬田地点の河道改修
新城より下流の国の直轄区域でこれまで洪水時にもっとも水位が高まった地点。
この改修で約2mの水位低下が期待されるという（戦後最大洪水規模）。（筆者撮影2014年1月22日）

③ 設楽ダム

1）事業計画の概要と問題点

設楽ダム基本計画（2008年10月）では，総貯留容量9,800万m³のうち，水道用水とかんがい用水，合わせて1,300万m³を新規利水目的に当てている[13]。豊川総合用水事業が完成して以降，水不足は解消したため，計画の根拠が極めて薄弱である[14]。新規水源として設楽ダムを位置づけるために豊川水系フルプランは2006（平成18）年に全部見直しが行われた。5年経過したフルプランの中間点検のため，国土審議会水資源分科会豊川部会の第一回会合が2012年3月に召集[15]された。豊川総合用水事業完成後の利水状況のデータに基づく点検が初めて実施されるはずであった。ところが，以後数回予定された会合は開かれず，設楽ダムの利水目的が妥当か否かの検討はなされていない。また，治水目的の1,900万m³についても，最上流のダムによる洪水調節は限定的でかつ不確実である。上流のダム建設が優先されて，確実な治水対策「河道整備と堤防の強化」が採用されていない。さらに，"流水の正常な機能の維持"という不特定目的が利水容量の82%を占めていることは，このダム計画が不要・不急なものであることを示している。

2）環境影響評価[16]の問題点

設楽ダム事業は，閉鎖性が強く汚濁が進んで瀕死の状態にあるとも言われる三河湾の湾奥に注ぐ主要河川の開発であり，かつ，著しく水源開発が進んだ水系に更なる負荷を加える計画である。にもかかわらず，三河湾は環境影響評価・調査の範囲からはずされ，また設楽ダムの開発影響が過去の水源開発による環境影響に累加されるという視点を欠いていた。調査データの記述はなされたが，対策は移植に頼るなど保全・保護の原則を逸脱している。1997年制定の環境影響評価法に基づく最初の国の直轄ダム事業として注目されたが，住民意見は聞きおかれたのみで住民参加という点でも全く不十分であり，事業実施を前提とした通過儀礼といわざるを得ないものであった。

3) ダムサイトおよび周辺の地質地盤問題

　設楽ダムサイト予定地は，かつて電源開発㈱が地質調査に入り，1963年3月に一次報告を出した。この報告は，ボーリング6本および左岸右岸それぞれ8本の横坑の調査結果が含まれ，地質平面と断面の2枚の図にまとめられている[17]。岩盤の状態は亀裂が多く，深部まで風化が進んでいるなどダムの基礎岩盤としては脆弱不適で，北西－南東走向の断層F_Iが右岸から左岸にかけて横断し，さらに左岸側を東西走向の断層F_{II}が縦断していることが示されている。電源開発㈱は，二次調査に入ることなく撤退したが，ほぼ同じ地点に国のダム計画が進んできたことに驚かされる。ダム基礎となる地盤の問題は深刻である[18]。

4) 公金支出差止住民訴訟

　2004年末に方法書縦覧から開始された設楽ダム環境影響評価手続きに住民意見を出す活動を進めていた市民たちが愛知県弁護士会の公害環境委員会の支援を受け，2007年1月28日に設楽ダム住民訴訟のための市民団体"設楽ダムの建設中止を求める会"を発足させた。愛知県を相手に218名の住民が公金支出差止の監査請求を行い，棄却を受けて169名の原告と11名からなる弁護団が名古屋地方裁判所に提訴（4月）した。国の事業に対して行政訴訟を起こす制度がない下で，やむを得ず，国と一体となって事業を進めている愛知県を被告とする公金支出差止の住民訴訟を起こしたのである。この訴訟は，ダム開発に伴う環境破壊を止めたいという住民の強い願いから出発している。2010年3月の結審までに原告側は16本の書面を提出し，被告愛知県の違法性を問うた。6月30日の判決では，設楽ダムの利水計画を定めている豊川水系水資源開発基本計画（フルプラン）について，「平成27年度における実際の水道用水の需要量は，愛知県需給想定調査の需要想定値に達しない可能性が相当高いものと思われる」と愛知県の水需要想定が過大であるとの原告の主張を認定したものの，行政裁量を広く認めて違法性を否定した。続く控訴審では，ダムサイトの地質の脆弱性についても争点に加え，また行政

裁量についての違法判断基準の論点を深めたが，2013年4月24日の高裁判決は行政側の主張をなぞるものでしかなかった[19]。結局，2014年5月9日付最高裁の上告棄却通知により住民訴訟は幕を閉じた。

5）事業の現況と基本計画の変更問題

設楽ダム事業の進捗状況，率は，2016年3月末時点で，用地取得約259ha, 85%，家屋移転124世帯，100%，予算執行状況約563億円，27%となっている。なお，道路関係の工事は進行中で，2016年度には新たにダム本体関連工事として転流工の予算が計上された[20]。なお，2016年5月に設楽ダム基本計画（2008年閣議決定）の第一回変更（事業費を2,070億円から2,400億円に増額し，工期を2020年から2026年まで延ばす）案が愛知県に提示され，県議会手続き等を経て，9月20日付けで告示された。2010年から2013年にかけて行われた国のダム検証「関係自治体による検討の場」では，設楽ダム抜きの治水対策案（No.2, No.26）と比較して現計画とのコストの差は約20億円とされていた[21]ことから，330億円もの事業費増額は，再検証の結論に疑いを持たせる重大変更だといえる。

④ 自然環境・生物多様性の保全・保護の施策

なお，三河湾は環境省が2001（平成13）年に指定した「重要湿地500」[22]の1つである。三河湾国定公園には，渥美半島の太平洋岸（表浜）も含まれているが，表浜の砂浜～浅海は海砂の採取が規制されている国内では数少ない遠浅の沿岸域で，陸域から海域まで連続する生態系である。三河湾の内湾と一体的に保全・保護計画が立てられるのが望ましい。

また，重要湿地の指定から10年を経過して，環境省が見直した結果，新たに，設楽町の河川湿地（鳳来寺山から鞍掛山にかけての細流）が希少種ホトケドジョウ類の生息地として加えられたことは注目される[23]。

5 公害問題

1）産廃問題（田原市，豊橋市，新城市八名地区）

　廃棄物の中間処理に関わる問題が各地で起きている。田原市では不良堆肥が農地に大量に持ち込まれ，悪臭のほか砒素汚染なども指摘されて，"産廃"ではないのかと問題となった。この事件に関係する産廃中間処理業者が，新城市の工場団地内に土地を入手し，食品残渣，下水汚泥，木質チップスを堆肥化する新たな工場が建設された。愛知県が開発した工業団地の目的とは合致しない企業の進出であり，地元住民は13,030筆の署名を集め，県や市へ進出を認めないように働きかけが行われた。2016（平成28）年現在，堆肥製造プラントは建設されたが，施設の認可は未だなされていない状況である。

2）風力発電問題（豊橋市表浜地区，田原市，設楽町名倉地区）

　2006年に中部電力による大規模な風力発電基地が豊橋市から田原市にかけての表浜地区に計画され，事業者による地元説明会および環境アセスの報告（2007年2月）が行われたが，騒音・景観・自然保護等の住民意見が出され，地元同意が得られずに計画は撤回された。田原市内の風車による低周波・騒音被害の発生事例が出ていて解決していないこと，人家や児童施設に近すぎること，渡り鳥の飛行ルートに当たることなどの問題が指摘されていた。また，設楽町名倉地区では，2013年末から2014年にかけて名古屋市の民間業者が風力発電基地計画を持ち込んだが，学習会を基にした地域ぐるみの住民の取り組みで，3,000筆を超える反対署名を集めて町に働きかけるなどの結果，計画停止となっている。

第5章　東三河の環境

注

(1) 三河港港湾計画（第6次），港湾計画図
 (http://www.pref.aichi.jp/soshiki/kowan/0000040878.html)
 (http://www.pref.aichi.jp/uploaded/attachment/22866.pdf)
(2) 海域環境創造事業（シーブルー事業）
 (http://www.pref.aichi.jp/uploaded/attachment/10246.pdf)
 (http://www.mikawa.pa.cbr.mlit.go.jp/gaiyou/jigyou_seablue.html)
(3) 国土交通省豊橋河川事務所の「工事台帳」による
(4) 水文水質データベース，流量年表（http://www1.river.go.jp/）
(5) 大野頭首工放流量：豊川用水総合事業部資料による
(6) この案は設楽ダム住民訴訟の中で原告住民側が提起している
(7) 水資源機構豊川用水総合事業部記者発表（2015）
 (http://www.water.go.jp/honsya/honsya/kisya/jigyousyo/2015/toyokawa.html)
(8) 市野和夫（2013）「アユの棲息環境を奪った開発－豊川水系の環境再生の要は砂礫か－」陸の水，60：57〜59
(9) 愛知大学中部地方産業研究所（編）『東三河の経済と社会』第7輯（2012）
(10) 愛知県新城設楽建設事務所の「砂利採取許可」資料による
(11) 豊川を守る住民連絡会議主催のシンポジウムの概要
 (http://nabemasa.cocolog-nifty.com/blog/)
(12) 豊川水系河川整備計画
 (http://www.cbr.mlit.go.jp/toyohashi/jigyou/toyogawa/seibi-keikaku/kasen9-1.html)
(13) 設楽ダム基本計画
 (http://www.cbr.mlit.go.jp/shitara/01damu_info/keikaku.html)
(14) 富樫幸一（2014）「豊川水系における水資源開発と設楽ダム計画」，岐阜大学地域科学部研究報告　第35号，101〜126頁
(15) 国土審議会水資源分科会豊川部会
 (http://www.mlit.go.jp/policy/shingikai/s103_toyokawa01.html)
(16) 環境影響評価の概要
 (http://www.mlit.go.jp/river///shinngikai_blog/tisuinoarikata/dai32kai/dai32kai_siryou2-3.pdf)
(17) 電源開発㈱（1963）「豊川水系寒狭川設楽ダム計画地点地質平面」，「同　地質断面」
(18) 設楽ダム予定地周辺の地質：設楽ダムの建設中止を求める会HP
 (http://www.rokujogata.net/nodam/?p=1224)
 (http://www.rokujogata.net/nodam/wp-content/uploads/2016/09/GEOGUIDE2001.pdf)
(19) 住民訴訟の訴状，判決等：設楽ダムの建設中止を求める会HP
 (http://www.rokujogata.net/nodam/?page_id=198)
(20) 中部地整ダム事業評価監視委員会（2016.08.01）
 (http://www.cbr.mlit.go.jp/kikaku/jigyou/data/pdf/shiryou10.pdf)

(21) 設楽ダム建設事業の検証に係る検討報告書, 4〜126頁, 国土交通省中部地方整備局, 2014(平成26)年3月
(22) 「重要湿地500」
 (http://www.env.go.jp/press/press.php?serial=3068)
(23) 「重要湿地」No.295 豊川水系鳳来寺山から鞍掛山周辺の細流群
 重要湿地_追加_設楽町, No.295_細流_ホトケドジョウ
 生物多様性の観点から重要度の高い湿地
 (http://www.env.go.jp/nature/important_wetland/index.html)

(市 野 和 夫)

3. 地質・災害

① 地質

東三河地域は，地質学的には西南日本に属し，日本列島で最も規模の大きい断層である中央構造線によって日本海側の内帯と太平洋側の外帯に分けられるが，両帯にまたがっている。

この地域では，中央構造線は三河湾から豊川に沿って走っており，青崩峠を通って長野県に繋がっている。先・中新世の地体構造区分を図Ⅳ-5-3-1に示すが，東三河地域は北から南へと領家帯，御荷鉾帯，三波川帯，秩父帯

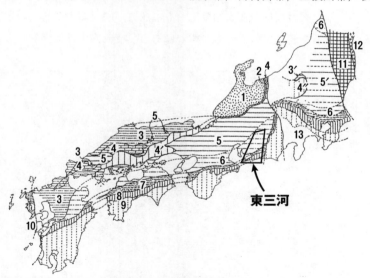

図Ⅳ-5-3-1 西南日本の先・中新世の地体構造区分 (小澤ほか 1985)[1]

1：飛弾帯(先ジュラ紀変成岩・花こう岩)，2：飛弾外縁帯(先ジュラ紀の岩石を含む蛇紋岩メランジュ)，3：三郡帯(変成されたペルム紀付加体)，3′：上越変成岩(三郡帯と同じ)，4：山口帯(ペルム紀付加体)，4′：舞鶴帯(ペルム紀～三畳紀陸棚相，夜久野オフィオライト)，4″：上越帯の先白亜紀陸棚相，5：丹波・美濃市(ジュラ紀付加体)，5′：足尾帯(ジュラ紀付加体)，6：領家帯(変成されたジュラ紀付加体)，7：三波川帯(変成されたジュラ紀付加体)，8：秩父帯(ジュラ紀～白亜紀初期の付加体)，9：四万十帯(白亜紀～第三紀付加体)，10：西彼杵帯(変成されたジュラ紀付加体？)，11：阿武隈帯(ジュラ紀付加体，古い岩石を含む)，12：南部北上帯(先白亜紀の陸棚相)，13：丹沢帯(新第三紀衝突地塊)。

と四万十帯の順に帯状に配列している。特に領家帯に属する範囲が広いが，渥美半島は主に秩父帯に属している。設楽地域には，設楽層群と呼ばれる新生代中新世の堆積岩と火山岩類が分布する。豊川沿いの段丘や豊橋市から田原市にかけての台地は，第四紀の地層から構成されている。各帯および地質体について，以下にやや詳しく述べる。

1）領家帯

領家帯は，主に花崗岩類と変成岩類から構成されており，苦鉄質岩類もある（図Ⅳ-5-3-2）。花崗岩類は古期と新期に分類されており，その中，古期花崗岩類は周囲の変成岩類と構造的に調和的で，片状〜片麻状組織を示す。他方，新期花崗岩類は変成岩類に対して非調和的で塊状である。変成岩類は美濃帯のジュラ紀付加体の変成相で，おもに泥質，砂質および珪質の岩石からなる。石灰質や苦鉄質のものもわずかにある。変成作用は世界的にもよく

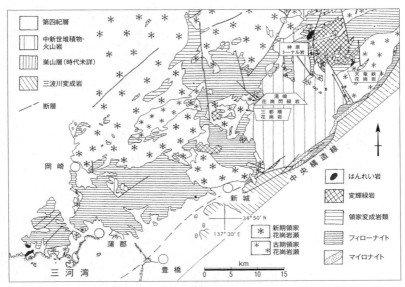

図Ⅳ-5-3-2　三河地方領家帯の地質概略図
(Kutsukake 2002)[2]

知られた高温/低圧型(紅柱石-珪線石タイプ)のものである。中央構造線に近づくと,花崗岩類は圧砕されてマイロナイトになっている。

2) 中央構造線

東三河地方では,数カ所で露頭が観察できるが,中でも新城市の豊川に掛かる長篠大橋の直下と有海工業団地の中部鍛工の敷地内でよくみられる。この地域では,中央構造線は活断層とはみなされていない。

3) 御荷鉾帯

この帯(図IV-5-3-3)は,オフィオライトと呼ばれる,かつての海洋底を構成していた岩石類からなる。それらが海洋プレートの動きによって運ばれ,海溝のところで海洋プレートが沈み込んだときに,剥ぎ取られて大陸側に付加したものである。海底玄武岩類や吉祥山を構成する角閃岩類や宇利トンネルの通る富幕山の超苦鉄質岩類などがあるが,豊橋市のシンボルである石巻山はかつての海底火山が付加したものであり,山体の下部は玄武岩から,上部は石灰岩からできている。これは火山島とその上にできたサンゴ礁のようなものである。

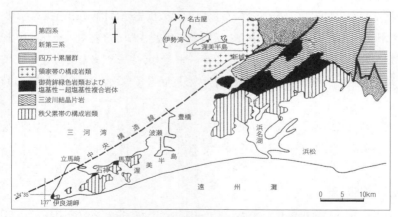

図IV-5-3-3 東三河地方の三波川・御荷鉾・秩父帯の地質概略図
(斎藤 1955)[3]

4）三波川帯

 この地方における分布は狭い。おもに低変成度の泥質・砂質の結晶片岩類からなる。最近の研究によれば，これらは南東に連続して分布する白亜紀の付加体である四万十帯の変成相であるという。

5）秩父帯

 静岡県との県境をなす弓張山系と渥美半島の山々は，ほとんど秩父帯に属し，大部分チャートからなる。泥岩・砂岩のほか，一部に石灰岩・緑色岩もある。田原市では石灰岩がセメントの原料として採掘されているところがある。最近の放散虫化石の研究から，時代は三畳紀のものであることが明らかになった。

② 新生代層

1）設楽層群

 設楽盆地を構成する。下部の北設亜層群と上部の南設亜層群よりなり，前者は海成層からなり，層厚約1,000m，年代は1,500万年である。後者はそのほとんどが流紋岩質の火山岩類からなる。火山岩類は図Ⅳ-5-3-4に示すように区分されている。鳳来寺山の松脂岩で代表される溶岩や，それに挟まれる凝灰岩，凝灰質砂岩などからなるが，また大小さまざまで岩質も多様（玄武岩・安山岩・デイサイト・流紋岩）な岩脈も多数ある。年代はほぼ1,000万年である。

 東栄町の三信鉱工の振草鉱山で稼行されているセリサイトは，安山岩の岩脈が熱水変質して形成されたものである。

2）第四紀層

 豊川に沿って河岸段丘が発達しており，上・中・下位に区分されている（図Ⅳ-5-3-5）。高位段丘は新城市に分布しており，淘汰の悪い中～大礫からな

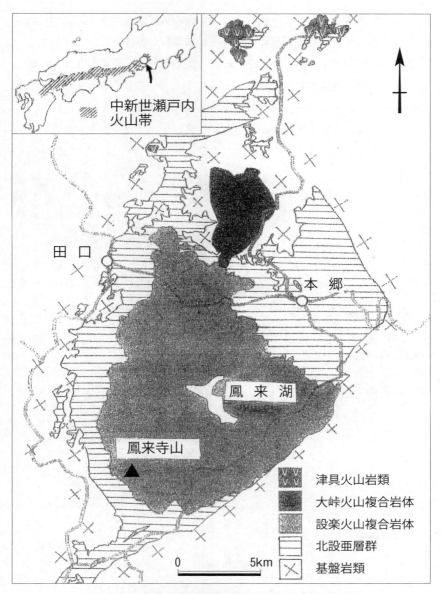

図Ⅳ-5-3-4　設楽地域の中新世堆積層と火山岩の地質概略図
（星　2006）[4]

る砂礫層から構成される。中位段丘は上位面の高師が原面と下位面の小坂井面とに区分される。高師が原面をつくるのは高師が原礫層で，小坂井面をつくるのは小坂井泥層・小坂井礫層である。低位段丘は，新城市中市場・庭野，豊川氏牧野町，豊橋市賀茂町などに分布する。これらをおおって新期扇状地堆積物や最上部更新統～完新統の粘土層・砂礫層が分布する。

豊橋市を流れる梅田川の南から，渥美半島にかけては，渥美累層と呼ばれ

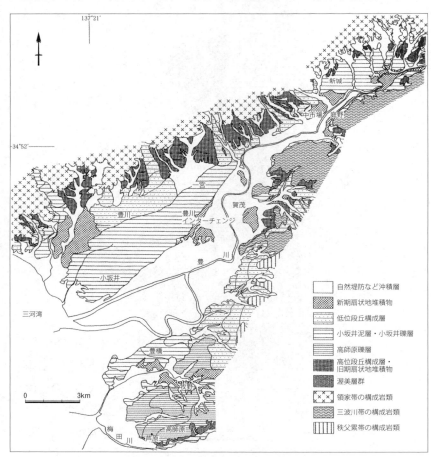

図Ⅳ-5-3-5　豊川中・下流域の地質図
（木村ほか　1982）[5]

る中部更新統が分布する(図Ⅳ-5-3-6)。最高位段丘面である天伯ヶ原という台地を構成する。この累層は,下位から二川・田原・豊橋の3累層に区分されている。二川累層の全層厚は20m以下,田原累層は20〜40m,豊橋累層は最大層厚が45m程度ある。豊橋累層は豊橋市の太平洋岸に高さ70〜80mの断崖で断面がよく観察される。

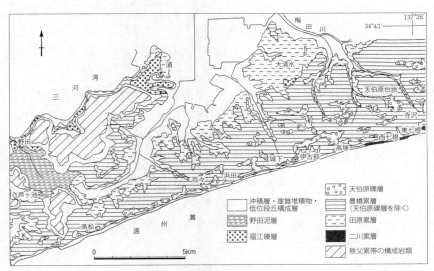

図Ⅳ-5-3-6 渥美半島中部の地質図
(黒田 1967)[6]

③ 災 害

1) 地震災害

20世紀に東三河地方で起こった地震災害は,1944(昭和19)年の東南海地震と1945年の三河地震によるものである。前者は1944年12月7日に熊野灘を震源として起こり,マグニチュードは7.9であった。最大震度は7に達したと推定されている。被害状況は太平洋戦争末期にあたり,軍部が報道管制を敷いたため,はっきりしないが,愛知県下で死者・行方不明あわせて438名と見積もられている。また,直後に津波が発生したために東海地方の

沿岸部で死者・行方不明者1,223名を出したとされている。後者は，前者のほぼ1カ月後の1945年1月13日に発生したが，これは前者に誘発されて生じたと，最近の地震学から示唆されているが，三河湾を震源とした内陸直下型の地震である。地表では三ヶ根山の東から北にかけて深溝（ふこうず）断層・横須賀断層が現れた。マグニチュードは6.8と比較的大きかったが，被害の詳細は前者同様によく判っていない。死者・行方不明者は全域では2,300名以上に達したが，東三河では蒲郡市（形原町）で233名であった。家屋は全半壊が24,000戸にも上った。また，矢作川（旧河道）周辺では液状化現象もみられた。

南海トラフで近々起こると予想されているM＝9クラスの超巨大地震によって，三河地方も甚大な被害が出るものと危惧されているが，太平洋沿岸部では震度7が予測されており，他地域でもほとんどが震度6に達するであろう。また，数分内で巨大津波が襲来するものと考えられており，渥美半島の先端部に近い堀切地域など，海抜0m地帯ではいち早く高所へ避難する必要がある。

東三河では，三河地震を起こした活断層以外には，活断層の存在は知られていない。そのため，直下型地震の発生する可能性は低いであろう。

2）水　害

愛知県下では，1961（昭和36）年の伊勢湾台風によるものや，最近では2008年8月末の東海豪雨などにより，尾張・海部・西三河地域や知多半島で貴重な人命や資産が失われる水害による甚大な被害が発生した。東三河では豊川下流域における浸水被害がしばしば起こったが，比較的規模は小さい。特に，1965年の豊川放水路の建造によって，その被害を緩和することができた。

豊川下流域や河口部では，豊橋市大村地区や牛川・下条・賀茂・金沢地区において破堤・溢水が度々記録されている。また二級河川では，音羽川の本川や支川，柳生川や御津川でも浸水被害が起こっている。

3) 土砂災害

集中豪雨に伴って，崖崩れや土石流などの土砂災害が頻発している。東三河では，特に山間部の奥三河地域において，規模は小さいが土砂災害が多い。佐久間ダムから旧・富山村に至る天竜川沿いの県道1号線と豊根村と富山村をつなぐ県道426号線の霧石峠付近で崖崩れがしばしば起こり，交通が途絶して，旧・富山村は孤立する。

大規模な土石流は，旧・鳳来町（現・新城市）の四谷千枚田において，1904（明治37）年7月10日に発生した山崩れ（土石流）である。梅雨時の長雨と雨台風によって鞍掛山に隣接する通称・貧乏山で崩壊が起こり，土石流となって斜面を流下して，死者11名，流失家屋10戸の被害を出した。沢沿いの棚田（千枚田）は完全に崩壊した。現在の四谷千枚田は，地域の住民の努力により復興されたものである。

県が指定している東三河の土砂災害警戒区域は表Ⅳ-5-3-1に示すとおりであるが，新城市内が最も多い。

表Ⅳ-5-3-1　東三河の土砂災害(特別)警戒区域指定箇所

市町村	土砂災害警戒区域 指定箇所数	土砂災特別害警戒区域 指定箇所数
新城市	115	107
設楽町	38	37
東栄町	22	19
豊根村	29	27
豊橋市	12	12
豊川市	64	58
蒲郡市	48	45
田原市	20	16

（愛知県による）[7]

注
(1) 小澤智生・平朝彦・小林文夫　1985「西南日本の帯状地質構造はどのようにしてできたのか」『科学』55，4～13頁

(2) Kutsukake, T. 2002 Geochemical characteristics and variations of the Ryoke Granitoids, southwest Japan : petrogenetic implications for the plutonic rocks of a magmatic arc. *Gondwana Research*, 5, 355～372.
(3) 斎藤正次 1955「5万分の1地質図幅『三河大野』および同説明書」地質調査所，36頁
(4) 星博幸 2006「設楽第三系：沈降，回転，隆起，火山活動の証言者」『日本地方地質誌4 中部地方』朝倉書店，362～367頁
(5) 木村一朗・荒巻敏夫・大澤正吾・池田芳雄 1982「豊川中流および下流の段丘と更新統（その2，段丘堆積層）」『愛知教育大学研究報告（自然科学）』31，195～210頁
(6) 黒田啓介 1967「渥美層群上部から産出する植物遺体」『第四紀研究』6，57～62頁
(7) 愛知県建設部砂防課ホームページ（http://www.pref.aichi.jp/soshiki/sabo/）

(杳　掛　俊　夫)

第6章　東三河の災害・防災

1．東日本大震災後の防災対策等

1　豊橋市の被害想定と災害対策の現状および課題

1）豊橋市の災害環境と被害想定

　豊橋市の災害環境と被害想定および地域防災計画について検証しよう。

　豊橋市は，愛知県南東部，渥美半島基部に位置し，豊川下流域の広大な低平地に市街地が形成されている。豊川より北部は，階段状に台地と丘陵地をなし，東部は山地となって静岡県に接し，西部は三河湾に，南部は太平洋に臨んでいる。面積は約261㎢，人口は1975（昭和50）年の約28万人から2010（平成22）年には約38万人へ32.4％増加し，1999年には中核市へ移行した。1972年開港の豊橋港は今や日本一の自動車輸入港となり，臨海部の埋立地には工業地帯や物流基地が形成されている。国道1号線，東名高速道，東海道本線，東海道新幹線等の東西の基幹交通網を擁し，奥三河，南信州との交通の要衝ともなっている。

　まず，風水害については，台風にともなう豪雨，高潮および梅雨末期の集中豪雨による災害が主なものである。被害想定は，高潮については，愛知県高潮浸水想定に基づき，室戸台風級の大型台風が高潮を最大にするコースを想定し，被害面積39㎢，被災世帯数約2.4万世帯，被災人口約6万人としている。一方，洪水・内水氾濫は，豊橋市洪水ハザードマップ（豊川・豊川放水路・柳生川・梅田川・佐奈川）に基づき，大雨による洪水で堤防が決壊した場合を想定し，被災面積41㎢，被災世帯数約3.9万世帯，被災人口約9.9万人としている（豊橋市 2016）。近年，豊橋市でも，気候変動による台風の強大化や局地的豪雨の頻発，人口増加や都市化の進展などにより，洪水や高潮，地

盤災害等の災害リスクが高まっている。豊橋市は，被害の極小化と迅速な災害復興を目指した「減災」を基本理念に，人命損傷の極小化を最も重視し，住宅や経済的被害も極力縮小するとしている。そのために，防災の第一次的責務者として，豊橋市は，関係諸機関，市民，企業，民間団体，他市町村との連携協力関係を築き，防災活動を実施するとした。しかし，豊橋市の場合，人口や経済機能が集中している低平地で風水害が発生しやすく，かつ発生すると被害が大きくなりがちなことが重大な問題なのである。

　一方，切迫した自然災害リスクは地震，特に海溝型地震の発生である。内閣府は，2011（平成23）年の東日本大震災を踏まえて，2013年5月「南海トラフ巨大地震」にともなう被害想定と，2014年3月には，これに備えるための防災基本計画を公表した。愛知県は，国の被害想定を参考に，南海トラフ巨大地震を想定した被害予測調査を実施し，2014年5月に公表した。豊橋市は，国・県の被害想定を参考に，津波等による被害予測調査の実施と小学校区ごとの被害量の推計など，地域特性を考慮した南海トラフ地震被害予測調査を実施し，14年8月に公表した。

　どんなに巨大な地震や津波が発生しても人命だけは守るとして，ハード・ソフト両面から総合的に防災・減災の徹底を図るため，2013年12月「南海トラフ地震防災対策特別措置法」が施行された。同法に基づき2015年4月，愛知県全域が「南海トラフ地震防災対策推進地域」に，また，特に著しい津波被害が想定される豊橋市・田原市・南知多町が「南海トラフ地震津波被害対策特別強化地域」に指定された。豊橋市は，国・県の防災対策に基づき地域防災計画を修正するなど，具体的な防災対策に乗り出している（豊橋市2016）。

　南海トラフで発生する地震・津波は多様であるが，効果的な防災・減災に繋げていくために，豊橋市は，①「過去地震最大モデル」，②「理論上最大想定モデル」の2つの地震モデルに基づく被害想定を行った。①は，南海トラフで繰返し発生する地震・津波（宝永，安政東海，安政南海，昭和東南海，昭和南海）を重ね合わせたモデルで，国・県のモデルとも整合的である。②は，

第6章　東三河の災害・防災

あらゆる可能性を考慮した理論上最大クラスの地震・津波モデルで，1000年に一度以上と発生頻度は低い。①に基づく想定は，市の南部・南西部では震度6強の強い揺れが，また沿岸・河川沿いの低地では液状化が発生する。さらに，太平洋側では最短約7分で津波高が最大6.9mに達する。他方，三河湾側では77分後に津波高が最大2.7mに達し，浸水想定域はゼロメートル地帯や堤防被災箇所を中心に，2,158haに達すると想定されている。これに基づく被害量の想定結果は，表Ⅳ-6-1-1の如くである。

表Ⅳ-6-1-1　「過去地震最大モデル」に基づく被害想定

分類	項目	数値	分類	項目		数値
建物被害 *1	揺れによる全壊	5,475棟	人的被害 *2	建物倒壊等による死者		197人
	液状化による全壊	122棟		浸水・津波による死者		67人
	津波・浸水による全壊	204棟		急傾斜地崩壊等による死者		1人
	急傾斜地崩壊等による全壊	18棟		地震火災による死者		148人
	地震火災による焼失	3,143棟		その他		1人
	合計	8,962棟		死者数合計		414人
ライフライン被害 *3	上水道（断水人口）	約355,000人	生活への影響	避難者数 *4	避難所	44,719人
	下水道（機能支障人口）	約198,000人			避難所外	41,526人
	電力（停電戸数）	約165,000戸			合計	86,245人
	固定電話（不通回線数）	約59,000回線		帰宅困難者数 *5		約27,000〜約31,000人
	携帯電話（停波基地局率）	約81％		飲料水不足 *6		20,138トン
	被災都市ガス（復旧対象戸数）	約22,000戸		影響食料不足 *6		496,522食
	LPガス（機能支障世帯）	約13,000世帯		入院対応不足数		約300人
廃棄物	災害廃棄物（がれき）	約1,256,000トン		外来対応不足数		約4,000人
	津波堆積物	約887,000トン				
	合計	約2,143,000トン				

*1　市全体の全壊・焼失棟数の合計が最大となる冬夕方18時の場合
*2　市全体の死者数の合計が最大となる冬夕方18時の場合　*3　発災1日後の想定
*4　発災1週間後の想定　*5　平日12時　*6　平日 4〜7日目以降の不足数。1〜3日目は充足

2）豊橋市の災害対策の現状と課題

市の災害対策の現状と課題について，切迫する地震・津波に限定して検証しよう。南海トラフで30年以内にM8以上の地震が起きる確率は約70％と予測され，巨大地震はいつ起きてもおかしくない状況にある。しかし，地震発生の防止は不可能であるから，豊橋市は，風水害対策と同様，「減災」を基本理念とし，被災しても人命が失われないことを最も重視し，物的・経済

的損失も可及的に小さくして，復旧・復興を適切，迅速に進める備えを事前に講じておくとしている。そのために，市は国・県の各防災機関と適切な役割分担，連携協力関係を構築し事前に手立てを講じておくとした。また，一般市民や事業者，自主防災組織，ボランティアなどとも一体となって災害対策を行なうことが不可欠なので，そのための手順や段取りも事前に準備するとした。

　災害対策の力点を「減災」に移すとすれば，重点を従来の応急対策から，災害予防へと大きく転換しなければならない。市の地震防災対策にはこうした重点移行が見て取れる。特に，地震減災対策を総合的・計画的に推進するため，ハード・ソフト対策を効果的に結合させた行動計画として，2015年3月には，「地震対策（減災）アクションプラン」が初めて作成された。

　同プランでは，「過去最大地震」に対しては，人的被害を削減し，生活や経済被害をも極力減じる。「理論上最大地震」に対しては，人命を守ることを基本に，被害の最小化を目指すとした。そのために，必要なハード・ソフトの対策の目標値と目標年度を明示し，進捗状況の把握や減災効果の評価，重点施策の進行管理を毎年実施するとしている。具体的には，2015～23年度の9年間に，過去最大地震で建物全壊棟数を半減，死者数ゼロを減災の目標とし，住宅や公共施設の耐震化，津波避難対策，災害と火災に強いまちづくりをハード・ソフト両面から強化するとした。ただし，大きな課題は，この減災プランはごく最近作成されこともあって実績に乏しく，目標値の明示がなかったり，目標達成のための財政計画を欠くなどの欠落部分がみられることである。

　なお，大規模震災時に市役所が被災した状況にあっても，市が機能を維持し，市民の生命，身体，財産を保護する責務を果たすためには，事前対策として，業務継続計画（BCP）が不可欠である。豊橋市は，2013年に「地震対策業務継続計画」を策定した。しかし本計画は，まだ，内閣府の「南海トラフ巨大地震」による全被害想定を反映したものではなく，また，担当部署ごとにばらつきも相当あり，今後，このBCPが実際に有効に機能しうるか

第6章　東三河の災害・防災　　　577

検証を繰り返し，精度を高めていくことが緊要な課題となっている。

文献

豊橋市　2015.2『豊橋市役所地震対策業務継続計画－現在の被害想定をもとに』
豊橋市　2015.3『豊橋市地震対策（減災）アクションプラン』
豊橋市　2016『豊橋市地域防災計画 風水害・地震災害編』，『資料編』

（宮　入　興　一）

② 豊川市の被害想定と災害対策の現状および課題

1）地　勢

　豊川市は，愛知県南東部に位置し，北方に木曽山脈系の末端部三河高原が市域面積の約4割に及ぶ北部山地を形成し，その山麓前面にゆるい傾斜の洪積台地が市の中央部を占め，南東部には豊川沿岸の沖積低地がある。市の東部には豊川（とよがわ），西部には音羽川，中心部には佐奈川などが流れ，市南西部にある三河湾に注ぐ。

　さらに，市の南東には渥美湾に面する海岸部があり，臨海埋め立て地は企業団地を構成している。

　市内には，東名高速道路が市の北部を，国道1号が市の西部を，国道23号が市の南西部，国道151号が市の東部から南部を通る。鉄道路線は，東西に名鉄本線，JR新幹線，JR東海道線，南北にJR飯田線が走っており，前述の幹線道路とほぼ並行している。

　豊川市は幾度かの市町村合併を繰り返し，市の面積は，161.14㎢, 2015（平成27）年1月1日現在の住民基本台帳の日本人住民は180,327人で，外国人住民は4,866人となっている。

　市内の土地の利用状況（2013年現在）をみると，農用地が3,370haで，森林が5,856ha，原野が78ha，水面・河川・水路が705ha，道路が1,359ha，宅地が2,833ha，その他が1,955haとなっている。市街地は，122haで，豊川地区，諏訪地区，中央通り地区に分散している。

戦前は広大な海軍工廠があり，戦後はその跡地に穂ノ原工業団地が形成され，湾岸の埋め立て地への工場進出も行われている。また，自衛隊の基地と演習地が設けられている。

2）想定災害種類と被害想定

豊川市地域防災計画では，地震・津波災害，風水害等および原子力災害計画が立てられているが，ここでは地震・津波災害と風水害を取り上げる。

地震・津波災害については，2011年3月11日に発生した東日本大震災の経験を踏まえて，被害予測を修正した。その要点は，南海トラフで繰り返し発生している地震・津波のうちで過去に実際に発生した規模の大きなもの（宝永，安政東海，安政南海，昭和東南海，昭和南海の5地震）を参考にした「過去地震最大モデル」と1000年に1度あるいはそれよりもっと発生頻度が低い「理論上最大想定モデル」の2つが想定されている（表Ⅳ-6-1-2）。

風水害被害については，集中豪雨による被害，洪水，高潮が想定されている。集中豪雨では，土石流・土砂流出，急傾斜地の崩壊，地滑りなどが想定

表Ⅳ-6-1-2　豊川市における南海トラフ巨大地震の被害予測

想定内容

	過去最大モデル	理論上最大モデル
揺れ	6強	7
津波高	3.2m	3.5m
津波到達時間（最短）	78分	77分
浸水想定域（浸水深1cm以上）	160ha	267ha
被害想定		
全壊建物	2,124棟	21,844棟
死者	123人	1,409人
避難者数	約9,800人	
帰宅困難者数	約12,000〜13,000人	
4〜7日の食糧不足	約146,000食	
災害廃棄物	約497,000トン	

注）全壊建物は，冬18時想定。死者は，冬深夜5時を想定。
出所）『豊川市地域防災計画』（2016年2月修正，165〜166頁），『豊川市地震対策アクションプラン』（2016年2月）4頁。

されている。中山間地では，人命，住宅崩壊などの被害と豪雨災害によって孤立集落が発生し，通信途絶や水，食料などの生活物資の欠如，けが人や病人の搬送問題が起こる。

3）地域防災計画の内容
① 津波防災

従来の地域防災計画に加えて，国土強靱化法（2014年）の制定に伴う，地域強靱化計画策定に振り替えることを想定した，2016年から2023年まで8カ年の『豊川市地震対策アクションプラン』を策定した。そこでは，ハード・ソフトの事前防災対策により，減災を図ろうとするものであり，過去最大モデルで想定されている死者数123人を25人に8割減，想定全壊建物2,124棟を1,000棟に5割減少させる取り組みをするとしている。そのための施策として，84のアクションプランを掲げ，進行管理によって実現していくとしている。

② コミュニティ防災

『豊川市地域防災計画』では，防災協働社会の形成推進を掲げ，その基本方針として身近な地域コミュニティ等による共助の重要性とその具体的組織として自主防災組織を設けて，出火防止，初期消火，被災者の救助救護，避難等の組織的取組をすることとしている。

現在豊川市では，204の自主防災会が組織され，平常時における講習会や印刷物などによる防災知識の普及，地域の危険箇所の確認および防災マップの作成，防災器具の準備・点検，消火訓練や避難訓練などの防災訓練の実施などを行っている。また，非常時への対応として自主防災本部を設置し情報収集伝達体制を確立，出火防止・初期消火，救出救護活動・避難誘導，給食給水活動が期待されている。市としては，補助金交付要綱に基づいて自主防災会の助成を行うとともに，防災リーダーの養成や防災リーダーのネットワーク化の推進を図っている。また，津波被害が想定される9カ所の自主防災会では，地震後の避難経路地図を作成している。

③ 広域連携

広域連携の場合には，災害が起こった時に被災地域支援活動とともに，広域的な支援を受ける（受援）とがある。

東日本大震災においては，2011年から2015年度まで88人の職員を被災自治体に派遣したが，2011年度の9派遣が77人と圧倒的である。東三河8市町村震災復旧支援会議を通して行われている南三陸町への派遣が23人と多いが，その他の被災自治体にも派遣している。派遣業務は，消防などの全国的動員によるもののほか，被災自治体の膨大な事務支援，避難所事務支援，仮設住宅支援など多岐にわたっている。

地域防災計画で想定されている広域連携は，「三遠南信災害時相互応援協定」として東三河地域の8市町村，静岡県内5市町，長野県飯田市を中心とした14市町村との間で締結されている。三遠南信以外の広域連携は，歴史的関係から新潟県長岡市と結んでいる。

災害時における広域支援の受け入れは自衛隊，警察，消防，市町村をはじめ，全国的なボランティアの受け入れも想定されているがこれらの全国的な支援を適切に受けることができるように防災活動拠点の確保を図ることを課題として挙げている。

文献
豊川市　2016『豊川市地域防災計画（平成28年2月修正）』，『資料編』
豊川市　2016.2『豊川市地震対策アクションプラン』

（西　堀　喜久夫）

③　蒲郡市の地域防災計画の被害想定と対策の現状・課題

1）地域防災計画における被害想定

蒲郡市の地域防災に関して，風水害等災害対策計画，地震津波災害対策計画，原子力災害対策計画，津波避難計画，水防計画が策定されている。また蒲郡市ハザードマップも地震想定にあわせて4種類が作成，世帯ごとに配布

第6章 東三河の災害・防災

されている。他に徒歩帰宅支援マップも公開している。

蒲郡市は，標高300〜450ｍの宝飯山地および三ヶ根山地に囲まれ，南方が三河湾に面している。山地から広がる扇状地が開析され，砂礫段丘と小規模河川の谷底平野，さらに臨海部は海岸埋め立てや盛土造成地が広がっている。これらの低地は，台風とそれに伴う豪雨，高潮による風水害や，地震による液状化現象等，津波による被害の危険性が高い地域である。

2013（平成25）年5月の東海地震・東南海・南海地震等の被害予測調査をうけ，市の地震津波災害対策計画では，①「過去地震最大モデル」，②「理論上最大想定モデル」の2つの被害想定結果を提示している。その中でも①では，最大で震度7の想定される地域もあり，多くの地域で震度6弱の揺れが想定されている。また液状化の可能性のある面積は8km²である。

津波についても，堤防等の被災を考慮すると約131haという範囲の浸水が想定されている（浸水深1cm以上）。最短の津波到達時間は59分（津波高30cm）だが，最大の津波高は3.6ｍである。この①に基づく被害想定は表Ⅳ-6-1-3に示すとおりである。

津波浸水想定区域には，大塚町，海陽町，三谷町，丸山町，竹島町，松原

表Ⅳ-6-1-3　過去地震最大モデルに基づく被害想定

*1 建物被害	揺れによる全壊	約1,000棟	*2 人的被害	建物倒壊等による死者	約70人
	液状化による全壊	約10棟		浸水・津波による死者	約20人
	津波・浸水による全壊	約10棟		急傾斜地崩壊等による死者	わずか
	急傾斜地崩壊等による全壊	約30棟		地震火災による死者	わずか
	地震火災による焼失	約400棟		死者数合計	約90人
	合計	1,500棟	災害廃棄物等（がれき・津波堆積物）		約178,000トン
*3 ライフライン被害	上水道（断水人口）	約59,000人	生活への影響	避難者数 1日目	約6,400人
	下水道（機能支障人口）	約1,700人		1週間後	約14,000人
	電力（停電軒数）	約38,000軒		1ヵ月後	約47,000人
	固定電話（不通回線数）	約13,000回線		帰宅困難者数*4	約6,700〜約7,000人
	携帯電話（停波基地局率）	約81％			
	被害都市ガス（復旧対象戸数）	わずか			
	LPガス（機能支障世帯）	約5,100世帯			

*1　市全体の全壊・焼失棟数の合計が最大となる冬夕方18時の場合（ライフライン，避難者数の想定も同様）
*2　市全体の死者数の合計が最大となる冬深夜5時の場合
*3　発災1日後（冬夕方18時の場合）　　*4　平日12時の場合

町，港町，栄町，浜町，竹谷町，拾石町，鹿島町，形原町，金平町，西浦町が該当し，それぞれで避難場所が指定されている。また，三谷町，竹島町，港町，形原町，西浦町では，あわせて27の津波避難ビル等が指定されている。

2）災害対策の現状・課題

「過去地震最大モデル」の想定被害に対して，地域防災計画では，建物の耐震化や津波避難対策等によって減災に取り組むとしている。それによって，揺れによる全壊棟数の6割を減少，死者数の8割を減少させることができると想定している。その結果，蒲郡市では，揺れによる全壊が約400棟，建物倒壊等による死者が約十数名程度にまで減少することになる。具体的な減災対策としては，建物の耐震化率100%の達成（現状：約85%），家具等の転倒・落下防止対策実施率100%の達成（現状：50%），既存の津波避難ビルの有効活用（津波避難ビル：659棟）などがあげられている。

しかし，2016年に改定された蒲郡市の耐震改修促進計画では，住宅耐震化率は2015年度の目標が90%で，6,959棟の耐震化実施が必要とされている。地域防災計画上の現状は85%となっており，その進捗状況についての把握と周知が必要である。耐震改修促進計画においては，耐震診断促進のための取り組みや申し込み実績も記録されているが，それらが耐震化率の向上にどう反映されてきたのかについては，記載されていない。また被害想定については，震度分布，液状化危険区域，建物全壊率等が比較的高い臨海地域において重点的に耐震化を進める必要があるとしていることから，臨海地域の減災対策の進捗について目標値を定めるなど，継続して整理し計画に反映していく必要がある。

他に，蒲郡市の減災対策の一環として位置づけられるのは，2006年から実施している災害時生活用水井戸水提供の家募集や，2016年度より開始された届出避難所登録制度がある。市では，避難場所として避難施設は小中学校の体育館等で，13小学校区で46カ所，14,325人が収容可能となっている。さらにグランド等の避難広場として52カ所（283,457㎡）が指定されている。

また，風水害時の地域避難場所として11の公民館・児童館が指定，福祉避難所として10施設が指定されている．それ以外にも，自主的に開設可能な避難所を『届出避難所』として登録し，毛布・飲料水・食料といった物品供与をする届出避難所登録制度が設けられた．有効避難面積60㎡以上という条件は地域によってはその妥当性の検証が必要なものの，より多くの小規模な避難箇所を設ける試みは，これまでになかったより小規模なエリアでの分節型の減災対策として，また減災のための多層性を構築するという点で有効な手法といえるだろう．

またソフト対策に関して，ボランティア・コーディネータの育成等が実施されているが，これまでに作成配布した蒲郡市ハザードマップや，徒歩帰宅支援マップの理解や活用など各対策とも併せて効果を高めていくことが可能だろう．自主防災組織はもちろん民生委員等による参与によって，地域別のハザードマップの作成・更新といった減災対策へとつながるような計画も求められる．

ただし，東日本大震災の被災地では，数週間から1カ月もの間，応急・復旧対応を続けた自治体職員や住民が存在したことを考えると，時間・空間軸と数量を前提に，地域防災計画の中でのソフト対策の位置づけや役割を見極める必要があるだろう．

また，このようなソフト対策は，ハードの減災対策にどのようにつながるのか，その有機的なつながりも考慮して減災アクションプランなどで検討・更新していく必要がある．その際，従来の応急対策や災害予防はもちろん，復旧・復興期も含めた事前復興への視点に基づいた検証が必要なことはいうまでもない．

文献

蒲郡市 2012「蒲郡市耐震改修促進計画（2016改訂）」
蒲郡市 2015「蒲郡市地域防災計画・水防計画」，『資料編』
蒲郡市総務部防災課HP（http://www.city.gamagori.lg.jp/unit/bosai/）

（佐藤正之）

4 新城市の防災計画

1）地　勢

　現在の新城市は，新城市，鳳来町，作手村の新設合併によって2005（平成17）年10月1日に誕生した。愛知県の東部，東三河の中央に位置し，西は豊田市，東は静岡県に接し，通勤・買物・医療等を通じ広域的な日常生活圏を形成している。

　市域の面積は愛知県内では豊田市に次ぐ広さで，その84％は三河山間部を形成し，東三河一帯の水源機能を担っている。

　市内には豊富な観光資源があり，周年的に市外から多くの観光客が訪れる。著名な観光資源としては「三河の嵐山」とも呼ばれる桜淵公園，霊鳥仏法僧（コノハズク）の棲む鳳来寺山などがある。さらに，作手高原，湯谷温泉，伝承芸能，桜まつり・古城まつり，毎年5月の長篠合戦のぼりまつり，7月の設楽原決戦場まつりなどの「火縄銃実演の演武」も有名である。

　市内人口は1980（昭和55）年から1995年にかけて54,000人程で推移していたが，2000年以降減少に転じ，2010年の国勢調査では49,864人へと減少している。通勤通学者の社会増減をみると，北設楽郡からは転入超過となっているが，その他の都市等へは転出超過傾向にある。特に豊川市への通勤通学者がもっとも多く，豊橋市，名古屋市，浜松市，岡崎市などへは既述のように買い物や通院などで通う市民も多い。上記の観光資源を求め交流人口が増加傾向にある一方で，市民の生活圏も広域化しつつある。

2）想定災害種類

　新城市では，災害対策基本法第42条の規定に基づき，新城市防災会議が策定する「新城市地域防災計画」（2015年2月）において，①「地震災害対策計画」，②「風水害等災害対策計画」，③「原子力災害対策計画」を策定し，各災害に対処すべき措置事項を中心に定めている。

　表Ⅳ-6-1-4は，①の地震災害対策計画に記された被害想定である。

表Ⅳ-6-1-4　地震被害想定(広範囲で震度6強以上の強い揺れを想定した場合)

建物被害*2	揺れによる全壊	約200棟	ライフライン被害	上水道(断水人口)	約39,000人
	液状化による全壊	*1		下水道(機能支障人口)*6	約400人
	急傾斜地等による全壊	約50棟		電力(停電)	約24,000軒
	地震火災による焼失	*1		固定電話(不通回線数)	約12,000回線
	合計	約250棟		携帯電話(低波基地局率)*6	約80％
人的被害*3	揺れによる全壊	約10人		LPガス(機能支障世帯)	約12,000回線
	液状化による全壊	*1		産業廃棄物(がれき)	約31トン
	急傾斜地等による全壊	*1			
	地震火災による焼失	*1			
	合計	約10人			
避難者数(*4)		約5,500人			
帰宅困難者数(*5)		約2,700人から約3,300人			

(備考)　＊1　被害わずか
　　　　＊2　市全体の全壊・焼失等数の合計が最大となる冬夕方18時の場合
　　　　＊3　市全体の死者数の合計が最大となる冬深夜5時の場合
　　　　＊4　発災1週間後の想定
　　　　＊5　平日12時
　　　　＊6　発災1日後の想定

3) 地域防災計画の内容

　新城市防災会議編「新城市地域防災計画」には上記の3計画が記されている。市は沿岸域を有していないため，この3計画についてコミュニティおよび広域連携の観点での防災計画の概要をみておく。

　第1の地震災害対策計画では，コミュニティを構成する住民および事業者による防災活動への期待が極めて高い。同計画では「市内の一定の地区内の住民および当該地区に事業所を有する事業者は，当該地区における防災力の向上を図るため，共同して，防災訓練の実施，物資等の備蓄，高齢者等の避難支援体制の構築など自発的な防災活動の推進に努める」ことが求められている。

　特に市では，自主防災組織の設置や活動への支援，防災リーダーの養成とネットワーク化を推進し，防災リーダーを活用して地域単位および市全域の防災力向上に努めるとしている。

　広域連携に関しては，広域応援体制の整備を掲げ，大規模な災害が発生した地域への支援を謳っている。そのために，あらかじめ相互応援協定を締結

するなど広域的な応援態勢の整備を図っている。特に，救援隊等による協力体制の整備には力を入れることとし，県（防災局）および市における措置としては，①緊急消防援助隊，②広域航空消防応援，③愛知県広域消防相互応援協定，④愛知DMATによる医療救護活動，を通じ中部9県1市での災害発生時等の応援，全国都道府県での災害時等での応援，応援協定の締結に基づく応援活動に取り組むことを謳っている。風水害等対策計画においても，ほぼ同様の内容である。

　なお，原子力災害に関しては，その特殊性から，コミュニティ関連組織による自主的防災活動やネットワーク活動に関しては具体的記述はない。また，広域連携に関しては，甚大な被害となった場合，県境を越えた広域的な対応を必要とすることから，静岡県の市町を含む隣接する市町村等と連携し協議を進め，隣接市町の地域防災計画との整合を図るものとすると述べている。

文献

新城市防災会議　2016『新城市地域防災計画－原子力災害対策計画－』
新城市防災会議　2016『新城市地域防災計画－地震災害対策計画－』
新城市防災会議　2016『新城市地域防災計画－風水害等災害対策計画－』

（鈴　木　　　誠）

⑤　田原市の被害想定と災害対策の現状および課題

1）地　勢

　田原市は愛知県の南端渥美半島に位置し，北は三河湾，南は太平洋，西は知多半島を越えて伊勢湾と三方を海に囲まれ，東側は豊橋市に接している。太平洋に沿い伊勢湾方向へ突き出した東西に細長く伸びる半島であり，東西約30km，南北約10.1kmであり，海と山に囲まれた自然の豊富な地域である。気候は，太平洋の黒潮の影響で，年間を通じて温暖な気候，大変風が強い。地震津波との関係では地形的に太平洋に直接接しているため，南海トラフ地

震等の際に甚大な被害を受けることが想定される。

現在の田原市は平成の大合併により，2003（平成15）年8月20日，田原町が赤羽根町を編入合併し，2年後の2005年10月1日，渥美町の編入合併により新「田原市」が誕生した。2016年現在，男性32,161人，女性31,500人，合計63,661人となっている。

2）地震津波による被害想定

田原市は前述したとおり太平洋に面しているため，発生が予測されている南海トラフ地震において甚大な被害が想定される。田原市（2015）の「田原市南海トラフ地震被害予測調査業務 報告書概要版」および，田原市（2015）の地域防災計画によれば，地震動予測として，想定ケースの最大値を採用した場合の震度分布では，田原市の大部分で震度7の結果となった。また，同報告書によれば津波について，「愛知県東海地震・東南海地震・南海地震等被害予測調査」からとして，田原市沿岸の津波高は，三河湾内ではおおむね3～4m程度であるが，遠州灘側では10～21mとされている。津波が到達する時間は，遠州灘側では，直接地震波が襲うため発災後約6分で津波襲来して，三河湾側では，地形上発災後30分～1時間以上経過して到達するとされている。

表IV-6-1-5 予想される最大地震津波による被害想定

人的被害		田原市
想定地震の区分		冬早朝
建物倒壊等による死者		549
浸水・津波による死者		893
急傾斜地崩壊等による死者		3
地震火災による死者		43
死者数合計		1,488人

避難者	時間	人
避難者（避難所避難者数）	1日後	21,718
	1週間後	20,771
	1カ月後	11,825

建物被害（全壊・焼失棟数）	田原市
想定地震の区分	冬早朝
建物棟数	30,031棟
揺れによる全壊	10,279
液状化による全壊	13
浸水・津波による全壊	817
急傾斜地崩壊等による全壊	36
地震火災による焼失	1,278
合計	12,423棟

田原市地域防災計画
（平成27年6月修正）より作成。

こうした結果から導き出される最大地震津波による被害想定は表Ⅳ-6-1-5のとおりである。

3）防災対策

田原市は2014年3月「南海トラフ地震防災対策推進地域」に指定されたため，南海トラフに係る地震防災対策の推進に関する特別措置法（2002年）に基づき，南海トラフ地震防災対策推進計画を作成している。また，「南海トラフ地震津波避難対策特別強化地域」指定を受け，南海トラフ特別措置法第20条に基づき，津波避難対策緊急事業計画を策定している。また，国土強靭化基本法の基本目標を踏まえた防災計画を策定している。

2011年3月に発生した東日本大震災では，津波による被害が甚大であった。予想される南海トラフ地震に際しては，田原市においても地震津波の被害が予想され津波対策は大変重要である。ここでは津波被害を中心に田原市の防災対策を分析し提案した「田原市津波防災地域づくり推進計画」（田原市 2016）をもとに防災対策についての推進施策（アクション）と現状について述べる。

① 津波防災

津波防災には地域の防災力の向上が望まれ，日頃の津波避難訓練や防災教育の実施が重要であるとの視点から，津波ハザードマップの整備，自主防災会などによる津波避難訓練の強化や，津波浸水想定と津波避難方法の周知・啓発，要支援者利用施設の指定，住民や保育園，小中学校の津波避難行動マニュアルの策定，津波関連標識（標高，避難案内表示など）の設置などが推進され，結果としていずれも100％の達成がなされている。

また，地域性や要支援者の存在を考慮した津波避難体制の確立が必要とされ，地域ごとの避難方法の検討や津波避難場所（マウンド等）の整備，臨海部就業者の避難場所（笠山農村広場）の整備，一時避難場所・津波避難施設（ビル等）117カ所の指定，安全な避難路・避難経路の確保，孤立地域等の救出救援体制の確立などが推進され，いずれもほぼ100％達成されている。

② 住宅の耐震化

地震による直接の被害を避けるため，住宅の耐震化や家具等の転倒防止，自力避難困難者入所施設や学校施設の耐震化を図るなど，建築物等の耐震化の推進が重要である。2015年度までの実績であるが，住宅の耐震化について，耐震性のある住宅割合は86％（15,930戸/18,420戸）となっている。災害時に協定福祉避難所となる社会福祉施設の耐震化は全14棟で達成率100％である。保育園・幼稚園（認定こども園）の園舎の耐震化率は保育園20園・幼稚園2園で達成率100％となっている。小中学校の校舎・体育館等の耐震化率について小中学校25校でこれも達成率100％である。耐震化への啓発活動および耐震診断については，出前講座，防災講演会等の開催や耐震診断ローラー作戦の実施により診断を200件/年程度実施している。

③ コミュニティ防災（田原市HPより）

田原市内には103の自主防災会があり，「自分の命は自分で守る。自分たちの地域は自分たちで守る。」をスローガンに，防災訓練や防災講習会などさまざまな活動を行っている。自主防災活動はコミュニティ住民による自主的な防災活動である。大規模な災害発生時には，住民自らが出火の防止，初

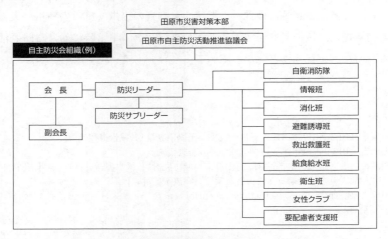

図Ⅳ-6-6-1　自主防災組織図　田原市地域防災計画
（平成27年6月修正）より

期消火，情報の収集・伝達，避難誘導，救出・救護，応急手当，給食・給水などの防災活動を行う必要がある。こうした自主的な防災活動を効果的に行うためには，前もって組織された自主防災会によって日頃から災害時における準備を進め，訓練の実施も必要である。地区の特性により必要な活動は異なるが，例えば，ある地区では防災課題を把握するため，全世帯を対象とした防災アンケート調査を実施し，また，地区を歩いて防災ウォッチングを実施し，防災マップを作成した。以下に行政と自主防災組織の関係図と例として図Ⅳ-6-1-1を示す。

④ 広域連携

　大規模災害時に市町村は自力での対応が不可能なことは，2011年の東日本大震災で明らかとなった。そのため，多くの自治体では近隣，そして遠方の自治体と広域の連携協力を結んでいる。田原市においても，三遠南信地域9市6町11村，岐阜県多治見市，長野県宮田村，嚶鳴協議会加入11市町村，長野県松本市，北海道苫小牧市，福岡県宮若市と，それぞれ災害が発生または発生するおそれに備えて災害時相互応援協定を締結している。

　また，田原市と愛知みなみ農業協同組合との間では，災害時協力協定が締結されていて，災害時には食料，燃料など物資の提供，施設の利用，災害情報の相互提供，被災者，帰宅困難者への支援活動，平常時における防災活動への協力などを行うこととなっている。

文献

田原市　2015『田原市南海トラフ地震被害予測調査業務　報告書概要版』
田原市　2016『田原市津波防災地域づくり推進計画』
田原市防災会議　2015年6月修正『田原市地域防災計画　風水害等災害対策編【水防計画】
　　－地震災害対策編－津波災害対策編【津波避難計画】原子力災害対策編』
田原市HP（http://www.city.tahara.aichi.jp/）最終アクセス日：2016（平成28）年9月
　　30日

（樋　口　義　治）

第6章　東三河の災害・防災　　　591

⑥　北設地域の防災計画

1）災害環境と被害想定

　北設地域は北設楽郡の設楽町，東栄町，豊根村の3町村から成る。三河山間地域に位置し，北は長野県，東は静岡県に接する県境地域である。豊橋市および豊田市の中心部からは50～70km程度の距離に位置する。総面積は553.27km²（設楽町273.96km²，東栄町123.4km²，豊根村155.91km²），そのうち90％以上が林野となっている。

　集落は盆地や河川に沿って点在しているため他の集落へのアクセシビリティが低いケースもあり，山地崩壊などによる道路の寸断により孤立する可能性を有している。電気やガス，水道といった基礎的インフラについても同様であり，2次災害の危険性も指摘されている。さらにいずれの町村とも高齢化率は高く（北設45.6％；設楽町43.9％，東栄町48.0％，豊根村45.9％），特に高齢者世帯へのダメージの大きさが懸念されている。そのため，行政による公助だけでなく，住民よる自助や身近なコミュニティなどによる共助が求められている。

　北設3町村はいずれも災害対策基本法第42条の規定に基づき，各防災会議が策定する「地域防災計画」（2015年2月）において，①「地震災害対策計画」，②「風水害等災害対策計画」，③「原子力災害対策計画」を策定し，各災害に対処すべき措置事項を中心に定めているが，ここでは風水害および地震災害をとりあげる。風水害については，台風等の大雨によるがけ崩れや鉄砲水，沢や河川の氾濫による洪水などが想定されている。現在までの主な大きな被害としては，1959（昭和34）年の伊勢湾台風による被害，1968年の台風10号による被害などが挙げられている。

　地震災害について，「直下型大型地震対策調査研究」では，明瞭な活断層はなく調査の緊急性は低いが北部に接する長野県における新野断層などの活断層との関連性について調査が必要，という評価となっている。表Ⅳ-6-1-6は，各町村の地震災害対策計画に記された想定被害のなかでもっとも大

表Ⅳ-6-1-6　北設地域における被害想定

	被害項目	設楽町	東栄町	豊根村
建物被害	全壊［棟］	約20	84**	（若干）
	半壊［棟］	約110	126**	約10
	火災（出火・消失）［件／棟］	0	5**	0
人的被害	死者数*［人］	約10	6**	（若干）
	負傷者数*［人］	約40	147**	約10
	帰宅困難者［人］	（若干）	－**	（若干）
ライフライン被害	上水道［戸］	約160	－**	約20
	LPガス［戸］	約60	－**	約10
	電力［口］	約610	－**	約100
	電話［件］	約90	－**	約10
	下水道［人］	0	－**	0
避難者数	自宅建物被害［人］	約120	－**	約30
	ライフライン支障［人］	約80	－**	約10

*冬早朝5時の想定
**東栄町は設楽町・豊根村と表記が異なるため厳密な比較はできない。（各町村の地震対策計画により作成）

きな東海・東南海地震連動（マグニチュード8.27，串本～駿河湾震源）による被害想定である。なお，東栄町のみ被害想定の表記が異なっているため，比較できないことに注意されたい。

2）災害予防の現状

北設地域における災害予防の現状として，①中山間地域における孤立対策と，②広域支援・受援計画をとりあげる。前者は東三河地域の他の自治体と異なる特徴をもつとともに，後者は愛知県内だけでなく静岡県，長野県との関連を有しているという特徴がある。なお広域支援・受援計画については，北設地域において人口規模の大きな設楽町についてみることにした。

① 中山間地域における孤立対策

水害，地震，いずれにおいても土砂災害の可能性が高く，前述のように交通網や情報通信の寸断により，孤立集落の発生が想定されている。そのため，事前に孤立する可能性がある集落を把握するとともに，災害時における通信の確保や救助活動体制の整備といった事前対策の推進，そして自立性および

持続性の強化が求められている。交通網の寸断時における手段のひとつとしてヘリコプターが挙げられており，離着陸適地をヘリコプターの規模も考慮しつつ選定，確保するとともに，その他の場所などのリストアップすることも指摘されている。一方，集落の自立性・持続性に関しては生活物資や医薬品，吸湿用具，簡易トイレなどを行政組織のみならず自主防災組織や個人世帯で備蓄することの必要性が指摘されている。また，各集落において人口に応じた避難施設の確保・整備を行うだけでなく，孤立可能性や対応について平常時から広報・啓発することも示されている。

② **広域支援・受援計画——設楽町の事例**

設楽町の広域応援体制の整備については，「地震災害対策計画」と「風水害・原子力等災害対策計画」，いずれも同様の内容となっている。応援体制としては，県（防災局）および市町村における広域応援体制と救援隊などによる協力体制の2種類からなる。

県（防災局）および市町村における広域応援体制について，設楽町が独自に他市町村と相互に結んでいる協定には「三遠南信災害時相互応援協定」，「東三河地区消防相互応援協定書」，「浜松市と新城市，設楽町，東栄町および豊根村の消防相互応援協定」がある。一方，救援隊などによる協力体制としては，緊急消防援助隊，広域航空消防応援，愛知県相互応援協定，愛知DMATによる医療救護活動が挙げられ，また警察法第60条の規定に基づく広域緊急援助隊等の応援を受ける場合もある。

「地震災害対策計画」では，応援協力・派遣要請に関して記述がある。基本方針としては，(1)災害時にあたっては各機関があらかじめ締結された広域応援協定等に基づき相互に協力・応急対策活動を円滑に実施すること，(2)陸上自衛隊第10師団（航空自衛隊および海上自衛隊も同様）は知事などの要請を受けてまず東海地方所在部隊によって人命救助を第一義とする緊急救援活動を行い，引き続きその他の部隊を集中して組織的救援活動を行うこと（状況によって中部方面隊区域内諸隊の増援を受ける），(3)事前に登録されたボランティアグループおよび災害時に全国各地から集まるボランティアについ

ての窓口を設置して適切な受け入れを行い，ボランティア活動が円滑に行われるように努めること，の3点が挙げられ，機関ごとに発災からの時期によって主な機関の応急活動が整理されている。また，「防災活動拠点の区分と用件」においては，災害想定の規模に応じて，災害の空間的範囲および空間スケールに基づく応援の規模が設定されている。

付記

6 2)②「広域支援・受援計画－設楽町の事例」は，西堀（2016）の内容の一部を修正したものである。

文献

西堀喜久夫 2016『大規模災害時における地域連携と広域後方支援に関する政策研究』
　愛知大学中部地方産業研究所

（駒　木　伸比古）

第6章　東三河の災害・防災

2．地域の社会・文化としての産業防災

1　明海地区事業継続計画（BCP）としての産業防災

　明海地区と呼ばれる巨大な産業団地は，三河港臨海部に位置している（写真Ⅳ-6-2-1）。ここに立地している100社を超える事業所が"協働"して取り組む産業防災の活動が，広く地域の市民，さらに地域社会，地域自治体と深い関係を有する実態を紹介し，今後の展開の手がかりとしたい。

写真Ⅳ-6-2-1　明海地区全体像
資料：㈱総合開発機構提供

　2007（平成19）年の明海地区BCP構築活動の開始直後に発生した新潟県中越沖地震（2007.7.16）によるサプライ・チェーンの断絶，2008年の東海地方ゲリラ豪雨（2008.6.14）による三河港内産業基地の冠水，コンテナ基地の被災，さらに，2011年3月11日の東北地方太平洋沖地震による国土の分断とも言える機能障害などが，この地域の行動を促進する力になったことは間

違いがない。

　この活動の特徴は，立地事業所が自主的にかつ協働して「企画」，「運営」し，さらに「地元自治体への働きかけ」により，公的な施策としての位置づけに向けて活動しているところである。

　本事業のもう1つの特徴は，日ごろの近隣の付き合いが薄い異業種の事業所がそれぞれの"気づき"を共有化し，これに基づき，事業所間の"協働"を推進する"具体策の提言体制"の存在であると言える。

②　地域特性の共有から協働行動へ

　明海地区のような一定の共通条件が存する地域内の立地企業・事業所の集団においても，地域の有する問題点・課題を共通理解とするには，ある種の工夫が不可欠である。

1）明海地区の強みと弱み

　明海地区の強み，弱みは，以下のとおりである。

①　地域・経済社会での重要性

　明海地区で働く製造業就業者数は1万人程度，製造品出荷額等5,800億円程度で，所在地の豊橋市全体のそれぞれ約30%，50%を占め，その重要性はきわめて高い（図Ⅳ-6-2-1）。

②　提外地としての臨海工業地

　明海地区は，高度成長期の昭和40年代に造成された埋立地で，開発コスト，立地企業への土地の販売地価の制約などから，埋立地

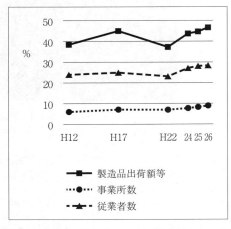

図Ⅳ-6-2-1　明海地区の工業力（対豊橋市シェア）
資料：工業統計

第6章　東三河の災害・防災

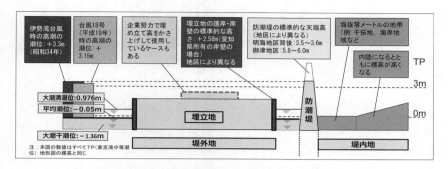

図Ⅳ-6-2-2　提外地の概念（高さ関係は三河湾の事例）

の標高が約2mに設定されている。

埋立地背後の防潮堤の天端高は6mに設定されており，工業地は高潮，津波などの危険性は高いため，"提外地"と称され，原則工業専用地域，すなわち一般住民の居住を許さない地域として指定されている（図Ⅳ-6-2-2）。その結果，行政面での住民対応サービスはない。

2）協働の概念
① 団地としての計画検討は共通認識形成に貢献

明海地区は製造業に加え，物流業，サービス業などの多様な業種を擁する産業拠点であり，隣接事業所間の日常的な意思疎通は必ずしも緊密では無かった。

そのため，各事業所の懸念，被災可能性や期待される対応策につき，隣接事業所との共通理解，共同行動の可能性に関する相互確認は困難であった。

団地としてのBCP構築に向けての第1歩は，立地企業を対象とする数次にわたる意向把握であり，この活動はきわめて効果的であった。

すなわち，明海地区内の立地事業所は被災直後の懸念事項をそれぞれ有しているものの，自らの懸念事項が隣接事業所と共通しているのかどうか，また，懸念事項への防災対策への必要性を近隣事業所も同様に有しているかどうか，などについて確認する手段となったことである。

さらに、上記の意向調査に提示された多様な選択肢が、それまで意識されていなかった対応方策などへの啓発効果を有したと思われる。

このような過程を経て、立地事業所間の共通認識が拡大した。

② "助け合い"を前提とする応急対応策の提案と訓練の実施

明海地区産業基地内就業者の安全確保を主体に、事業所所有の資機材・人材を活用した対応策、すなわち被災時の負傷者への救急救命、初期消火、緊急帰宅、帰宅困難者の仮泊、その他、道路交通障害対応、広域支援の受け入れ体性などについての具体化を提言した（明海地区防災連絡協議会 2010）。

さらに、2011（平成23年）年3月11日の東日本大震災を受けて、団地内の事業所相互の"助け合い"を前提とする津波緊急避難計画を提起し（図Ⅳ-6-2-3）、避難訓練を実施した（明海地区防災連絡協議会 2012a、2012b）。さらに就業者の緊急帰宅に資する通行可能道路に関する"情報伝達体制"の訓練が実施された（明海地区防災連絡協議会 2014）。

津波緊急避難計画では、就業者の事業所内での避難可能性および近隣事業所からの避難者の収容可能性の調査に基づき、津波への緊急避難計画として、

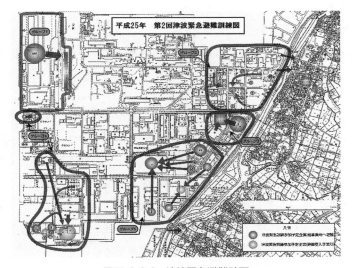

図Ⅳ-6-2-3 津波緊急避難計画

写真Ⅳ-6-2-2　津波緊急避難訓練（近隣事業所へ）

隣接事業所からの避難者の受け入れる避難グループを設定し，緊急避難計画とした。

　これらは，団地内立地事業所の資機材，人材を活用し，さらに，津波緊急避難スペースの提供など，団地内事業所の自力での緊急対応を策したものである。

　これらの訓練は，危機意識の共有化，"助け合い"による今すぐできる対応策の第1歩であり，これにより日常的意思疎通の希薄な事業所間の"協働"の可能性が確かめられ，次段階への発展可能性を明示することとなった（写真Ⅳ-6-2-2）。

3）公的施策への働きかけ

　地区内就業者の安全確保を第一義とする前記の緊急施策の構築，さらに施策の実施・充実に向けては，行政との事前の連携確認が不可欠であることが明らかになっている。

　例えば，けが人などの応急搬送に際しては，企業所有の搬送用車両を緊急車両として使用する認定が不可欠であり，また緊急帰宅に際しての安全ルートに関する公的な道路情報は，市の防災担当課からの情報が不可欠である。また，被災直後の緊急物資のための防災倉庫，被災者の応急救護に不可欠な

医師,医薬品の提供すなわち応急救護所の設置など,地域防災計画上の施策との緊密化が重要となる。

このような防災機能整備の具体策について,自治会が具体的な施策を提言し,行政と協議を進めている。

域内の就業者の安全確保に資する計画・訓練の成果は,企業・事業所の機能維持とともに,地域の経済・産業機能の維持を意味するものである。

これらの一連の活動は,防災,安全確保などの公的施策の希薄な産業団地を対象に,民－民とともに,民－官の"協働"を促すとともに,公的支援施策導入の働きかけに貢献してきている。

③ 協働を促す"体制"

1）自治会・組織の役割

明海地区自治会とその内部組織である防災連絡協議会は,団地内の事業所を対象とする意識調査に基づく安全確保の具体策の提案,さらに意識を共有する事業所とともに,実地訓練を主導し,継続している。

自治会は,以前から,市消防署の協力を得て,放水・消火などの防災訓練を定期的に実施しており,取引などの日常的な付き合いの薄い事業所間の"顔つなぎ"機能を有しており,今次の活動の基礎となっている。

いずれの場面においても自治会が主体となり,"具体策"を提示し,実施に向けた関係者への働きかけを行う"実行力"としての役割が貴重である。

明海地区は,2007（平成19）年度から開始した三河港臨海部にかかわるBCPの構築の実績を踏まえ,経済産業省から地域強化のモデル地区として選定された。これは,巨大な産業集団が,自治会活動などの立地事業所への意思疎通の回路を有して独自に活動し,かつ公的施策誘導への働きかけなどを実施していたことが評価されたものと考えられる。

2）具体策の提案・実施機能

明海地区BCP検討の過程は,「明海地区事業継続計画（BCP）の構築に向けて」(2010.4),「明海地区内事業所が協働する津波緊急避難計画と訓練」(2012.11) などとして検討され, 2012および2013年の津波避難訓練に反映してきた。さらに, その後の活動は,「明海地区BCPの構築に向けて（平成25年度の活動報告）就業者の安心・安全確保を目指して」(2014.2) として, 明海地区自治会から公表された。

これら一連の自治会活動の基礎となった調査活動の実施, 活動成果の公表資料の作成などについては, 以下のような公的な支援, すなわち活動機会の提供, 資金面の支援などが有効に機能している。具体的には, 国土交通省中部地方整備局三河港湾事務所からの「三河港防災体制検討調査」等（2007年から2011年まで）は, 三河港臨海部の利用促進の一部として防災問題検討の開始を促し, 企業事業所間, 関係機関との対話の場の確保に大きく貢献した。

その後, 経済産業省本省や中部経済産業局による「産業防災モデル事業」や「事業競争力強化モデル事業」としての指定があり, 明海地区防災活動推進事業支援に大きく貢献した。

これら事業は,（公社）東三河地域研究センターの調査研究部門で実施されてきたが, 立地企業を対象とする実際の活動は明海地区自治会の実行力によるものである。

明海地区BCPの具体化の原動力は, 第1には地元自治会の立地事業所との意思疎通能力であるが, 第2には行政による調査活動を介した支援, さらに地域BCP構築への具体策の提言, 計画案の策定など自治会の実行力が鍵であった。

3）行政による公的支援策の具体案の提案

震災直後の事業所による自主的な応急活動に関する地元提案の検討過程で, 自治体との公的な連携が不可欠であることが次第に明らかになってきて

いる。

　被災直後の就業者の緊急帰宅に際しては，通行可能な広域道路に関する公的情報の入手・伝達が不可避であり，豊橋市防災部局の協力を得て，MCA無線の貸与やこれを活用した市役所から自治会の主要事業所への道路の被災情報の伝達体制，そのための訓練などが実施されている。

　また，2013年，2014年度には，プラットフォームと称する民－官の協議の場を設定し，地元提案の防災施策の効果向上に資する公的支援施策のあり方を協議する場を設定し，明海地区内への防災倉庫や応急救護所機能などの公的施策の強化について議論が進んでいる。

　事業所間の"協働"行動をはじめ，対行政への"協力要請"などに関しても，自治会が具体策を提起するとともに，民－官の協議・協調体制の構築が，行政による公的支援の具体化にとってきわめて重要である。

4 　地域に軸足をおく産業防災とは

　産業防災は，その性格から，長期的対応と被災直後の緊急対応に区分されると思われる。防災の長期的対応としては，都市市街地・産業などの再配置などによる機能再編や耐震強化などが考えられる。

　被災直後の緊急対応としては，産業機能の回復・維持であり，同時にその一環である従業者の保全であり，その結果としての地域社会の保全が求められる。

　就業者の安全確保には，生産機能の機能維持の意味を有するが，同時に生活の場の安全確保との両立が不可欠である。労働環境が保全されても生活の場が破壊されれば，産業は機能しなくなる。

　就業者は地域社会にとっては市民であり，生活の場が被災後に維持回復しても就業先が機能しなければ，地域社会としては生活は復旧したが仕事場がない，という事態となり，地域社会が成り行かない。

　生産と市民（就業者）さらに地域社会とは一体に機能することが前提であ

り，産業防災の視野は地域全般に及ぶものである。

1）地域社会における産業防災の2面性

　被災直後の緊急対応の考え方は，「産業」と「生活」で大きく異なる。具体的には，代替性の有無・大小の差であると考えられる。

　「産業」サイドの緊急対応策では，復旧に際して代替生産が可能であり，緊急時の最終手段は代替生産である。

　しかしながら，「生活」サイドの緊急対応，就業者の緊急対応の第1は身の安全の確保であり，生活の場の安全確保である。代替は不可能であり，その場での機能維持が不可欠である。

　一方，地域防災行政サイドからみると，生活の場の機能維持が最大の課題であり，原則的に代替性はない。さらに，産業の機能維持や就業者の安全確保は産業サイドでの分担であり，行政の担当分野ではない。しかしながら，生活の場が復旧しても仕事がないのでは，市民にとっても地域社会にとっても復旧は途上である。

　就業者である市民にとっての復旧には代替性は無く，同時に地域社会に取っての復旧にも代替性は無く，その場での機能回復・継続が不可欠であり，それらは相互に一体として機能するものである。

2）就業者（市民）の安全確保と防災機能の協働化

　被災時の就業者の安全確保に関しては，明海地区のBCP構築の過程でも，最重要課題となっている。これはすでに指摘したように，代替生産をしない場合には，生産機能の復旧の最大の条件であるためでもある。

　一方，就業者は市民であり，市民の防災対策は地域防災計画などで規定されているが，これらは居住地での対策となっている。

　生活の場が復旧しても，就業の場が機能せず，または通勤できなければ，そこでの生活は維持できないことになる。

　就業者の安全確保と，市民としての生活の場の機能確保が同時に成立する

ことが地域社会にとって不可欠であり，そのためには，地域防災施策と産業防災施策の連携が不可欠となる。

現在，明海地区BCPの発展形として，被災直後に不可欠な応急対応，すなわち防災機材の備蓄や救急活動に不可欠な救護所の機能などの地区内への導入などが議論されている。

これは，昼間人口だけで夜間人口不在の工業地などへ，防災施設の設置をしようとするものであり，就業者も市民という意識の形成，産業防災と地域防災の融合のきっかけと考えられる。

3）地域自治体との協働体制の構築

明海地区BCPの一連の試みによって，産業機能の回復と就業者（市民）の生活の復旧が密接に関連しており，この関係は地域経済としての一体性を有している，との認識が明確になった。

一方，明海地区BCPの施策にも触れられているように，就業者の安全確保の施策の実施に際しては，地域行政施策との調整が不可欠な場面が見出されることは，すでに触れた。しかしながら，明海地区の様な臨海埋立地には現行の地域防災計画は適用されず，就業者に対する市民としての配慮が少ない。

明海地区のBCP構築への試行では，「産」側から，市民（就業者）に安全確保の方策を提言しており，さらにその実現に向けての施策検討についても民サイドから提言し，産－官の共同作戦への問題を提起している。

明海地区事業継続計画（BCP）で試行されている防災対策への登場人物は，「産業・事業所」，「就業者＝市民」そして「地域経営主体である公」であり，これらが一体として機能するための相互関係は，図Ⅳ-6-2-4のとおりである。

「産業・事業所」サイドの緊急対応策，「就業者＝市民」の生活サイドの，さらに「地域経営主体である公」サイドの緊急対応策が緊急時にはそれぞれ講じられることになるが，これらは結果として，相互に深くかかわることになる。すなわち産の機能確保は産業サイドのみならず市民の生活の糧であ

り，地域社会の経済的根拠となっている。

　このような観点から，明海地区のような産業拠点で防災対応策，すなわち"産業防災"を具体的に講じる場合には，行政・自治体サイドの地域・地区防災計画の施策を，産業の場や産業就業者の緊急行動への支援策として活用可能となるように事前に準備しておくことが重要である。

　さらに，このような問題提起すなわち明海地区BCPの提起を産業団地の自治会という行政部局外の民間からの問題提起を基礎としていることは，今後の産業防災のみならず，地域政策推進上の手本となるものと考えられる。

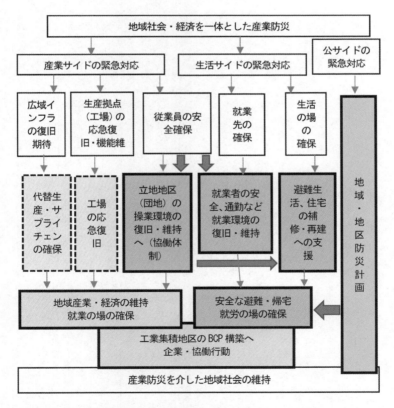

図Ⅳ-6-2-4　明海地区BCPにおける「一体的緊急対応にむけた体制」の考え方

文献

明海地区防災連絡協議会 2010「愛知県三河港の臨海工業拠点地区の試み 明海地区事業継続計画（BCP）の構築に向けて」
明海地区防災連絡協議会 2012a「明海地区事業継続計画（BCP）の構築に向けて 明海地区内事業所が協働する津波緊急避難計画と避難訓練（平成24年11月公表）」
明海地区防災連絡協議会 2012b「明海地区事業継続計画（BCP）の構築に向けて 明海地区津波緊急避難計画と防災訓練 報告（平成24年12月公表）」
明海地区防災連絡協議会 2014「明海地区事業継続計画（BCP）の構築に向けて－平成25年度の活動報告－就業者の安心・安全確保を目指して」

（金子鴻一）

第7章　東三河の健康・スポーツ

1．東三河の健康問題

1　はじめに

　東三河において，少子高齢社会の影響が急速に顕在化すると見込まれ（東三河ビジョン協議会 2013），健康問題とあわせて，この少子高齢社会への対応が必要だと考えられる。特に，少子社会への対応には，幼保一体化をはじめとした保育サービスの充実だけでなく，保護者のメンタルヘルスケアなど重層的なサポートが必要だと考えられる。いわゆるイヤイヤ期といった第一次反抗期を迎える幼児の保護者にとって，子どもの反抗的行動は，心理的ストレスの原因の1つと考えられる。日本の家庭では，育児の中心は母親であることからも（e.g., 内閣府 2014），母親がこのような心理的ストレスを多く受け，メンタルヘルスの変調を来していることが推察される。

　このような母親が受けるストレスに対処する1つの方略として，身体活動の増進が挙げられる。定期的な運動や身体活動量の増進は，ストレスの低減，不安や抑うつの減少など心理的な効果だけでなく，心血管系と呼吸器系の機能の向上などの身体的な効果がある（e.g., American College of Sports Medicine 2011）。そのため，母親にとっても定期的な運動の推進は心身の健康増進において重要な課題といえる。しかしながら，東三河地域の就学前児童を持つ母親の身体活動に関する基礎資料が十分に集められておらず，子育てサポートの一環として，母親の健康づくりも視野に入れた身体活動の増進が，子育て支援の1つの手段となりえるのか十分に検討されていないのが現状である。

　そこで，本研究では，東三河地域の母親の健康づくり並びに子育て支援の

1つのアプローチの方向性として，ソーシャルサポート[1]と現在の就労状況に着目し，この地域の身体活動量の低い母親の特徴を見出すことを目的とした。

2 方 法

1）調査対象者

愛知県田原市または豊橋市に在住する未就学児童を持つ保護者を対象に調査票を配布し，18歳から69歳の保護者4,091名（母親3,730名，父親336名，その他17名，無記入8名，平均年齢35.67歳，SD=5.3）から回答が得られた。この内，本稿では18歳から53歳の母親3,730名（平均年齢35.34歳，SD＝4.89）を分析対象とした。

2）調査方法

まず，愛知県田原市在住の未就学児童を持つ保護者に対しては，2014（平成26）年8月から12月にかけて，田原市内の幼稚園・保育園に子どもを通園させている未就学児童が1名以上いる1,964世帯を調査対象とし，幼稚園・保育園を通じて，各保護者に調査票を配布した。また，田原市の乳幼児健康診査およびむし歯予防教室において，来訪した保護者に調査票を配布，あるいは，これらの催しの案内を送付する際にも同封して配布を行った。

次に，愛知県豊橋市在住の未就学児童を持つ保護者に対しては，2015年8月から2016年2月にかけて，豊橋市内の幼稚園・保育園・こども園に子どもを通園させている未就学児童が1名以上いる3,286世帯を調査対象とし，幼稚園・保育園・こども園を通じて，各保護者に調査票を配布した。

なお，調査票の回収は，いずれの配布方法でも同様に郵送による回収を行った。また，田原市および豊橋市で行った調査の倫理的配慮として，対象者に対して個人情報の保護が厳守される旨を調査票で説明し，調査の回答を持って同意することとし回答を得た。

3) 調査内容

① 属　性

世帯人数，子どもの人数，回答者の続柄（父親，母親，その他），回答者の年齢，同居状況，1週間あたりの就労日数，1日あたりの就労時間，現在の就労状況，職業（業種），最終学歴，世帯年収，定期的に行っている運動の種類，身長，体重の回答を求めた。

② 国際標準化身体活動質問票（International Physical Activity Questionnaire: IPAQ short version）

IPAQ は，平均的な1週間における高強度および中強度の身体活動，ならびに歩行を行う日数および時間を自記式で質問するものである。本研究では，IPAQ Short Version（以下，SV）を用いて（村瀬・勝村・上田・井上・下光 2002），身体活動量（高強度，中強度，歩行の合計）を調査した[2]。

③ 子育てに対するソーシャルサポート

子育てに対するソーシャルサポート（以下，子育てSS）を測定するために，尾野・奥田・茂木（2012）の子育てレジリエンス尺度の内，子育てに関するソーシャルサポート因子を構成する9項目を用いた[3]。各項目への回答は，「1：全く思わない」，「2：あまり思わない」，「3：ややそう思う」，「4：そう思う」の4件法で求めた。

④ メンタルヘルス診断検査（Mental Health Pattern：MHP）

心理的・社会的・身体的ストレスの測定が可能である橋本・徳永（1999）のMHPを用いた[4]。各項目への回答は，「1：全くそんなことはない」，「2：少しはそうである」，「3：かなりそうである」，「4：全くそうである」の4件法で回答を求めた。

4) 分析方法

分析対象査の属性を示すために，単純集計を行った。また，子育てSS の平均点を基準に低群と高群に分け，これを独立変数に，身体活動量・MHP の各因子を従属変数とするt検定を行った。さらに，就労状況を独立変数，

身体活動量・MHPの各因子を従属変数とする1要因分散分析を行った。

③ 結 果

1) 分析対象者の属性

愛知県田原市または豊橋市に在住の未就学児童を持つ母親の家族形態としては，平均世帯人数が4.54人で，子どもの平均人数は2.02人おり，平均身長が156.94cmで平均体重が52.00kgであった（表Ⅳ-7-1-1）。また，就労日数および1日あたりの就労時間に関しては，平均3.39日，平均4.57時間であった（表Ⅳ-7-1-1）。さらに，同居状況では，調査対象者の89.7％が子どもの両親が同居しており（表Ⅳ-7-1-2），職業としては調査対象者の25.2％が専業主婦であった（表Ⅳ-7-1-3）。日頃，定期的に行っている運動としては，調査対象者の12.2％が散歩（ぶらぶら歩き）を行っていた（表Ⅳ-7-1-4）。就労状況としては，「フルタイムで就労しており，産休・育休・介護休業中ではない（就労者）」が860名（23.1％），「フルタイムで就労しているが，産休・育休・介護休業中である（就労休養者）」が178名（4.8％），「パート・

表Ⅳ-7-1-1　調査対象者の属性

	度数	最小値	最大値	平均値	標準偏差
世帯人数	3,726	2	11	4.54	1.32
子どもの人数	3,726	1	9	2.02	.86
身長(cm)	3,662	141.0	175.0	156.94	5.31
体重(kg)	3,623	32.0	100.0	52.00	8.18
就労日数	3,669	0	7	3.39	2.30
1日あたりの就労時間	3,613	.0	20.0	4.57	3.50
子育てソーシャルサポート	3,700	9.00	36.00	29.53	5.20
心理的ストレス	3,684	10.00	40.00	18.05	5.47
社会的ストレス	3,695	10.00	40.00	17.15	5.73
身体的ストレス	3,677	10.00	40.00	20.07	7.01
身体活動量	3,636	.00	81,060.00	1,844.58	3,895.96

※就労日数において，就労してない場合，0とした。
※日あたりの就労時間は，残業時間含む。また，就労してない場合，0とした。
※身体活動量は，IPAQの高強度・中強度・歩行を合算して求めた（高強度×8 METs＋中強度×4 METs＋歩行×3.3 METs）。

第7章 東三河の健康・スポーツ

表Ⅳ-7-1-2 同居状況（N=3,730）

	度数	%
父母同居	3,347	89.7
母同居（ひとり親家庭）	235	6.3
その他	139	3.7
無回答	9	0.3

※父や母は，子どもからみた続柄である。

表Ⅳ-7-1-3 就労状況（N=3,730）

職業名	度数	%	職業名	度数	%
専業主婦	940	25.2	運輸業・郵便業	30	0.8
医療業	371	9.9	電気・ガス・熱供給・水道業	25	0.7
その他サービス業	348	9.3	その他情報サービス業	18	0.5
製造業	322	8.6	放送業，出版業，映像・音声制作業	14	0.4
農業	251	6.7	不動産業	12	0.3
福祉関連業	221	5.9	その他金融業	11	0.3
卸売・小売業	201	5.4	広告業・広告，制作業	10	0.3
飲食店，宿泊業	201	5.4	通信業	6	0.2
教育，学習支援業	144	3.9	水産業	5	0.1
公務	132	3.5	鉱業	3	0.1
建設業	73	2.0	市場調査	2	0.1
専門・技術サービス業	68	1.8	林業	1	0.0
保険業	54	1.4	その他	151	4.0
銀行業	51	1.4	無回答	65	1.7

表Ⅳ-7-1-4 定期的な運動の種類（N=3,730）

運動の種類	度数	%	運動の種類	度数	%
散歩（ぶらぶら歩き）	455	12.2	武道[3]	10	0.3
ストレッチング・ヨガ	129	3.5	水泳	7	0.2
体操（軽い体操,ラジオ体操など）	92	2.5	ハイキング（登山を含む）	7	0.2
バレーボール[1]	88	2.4	野球[4]	6	0.2
ウォーキング	76	2.0	ゴルフ・グランドゴルフ	4	0.1
筋力トレーニング	48	1.3	サッカー[5]	3	0.1
ダンス[2]	38	1.0	ボウリング	1	0.0
ジョギング	37	1.0	その他	52	1.4
サイクリング	24	0.6	無回答	93	2.5
バドミントン	22	0.6	日頃運動をしていない	2,523	67.6
テニス（硬式・軟式を含む）	15	0.4			

＊1：ソフトバレーボールを含む，＊2：エアロビックス，フラメンコ等を含む，＊3：柔道・剣道・空手を含む
＊4ソフトボールを含む，＊5：フットサルを含む

アルバイト等で就労しており，産休・育休・介護休業中ではない（アルバイト就労者）」が1,585名（42.5%），「パート・アルバイト等で就労しているが，産休・育休・介護休業中である（アルバイト就労休養者）」が124名（3.3%），「以前は就労していたが，現在は就労していない（休養者）」が928名（24.9%），「これまで就労したことがない（未就労者）」が32名（0.9%），「無回答」が23名（0.6%）であった。

2) 子育てSSを独立変数としたt検定

子育てSSの平均点を基準に，低群と高群に分けて，各要因について比較を行った結果，心理的・社会的・身体的ストレスの平均値がいずれにおいても，高群の方が低群よりも0.1%水準で低いことが示された。また，身体活動量は，高群の方が低群よりも1%水準で有意に高いことが示された（表Ⅳ-7-1-5）。

3) 就労状況を独立変数とした1要因分散分析

① IPAQの身体活動量を従属変数とした場合

1要因分散分析の結果，主効果が有意であり（$F(5, 3608) = 16.345$, $p<.001$），多重比較の結果から，休養者は就労者やアルバイト就労者と比較して，身体活動量が有意に低いことが示された（$p<.001$）。また，就労休養者は就労者やアルバイト就労者と比較して，身体活動量が有意に低いことが示された（$p<.05$）（表Ⅳ-7-1-6）。

② MHPを従属変数とした場合[5]

MHPの内，社会的ストレスを従属変数とした1要因分散分析の結果，主効果が有意であり（$F(5, 3666) = 5.185$, $p<.001$），多重比較の結果から，休養者は就労者や就労休養者と比較して，社会的ストレスが有意に高いことが示された（$p<.05$）（表Ⅳ-7-1-7）。

また，MHPの内，身体的ストレスを従属変数とした1要因分散分析の結果，主効果が有意であり（$F(5, 3648) = 4.009$, $p<.001$），多重比較の結果から，

表Ⅳ-7-1-5　t検定の結果

	子育てSS	度数	平均値	標準偏差	
心理的ストレス	低群	1,607	19.33	5.59	高群＜低群***
	高群	2,048	17.04	5.13	
社会的ストレス	低群	1,611	19.09	6.16	高群＜低群***
	高群	2,055	15.62	4.84	
身体的ストレス	低群	1,602	21.54	7.08	高群＜低群***
	高群	2,047	18.94	6.75	
身体活動量	低群	1,591	1,624.56	3,377.45	低群＜高群**
	高群	2,015	2,034.41	4,274.95	

**p<.01, ***p<.001

表Ⅳ-7-1-6　身体活動量（N=3,615）

	度数	平均値	標準偏差
フルタイムで就労しており，産休・育休・介護休業中ではない（就労者）	834	2,133.64	4,382.39
フルタイムで就労しているが，産休・育休・介護休業中である（就労休養者）	176	1,126.21	2,654.00
パート・アルバイト等で就労しており，産休・育休・介護休業中ではない（アルバイト就労者）	1,546	2,316.46	4,450.50
パート・アルバイト等で就労しているが，産休・育休・介護休業中である（アルバイト就労休養者）	123	1,447.34	4,294.55
以前は就労していたが，現在は就労していない（休養者）	904	982.38	1,940.24
これまで就労したことがない（未就労者）	32	1,100.90	1,952.51

※フルタイムは，1週5日程度・1日8時間程度の就労を意味する。
※パート・アルバイト等は，「フルタイム」以外の就労を意味する。

表Ⅳ-7-1-7　MHP（社会的ストレス）（N=3,672）

	度数	平均値	標準偏差
フルタイムで就労しており，産休・育休・介護休業中ではない（就労者）	849	16.62	5.62
フルタイムで就労しているが，産休・育休・介護休業中である（就労休養者）	175	16.15	5.47
パート・アルバイト等で就労しており，産休・育休・介護休業中ではない（アルバイト就労者）	1,571	17.20	5.66
パート・アルバイト等で就労しているが，産休・育休・介護休業中である（アルバイト就労休養者）	123	16.58	4.88
以前は就労していたが，現在は就労していない（休養者）	922	17.80	6.00
これまで就労したことがない（未就労者）	32	17.03	4.97

※フルタイムは，1週5日程度・1日8時間程度の就労を意味する。
※パート・アルバイト等は，「フルタイム」以外の就労を意味する。

表Ⅳ-7-1-8　MHP（身体的ストレス）（N=3,654）

	度数	平均値	標準偏差
フルタイムで就労しており，産休・育休・介護休業中ではない（就労者）	843	19.72	7.06
フルタイムで就労しているが，産休・育休・介護休業中である（就労休養者）	176	20.10	6.36
パート・アルバイト等で就労しており，産休・育休・介護休業中ではない（アルバイト就労者）	1,569	19.81	6.93
パート・アルバイト等で就労しているが，産休・育休・介護休業中である（アルバイト就労休養者）	123	19.51	6.37
以前は就労していたが，現在は就労していない（休養者）	913	20.92	7.19
これまで就労したことがない（未就労者）	30	18.53	6.71

※フルタイムは，1週5日程度・1日8時間程度の就労を意味する。
※パート・アルバイト等は，「フルタイム」以外の就労を意味する。

休養者は就労者や就労休養者と比較して，身体的ストレスが有意に高いことが示された（p<.01）（表Ⅳ-7-1-8）。

4　考　察

　この地域の未就学児童を持つ母親の特徴として，日本の30〜39歳女性の平均身長・体重の平均値（158.3cm，54.6kg）と同程度であり（厚生労働省2016），体格に関しては特に目立った特徴はなかった。また，家族形態としては，日本の平均世帯人数が2.49人であるのに対して（厚生労働省 2016），表Ⅳ-7-1-2から夫婦と子ども2人の家族形態がこの地域の特徴だと見受けられる。就労状況に関しては，未就学児童を持つ母親に限定した統計資料が無いため，国民の平均と比較することが難しいが，本分析対象者の42.5％がパート・アルバイト等の就労についているため，この地域の母親の特徴としては，子育てをしながら，パート・アルバイト等の就労をしている様子が伺える。最後に，日頃行っている運動種目に関しては，散歩（ぶらぶら歩き）を行う母親の割合が多かった。未就学児童を持つ母親に限定した調査ではないが，平成25年体力・スポーツに関する世論調査（文部科学省 2013）によれば，30〜39歳の女性が1年間に行った運動・スポーツ種目として，ウォーキング

と回答する女性が最も多かった（47.5%）。単純には比較できないが，この地域の母親がウォーキングではなく，散歩（ぶらぶら歩き）を選択する理由としては，子どもと一緒にできる手軽な運動であることが考えられ，子どもを預けてまで運動する必要性を考えていない様子が伺える。この地域に，子どもを預けながら運動ができる施設があれば，運動する母親が増える可能性はあると推察されるものの，日頃運動をしていない母親の割合が67.6%という現状を勘案すると，就労しながらの育児中に，自身の心身の健康のために時間を費やす暇がない状況が考えられる。そのため，運動ではなく，家事活動などで行われる生活活動をよりアクティブにするような啓蒙活動が未就学児童を持つ母親の身体活動量を高めるのではないかと考えられる。

　子育てSSを独立変数としたt検定の結果から，母親が周囲からのソーシャルサポートを得られていると高く評価している者ほど，種々のストレスが低いことが明らかとなった。今回の調査では母親が感じている一般的なストレスについて調査していたが，渡辺・石井（2009）によれば，ソーシャルサポートが育児ストレスの軽減効果につながることを示唆している。これらのことから，母親のストレス軽減のためにも，市の保健師が催している母親が乳幼児を連れて参加できる交流会への参加を促す必要が考えられる。そうすることで，母親の子育てに対するソーシャルサポートを獲得する機会につながるのではないだろうか。交流会では，交流会の運営者側から母親同士が交流出来るように積極的に働きかけることが必要だと考えられる。

　就労状況を独立変数とした1要因分散分析の結果から，以前は就労していたが，現在は就労していない母親（休養者）をターゲットに身体活動量を高める働きかけやストレスを低減させる働きかけをする必要が考えられる。本調査の対象地域の地元出身者であれば，母親の両親からのサポートや地元の友人からのサポートを得やすいと推察される。しかしながら，仕事をしていたが結婚を契機に県外からこの調査地域に来た母親では，両親からのサポートや友人からのサポートが得難いのではないだろうか。そのため，夫からのサポートが重要だと考えられる。

最後にまとめると，東三河地域の母親の健康づくり並びに子育て支援の1つのアプローチの方向性として，身体活動量や子育てSSが低く，現在就労していない母親をターゲットに，子育てに対するソーシャルサポートを獲得できるような交流会への参加を促す，あるいは，家族からのサポートが得られる環境づくりが重要だと考えられる。

注

(1) 社会的関係の中でやりとりされる支援や援助のことを意味する。サポートの方法には，共感，励ましと言った情緒的サポート（評価的サポートを含む），問題解決のために必要なアドバイス，形のある援助といった手段的サポート（情報的サポート・道具的サポート）に分けられる。
(2) IPAQによる身体活動量の算出には，村瀬他（2002）により要約された身体活動の強度（METs）を参考にし，高強度の身体活動は8 METs，中強度の身体活動は4 METs，歩行は3.3 METsとして，質問で得られた各身体活動の強度（Mets）に時間（min）を乗じて合計した。
(3) この9項目の内，調査対象者が回答しやすいように3項目の文章表現を次のように修正を図った。原文の「子どもの悩みを話せる人が家族以外にいる」を「子どもに関する悩みを話せる人が家族以外にいる」と表現を改めた。また，原文の「母として頑張っている自分を理解してくれる人がいる」を「子どもの保護者として頑張っている自分を理解してくれる人がいる」と改めた。さらに，原文の「自分を見守ってくれている大きな力がある」を「子育ての様子を見守ってくれる人がいる」と改めた。
(4) MHPは，生活の質（Quality of life: QOL）も測定可能である。
(5) MHPの内，心理的ストレスを従属変数とした1要因分散分析の結果，主効果は有意であったが（F (5, 3655) = 2.218, p<.05），多重比較では各群に有意な差は認められなかった。

文献

尾野明未・奥田訓子・茂木俊彦 2012「子育てレジリエンス尺度の作成」『ヒューマン・ケア研究』第12巻第2号
厚生労働省 2016「平成26年国民健康・栄養調査報告」
　　（http://www.mhlw.go.jp/bunya/kenkou/eiyou/dl/h26-houkoku.pdf）
内閣府 2014「平成25年度家族と地域における子育てに関する意識調査報告書全体版」
　　（http://www8.cao.go.jp/shoushi/shoushika/research/h25/ishiki/index_pdf.html）
橋本公雄・徳永幹雄 1999「メンタルヘルスパターン診断検査の作成に関する研究(1)

－MHP尺度の信頼性と妥当性－」『健康科学（九州大学健康科学センター紀要）』第21巻

東三河ビジョン協議会 2013「東三河振興ビジョン」(http://www.pref.aichi.jp/uploaded/attachment/35235.pdf)

村瀬訓生・勝村俊仁・上田千穂子・井上茂・下光輝一 2002「身体活動量の国際標準化－IPAQ日本語版の信頼性，妥当性の評価－」『厚生の指標』第49巻第11号

文部科学省 2013「体力・スポーツに関する世論調査（平成25年1月調査）結果の概要」(http://www.mext.go.jp/component/b_menu/other/_icsFiles/afieldfile/2013/08/23/1338732_1.pdf)

渡辺弥生・石井睦子 2009「乳幼児をもつ母親の育児ストレスにソーシャル・サポートおよび自己効力感が及ぼす影響について」『法政大学文学部紀要』第60巻

American College of Sports Medicine 2011 *ACSM's Guidelines for Exercise Testing and Prescription* (*8TH*), Lippincott Williams & Wikins.

謝辞

　本調査は，2014年度田原市・愛知大学連携事業「就学前児童保護者の身体活動に関する調査（研究代表者：尼崎光洋）」および2015年度豊橋市大学連携調査研究費補助金「就学前児童を持つ保護者の身体活動に関する調査－豊橋市民を対象に－（研究代表者：尼崎光洋）」の研究助成を受けて行われました。この場を借りて厚く御礼申し上げます。

（尼　崎　光　洋）

2．超高齢社会における健康づくり

① 人口高齢化の新たな段階

　an aging societyには，さまざまな日本語表現がある。「高齢化社会」，「高齢社会」，「超高齢社会」である。1993（平成5）年以降，「高齢」というタームが使われ，65歳以上である高齢者の人口が総人口に占める割合（＝65才以上人口／総人口×100％）を「高齢化率」と定義し，その変化が注目されるようになった。振り返れば，1956（昭和31）年の国連の報告書では，高齢化率が7％を超えたら人口が高齢化を開始した社会すなわち「高齢化社会」と表現しようという提案があった。我が国の高齢化率は上昇を続け，1994年に15％近くに達し，「化」が削除され，「高齢社会」と称されるようになった。さらに，2010年代に入って，国民の4人に1人が高齢者（＝高齢化率25％以上）という社会すなわち「超高齢社会」に突入した。

　『高齢社会白書』（平成28年版）によれば，2016年の高齢者人口は，3,392万人（高齢化率26.7％）とされている。内実的な特徴の第一は，高齢者（65歳以上）の男女別人口である。男性は1,466万人，女性は1,926万人で，性比（女性人口100人に対する男性人口）は76.1となっている。いわば，性差を念頭に入れた超高齢社会の捉え方が必要なことを示唆している。第二は，高齢化社会から高齢社会へとステージが進むのに費やした期間は，ドイツ42年やフランス114年に対して我が国は24年であり，驚異的な高齢化のスピードである。したがって，超高齢社会対策の論議は，楽観論から悲観論まで幅広いものになっている。

　さらに，第三の特徴，いや我が国の超高齢社会に新たな様相を指摘せざるを得ない。それは，2015年簡易国勢調査の速報値によれば，同年10月1日現在の外国人を含む日本の総人口は1億2,711万47人で，2010年の調査から94万7,305人（0.74％）減り，1920（大正9）年の調査開始以来，初めて減少

に転じたことである。都道府県別にみると，前回調査から人口が増えたのは，東京，神奈川，埼玉，千葉の4都県と沖縄，愛知，福岡，滋賀の各県であるが，人口増加率でみると，出生率が高く死亡率が低い沖縄県が2.97％増のトップで，前回1位の東京都は2.69％増の2位となったことも特記すべきことである。減少率が最も高かったのは秋田県で5.82％減，福島県の5.60％減，青森県と高知県の4.71％減となっている。また，大都市圏である大阪府は0.30％減で，1947年の臨時国勢調査を除くと戦後初めて人口が減少した。全国1,719市町村の8割を超す1,416市町村に人口減少がみられ，半数近い828市町村では2010年調査より5％以上減っている。

　以上のように，「絶対的な人口減少を基底とする超高齢社会」こそが，実体である。その最大の要因が，死亡数が出生数を上回る「自然減」にあることは言うまでもない。厚生労働省の人口動態統計では，2005年に初めて出生数が死亡数を下回って以降，少子化を継続しており，少子化対策と並行した超高齢社会論議が必須であることが再認識される。いずれにせよ，このような超高齢社会の現実の中に，今後の国民生活とそれを支える法・制度，行政のあり方，社会・経済政策の方向性が隠されていることは繰り返さない。

　他方，超高齢社会に生きる「高齢者」の定義に関して，新たな提言「高齢者の定義と区分に関する，日本老年学会・日本老年医学会　高齢者に関する定義検討ワーキンググループからの提言（概要）」(2017.1.5)[1]が出された。この提言の根拠は，高齢者（65歳以上）の心身の健康が，10〜20年前と比較して加齢に伴う身体的機能変化の出現が5〜10年遅延している，つまり「若返り現象」特に65〜74歳の前期高齢者においては，心身の健康が保たれており，活発な社会活動が可能な高齢者が大多数であることである。そして，暦年齢65歳以上を高齢者と定義しているものを，65〜74歳を「准高齢者・准高齢期（pre-old）」，75〜89歳を「高齢者・高齢期（old）」，90歳以上を「超高齢者・超高齢期（oldest-old, super-old）」としたいという。

　提言では，高齢者の定義と区分を再検討することの意義について，①従来の定義による高齢者を社会の支え手でありモチベーションを持った存在と捉

えなおすこと，②迫りつつある超高齢社会を明るく活力あるものにすることとし，いわば超高齢社会における労働力として65歳から74歳までを活用すべきと読み取れる。ただ，社会保障制度の在り方をめぐる議論に一定程度の影響が出てくるものと推測され，慎重に検討がなされるべきであろうが，定年がない諸外国もあることや高齢者の社会貢献の促進についての議論のきっかけになることも期待したいところである。なお，健康づくりという観点からは，提言の中でも，「高齢者の身体能力の改善傾向が今後も続くかどうかは保証されておらず，あらためて，次世代への健康づくりの啓発が必要」と述べられている。

2　健康をめぐる今日的話題

健康問題に関しては，生活習慣病をめぐる問題を中心に話題は尽きない。

厚生労働省の『2015年国民健康・栄養調査』[2]の結果では，1日の平均睡眠時間は男女とも6時間以上7時間未満が最も多かったが，6時間未満の人の割合は2007（平成19）年の28.4％から増加傾向となり，2015年は39.5％だった。また，睡眠時間が十分に取れない理由として，男性は「仕事」，「健康状態」，女性は「家事」，「仕事」を挙げていること，睡眠時間確保に必要なこととして，男性は20～50代が「就労時間の短縮」を最も多く挙げ，女性の最多回答は20代が「就寝前に携帯電話，メール，ゲームに熱中しない」，30代が「育児のサポート」，40代が「家事のサポート」となっており，60代以上では，男女とも「健康状態の改善」が最多だったと報告されている。

また，喫煙（日本では肺がんによる死亡のうち男性で70％，女性で20％の原因とされ，また受動喫煙によっても肺がんをはじめとする生活習慣病の高リスク）について，新たな調査結果が示された。2015年国民健康・栄養調査の結果では，我が国における喫煙率は，18.2％（男性は前年比2.1ポイント減の30.1％，女性は同0.6ポイント減の7.9％）で過去最低を更新したと発表されている。健康意識が高まり，消費増税によるたばこの値上げも影響

したとみられているが,受動喫煙を体験した場所に関する調査結果では,「飲食店」で受動喫煙したと答えたのは41.4％に上り,次いでパチンコ店などの「遊技場」が33.4％,「職場」,「路上」はそれぞれ30.9％,「子どもが利用する屋外の空間」11.6％,「公共交通機関」10.8％,「家庭」8.3％となっている。2020年東京オリンピック・パラリンピックを控え,受動喫煙対策強化を打ち出しているが,依然として日常生活の中で受動喫煙のリスクが高い実態にあることが明らかになっている。なお,健康づくりの目標を定めた厚労省の『健康日本21』[(3)]では,たとえば飲食店での受動喫煙経験の目標値を15％としている。

　他方で,超高齢社会ならではの社会病理ともいうべき問題が多発している。警察庁によれば,2015年の全国交通事故死者数（24時間以内）は4,117人（前年比4人増）で,15年ぶりに増加したと発表されている。そのうち,65歳以上の高齢者が2,247人で,全体の54.6％を占めているとされている。高齢者の事故の要因として,第一に老化による身体能力の低下が1つの要因とされ,認識よりも実際の歩行スピードが遅いなどの体力問題が指摘されている。また,体力だけではなく,情報処理能力の低下も要因とされている。同時に起こった現象を処理する判断力が衰え,意識と行動のミスマッチによって事故が発生しているという。そして,こういった体力や情報処理能力の低下は本人の自覚がないことに根本的問題があると指摘されている。一方,最近,高齢者ドライバーが加害者になる交通事故も多く報告されている。アクセルとブレーキの踏み間違いや予想ポイントで停車できないといったことからの事故であるが,第一には,先の体力や情報処理能力の低下が原因とされるが,他方で,認知症や運転中の生活習慣病の発作との関連も指摘されている。これもまた,広義には,超高齢社会が生起させている健康問題と言えよう。

　以上のほか,同調査では,主食と主菜,副菜（野菜,海藻,キノコなど）の3種類を組み合わせた食事を1日に2回以上食べる頻度について,「ほとんど毎日」と回答したのは,70歳以上では男性59％,女性62％だったのに対し,20歳代では男性39％,女性38％だけだったと発表している。また,1

回30分週2回以上の運動を続けている人の割合も，70歳以上の男性56％，女性38％に対し，20歳代の男性17％，女性8％と，若い世代ほど低いとされ，総じて，若い世代ほど栄養バランスのとれた食生活を送っておらず，運動習慣のない人が多く，特に20歳代女性は，9割以上が運動習慣を持たないなど，生活習慣に問題があることが浮き彫りにされている。

　さらに，スポーツ庁が公表した2015年度の『体力・運動能力調査』[4]の結果では，「運動を週1日以上している人」の割合について，1985（昭和60）年度と2015年度を比較し，女性は19歳が65.4％から39.2％に，20代後半が44.9％から35.8％に，30代後半では48.1％から37.1％に減少したとされている。10代後半から30代の女性の運動離れが目立ち，働く女性が増え，仕事や家事，子育てで忙しいためではないかと推測されている。一方，男女とも40代後半以上は1985年度と比較して2015年度がかなり上回っている。50代後半男性で32.8％から46.6％，女性で25.2％から53.7％に増大している。若い時期にスポーツに親しんだ世代がリタイアし，時間的余裕ができた結果とみることもできる。

　以上のように，21世紀の日本人高齢者は，前世紀の高齢者とは異なる高い健康意識と健康行動が確立されつつあると推測される。

③　健康づくり理念の変化

　健康づくり政策の世界的潮流を概観すれば，我が国の場合，ほぼ10年遅れながらの対応であったとも読み解ける。例えば，「第一次国民健康づくり対策」が出された1978（昭和53）年，ラロンド報告やマッキューン教授の研究結果を受け，当時のマーラーWHO事務局長は，ソ連のアルマアタにおいて医療の重点をこれまでの高度医療中心から予防を含む1次医療すなわち「プライマリ・ヘルス・ケア」に転換するよう提唱している[5]。その後，予防は個人のみで実現できるものではなく，社会環境の整備，資源の開発が必要であり，病気になった人をいたずらに非難することは避けるべきであると

いう発想から，1986年，キックブッシュらは町全体の環境を健康増進に寄与するように改善された健康都市（Healthy City）を想定し，ヨーロッパを中心に環境改善運動が展開された。同年，カナダのオタワで健康増進に関する国際会議が開かれ，以上のような考え方を確認し，「オタワ憲章」[6]が採択された。オタワ憲章（1986年）では，健康づくりには欠かせない，健康の前提条件として「平和」，「住居」，「教育」，「食糧」，「収入」，「安定した環境」，「持続可能な資源」，「社会的公正と公平」と明示された。これらは，1998（平成10）年に健康の社会的決定要因として整理された。

表Ⅳ-7-2-1は，我が国における健康づくり対策の流れである。詳細は別の機会に譲るが，我が国の場合，生活習慣病を中心に不健康者や健康不安者の増大による医療費の増大を健康づくりによって抑制する観点が強調されていたと総括できるが，同時に，近年の全国各地における健康づくり計画が新たな様相を呈していることは後述する。

ともあれ，2013年から展開されている「健康日本21（第2次）」（第4次国民健康づくり運動）では，「子どもから高齢者まで全ての国民が共に支え合

表Ⅳ-7-2-1 我が国の健康づくり対策の流れ

1978〜	第1次国民健康づくり対策 （健康診査の充実，市町村保健センター等の整備，保健師・栄養士等マンパワーの確保）
1988〜	第2次国民健康づくり対策〜アクティブ80ヘルスプラン〜 （運動習慣の普及に重点をおいた対策）
2000〜	第3次国民健康づくり対策〜21世紀における国民健康づくり運動（健康日本21）〜 （一次予防重視，健康づくり支援のための環境整備，目標等の設定と評価，多様な実施主体による連携のとれた効果的な運動の推進）
2003	健康増進法の施行
2006	医療制度改革関連法の成立
2008	特定健康診査・特定保健指導開始
2013	第4次国民健康づくり対策〜健康日本21（第2次）〜 （国民の健康の増進の推進に関する基本的な方向）

いながら希望や生きがいを持ち，ライフステージに応じて，健やかで心豊かに生活できる活力ある社会を実現し，その結果，社会保障制度が持続可能なものとなる」ことを大目標とし，国民の健康の増進の推進に関する基本的な方向5点が示され，以上の関係を概念図として提示している（図Ⅳ-7-2-1）。一方で，以上のような健康づくり政策が国民的な共通理解となっているかという点では疑問が残るが，個別の健康づくりに関する認識が着実に浸透していることも事実である。

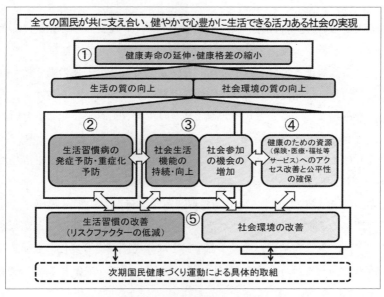

図Ⅳ-7-2-1　健康日本21（第2次）の概念図

4　東三河における健康づくり

健康日本21（第2次）において，都道府県健康増進計画および市町村健康増進計画の策定が指示されている。また，その策定にあたっては，「地方公共団体は，人口動態，医療・介護に関する統計，特定健康診査データ等の地域住民の健康に関する各種指標を活用しつつ，地域の社会資源等の実情を踏

まえ，独自に重要な課題を選択し，その到達すべき目標を設定し，定期的に評価及び改定を実施することが必要である。都道府県においては，国が設定した全国的な健康増進の目標を勘案しつつ，その代表的なものについて，地域の実情を踏まえ，地域住民に分かりやすい目標を設定するとともに，都道府県の区域内の市町村（特別区を含む。以下同じ。）ごとの健康状態や生活習慣の状況の差の把握に努めるものとする」とされている。以下で，東三河地域における健康づくり計画や積極的な健康づくり事業やトピックスを概観した。

　豊橋市では，「健康日本21」が出された2000（平成12）年の翌年に「とよはし健康ビジョン」を，2002年には2010年度までの市民の健康づくり活動を支援する「健康とよはし推進計画」を策定した。この一連の動きは，他の市町村に比して早い対応であり，かつ「それぞれの健康像をみつけ，みんなの健康をみんなで守る」という理念と4つの視点（①みんなで健康を話し合おう，②健康づくりの場を考える，③いつでもどこでも健康づくり，④健康づくりはまちづくり）は当時ではユニークなものであり，注目を浴びた。2006年度に中間評価を行い，「健康とよはし推進計画後期改訂版」を策定している。また，2011年度には計画の取組みを評価した中で，健康づくりの関係機関との連携・協働およびボランティアなど育成の必要性などが課題として出され，少子高齢化の進展など市民を取り巻く環境の変化にも配慮し，2013年度から2022年度までの健康づくり施策として「健康とよはし推進計画（第2次）」が策定された。

　「健康とよはし推進計画（第2次）」では，「こころ豊か　からだ健やか　みんなで健康」を理念とし，①健康的な生活習慣の定着，②生活習慣病の発症及び重症化予防と感染症予防の推進，③社会生活機能の維持・向上，④社会環境の整備を基本方針に，種々の事業を展開している。そして，それぞれの事業での具体的な取組みを，《個人・家庭》，《地域》，《団体（学校・企業）》，《行政》というカテゴリーで明記している。2015年には，「ええじゃないか！歩（ほ）の国とよはしプロジェクト」をスタートさせ，「あいち健康マイレージ」

すなわち運動や食事などの生活習慣の改善につながる取組みを実践したり，各種健診の受診，健康講座，イベント，スポーツ教室，地域活動，ボランティア活動に参加したり，愛知県と市町村が決定した健康づくりメニューに取組むことで，マイレージ（ポイント）を獲得でき，県内の協力店で様々なサービス（特典）が受けられる制度の促進や健康シンポジウムの開催，スマートウエルネスシティ首長研究会への参画などに力を入れている。飲食店や弁当・惣菜店のメニューに，料理のエネルギーや塩分を表示することで，市民の健康づくりを支援する栄養成分表示店や健康情報提供店を増やす「健康づくり応援団」事業も展開されている。すべての事業は，健康部が所管し，健康寿命の延伸に向けられていると言えよう。さらに，豊橋保健所では，年3回，機関誌を作成し，健康に関する情報を郵送またはメールでお届け，企業での健康づくりを支援している。

　豊橋市以外の市町村でも類似の対策が掲げられている。

　豊川市では，「健康日本21（第2次）」の基本的な方向である「健康寿命の延伸」，「健康格差の縮小」の実現を目指し，2013年に「第2次とよかわ健康づくり計画」を策定している。基本理念は「わたしとあなたでつくる健幸なまちづくり」で，子どもが健やかに育ち，生き生き暮らし活動的な85歳をめざして施策の展開を図っている。健康づくり推進員養成講座の開催や健康体操自主グループの活動が特徴的である。市体育館や保健センター，地区市民館が，市民の健康づくりの場としてかなり有効に活用されている。

　蒲郡市では，2014年に，2023年度までの「健康がまごおり21第2次計画」が動き出している。「地域で共に支え合い，生涯を通じて健康で幸せに暮らせるまち」を基本理念に，5つの柱を立て，市民の健康意識向上を目指す「蒲郡健康づくりのつどい」の開催という新たな取組みに取り掛かっている。

　新城市では，2016年に，2023年度までの8年間を計画期間とする「しんしろ健康づくり21計画（第2次）」を策定している。「健康長寿しんしろの実現」と「すべての子どもが健やかに育つ地域づくり」を計画の基本目標に，5つの柱を立てているが，4つ目の柱に，「健やか親子」（妊娠期から健全な生活

習慣の基礎を整え，安心して子どもを生み育てられるように関係機関と連携して健康づくりを推進）が挙げられていることは，新城市の高齢化率が，2015年に32.4％，その10年後には37.7％に達することへの危機感が表れている。人口減少の原因である少子化対策としての健康づくりの重要性を提示したものと言える。具体的な事業としては健康マイレージ以外に目立ったものはなく，「健やか親子」に関する健康づくりをどのように展開するかが注目されるところである。

　田原市では，2015年に，「健康たはら21 第2次計画」を策定しているが，健康マイレージ以外に目立った事業計画はみられない。

　設楽町では，2005年の合併前に策定された旧設楽町の「健康きらら21したら計画」と旧津具村の「笑顔きらきら共育ちプラン」に基づき活動を展開してきたが，2008年に，新健康日本21計画「いきいき したら計画」を策定している。目標年次が2017年であり，見直しが行われるものと思われる。「みんなで ひろげまい 健康の輪」のもと，「地域で協力し合って食育を含めた健康づくりに取組むこと」がねらいとして強調されている。

　東栄町では，第6次東栄町総合計画（2016年）において，健康づくり事業として，①健康づくり教室の開催，②健康マイレージ事業，③健康づくり大学推進事業が提示されている。特に，健康づくり大学では，ノルディックウォーキングを定期開催するとともに，花祭の里とうえいキャンパスを開講し，健康づくりを通じた町内外住民の交流を図るとされている。

　豊根村では，2015年「豊根村まち・ひと・しごと創生総合戦略 小さく持続するむら戦略」のなかで，子育てや高齢者を支える現役世代をしっかり支援することが1つの柱とされ，生産年齢人口である現役世代が安心して暮らしていける対策を講じることが人口の確保につながると述べられている。そして，関連するアクションのひとつとして「健康づくり対策」が列挙されているが，具体的な活動実態は把握することができなかった。

5 健康づくりの今後の課題

 東三河の市町村（5市2町1村）別の人口動態を概観したい。愛知県内の他地区に比して人口減少が激しいことは周知のとおりである。2015（平成27）年度のデータでは、豊川市を除いて東三河のすべての市町村で人口減少がみられ、特に豊根村（△4.30％）、設楽町（△2.68％）、東栄町（△2.02％）は顕著である。2010年を100とした場合、設楽町と東栄町の人口は半分以下（豊根村は半分程度）になると推計されている。一方、人口減少の激しいこの2町1村では、2010年ごろから65歳以上人口はすでに減少期に突入している。また、総人口に対する65歳以上人口割合は、2040年には愛知県全体で32％強と推測されているのに対して、先の2町1村では50％超と推計され[7]、「絶対的な人口減少を基底とする超高齢社会」いわば「超超高齢社会」の生活が強いられる。

 以上のように、東三河地域では「超超高齢社会」の到来時期には市町村間格差が大きいことを認識して議論をすすめねばならない。超高齢社会がもたらす一般的な課題については省略するが、健康づくり対策に関する議論もこれらの状況に対応する必要がある。つまり、地域再生の基盤として地域住民の生命と健康の維持・向上が重要であることは重々理解されながらも、人口減少が地域経済の縮小を呼び地域経済の縮小が人口減少を加速させるという負のスパイラルに直面し、まちの存続をかけた課題に比して、健康づくりは優先順位という点では下位に据えられているのが現状である。

 そのような状況の中、東三河の多くのまちの健康づくり計画で、「健康づくりの関係機関との連携・協働」が強調されている。実は、2000年に出された「健康日本21」での健康づくりは、個人レベルへのアプローチが重視されていた。糖尿病リスクの高い人は運動をしようとか喫煙習慣を改善しようといったことである。ところが、今回の健康日本21（第2次）では、地域レベルつまり「健康になれる社会環境づくり」による健康格差の縮小が目標とされている[8]。つまり、個人の健康づくりがまちづくりであると同時に、

まちづくりが健康な人材づくりであることを示唆している。いずれにしても，地域間の健康格差だけでなく，個人レベルでも経済的困窮や孤立が不健康を生起させることも明らかになっている[9]。換言すれば，今こそ，まちづくり＝社会環境整備は，歩きたくなる，走りたくなる，禁煙したくなる，みんなと話したくなるインフラ（施設・設備，法・制度，自然）の視点を大切にすべきと考えられる。そのためには，GIS (Geographic Information System:地理情報システム）の手法を活用するなどして各地域における健康格差の実態解明を推進していくことが重要である。また，人口減少とその対策に苦慮している市町村が結束して健康格差を解消する努力が必須であり，その点では東三河県庁に期待するところが大きい。

　最後に，超高齢社会における健康づくり活動の今後の在り方について触れておきたい。1つは，高齢者の就労と健康づくりの関係である。高齢者の就労は，人口減少社会における労働力不足解消の有効な手立てとして注目されている。その期待は，高齢者が培ってきた技術や経験を継続的に発揮してほしいというものである。ところが，職業訓練センターやシルバー人材センターを訪れる人々の中には，「仕事一筋の生活から解放されたい」，「これまでの仕事とは違うことで能力を発揮してみたい」という人が多い。就労を求める側（企業）との間にミスマッチが起きる原因はここにあろう。高齢になっても就労に耐えうる健康の獲得も大切であるが，生きがい追求のための健康づくりが必要と思われる。祖父母をやりながら，町内の役員をやりながら，遊び仲間と付き合いながら，趣味を探しながら，自分を探しながら，勉強しながら，まちを見つめ直しながら働く姿が理想と言えよう。つまり，「どう遊んでいいかわからない」，「趣味がつくれない」，「勉強の仕方や場所がわからない」，「家事が1つもできない」という悩みに対応する諸活動自体が健康づくりそのものであるという認識を持つべきである。それが，サクセスフル・エイジング[10]の実体と言える。

　2つ目は，災害と健康づくりの関係である。結論から言えば，これらに関する科学的研究は途上にあり，たとえば災害時に自力避難するに必要な体力

や要援護者を避難させる体力に関して決定的な指針を出せるところには至っていない。しかし，近年の災害において，これらの体力の有無が多くの人々の救命に強く関係した事実は多い。緊急地震速報を発表してから強い揺れが到達するまでの時間は数秒から長くても数十秒程度と極めて短いが，積極的な体力づくりを含む健康づくり活動の推進は防災という観点から重要な事項であることを再認識すべきであろう[11]。また，避難所生活では，スペースが限られ，座りきりや寝たきりの生活が多くなり，いわゆるエコノミークラス症候群を起こしやすくなることも広く知られている。高齢者では，体力の低下に伴い自立度の低下（廃用性症候群）を招くことがあると言われている。

　言うまでもなく，これらを想定した健康づくり施策は地域の特性に応じたものでなければならないが，まずは個人レベルで実践できる健康づくりとして推進していくことが大切と考える。

注

(1) 日本老年医学会ホームページ
http://jpn-geriat-soc.or.jp/proposal/index.html（2017.1.1取得）
(2) 厚生労働省ホームページ（報道・広報）
http://www.mhlw.go.jp/stf/houdou/0000142359.html（2017.1.1取得）参照
(3) 厚生労働省ホームページ「健康日本21（第2次）」
http://www.mhlw.go.jp/stf/seisakunitsuite/bunya/kenkou_iryou/kenkou/kenkounippon21.html（2017.1.1取得）
(4) スポーツ庁ホームページ「平成26年度体力・運動能力調査の結果について」
http://www.mext.go.jp/sports/b_menu/houdou/27/10/1362774.htm（2017.1.1取得）
(5) WHO（1978）Declaration of Alma-Ata.
http://www.who.int/hpr/docs/almaata.html（2017.1.1取得）
(6) WHO（1986）: Ottawa Charter for Health Promotion.
http://www.who.int/hpr/docs/ottawa.html（2017.1.1取得）
(7) 国立社会保障・人口問題研究所「日本の地域別将来推計人口」（H25.3推計）
(8) 「（対談）ビッグデータ・空間疫学からみた健康格差」『週刊医学界新聞』2016年10月31日号，医学書院
(9) 近藤尚己『健康格差対策の進め方』医学書院（2016）参照
(10) 柴田博「サクセスフル・エイジング」『老年学要論：老いを理解する』建帛社，2007，55～61頁

⑾　渡辺一志・生田英輔・今井聖太「高齢者および学生における災害時の自力避難における体力と避難時間」『公立大学法人大阪市立大学健康・スポーツ科学』9巻(2015.3)

（新井野　洋一）

第8章　東三河の女性問題・マイノリティ

1．新卒女性の採用と育成をめぐる現状と課題

1　女性が働く環境の整備

　近年，少子化にともなう労働力人口の減少は，高齢者と女性に就業を期待する機運を高めている。1972（昭和47）年に施行された勤労婦人福祉法を原案として，1985（昭和60）年に，雇用の分野における男女の均等な機会および待遇の確保等女子労働者の福祉の増進に関する法律と改正されたのが男女雇用機会均等法である。それまで，雇用の性差別に関する法律は，労働基準法第4条に，使用者は，労働者が女性であることを理由として，賃金について，男性と差別的取扱いをしてはならないと定められた男女同一賃金の原則しかなかった。男女雇用機会均等法は，募集・採用，配置，昇進，教育訓練，解雇，定年，退職など，キャリア形成のすべての段階で性差別の規制を明文化した初めての法律だった。しかし，同法は，キャリア形成・発達に影響する募集・採用，配置，昇進の機会均等を企業の努力義務とし，法的拘束力をともなう規制として制定されていなかった。

　1997（平成9）年，男女雇用機会均等法は一部が改正されて，募集・採用，配置，昇進の均等機会が努力義務規定から禁止規定に改められ，法的拘束力をともなう規制ができるようになった。また，職場での性的嫌がらせ（sexual harassment）への配慮義務が定められ，教育訓練の適用範囲が職場外訓練（off the job training：Off-JT）ばかりでなく職場内訓練（on the job training：OJT）にまで拡大された。

　そして，2006（平成18）年に改正された現行法は，女性差別禁止から性差別禁止への転換が眼目だった。それまでは，女性差別を撤廃し男性と同一

基準を設定することが目標だったが、現行法は男女平等の基準をどのように考えるかという本質的な問題を抱えている。

　また、現行法に間接差別が導入されたことも重要である。男女雇用機会均等政策研究会の報告書によると、「一般的に、間接差別とは、外見上は性中立的な規定、基準、慣行など（以下、「基準等」という）が、他の性の構成員と比較して一方の性の構成員に相当程度の不利益を与え、しかもその基準等が職務と関連性がないなど、合理性・正当性が認められないものをさす」（厚生労働省雇用均等・児童家庭局 2004）。この場合、表面上は男女間で異なる取扱いはないようにみえるが、差別意図の有無によらず実際は女性が不利となる制度や運用があり、現行の規制では対応が困難な実情を考慮している。

　間接差別例として、①募集・採用の際、一定の身長、体重、体力を要件とした場合、②総合職の募集・採用の際、全国転勤を要件とした場合、③募集・採用の際、一定の学歴・学部を要件とした場合、④昇進の際、転居をともなう転勤経験を要件とした場合、⑤福利厚生の適用や家族手当などの支給の際、住民票上の世帯主（または、主たる生計維持者、被扶養者を有すること）を要件とした場合、⑥処遇の決定の際、正社員を有利に扱った場合、⑦福利厚生の適用や家族手当等の支給の際、パートタイム労働者を除外した場合があげられ、いずれも女性の人数や割合が男性に比べ相当程度少ないことがある。

　さらに、妊娠や出産などに関する事由を拡大し、それを理由とする不利益取扱いが禁止された。これまでは、妊娠・出産・産前産後休業の取得を理由とする解雇の禁止に限定されていたが、現行法は、出産等による休業理由を広く認め、解雇だけでなくその他の不利益な取り扱いも禁止した。不利益な取り扱いには、①解雇、②有期契約の更新拒否、③契約更新回数の引き下げ、④労働契約内容の変更の強要、⑤降格、⑥就業環境を害すること、⑦不利益な自宅待機命令、⑧減給や賞与等における不利益な算定、⑨不利益な人事考課、⑩不利益な配置の変更、⑪派遣労働者に対する派遣先による役務提供拒否が含まれる。

こうした性差別のない雇用環境づくりを進める一方で，女性が自らの意思で職業生活を営み，個性と能力を発揮してキャリアを形成・発達できるように，女性の職業生活における活躍の推進に関する法律が，10年間の時限立法として2015（平成27）年8月に成立し，2016（平成28）年4月に施行された。この女性活躍推進法は，①女性の積極採用，②配置，育成，教育訓練，③継続就業，④長時間労働是正など，働き方の改革，⑤女性の積極登用・評価，⑥雇用形態や職種の転換（例えば，非正規雇用から正規雇用へ，一般職から総合職へ等），⑦女性の再雇用や中途採用，⑧性別役割分担意識の見直しなど，職場風土の改革に関する効果的な取り組みの行動計画策定指針を，国や地方公共団体が事業主に対して告示し，これを受けて事業主は，行動計画を策定し都道府県労働局雇用均等室に届け出ることが定められた。ただし，行動計画の策定は，従業員数301人以上の企業については義務づけられるが，300人以下の企業は努力義務とされた。

事業主は，①自社の女性の活躍状況について，女性採用比率，勤続年数男女差，労働時間の状況，女性管理職比率を把握し課題を検討して，②①に基づく状況把握および課題分析の結果から，計画期間，数値目標，取り組み内容，取り組みの実施時期を必ず記載し，取り組みの実施と目標達成を努力義務とする事業主行動計画を策定し，都道府県労働局雇用均等室に届け出て，同時に，自社の従業員に周知し社外に公表し，③女性の職業選択に資するように，女性の活躍に関する厚生労働省省令で定めた情報のうち，事業主が適切と考える1つ以上の項目を選んで公表しなければならない。

このように，女性が職業を選択するときの雇用機会が，男性と均等に提供されるように法律を整備する作業は続いている。しかし，望ましい仕事環境づくりと働く現実とのあいだには，まだ落差がみられる（岩田・大沢2015）。

男性の場合，学卒後に就業した会社で働き続けて定年退職を迎えるというキャリアが一般的であるが，女性のキャリア展望については，例えば，結婚や出産・育児など，身体の性差による男性とは異なる特性がみられ，女性自

身はもとより彼女らを採用する企業の人的資源の管理や育成にも影響している（武田 2015a）。また，大都市と違って地方の労働力市場は，地元の産業構造を基盤に，主要な地元企業と地域内の高等学校や大学とを結ぶ人的ネットワークが，1つのキャリア経路となって地元企業に新卒者を供給するように機能している（武田 2010）。こうした女性のキャリア形成・発達の特性や，人的資源をめぐる地域労働市場の実情を理解する必要があるだろう。

② 人的資源調達の企業規模格差

日本の約386万企業のうち，99.7％は中小企業である（中小企業庁事業環境部企画課調査室 2013）。人的資源調達に関して大企業と中小企業とは，異なる労働市場を形成すると考えられている（尾高 1984）。こうした二重構造説は，企業規模による賃金や移動機会等の違いを仮定する。また，大卒者は大企業，高卒者は中小企業でキャリアを形成するという紋切り型の学歴差心象も共有されているようである（寺岡 2002）。

従来，地方の高卒者のなかには，中央の大学に進学して，そこで就職することを希望する人が少なくなかったので，地元の中小企業は，大卒者を確保するのが難しかった。一般に，中小企業は人材の確保が難しいという見方は，新規大卒者が地元の中小企業をあまり志望しない実情を反映しているのかもしれない。また，少子化にともなう労働力人口の減少は，中小企業による若年労働力の調達をより困難にし（武田 2010），一方で，女性の就業を促している（武田 2016b）。

大企業と同様に，中小企業も優秀な人材を求めているが，中小企業に特有の求める人材像を特定できるだろうか，また，それはどのような特性をもつのだろうか。岡山市で実施された調査結果によると，大卒の学歴は中小求人企業が求める人材の選考基準とされているが，実際には，学歴を裏づける在学中の学業成績や修学内容などより，熱意，挨拶・礼儀，明るい性格，傾聴姿勢など，高卒者にも適用し得る特性を重視している（中小企業診断協会

岡山県支部 2012）。大学卒業の学歴あるいは大学名を紋切り型に採用選考の基準にしているが，その実質はあまり重視されていないようである（白井 1992）。

そこで，東三河でも同じような実態なのかを明らかにするため，中小零細企業による新規学卒者の採用選考と採用後の育成にかかわる現状を調査した（武田 2015b, 2016a）。調査地は豊川市と名古屋市である。原調査は，質問紙法と面接法とを併用して行った。質問紙法による調査は，豊川市内の地元企業412社宛てに調査票を郵送し118票を回収した。このうち，調査票に無記入や誤記入などの不備があった10票を除いて108票を分析の対象にした（配布票に対する有効票の回収率26.21％）。同様に，名古屋市内の従業員数95人以上の企業856社を対象にして有効な283票を得た（配布票に対する有効票の回収率33.06％）。

質問紙法で集めた定量資料を集計分析する過程で，結果を適切に検討するため，任意に選んだ名古屋市および豊橋市内の企業4社に対して，面接法による聴き取り調査を行った。こうして得た定性資料は，定量資料の集計分析結果を考察するうえで参考にした。

ここでは，一般に，大企業に比べ新規学卒者が集まりにくいとされる中小零細企業について，次の問題を検討する。

①女性の採用と育成にどのように取り組んでいるか。
②女性にも男性と同じ仕事を割り当て，男性と同様に育成しているか。
③キャリア形成・発達をめぐる男女の違いは，どのように解決されているか。

資料の出所を同じ地域文化圏内の企業に限定し，人的資源として求める能力の男女差の認知が人材の採用および育成とどのように関係するかを考える。

③ 新卒女性の採用選考

人材の確保・育成の課題について，豊川市の場合，現在の労働市場では，

表Ⅳ-8-1-1　従業員数別にみた人材の確保・育成の課題

	従業員数		
	20人未満 ($n=47$)	20〜299人 ($n=49$)	300人以上 ($n=12$)
1. 現在の労働市場では，求めている人材の量の確保が困難である	10	8	0
2. 現在の労働市場では，求めている人材の質の確保が困難である	22	25	5
3. 必要な人材を獲得するための賃金・労働条件が上昇している	13	11	1
4. 人材の入れ替りが激しく，採用費用や教育訓練投資を回収できない	8	8	1
5. 優秀な人材を競合他社に引き抜かれ，機密情報・ノウハウ等の流出が懸念される	1	0	0
6. 正規雇用者と非正規雇用者との業務分担に課題がある	1	5	2
7. 若年人材を充分に確保できず，技能等の伝承に不安がある	17	13	3
8. 高齢者の継続雇用者が増え，任せる具体的な職務に課題がある	7	19	6
9. 女性従業員が増え，仕事と生活との両立支援や体力的負担の軽減等が課題になっている	4	6	1
10. 副業者が増え，労働時間や安全衛生の管理に課題がある	0	0	0
11. 長時間労働者やメンタルヘルス不調者が増えている	6	14	5
12. 技術革新や事業再編に伴い，必要な人材・能力が変化しているが，社内での育成・確保が追いつかない	7	11	4

注）複数回答である。

　求める人材の質の確保が難しいという回答が，従業員数によらず多かった（表Ⅳ-8-1-1）。人材の量の不足感への回答はそれほど高頻度ではないことから，採用候補者の適性などが選抜基準を満たしていない実情が推察される。

　また，規模の小さい企業ほど，賃金・労働条件の上昇にともなう人材獲得の困難化と，それがもたらす若年者不足による技能等の伝承の断絶を不安視しているようである。一方，企業規模が大きい場合，長時間労働や精神健康面の不安が高まる傾向がある。さらに，20〜299人の小規模企業は，継続雇用した高齢者人材に割当てる仕事の内容に課題をもっているようである。このように，小零細企業にも人材の質の不適合がみられる。

　新卒者に求める能力・資質の従業員数による違いを一元配置分散分析した結果，グローバルな視野，海外現地に赴任できる積極性，集団・組織への協調性，柔軟性，傾聴・対話力，主体性・自律性の有意差があらわれた（表Ⅳ-8-1-2）。多重比較したところ，いずれも小零細企業と中企業との有意差がみられ，中企業のほうが高得点だった。職場集団の構成員数や多様性など，より複雑な対人関係への適応要求を反映した結果と思われる。

表Ⅳ-8-1-2　従業員数別にみた新規学卒者に求める能力・資質

	従業員数						
	20人未満 (n=47)		20～299人 (n=49)		300人以上 (n=12)		
	M	SD	M	SD	M	SD	
1．新たな付加価値の創造力	5.00	1.34	5.06	1.30	5.08	1.83	
2．事業や戦略の企画・立案力	5.17	1.29	5.00	1.35	4.75	1.60	
3．課題やリスクへの想像力・思考力	5.38	1.13	5.00	1.21	5.50	0.91	
4．グローバルな視野	3.94	1.61	4.67	1.33	5.42	1.62	**
5．海外現地に赴任できる積極性	2.81	1.65	3.86	1.86	5.25	1.77	***
6．専門的な知識・技能・資格	5.40	1.47	4.78	1.40	4.83	1.85	
7．リーダーシップや統率・実行力	5.00	1.37	5.39	1.29	5.92	1.00	
8．集団・組織への協調性	5.66	1.09	5.63	1.20	6.50	0.52	*
9．柔軟性	5.47	1.02	5.51	1.08	6.42	0.67	*
10．傾聴・対話力	5.45	1.06	5.55	1.10	6.33	0.49	*
11．営業・交渉能力	5.38	1.15	5.35	1.22	5.83	1.03	
12．業務統制力・計画力	5.09	1.32	5.02	1.15	5.42	1.38	
13．主体性・自律性	5.32	1.18	5.45	1.16	6.67	0.49	**
14．コスト意識・財務センス	5.34	1.07	5.02	1.23	5.08	1.31	
15．私生活の充実	4.77	1.49	4.43	1.37	4.58	1.51	

$^{*}p<0.05\ ^{**}p<0.01\ ^{***}p<0.001$

　求める能力の男女差について，名古屋市の場合，女性に求める能力は男性と違うと回答した企業は103社（36.40％）で，男女の違いはないとした企業84社（29.68％）を上回った。女性に特有な能力としては，「細かく目配り，気配りの効く事務処理能力」，「仕事を確実に進める計画性，効率性」，「店頭での雰囲気づくり（笑顔や立居振舞）」，「顧客対応の質」など，事務処理や接客に関係する特性が比較的に多かった。能力の男女差を認める企業は卸売・小売業（24.3％）に多く，認めない企業はサービス業（23.8％）に多かった。前者の企業規模は100～299人が84.5％を占め，後者も同規模が75.0％だったので企業規模は影響しないだろう。

　一方，聴き取り調査では，どの企業も仕事に求める能力に男女の違いはないと，質問紙調査の結果と異なる意見だった。

　例えば，コンピュータ関連機器卸売業のA社人事総務部の担当者によると，「社員に要求する能力に男女の違いはない。女性にはきめ細やかな提案を求める割合がやや大きいが，性差があるとまではいえない。A社の総合職に就

いている社員は，給料やキャリア・アップ，仕事内容の面でみな平等であり，意識的に性別で分けることはない。お客様のニーズを引き出し，それについて自身でいろいろな企画を提案する能力が男女関係なく全社員に求められている。

　A社は，性別より個性を重視している。個性とは，個々人がそれぞれの人生で培った能力であり，ユーモアがある，データ解析が得意だなど，それぞれにさまざまな能力がある。

　優れている点についても同じである。優れている点も基本的には男女間での違いはみられない。優れた点は性別より個々人でそれぞれ違うものである。だから，A社では優れた点もあくまで個々人の違いとし，性差が生み出したものとは考えていない」。

　他の企業もほぼ同様の意見だったが，聴き取りの対象は大手企業の人事担当者だったことを考慮したほうがよいかもしれない。

④ 女性の育成

　男性も含めた能力発揮への取り組みについて，豊川市の場合，従業員が能力を存分に発揮できるよう安心して働ける雇用環境の整備に取り組んでいると回答した企業が多かった。具体的には，目標管理制度による評価に基づく昇進・昇格・昇給を実施して，1人ひとりの能力発揮を促進している（表Ⅳ-8-1-3）。

　小零細企業は，裁量権の拡大や権限の委譲に取り組みながら，職場の円滑な人間関係の実現も考慮している。一方，中企業については，能力開発機会の充実，キャリア形成の支援，男女の機会均等，女性の活躍促進などが具体的な取り組みとして比較的に多くあげられた。

　名古屋市の企業が新人への指導で重視していることを一元配置分散分析した結果，表Ⅳ-8-1-4のようになった。新人の良い点をほめながら，自ら考えて仕事をするように指導し，適切な挑戦機会を与えるという教育指導の方

第8章　東三河の女性問題・マイノリティ

表IV-8-1-3　従業員数別にみた能力発揮への取り組み

	従業員数		
	20人未満 ($n=47$)	20〜299人 ($n=49$)	300人以上 ($n=12$)
1. 目標管理制度による評価	11	21	9
2. 評価の納得性の向上	5	13	8
3. 評価に見合った昇格・昇進や賃金アップ	16	25	10
4. 安心して働ける雇用環境の整備	19	25	8
5. 本人の希望を重視した職務配置	7	7	2
6. 職務の裁量権拡大や権限委譲	12	7	3
7. 能力開発機会の充実やキャリア形成の支援	8	18	9
8. 所定労働時間の短縮	3	8	1
9. 裁量労働制や在宅勤務等，柔軟な働き方の実践	0	0	1
10. 休暇制度の充実や休暇の積極的な取得促進	9	6	5
11. 長時間労働の改善	3	15	6
12. 育児・介護休暇を取得しやすい環境整備	7	10	4
13. 職場の人間関係の円滑化	23	19	4
14. 福利厚生の充実	7	5	6
15. 男女間の機会均等や女性社員の活躍促進	6	7	6
16. 正規雇用者と非正規雇用者とのあいだの公正処遇	6	3	1
17. 非正規雇用者の正規雇用者への転換	1	6	4
18. その他	0	2	0
19. よくわからない	5	0	0

注）複数回答である。

表IV-8-1-4　認知された能力の男女差別にみた新規学卒者への教育指導

	認知された能力の男女差						
	違いがある ($n=103$)		どちらともいえない ($n=96$)		違いがない ($n=84$)		
	M	SD	M	SD	M	SD	
1. 厳しく指導する	3.53	1.14	3.38	1.38	3.50	1.46	
2. 困ったときは助ける	2.32	1.05	2.24	1.10	2.10	1.10	
3. チャレンジする機会や場を与える	2.44	1.06	2.27	1.09	1.96	0.88	**
4. 頻繁にコミュニケーションをとる	2.31	1.08	2.24	0.98	2.20	0.99	
5. プライベートな相談にものる	3.19	1.14	3.01	1.28	3.05	1.24	
6. 良い点をほめる	2.45	1.11	2.42	1.08	2.07	0.93	*
7. 仕事について，事細かに教える	2.99	1.23	2.85	1.31	2.88	1.11	
8. 自分で考えるように仕向ける	2.45	1.03	2.57	1.12	2.18	0.98	*

$^{*}p<0.05$　$^{**}p<0.01$

表Ⅳ-8-1-5　認知された能力の男女差別にみた能力発揮への取り組み

	認知された能力の男女差		
	違いがある (*n*=103)	どちらともいえない (*n*=96)	違いがない (*n*=84)
1. 目標管理制度による評価	47	49	43
2. 評価の納得性の向上	28	22	32
3. 評価に見合った昇格・昇進や賃金アップ	58	54	54
4. 安心して働ける雇用環境の整備	44	53	43
5. 本人の希望を重視した職務配置	24	21	17
6. 職務の裁量権拡大や権限委譲	9	15	19
7. 能力開発機会の充実やキャリア形成の支援	30	28	32
8. 所定労働時間の短縮	8	7	10
9. 裁量労働制や在宅勤務等、柔軟な働き方の実践	6	0	5
10. 休暇制度の充実や休暇の積極的な取得促進	20	18	19
11. 長時間労働の改善	36	40	34
12. 育児・介護休暇を取得しやすい環境整備	32	30	29
13. 職場の人間関係の円滑化	44	43	32
14. 福利厚生の充実	20	22	18
15. 男女間の機会均等や女性社員の活躍促進	24	17	26
16. 正規雇用者と非正規雇用者とのあいだの公正処遇	5	4	7
17. 非正規雇用者の正規雇用者への転換	16	14	13
18. その他	0	0	2
19. よくわからない	1	2	0

注）複数回答である。

針に差異がみられ，多重比較の結果，有意差が示された3項目全てにおいて，仕事能力に男女差があるとする企業が，男女差なしとする企業より高かった。

有意差がみられた3項目は，消極的で追従的な女性の態度をうかがわせる内容で，そうした控え目な仕事ぶりを改めるように，良い点を積極的に伝えながら指導しているのかもしれない。

また，能力発揮への取り組みについて，評価に見合った昇格・昇進や賃金アップによって能力を発揮できる環境の整備に取り組んでいる企業が多かった（表Ⅳ-8-1-5）。具体的には，約半数の企業が目標管理制度を運用している。また，能力開発機会の充実やキャリア形成の支援も比較的に多く，自己啓発を促しているようである。

さらに，職場の人間関係の円滑化，長時間労働の改善，育児・介護休暇を取得しやすい環境整備などの衛生要因を重視し，安心して働ける雇用環境の

整備に取り組んでいる。

こうした能力発揮への取り組みは，求める能力の認知された男女差とは関係しないと思われる。

5 キャリア開発の課題

全般に，人材の確保を課題とする企業が多く，どちらかといえば量より質の確保が難しいようである。人材の量の確保が困難と回答した名古屋市の企業は，求める能力に男女差があると認知している企業（40.78％）より，男女差がないと認知している企業（48.81％）にやや多くみられ，後者は人材の質・量ともに確保が難しい状況にあると思われる。

高齢者の継続雇用者が増え，任せる具体的な職務に課題があることや，長時間労働者やメンタルヘルス不調者が増えていること，技術革新や事業再編にともなう人材・能力特性の変化に社内での育成・確保が追いつかないことなどを課題にするのは，求める能力に男女差があると認知している企業のほうに多い。

能力の男女差を考慮すると，当該職務の担当候補者が限られて窮屈な人員配置を余儀なくされるのかもしれない。採用後の女性が，自身の適性を発見する機会と指導が必要であろう。

また，個人の欲求と組織の要求との調和（Schein 1978）を目指すなら，働く母親にとって，保育施設の確保や充実は，就業を継続するための切実な要望であることを認識しなければならない。

例えば，乳製品乳酸菌飲料の卸売・小売業B社の担当者によると，「30年前，自社内に保育室を併設した。営業所の隣に空き部屋があったから，『そこで子どもをみてあげるよ』と自然発生的に始まった。

当時，牛乳配達と同じように，B社の製品も冷蔵庫が普及するまでは早配（早朝からの配達）をしていた。家庭の主婦に配達の仕事をしてもらおうと考えた。その背景には，家族の健康を考える妻であり母でありたいという理

念がある。家庭の主婦を採用するには，子どもがいるから外に出られないという事情に対処する必要があった」。

　女性の視点や周囲への細やかな配慮が，子どもを預かるという行為を自然に誘発し，それから自社に9カ所の保育施設を設けるまで発展したというB社の事例である。女性の言動への注意深い関心が，能力の開発・発揮・育成に関する新たな可能性を想起させるかもしれない。

文献

岩田正美・大沢真知子 編著 2015『なぜ女性は仕事を辞めるのか－5155人の軌跡から読み解く－』青弓社
尾高煌之助 1984『労働市場分析－二重構造の日本的展開－』岩波書店
厚生労働省雇用均等・児童家庭局 2004 「『男女雇用機会均等政策研究会』報告書について」
白井泰四郎 1992『現代日本の労務管理（第2版）』東洋経済新報社
武田圭太 2010『採用と定着－日本企業の選抜・採用の実態と新入社員の職場適応－』白桃書房
武田圭太 2015a『かかわりを求める女性心理』ナカニシヤ出版
武田圭太 2015b「地方都市の小零細企業による新規学卒者の採用と育成」『産業・組織心理学会第31回大会発表論文集』
武田圭太 2016a「名古屋市の地元企業による新規学卒者の採用と育成」『産業・組織心理学会第32回大会発表論文集』
武田圭太 2016b『"私"を選択する女性心理』学文社
中小企業診断協会岡山県支部 2012「中小企業の採用活動と大学生の就職意識に関する調査研究報告書」
中小企業庁事業環境部企画課調査室 2013「中小企業の企業数・事業所数」
寺岡寛 2002『中小企業の社会学－もうひとつの日本社会論－』信山社出版
Schein, E.H. 1978 *Career dynamics: Matching individual and organizational needs.* Reading, Massachusetts, Addison-Wesley.

（武田　圭太）

2. 多文化共生

1 はじめに

　1990（平成2）年にいわゆる改正入管法が施行されると，豊田・豊橋・浜松など製造業の分厚く堆積する東海地方の諸都市は，日系ブラジル人をはじめとする多数の外国人が暮らす全国有数の地域として急浮上する。国の入管政策の転換がもたらした具体的課題に対峙する最前線へと突如押し出されたこれらの地域では，以来，さまざまな試行錯誤が重ねられてきた。それから四半世紀が経過しようとする現在，そこでは何が達成され，何が課題として残るのか。拙速な結論を下す前に，こうした検討に向けた基礎作業として，本稿では，東三河でもとりわけ多くの外国人の暮らす豊橋市に着目し，外国人人口の推移や構成を押さえたうえで，同市の多文化共生政策の展開を概観する。

2 東三河における外国人人口の現況

　はじめに，東三河における外国人人口の現況について，2015（平成27）年の国勢調査の結果から確認しておこう。表IV-8-2-1のとおり，2015年時点で，東三河全体での外国人人口比率は2.6％であり，これは全国の外国人人口比率よりも1.2ポイントほど高い。さらに自治体ごとに外国人人口比率をみていくと，豊橋市・豊川市・

表IV-8-2-1　東三河の各自治体における外国人人口（2015年）

	人口総数	うち外国籍	
		実数	人口総数に占める比率
豊橋市	374,765	12,075	3.2%
豊川市	182,436	4,155	2.3%
蒲郡市	81,100	2,134	2.6%
田原市	62,364	889	1.4%
新城市	47,133	552	1.2%
設楽町	5,074	33	0.7%
東栄町	3,446	27	0.8%
豊根村	1,135	9	0.8%
東三河全体	757,453	19,874	2.6%
全国	127,094,745	1,752,368	1.4%

注：国勢調査（2015年）を基に筆者作成。

表IV-8-2-2　東三河の各自治体における外国人人口の国籍別・男女別構成（2015年）

	豊橋市(N=12,075)			豊川市(N=4,155)			蒲郡市(N=2,134)		
	男性	女性	計	男性	女性	計	男性	女性	計
韓国, 朝鮮	5.1%	5.8%	10.9%	6.6%	6.5%	13.1%	0.7%	1.0%	1.7%
中国	3.6%	6.3%	9.8%	2.8%	*10.2%*	13.0%	4.1%	*10.5%*	14.6%
フィリピン	8.2%	*11.2%*	19.3%	2.6%	7.4%	10.0%	**19.1%**	***27.6%***	46.6%
タイ	0.2%	0.4%	0.6%	0.4%	0.7%	1.1%	0.1%	0.1%	0.2%
インドネシア	1.2%	0.6%	1.8%	1.1%	0.5%	1.6%	0.5%	0.8%	1.3%
ベトナム	0.8%	0.6%	1.4%	1.8%	0.9%	2.7%	1.3%	1.7%	3.0%
インド	0.1%	-	0.1%	0.3%	0.1%	0.4%	-	-	-
イギリス	0.2%	0.1%	0.2%	0.1%	-	0.1%	0.1%	-	0.1%
アメリカ	0.3%	0.2%	0.5%	0.3%	0.2%	0.5%	-	-	0.1%
ブラジル	***23.4%***	**21.1%**	44.5%	***23.5%***	**18.5%**	42.0%	8.5%	7.1%	15.6%
ペルー	2.3%	2.4%	4.8%	4.6%	4.3%	9.0%	6.9%	5.8%	12.7%
その他	3.3%	2.6%	6.0%	3.7%	2.7%	6.4%	1.7%	2.4%	4.1%
計	48.7%	51.3%	100.0%	47.9%	52.1%	100.0%	43.1%	56.9%	100.0%

	田原市(N=889)			新城市(N=552)			設楽町(N=33)		
	男性	女性	計	男性	女性	計	男性	女性	計
韓国, 朝鮮	2.4%	2.7%	5.1%	0.4%	1.6%	2.0%	**9.1%**	6.1%	15.2%
中国	*10.1%*	***44.7%***	54.8%	5.8%	**10.9%**	16.7%	-	***30.3%***	30.3%
フィリピン	6.9%	**13.6%**	20.5%	3.8%	*10.7%*	14.5%	3.0%	6.1%	9.1%
タイ	0.4%	1.7%	2.1%	-	0.7%	0.7%	-	6.1%	6.1%
インドネシア	-	0.6%	0.6%	1.4%	0.4%	1.8%	-	-	-
ベトナム	0.6%	6.1%	6.6%	6.2%	10.5%	16.7%	-	-	-
インド	-	-	-	-	-	-	-	-	-
イギリス	-	-	-	0.2%	-	0.2%	-	-	-
アメリカ	0.3%	0.3%	0.7%	0.5%	0.9%	1.4%	-	3.0%	3.0%
ブラジル	1.6%	0.9%	2.5%	***22.1%***	10.3%	32.4%	***24.2%***	*9.1%*	33.3%
ペルー	0.4%	1.0%	1.5%	2.9%	1.8%	4.7%	-	-	-
その他	1.8%	3.9%	5.7%	5.4%	3.4%	8.9%	3.0%	-	3.0%
計	24.5%	75.5%	100.0%	48.7%	51.3%	100.0%	39.4%	60.6%	100.0%

	東栄町(N=27)			豊根村(N=9)		
	男性	女性	計	男性	女性	計
韓国, 朝鮮	**14.8%**	*11.1%*	25.9%	-	11.1%	11.1%
中国	7.4%	**25.9%**	33.3%	-	-	-
フィリピン	-	3.7%	3.7%	-	-	-
タイ	-	3.7%	3.7%	-	-	-
インドネシア	-	-	-	-	-	-
ベトナム	*11.1%*	-	11.1%	-	-	-
インド	-	-	-	-	-	-
イギリス	-	-	-	-	-	-
アメリカ	-	-	-	11.1%	-	11.1%
ブラジル	3.7%	3.7%	7.4%	-	***33.3%***	33.3%
ペルー	-	-	-	-	-	-
その他	3.7%	*11.1%*	14.8%	22.2%	22.2%	44.4%
計	40.7%	59.3%	100.0%	33.3%	66.7%	100.0%

注1：国勢調査（2015年）を基に筆者作成。比率は小数2位を四捨五入（表中の「-」は実数が0であることを示す）。

注2：網掛けしたセルは、各自治体における構成比の1位から3位（1位＝太字＋斜体, 2位＝太字, 3位＝斜体）。

蒲郡市で全国よりも比率が高く，東三河における外国人人口の9割以上にあたる18,364人を，この3市で占めている。とりわけ外国人人口比率が3.2％と最も高く，人口総数も最大である豊橋市の外国人人口は，それだけで東三河全体の外国人人口の6割以上を占めている。

　こうした外国人人口の内訳は，自治体によってどのように異なるのか。ここでは，国籍と性別に着目して検討しよう（表Ⅳ-8-2-2）。各自治体の外国人人口における構成比の1位と2位とに着目すると，豊橋市と豊川市では，ブラジル籍男性が1位を占め，ブラジル籍女性が2位に続く。一方，蒲郡市では，豊橋市・豊川市のようにブラジル籍の比率は高くはなく，ここではフィリピン籍女性が1位，フィリピン籍男性が2位となる。また，田原市と東栄町では，ブラジル籍の比率はさらに低く，この両市では中国籍女性が1位を占めており，2位は，田原市ではフィリピン籍女性が，東栄町では韓国・朝鮮籍男性が，それぞれ占めている。他方，新城市と設楽町では，ブラジル籍男性と中国籍女性の比率がともに高く，両市の1位と2位をこれらが占めている。

　いうまでもなく，外国人がホスト社会の労働市場に組み込まれる際の経路は，在留資格や国籍・性別などによって分岐している。職業構成や在留資格に分け入った検討がさらに必要だが，外国人人口の構成において，以上に確認したようないくつかの類型がみられる背景には，こうした経路の分岐と，製造業・観光業・農業など，外国人の労働力を求める産業が地域ごとに異なる形で編成され集積してきたことがあると考えられる。

　以下では，東三河のなかでもとりわけ外国人人口の多い豊橋市の状況について，さらに詳しくみていこう。

③　豊橋市における外国籍住民人口の推移と空間分布

　まず，豊橋市で住民登録・外国人登録を行った外国籍住民の人口とそれが市の総人口に占める比率について，その推移を確認しよう[1]。図Ⅳ-8-2-1の

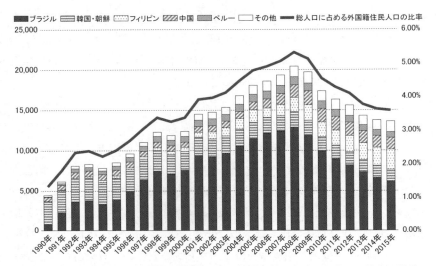

図Ⅳ-8-2-1　豊橋市における外国籍住民人口（国籍別）と総人口に占める比率の推移
注：豊橋市文化市民部多文化共生・国際課（2013）をもとに筆者作成（2014年以降の数値は『豊橋小年鑑』各年版より補った）。数値は各年の4月1日時点。住民基本台帳・外国人登録（2012年まで）による。

とおり，1990（平成2）年には4,458人，総人口の1.3％ほどであった豊橋市の外国籍住民人口は，それ以降増加を続け，ピークとなる2008年には20,428人，総人口の5.3％を占めるまでに至る。2000年代に入ると中国籍住民やフィリピン籍住民も徐々に増加し始めてはいるが，豊橋市における外国籍住民人口の増加は，その大部分が，ブラジル籍住民の増加によるものであった。しかし，それゆえ，いわゆるリーマンショックの生じた2008年を境としてブラジル籍住民の急激な減少が始まると，豊橋市の外国籍住民全体の人口も減少し，2015年には13,597人，比率は3.6％にまで低下する。リーマンショックを機とした経済危機のもと，労働市場においてより不安定な位置におかれてきたブラジル人労働者に失業が集中し，それがかれらの大量帰国に結びついたことが指摘されてきたが（樋口 2010），豊橋市でも，ピークにあたる2008年には12,885人であったブラジル籍住民は，わずか7年の間に半数以下の6,159人にまで激減している。

では，この2008年を挟んで，豊橋市における外国人人口の構成はどのよ

表Ⅳ-8-2-3　豊橋市における外国人人口の国籍・年齢区分別構成（2005年および2015年）

2005年								
	0歳～15歳未満		15歳～65歳未満		65歳以上		全体	
韓国，朝鮮	132 (	**5.8%**)	1,183 (	*10.8%*)	337 (	***66.3%***)	1,652 (	**12.1%**)
中国	40 (	1.7%)	723 (	6.6%)	3 (	0.6%)	766 (	5.6%)
フィリピン	69 (	3.0%)	627 (	5.7%)	4 (	0.8%)	700 (	5.1%)
タイ	5 (	0.2%)	27 (	0.2%)	−		32 (	0.2%)
インドネシア	16 (	0.7%)	139 (	1.3%)	−		155 (	1.1%)
ベトナム	7 (	0.3%)	27 (	0.2%)	−		34 (	0.2%)
イギリス	−		20 (	0.2%)	−		20 (	0.1%)
アメリカ	3 (	0.1%)	37 (	0.3%)	−		40 (	0.3%)
ブラジル	1,831 (	***79.9%***)	6,760 (	***62.0%***)	75 (	*14.8%*)	8,666 (	***63.2%***)
ペルー	121 (	*5.3%*)	534 (	4.9%)	11 (	2.2%)	666 (	4.9%)
その他	67 (	2.9%)	833 (	*7.6%*)	78 (	**15.4%**)	978 (	*7.1%*)
計	2,291 (	100.0%)	10,910 (	100.0%)	508 (	100.0%)	13,709 (	100.0%)

2015年								
	0歳～15歳未満		15歳～65歳未満		65歳以上		全体	
韓国，朝鮮	71 (	3.9%)	781 (	8.2%)	459 (	***68.0%***)	1,311 (	*10.9%*)
中国	116 (	*6.4%*)	1,062 (	**11.2%**)	7 (	1.0%)	1,185 (	9.9%)
フィリピン	286 (	**15.7%**)	2,010 (	**21.1%**)	31 (	4.6%)	2,327 (	**19.4%**)
タイ	5 (	0.3%)	68 (	0.7%)	−		73 (	0.6%)
インドネシア	12 (	0.7%)	201 (	2.1%)	−		213 (	1.8%)
ベトナム	3 (	0.2%)	170 (	1.8%)	−		173 (	1.4%)
イギリス	1 (	0.1%)	26 (	0.3%)	3 (	0.4%)	30 (	0.2%)
アメリカ	3 (	0.2%)	60 (	0.6%)	1 (	0.1%)	64 (	0.5%)
ブラジル	1,136 (	***62.6%***)	4,111 (	***43.2%***)	126 (	*18.7%*)	5,373 (	***44.7%***)
ペルー	97 (	*5.3%*)	458 (	4.8%)	21 (	3.1%)	576 (	4.8%)
その他	86 (	4.7%)	577 (	*6.1%*)	27 (	*4.0%*)	690 (	*5.7%*)
計	1,816 (	100.0%)	9,524 (	100.0%)	675 (	100.0%)	12,015 (	100.0%)

注1：国勢調査（各年）を基に筆者作成。2015年については，年齢「不詳」は除外して算出。比率は少数第2位を四捨五入（「−」は実数が0であることを示す）。
注2：網掛けしたセルは，列％の1位から3位（1位＝太字＋斜体，2位＝太字，3位＝斜体）。

うに変化したのか。ここでは，ふたたび国勢調査（2005年および2015年）の結果から検討する（表Ⅳ-8-2-3）。まず，全体について国籍別の比率をみていこう。2005年では，ブラジル籍が豊橋市の外国人人口の63.2％を占めており，韓国・朝鮮籍が12.1％を占めているほかは軒並み1割を下回っていた。しかし2015年になると，ブラジル籍の比率は44.7％にまで低下する。一方，ペルー籍と韓国・朝鮮籍を除くすべての国籍で比率が上がっており，とりわけフィリピン籍の比率は19.4％まで上昇する。2005年と2015年とを比較すると，全体としては，外国人人口の多国籍化が進んだことが分かる。

さらに年齢区分別に変化をみてみよう。まず、生産年齢人口にあたる15歳から65歳未満をみてみると、2005年には62.0％であったブラジル籍の比率は、依然として1位を占めているものの2015年には43.2％にまで低下する。一方、2005年には5.7％にすぎなかったフィリピン籍の比率は、2015年には21.1％にまで上昇して第2位に浮上し、中国籍が第3位に続くようになる。15歳から65歳未満の外国人人口における多国籍化の進展からは、この10年の間に、東三河の労働市場へと外国人労働者が組み込まれていく新たな経路が形成されてきたことがうかがわれる。

15歳未満の外国人人口に目を転じると、ここでも、2005年ではブラジル籍の比率が79.9％で、ほかは軒並み1割以下であったが、2015年になるとブラジル籍の比率は62.6％まで下がる。そして、2005年には3.0％であったフィリピン籍の比率が2015年には15.7％にまで上昇して第2位となる。また、2015年の比率は6.4％に留まってはいるが、2005年からの10年間で、中国籍の比率は4倍近く伸びて全体の3位に浮上する。ただし、フィリピン籍・中国籍以外では、15歳未満人口は必ずしも増加しておらず、この点で生産年齢人口の場合にみられた多国籍化とは傾向を異にする。15歳未満の外国人人口の構成におけるこうした変化は、とりわけ外国籍児童・生徒の教育の場面で求められる支援や政策対応のあり方の変化とも直結する。外国籍児童・生徒の大部分がブラジル籍であることを前提として、ポルトガル語だけを念頭に置くのでは対応できない新たな状況が生じつつある。

65歳以上の外国人人口についてみていくと、韓国・朝鮮籍が2005年で66.3％、2015年で68.0％と、いずれにおいても比率の1位を占める。ブラジル籍は2005年には3位、2015年には2位を占め、2015年にはフィリピン籍が3位に浮上するが、ここではむしろ、65歳以上の人口が（「その他」を除く）すべての国籍で増加していることが注目される。移住先の社会で居住年数を重ねることは、とりもなおさず、そこで歳を重ねることでもある。高齢者の社会保障をめぐるさまざまな課題への対応は、外国人の場合においても例外なく求められる。

第8章　東三河の女性問題・マイノリティ

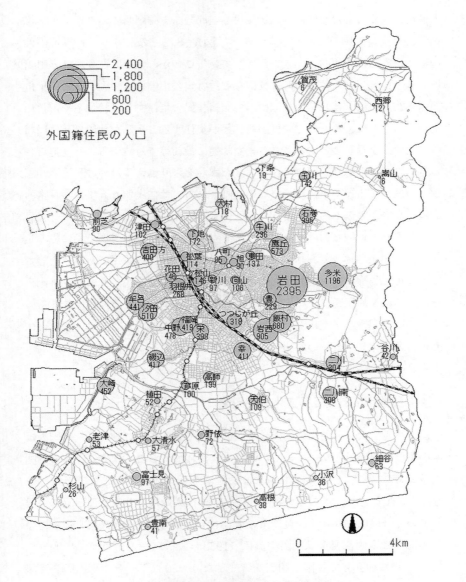

図Ⅳ-8-2-2　豊橋市における小学校区別外国籍住民人口
注：数値は2016年4月1日時点。「校区別人口表（平成28年4月）」（豊橋市総務部行政課 2016）
および国土地理院の数値地図25000（空間データ基盤）を用いて筆者作成。

最後に，豊橋市における外国籍住民の空間分布を確認しておこう。小学校区別に外国籍住民の人口を整理すると，図Ⅳ-8-2-2のとおり，豊橋市の外国籍住民人口は空間的に大きく偏在していることがわかる。とりわけ岩田校区，多米校区，岩西校区，飯村校区など，特定の小学校区に大きな人口集積がみられるのは，これらの校区に，外国籍住民の集住する県営住宅や市営住宅があることによる。多くの外国籍住民が集住するこうした地域は，住民間の文化摩擦をはじめとするさまざまな課題に最前線で対峙することを迫られてきた地域でもあり，同時に，こうした課題を乗り越えるための現場の知恵が，地域住民組織や市民社会組織の活動，あるいは住民個々人による日常的実践のなかから編み出されてきた場所でもある[2]。

　それぞれの地域における外国人は，まずはホスト社会の労働市場に組み込まれた外国人労働者であり，また地域生活を営む外国籍住民であり，そして様々な市民的権利・政治的権利の主体としての外国籍市民でもある。外国人をめぐる政策的課題は，いずれの側面においてもマイノリティ状況にある外国人が直面しうる格差状況をいかに是正していくかにある。次に，豊橋市における多文化共生政策の展開を辿ることにしよう。

④　豊橋市における多文化共生政策

　国レベルでの体系的な外国人政策が欠如している日本において，外国人政策の主要な担い手となってきたのは地方自治体であった。地方自治体の外国人政策は，当初，1980年代にはじまる国際化政策の一環として位置づけを与えられていたが，その後，多文化共生が外国人政策の基本原理として浸透していく（樋口 2010）[3]。豊橋市の場合も，たとえば外国人政策を担った当初の部局は企画部秘書課国際交流係（1988年設置）であったが，1999（平成11）年に独立して企画部国際交流室となり，2002年に企画部国際交流課に昇格，2009年に文化市民部に移管され，現在の多文化共生・国際課に至っている。

表Ⅳ-8-2-4　豊橋市における多文化共生推進計画事業（54事業）の構成

全体	54事業のうち、①〜⑤にかかわる具体的取り組みに言及する事業数				
	①言語・情報の格差是正	②教育・就学の格差是正	③就労・就業の格差是正	④医療・福祉の格差是正	⑤政治参加の格差是正
54	25	14	6	1	2

注：豊橋市文化市民部多文化共生・国際課（2014）を基に筆者作成。①〜⑤にかかわる具体的取り組みへの言及は、各事業の「事業概要」を参照して判断。ひとつの事業が①〜⑤の複数にまたがる場合もある。

　豊橋市では、外国人人口の増加をうけて、2002年には「豊橋市多文化共生推進協議会」が設置され、2005年には「今後の国際交流のあり方に関する懇談会」が設置される[4]。2006年に総務省が「多文化共生の推進に関する研究報告－地域における多文化共生の推進に向けて」を公開し、地方自治体レベルでの多文化共生政策の策定が促されると、豊橋市も2009年に「豊橋市多文化共生推進計画」を策定する（計画期間は2009年度から2013年度）。そして2014年には、それを継ぐかたちで「豊橋市多文化共生推進計画2014-2018」が策定される。この間、外国人相談窓口の設置や多言語での情報提供、外国人児童生徒相談コーナーの設置など、豊橋市が実施してきた具体的取り組みは多岐にわたるが、ここでは市の多文化共生政策の全体像を把握するために、「豊橋市多文化共生推進計画2014-2018」の定める54事業の構成と、想定されている担い手について、さらに詳しくみていこう。

　「豊橋市多文化共生推進計画2014-2018」において、外国人が直面しうる様々な格差状況の是正にむけた取り組みに言及する事業はどれほどあるのだろうか。たとえば①言語・情報、②教育・就学、③就労・就業、④医療・福祉、⑤政治参加について、格差是正の取り組みに言及する事業数を整理すると、表Ⅳ-8-2-4のようになる。事業数だけで測定することには様々な留保が必要だが、しかし一見してわかるとおり、「豊橋市多文化共生推進計画2014-2018」では、言語・情報をめぐる格差是正が主軸にあり、それ以外については、教育・就学をめぐる格差是正の事業は相対的に厚いものの、就労・就業や医療・福祉、政治参加をめぐる格差是正の事業は相対的に薄いことが分かる。

　次に、「豊橋市多文化共生推進計画2014-2018」の54事業がその担い手と

表Ⅳ-8-2-5　豊橋市の多文化共生推進計画における54事業の実施主体と関係課・機関

			携わる事業数		
			実施主体として	関係課・機関として	合計
豊橋市		防災危機管理課	2	1	3
	財務部	市民税課	0	1	1
	企画部	広報広聴課	4	1	5
	文化市民部	安全生活課	1	0	1
		市民協働推進課	1	3	4
		多文化共生・国際課	24	15	39
	こども未来部	保育課	1	0	1
	健康部	健康政策課	1	0	1
		こども発達センター	1	0	1
	産業部	産業政策課	1	0	1
		商工業振興課	2	2	4
	建設部	住宅課	2	0	2
	市民病院	医事課	1	0	1
	消防署		0	1	1
	教育委員会	教育政策課	2	1	3
		学校教育課	9	4	13
		生涯学習課	3	0	3
		図書館	1	0	1
豊橋市国際交流協会			11	6	17
社会福祉協議会			0	1	1
豊橋商工会議所			0	1	1
ハローワーク豊橋			0	1	1
税務署			0	1	1
小学校			0	4	4
中学校			0	1	1
自治会			0	1	1
ボランティア団体			0	4	4
教会			0	1	1
民間企業			0	2	2
商業施設			0	1	1
近隣自治体の国際交流協会	豊川市国際交流協会		0	1	1
	田原市国際交流協会		0	1	1
	蒲郡市国際交流協会		0	1	1
	新城市国際交流協会		0	1	1
愛知県			0	2	2

注：豊橋市文化市民部多文化共生・国際課（2014）を基に筆者作成。1つの事業の実施主体あるいは関係課・機関は複数の場合もあるため，各列の合計は54にならない。

してどのようなアクターを想定しているかを確認しよう。豊橋市による政策であるため当然だが、表Ⅳ-8-2-5のとおり、「実施主体」と位置づけられるのは市の部局と豊橋市国際交流協会であり、それ以外のアクターは「関係課・機関」として携わることが想定されている。実施主体として携わる事業数は、多文化共生・国際課で最も多く、豊橋市国際交流協会がそれに次いでおり、現在の多文化共生政策が国際化政策の系譜上に位置づくことが、ここにも現れている。また、学校教育課がこれらに続き、教育に関する部局は他にも複数挙がっており、教育・就学における格差是正の事業は、担い手の編成においても一定の厚みを持っていることがわかる。一方、市の部局の外部に目を転じると、「ボランティア団体」、「民間企業」、「商業施設」、「教会」なども関係機関として位置づけられており、想定されている担い手の裾野は広い。外国人をめぐって市内で展開されてきた多様なアクターの活動が全て市の政策に組み込まれているわけではなく、そうなることが望ましいわけでもないが、少なくともここからは、多文化共生政策をめぐる試行錯誤のなかで、行政、民間企業、市民社会組織をまたがる形でネットワークが形成されてきたことがうかがえる。

5 おわりに

以上に、豊橋市の外国人人口の推移と同市の多文化共生政策を概観した。豊橋市では、外国人人口の構成の変化とも連動して現在も新たな課題が生じている。しかし同時に、さまざまな試行錯誤の積み重ねを経て、外国人人口が急増し始めた当初のような「混乱」からは既に脱しており、この間の政策対応やさまざまな試みを振り返ることのできる状況が生じつつもある。現在までに何が達成され何が達成されていないのか、達成されたものは政策意図の貫徹によるものか偶然の賜物か、そもそも地方自治体の外国人政策は何についてどこまで対応できるのか。検証すべき事柄は尽きない。

注

(1) 豊橋市で住民登録・外国人登録を行った外国籍住民の数と総人口に占める比率は，住民基本台帳および外国人登録（2012年で廃止）に基づき，国勢調査に基づく数値とは異なることに注意されたい。これらを区別するため本稿では，国勢調査の結果に基づく数値は外国人人口，住民基本台帳あるいは外国人登録に基づく数値は外国籍住民人口と表記する。
(2) たとえば，ゴミの分別や深夜の「騒音」をめぐる住民間のトラブルは，外国籍住民が集住する県営住宅や市営住宅で当初生じた摩擦の代表的なものだが，こうした事態に直面した当該地域の自治会は，「身振り手振り」でコミュニケーションを試み，あるいは各種パンフレット等を翻訳して配布し，外国籍住民の自治会加入や地域の共同作業への参加を促すなどを手探りで試みてきた。また，こうした県営住宅や市営住宅の集会所などは，外国籍住民の言語支援や外国籍児童・生徒の学習支援などに取り組んできた市民社会組織の主要な活動空間でもある。外国人の就労支援なども含め，市内には他にも外国人をめぐるさまざまな課題に取り組む団体・組織があり，こうしたグラスルーツの試みが分厚く蓄積されている。
(3) 樋口（2010 61～62頁）は，外国人政策を国際化政策の一部と位置づける発想は，外国人のマイノリティとしての側面をみない点で問題であり，外国人のマイノリティとしての側面を認識した多文化共生概念も，「あくまで文化的マイノリティとしてのみ外国人をみなしており，社会経済的なマイノリティ状況を直視するものではない」と批判する。そして，リーマンショック後のブラジル人の大量失業は，ブラジル人が不安定な労働に固定化されそこに失業が集中したことに加え，外国人政策がこうした状況を是正する発想を欠いてきたことにもよると評価する（樋口 2010 63頁）。
(4) 豊橋市は，外国人集住都市会議に2001年の設立時から加入するなど，ほかにもさまざまな試みを重ねている。

文献

豊橋市企画部国際交流課 2009「豊橋市多文化共生推進計画」
豊橋市総務部行政課 2016「校区別人口表（平成28年4月）」（http://www.city.toyohashi.lg.jp/item/16248.htm#itemid16248）
豊橋市文化市民部多文化共生・国際課 2013「豊橋市の総人口および外国人市民人口の推移」
豊橋市文化市民部多文化共生・国際課 2014「豊橋市多文化共生推進計画 2014-2018」
豊橋市民愛市憲章推進協議会『豊橋小年鑑』各年版
樋口直人 2010「経済危機と在日ブラジル人－何が大量失業・帰国をもたらしたのか」『大原社会問題研究所雑誌』No.622

（植田　剛史）

あとがき

　本書,『東三河の経済と社会』第8輯を，何とか無事にお届けできることは望外の喜びである。前回の第7輯は14年ぶりの刊行であったので，思ったより大変で，原稿集めから編集作業までスタッフ全員が走り廻った記憶がある。それから5年間はすぐにたってしまった。今回は前回の轍（てつ）を踏まぬよう，第7輯の経験を踏まえて慎重に計画を立て，多少スムースに進むと内心では思っていた。確かに原稿集めは前回よりは順調であったが，編集段階になって校正を含めて駆け足になり，結局3月末の発行となってしまった。それでも，「東三河白書」を1973年以来8回にわたって世に出すことができたのは，数十人に及ぶ著者の皆さんと，加藤優子さんはじめとする事務局の頑張りのおかげである。ここに関係するすべての方に感謝の念をささげたい。そして，著者の方々には，第9輯に向けて新たな気持ちを抱かれ，そうした眼差しで東三河を日々に眺められることを期待してあとがきとしたい。

2017（平成29）年3月

『東三河の経済と社会』第8輯編集長

樋 口 義 治

『東三河の経済と社会』第8輯 執筆者一覧 （五十音順）

阿部　　聖	愛知大学地域政策学部教授
尼崎　光洋	愛知大学地域政策学部准教授
天野　武弘	愛知大学中部地方産業研究所研究員
市野　和夫	愛知大学中部地方産業研究所客員所員
岩崎　正弥	愛知大学地域政策学部教授
印南　敏秀	愛知大学地域政策学部教授
植田　剛史	愛知大学文学部助教
打田　委千弘	愛知大学経済学部教授
加島　大輔	愛知大学文学部准教授
樫村　愛子	愛知大学文学部教授
片倉　和人	愛知大学地域政策学部准教授
交野　正芳	愛知大学名誉教授
金子　鴻一	東三河地域研究センター研究員
黍嶋　久好	愛知大学中部地方産業研究所研究員
沓掛　俊夫	愛知大学名誉教授
功刀　由紀子	愛知大学地域政策学部教授
駒木　伸比古	愛知大学地域政策学部准教授
近藤　暁夫	愛知大学文学部准教授
佐藤　正之	名古屋経済大学経済学部准教授
渋澤　博幸	豊橋技術科学大学教授
鈴木　伴季	愛知大学中部地方産業研究所補助研究員
鈴木　　誠	愛知大学地域政策学部教授
高木　秀和	愛知大学中部地方産業研究所補助研究員
髙橋　大輔	東三河地域研究センター主任研究員
竹田　　聡	愛知大学地域政策学部教授
武田　圭太	愛知大学文学部教授
田中　昌美	甲子園短期大学生活環境学科教授
辻　　隆司	愛知大学経済学部准教授
土屋　　葉	愛知大学文学部准教授

戸田　敏行	愛知大学地域政策学部教授
新井野　洋一	愛知大学地域政策学部教授
西堀　喜久夫	愛知大学地域政策学部教授
西村　正広	愛知大学地域政策学部教授
樋口　義治	愛知大学文学部教授
藤田　佳久	愛知大学名誉教授
宮入　興一	愛知大学名誉教授
森川　竜哉	愛知大学短期大学部ライフデザイン総合学科准教授
森田　優己	桜花学園大学学芸学部教授
安福　恵美子	愛知大学地域政策学部教授
吉岡　昌子	愛知大学文学部准教授

東 三 河 の 経 済 と 社 会 第8輯

2017（平成29）年3月31日　発行

編集発行　愛知大学中部地方産業研究所
　　　　　〒441-8522　愛知県豊橋市町畑町1－1　愛知大学内
　　　　　HP http://www.chusanken.jp/
　　　　　ＴＥＬ　０５３２－４７－４１４０
　　　　　ＦＡＸ　０５３２－４７－４１８７
印　　刷　株式会社シンプリ
　　　　　〒442-0807　豊川市谷川町天王259-2
　　　　　ＴＥＬ　０５３３－７５－６３０１

ISBN978-4-901786-43-0 C0030